# 金景芳全集

第九册

上海古籍出版社

# 孔子所講的仁義有没有超時代意義

孔子思想的核心是什麽？有人説是仁，有人説是禮。據我看，這兩種説法都不全對，也不全錯。正確地説應該是仁義。我之所以這樣説，有兩條根據。第一條是《莊子·天道》有"孔子曰：'要在仁義'"。當然，《莊子》是"寓言十九，重言十七"。這句話不必真正出於孔子之口，但是，説它是當日學術界的共同看法，可無疑義。否則莊子是不會這樣説的。第二條是《易·説卦傳》有"立人之道曰仁與義"。當然，這句話是孔子説明《易經》中的卦的，不能就看作是孔子自己的觀點。不過，這同孔子貴時、貴中一樣，孔子思想肯定是受《易經》思想的影響。不然，説孔子思想與《易經》思想暗合，亦未嘗不可。

孔子言論，今日還流傳於當世的，應首推《論語》。在《論語》一書中，談仁的地方很多，談義的地方也不少。但是，什麽是仁義呢？卻不見有正面地詳盡地闡述。如果説有，那就是在《禮記·中庸》中。在《中庸》裏，有孔子回答"哀公問政"一段話。在這一段話裏，孔子曾説："仁者人也，親親爲大。義者宜也，尊賢爲大。親親之殺，尊賢之等，禮所生也。"據我理解，這段話是孔子對仁義及禮的定義及其相互關係所作的最全面、最精確的闡釋。考慮到由於時代關係，今日很多人已不能理解，兹略爲詮釋如下。

"仁者人也"，這個"人"字，據我看，有兩層意思。第一層是説仁是在人類自身的生產即種的蕃衍中產生的。第二層是説仁的適用範圍祇限於人類。

《孟子·盡心上》説："人之所不學而能者其良能也，所不慮而

知者其良知也。孩提之童無不知愛其親者,……親親仁也。"這是
"人"有第一層意思的證明。《呂氏春秋·愛類》説:"仁於他物,不
仁於人,不得爲仁。不仁於他物,獨仁於人,猶若爲仁。仁也者,仁
乎其類者也。"這是"人"有第二層意思的證明。

　　"親親爲大",據我看,也有兩層意思。第一層是説親親是仁;
第二層是説"親親"是仁之中最大的、首要的。它意味着仁不以"親
親"爲限,要把"親親"這個仁推廣於全人類。

　　"義者宜也"的"宜"是恰當、合理。這個恰當、合理表明它應該
被看作是一個標準,但不是固定不變的,而是要因時制宜,因地制
宜,因人制宜,因物制宜。《孟子·滕文公上》説:"夫物之不齊,物
之情也,或相倍蓰,或相什百,或相千萬,比而同之,是亂天下也。"
所以"宜"正是由於事物千差萬別,不能一例看待,而應分別作符合
實際的處理。《論語·顏淵》説:"齊景公問政於孔子。孔子對曰:
'君君,臣臣,父父,子子。'"這個"君君,臣臣,父父,子子"是宜,反
之,就是不宜,亦即不義。

　　"尊賢爲大",據我看,也有兩層意思。第一層説"尊賢"是義。
同時表明"義"不同於"親親",主要適用於"親親"而外的人們。第
二層説"尊賢"是"義"中之大者。"義"的範圍很廣,不以尊賢爲限。
《禮記·喪服四制》説"門内之治恩揜義,門外之治義斷恩",這是
"尊賢爲大"有第一層意思的證明。《禮記·仲尼燕居》説:"目巧之
室則有奥阼,席則有上下,車則有左右,行則有隨,立則有序,古之
義也。"這是"尊賢爲大"有第二層意思的證明。

　　"親親之殺"是説"親親"是有等級差別的。《禮記·喪服小記》
説:"親親以三爲五,以五爲九,上殺、下殺、旁殺,而親畢矣。"這段
話可看作是"親親之殺"的注腳。鄭玄注説:"己上親父,下親子,三
也。以父親祖,以子親孫,五也。以祖親高祖,以孫親玄孫,九也。
殺謂親益疏者,服之則輕。"鄭説是對的。

　　"尊賢之等"是説"尊賢"也有等級差別。《左傳》莊公十八年

説。"王命諸侯,名位不同,禮亦異數,不以禮假人。"這是"尊賢"有等級差別的具體例子。

"禮所生也",是説"禮"不是別的,它就是由仁的"親親之殺"和義的"尊賢之等"産生出來的。"禮"就是依據仁的"親親之殺"和義的"尊賢之等"所作的具體規定。因此,也可以説禮是以仁義爲内容的一種表現形式。既然如此,所以有人説孔子的思想核心是禮,也不見得不對。

孔子生在春秋後期。孔子思想的産生和形成也同其他思想家一樣,不能脱離當時的歷史條件。談到當時的歷史條件,這個題目很大,我們不能詳細地談,祇能就當時歷史的基本特點談一談。據我瞭解,春秋是處在中國奴隸社會的衰落時期。過去如果説是"禮樂征伐自天子出",這時已降而爲"自諸侯出",更降而爲"自大夫出",以至於"陪臣執國命"。也就是説,這時中國奴隸社會不斷走下坡路,已達到禮壞樂崩的地步。從孔子一生的政治立場來看,顯然他不是順應歷史潮流,積極努力去變革舊社會,締造新社會,而是逆歷史潮流而動,夢想回到西周之初,即回到中國奴隸社會的全盛時期。因此,我們研究孔子思想的形成和發展,既要考慮春秋時期的歷史條件,也不能不聯繫到中國奴隸社會全盛時期的歷史條件來考察。據我瞭解,中國奴隸社會全盛時期的歷史條件,基本上有兩個特點:一、階級關係居於主導地位,二、血族關係在社會生活和政治生活中,還具有强大力量,儘管已降居次要地位。恩格斯在致布洛赫的信中説:"我們自己創造我們的歷史,但是第一,我們是在十分確定的前提和條件下進行創造的。"[1]根據恩格斯這條理論的指導,可以知道中國奴隸社會的産生是有它的十分確定的前提和條件的。它的前提無疑是原始社會,它的條件應當説就是新産

---

① 《馬克思恩格斯全集》第 37 卷,第 461 頁。

生的國家。恩格斯告訴我們："原始社會是以血族團體爲基礎的。"①"國家是文明社會的概括,它在一切典型的時期毫無例外地都是統治階級的國家,并且在一切場合在本質上都是鎮壓被壓迫被剝削階級的機器。"②這樣,我們説中國奴隸社會的歷史條件基本上有兩個特點。其一是階級關係居於主導地位,其二是血族關係已降居次要地位,但在社會生活和政治生活中,還具有强大力量,是符合實際的,合乎邏輯的。正由於中國奴隸社會的歷史條件是這樣,所以,孔子的思想以仁義爲核心是毫不奇怪的。

應當指出,孔子所講的仁,實質上是反映當時存在的血族關係,孔子所講的義,實質上是反映當時存在的階級關係。仁的親親爲大,義的尊賢爲大,就是它們在實質上反映當時存在的這種關係的確鑿證據。不僅如此,《左傳》隱公四年説:"大義滅親。"《公羊傳》哀公三年説"不以家事辭王事,以王事辭家事",證明在當時社會生活和政治生活中居主導地位的確實是階級關係,而不是血族關係。

從上文一路論證,可以看出,孔子所講的仁義有時代性,在它們的上面有階級的烙印,是没有問題的。但是,它們有没有超時代意義呢? 這是本文所要討論的中心問題,必須回答。我的意見是"有"。理由如下。

我認爲,歷史的發展,既有時代性,又有超時代性,二者是統一的,缺一不可。没有時代性,歷史不能發展,没有超時代性,歷史也不能發展。爲什麽呢? 因爲歷史是以新陳代謝的方式不斷推向前進的。没有新的代替舊的,歷史當然不能向前發展。但是如果在舊的當中没有可以繼承的東西,則進入新的一代勢必一切都從頭做起,好象熊掰苞米一樣,掰取一個,又丢掉一個,最後剩下的還是

① 《馬克思恩格斯全集》第 21 卷,第 30 頁。
② 同上,第 200 頁。

一個,這樣,歷史也是不會向前發展的。

　　現今,有一大批人由於痛恨封建思想之爲害,而遷怒於中國傳統文化。他們以爲建設新的社會主義,必須否定舊的傳統文化。他們把新與舊看成是絕對對立的。我不同意這種看法。我認爲,封建思想與中國傳統文化不是一個東西。在中國傳統文化中,固然有封建的因素,但也有非封建的因素,它正是時代性與超時代性的統一。

　　即以中國傳統文化中的孔子思想爲例來説吧。孔子思想以仁義爲核心。孔子講仁義,强調親親尊尊,不可否認,它有時代性。不然,爲什麼在戰國法家出現以後,司馬談撰《論六家要指》説"法家不別親疏,不殊貴賤,一斷於法,則親親尊尊之恩絶矣"呢? 這就説明代表地主階級的思想家不同意孔子的思想,親親尊尊在奴隸社會適用,在封建社會就不適用,或不完全適用了。但這衹是問題的一方面,不能因此就説仁義沒有超時代意義。

　　恩格斯説:"一定歷史時代和一定地區内的人們生活於其下的社會制度,受着兩種生産的制約:一方面受勞動的發展階段的制約,另一方面受家庭的發展階段的制約。"①據我理解,恩格斯這一段話是説,歷史上勞動的發展階段不同,而勞動亦即生活資料的生産是始終存在的;家庭的發展階段不同,而家庭亦即人類自身的生産是始終存在的。根據恩格斯上述理論,我們就可以斷言,孔子所講的仁義,不僅有時代性,也應有超時代性。因爲階級是歷史的産物,隨着歷史的發展,階級是要消滅的。而作爲兩種生産的生活資料的生産和人類自身的生産則不能消滅,而是要長期存在的。

　　《禮記・禮運》説:"飲食男女,人之大欲存焉。"《孟子・告子上》説:"食色,性也。"我國古人有這種説法,我們當然不能理解爲他們已經懂得兩種生産的理論。但是,如果説這兩種説法與恩格

--------

　　①　《馬克思恩格斯全集》第21卷,第30頁。

斯兩種生產的理論一致，或不相違背，還是可以的。總之，我看這是一條真理。因爲人總是要吃飯的，不吃飯就要餓死。人還是要生小孩的，不生小孩就會絕種。要吃飯不勞動不行，不管是由誰來勞動。生小孩就産生了家庭，不管是什麼樣的家庭，有家庭，有勞動，就如恩格斯所説在它們的發展階段中形成了不同的社會制度。人們生活在這不同的社會制度之中，遇到應當處理上述問題的時候，有沒有應采取的手段，或者説道德標準呢？我看是有。大體上説不外兩種：有的是主張利己，有的是主張利他；有的重利，有的重義；因而有的喜爭，有的喜讓。其實，二者是對立的統一，絕對地肯定一方，而否定另一方是不可能的。然而祇特別强調某一方的事實，卻是存在的。例如，以孔子思想爲代表的中國傳統文化就崇尚仁義，而西方就不同，他們崇尚個人主義。那末，這兩種手段哪一種好呢？這是當前國内學術界正在爭論的一個大問題。據我看，兩種手段各有長處，也各有短處。正確的做法，應該是取長補短，互相學習，而不應該是此非彼，互相攻難。應當知道，中西兩方的文化，都是在各自的歷史條件下，經過長期發展形成的。即以中國而論，不僅在崇尚仁義這一點上，其他如文字、醫藥、天文、曆法、音樂、建築，乃至詩詞、書法、繪畫等等，以至寫字所用的筆，吃飯所用的筷子，都與西方不同。這些東西都是我們中華民族的祖先用自己的頭腦，經過長期的勞動創造出來的。我們的祖先正賴有此，才能在過去幾千年的艱苦歷史舞臺上稱爲先進，以至今日還是一個擁有 11 億人口、九百多萬平公里土地的國家。我們落後挨打，祇是最近一個多世紀的事情。爲了擺脱落後挨打的處境，我們祇應發憤圖强，一方面向打我們的人作鬥爭，另方面向比我們先進的人學習。而不應把一切罪過都推到我們的祖先身上，把我們祖先説得一無是處。我認爲中國和西方，所處的地理環境不同，在長期獨立發展中，形成了各自傳統的文化。從各自的歷史來看，都有過興旺時期，有過衰微時期，都經歷過順利和曲折，總之，都有長處，也都有短處。衹根據一時的得失，就作出全稱肯定或否定的判斷，是欠妥的。

　　現在可以回過頭來，再審視一下孔子所講的仁義。孔子所講的仁，無疑是"汎愛衆"，然而他並不主張"專門利人，毫不利己"。他是主張"己所不欲，勿施於人"，"己欲立而立人，己欲達而達人"。即他總是以一己的好惡爲取捨的標準，以推及別人。所以，説他是個人主義者當然不對，説他"無己""忘我"，也不對。有人問他"以德報怨，何如"？他説："何以報德？以直報怨，以德報德。"（《論語·憲問》）這正是孔子哲學的特點。孔子所講的仁，是從"親親"開始的。他説"親親爲大"嘛！其理論如《儀禮·喪服傳》所説："父子一體也，夫妻一體也，昆弟一體也。故父子首足也，夫妻胖合也，昆弟四體也。"既然是一體，焉得不親。關於夫妻的關係，古禮有兩種説法。一種是《禮記·昏義》説："婦至，壻揖婦以入，共牢而食，合卺而酳，所以合體同尊卑以親之也。"另一種是《禮記·喪服四制》説："資於事父以事母而愛同。天無二日，土無二王，國無二君，家無二尊，以一治之也。故父在爲母齊衰期者，見無二尊也。"我認爲，這兩種説法的前一種是純粹的仁，後一種裏邊已滲透進義來。或者説前一種説法反映原始社會時期的情況，後一種説法反映文明社會出現以後的情況。恩格斯説："在歷史上出現的最初的階級對立，是同個體婚制下的夫妻間的對抗的發展同時發生的，而最初的階級壓迫是同男性對女性的奴役同時發生的。……個體婚制是文明社會的細胞形態，根據這種形態我們可以研究文明社會內部充分發展着的對立和矛盾的本來性質。"①由此可見，在個體婚制下出現的夫尊妻卑，有歷史的必然性，作爲一種社會意識形態來説，衹要這個社會制度還有生命力，就不是任何人的主觀意志所能改變的。

―――――――――

　　① 《馬克思恩格斯全集》第 21 卷，第 78 頁。

關於親親而外的仁，《孟子・梁惠王上》講的比較充分。他說："老吾老以及人之老，幼吾幼以及人之幼，天下可運於掌。《詩》云：'刑於寡妻，至於兄弟，以御於家邦。'言舉斯心加諸彼而已，故推恩足以保四海，不推恩無以保妻子。"

關於義的實質與應用，《荀子・王制》講的最爲精闢。他說："水火有氣而無生，草木有生而無知，禽獸有知而無義。人有氣有生有知亦且有義，故最爲天下貴也。力不若牛，走不若馬，而牛馬爲用，何也？曰，人能群，彼不能群也。人何以能群？曰：分。分何以能行？曰義。故義以分則和，和則一，一則多力，多力則强，强則勝物。"又說："分均則不偏，勢齊則不壹，衆齊則不使。有天有地而上下有差，明王始立而處國有制。夫兩貴之不能相事，兩賤之不能相使，是天數也。勢位齊而欲惡同，物不能贍則必爭，爭則必亂，亂則窮矣。先王惡其亂也，故制禮義以分之，使有貧、富、貴、賤之等，足以相兼臨者，是養天下之本也。《書》曰'維齊非齊'，此之謂也。"荀子這段話的大意可以概括爲三點。第一是說義的產生，不在於以血族團體爲基礎的原始社會，而在於國家出現以後。這一點與《禮記・禮運》把"禮義以爲紀"列於"天下爲家"之後和《易・序卦傳》說"有君臣然後有上下，有上下然後禮義有所措"的觀點是一致的。第二是說制禮義的目的是爲了防亂，即用禮義來維護社會的安寧秩序。他是認識到社會的人無論在生理上和心理上都是有差別的。義就是按照這些差別的具體情況，而作適當的符合實際的安排。《中庸》所說的"義者宜也"，就是這個意思。第三他認爲義是人類區別於生物和無生物的標誌或特點。

綜上所述，可知相親相愛就是仁，遵紀守法就是義。沒有仁，人類將不能存在和發展。沒有義，社會想存在和發展，恐怕也不可能。因爲，即便到了共產主義社會，階級消滅了，等級還要存在的。

今人向西方學習，每盛贊"個人主義"，盛贊"自由、平等"，而否定仁義。我殊不以爲然。我認爲"個人主義"對於反對依附，培育獨立人格，確實具有好的一面。報載一些西方國家首腦的子女，都獨立生活，不依靠父母，博得世人稱贊，就是一例。不過，個人和集體是對立的統一。個人脫離集體，蔑視團結互助，在很多情況下，是行不通的。"自由、平等"大體上說，也是這樣。自由是爲了反對不自由，平等是爲了反對不平等。當階級統治肆虐，壓迫剝削加劇的時侯，提出這等口號，對於動員群衆，壯大革命隊伍，曾是有力的思想武器。但當階級鬥爭緩解，社會進入和平建設時期，情況就不同了。這時如果不強調紀律而片面地強調自由，就不免侵犯他人的自由；如果不提差別，而片面地強調平等，就不免重蹈平均主義的覆轍。

反之，我們看孔子所講的仁義，在戰爭年代，固然多"見以爲迂遠而闊於事情"。然而從積極意義來説，它不僅有時代性，并且有超對代性。我看，無論到什麼時候，如果真正能够行仁，使人人親如兄弟，如果真正能够行義，使社會實現安寧秩序，有什麼不好呢？聽說近年來亞洲一些經濟發展較快的國家，如南朝鮮、新加坡，有提倡新儒學之事，顯然他們是認識到儒學的好處。作爲儒學發源地的中國，我們應該怎樣對待呢？當然，這不是説：我們不應該向西方學習馬克思列寧主義，不應該向西方學習科學技術。我們正由於缺少這些東西，才落得個落後挨打。我們不願意落後挨打，怎能不學習這些東西？不過，我們有一個取捨的標準，就是看它是不是真理，是不是有益於人民，而不是什麼中或西，新或舊。

今日我們中國已經站起來了。現正在從事偉大的社會主義建設，乃竟有人喪失民族自信心與自尊心，用民族虛無主義的眼光來看待中國傳統文化，這是很不應該的。

（《孔子研究》1989 年第 3 期）

# 孔子與現代化

談孔子與現代化，首先要解決一個問題。這就是"五四"及其以後長時期批孔，而今天卻大張旗鼓地紀念孔子誕辰二千五百四十周年。到底誰對誰不對，是批對，還是紀念對呢？我説都對。原因是時代不同了。前此是革命年代，戰爭年代，而今天是和平年代，建設年代，好似冬衣裘，夏衣葛，没有什麼奇怪的，人們所以迷惑不解，過在不學歷史，或學歷史，而不能心知其意。如果學歷史，又心知其意，就會看到，不祇"五四"時期批孔，中國歷史上曾多次批孔。不過，須注意，批孔總是在戰亂年代。我舉一個例子。《史記·酈生陸賈列傳》説："沛公（劉邦）不好儒，諸客冠儒冠來者，沛公輒解其冠，溲溺其中。與人言，常大駡。"證明劉邦在楚漢相爭時，就是批孔的。然而在取得政權以後就不同了，竟由批孔而變成"過魯以太牢祠孔子"（《史記·孔子世家》）了。再舉戰國時期的事實作爲一個例子。當時天下大亂，百家争鳴，道、墨、法諸家没有不批孔的。《莊子·天運》有一段話，最能説到問題的本質。它説："夫水行莫如用舟，而陸行莫如用車，以舟之可行於水也，而求推之於陸，則没世不行尋常。古今非水陸與？周魯非舟車與？今蘄行周於魯，是猶推舟於陸也。勞而無功，身必有殃，彼未知夫無方之傳應物而不窮者也。"莊子這段話就是説，孔子行西周和平時期之道於魯國戰亂時期，是猶推舟於陸，不但行不通，還會有災害的。《孟子·滕文公下》説："天下之生久矣，一治一亂。"這句話我看符合真理。人類社會歷史就是一治一亂，交替進行。應用辯證法的規律來説，一治相當於量變，一亂相當於質變。中國有句老話，叫做"治世尚文,亂世尚武",我看是對的。今日中國正是革命已取得勝利,進入和平建設時期,作爲中國傳統文化代表的孔子,自然應予以重視了。

孔子是古代人,與現代化相提並論,不矛盾嗎? 我説不矛盾。問題在對孔子和現代化二者作如何理解。我認爲我們所説的現代化,正確的理解應當是完成社會主義建設進而走向共產主義,實現國防等四個現代化,固然重要,但它祇是手段,而不是目的。大家知道,我們進行社會主義建設,第一,必須用馬列主義毛澤東思想作指導,第二,必須從中國具體實際出發。從中國具體實際出發就不能不牽涉到孔子了。因爲孔子是中國傳統文化的代表。嚴格説,中國每一個人的心靈深處,都有孔子思想的烙印。那麼什麼是孔子思想呢? 我認爲簡單説就是仁義。這從孔子的反對派道家莊子,主要攻擊仁義,並詭稱孔子自己説過他的學問"要在仁義"(《莊子•天道》),可爲證明。什麼是仁義呢? 簡單説,仁是指人要相親相愛,以父母與子女之愛爲出發點,進而推廣於全人類。義是指社會要有安寧秩序,它是承認人類在心理上生理上有差別性,因而作了適當的合理的處置。想瞭解它們,不必旁徵博引,目前我國對內制定的達到温飽、小康、中等發達國家的計劃,就屬仁的範圍,要求安定團結,就屬義的範圍。對外反對霸權主義,主張和平共處,就是孔子"遠人不服,則修文德以來之"(《論語•季氏》)觀點的具體運用。

(《書林》1990 年第 3 期)

# 論孔子思想的兩個核心

《論語》上記載孔子怕他的學生對他的學術思想有誤解，曾一再對他的學生說，"吾道一以貫之"（《里仁》），"予一以貫之"（《衛靈公》）。看來這個"一以貫之"，對於瞭解孔子的思想至爲重要。毋寧說，它是瞭解孔子思想的一把鑰匙。

那麼，什麼是"一以貫之"呢？據我看，這個"一以貫之"是說孔子思想不像一大堆散無所統的資料倉庫，而是有體系的。也就是說，孔子的思想是以某一最高概念作爲核心而建立起來的一種體系。那麼，作爲孔子思想體系的核心是什麼？曾子說是"忠恕"（《里仁》）。這種說法雖然不能說不對，但不够全面。因爲他祇看到社會方面，而沒有看到自然方面。或者說，他祇看到孔子的人生觀一方面，而沒有看到孔子的自然觀、認識論、方法論等方面的問題。

據我看，孔子的思想，如果說得全面、具體些，不妨說它有兩個核心：一個是"時"；另一個是"仁義"。第一個核心是基本的，第二個核心是從屬的。第一個核心偏重在自然方面，第二個核心偏重在社會方面。孔子又特別重視"中"，實際上中是從時派生出來的。孔子還特別重視"禮"，實際上禮是從仁義派生出來的。

下面對上述觀點分別作較詳細的闡釋。

## 一、時、中

孟子曾評論過幾位享有盛名的歷史人物。他說："伯夷聖之清者也,伊尹聖之任者也,柳下惠聖之和者也,孔子聖之時者也。"
(《孟子·萬章下》)並舉出"孔子之去齊,接淅而行。去魯,曰,'遲
遲吾行也,去父母國之道也。'可以速而速,可以久而久,可以處而
處,可以仕而仕,孔子也"(《孟子·萬章下》),以作爲孔子是聖之時
的根據。這種説法對不對呢? 我認爲是對的。孟子真正抓住了孔
子思想的特點。孔子在論述了"逸民伯夷、叔齊、虞仲、夷逸、朱張、
柳下惠、少連"七人之後,也説過"我則異於是,無可無不可"(《論
語·微子》)。這個"無可無不可"應是孔子是"聖之時"的確詁。什
麼是"無可無不可"呢? 我認爲這是説可與不可二者從表面上看儘
管是對立的,但在一定的條件下可以互相轉化。即"可"可以變成
"不可","不可"可以變成"可"。如孔子去齊,速是可;而去魯,速就
變成不可了。去齊時,遲是不可;而去魯,遲就變成可了。亦如,冬
祁寒,衣裘可,衣葛不可。反之,夏酷暑,則衣裘不可,衣葛可。因
此,孔子所説的"無可無不可",也可以作爲孔子是"聖之時"的證
明。什麼是"聖之時"? 就是説孔子能應用辯證的觀點處理問題。
因爲,自形而上學者看來,可就是可,不能變成不可。不可就是不
可,不能變成可。祇有能應用辯證的觀點處理問題的人,才知道可
與不可不是固定的,可以互相轉化。

　　可能有人不同意上述看法,以爲這是把孔子現代化。我不這
樣看。我認爲看問題要看它的實質,至於是今是古以及用什麼語
言來表達,都不是主要的。

　　應當指出,孔子應用辯證的觀點處理問題,並不限於上述兩個
事例,在《論語》中還可以找到很多例子。例如《學而》説:"子曰:
'賜也,始可與言詩已矣,告諸往而知來者。'"往與來是對立的,孔
子説"告諸往而知來",表明孔子知道二者可以互相轉化。《爲政》
説:"子曰:'温故而知新,可以爲師矣。'""故"與"新"也是對立的,
孔子説"温故而知新",也表明孔子知道二者可以互相轉化。餘如
同一問孝,而答孟懿子、孟武伯、子游、子夏各異(《論語·爲政》)。

同一問仁，而答顏淵、仲弓、司馬牛、樊遲等有很大不同（《論語·顏淵》）。特別是子路與冉有都問"聞斯行諸"？而孔子的回答不但不同，甚至相反。由於公西華之問，孔子作了解釋，才明白了"求也退，故進之，由也兼人，故退之"。這正是"無可無不可"思想的具體表現。又《論語·子罕》記顏淵從孔子受業，一次"喟然嘆曰'仰之彌高，鑽之彌堅，瞻之在前，忽焉在後'"。這個"仰之彌高，鑽之彌堅"，可以理解爲是指孔子具有卓越的學識，高不可攀，和孔子具有堅實的理論，顛撲不破。但是，"瞻之在前，忽焉在後"是什麼意思呢？前人如何晏、朱熹都釋爲"恍惚不可爲形象"。我看這是妄説，實際他們都不瞭解這兩句話的確切含義。應該説，這正是指孔子能應用辯證的觀點處理問題，而持形而上學觀點的顏淵則不能理解。顏淵是把可與不可看成是對立的。認爲可就是可，不能變成不可。不可就是不可，不能變成可。一旦看到孔子把可説成不可，把不可説成可，他就惶惑了，以爲本來是"瞻之在前"，怎麼"忽焉在後"呢？他不知道，這正是他不懂辯證法的緣故。何晏、朱熹也不懂辯證法，所以他們也不能理解這兩句話是什麼意思。《子罕》又説："子絕四：毋意，毋必，毋固，毋我。"意、必、固、我，恰是形而上學者的特徵。"子絕四"，與孔子説"我則異於是，無可無不可"的大意相同，説明孔子的見解不是固定的，能應用辯證的觀點處理問題。

當然，孔子的辯證思想是不徹底的。其不徹底最明顯地表現在歷史方面。在歷史方面，他知道"天下爲公"是爲"天下爲家"所代替（《禮記·禮運》）。他知道"唐虞禪，夏后殷周繼，其義一也"（《孟子·萬章上》）。他知道湯放桀，武王伐紂是革命（《易·革卦·象傳》）。但是，在周的社會制度也將爲新的社會制度所代替時，他卻錯誤地認爲"周監於二代，郁郁乎文哉"（《論語·八佾》），周制度是最好的，不應改變的。因此，他總是夢見周公（《論語·述而》），渴望恢復西周時的政治。正如《莊子·天運》所説的，他是"蘄行周於魯"。他不知道當時的社會也必將爲新的社會所代替。

這樣，他的思想就不能説是徹底的辯證法了。不過這並不妨礙我們説他的思想核心是孟子所説的"時"。如用馬克思主義哲學語言來説，也可以説他具有辯證的世界觀。

又，孔子特別重視"中庸"。他嘗給"中庸"以很高的評價。説："中庸之爲德，其至矣乎！民鮮久矣。"（《論語·雍也》）他的孫子子思作《中庸》，又專門闡發孔子的觀點。我在上文之所以説中是由時派生出來的，是因爲孔子所重視的中庸是時中，而不是如有些人所説的是折中主義。《中庸》説，"仲尼曰：'君子之中庸也，君子而時中'"，就是有力的證明。《孟子·盡心上》説："子莫執中。執中爲近之。執中無權，猶執一也。所惡執一者，爲其賊道也，舉一而廢百也。"孟子所説的有權的中，實際上就是時中。什麽叫作權？權的本義是秤錘。以秤量物重時，秤錘必須前後移動，才能量出準確物重。《孟子·離婁上》説："男女授受不親，禮也。嫂溺援之以手者，權也。"這個"權"字與"執中而無權"的權字意思是一樣的，都有隨時變化，亦即時中的意思。在中國，重視中的歷史起源很早。《論語·堯曰》説，"堯曰：'咨爾舜！天之曆數在爾躬，允執其中，四海困窮，天祿永終。'舜亦以命禹"。《中庸》説："舜好問而好察邇言，隱惡而揚善，執其兩端，用其中於民。"《孟子·離婁下》説："湯執中，立賢無方。"不過，這些所謂中，到底是子莫的中，還是孔子的中，今已無考。但是孔子所重視的中是有權的中即時中，則是確定無疑的。《論語·先進》説："子貢問：'師與商也孰賢？'子曰：'師也過，商也不及。'曰：'然則師愈與？'子曰：'過猶不及。'"由這個例子可以看出，孔子所説的中，既不是過，也不是不及，而是恰到好處。今人喜稱孔子的中庸是折中、調和，這是不正確的。折中、調和的實質是孔子所説的"鄉原"，而孔子是深惡鄉原的。《論語·陽貨》説："子曰：'鄉原，德之賊也。'"同書《子路》説："子曰：'不得中行而與之，必也狂狷乎！狂者進取，狷者有所不爲也。'"《孟子·盡心下》有一大段文字，對於這個問題闡釋得最爲透闢。兹徵引如下。

　　萬章問曰:"孔子在陳,曰:'盍歸乎來! 吾黨之士狂
簡進取不忘其初。'孔子在陳,何思魯之狂士?"孟子曰:
"孔子不得中道而與之,必也狂狷乎! 狂者進取,狷者有
所不爲也。孔子豈不欲中道哉? 不可必得,故思其次
也。""敢問,何如斯可謂狂矣?"曰:"如琴張、曾晳、牧皮
者,孔子之所謂狂矣。""何以謂之狂也?"曰:"其志嘐嘐
然,曰:'古之人,古之人。'夷考其行而不掩焉者也。狂者
又不可得,欲得不屑不潔之士而與之,是狷也,是又其次
也。孔子曰:'過我門而不入我室,我不憾焉者,其惟鄉原
乎? 鄉原,德之賊也。'"曰:"何如斯可謂之鄉原矣?"曰:
"何以是嘐嘐也? 言不顧行,行不顧言,則曰:'古之人,古
之人。'行何爲踽踽涼涼? 生斯世也,爲斯世也,善斯可
矣,閹然媚於世也者,是鄉原也。"萬子曰:"一鄉皆稱原人
焉,無所往而不爲原人。孔子以爲德之賊,何哉?"曰:"非
之無舉也,刺之無刺也,同乎流俗,合乎汙世,居之似忠
信,行之似廉潔,衆皆悅之,自以爲是,而不可與入堯舜之
道,故曰德之賊也。孔子曰:'惡似而非者。惡莠恐其亂
苗也,惡佞恐其亂義也,惡利口恐其亂信也,惡鄭聲恐其
亂樂也,惡紫恐其亂朱也,惡鄉原恐其亂德也。'"

　　爲什麼我說時是孔子思想的核心,并且說,這個核心是基本
的,代表孔子的自然觀呢? 這一點需要從這個思想的起源來說明。
我認爲《中庸》說"天命之謂性,率性之謂道",又說"喜怒哀樂之未
發謂之中,發而皆中節謂之和。中也者,天下之大本也。和也者,
天下之達道也。致中和,天地位焉,萬物育焉",實已接觸到這個問
題。從起源來說,孔子的這個思想,實出於《易》。關於《易傳》的作
者,過去學術界曾有許多看法,爭論不休。近年來李學勤同志根據
長沙馬王堆漢墓出土文書,證明是孔子所作,我同意他的看法。現
在首先需要談一個問題。這就是《周易》是講什麼的? 孔子在《繫

辭傳下》説："《易》之爲書也，廣大悉備，有天道焉，有人道焉，有地
道焉，兼三材而兩之，故六，六者非它也，三材之道也。"在《説卦傳》
説："昔者聖人之作《易》也，將以順性命之理，是以立天之道曰陰與
陽，立地之道曰柔與剛，立人之道曰仁與義，兼三才而兩之，故《易》
六畫而成卦。"在《繫辭傳上》説："《易》與天地準，故能彌綸天地之
道。"在《繫辭傳下》説："天地設位，聖人成能，人謀鬼謀，百姓與
能。"在《乾文言》説："夫大人者，與天地合其德，與日月合其明，與
四時合其序，與鬼神合其吉凶，先天而天弗違，後天而奉天時。"綜
上所述，可以看出，《周易》一書，總的説是講天地人三才的。天地
亦可單稱天。例如説"先天而天弗違"，這個"天"就兼天地而言。
人又可稱"大人"、"聖人"。例如説"夫大人者，與天地合其德"，"天
地設位，聖人成能"。總而言之，"天地"或"天"，都是指自然界。
"人"、"大人"和"聖人"則是指人類社會。從"天地設位，聖人成
能"，"天地變化，聖人效之"以及"大人者與天地合其德"等提法還
可以看出，在天地人三材中，天地是基本的，人是從屬的。説得明
白些，就是作《易》者在認識自然規律之後，又把這個規律應用於人
類社會。

　　現在需要説明的，就是上文所説的自然規律，其具體内容是什
麼？以及作《易》者是怎麼認識這個規律的？我認爲要瞭解這個問
題，首先要瞭解中國古代的曆法。我所説的古代曆法並不是指龐
樸同志所説的"火曆"，而是指《尚書·堯典》内所講述的那種曆法。
《易大傳》記述的筮法有"揲之以四，以象四時，歸奇於扐以象閏"。
"乾之策二百一十有六，坤之策百四十有四，凡三百有六十，當期之
日。二篇之策萬有一千五百二十，當萬物之數也"等説法，就是作
《易》者的思想基礎與堯時所制定的曆法有密切關係的證明。因
此，我認爲《易大傳》所説的"乾爲天"的"天"，實際上就是《尚書·
堯典》裏所説的"欽若昊天"的"天"，也就是《論語·泰伯》所説的
"唯天爲大，唯堯則之"的"天"，也就是《論語·堯曰》所説的"堯曰：

'咨爾舜！天之曆數在爾躬"的"天"。所有上述這些"天"，毫無例外，都應理解爲曆法上所説的天。兹再作具體分析如下：首先《堯典》所説的"欽若昊天"，實際上指的就是下文所説的"曆象日月星辰"。而制定歷法，所有日月和經星二十八宿雖然都需要"曆象"，即觀測計算，但最重要的則是日，即太陽。《堯典》有"寅賓出日"，"寅餞納日"。《禮記・郊特牲》説："郊之祭也，迎長日之至也，大報天而主日也。"《漢書・魏相傳》説："天地變化，必由陰陽，陰陽之分，以日爲紀，日冬夏至則八風之序立、萬物之性成。"就是證明。《論語》所説的"唯天爲大，唯堯則之"應怎麼理解？孔安國説："則，法也，美堯能法天而行化。"這種説法不能説不對，但不具體。朱熹説："則猶準也，言物之高大，莫有過於天者，而獨堯之德能與之準"，就不對了。其實這個"則天"，就是指堯的若天。若天而制曆，制曆而"敬授人時"，"允釐百工"。《論語》説："天之曆數在爾躬。"應怎麼理解？何晏説："曆數謂列次也。"朱熹説："曆數，帝王相繼之次第，猶歲時節氣之先後也。"這兩種説法大意相同，都是極大的錯誤，直接爲"終始五德之運"張目，影響極壞。這個"曆數"實際上就是《尚書・洪範》"五紀：一曰歲，二曰月，三曰日，四曰星辰，五曰曆數"的曆數。"天之曆數在爾躬"，就是説舜將繼堯執政。古時有朔政制度，誰掌管朔政，誰就掌握政權。《周禮・春官・大史》説："正歲年以序事，頒之於官府及都鄙，頒告朔於邦國。"《論語・八佾》説："子貢欲去告朔之餼羊。子曰：'賜也！爾愛其羊，我愛其禮。'"二書所説的無疑就是朔政問題。這種"朔政"制度大概便是自堯時制定了新曆法以後開始建立並實行的。

　　由制曆所形成的思想，具體反映在《周易》裹，就是則乾象天。這個天實際上是指日，即太陽。乾卦卦辭説"元亨利貞"，是説由太陽的正射斜射而區分四時。坤象地。坤卦卦辭説："元亨，利牝馬之貞。""利牝馬之貞"是説大地不能獨立地發揮作用，必待四時寒暑之往來變遷，然後才能顯現出春生、夏長、秋收、冬藏的功能。乾

卦《彖傳》説："大哉乾元，萬物資始，乃統天。"坤卦《彖傳》説："至哉
坤元，萬物資生，乃順承天。"兩卦《彖傳》一個説"資始"，一個説"資
生"，一個説"統天"，一個説"乃順承天"，很明顯就是説明天地二者
在生萬物時作用不同的問題。《繫辭傳下》説："乾，陽物也。坤，陰
物也。陰陽合德，而剛柔有體，以體天地之撰，以通神明之德。"《序
卦傳》説"有天地，然後萬物生焉"，也是説明這個問題。因此，《繫
辭傳上》於"八卦定吉凶，吉凶生大業"下説："是故法象莫大乎天
地，變通莫大乎四時"，是根據事實説話的。從哲學的觀點來看，
《易大傳》所説的"乾，陽物也。坤，陰物也。陰陽合德而剛柔有
體"，符合辯證法的對立統一規律。所説的"闔户謂之坤，闢户謂之
乾，一闔一闢謂之變，往來不窮謂之通"，符合辯證法的質量互變規
律。而自《序卦傳》亦即《周易》六十四卦的結構來看，則辯證法的
各種規律幾乎無不具備。由上文論證，可以相信它是由堯時制定
的曆法得到啓示而作出的。由此可見，《周易》以天地人三才之道
作爲基本内容，實際上就是認識了自然規律，同時并且認識到社會
規律與自然規律基本上是一致的，從而利用卜筮的形式把所認識
的自然規律應用於人類社會。《論語·爲政》説："子曰，'吾⋯⋯五
十而知天命。'"同書《述而》説："子曰，'加我數年，五十以學《易》，
可以無大過矣'。"證明孔子學《易》之年正是知天命之年。

　　正由於孔子學《易》瞭解了自然規律，所以他作《易大傳》對於
時特别感興趣，最顯著的例子，於《乾卦彖傳》説："六位時成，時乘
六龍以御天。"於艮卦《彖傳》説："時止則止，時行則行，動静不失其
時，其道光明。"於豐卦《彖傳》説："天地盈虚，與時消息。"特别是於
豫卦《彖傳》説："豫之時義大矣哉！"於隨卦《彖傳》説："隨時之義大
矣哉！"於頤卦《彖傳》、大過《彖傳》、遯卦《彖傳》、蹇卦《彖傳》、睽卦
《彖傳》、解卦《彖傳》、姤卦《彖傳》、革卦《彖傳》、旅卦《彖傳》、坎卦
《彖傳》也説過同樣的話。孔子著《易大傳》如此反復地陳説時字，
證明他確實認識到時的重要性，亦即確實認識到辯證法的重要性。

　　現在可以談《中庸》了。我認爲《中庸》開篇一段話，至爲重要，可惜舊解多誤。兹按照我的理解申釋如下。我認爲"天命之謂性"與《大戴禮記·本命》所說"分於道謂之命，形於一謂之性"的思想是一致的。所說的"天"與"道"都是指自然界。不同的是"天"是從形態一方面說的，"道"是從性質一方面說的。《中庸》說"天命之謂性"，是說萬物包括人的各自性質都是自然決定的。《本命》說"分於道謂之命，形於一謂之性"，則是把命和性分開來說的。認爲單純從自然分離出來這一點來說，叫做命。而從萬物包括人從自然分離出來之後形成各自不同的性質來說，叫做性。"率性之謂道"，這個"率"字應該怎麼解釋？鄭玄、朱熹都釋"率"爲循，我認爲非是。因爲《禮記·學記》說："玉不琢，不成器；人不學，不知道。"足見人的知道是學來的。如果不學，任性而動，怎能說就是道呢？因此，我認爲"率性"之率不應釋爲循，而應釋爲"堯舜率天下以仁，而民從之"的"率"。率的意思是統率。誰來統率呢？就是上文所說的"天"。這個問題可以引用《易·繫辭傳》中談性的兩段文字來說明。《繫辭傳上》說："一陰一陽之謂道，繼之者善也，成之者性也。""一陰一陽"實際上包括對立的統一和鬥爭兩個方面，在今日稱爲自然規律，而在古人則稱爲道。"繼之"是繼承道，亦即繼承自然規律。說得具體些，就是按照自然規律辦事。"成之者性也"同《本命》說"形於一謂之性"是一個意思。是說性雖是自然所生，但與自然不同，它又具有自己的特質。同篇又說："子曰：'《易》其至矣乎！夫《易》聖人所以崇德而廣業也。知崇，禮卑，崇效天，卑法地。天地設位而《易》行乎其中矣。成性存存，道義之門。'"這裏談"成性"是用"效天"、"法地"成性。而且成性之後，還要存之又存，唯恐失之，才是道義之門。怎能說循性而行，就叫做道呢？由此可見，鄭、朱二人釋率爲循是錯誤的。《中庸》下文又提到"修道之謂教"、"戒慎乎其所不睹，恐懼乎其所不聞"等等，其實這都不是循性，而是率性的功夫。祇有平日有率性的功夫，才能達到"喜怒哀樂之未發"

的中。也祇有有了"喜怒哀樂之未發"的中,才能達到"發而皆中節"的和。祇有這樣,才能説"致中和,天地位焉,萬物育焉"。爲什麽"致中和"就是"天地位焉,萬物育焉"? 關於這段話,鄭玄祇解釋了"致"、"位"、"育"三個單字的意義,孔穎達則用漢人天人感應之説敷衍一番,朱熹的解釋離題更遠,誰也没有解決問題。我認爲,"致中"是"率性"的結果。亦即《易大傳》所説的"效天法地"的結果。祇有這樣的"致中"才可以説是"天地位焉"。也祇有"致中"是"天地位焉",才可以説"致和"是"萬物育焉"。《易·序卦傳》説:"有天地,然後萬物生焉。"不是最好的證明嗎?

孔穎達《中庸》疏説:"案鄭《目録》云:'曰《中庸》者,以其記中和之爲用也,庸,用也。"根據上述這段話,我看鄭説是對的。所以,孔子所重視的中,乃是《中庸》所説的"喜怒哀樂之未發謂之中",即時中。

## 二、仁義、禮

我認爲仁義也是孔子思想核心之一。但與"時"比較,則"時"是基本的,而"仁義"是從屬的。這一點,從《易·説卦傳》所説"昔者聖人之作《易》也,將以順性命之理,是以立天之道曰陰與陽,立地之道曰柔與剛,立人之道曰仁與義。"可以看得很清楚。因爲人類社會與自然界來比較,不能不處於第二位。

有人説,孔子的思想核心是仁。這種説法不無道理。因爲《吕氏春秋·不二》説:"孔子貴仁。"在《論語》裏談到仁的地方也確實很多。但在《論語》談義的地方也不少。祇是不見有仁義連用罷了。有人説,仁義是孟子的專利品。我認爲這種説法是祇看到了表面現象,其實並非如此。我們知道莊子與孟子同時或稍前。司馬遷説莊子:"作《漁父》《盗跖》《胠篋》以詆訕孔子之徒。"今在《莊子》三十三篇中,可以看到有十七篇言及仁義,已超過半數。特别是《天運》説：“孔子見老聃而語仁義。”《天道》説：“孔子往見老聃，……於是繙十二經以説。老聃中其説，曰：‘大謾，願聞其要。’孔子曰：‘要在仁義。’”《讓王》説：“今丘抱仁義之道。”《漁父》説：“孔子……身行仁義。”如果衹有孟子始言仁義，爲什麽莊子如此攻擊孔子的仁義，而且假託孔子説“要在仁義”呢？不僅如此，在《論語》中，雖然不見有仁義連用，但孔子總是把“出則事公卿”與“入則事父兄”、“遠之事君”與“邇之事父”、“君君臣臣”與“父父子子”並列在一起。從實質上看，這不也是仁義連用嗎？所以，孔子在《説卦傳》説：“立人之道曰仁與義。”這是孔子思想在人道，亦即人生觀方面以仁義爲核心的確鑿證明，是不容懷疑的。

那麽什麽是仁義？由於孔子在《論語》裏，語及仁義多是隨方施教，沒有作過正面的、確切的詮釋，所以在這個問題上，後人總是衆説紛紜。例如韓愈説：“博愛之謂仁，行而宜之之謂義。”朱熹説：仁是“心之德愛之理”，義是“心之制事之宜”。其實這些説法都不是孔子立説的本意。我認爲對於作爲孔子思想核心之一的仁義的最全面最精確的詮釋，莫如《中庸》中孔子答“哀公問政”一段話：“仁者人也，親親爲大。義者宜也，尊賢爲大。親親之殺，尊賢之等，禮所生也。”這段話對於仁義包括禮三者的内容、特點以及其相互之間的關係闡釋得非常全面而精確。

首先説，“仁者人也”是什麽意思？我認爲人和仁本來是一個字，後來由於歷史發展，仁自人分化出來，但仍不能不保留原有的含義。這裏的“仁者人也”的人字，實際上具有兩層含義。一是説仁的産生，二是説仁的適用範圍，都衹限於人類。《莊子·天運》説：“商太宰蕩問仁於莊子。莊子曰，‘虎狼仁也。’曰，‘何謂也？’莊子曰，‘父子相親，何爲不仁。’”莊子説“虎狼仁也”，實際上是對孔子言仁的故意歪曲，藉以反對孔子。虎狼固然是父子相親，但是，它不能把這個相親推廣於全體獸類，而仁則不然。《論語·泰伯》説：“子曰，‘君子篤於親，則民興於仁’。”即人類能把“父子相親”的

“親”推廣於全體人類。所以莊子說“虎狼仁也”，是不對的。《論語・鄉黨》說：“厩焚，子退朝，曰傷人乎？不問馬。”又《顏淵》說：“子夏曰：‘君子敬而無失，恭而有禮，四海之內皆兄弟也。’”《呂氏春秋・愛類》說：“仁於他物，不仁於人，不得爲仁。不仁於他物，獨仁於人，猶若爲仁。仁也者，仁乎其類者也。”可見，孔子所說的仁，其範圍祇限於人類。後世有人說“仁者以天地萬物爲一體”，也不是孔子的觀點。

　　“親親爲大”則是說仁的適用範圍儘管是全人類，但“親親”最爲重要。因爲“親親”是仁的起點，仁的原動力。不能“親親”而能親一切人，是所謂“其所厚者薄而其所薄者厚，未之有也”。

　　“義者宜也”是什麼意思呢？“宜”的意思是合適，恰當。“義者宜也”的意思是說處理事物合適、恰當就是義。所謂合適、恰當，有沒有標準？標準是有的，但不固定。要因人制宜，因事制宜，因時制宜，因地制宜。所謂制宜，實際上是要求主觀與客觀能達到一致。客觀上的事物是千差萬別的。在主觀上處理時，也要符合客觀上的實際情況，而不應千篇一律。《孟子・滕文公上》說：“物之不齊，物之情也。或相倍蓰，或相什百，或相千萬。比而同之，是亂天下也。”孟子所說的“比而同之”，就是不宜，也就是不義。

　　“尊賢爲大”是什麼意思？要瞭解這個問題，首先要瞭解“尊賢”與“親親”不同。“尊賢”講的是義，“親親”講的是仁。講義所重在社會，講仁所重在家庭。當然，這並不是說在社會上就不講仁，在家庭中就不講義。《禮記・喪服四制》說：“門內之治恩掩義，門外之治義斷恩”，實正確地說明了這個問題。“尊賢爲大”，意思是說義的範圍所包甚廣，不以尊賢爲限，但“尊賢”是義中的頭等大事。《禮記・孔子燕居》說：“目巧之室則有奧阼，席則有上下，車則有左右，行則有隨，立則有序，古之義也。”這是義的範圍不以尊賢爲限的證明。

　　“親親之殺”是說“親親”有親疏遠近等級上的差別。《禮記・

喪服小記》説：“親親以三爲五，以五爲九，上殺、下殺、旁殺而親畢矣。”可以看作“親親之殺”的注脚。鄭玄説：“己上親父，下親子，三也。以父親祖，以子親孫，五也。以祖親高祖，以孫親玄孫，九也。殺謂親益疏者，服之則輕。”鄭説是對的。

“尊賢之等”，是説人的賢才有高下，表現在職位上也應有尊卑貴賤等級上的差別。《左傳》莊公十八年説：“王命諸侯，名位不同，禮亦異數。”《荀子·王制》説：“分均則不偏，勢齊則不一，衆齊則不使。有天有地而上下有差，明王始立而處國有制。夫兩貴之不能相事，兩賤之不能相使，是天數也。勢位齊而欲惡同，物不能瞻則必爭。爭則必亂，亂則窮矣。先王惡其亂也，故制禮義以分之，使有貧、富、貴、賤之等，足以相兼臨者，是養天下之本也。”從上述兩段引文，對“尊賢之等”的實際和理論可以看得很清楚了。

“禮所生也”，是説禮就是由仁的親親之殺和義的尊賢之等産生出來的。所以，禮不是別的，它是仁義的表現形式。《論語·顏淵》説：“顏淵問仁？子曰，‘克己復禮爲仁。’顏淵曰：‘請問其目？’子曰：‘非禮勿視，非禮勿聽，非禮勿言，非禮勿動。’”《孟子·離婁上》説：“孟子曰：‘仁之實，事親是也。義之實，從兄是也。禮之實，節文斯二者是也。’”都是證明。孟子所謂“斯二者”就是仁義，所謂“節文斯二者”就是説禮是仁義的表現形式。關於節文的意義，明見於《禮記·三年問》：“三年之喪何也？曰：稱情而立文，因以飾群別親疏貴賤之節。”這裏所説的“三年之喪”，就是禮。所説的“情”，指内容。所説的“文”指斬衰之服。所説的“節”，指喪期三年。總之，“節文”是形式而“情”爲内容。可見孟子所説的“禮之實，節文斯二者是也”正是説禮是仁義的表現形式。

仁義作爲一種事物，也有它的發生發展過程。而這個發生發展過程不能不受歷史條件的制約。《尚書·堯典》説：“帝曰：契！百姓不親，五品不遜，汝作司徒，敬敷五教，在寬。”這個“五教”是什麽呢？《左傳》文公十八年説是“父義、母慈、兄友、弟恭、子孝”。

《孟子·滕文公上》説是"父子有親,君臣有義,夫婦有別,長幼有序,朋友有信"。我認爲從真實性來説,《左傳》對。因爲在堯舜時代國家還没有産生,它是以血族團體爲基礎的社會,在家庭間强調父母兄弟和子的義務是合理的。然而孟子的説法也不見得没有道理。因爲在戰國時期,人與人之間關係已不限於家庭,加入了君臣、夫婦等等關係,故孟子的解釋也是可以理解的。孟子屢次提到"人倫",於《孟子·滕文公上》説:"使契爲司徒,教以人倫。"同篇又説:"夏曰校,殷曰序,周曰庠,學則三代共之,皆所以明人倫也。"於《離婁上》説:"聖人,人倫之至也。"於《離婁下》説:"舜明於庶物,察於人倫。"什麽是"人倫"? 古人所説的"人倫",實際上就是人與人之間的關係。祇要有社會存在,爲了維持社會的安寧秩序,使社會能够順利地向前發展,就不能不講求如何正確處理人與人之間的關係。所以,孔子所講的仁義,不過是孔子用以處理當時人與人之間關係的工具罷了。《論語·里仁》説:"曾子曰:'夫子之道,忠恕而已矣。'"這個"忠恕",也是用來處理人與人之間的關係的。《中庸》説:"忠恕違道不遠,施諸己而不願,亦勿施於人。"《大學》説:"是故君子有諸己而後求諸人,無諸己而後非諸人,所藏乎身不恕,而能喻諸人者,未之有也。"《論語·雍也》説:"夫仁者,己欲立而立人,己欲達而達人,能近取譬,可謂仁之方也已。"可見"忠恕"是孔子用以處理人與人之間關係的。而"忠恕"的内容則是仁義。所以,曾子把孔子説的"吾道一以貫之"理解爲"夫子之道忠恕而已矣",並不算錯。祇是孟子所説"孔子,聖之時者也"更爲深刻,更能抓住孔子思想的本質。

由於禮是仁義的表現形式,所以,仁義同禮來比較,仁義是抽象的,禮是具體的,我們要瞭解仁義,最好是先瞭解禮。古人稱"經禮三百,曲禮三千"(《禮記·禮器》)。人的所有一切語言行動都有禮作爲規範,非常繁縟。然而大別之不過八種,即《禮記·昏義》所謂:"夫禮始冠,本於昏,重於喪、祭,尊於朝、聘,和於射、鄉,此禮之大體也。"在這八種禮當中,最重要的則是喪禮。在喪禮當中,最能反映人與人之間關係的,莫如喪服。《禮記·大傳》說:"服術有六:一曰親親,二曰尊尊,三曰名,四曰出入,五曰長幼,六曰從服。"鄭玄說:"'親親'父母爲首,'尊尊'君爲首。"說明在喪服當中所反映的基本内容是親親、尊尊,亦即仁義。又孔子作《春秋》。司馬遷在《史記·滑稽列傳》開篇引孔子的話說,"《春秋》以道義。"於《自序》又說:"故《春秋》者,禮義之大宗也。"可見孔子作《春秋》是專用以反映他思想中的義的。《莊子·天下》說:"《春秋》以道名分。""名分"就是尊尊,也就是義,與《史記》所說的並無二致。我們看《春秋》裏記述事實所遵守的原則,如"據魯,尊周,故殷"(《史記·孔子世家》),"所見異辭,所聞異辭,所傳聞異辭"(《公羊傳》隱公元年),"爲尊者諱,爲親者諱,爲賢者諱"(《公羊傳》閔公元年),"内其國而外諸夏,内諸夏而外夷狄"(《公羊傳》成公十五年),等等,都是"《春秋》以道義"的具體表現。

　　最後還要談一個問題,這就是孔子思想核心之一雖然是仁義,但是在仁義當中他特別强調仁則是事實。例如《孟子·離婁上》說:"孔子曰:'道二,仁與不仁而已矣。'"《論語》裏談仁的地方也確實比較多。這是什麽原因呢? 我認爲這個問題需要從歷史中找答案。孔子雖然生在春秋時期,但從他的學術思想來說,則如《中庸》所說是"祖述堯舜,憲章文武",即有得於"軍事民主制"時期的思想較多。因此,他强調"親親",强調仁,亦即强調血族關係,是可以理解的。在孔子後,孟子强調義,荀子强調禮,韓非則特別言法,這都是歷史條件決定的。恩格斯說:"一定歷史時代和一定地區内的人們生活於其下的社會制度,受着兩種生產的制約:一方面受勞動的發展階段的制約,另一方面受家庭的發展階段的制約。勞動愈不發展,勞動產品的數量、從而社會的財富愈受限制,社會制度就愈是在較大程度上受血族關係的支配。"根據恩格斯兩種生產的理論,勞動愈發展,血族關係的支配力量愈減弱。也就是說,歷史進入文明時代以後，從總的趨勢來看，應是階級關係不斷加强，血族關係不斷削弱。所以，孔、孟、荀、韓各家思想的側重點不同，應從歷史條件的變化去找原因，而不要僅僅歸結爲個人的認識。

（原載《歷史研究》1990 年第 5 期）

# 孔子的天道觀與人性論

《論語・公冶長》載："子貢曰：'夫子之文章可得而聞也，夫子之言性與天道不可得而聞也。'"證明性與天道是一個很難瞭解的問題。即便是孔子生時，群弟子中以言語見稱的子貢，亦曾以"不可得而聞"而興嘆。當然，在過去一個時期內，曾經有不少人談過這個問題。不過，當時是在批孔的影響下，談的人多抱有成見，其結論是不足據的。今天不同了。今天我們可以解放思想，實事求是，不必擔心有任何框框了。

## 孔子的天道觀

我認為談孔子的天道觀，實際上是辨明孔子思想是唯心的，還是唯物的問題，亦即根據恩格斯所說的哲學最高問題來考察，孔子是"斷定精神對自然界說來是本原的"，還是"認為自然界是本原的"問題，為了辨明這個問題，不能不涉及到孔子言論中曾經使用的一些天、命以及鬼神等概念。不過，需要說明，古人對於這些概念是有不同的理解的。例如《國語・楚語》說："顓頊受之，乃命南正重司天以屬神，命火正黎司地以屬民。"這個"天"，不消說是應該理解為神或唯心主義的。古人沿用這種理解，當然也是唯心主義的。又如《論語・泰伯》說："唯天為大，唯堯則之。"這個"天"，顯然是指《尚書・堯典》"欽若昊天，曆象日月星辰，敬授人時"的"天"。這就不能不理解為唯物主義的天了。又如"天道"，本意是天行。例如《周易・乾卦・大象》說："天行健。"就應該理解為唯物主義的。然而有人卻理解爲人格神，它就變成唯心主義的了。關於命的問題也一樣。星相家所説的命，當然是唯心主義的了。但是，如《孟子・盡心上》説：“盡其道而死者，正命也。桎梏死者，非正命也。”《莊子・列禦寇》説：“達大命者，隨；達小命者，遭。”二書所説的命，就不見得是唯心主義的。據我看，孟子所説的“正命”和莊子所説的“隨”，實際上是指必然性。孟子所説的“非正命”和莊子所説的“遭”，實際上是指偶然性。二人所説的命，都應理解爲唯物主義者所説的命。

　　關於孔子的天道觀是唯心的，還是唯物的呢？據我看，這一點最本質的應體現在《論語・陽貨》孔子所説的“天何言哉？四時行焉，百物生焉，天何言哉”一段話。我認爲，這段話裏所説的天，應該理解爲唯物的。因爲這個天是没有思想，不能説話，祇有行動。它的行動表現爲“四時行焉，百物生焉”。這一觀點與《周易・序卦傳》説：“有天地然後萬物生焉”，《乾卦》卦辭説：“乾，元亨利貞”，《坤卦》卦辭説：“坤，元亨，利牝馬之貞”；乾卦《彖傳》説：“大哉乾元，萬物資始，乃統天”；坤卦《彖傳》説：“至哉坤元，萬物資生，乃順承天”，以及《繫辭傳上》説：“法象莫大乎天地，變通莫大乎四時”等觀點是完全一樣的。這個“天”，肯定説是自然的天。在這個天裏邊没有上帝鬼神存在的餘地。餘如《論語・述而》説：“子曰：‘我非生而知之者，好古，敏以求之者也。’”又説：“子曰：‘蓋有不知而作之者，我無是也。’”《爲政》説：“子曰：‘由！誨汝知之乎！知之爲知之，不知爲不知，是知也。’”亦是證明孔子的思想是唯物的，而不是唯心的。有人執《論語・八佾》有“祭如在，祭神如神在”和《先進》有：“季路問事鬼神，子曰：‘未能事人，焉能事鬼？’曰：‘敢問死？’曰：‘未知生，焉知死？’”説孔子雖然没有明白説有鬼神，實際還是相信有鬼神的。我不同意這個看法。我認爲孔子不明白説有鬼神，正表明他不相信有鬼神。在這裏有兩個問題需要搞清楚。第一，今日一般人對死者送花圈，這並不能説他是認爲死者有知，而是因爲他要表達對死者的感情。這裏邊有禮俗的問題，不能一律理解爲有神論或無神論的問題。第二，我們黨的幹部到西藏自治區，一般不向喇嘛宣傳無神論。這並不表明他們是有神論者，而是如《禮記·曲禮上》所說的，這裏有一個"禮從宜，使從俗"的問題。荀子生在戰國末期，可以在《天論》裏明白地說："日月食而救之，天旱而雩，卜筮然後決大事，非以爲得求也，以文之也。故君子以爲文，而百姓以爲神。以爲文則吉，以爲神則凶。"而孔子生在春秋中期，就没有這樣說過。這裏有一個歷史條件問題。祇知其一，不知其二，而魯莽從事，是很難得出正確的結論的。何況《墨子·公孟》明白說："儒以天爲不明，以鬼爲不神。"我們今天怎能說孔子的天道觀是唯心的呢？

## 孔子的人性論

人性論在中國歷史中是一個爭論最大，說法最多，而不易解決的問題。

據我所知，孔子言性在《論語》中有一條，在《易大傳》中有六條。兹先談《論語》裏的一條。《論語·陽貨》說："子曰：'性相近也，習相遠也。'"據我理解，孔子所說的"性"是專指人性而言。"相近"包括兩層意思。第一，從人之性對犬之性牛之性來看，人與人爲同類，所以說"相近"。"相近"表明人有共性。第二，從人類自身看，人與人雖屬同類，但智愚壯贏各有不同。所以應當說"相近"，不應當說相同。這表明人又有個性。總之，二者都是指人的自然性而言。"習"則不然。"習"是指人的社會性。《春秋繁露·實性》說："性者，天質之樸也；善者，王教之化也。無其質，則王教不能化，無其王教，則質樸不能善。"董仲舒所說的"天質之樸"，指的正是人的自然性，所說的"王教之化"指的正是人的社會性。"習相遠"是說人由於受社會的影響，因而有善有惡，差別非常之大。由此可見，人的自然性祗能説“相近”，不能用善惡來表述。善與惡是事之兩極。用以表述“習相遠”則可，用以表述“性相近”則不可。或者説用以表述人之社會性則可，用以表述人的自然性則不可。所以，我認爲孔子的言性是對的，是符合實際的。相對説來，孟子説“人性善”，荀子説“人性惡”以及説“有善有惡”、説“善惡混”等等，五花八門，都不對。因爲他們所説的都是“習”，而不是“性”。

　　在這裏還要提到一個問題，這就是朱熹《論語集注》釋“性相近”時，引程子曰：“此言氣質之性，非言性之本也。若言其本，則性即是理。理無不善，孟子之言性善是也，何相近之有哉？”他這種説法對不對呢？我認爲不對。其所以不對，在於他所説的“理”，事實上是不存在的。他所説的理，實際就是老子所説的“道”，不過換一個名詞罷了。老子認爲“道生一”，道在天地先。這不是同程子所説的氣質之性不是本，“若言其本，則性即是理”的觀點一致嗎？應當指出，程子認爲孔子是“言氣質之性”是對的。其錯誤不在此，而在於他顛倒了本末，把孟子言性善認爲是“言性之本”，而詆孔子之説爲“何相近之有哉”。

　　關於《易大傳》言性的六條，具體説，乾卦《象傳》説：“乾道變化，各正性命”是第一條，《乾文言》説“利貞性情也”是第二條，《繫辭傳上》説“一陰一陽之謂道，繼之者善也，成之者性也”是第三條，同篇説“天地設位，而《易》行乎其中矣，成性存存，道義之門”是第四條，《説卦傳》説“窮理盡性以至於命”是第五條，同篇説“昔者聖人之作《易》也，將以順性命之理”是第六條。這六條裏的第一和第五第六等三條都言性命，可以合并爲一條。第三第四都言成性，可以合并爲一條。因此下文將主要就合并後的兩條加以説明。

　　首先説“乾道變化，各正性命”是什麼意思呢？我認爲所謂“乾道變化”，實際上就是天道變化，也就是太陽變化。因爲《禮記·郊特牲》明白説：“郊之祭也，迎長日之至也，大報天而主日也。”我們祖先居住在北半球，由於一年中距離太陽有遠有近，因而形成了春夏秋冬四時的變化。在變化當中,地球上所有一切生物都賦予生命,從而開始了發生、發展、衰老、死亡的過程。所以“各正性命”的“命”不是別的,就是“乾道變化”所賦予的生命,“性”也不是別的,就是有生命了又各自具有自己的特性。《説卦傳》所説的“窮理盡性以至於命”,與“乾道變化,各正性命”基本上是一個意思。具體説,“理”是事理,“性”是人性,“命”是天命。惟能窮事理,才能盡人性,能盡人性才能達到天命的地步。那末,“天命”是什麽?據我看,譯成今語,應該説是自然發展規律。“將以順性命之理”與“窮理盡性以至於命”大意相同,爲了節省篇幅,就不準備在這裏談了。

　　“一陰一陽之謂道,繼之者善也,成之者性也。”是什麽意思呢?據我看,這“一陰一陽”在《周易》六十四卦裏,就是一乾一坤,也就是一天一地,表明二者是對立的,又是統一的。它們由於内部的矛盾性而產生運動,這個運動就叫做“道”。所以這句話同乾卦《象傳》説:“乾道變化,各正性命”,《序卦傳》説:“有天地然後萬物生焉”基本上是一個意思。“繼之者善也”是説能繼承這個一陰一陽的道就叫做善。實際這一陰一陽之道也就是“天道”,也稱“天行”。譯成今語,就是自然發展規律。怎樣繼承天道呢?據我看,應如《乾文言》所説“與天地合其德,與日月合其明,與四時合其序,與鬼神合其吉凶,先天而天弗違,後天而奉天時”,而這就是善了。古人常教人“合天”,“法天”,其實就是説能做到符合自然發展規律。“成之者性也”則是説天地產生萬物以後,萬物又各自形成自己的特性。《大戴禮記·本命》説:“分子道謂之命,形於一謂之性。”正可用以解釋“成之者性也”這個“性”字。它説明道與命是一個東西。不同在於前者是全體,而後者是一部分。性則不然。性是由道產生出來的這個萬物的性。談到“天地設位而《易》行乎其中矣”。我認爲這句話與同篇説“乾坤成列而《易》立乎其中矣”是一個意思,與《序卦傳》所説的“有天地然後萬生焉”和上文所説的“一陰一陽之謂道”以及“乾道變化,各正性命”的意思也大體上相同。

其中心思想我認為就是孔子所説的"天何言哉？四時行焉，百物生焉，天何言哉"？不過説法不同罷了。"成性存存"的"存存"意思是説存之又存，唯恐失之。那末，存什麼呢？我認為所存的不是"性"，而是"成性"。就本文來説，它是"天地設位而《易》行乎其中矣"。就上文來説，它是"一陰一陽之謂道"。正因為這樣，它才是"道義之門"即道義都是從這裏出來。實際這也就是説"繼之者善也"。

　　總之，我認為無論是《論語》或《易大傳》，它們言性，從觀點上説，都是唯物的。程子言性則與此相反，是唯心的。至於孟子、荀子言性雖然也不正確，但與程子言性相比，從錯誤的程度上看，還是有差別的。

　　　　　　　　　　　　　　　（《百科知識》1990 年第 12 期）

# 孔子的這一份珍貴的遺産
## ——六經

我們研究孔子，首先應該瞭解孔子的這一份珍貴的遺産——六經。

六經是孔子竭盡畢生之力學習先代歷史文化，經選擇整理並加進自己的見解而著成的。

六經原名六藝。六經之名是後起的。有人説："聖人制作曰經。"有人説："經是編絲綴屬。"我看都不對。章學誠《文史通義·經解上》説："六經不言經，三傳不言傳，猶人各有我，而不容我其我也。依經而有傳，對人而有我，是經傳人我之名，起於勢之不得已，而非其質本爾也。"我看這個説法是對的。王逸《離騷經注》説："經，徑也。"《文心雕龍·史傳》説："傳者轉也，轉受經旨以授於後。"這是最好的證明。

六藝之名，始見於《周禮》。《周禮·地官·大司徒》説："以鄉三物教萬民而賓興之。一曰六德：知、仁、聖、義、忠、和；二曰六行：孝、友、睦、姻、任、恤；三曰六藝：禮、樂、射、御、書、數。"這個六藝在當時實際上是六種教學科目。孔子的六藝也是教學科目，不過，由於時代不同，已把禮、樂、射、御、書、數改爲《詩》、《書》、《禮》、《樂》、《易》、《春秋》了。

《史記·滑稽列傳》篇首引孔子的話説："六藝於治一也。《禮》以節人，《樂》以發和，《書》以道事，《詩》以述意，《易》以神化，《春秋》以道義。"《莊子·天下》説："《詩》以道志，《書》以道事，《禮》以道行，《樂》以道和，《易》以道陰陽，《春秋》以道名分。"看來六藝都是爲當時的政治服務的，而每一藝又各有特點。

《荀子·勸學》説："《禮》、《樂》法而不説，《詩》、《書》故而不切，《春秋》約而不速。"《春秋繁露·玉杯》説："《詩》、《書》序其志，《禮》、《樂》純其養，《易》、《春秋》明其知。"《史記·司馬相如列傳》説："《春秋》推見至隱，《易》本隱以之顯。"説明先秦和漢初一些學者認爲在六經中，《詩》與《書》，《禮》與《樂》，《易》與《春秋》性質相近而又各有特點。

有一個問題，需要在這裏提出來談一談。這就是關於六經排列次序問題。周予同著《經今古文學》説："今文家的次序是：《詩》、《書》、《禮》、《樂》、《易》、《春秋》，古文家的是《易》、《書》、《詩》、《禮》、《樂》、《春秋》。"并且解釋説："古文家的排列次序是按六經産生時代的早晚，今文家卻是按六經内容程度的淺深。"周氏的説法當然是有根據的。不過，我認爲這個根據有問題。因爲先秦漢初言六經的如《莊子·天運》説："丘治《詩》、《書》、《禮》、《樂》、《易》、《春秋》。"《荀子·儒效》説："《詩》言是其志也，《書》言是其事也，《禮》言是其行也，《樂》言是其和也，《春秋》言是其微也。"《商君書·農戰》説："《詩》、《書》、《禮》、《樂》"云云。《史記·儒林列傳》説："言《詩》，於魯則申培公，於齊則轅固生，於燕則韓太傅。言《尚書》，自濟南伏生，言《禮》，自魯高堂生。言《易》，自淄川田生。言《春秋》，於齊、魯自胡母生，於趙自董仲舒。"基本上都是按照《詩》、《書》、《禮》、《樂》、《易》、《春秋》的次序排列的。從無所謂"古文家"的次序。有之自《漢書·藝文志·六藝略》始。《漢書·藝文志》的成書是以劉歆《七略》爲藍本，則《六藝略》六經的次序顯然是劉歆的讕言。特別是《六藝略》於《春秋》説："左史記言，右史記事，事爲《春秋》，言爲《尚書》，帝王靡不同之。"尤爲謬妄。因爲《莊子·天下》明言"《書》以道事"，《荀子·儒效》明言"《書》言是其事也"，怎能説"事爲《春秋》，言爲《尚書》，帝王靡不同之"呢？且先秦及漢初言六經的如《荀子·勸學》"《詩》、《書》故而不切"。《春秋繁露·玉

杯》説：“《詩》、《書》序其志，《易》、《春秋》明其知。”《史記·司馬相
如列傳》説：“《春秋》推見至隱，《易》本隱以之顯。”都是《詩》、《書》
對舉，《易》、《春秋》對舉，哪有《春秋》與《尚書》對舉之事？孔子和
董仲舒都説“《春秋》以道義”，怎能説“事爲《春秋》”呢？分明是爲
《左傳》争一席地。《漢書·王莽傳》載：“故左將軍公孫禄説：‘國師
嘉信公顛倒五經，毁師法，令學士迷惑’”，可能即指此事。則周氏
所謂“古文家的排列次序是按六經産生時代的早晚”，實不足據。
而劉知幾作《史通》竟於《六家》詆《尚書》説：“堯舜二典，直序人事，
《禹貢》一篇，唯言地理，《洪範》總述災祥，《顧命》都陳喪禮”，爲“爲
例不純”，殊不知這個例乃是劉歆僞造之例，而《尚書》初無此例也。

　　孔子編著六經的方法是不一樣的。他對《詩》、《書》是“論次”；
對《禮》《樂》是“修起”；對《春秋》是“作”；對《易》則是詮釋。《史
記·儒林列傳》説“孔子閔王路廢而邪道興，於是論次《詩》、《書》，
修起《禮》、《樂》”是其證。什麼是“論次”呢？“論”是去取上事，
“次”是編排上事。《史記·孔子世家》説：“古詩三千餘篇，孔子去
其重，取可施於禮義。”這就是所謂“論”。同書又説：“故曰《關雎》
之亂以爲《風》始，《鹿鳴》爲《小雅》始，《文王》爲《大雅》始，《清廟》
爲《頌》始。”這就是所謂“次”。“修起”則是由於“禮壞樂崩”，孔子
努力搜討，把它們修復起來。《禮記·雜記下》説：“恤由之喪，哀公
使孺悲之孔子學士喪禮，《士喪禮》於是乎書。”《論語·子罕》説：
“子曰：‘吾自衛反魯，然後樂正。”是其證。至於《春秋》，則無論《史
記·孔子世家》或《孟子·滕文公下》都説是作，可無疑義。孔子作
《易大傳》當然是詮釋《易經》的。

　　下面準備多用一些篇幅，對六經逐一作比較詳細的介紹。

## 《詩》

　　《詩經》三百有五篇詩作是孔子爲了用於教學所編選的一套詩

歌總集。內分《風》、《雅》、《頌》三部分。今日學《詩》，我看首先需要懂得什麼是"六義"、"四始"、"二南"、"正變"以及"今古文"的問題。

### "六義"

"六義"這一概念見於《毛詩序》(亦稱《詩大序》)。《周禮·春官·大師》則稱"六詩"。《毛詩序》說："故《詩》有六義焉：一曰風；二曰賦；三曰比；四曰興；五曰雅；六曰頌。"《周禮·春官·大師》說："教六詩：曰風；曰賦；曰比；曰興；曰雅；曰頌。"鄭玄於"六義"下無注，於"六詩"下注說："風言賢聖治道之遺化也；賦之言鋪，直鋪陳今之政教善惡；比見今之失不敢斥言，取比類以言之；興見今之美，嫌於媚諛，取善事以喻勸之；雅，正也，言今之正者以爲後世法；頌之言誦也，容也，誦今之德廣以美之。鄭司農云：'曰比曰興，比者，比方於物也，興者，託事於物。'"孔穎達於《毛詩》疏說："風雅頌者，詩篇之異體；賦比興者，詩文之異辭耳。大小不同而得爲六義者，賦比興是詩之所用，風雅頌是詩之成形，用彼三事，成此三事，是故同稱之義，非別有篇卷也。"下引"《鄭志》張逸問'何詩近於比賦興'？答曰：'比賦興吳札觀詩已不歌也，孔子錄詩已合風雅頌中，難復摘別，篇中義多興'"。我認爲孔疏說："風雅頌者，詩篇之異體；賦比興者，詩文之異辭。"是對的。張逸見同名爲六詩，以爲賦比興與風雅頌一樣，都是詩篇之異體，是錯誤的。近人章炳麟、郭紹虞復理張逸之說，以爲賦比興亦是詩篇之異體，實屬大謬。不知賦比興與風雅頌雖然大小不同，古人習慣上可以並稱爲六義或六詩。例如《左傳·文公七年》說："六府、三事謂之九功。水、火、金、木、土、穀，謂之六府；正德、利用、厚生，謂之三事。"是六府與三事大小不同，可以並稱爲九功。《國語·楚語》說"天地民及四時之務爲七事"。《尚書大傳》說"七政謂春秋冬夏天文地理人道"。"天地民"與"四時之務"大小不同，可以並稱爲七事。"春秋冬夏"與"天文地理人道"不同，可以並稱爲七政。爲什麼賦比興與風雅頌大小不同不可以稱六義或六詩呢？

關於風雅頌的名稱，《毛詩序》説："是以一國之事繫一人之本謂之風。言天下之事，形四方之風謂之雅。雅者正也，言王政之所由廢興也。政有大小，故有小雅焉，有大雅焉。頌者美盛德之形容，以其成功告於神明者也。"我看這種説法基本上是對的。也就是説，風詩是以國爲界。各國風詩不同，主要由於政治影響之不同。雅詩言天下之事，形四方之風，説明雅詩不是以國爲界，而是就"天子有天下"來説的。用今天的政體作比喻，則雅所反映的是中央的政治，風所反映的是地方的政治。小雅、大雅，《詩序》外，《荀子》、《史記》雖亦有説，説的都不甚明瞭。頌則《詩序》稱"美盛德之形容"，以《禮記·樂記》"賓牟賈侍坐於孔子"論"武"樂一節觀之，很可能是舞詩。

今人多以風爲平民文學，雅爲士大夫文學，頌爲廟堂文學。其實，《鄘風·載馳》序明言許穆夫人作，兼見《左傳·閔公二年》，怎能説是平民文學呢？不考事實，信口亂道，不足置辯。

關於賦比興的名稱，鄭玄説"賦之言鋪"是對的，説比興則不如鄭司農明切。朱熹《詩集傳》説："賦者，敷陳其事而直言之者也；比者，以彼物比此物也；興者，先言他物以引起所詠之詞也。"實亦兼采二鄭之説而義尤顯白。

### "四始"

"四始"並無深義，祇是古人書用簡編，容易散亂，記住開始一篇，作爲標誌而已。《史記·孔子世家》説："《關雎》之亂以爲《風》始；《鹿鳴》爲《小雅》始；《文王》爲《大雅》始；《清廟》爲《頌》始。"是對的。《毛詩序》祇説"是謂四始"，實際上等於沒有説明。《詩緯·汎曆樞》説："《大明》在亥爲水始，《四牡》在寅爲木始，《嘉魚》在己爲火始，《鴻雁》在申爲金始。"緯書誕妄，不可信據。

### "二南"

"二南"之義現在學術界廣爲流行的，有下列三説：

　　1.《毛詩序》説:"然則《關雎》、《麟趾》之化,王者之風,故繫之周公。'南'言化自北而南也。《鵲巢》、《騶虞》之德,諸侯之風也,先王之所以教,故繫之召公。《周南》、《召南》正始之道,王化之基。"

　　2.《韓詩》説:《水經注·江水二》説:"《周書》曰:南,國名也。南氏有二臣,力均勢敵,競進爭權,君弗能制,南氏用分爲二南國也。按韓嬰敍《詩》云:其地在南郡南陽之間。"

　　3.程大昌《考古編·詩論》説:"蓋南雅頌樂名也,若今之樂曲之在某宮者也。《南》有《周》、《召》,《頌》有《周》、《魯》、《商》,本其所得而還以繫其土也。"其後,惠周惕説:"《風》、《雅》、《頌》以音別也。"梁啓超説:"'南'是一種音樂。"章炳麟説:"二南爲荆楚風樂。"看來此説有很大影響。

　　崔述《讀風偶識》説:"江、漢、汝、沱,皆在岐周之東,當云自西而東,豈得自北而南乎?"崔説足破《詩序》之謬。胡承珙《毛詩後箋》説:"若僅南氏二臣之國,而冒之以周召,於義不可通矣。"是《韓詩》説也不能成立。至説"南是一種音樂"的,則是根據《詩·鼓鐘》"以雅以南",《毛傳》釋"南夷之樂曰南"立説。其實,此説也不能成立。《毛詩序》説:"《關雎》用之鄉人焉,用之邦國焉。"《論語·陽貨》説:"子謂伯魚曰:'汝爲《周南》、《召南》矣乎? 人而不爲《周南》、《召南》,其猶正墻面而立也與!'"古人最嚴夷夏之辨,孔子斷不能把南夷之樂看得如此重要。

　　那末,"二南"到底應當怎麼理解呢? 我認爲"二南"之南,既不應理解爲方位詞南北之南,也不應理解爲"南夷之樂"之南。而應理解爲《國語·周語中》"鄭伯,南也"之南,這個南字古通任。鄭伯之所以稱南,由於其先武公莊公曾爲平王卿士。卿士之職最尊,略同於周初周公召公之職,故下文説:"王而卑之,是不尊貴也。"《公羊傳·隱公五年》説:"自陝而東者,周公主之;自陝而西者,召公主之。"《詩·周南》尾題爲"周南之國十一篇三十六章百五十九句"。

《召南》尾題爲"召南之國十四篇四十章百七十七句"。"周南之國"是簡語，實際就是自陝而東，周公所任之國。"召南之國"也是簡語，實際就是自陝而西，召公所任之國。《三國志·陳思王植傳》説："三監之釁，臣自當之，二南之輔，求必不遠。"《晉書·王導傳》説："雖有殷之殞保衡，有周之喪二南，曷諭兹懷。"《文選》潘岳《西征賦》説："美哉邈乎！ 兹土之舊也。 固乃周邵之所分，二南之所交。"《史記·太史公自序》"太史公留滯周南"，《索隱》引張晏説："自陝以東皆周南之地也。"得此四證，則《周南》爲周公所南之國，其地即所謂"自陝而東，周公主之"。《召南》爲召公所南之國，其地即所謂"自陝而西，召公主之"，已毫無疑義。 由此可以看出，孔子爲什麽特別重視"二南"，是因爲"二南"之詩是作爲正風，由周召二公所南之國選出來的。"二南"之詩與其他十三國之詩的關係是正風與變風的關係。 正變是編詩之義，不應理解爲作詩之義。

### "正變"

舊説"二南"爲正風，其餘十三國詩自《柏舟》至《狼跋》爲變風。《小雅》自《鹿鳴》至《菁菁者莪》二十二篇爲"正小雅"。 自《六月》至《何草不黃》五十八篇爲"變小雅"。《大雅》自《文王》至《卷阿》十八篇爲"正大雅"，自《民勞》至《召旻》二十三篇爲"變大雅"。《風》與《小雅》、《大雅》的正變是用什麽標準區分的呢？《毛詩序》説："至於王道衰，禮義廢，政教失，國異政，家殊俗而變風變雅作矣。"這種説法，考諸實際，多不相符。 鄭樵《六經奧論》有《風非有正變辨》，他説："若以美者爲正，刺者爲變，則《邶》、《鄘》、《衛》之詩謂之變風可也。《緇衣》之美武公，《駟鐵》、《小戎》之美襄公，亦可謂之變乎？"又於《雅非有正變辨》説："《小雅·節南山》之刺，《大雅·民勞》之刺，謂之變雅可也，《鴻雁》、《庭燎》之美宣王也，《崧高》、《烝民》之美宣王，亦可謂之變乎？"鄭説駁《詩序》之説頗有理據。 不過，正變與"二南"一樣，都是相傳古義。《詩序》説不可通，固然是事實，然並正變而非之，未免失之悍。 我認爲正變是編詩之義，不是作詩之義,今觀《毛詩序》在《周南》於《關雎》説:"后妃之德也。"於《葛覃》説:"后妃之本也。"於《卷耳》説:"后妃之志也。"於《麟之趾》説:"《關雎》之應也。"在《召南》於《鵲巢》説:"夫人之德也。"於《采蘩》説:"夫人不失職也。"於《草蟲》説:"大夫妻能以禮自防也。"於《騶虞》説:"《鵲巢》之應也。"顯然這是孔子編詩時,按照自己的意圖,由二南之國各選一些詩,編在一起,作爲模範教材,故名爲正風。其餘則美刺兼收,統編在一起,名爲變風,以與正風相區別。《小雅》《大雅》之正變,當亦如是。不過,今日詩之篇什似有錯亂,已不易確指了。

　　十五國風的次第,歐陽修説:"《周南》、《召南》、《邶》、《鄘》、《衛》、《王》、《鄭》、《齊》、《豳》、《秦》、《魏》、《唐》、《陳》、《檜》、《曹》,此孔子未删之前,周太師樂歌之次第也,《周》、《召》、《邶》、《鄘》、《衛》、《王》、《鄭》、《齊》、《魏》、《唐》、《秦》、《陳》、《檜》、《曹》、《豳》,此今詩次第也。《周》、《召》、《邶》、《鄘》、《衛》、《檜》、《鄭》、《齊》、《魏》、《唐》、《秦》、《陳》、《曹》、《豳》、《王》,此鄭氏《詩譜》次第也。"皮錫瑞認爲"三説當從鄭《譜》爲正"。意謂鄭《譜》是孔子舊第。我基本上同意這種見解。邶、鄘、衛爲殷商故都。《漢書·地理志》説:"周既滅殷,分其畿內爲三國,《詩風》邶、庸、衛國是也。邶以封紂子武庚;庸,管叔尹之;衛,蔡叔尹之。以監殷民,謂之三監。"是其證。正由於邶鄘衛在殷商故都,故最居首。檜爲鄭并,故檜處鄭先。而鄭在春秋初是最先嶄露頭角的。魏唐實際是晉。而齊、晉、秦三國在春秋時遞爲霸主,故宜次鄭。陳曹小國,故列秦後。豳王二詩,舊説多誤。例如鄭《譜》於《豳風》説:周公"其出入也,一德不回,純似於公劉大王之所爲,太師大述其志,主意於豳公之事,故別其詩以爲豳國變風焉。"清張履祥則説《豳風》是魯詩。鄭《譜》於《王風》説:"申侯與犬戎攻宗周殺幽王於戲。晉文侯、鄭武公迎宜咎於申而立之,是爲平王。以亂,故徙居東都王城。於是王室之尊與諸侯無異,其詩不能復雅;故貶之謂之王國之變風。"這些説法,我都不敢同意。我認爲《經典釋文》釋《王風》爲"以王當國，猶《春秋》稱王人"是對的。因爲是王畿以内的詩，所以衹能稱風，不能稱雅。稱風並非貶詞，與"不能復雅"没有關係。《豳風》則是西周畿内詩。因爲西周畿内詩稱王稱周俱不可，所以稱豳。指爲魯詩，毫無根據。《史記》說孔子"論次詩書"，由十五國風的次第來看，孔子編詩並不是任意安排，而是有深刻意義的。

### 《詩序》問題

《四庫全書總目提要》於《詩類一》"詩序二卷"下說：

"案《詩序》之說，紛如聚訟。"以下引各家之說，最後下結論說"今參考諸說，定序首二語爲毛萇以前經師所傳，以下續申之詞爲毛萇以下弟子所附"。這個說法，我看比較好，可以息諸家之聚訟。

# 《書》

孔子對六經中的《書》，也像對《詩》一樣，其功勞主要在於論次。孔子所看到的先代史料雖不必如《緯書》所說有三千二百四十篇之多，估計也不會很少。孔子所編定的《書經》，原來有多少篇，由於中經秦火，已不可確知。縱令是百篇，亦當是經過精心挑選的。《史記·五帝本紀》說："學者多稱五帝尚矣。然《尚書》獨載堯以來。而百家言黄帝，其文不雅馴，薦紳先生難言之。孔子所傳《宰予問五帝德》及《帝系姓》，儒者或不傳。"由此可以看出，孔子序《書》，何等矜慎。乃今人並堯舜禹而疑之，竟欲"把中國古史縮短二三千年"，亦不思之甚矣。據我看，全《書》内容，都是具有重大意義的文字。僅從《尚書大傳》述孔子語說"'六誓'可以觀義；'五誥'可以觀仁；《甫刑》可以觀誡；《洪範》可以觀度；《禹貢》可以觀事；《皋陶謨》可以觀治；《堯典》可以觀美"即可窺見一斑。至於鄭玄《書贊》所說的"三科之條，五家之教"，則顯是編次上事。

過去談《尚書》的，都喜談今古文。以爲今古文談清楚，其餘可以不談了。我不同意這種做法。我認爲今古文問題要談，但不宜談得過多，應把主要的精力放在《尚書》的内容上。

### 今古文問題

今古文問題，應該説，前人已經解決。今天我們接受前人研究的成果就可以了。不要在這個問題上糾纏不休。簡單説，《今文尚書》二十九篇是真的，《古文尚書》二十五篇是僞的，但在《僞古文尚書》中，有從古籍中輯出的部分，則應認爲是真的。

### 《堯典》

《古文尚書》的《舜典》是從《堯典》分出去的。《今文尚書》無《舜典》。《堯典》一篇主要包括“制曆”、“選賢”、“命官”三件大事。兹着重談談制曆問題。

農牧業生産季節性極强。因此，當人類進入農牧時代，“制曆明時”遂成爲一件頭等的大事。但是，最完善的曆法並不是一開始就能制定出來的，而是要經過一個長期發展的過程。從中國歷史來看，大概是先有占星術。由占星術發展爲所謂“火曆”（龐樸同志語），即觀察大火（心宿二）以定季節。《左傳·襄公九年》説：“古之火正，或食於心，或食於咮，以出内火。是故咮爲鶉火，心爲大火。陶唐氏之火正閼伯居商丘祀大火，而火紀時焉。”《國語·鄭語》説：“黎爲高辛氏火正。”同書《楚語》説：“命火正黎司地以屬民。”諸所謂“火正”，就是當時掌管火曆的專職官員。《大戴記·五帝德》説：“高辛曆日月而迎送之。”《國語·魯語上》説：“帝嚳能序三辰以固民。”韋昭注“三辰，日月星”。證明在帝嚳時期，已意識到日月在曆法上的重要性，而籌劃改制新曆。可見《堯典》説“乃命羲和，欽若昊天，曆象日月星辰，敬授人時”正是完成帝嚳未竟之業。大概《國語·周語中》説“夫辰角見而雨畢，天根見而水涸，木見而草木節解，駟見而隕霜，火見而清風戒寒”應是實行占星術時所瞭解的情況。《左傳·莊公二十九年》説：“火見而致用。”又《昭公四年》説：

"火出而畢賦。"又《昭公三年》説："火中寒暑乃退。"又《哀公十二年》説："火伏而後蟄者畢。"應是實行火曆時所瞭解的情況。實行上述兩種曆法時,即觀察星宿以定季節時,應祇知一年中有寒暑,而不知道有四時,更不知道一年中確切是多少日,堯所制定的新曆法,其特點是"曆象日月星辰",即不僅觀察星宿,而且觀察日月。其結果遂得出如《堯典》所説:"朞三百有六旬有六日,以閏月定四時成歲。允釐百工,庶績咸熙。"在中國歷史上這是一件了不起的大事,對後世影響很大。舉例説:《吕氏春秋·勿躬》説:"羲和作占日,尚儀作占月。"《山海經·大荒南經》説:"羲和生十日。"同書《大荒西經》説:"常儀生月十二。"很明顯,尚儀、常儀是一人,他即後世神話的嫦娥。羲和與尚儀二人同參加帝堯時的制曆工作。羲和負責觀測太陽,尚儀負責觀測月亮。"十日"即即乙丙丁戊己庚辛壬癸,所謂十天干。"月十二"當即子丑寅卯辰巳午未申酉戌亥,所謂十二地支,亦名十二辰。也就是説:羲和尚儀在觀測日月時創造了十日和十二辰。二人後來變成了神話中人物,足見其影響之大。又《論語·泰伯》説:"子曰:'大哉! 堯之爲君也。巍巍乎! 唯天爲大,唯堯則之。'"又《堯曰》説:"堯曰:'咨! 爾舜。天之曆數在爾躬。'"不難理解,上述兩個"天"字都是"欽若昊天"的"天"。上述的"則天"與"天之曆數"也不是别的,都是指"敬授人時"和"允釐百工"而言。朱熹釋"唯天爲大,唯堯則之"爲"言物之高大莫有過於天者,而獨堯之德能與之準,故其德之廣遠亦如天之不可以言語形容也"。釋"曆數"爲"帝王相繼之次第猶歲時節氣之先後也"是錯誤的。當時把這種行之有效的辦法定爲制度,名之曰朔政。《周禮·春官·大史》説:"正歲年以序事,頒之於官府及都鄙,頒告朔於邦國。"蔡邕《蔡中郎集·明堂月令論》説:"古者諸侯朝正於天子,受月令以歸而藏諸廟中。天子藏之於明堂。每月告朔朝廟,出而行之。"二書所説的,就是堯時所制定的朔政制度在後世實行的情況。《春秋·文公十六年》説:"公四不視朔。"《論語·八佾》説:

“子貢欲去告朔之餼羊。子曰：‘賜也，爾愛其羊，我愛其禮。’”説明春秋中期以後，朔政雖不行，而其遺迹猶有存者。《堯典》制曆，如此重要。有志讀《書》者，自不應等閒視之。

### 《皋陶謨》

《皋陶謨》主要談兩個問題：一個是“知人”，一個是“安民”。這兩個問題處理得好壞，應該説是關係國家安危、事業成敗的決定性問題。《尚書大傳》説“《皋陶謨》可以觀治”，是有道理的。

《皋陶謨》通篇記錄皋陶與禹二人對話。首先，皋陶説：“在知人，在安民。”接着禹表示同意皋陶的意見。説“知人則哲，能官人；安民則惠，黎民懷之”。以下皋陶專就官人方面談了“亦行有九德”問題，爲一篇的主要内容。

篇内人民二字的用法同《詩・大雅・假樂》“宜民宜人”一樣，是有階級的内容的。“人”爲統治階級，“民”爲被統治階級。

“九德”爲“寬而栗，柔而立，愿而恭，亂而敬，擾而毅，直而温，簡而廉，剛而塞，强而義”。我看這個“九德”，應是自《堯典》“直而温，寬而栗，剛而無虐，簡而無傲”發展而來。《洪範》“三德”：一曰正直，二曰剛克，三曰柔克。應是九德的簡化。《立政》説：“古之人迪惟有夏，乃有室大競，吁俊尊上帝，迪知忱恂於九德之行。”可以證明《皋陶謨》“九德”之可信。《吕刑》説：“惟敬五刑，以成三德。”亦足説明《洪範》“三德”之非誣。

考察九德的内容，可以看出，這個九德的思想與《洪範》三德基本上是一致的。顯而易見，“寬而栗，柔而立，愿而恭”三德相當於“柔克”；“亂而敬，擾而毅，直而温”三德相當於“正直”；“簡而廉，剛而塞，强而義”三德相當於“剛克”。而在“寬而栗，柔而立”等是無過與不及當中又可以看到中道的影子。《論語・堯曰》説：“堯曰：‘咨！爾舜。天之曆數在爾躬。允執其中。四海困窮，天禄永終。’舜亦以命禹。”足見貴中這一點在中國歷史上源遠流長，不要以爲祇有孔子是貴中的。

"日宣三德，夙夜浚明有家。日嚴祗敬六德，亮采有邦，翕受敷施，九德咸事，俊乂在官，百僚師師，百工惟時，撫於五辰，庶績其凝。"這是具體地應用九德來官人的辦法。"官人"譯成今語，就是使用幹部，或稱人事工作。官人時，把九德分爲三等。一等是"有家"，二等是"有邦"，三等是最高層。前人釋"有家"爲卿大夫，不能說不對。不過，就當時還是部落聯盟時代來說，"有家"似應爲氏族。同樣，前人釋"有邦"爲諸侯，似不如釋爲部落好。至最高層當然不是天子，而是部落聯盟了。"日宣三德"，應指"寬而栗、柔而立、愿而恭"三德，"日嚴祗敬六德"在九德中，應是"寬而栗"至"直而溫"六德。至於最高層，領導全局，當然需要"九德咸事"了。

"無教佚欲有邦，兢兢業業，一日二日萬幾。無曠庶官，天工人其代之。"這段話，應是對最高層，例如部落聯盟說的。"無教佚欲有邦"是說對下屬，例如部落，要加以約束，不讓他縱慾敗度。"兢兢業業，一日二日萬幾"則是對部落聯盟自身說的。每日應當處理的事情至爲煩劇，必須戒慎恐懼，不能粗心大意。"無曠庶官，天工人其代之"則是它已與"欽若昊天，敬授人時"即朔政制度聯繫起來看問題。認爲你做的是人事，其實不是人事而是天工，是人代替天去做的。正因爲這樣，每一官職都不能缺員，必須認認真真地去做工作。

"天敍有典，勑我五典五惇哉！天秩有禮，自我五禮有庸哉！同寅協恭和衷哉！天命有德，五服五章哉！天討有罪，五刑五用哉！政事懋哉！懋哉！天聰明自我民聰明；天明畏自我民明畏，達於上下，敬哉有土。"典禮、德刑，從政治上說，這是幾件大事，而都歸之於天。表明都需要嚴肅對待，絲毫疏忽不得。這個"天"，我體會也是自"則天"來，把它看作是執行朔政制度應有的事，而不應理解爲宗教迷信中的天。"五典"說是"父義、母慈、兄友、弟恭、子孝"，"五刑"說是"大刑用甲兵，其次用斧鉞；中刑用刀鋸，其次用鑽笮；薄刑用鞭扑"，可能是對的。"五禮"、"五服"是什麼，很難確指，

不如暫缺。"天聰明自我民聰明，天明畏自我民明畏"這個思想很
寶貴。祇有堯舜禹時代才可能有這種思想。

### 《禹貢》

《禹貢》是我國最早的談人文地理的著作，而且談的最精密最
完整最系統。當然是後人追記的，不可能是夏初的作品。不過説
"禹別九州，隨山濬川，任土作貢"，我看是有根據的。不然，不會見
於《周書·立政》説："以陟禹之迹。"《詩·商頌·長發》説："洪水芒
芒，禹敷下土方。"《詩·小雅·信南山》説："信彼南山，維禹甸之。"
以及《國語》、《左傳》、《論語》、《墨子》、《孟子》、《荀子》、《屈原賦》、
《呂氏春秋》諸書都有禹治水的記載。特別是《齊侯鎛鐘》也有"虩
虩成唐，有嚴在帝所，……咸有九州，處禹之都"的銘文。那末，今
《書·禹貢》到底是誰或者是什麼時候追記的呢？王國維《古史新
證》説："《禹貢》文字稍平易簡潔，或係後世重編。然至少亦必爲周
初人所作。"錢玄同《讀書雜志》説："《禹貢》等篇，一定是晚周僞造
的。"郭沫若《金文叢考·金文所無考》斷定《禹貢》是春秋戰國間構
成的，出於春秋時某一大師的私見。此外，顧頡剛有《禹貢作於戰
國考》。陳夢家説，《禹貢》不早於戰國。我認爲《禹貢》固然不可能
是夏代人所作，也不是周初人作。因爲《禹貢》與《大誥》、《康誥》的
文風有很大的不同。據我看，《禹貢》與《周禮》相似，很可能是周室
東遷後某一大師所作。否則孔子不能收入《尚書》中。有人説：
"《禹貢》所記的疆域，近於戰國末季到秦始皇時的版圖。"(見蔣善
國《尚書綜述》)郭沫若《中國古代社會研究》也説："中國古代的疆
域祇在黃河的中部，就是河南、直隸、山西、陝西一部分的地方。直
隸、山西的北部是所謂北狄，陝西的大部分是所謂西戎，黃河的下
游是所謂東夷，長江流域的中部都還是所謂蠻荆、所謂南蠻，淮河
流域是所謂淮夷、徐夷。而在《禹貢》裏面所謂荆州、青州、揚州、徐
州等等，居然已經畫土分貢了，這是絕對不可能的事實。"

郭沫若的這一段話，從表面上看，理由很充分，而實際是不能

成立的。因爲,他所説的中國古代的疆域,衹是春秋時期的疆域,而不能説明虞夏時期的地理。春秋時期中國早已進入文明社會,而虞夏時期還停留在原始社會末期,即所謂軍事民主制時期。例如《左傳·哀公七年》説:"禹合諸侯於塗山,執玉帛者萬國。"曰"諸侯",曰"萬國",衹是譯成後世的稱謂,而在當時衹有部落或氏族,並無所謂"諸侯"或"萬國"的名稱。以今例古,"禹合諸侯於塗山",好似開聯合國大會。所謂"諸侯",所謂"萬國",與禹並無統屬關係,它們各有自己的領土。它們的領土不能包括在禹的疆域之内。但是作爲貢納,則是可以的。馬克思《摩爾根〈古代社會〉一書摘要》説:"阿兹忒克聯盟並没有企圖將所征服的各部落并入聯盟之内,因爲在氏族制度之下,語言的分歧是阻止實現這一點的不可克服的障礙:這些被征服部落仍受他們自己的酋長管理,並可遵循自己古時的習慣。有時有一個貢物徵收者留駐於他們之中。"就是證明。至於當時的地理知識爲什麽如此詳悉,這也是古代人的特點,不是後人所能理解的。前蘇聯學者柯斯文《原始文化史綱》有一段話説:"原始人的生活條件逼着他要首先完全熟悉自己的鄉土、自己的求食地區和圍繞着自己的自然界。這種原始的鄉土誌,在所有現代部落和部族中間,是很被重視的。每一個小地方,每一條小溪,每一丘陵,每一地方的特點,任何一堵峭壁,都有一定的名稱。原始人的知識也往往擴展到離開本部落的領土很遠的區域。原始人能够很快地畫出可以稱之爲路綫圖的東西來,就正好證明這一點。"又説,著名的俄國烏蘇里區域的探險家阿爾謝涅夫曾舉出一個顯明的例證。他寫道:"有一些烏德赫人從撒馬嘉河來到我們的宿營地。我向他們詢問由索蘇諾夫海角往北沿海一帶的詳情,他們之中的一個人抄起一條細木棍,敏捷地在地上畫出草圖。當我在他面前打開一張四十俄里方圓的地圖時,他很快地就辨清了方向,並獨自在上面指出河、山和海角,正確地叫出它們的名稱。他能够這樣迅速地熟習了比例尺並一下子就懂得投影是怎麽回事,這使我十分驚訝。"①可見我們用後世的眼光是不能理解原始人的地理知識的。

### 《洪範》

《洪範·九疇》即大法九章。它是周武王克殷後，不知怎麼治理國家，向殷遺臣箕子請教，箕子向周武王陳述的。據箕子說，它是自舜禹以來世代相傳的施政綱領。自今天看來，它也確實是一部最系統最完整並提到理論高度來認識的政治哲學著作。文內的開篇處的第一個"天"我以爲是指武王自己，是說他已居天位有"陰騭下民，相協厥居"的責任。"帝"及第二個"天"是指帝舜。《爾雅·釋詁》說："林、烝、天、帝、皇、王、后、辟、公、侯，君也。"是其證。僞孔傳於第二個"天"下說："天與禹，洛出書。神龜負文而出，列於背有數至於九，禹遂因第之以成九類。"孔穎達疏說："《漢書·五行志》劉歆以爲伏羲繼天而王，河出圖，則而畫之，八卦是也。禹治洪水，錫洛書，法而陳之，《洪範》是也。先達共爲此說。"僞孔傳蓋陰據《漢志》，其實這都是誣妄之言，斷不可信。

### "九疇"

"九疇""初一曰：五行。次二曰：敬用五事。次三曰：農用八政。次四曰：協用五紀。次五曰：建用王極。次六曰：乂用三德。次七曰：明用稽疑。次八曰：念用庶徵。次九曰：嚮用五福，威用六極。"《漢書·五行志》說："凡此六十五字，皆洛書本文。"這完全是鬼話，歷史上絕對沒有這樣事情。

"九疇"以五行冠首，以五福、六極殿末，處於中心地位的則是王極。王極通作"皇極"，誤，應從《尚書大傳》作"王極"。王極表明王是主權者，是政治的中心。五行，古人亦稱"五材"。例如《左傳·襄公二十七年》說："天生五材，民並用之，廢一不可。"杜預於

---

① 　張錫彤譯，人民出版社，1955 年，第 158～159 頁。

"五材"下注説："金、木、水、火、土也。"亦稱"五部"，例如，《史記·曆書》説："起五部。"應劭注説："金、木、水、火、土也。""五行"，實際上是説自然界是由水、火、木、金、土五種原素構成的。"五事"則是以五行作爲模式，邏輯引申出於人也有貌、言、視、聽、思五事。"八政"是把國家事務概括爲食、貨、祀、司空、司徒、司寇、賓、師八種。"五紀"是制曆上事，與朔政有關。所謂"天之曆數在爾躬"，至關重要，所以其次逼近王極。"三德"則是官人上事，人君選賢與能所應掌握的標準，故列在王極之次。"稽疑"是人君解決疑難問題的辦法。"庶徵"是人君考察政治效果的辦法。七、八兩疇裹邊不免夾雜有迷信成分，無疑這是受時代的限制。"五福、六極"實際上就是《韓非子》所説的"二柄"。二柄是刑、德，也就是賞罰。人君掌握賞罰之權，他讓人幹什麼，就用賞；他不讓人幹什麼，就用罰。

上述祇是目次，以下才是正文。

正文在"五行"一疇裹，分別談了五行的名稱、性質和作用，没有談五行相互間的關係。後來如《左傳·昭公三十一年》説："火勝金。"同書《哀公九年》説："水勝火。"《墨子·經下》説："五行毋常勝。"這説明五行學説又向前發展了。

在"五事"一疇裹，分別地談了五事的名稱，並進一步談了五事各自在正常情況下的表現和發展。

在"八政"一疇裹，祇舉出八政的名稱。但在排列先後的次序上可能有意義，因爲食與貨在文明社會任何時候都應處在首要地位。至於師則"大刑用甲兵"，應該是不得已而用之，故處最末。

在"五紀"一疇，祇談了五紀的名稱，但次序先後也是有意義的。

在"王極"一疇裹，談的較多。因爲它是人君怎樣掌握政權和行使政權的中心問題，也是周武王所問的和箕子所答的中心問題。在這裹邊人民二字的用法上區別很清楚：人是指有官職的，民是指老百姓。

在"三德"一疇裏，首先談三德的名稱，然後談三德各自的性質及克服其過或不及的方法。曾運乾《尚書正讀》説："'克'，勝也。'剛克'者，毗於剛也。'柔克'者，毗於柔也。"是對的。"平康"是説"正直"的性質。"强弗友"是説"剛克"的性質。"燮友"是説"柔克"的性質。"沈潛"則是克服"剛克"之過，"高明"則是克服"柔克"之不及。

"惟辟作福，惟辟作威"，是説刑賞大權，人君必須親自掌握。"惟辟玉食"，是説祇有人君才能享受最高的生活待遇。如果大權旁落，一切災害就都會到來了。曾運乾説："本文語意尊君卑臣，與三德説不類，疑本'皇極敷言'文。"

在"稽疑"一疇裏，"汝則有大疑"，首先是"謀及乃心，謀及卿士，謀及庶人"，然後才是"謀及卜筮"。可見古人並不是僅僅聽命於卜筮。在"三人占則從二人之言"裏，不難想象古人選舉也是少數服從多數。

在"庶徵"一疇裏，所重視的，主要是"休徵""咎徵"兩大類。"休徵"下又細分爲肅、乂、哲、謀、聖五小類。以天氣的雨、暘、燠、寒、風爲喻，則"肅，時雨若"，"乂，時暘若"，"哲，時燠若"，"謀，時寒若"，"聖，時風若"。"咎徵"下又細分爲狂、僭、豫、急、蒙五小類，以天氣的雨、暘、燠、寒、風爲喻，則"狂，恒雨若"，"僭，恒暘若"，"豫，恒燠若"，"急，恒寒若"，"蒙，恒風若"。"若"是譬況之詞，前人以順釋之，是莫大的錯誤。

"曰王省惟歲，卿士惟月，師尹惟日。歲月、日時無易，百穀用成，乂用明，俊民用章，家用平康。日、月、歲時既易，百穀用不成，乂用昏不明，俊民用微，家用不寧。庶民惟星，星有好風，星有好雨。日月之行，則有冬有夏。月之從星，則以風雨。"本文舊解全誤。蘇軾《東坡書傳》謂有錯簡，説此節應在"五曰曆數"之下則是對的。顧炎武《日知錄》謂蘇氏此説"至當無可復議"，都是正確的。

我認爲"王省惟歲，卿士惟月，師尹惟日"須用朔政制度來説明。《公羊傳·文公六年》説:"不告月者何? 不告朔也。"下何休注説:"禮,諸侯受十二月朔政於天子,藏於太祖廟,每月朔朝廟,使大夫南面奉天子命,君北面而受之。"天子每歲制定十二月朔政,應即"王省惟歲"。諸侯每月告朔,奉行天子的命令,應即是"卿士惟月"。《左傳·桓公十七年》説:"天子有日官,諸侯有日御。日官居卿以厎日,禮也;日御不失日以授百官於朝。"所謂"日御不失日以授百官於朝",應即是"師尹惟日"的事實。"歲月日時不易",是説正確地遵照制度執行,就産生了"百穀用成"等等的結果。"日月歲時既易"是説不遵照制度執行,就不能不産生相反的結果。

"庶民惟星"是因爲庶民不在朔政範圍以內,所以仍按照自古沿襲下來的老辦法觀察星宿以知風雨寒暑。《詩·小雅·漸漸之石》説:"月離於畢,俾滂沱矣。"《春秋緯》説"月離於箕風揚沙",是"星有好風,星有好雨"之證。"日月之行,則有冬有夏"是什麼意思? 我認爲這是説在帝堯制新曆以前,實行火曆。觀察心宿二以定季節,在一年中,祇知道有春秋,不知道有冬夏。及堯制新曆,觀察日月的運行,才知道一年有四時,即不但知道有春有秋,而且知道有冬有夏。

在"五福、六極"一疇裏,具體地指出"五福"是一曰壽;二曰富;三曰康寧;四曰攸好德;五曰考終命。"六極"是一曰凶短折;二曰疾;三曰憂;四曰貧;五曰惡;六曰弱。

### "五誥"

"五誥"包括《大誥》、《康誥》、《酒誥》、《召誥》、《洛誥》五篇文字。總的説都是姬周取得政權後,在鞏固政權方面所采取的種種措施。根據《尚書大傳》的説法,《大誥》是"救亂"。《康誥》與《酒誥》是"建侯衛"。《召誥》是"營成周"。《洛誥》是"致政成王"。當時是武王即世,周公踐天子之位,主其事者當然是周公。可以看出,周公對有周一代歷史來説,確實是一個了不起的人物。

具體的説,《大誥》是在管叔、蔡叔與武庚聯合起來畔周,周公決定東征的情況下,作爲動員工作所發出的文告。由《康誥》説"惟命不於常",和《荀子•儒效》説"武王之誅紂也,行之日以兵忌,東面而迎太歲,至汜而汜,至懷而壞,至共頭而山墜。霍叔懼曰:'出三日而五災至,無乃不可乎?'周公曰:'剖比干而囚箕子,飛廉、惡來知政,夫又惡有不可焉!'遂選馬而進"來看,周公肯定不是一個有神論者。乃在《大誥》裏,向友邦君,越尹士庶士御事,卻首先説"殷卜並吉",①然後才説:"若考作室,既底法,厥子乃弗肯堂,矧肯構;厥父菑,厥子乃弗肯播,矧肯獲。"即把宗教迷信放在第一位,而把人情事理放在第二位。特別是《大誥》全篇才六百多字,竟然用了十九個"天"字,三個"天命",兩個"上帝命",一個"大命",難道周公真的是有神論者嗎?不是的。這衹是出於一種策略。因爲,當時的人們,都相信這些東西,不如此,不能動員他們去跟隨周公東征。可見讀書要深入研究,不能光從表面上看問題。

《康誥》中的"王若曰"、"王曰"的"王"同《大誥》中的"王若曰"、"王曰"的"王"一樣,都是周公。有人説,"王"是成王,不對。《荀子•儒效》説:"武王崩,成王幼,周公屏成王而及武王,以屬天下。"《禮記•明堂位》説:"武王崩,成王幼弱,周公踐天子之位,以治天下。"二書的説法相同,證明《康誥》中的"王"是周公而不是成王。因爲封康叔於衛,正是周公踐天子之位時,爲了鞏固周室政權所采取的重要措施。衛是殷商故都,又新經管叔、蔡叔和武庚在此地聯合起來進行叛亂,所以周公封康叔的文告,諄諄誥誡,計有三篇之多,足見其重要性。

從《康誥》一篇看來,其中心思想惟在"明德慎罰"四字。因爲殷紂之所以滅亡,主要在"暴虐百姓"。因此,康叔治衛,必須除舊佈新,反其道而行之。所謂"慎罰",意思是説,並不是不罰,衹是要謹慎。應該罰的要罰,不應該罰的不能罰。在罰之中要體現德。

---

①　殷字另作"朕"。篇中另有"矧今卜並吉"的語。

《周禮·大司寇》説：“刑新國用輕典”，是有道理的。

在《康誥》中，還有兩點，值得注意。一是“非汝封刑人殺人，無或刑人殺人；非汝封劓刵人，無或劓刵人”。二是“惟命不於常，汝念哉”？前者是説，要自己負起責任，不能大權旁落。後者則如《大學》所説：“《康誥》曰惟命不於常，道善則得之，不善則失之矣。”這點，顯然與唯心主義的觀點相抵觸，這就不能不使康叔經常有“戰戰兢兢，如臨深淵，如履薄冰”的感覺。

《酒誥》主要誥誡康叔要注意改變殷商舊俗嗜酒的風氣。當然不是一概禁絶，而是區別對待。在本篇結尾處説：“古人有言曰：‘人無於水監，當於民監。今惟殷墜厥命，我其可不大監。’”這一段話非常重要。在《召誥》裏，召公也曾説：“我不可不監於有夏，亦不可不監於有殷。”又《詩·大雅·蕩》説：“殷鑑不遠，在夏后之世。”《詩·大雅·文王》説：“殷之未喪師，克配上帝。宜鑑於殷，駿命不易。”《禮記·大學》説：“《詩》云：‘殷之未喪師，克配上帝，儀監於殷，峻命不易。’道得衆則得國，失衆則失國。”證明我國政治家自古以來就注重總結歷史經驗教訓，而周公在這一點上做得尤爲出色。

《召誥》主要是記載營成周的經過。召公先至洛相宅，之後，周公又至洛終營成周的工作，營成周對於鞏固周政權關係極大。因爲豐、鎬地處西偏，殊不利於對東方新征服諸侯的統治。從《召誥》全篇來看，周公致政成王，已成定局，祇是還未舉行正式儀式罷了。通觀全文，其中最有價值的東西，應爲召公通過周公向成王的獻詞。這段言詞，值得注意的有下述四點。

一、召公首先説：“嗚呼！皇天上帝，改厥元子，兹大國殷之命，惟王受命，無疆惟休，亦無疆惟恤。嗚呼！曷其奈何弗敬。”大意是説周已代殷，成王將即王位，前途有兩種可能，既可能是長期尊榮，也可能是長期憂危。這樣，做事爲什麽不敬謹呢？語意側重後者，具見召公憂深慮遠。

二、召公接着又説：“嗚呼！有王雖小，元子哉！其丕能諴於小民。今休。"大意是説,成王雖年輕,是天子！應能和於小民,使國家有祥和之氣。

三、召公又説："我不可不監於有夏,亦不可不監於有殷。我不敢知曰,有夏服天命,惟有歷年；我不敢知曰,不其延。惟不敬厥德,乃早墜厥命。我不敢知曰,有殷受天命,惟有歷年；我不敢知曰,不其延。惟不敬厥德,乃早墜厥命。今王嗣受厥命,我亦惟兹二國命,嗣若功。"大意是把夏殷二代看作是一面鏡子,認爲天命不可恃。可恃的是敬其德,得人心。

四、召公最後説："王乃初服。嗚呼！若生子,罔不在厥初生,自貽哲命。今天其命哲,命吉凶,命歷年。知今我初服,宅新邑,肆惟王其疾敬德。王其德之用,祈天永命。"大意是説成王開始任事,好像小孩一樣,以後的命運,都在童年時代決定,即位後一定要積極施行德政。祇有施行德政,才能長期保有王位。從《召誥》這些言論來看,今日講中國哲學史的同志大談其"西周以來爲天命神學所控制"是没有根據的。

### 《洛誥》

《洛誥》的中心思想是什麽？王國維有《洛誥解》,我看他説的不對。曾運乾《尚書正讀》的説法比較好。兹把篇首一段議論,逐録如下：

"此周公在洛,使告復辟之謀及宅洛於成王。攝政七年三月乙卯以後事也。此時周公在洛,成王在周,故稱拜手稽首。'子',子成王。'辟',君也。'復子明辟'者猶言歸政於爾也。"

"周公攝政,七年而反,見於周秦漢人之記載,如《逸周書》、《禮·明堂位》、《尸子》、《荀子》、《韓非子》及《尚書大傳》、《韓詩外傳》、《史記》、《説苑》等,不一而足。即依本經論,如云'其基作民明辟','基'者,始也,謀也。如成王夙已親政,何言始作明辟乎？又云'乃惟孺子頒、朕不暇聽',頒者,賦事也。若成王夙已親政,何言惟孺子頒、朕不暇聽乎？又云'予小子其退,即辟於周',若本爲明辟，何至是始言即辟於周乎？又云‘亂爲四方新辟’，若成王夙已即位，則當云亂爲四方舊辟矣，可言新辟乎？以此決‘復子明辟’爲周公歸政成王也。宋儒鑑新莽篡漢之禍，疑周公攝政稱王非事實，不知聖人之心，光明正大，無所於嫌。故攝政於成王幼沖之年，雖二叔流言而不懾；返政於成王既冠之日，雖成王遜讓而未許。時行則行，時止則止，故未可以私意探測也。”我看曾論有理有據，不可移易。

## 《禮》

禮與俗都是人類相互交往用以表達思想感情的一種形式。但嚴格説來，二者又有區別。其區別在於俗是自然形成的，而禮是有階級的内容。正因爲這樣，所以《禮記·曲禮上》有“禮從宜，使從俗”的説法。例如前蘇聯學者柯斯文《原始文化史綱》説：“當原始人走近生疏的住地或人家等等時，總要對那住地或人家的主人致敬禮。”①其實這是俗，不是禮，它没有階級的内容。《禮記·禮運》説：“今大道既隱，天下爲家，各親其親，各子其子，貨力爲己，大人世及以爲禮，城郭溝池以爲固，禮義以爲紀。”這裏所説的是禮有階級的内容，不是俗。

應當指出，孔子所講的禮，乃至“六經”中的禮，都有階級的内容。

《禮記·曲禮上》説：“夫唯禽獸無禮，故父子聚麀。是故聖人作爲禮以教人，使人以有禮，知自别於禽獸。”同書《郊特牲》説：“男女有别然後父子親，父子親然後義生，義生然後禮作，禮作然後萬物安。無别無義，禽獸之道也。”又《昏義》説：“男女有别而後夫婦有義，夫婦有義而後父子有親，父子有親而後君臣有正。故曰：昏

①　張錫彤譯，人民出版社，1955年，第193頁。

禮者,禮之本也。夫禮,始於冠,本於昏,重於喪、祭,尊於朝、聘,和於射、鄉。此禮之大體也。"從上述二段引文,可以清楚地看出,孔子所講的禮是以男女有別爲起點的,亦即以個體婚制爲起點的,這一點同恩格斯所説的"個體婚制是文明社會的細胞形態"①的論點基本上是一致的。

《禮記·禮器》説:"經禮三百,曲禮三千。"《墨子·非儒》説:"累壽不能盡其學,當年不能行其禮。"可見當時所謂禮,至爲繁縟。不過,大體上説,可分爲八大類。這就是如《昏義》所説:一、冠禮。二、婚禮。三、喪禮。四、祭禮。五、朝禮。六、聘禮。七、射禮,包括"大射"、"鄉射"。八、鄉禮,包括"鄉飲酒"、"鄉射"。

今日談經學有"十三經"之稱。在"十三經"中有"三禮",即《周禮》、《儀禮》、《小戴禮記》。其實《周禮》原名《周官》,與孔子六經中的禮無關。《儀禮》,漢人名《士禮》,真正是孔子六經中的禮。《禮記》則是七十子後學所記,不能當孔子六經中的禮。

《禮記·雜記下》説:"恤由之喪,哀公使孺悲之孔子學士喪禮,《士喪禮》於是乎書。"證明孔子對《儀禮》確實有修起之功。

《論語·八佾》説:"子曰:'夏禮吾能言之,杞不足徵也。殷禮吾能言之,宋不足徵也,文獻不足故也,足則吾能徵之矣。'"同篇又説:"子曰:'周監於二代,郁郁乎文哉!吾從周。'"證明《儀禮》所記載的,都是周禮。

《儀禮》十七篇,禮的八大類基本上都有反映。

《士冠禮》爲第一篇,詳述加冠時的陳設、儀式及其所致之辭。《禮記·曲禮上》説"二十曰弱,冠"。又説:"男子二十,冠而字。"《檀弓上》説:"幼名、冠字、五十以伯仲、死謚,周道也。"是《冠禮》者,爲男子二十加冠並命以字之禮。《禮記·郊特性》説:"禮之所尊,尊其義也。失其義,陳其數,祝史之事也。故其效可陳也,其義

---

① 《馬克思恩格斯全集》第 21 卷,第 78 頁。

難知也，知其義而敬守之，天子之所以治天下也。"這是説《儀禮》所講的是"數"而不是"義"，禮之所尊在義而不在數。譯成今語，就是説，禮貴在它的内容，而不在它的形式。那末，講禮之義的是什麽書呢？它就是《禮記》。例如《儀禮》有《士冠禮》，《禮記》有《冠義》；《儀禮》有《士昏禮》，《禮記》有《昏義》等等。《冠義》等等是七十子後學所作，然其基本思想應當承認是孔子的。

《禮記·冠義》説："凡人之所以爲人者，禮義也。禮義之始，在於正容體，齊顔色，順辭令。容體正，顔色齊，辭令順，而後禮義備。以正君臣，親父子，和長幼。君臣正，父子親，而後禮義立。故冠而後服備，服備而後容體正，顔色齊，辭令順。故曰"冠者禮之始也"……故冠於阼，以著代也。醮於客位，三加彌尊，加有成也。已冠而字之，成人之道也……成人之者，將責成人禮焉也。責成人禮焉者，將責爲人子，爲人弟，爲人臣，爲人少者之禮行焉。將責四者之行於人，其禮可不重與？"

《士昏禮》是第二篇，賈公彦疏引鄭玄《目録》説："士娶妻之禮，以昏爲期，因而名焉。"本篇記"納采"、"問名"、"納吉"、"納徵"、"請期"、"親迎"六禮甚詳。《禮記·昏義》説："昏禮者，將合二姓之好，上以事宗廟，而下以繼後世也，故君子重之。是以昏禮納采、問名、納吉、納徵、請期，皆主人筵几於廟，而拜迎於門外，入，揖讓而陞，聽命於廟，所以敬慎重正昏禮也。……婦至，壻揖婦以入，共牢而食，合巹而酳，所以合體，同尊卑，以親之也。敬慎重正而後親之，禮之大體，而所以成男女之别，而立夫婦之義也。男女有别而後夫婦有義；夫婦有義而後父子有親；父子有親而後君臣有正。故曰昏禮者，禮之本也。"本篇自"古者，天子后立六宫，三夫人九嬪二十七世婦八十一御妻，以聽天下之内治，以明章婦順，故天下内和而家理"至篇末，這一大段文字，我疑不是《昏義》原文，似漢人竄入，特拈出以待識者論定。

《士相見禮》是第三篇。此古代士初相見之禮也。古人重初相見之禮，故必有介，必有摯。介者介紹，非有人介紹，不得見。摯字亦作贄，執以見人之禮物，非有物爲摯，不得見。本篇記相見之禮節甚詳。末有“凡言，非對也，妥而後傳言。與君言，言使臣；與大人言，言事君；與老者言，言使弟子；與幼者言，言孝弟於父兄；與衆言，言忠信慈祥；與居官者言，言忠信”。及“凡自稱：於君士大夫，則曰下臣，宅者，在邦則曰市井之臣，在野則曰草茅之臣，庶人則曰刺草之臣；他國之人則曰外臣”。可略見古人對語言之重視。

《鄉飲酒禮》是第四篇。《禮記•鄉飲酒義》疏引鄭玄《目録》説：“名曰《鄉飲酒義》者，以其記鄉大夫飲賓於庠序之禮，尊賢養老之義也。”蓋鄉飲禮有四，三年大比，鄉大夫獻賢者能者於其君，將行，以賓禮待之，與之飲，一也；鄉大夫飲國中賢者酒，亦以賓禮待之，二也；州長會民習射而飲之酒，三也；黨正蜡祭飲酒，以敬老者，四也。鄉射之前，皆先行鄉飲酒禮，故二者皆屬鄉禮；但《鄉射禮》所記者射時之禮，故又兼屬於“射禮”。《禮記•鄉飲酒義》説：“鄉飲酒之義，主人拜迎賓於庠門之外，入，三揖而後至階，三讓而後升，所以致尊讓也。盥洗揚觶，所以致潔也。拜至，拜洗，拜受，拜送，拜既，所以致敬也。尊讓潔敬也者，君子之所以相接也。君子尊讓則不争，潔敬則不慢。不慢不争，則遠於鬥辨矣。不鬥辨，則無暴亂之禍矣。斯君子所以免於人禍也。”又説：“鄉飲酒之禮，六十者坐，五十者立侍以聽政役，所以明尊長也。六十者三豆，七十者四豆，八十者五豆，九十者六豆，所以明養老也。民知尊長養老，而後乃能入孝弟。民入孝弟，出尊長養老，而後成教。成教而後國可安也。君子之所謂孝者，非家至而日見之也。合諸鄉射，教之鄉飲酒之禮，而孝弟之行立矣。孔子曰：‘吾觀於鄉，而知王道之易易也。’”

《鄉射禮》是第五篇。

《燕禮》是第六篇。《禮記•射義》説：“古者諸侯之射也，必先行燕禮。卿大夫士之射也，必先行鄉飲酒之禮。故燕禮者，所以明君臣之義也。鄉飲酒之禮者，所以明長幼之序也。"《儀禮》列《鄉飲酒禮》於《鄉射禮》之前蓋以此。故以禮之性質言，則《鄉飲酒禮》與《燕禮》皆燕飲之禮。《鄉射禮》與《大射禮》皆射禮。以行禮之地與人言，則鄉飲酒與鄉射爲鄉禮，燕禮與大射爲邦國之禮。

《大射禮》是第七篇。《禮記·射義》説："射之爲言繹也，或曰舍也。繹者各繹己之志也。故心平體正，持弓矢審固，持弓矢審固則中矣。故曰爲人父者，以爲父鵠。爲人子者，以爲子鵠。爲人君者，以爲君鵠。爲人臣者，以爲臣鵠。故射者，各射己之鵠。故天子之大射謂之射侯。射侯者，射爲諸侯也。射中則得爲諸侯，射不中則不得爲諸侯。"又説："射者仁之道也。射求正諸己。己正而後發。發而不中，則不怨勝己者，反求諸己而已矣。孔子曰：'君子無所爭，必也射乎！揖讓而升，下而飲，其爭也君子。'"可見射禮不專爲求勝，其中有政治意義和教育意義。

《聘禮》是第八篇。賈疏引鄭玄《目録》説："大問曰聘。諸侯相於，久無事，使卿相問之禮。小聘使大夫。"《禮記·聘義》説："聘禮：上公七介、侯伯五介、子男三介，所以明貴賤也。介紹而傳命，君子於其所尊弗敢質，敬之至也。三讓而後傳命，三讓而後入廟門，三揖而後至階，三讓而後升，所以致尊讓也。君使士迎於竟，大夫郊勞，君親拜迎於大門之內，而廟受，北面拜貺，拜君命之辱，所以致敬也。敬讓也者，君子之所以相接也。故諸侯相接以敬讓，則不相侵陵。卿爲上擯，大夫爲承擯，士爲紹擯。君親禮賓。賓私面，私覿。致饔餼，還圭璋，賄贈，饗、食、燕，所以明賓客君臣之義也。"

《公食大夫禮》是第九篇。《覲禮》是第十篇。《公食大夫禮》爲諸侯饗大夫之禮。《覲禮》爲諸侯見於天子之禮。從廣義説，都是君臣相見之禮，屬於朝禮。不過，《春秋》諸侯相見亦稱朝，則不在此朝之內。

《喪服》是第十一篇，記居喪衣服、年、月、親疏、隆殺之禮。

《士喪禮》是第十二篇，記士喪父母，自始死至殯之禮。

《既夕禮》是第十三篇，爲《士喪禮》之下篇。既，已也。既夕謂葬前二日；已夕哭時，與葬間一日也。

《士虞禮》是第十四篇，記葬後之禮，虞，安也。既葬父母，迎神而反，日中祭於殯宮以安之也。

以上四篇屬於喪禮一類。《禮記》之言喪禮者，有《曾子問》、《喪服小記》、《雜記》上下、《喪大記》、《喪服大記》、《奔喪》、《問喪》、《間傳》、《三年問》、《喪服四制》十篇。足見周人對喪禮之重視。

在喪禮中《喪服》一篇，最爲重要。它把人與人之間的關係，用衣服的精粗和年月的長短來表示，辨析毫芒，精密之至，確實已達到"定親疏、決嫌疑、別同異、明是非"的地步。《喪服小記》說："親親，尊尊，長長，男女之有別，人道之大者也。"《大傳》說："親親也，尊尊也，長長也，男女有別，此其不可得與民變革者也。"這種說法，可謂說出喪服，或者說古禮的精髓。然而在四者當中，尤以親親、尊尊爲重。這個親親、尊尊，不是別的，就是《中庸》所說："仁者人也，親親爲大。義者宜也，尊賢爲大。親親之殺，尊賢之等，禮所生也。"也就是說禮是形式，而仁義則是內容。

《特牲饋食禮》是第十五篇，爲諸侯之士歲時祭祖廟之禮。

《少牢饋食禮》是第十六篇，爲諸侯之卿大夫祭其祖禰於廟之禮。

《有司徹》是第十七篇，爲《少牢饋食禮》之下篇，是既祭儐尸於堂之禮。

《禮記》中談祭祀的，主要有《祭義》、《祭統》、《祭法》、《郊特牲》四篇。其他如《禮運》、《禮器》等，雖是通論，而語及祭祀的，亦不在少數。

## 《樂》

孔子六藝之教當中有樂，是沒有問題的。孔子對周樂也確實有修起之功。《論語·子罕》説："子曰：'吾自衛反魯，然後樂正，雅頌各得其所。'"《八佾》説："子語魯太師樂，曰：'樂其可知也；始作，翕如也；從之，純如也，皦如也，繹如也，以成。'"就是證明。但是，是有《樂經》，後來亡佚呢？還是根本上就没有《樂經》呢？今已不可考知。總之，現在不見有《樂經》。

《禮記·樂記》或言是公孫尼子所作，言樂事甚詳，當是孔子遺説之僅存者，兹摘録其幾個重要段落如下。

### 一、言樂的起源及聲音樂之異

"凡音之起，由人心生也。人心之動，物使之然也。感於物而動，故形於聲；聲相應，故生變；變成方，謂之音，比音而樂之及干戚羽旄謂之樂。"

"感於物而動，故形於聲。"很明顯，這是唯物的觀點。

### 二、音樂與政治的關係

"樂者，音之所由生也。其本在人心之感於物也。是故其哀心感者，其聲噍以殺；其樂心感者，其聲嘽以緩；其喜心感者，其聲發以散；其怒心感者，其聲粗以厲；其敬心感者，其聲直以廉；其愛心感者，其聲和以柔。六者非性也，感於物而後動。是故先王慎所以感之者。故禮以道其志，樂以和其聲，政以一其行，刑以防其姦，禮樂刑政，其極一也，所以同民心而出治道也。

"凡音者，生人心者也。情動於中，故形於聲，聲成文謂之音。是故治世之音安以樂，其政和；亂世之音怨以怒，其政乖；亡國之音哀以思，其民困。聲音之道與政通矣。

"宮爲君，商爲臣，角爲民，徵爲事，羽爲物。五者不亂則無怙懘之音矣。宮亂則荒，其君驕；商亂則陂，其官壞；角亂則憂，其民怨；徵亂則哀，其事勤；羽亂則危，其財匱。五者皆亂，迭相陵，謂之慢。如此，則國之滅亡無日矣。鄭衛之音，亂世之音也，比於慢矣。桑間濮上之音，亡國之音也，其政散，其民流，誣上行私而不可止也。

　　"凡音者,生於人心者也。樂者,通倫理者也。是故知聲而不知音者,禽獸是也。知音而不知樂者,衆庶是也。唯君子爲能知樂。是故審聲以知音,審音以知樂,審樂以知政,而治道備矣。是故不知聲音,不可與言音,不知音者,不可與言樂。知樂則幾於禮矣。禮樂皆得,謂之有德。德者得也。"

### 三、言樂與禮的關係

　　"是故樂之隆,非極音也;食饗之禮,非致味也。清廟之瑟,朱弦而疏越,壹倡而三嘆,有遺音者矣。大饗之禮,尚玄酒而俎腥魚,大羹不和,有遺味者矣。是故先王之制禮樂也,非以極口腹耳目之欲也,將以教民平好惡而反人道之正也。

　　"人生而靜,天之性也。感於物而動,性之欲也。物至知知,然後好惡形焉。好惡無節於內,知誘於外,不能反躬,天理滅矣。夫物之感人無窮,而人之好惡無節,則是物至而人化物也。人化物也者,滅天理而窮人欲者也。於是有悖逆詐偽之心,有淫泆作亂之事。是故強者脅弱,衆者暴寡,知者詐愚,勇者苦怯,疾病不養,老幼孤獨不得其所,此大亂之道也。是故先王制禮樂,人爲之節。衰麻哭泣所以節喪紀也,鐘鼓干戚所以和安樂也,昏姻冠筓所以別男女也,射鄉食饗所以正交接也。禮節民心,樂和民聲,政以行之,刑以防之。禮樂刑政,四達而不悖,則王道備矣。

　　"樂者爲同,禮者爲異。同則相親,異則相敬。樂勝則流,禮勝則離。合情飾貌者,禮樂之事也。禮樂立,則貴賤等矣。樂文同,則上下和矣。好惡著,則賢不肖別矣。刑禁暴,爵舉賢,則政均矣。仁以愛之,義以正之,如此則民治行矣。樂由中出,禮自外作。樂由中出,故靜。禮自外作,故文。大樂必易,大禮必簡。樂至則無怨,禮至則不爭。揖讓而治天下者,禮樂之謂也。

　　"……故鐘鼓管磬,羽籥干戚,樂之器也。屈伸俯仰,綴兆舒疾,樂之文也。簠簋俎豆,制度文章,禮之器也。升降上下,周還裼襲,禮之文也。故知禮樂之情者能作,識禮樂之文者能述,作者之謂聖，述者之謂明，明聖者，述作之謂也。

"……樂者，非謂黄鐘、大吕、弦歌、干揚也，樂之末節也，故童者舞之。鋪筵席，陳尊俎，列籩豆，以升降爲禮者，禮之末節也，故有司掌之。樂師辨乎聲詩，故北面而弦。宗祝辨乎宗廟之禮，故後尸。商祝辨乎喪禮，故後主人……是故德成而上，藝成而下。行成而先，事成而後……是故先王有上有下，有先有後，然後可以有制於天下也。"

## 《易》

今人所稱的《易經》，實際已包括《易大傳》在内。因爲《易大傳》是專門解釋《易經》的。人們爲了翻檢方便，很早以前就把二者合編在一起了。

關於《易經》問題，因限於篇幅，不能在這裏詳細地談。現在祇就最重要的三個問題談一談。

### 一、《易經》問題

《易經》亦稱《周易》。《易大傳》説它作於殷周之際，我看比較可信，其他如説伏羲氏畫八卦，神農氏、夏禹、周文王重爲六十四卦以及周文王作卦辭、周公作爻辭等等，我看都没有確鑿的證據，可置不論。

《周易》是卜筮之書，這一點無人否認。但是説它内部藴藏着豐富的哲學思想，初時卻有很多人不同意。不過，經過爭論以後，近年來亦逐漸爲多數人所承認了。這樣，《周易》一書無疑是一個具有先進的哲學内容和落後的卜筮形式的矛盾統一體。那末《周易》作者既具有先進的哲學思想，爲什麽不明白地講出來？而還要利用落後的卜筮形式，其目的是什麽？是不是爲了欺騙？我認爲，這個問題是歷史決定的。祇有認真地考察這一時期的歷史才能得到正確的解答。

卜筮屬於宗教迷信范疇。據我瞭解，早期人類没有宗教。宗教是在生產力和社會發展到氏族制階段出現的。宗教之產生是由於原始人在知識之外還有一個極其寬廣的無知的領域。原始人爲了生活的需要，渴望瞭解這個領域，然而事實上又不能瞭解這個領域，於是創造了宗教。宗教的領域，正是原始人爲了自己創造的一些不正確的、歪曲的、虚幻的概念湊成的。另方面，氏族社會，在知識方面有特大貢獻的人往往即推爲氏族首長。例如《周禮・考工記》的百工，多稱某氏，即是證明。又《國語・鄭語》説："夫成天地之大功者，其子孫未嘗不章，虞、夏、商、周是也。虞幕能聽協風以成物樂生者也，夏禹能單平水土以品處庶類者也，商契能和合五教以保於百姓者也，周弃能播殖百穀蔬以衣食民人者也。"由此觀之，進入奴隸社會，奴隸主階級壟斷了物質生產資料的同時，又壟斷了精神生產資料，是可以理解的。據我瞭解，殷周之際，中國奴隸社會有很大發展。這時，統治階級的個別人已具有先進的哲學思想，而被統治階級的廣大群衆仍停留在宗教迷信境地，是毫不奇怪的。我們知道，周公東征，還用"予得吉卜"來對友邦君和庶士御事作動員工作，自然不能設想，在當時的情況下，赤裸裸地講哲學，就會得到廣大人民群衆的響應。所以《周易》儘管具有先進的哲學内容，而采取落後的卜筮形式，是不得已而爲之，是歷史決定的。用欺騙作解釋，是不對的。

### 二、《易大傳》問題

《易大傳》是專門解説《易經》的。它的功績在於能透過現象看到本質，在於把"退藏於密"的東西，給明白無誤地揭露出來。例如《易經》六十四卦以乾坤二卦居首，既濟、未濟二卦居末，中間相鄰的兩卦不反則對，等等，不是孔子作《序卦傳》爲之説明，又在《繫辭傳》中一再説："乾坤其《易》之緼耶！""乾坤其《易》之門耶？"以及在乾卦《彖傳》中説："大哉乾元，萬物資始，乃統天"，在坤卦《彖傳》中説"至哉坤元，萬物資生，乃順承天"等等，誰又能知道是什麽意思呢？實際上孔子爲《易經》作《易大傳》反復説明，幾至舌弊唇焦，而若干讀者還是長期矔矔，甚至有詆《易大傳》不是孔子作的，置《史記·孔子世家》明明説"孔子晚而喜《易》，……讀《易》韋編三絶"於不顧，人之智愚賢不肖相去如此之遠，亦可悲矣！

### 三、《易經》的内容和形式問題

《易經》的内容和形式是矛盾的。從形式上看，它是卜筮之書，而其内容卻蘊藏着豐富的哲學思想。因此，我們光讀《易經》不行。光讀《易經》祇能看到它的形式一面，而看不到它的内容一面。必須兼讀《易大傳》，才能看到全面。即既看到它的形式一面，也看到它的内容一面。

兹先談《易經》的形式問題。一般人都説《周易》是卜筮之書，其實，卜與筮不同。《禮記·曲禮上》説："龜爲卜，筴爲筮。"也就是説卜是用龜，筮是用筴。筴亦作策。它是計數的工具。開始時可能用竹，因爲筮字從竹。後來改用蓍草。《論衡·卜筮》説："子路問孔子曰：'猪肩羊膊可以得兆，藿葦藁芼可以得數，何必以蓍龜？'孔子曰：'不然。蓋取其名也。夫蓍之爲言耆也，龜之爲言舊也，明狐疑之事當問耆舊也。'"是其證。《易經》的筮，是用蓍以求卦。所以單從形式上説，《易經》是由蓍和卦構成的。

欲知蓍和卦的關係需要先講筮法。在《易大傳》之《繫辭傳》中有一段文字專講筮法。筮法大體上可分爲兩部分。第一部分是建立大衍之數，第二部分是應用大衍之數來求卦。

大衍之數的建立，原文是："天一，地二；天三，地四；天五，地六；天七，地八；天九，地十。天數五，地數五。五位相得而各有合，天數二十有五，地數三十。凡天地之數五十有五，此所以成變化而行鬼神也。"大衍之數是五十有五。這個五十有五的形成是由一二三四五六七八九十這十個數字開始的。把這十個數中的奇數名爲天，偶數名爲地。這就變成"天數五，地數五"。"五位相得"是一與二相得，三與四相得，五與六相得，七與八相得，九與十相得。實際上是天與地相得。也就是一陰一陽共成爲一個矛盾的統一體。"各有合"，就是五個天數合在一起，爲二十五，五個地數合在一起爲三十。"凡天地之數五十爲五"，就是天數二十有五與地數三十加在一起，爲五十有五，形成大衍之數。此所以成變化而行鬼神也，就是説應用大衍之數可以求卦。

　　爲什麽大衍之數的形成是由十個數字開始呢？應當指出，古人對這個數字十，有一種異乎尋常的看法。例如《左傳•莊公十六年》説："不可使共叔無後於鄭，使以十月入，曰，良月也，就盈數焉。"孔穎達疏説："閔元年《傳》曰'萬，盈數也'，數至十則小盈，至萬則大盈。"前蘇聯學者柯斯文《原始文化史綱》説："安達曼人和其他一些落後的部落能够計數到十，十以上的數目就一概稱之爲'多'或'很多'。"①證明人類數學發展史可能到十是一個階段，而古人還殘留在意識中。《易經》筮法正利用十是盈數使其具有涵蓋一切的意義。

　　關於應用大衍之數以求卦，《繫辭傳》原文説："大衍之數五十有五（舊脱"有五"二字，今據上文補），其用四十有九。分而爲二以象兩。挂一以象三。揲之以四以象四時。歸奇於扐以象閏。五歲再閏，故再扐而後挂。"

　　大衍之數五十有五爲什麽不全用，而祇用四十有九呢？這個問題，前人有許多説法。例如鄭玄説："天地之數五十有五，以五行氣通，凡五行減五，大衍又減一，故四十九也。"姚信、董遇説："天地之數五十有五者，其六以象六畫之數，故減之而用四十九。"（《周易本義》）王弼説："演天地之數所賴者五十也。其用四十有九，則其一不用也。不用而用以之通，非數而數以之成，斯《易》之太極也。"（《周易注》）其實，這些説法都不對。應當知道，用才有象，不用就没有象。其所以不全用，是因爲全用，則分二、挂一、揲四、歸奇之

————————

　　① 張錫彤譯，人民出版社，1955年，第164頁。

後，得不出七、八、九、六，即得不出預期的結果。朱熹迷信所謂"河圖"，竟説："皆出於理勢之自然，而非人之知力所能損益也。"(《周易本義》)殊不知這正是人之知力的損益。

"分而爲二以象兩。""象兩"是象兩儀，即象天地。所謂"法象莫大乎天地"。未分時則象大一，即象太極。"挂一以象三"，"象三"是象三才。即象有天地，又有了人。這一點很值得注意。它表明《周易》是從自然講起，而其着重點則在人，即在人類社會。《繫辭傳下》説："《易》之爲書也，廣大悉備，有天道焉，有人道焉，有地道焉。兼三材而兩之，故六。六者非它也，三材之道也。"《説卦傳》説："昔者聖人之作《易》也，將以順性命之理。是以立天之道曰陰與陽，立地之道曰柔與剛，立人之道曰仁與義，兼三才而兩之，故《易》六畫而成卦。"《繫辭傳上》説："是以明於天之道，而察於民之故，是興神物，以前民用。"都是説明這個問題。

"揲之以四，以象四時。"在這裏還要説明一個問題。這就是筮法應是原來就有的。而象兩、象三、象四時，則可以肯定是孔子的解説，屬於《易大傳》的範圍。象四時之所以必要是因爲天地生萬物是通過四時而發揮作用。《繫辭傳上》説："法象莫大乎天地，變通莫大乎四時。"《論語·陽貨》説："子曰：'天何言哉！四時行焉，百物生焉，天何言哉！'"等等可以看出在自然界的發展變化中，四時的重要性。

"歸奇於扐以象閏，五歲再閏，故再扐而後挂。"

"象閏"和"再閏"是曆法上事，應是象四時所包。

筮法原文又説："乾之策二百一十有六，坤之策百四十有四，凡三百有六十，當期之日。二篇之策萬有一千五百二十，當萬物之數也。"

這一段話，是從著一方面來説明全《易》六十四卦結構的深刻意義。

"乾之策二百一十有六"是説六十四卦中的頭一卦乾卦六爻的

總策數。"坤之策百四十有四"是説第二卦坤卦六爻的總策數。乾坤兩卦策數總合爲三百有六十。"當期之日"是説相當於一歲的日數。這是什麼意思呢？是説乾坤二卦在六十四卦的變化發展中是一個獨立的環節。衹有與《説卦傳》説："有天地然後萬物生焉"，《繫辭傳上》説："乾坤其《易》之緼耶！乾坤成列而《易》立乎其中矣"，《繫辭傳下》説："乾坤其《易》之門耶！乾陽物也，坤陰物也；陰陽合德而剛柔有體，以體天地之撰，以通神明之德"參看，才能看到它的確切含義。

"二篇之策萬有一千五百二十，當萬物之數也。"這是從蓍一方面來説明六十四卦結構的哲學意義。

原文又有"是故四營而成易，十有八變而成卦。八卦而小成，引而伸之，觸類而長之，天下之能事畢矣"。

"四營"謂分二、挂一、揲四、歸奇，四度經營。"四營而成易"，一易略當一變，三變而成一爻。一卦六爻，故"十有八變而成卦"。

"八卦而小成"，此八卦説的是三畫卦，亦即《繫辭傳下》所説的"八卦成列，象在其中矣"的八卦。《説卦傳》所説的"乾，健也。坤，順也。震，動也。巽，入也。坎，陷也。離，麗也。艮，止也。兑，説也。乾爲馬。坤爲牛。震爲龍。巽爲鷄。坎爲豕。離爲雉。艮爲狗。兑爲羊。乾爲首。坤爲腹。震爲足。巽爲股。坎爲耳。離爲目。艮爲手，兑爲口……"的八卦。"小成"是説它已形成了一個初級階段。"乾，健也"等等是説八卦的性質。"乾爲馬"等等是説八卦的取象，亦即所謂"象在其中矣"。由此可知《説卦傳》所説的"天地定位"，至"然後能變化既成萬物也"一大段文字所講的是"八卦而小成"或"八卦成列"時事，而不是"引而伸之"或"因而重之"以後形成六十四卦時事。

"引而伸之"：韓康伯注説"伸之六十四卦"是對的。"觸類而長之"，應是占變時事，亦即所謂"爻在其中矣"時事。

由此可見，《易經》是由蓍和卦二者構成的。其次序是由蓍生

卦，由卦生爻。《説卦傳》説："昔者聖人之作《易》也，幽贊於神明而
生蓍，參天兩地而倚數，觀變於陰陽而立卦，發揮於剛柔而生爻。"
《繫辭傳上》説："是故蓍之德圓而神，卦之德方以知，六爻之義易以
貢。"正説明這個問題。

　　現在談卦。

　　卦包括符號和文字兩部分。

　　《繫辭傳上》説："易有太極，是生兩儀，兩儀生四象，四象生八
卦，八卦定吉凶，吉凶生大業。"這裏講的是《易經》作者的最基本的
思想。什麼是"太極"呢？虞翻説："太極，太一也。"是對的。《禮
記·禮運》説："夫禮必本於太一，分而爲天地，轉而爲陰陽，變而爲
四時。"《説文·一部》一下説："惟初太極，道立於一，造分天地，化
成萬物。"實際上就是《易經》的觀點。韓康伯説："夫有必始於無，
故太極生兩儀也。太極者，無稱之稱，不可得而名。"是不對的。太
一亦作大一，説明它是整體的一，絕對的一，而不是一二三四的一。
"太極生兩儀"就是一分爲二。《詩·鄘風·柏舟》"實維我儀"，毛
傳説："儀，匹也。"所以"兩儀"不是別的，就是一對。即一陰一陽成
爲對立的統一。用符號來示就是－－、－。"兩儀生四象"，虞翻説：
"四象四時也。"從下文説"法象莫大乎天地，變通莫大乎四時"和筮
法有"象兩"、"象四時"來看，虞説是有根據的。宋人用符號來表示
爲⚌（太陽）⚍（少陰）⚎（少陽）⚏（太陰），也是對的。四象生八卦。
八卦即乾坤震巽坎離艮兌。用符號來表示爲☰ ☷ ☳ ☴ ☵
☶ ☱。《説卦傳》説："乾，健也。坤，順也。震，動也。巽，入也。
坎，陷也。離，麗也。艮，止也。兌，説也。"這是説八卦的性質各不
相同。又説："乾爲馬。坤爲牛。震爲龍。巽爲鷄。坎爲豕。離爲
雉。艮爲狗。兌爲羊。乾爲首。坤爲腹。震爲足。巽爲股。坎爲
耳。離爲目。艮爲手。兌爲口。"這是説八卦的取象隨時而異。
"也"，表明不變，"爲"，表明可變。"八卦定吉凶，吉凶生大業。"這
個八卦應爲"引而伸之"，"因而重之"之後的八卦。實際上説的是

六十四卦,亦即《易經》的全部内容。祇有它是《易經》的全部内容,才能談得上"定吉凶"和"生大業"。

《繫辭傳上》説:"聖人設卦、觀象、繫辭焉,而明吉凶;剛柔相推,而生變化。"這是從作《易》説起。説明《易》的構成,首先是"設卦"。這是"因而重之"或"引而伸之"的卦,即六十四卦。其次是"觀象",即觀察卦的取象。以上二者都是符號上事。再次則是"繫辭",即加上文字説明。而其目的則是"明吉凶",使人知所趨避,用以指導人們的行動。"剛柔相推,而生變化",則是説爻。下文所謂"象者言乎象者也,爻者言乎變者也"是其證。《説卦傳》也説過"發揮於剛柔而生爻"。

孔子作《易大傳》是專門解説《易經》的。舊稱《易大傳》爲"十翼"。計有《彖傳》上下篇,是解説《易經》上下篇的卦辭的。《象傳》上下篇,其中又分爲《大象》、《小象》。《大象》是孔子簡明地談他自己對六十四卦讀後的體會。《小象》是對《易經》上下篇爻辭的解説。《繫辭傳》上下篇,帶有通論性質。此外還有《説卦傳》一篇,是專爲解説八卦的。《序卦傳》一篇,是解説六十四篇排列次序的意義的。《文言》一篇,包括《乾文言》、《坤文言》,是增廣解説乾坤兩卦的。《雜卦傳》一篇,雜説六十四卦的意義。《易大傳》内容非常豐富,因限於篇幅,不能詳談,下面着重談幾個問題。

一、《繫辭傳上》説:"天尊地卑,乾坤定矣。卑高以陳,貴賤位矣。動静有常,剛柔斷矣。方以類聚,物以群分,吉凶生矣。"

這是就《易經》開始的乾坤兩卦來通論尊卑、貴賤、動静、吉凶這幾個問題。《易經》首乾次坤,乾爲天,坤爲地,乾的卦辭爲"元亨利貞",坤的卦辭爲"元亨利牝馬之貞"。乾卦《彖傳》説:"大哉乾元,萬物資始,乃統天。"坤卦《彖傳》説:"至哉坤元,萬物資生,乃順承天。"這就是由自然界的天尊地卑,決定了人類社會的乾尊坤卑。卦有六爻,其位是由卑向高陳列。位高者爲貴,位卑者爲賤。爻有剛柔,剛動而柔静。在剛柔相推,而生變化當中,其常動常静,是由

剛柔決定的。“方”，道也（采《温公易説》説）。道同則類聚，物異則
群分；同則相愛，異則相惡；“愛惡相攻，而吉凶生”（見《繫辭傳
下》）。

　　二、《繫辭傳上》説：“是故吉凶者，失得之象也。悔吝者，憂虞
之象也。變化者，進退之象也。剛柔者，晝夜之象也。六爻之動，
三極之道也。”這是對《易經》所使用的幾個名詞概念的解説。實際
上是承上文。但上文没有悔吝，這是因爲解説吉凶連類而及。又
上文的吉凶，似祇説卦，而此處的吉凶悔吝則亦兼爻。吉凶表明失
得是兩極，而悔吝爲憂虞則是中間狀態。悔可趨吉，吝則向凶。剛
進柔退，進退就是變化。韓康伯注説“晝夜亦變化之道”是對的。
這裏所説的“晝夜”，主要是釋“剛柔相推而生變化”。不是把“晝
夜”看成是一對矛盾。“三極”韓注釋爲“三材”是對的。

　　三、《繫辭傳下》説：“《易》之爲書也，原始要終以爲質也，六爻
相雜唯其時物也。其初難知，其上易知，本末也。初辭擬之，卒成
之終。若夫雜物撰德，辯是與非，則非其中爻不備。噫，亦要存亡
吉凶，則居可知矣；知者觀其彖辭則思過半矣。二與四同功而異
位，其善不同，二多譽，四多懼，近也。柔之爲道不利遠者，其要无
咎，其用柔中也。三與五同功而異位，三多凶，五多功，貴賤之等
也。其柔危，其剛勝耶？”這是孔子讀《易》以後，根據自己的體會，
對幾個重要方面和問題所作的説明。“原始要終”，“六爻相雜”是
就全書來説的。“原始”是説乾坤，“要終”是説既濟未濟。“以爲
質”是説用這種結構作爲《易經》一書的總體。“六爻相雜”則是説
每一卦。“唯其時物”是説這個“六爻相雜”裏邊，既有發展過程
“時”的問題，也有貴賤存亡“物”的問題。“其初”、“其上”和“中爻”
則是就一卦來説的。在一卦中，初爻是什麼？很難知道。上爻是
什麼？就容易知道了。因爲這是本末的關係。初辭是經過擬議才
寫出來的，而其上則是最終完成擬議的，所以易知。至於一卦的複
雜情況，辨明是或非，則没有中爻是不完備的。有此初終及中四

爻,於是此一卦的存亡吉凶居然可以知道了。但是彖辭是一卦的總說明,聰明的人,衹看到彖辭,就可以瞭解到這一卦超過一半的意義了。以上是講全書的結構和一卦六爻各自任務之不同。

"二與四同功而異位"這一段話是專就二與四、三與五這四爻來談的。由於在一卦中,二與四都是陰位,所以說同功。但二居內卦之中,四在外卦近五,貴賤不同,所以說異位。在全《易》六十四卦中,居二的多譽,即多有美辭;居四的多懼,即多有危語。這是其善不同。"四多懼"是因爲四近五,近君位故多懼。二與四都屬柔,照一般原則說,柔處遠不利。二遠五而得无咎者,因爲二處柔得中。"三與五同功而異位",是因爲三與五都是陽位,故曰同功。三賤五貴,故曰異位。在全《易》六十四卦中,"三多凶,五多功"就是因爲貴賤不同。三與五都是陽位,柔爻處陽位是危險的,剛爻處陽位較好吧!

四、《繫辭傳上》說:"子曰:'書不盡言,言不盡意。'然則聖人之意其不可見乎? 子曰:'聖人立象以盡意,設卦以盡情僞,繫辭焉以盡其言,變而通之以盡利,鼓之舞之以盡神。'"這段話主要是說《易》有盡言、盡意、盡利、盡神之妙用,亦即有盡言盡意盡利盡神的特點和優點。因爲一般地說,書是表達語言的。然而它有局限性,不可能把語言全部地、毫無遺漏地表達出來,語言(包括文字)是表達思想的,《易》卻不然。《易》是"立象以盡意",即利用符號以表達思想。因爲《易》的符號━━等等,好似代數學的 a、b,它可以代表同類的任何事物,所以能盡意,即能窮盡思想。《易》是"設卦以盡情僞,繫辭焉以盡其言",即利用卦這種符號來表達社會中的一切複雜情況,並用文字來說明,所以能盡言,因爲《易》的繫辭與一般的語言不同,它是卜筮的語言。如《繫辭傳下》所說:"其旨遠,其辭文,其言曲而中,其事肆而隱。""變而通之以盡利"是說《易》是按照"變而通之"這一原則結構的。亦即按照同篇所說的"闔戶謂之坤,闢戶謂之乾,一闔一闢謂之變,往來不窮謂之通"這一原則結構的。

或者説是按照"《易》窮則變，變則通"這一原則結構的。舉乾卦爲例來説吧！乾卦六爻，初爻説"陽在下也"；上爻説"盈不可久也"，或"窮之災也"，這不是分明反映是一個量變的過程嗎？觀《序卦》説各卦都是以反對爲次，這一點不是正反映"變則通"或者説是反映質變嗎？量變時是利，質變後又量變還是利，所以説："變而通之以盡利。""鼓之舞之以盡神"是什麽意思呢？《莊子·人間世》有"鼓筴"，崔譔注説是"揲蓍"，成玄英疏釋爲"布蓍"，則此"鼓之舞之"，當亦是揲蓍之事。"以盡神"，無疑就是同篇所説的"蓍之德圓而神"的神。

五、《繫辭傳上》説："乾坤，其《易》之緼耶？乾坤成列而《易》立乎其中矣。乾坤毀則無以見《易》，《易》不可見，則乾坤或幾乎息矣。"《繫辭傳下》説："子曰：乾坤，其《易》之門耶？乾，陽物也。坤，陰物也。陰陽合德而剛柔有體，以體天地之撰，以通神明之德。"以上這兩段話以及《序卦傳》全文，都是孔子對《易經》六十四卦結構的思想所作的最精湛的説明。

"乾坤，其《易》之緼耶"是什麽意思呢？是説《易經》的開頭兩卦已經把《易經》六十四卦的全部思想都包藏在裏邊了。這是由於在《易經》六十四卦的開頭兩卦乾坤是象徵一個最大的矛盾統一體，以後諸卦都是由這個矛盾統一體的内部矛盾的變化發展而產生的。《序卦傳》説："有天地然後萬物生焉。"就是説明這個問題。

"乾坤成列而《易》立其中矣。"這是對上一句話的補充，這兩句話的意思實際上是一樣的。

"乾坤毀則無以見《易》"應是指既濟卦來説的。六十四卦開始時，乾純陰，坤純陰，最不平衡。發展到既濟時，則"剛柔正而位當"，已達到完全平衡。從六十四卦整個過程來説，這時可以説是"乾坤毀"。《雜卦傳》説："既濟定也。"亦是指這一點來説的。"乾坤毀"則發展已至盡端，所以"無以見《易》"。

"《易》不可見，則乾坤或幾乎息矣。"應是指未濟來説的。説

"幾乎息矣"實際上是没有息，也不可能息。這一個《易》發展已經完結，下一個《易》還將繼續發展。《序卦傳》説："物不可窮也，故受之以未濟終焉。"這句話講得够深切著明了！

"乾坤，其《易》之門耶?"這個"門"字應用《繫辭傳上》"闔户謂之坤，闢户謂之乾。一闔一闢謂之變，往來不窮謂之通"作解。是説由於乾坤是對立的統一體，所以它能變化發展而形成六十四卦的整個過程。"乾，陽物也。坤，陰物也"，很明顯是説乾坤兩卦是一個矛盾的統一體。"陰陽合德而剛柔有體，以體天地之撰，以通神明之德"，則是説六十四卦的陰陽或剛柔的變化發展，就是體現自然界及自然界的發展規律。

## 《春秋》

關於《春秋》我準備談四個問題。

### 一、《春秋》的名稱

關於《春秋》的名稱，據我所知，有四種説法：1."春作秋成"説。《公羊傳》徐彦疏引《春秋説》説"哀公十四年春，西狩獲麟，作《春秋》，九月書成。以其書春作秋成，故云《春秋》"。2."法陰陽之中"説：《公羊傳》疏引《三統曆》説："春爲陽中，萬物以生；秋爲陰中，萬物以成。"賈逵、服虔主之。3.錯舉四時説。杜預《春秋經傳集解序》説："《春秋》者魯史記之名也。記事者，以事繫日，以日繫月，以月繫時，以時繫年，所以紀遠近，別同異也。故史之所記必表年以首事，年有四時，故錯舉以爲所記之名也。"4.古恒稱説。毛奇齡《春秋毛氏傳》説："舊謂春以善善，秋以惡惡。《春秋》者善善惡惡之書，則《毛詩》'春秋匪懈'，《孝經》'春秋祭祀，以時思之'，《中庸》'春秋修其祖廟'，未聞有善惡於其間，蓋古來恒稱如是矣。"我1941年寫《春秋釋要》曾兼采杜、賈兩家之説。今日看來，這個看法是不對的，應以毛説爲是。

這是因爲在堯制新曆以前，應如《左傳·襄公九年》所説"祀大火，而火紀時焉"，即觀察心宿二以定季節，實行"火曆"（用龐樸同志語）。當時應祇知道有春秋，不知道有冬夏。所以當時的人習稱一年爲一個春秋。自堯制定新曆，始知道"期三百有六旬有六日、以閏月定四時成歲"。即知道一年有四時春夏秋冬。《尚書·洪範》説"日月之行則有冬有夏"。説明堯時制曆是"曆象日月星辰"，而不是祇觀察星宿，所以知道一年有四時，即有冬有夏。正因爲這樣，所以《禮記·孔子閑居》説："天有四時，春秋冬夏。"《莊子·逍遙遊》楚之南有冥靈者，以五百歲爲春，以五百歲爲秋；上古有大椿者，以八千歲爲春，八千歲爲秋。《莊子·至樂》説："是相與爲春秋冬夏四時行也。"《尚書大傳》説："七政者，謂春、秋、冬、夏、天文、地理、人道，所以爲政也。"三書都稱四時爲春秋冬夏而不稱春夏秋冬，可見舊日相沿成俗，短期内不易改變。魯史記稱《春秋》與《毛詩》的"春秋匪懈"，《中庸》的"春秋修其祖廟"，一樣，正是"古來恒稱如是"。當然《公羊傳·隱公六年》説"《春秋》編年，四時具然後爲年"，是書雖名爲《春秋》，而仍然按照四時記事。

### 二、《春秋》一書的本質特點

從《春秋》一書的本質特點來看，它是講什麼的呢？皮錫瑞《經學通論·春秋》説："《春秋》有大義，有微言。所謂大義者，討亂賊以戒後世是也。所謂微言者，改立法制以致太平是也。"我看這個説法不見得對。《史記·滑稽列傳》説："孔子曰：'六藝於治一也。《禮》以節人，《樂》以發和，《書》以道事，《詩》以達意，《易》以神化，《春秋》以道義。'"《孟子·離婁下》説："王者之迹熄而詩亡，詩亡然後《春秋》作。晉之《乘》，楚之《檮杌》，魯之《春秋》，一也。其事則齊桓、晉文，其文則史。孔子曰：'其義則丘竊取之矣。'"證明《史記》説"《春秋》以道義"，最爲可信。

什麼是"道義"呢？據我看，這就是《中庸》所説："仁者人也，親親爲大。義者宜也，尊賢爲大。親親之殺，尊賢之等，禮所生也"的義。因此《史記·自序》說:"《春秋》者禮義之大宗也。"《莊子·天下》說:"《春秋》以道名分。"也是對的。因爲"禮義"當然是義。"名分"也是義。因爲"義"講"尊賢之等",與"道名分"一樣,說到底都是崇尚等級制度。《公羊傳·哀公十四年》說:"君子曷爲爲《春秋》? 撥亂世,反諸正,莫近諸《春秋》。"其實,這就是說孔子懲於春秋時天下大亂,想利用舊日的等級制度來恢復社會安寧秩序。今人一提等級制度無不持反對態度。我認爲這是把等級制度與階級制度混爲一談。其實,將來階級消滅以後,等級可能還要存在。因爲人類社會是由各種各樣的人組成的。從性別來看,有男女;從年齡來看,有老幼;從智力來看,有智愚;從體力來看,有强弱。想要不分等級,絕對平等,是不可能的。《孟子·滕文公上》說:"物之不齊,物之情也。或相倍蓰,或相什百,或相千萬,子比而同之,是亂天下也。"所以我們應該反對階級制度,反對壓迫,反對剝削,不要一般地反對等級制度。一般地反對等級制度,必然導致平均主義。我們吃過平均主義的苦頭,平均主義肯定不是馬克思主義。

**三、所謂《春秋》以道義,在《春秋》一書裏,有哪些具體表現**

茲簡要地舉出幾條顯著的例子。

1."據魯,親周,故殷"

此條見於《史記·孔子世家》。可惜被何休作了錯誤的解釋,以致爲千載詬病。其實《公羊傳·宣公十六年》說:"成周宣謝災何以書? 記災也。外災不書,此何以書? 新周也。"這個"新周",應讀爲親周。古新、親可通用。而何休不解此,仍讀爲新舊的新,以致錯誤地在《公羊解詁》裏,說成"孔子以《春秋》當新王,上黜杞,下新周而故宋。"晉人王接說:"何氏黜周王魯,大體乖硋,且志通《公羊》,往往還爲《公羊》疾病。"是對的。然而主今文的,直至清末,還以何說爲是,可見門戶之見爲害之鉅。

《史記》說"故殷"就是故宋。《禮記·樂記》鄭玄注:"商,宋詩也。"宋可名商,當然亦可名殷。《公羊傳·襄公九年》說:"宋災何以書？記災也。外災不書，此何以書？爲王者之後記災也。"《穀梁傳·莊公十一年》說："宋大水。外災不書，此何以書？王者之後也。"又《襄公九年》說："宋災。外災不志，此其志何也？故宋也。"這說明《春秋》是魯史，自應根據魯國的史實來寫。周爲共主，有的事情，在別國發生，魯史可以不寫，在周發生，就不能不寫，因爲周與魯有特殊關係。這種寫法在《春秋》裏，名爲"親周"。《禮記·郊特牲》說："天子存二代之後，猶尊賢也。尊賢不過二代。"根據尊賢不過二代的原則，周以杞、宋爲二王後，則魯自應上黜杞而故宋，以宋爲王者後，在《春秋》書法上，自應給予特殊表示。孔子作《春秋》首先堅持這樣一條原則，這就叫做"《春秋》以道義"。

2."所見異辭，所聞異辭，所傳聞異辭"

這條原則分別見於《公羊傳》隱公元年，桓公四年，哀公十四年。很明顯，"所見異辭，所聞異辭，所傳聞異辭"是說所獲得的史料，有的是直接的，有的是間接的，有的是再間接的。因而在寫法上不能一樣。也就是說史料是近者詳，遠者略，在寫法上也應該詳近略遠。《荀子·非相》說："五帝之外無傳人，非無賢人也，久故也。五帝之中無傳政，非無善政也，久故也。禹湯有傳政而不若周之察也，非無善政也，久故也。傳者久則論略，近則論詳，略則舉大，詳則舉小。"荀子的這種說法實際就是孔子作《春秋》堅持這條原則的真實意義。可是，這條原則卻被何休給搞糊塗了。他於隱公元年這條原則之下說："所見者謂昭、定、哀，己與父時事也。所聞者謂文、宣、成、襄，王父時事也。所傳聞者謂隱、桓、莊、閔、僖，高祖、曾祖時事也。異辭者見恩有厚薄，義有深淺，時恩衰義缺，將以理人倫，序人類，因制治亂之法。故於所見之世，恩己與父之臣尤深，大夫卒有罪無罪皆日錄之。'丙申季孫隱如卒'是也。於所聞之世，王父之臣恩少殺，大夫卒無罪者日錄，有罪者不日，略之也。'叔孫得臣卒'是也。於所傳聞之世，高祖曾祖之臣恩淺，大夫卒有罪無罪皆不日，略之也。'公子益師、無駭卒'是也。於所傳聞之世，見治起於衰亂之中，用心尚粗觕，故內其國而外諸夏，先詳內而後治外，錄大略小，內小惡書，外小惡不書；大國有大夫，小國略稱人；內離會書，外離會不書是也。於所聞之世，見治升平，內諸夏而外夷狄，書外離會，小國有大夫，‘宣十一年秋晉侯會狄於攢函’、‘襄二十三年邾婁鼻我來奔’是也。至所見之世，著治太平，夷狄進至於爵，天下遠近大小若一，用心尤深而詳，故崇仁義，譏二名，‘晉魏曼多、仲孫何忌’是也。所以三世者，禮爲父母三年，爲祖父母期，爲曾祖父母齊衰三月，立愛自親始。故《春秋》據哀錄隱，上治祖禰。”《春秋》裏這幾條原則本來不是難懂的事，而何氏故意求深，不但把三世、內外兩條原則牽附一起，而且制造一個據亂、升平、太平三世。這就不能不越說越使人糊塗了。

3.“內其國而外諸夏，內諸夏而外夷狄”

這幾條原則見於《公羊傳·成公十五年》。原文說：“曷爲殊會吳？外吳也。曷爲外也？《春秋》內其國而外諸夏，內諸夏而外夷狄。”這也是“以道義”，即貫徹執行等級制度的表現。這個道理很容易懂。例如從吉林省對遼寧省來說，則吉林省爲內，遼寧省爲外。從中國對日本來說，則遼寧省爲內，日本爲外。不過，何休把它同三世諸說糾纏在一起，就不容易懂了。當然，何氏說由於時代不同，這條原則也會發生變化，則是對的。

4.“爲尊者諱，爲親者諱，爲賢者諱”

《公羊傳·閔公元年》說：“‘冬，齊仲孫來’。齊仲孫者何？公子慶父也。公子慶父則曷爲謂齊仲孫？係之齊也。曷爲係之齊？外之也。曷爲外之？《春秋》爲尊者諱，爲親者諱，爲賢者諱。子女子曰：‘以《春秋》爲《春秋》，齊無仲孫，其諸吾仲孫與！’”《公羊傳·莊公四年》說：“‘紀侯大去其國’。大去者何？滅也。孰滅之？齊滅之。曷爲不言齊滅之？爲襄公諱也，《春秋》爲賢者諱。何賢乎襄公？復讎也。何讎爾？遠祖也。哀公烹乎周，紀侯譖之。以襄公之爲於此焉者，事祖禰之心盡矣。盡者何？襄公將復讎乎紀。

卜之曰：‘師喪分焉，寡人死之，不爲不吉也。’遠祖者幾世乎？九世矣。九世猶可以復讎乎？雖百世可也。家亦可乎？曰不可。國何以可？國君一體也。先君之耻，猶今君之耻也。今君之耻，猶先君之耻也。國君何以爲一體？國君以國爲體。諸侯世，故國君爲一體也。今紀無罪，此非怒也？曰非也。古者有明天子，則紀侯必誅，必無紀者。紀侯之不誅，至今有紀者，猶無明天子也。古者諸侯必有會聚之事。相朝聘之道，號辭必稱先君以相接。然則齊紀無説焉，不可以並立乎天下。故將去紀侯者，不得不去紀也，有明天子，則襄公得爲若行乎？曰不得也。不得則襄公曷爲爲之？上無天子，下無方伯，緣恩疾者可也。”《穀梁傳·成公元年》説：“‘王師敗績於貿戎’。不言戰，莫之敢敵也。爲尊者諱敵不諱敗，爲親者諱敗不諱敵，尊尊親親之義也。然則孰敗之？晉也。”又《成公九年》説：“‘晉欒書帥師伐鄭’。不言戰，以鄭伯也，爲尊者諱耻，爲賢者諱過，爲親者諱疾。”案《公》、《穀》二傳言諱頗多問題。《春秋啖趙集傳纂例·三傳得失議》説：“《公羊》、《穀梁》，初亦口授，後人據其大義散配經文，故多乖謬，失其綱統。然其大指，亦是子夏所傳。”我看這個説法很對。儘管二傳散配經文，容或有誤，而孔子作《春秋》，原有這條原則是可以肯定的。又啖助説：“諱者非隱其惡，蓋避之，避其名而遜其辭。”這種説法也是對的。

　　餘如“常事不書”（見《公羊傳·莊公十年》），“書其重者”（見《公羊傳·莊公十年》，原文説：“戰不言伐，圍不言戰，入不言圍，滅不言入，書其重者也。”）“信以傳信，疑以傳疑”（見《穀梁傳·桓公五年》），原文説：“‘春正月甲戌己丑陳侯鮑卒’。何爲以二日卒之？《春秋》之義，信以傳信，疑以傳疑。陳侯以甲戌之日出，己丑之日得，不知死之日，故舉二日以包之也。”又《莊公七年》説：“‘夏四月辛卯昔恒星不見’。恒星者經星也。日入至於星出謂之昔。不見者，可以見也。‘夜中星隕如雨’。其隕也如雨，是夜中與？《春秋》著以傳著，疑以傳疑。中之幾也，而曰夜中，著焉爾。何用見其中也？失變而録其時，則夜中矣。其不曰恒星之隕何也？我知恒星之不見，而不知其隕也。我見其隕而接於地者則是雨説也。著於上見於下謂之雨，著於下不見於上謂之隕，豈雨説哉？"等等，亦應是《春秋》以道義之義，在這裏就不詳説了。

### 四、《春秋》與"三傳"的關係

董仲舒説："《春秋》文成數萬，其指數千。"這個説法，未免有些夸張。今知《春秋》全書僅一萬六千多字。然而《春秋》文約義豐，是不成問題的，因此，《春秋》沒有傳注是不容易讀通的。今傳世有"三傳"。即《公羊傳》、《穀梁傳》和《左傳》。在漢初，《公羊傳》最先立學官，《穀梁傳》次之。《左傳》在漢哀帝時，劉歆始建議立學官，引起一場爭論。即一方面博士不肯置對，認爲"《左氏》不傳《春秋》"。另方面，劉歆認爲"左邱明好惡與聖人同，親見夫子，而《公羊》、《穀梁》在七十子後，傳聞之與親見之，詳略不同"。以後各樹朋黨，爭論長期得不到解決。據我看，《史記·十二諸侯年表》篇首有一段話，可以解決這個問題。原文説："孔子明王道，干七十餘君，莫能用。故西觀周室，論史記舊聞，興於魯而次《春秋》。上記隱，下至哀之獲麟。約其辭文，去其煩重，以制義法。王道備，人事浹。七十子之徒，口受其傳指，爲有所刺譏、褒諱、挹損之文辭，不可以書見也。魯君子左丘明懼弟子人人異端，各安其意，失其真，故因孔子史記，具論其語，成《左氏春秋》。"也就是説，《公羊》、《穀梁》二傳所記的，主要爲"刺譏、褒諱、挹損之文辭，不可以書見也"，而《左氏》所記的，主要爲"因孔子史記，具論其語"。驗之各書，昭然可據。三書既不能互相代替，也不須互相攻訐。宋人葉夢得説："《左氏》傳事不傳義，是以詳於史，而事未必實；《公》、《穀》傳義不傳事，是以詳於經，而義未必當。"我看這個説法是對的。

1990 年 6 月 30 日寫畢。

（《吉林大學社會科學學報》1991 年第 1—2 期）

# 論　孔　子

　　紀念孔子，首先要瞭解孔子。

　　我認爲，孔子的功績主要在整理前人的歷史文化遺產而傳給後人。當然，所謂整理並非原封不動，如現在圖書館員之整理，而是在原來的基礎上作進一步的提高，增加一些新內容。《論語・述而》説："子曰：'述而不作，信而好古，竊比於我老彭。'"《中庸》説："仲尼祖述堯舜，憲章文武，上律天時，下襲水土。"可爲證明。我們瞭解孔子，同時也要瞭解孔子的前人，不瞭解孔子的前人，不能真正瞭解孔子。據我看，自堯舜以來，歷夏商周三代，中國有一段極其光輝燦爛的歷史，惜至暴秦中斷了。不承認歷史是發展的，後人勝過前人，是不對的，不承認歷史事實，也是不對的。

　　孔子整理前人的歷史文化遺產，具體表現在删述《六經》。《六經》牽涉的範圍很廣，內容又繁富精深，不能在這裏詳談。現在僅就目前"《周易》熱"流行的兩種看法談談我的意見：一、伏羲氏畫八卦，二、把《周易》看成單純的卜筮之書。

　　伏羲氏畫八卦雖然明見《易・繫辭傳下》，但是，要知道，伏羲氏據説是三皇之一，從現代考古學看來，是在舊石器時代。舊石器時代的石器是打制的，連磨光都不能，怎會畫出具有高度抽象力的八卦符號呢？而且説他是王天下，在原始社會怎會有王天下呢？考伏羲氏這個名號祇見於《莊子》、《管子》、《戰國策》及《荀子》，都是戰國時著作，絕不見於戰國前的篇籍。因此，《繫辭傳》中這段文字，分明是後人竄入的，斷不可信。

　　《周易》這部書，全世界都稱爲奇書。奇就奇在它是利用卜筮的形式而賦以哲學的內容。光是講卜筮，光是講哲學，都不足以稱奇。這部書的產生是與當時的歷史條件分不開的。它是由於當時的廣大民眾思想水平普遍低下，篤信卜筮，祇聽命於鬼神，而統治階級中的個別人，卻有很高的智慧，於是想出這種神秘的辦法，利用卜筮作手段，而向廣大民眾灌輸哲學思想。這種秘密長期沒有人發現，祇有孔子讀《易》韋編三絕，著成《易傳》，才把它明白地揭露出來。

今傳本《易·繫辭傳上》說："子曰：'夫《易》何爲者也？夫《易》開物成務，冒天下之道，如斯而已者也。是故聖人以通天下之志，以定天下之業，以斷天下之疑。是故蓍之德圓而神，卦之德方以知，六爻之義易以貢。聖人以此洗心，退藏於密，吉凶與民同患，神以知來，知以藏往。其孰能與此哉？古之聰明叡知神武而不殺者夫！"這段話非常重要，然而向來都沒有解釋清楚，需要重新加以說明。

這段話大體上可分四節。第一節是說《易》的性質。第一句話是設問，問《易》是幹什麼的？顯然這是針對當時人都認爲《易》是卜筮之書。下面是答問，說《易》是"開物成務，冒天下之道"。"開物"是指事物的產生，"成務"是指工程的結果。"冒天下之道"是說它包括宇宙間所有一切的道理。譯成今語，就是說《易》是講哲學的。"如斯而已者也"，又強調一句，說祇有這個，沒有別的。

第二節是說《易》的功用。"以通天下之志"，是說用它可以統一天下的思想。"以定天下之業"，是說用它可以完成天下的事業。"以斷天下之疑"，是說用它可以解決天下的疑惑。"天下"都應作天下人解。

第三節是說卜筮的蓍、卦和六爻三者各自的性質和作用及利用這個手段所要達到的目的。"蓍之德圓而神"是說蓍的性質是圓，即不穩定，"而神"，是說不能預知。從筮法上看，這是說"大衍之數五十"，經過"四營""十有八變"所得出的結果爲七八九六，不能預知。"卦之德方以知"（知，應讀爲智），是説卦的性質是方，"以智"是説得出卦來就能知吉凶悔吝。從《易》六十四卦就可以看出這個問題。"六爻之義易以貢"，是説一卦六爻，爻與卦不同。相對來説，卦是不講變的，爻是講變的。"易"就是變，"貢"是告，告什麽呢？是告爻的吉凶。"聖人以此洗心，退藏於密"，"洗"應依《石經》作先，全句是説作《易》者先期用這種辦法（指卜筮形式）秘密地收藏起來。"吉凶與民同患，神以知來，知以藏往。"是説作《易》者，以《易》知吉凶，與人民同憂患。"神以知來"是指蓍，"知以藏往"是指卦。實際上這就是説作《易》者利用卜筮這個手段所要達到的目的。

第四節，"其孰能與此哉？古之聰明叡知神武而不殺者夫！"是稱贊作《易》者使用這種辦法，是具有高超的智慧，並有神奇的威武，然而不用殺伐，這樣做就能使人民服從他了。

《周易》是什麽書？早在二千多年前孔子已經講得十分明白了，乃至今日，還有人不遺餘力地宣稱《易》是卜筮之書。這是爲什麽呢？是欺人嗎？還是自欺呢？

我們紀念孔子，就是爲了學習孔子。要知道，古人之所以不朽，是由於在他一生言行中，都具有兩重性。其一、是時代性；二、是真理性。没有時代性，決不能見重於當世；没有真理性，焉能流芳千古？

（《走向世界》1994 年第 5 期）

# 孔子的核心思想

我過去説過孔子思想有兩個核心。那是認爲孔子在哲學思想有一個核心，在社會科學思想也有一個核心。今天從社會科學的角度來看，當然，祇能説孔子思想有一個核心。

又，我過去説過孔子在社會科學思想的核心是仁義，今天看來，説是仁，更根本些，更符合核心的詞義。

我的立論根據是在《中庸》裏孔子答魯哀公問政的一段話，兹迻錄如下，並加以説明。

原文説："故爲政在人，取人以身，修身以道，修道以仁。仁者人也，親親爲大；義者宜也，尊賢爲大。親親之殺，尊賢之等，禮所生也。"

我認爲，從這一段話裏，可以看出，孔子對爲政問題的論述，可謂本末兼具，精確完密。

"故爲政在人"是説政治的成敗，決定性在任人得當與否。"取人以身"，是説選拔人員要看這個人本身是否合格。"修身以道"，是説沒有天生的完人，都要靠修養、教育。修養、教育對於一個人來説就是修身。那末，用什麽東西來修身呢？"以道"，就是説要用道來修身。這個道是人道，就是人在社會所應遵行的道路。"修道以仁"，是説修道要用仁，因爲仁是人生行爲準則的最根本的、唯一的出發點。"仁者人也"，是説仁就是人。它表明仁是要用人心對待人，仁的範圍包括全人類。孟子説："仁，人心也。"又説："君子於物也，愛之而弗仁；於民也，仁之而弗親。親親而仁民，仁民而愛物。"孟子正是正確地傳播孔子的思想。"親親爲大"，是説在仁中

最重大的事情是親親,即重視血緣親屬關係。《尚書·堯典》説:
"克明俊德,以親九族。"恩格斯説:原始社會是以血族團體爲基礎
的。① 又説:"同氏族人必須相互援助、保護,特別是在受到外族人
傷害時,要幫助報讎。"②又説:"凡是部落以外的,便是不受法律保
護的,在没有明確和平條約的地方,部落與部落之間便存在着戰
爭,而且戰爭進行得很殘酷,使别的動物無法和人類相比。"③證明
親親在仁中的重要性。"義者宜也",是説義是宜,宜是合理。表明
義是由仁又向前發展了。從社會看,它已經不是原始社會而是進
到文明社會了。恩格斯説:"在歷史上出現的最早的階級對立,是
同個體婚制下的夫妻間對抗的發展同時發生的,而最初的階級壓
迫是同男性對女性的奴役同時發生的,個體婚制是文明社會的細
胞形態。"④《禮記·昏義》説:"男女有别而後夫婦有義。"同書《郊
特牲》説:"男女有别而後父子親,父子親然後義生。"證明義是文明
社會的産物。"尊賢爲大",是説在文明社會尊賢是義中最重大的
事。因爲人的年齡、智力、體力是不相同的,祇有尊重賢者使居高
位,事情才能辦好,社會才能安定。"親親之殺,尊賢之等,禮所生
也。"《禮記·郊特牲》説:"義生然後禮作,禮作然後萬物安。"這是
説在仁義的基礎上又産生了禮。因爲親親的親和尊賢的賢,都有
等次的。把這個親賢的等次用具體形式規定爲若干儀節,就是禮。
所以,禮是形式,而仁義是内容。仁義禮三者是一個整體,祇是産
生有先後。各自的任務不同罷了。我認爲孔子的核心思想是仁。
孔子作爲思想家,一生所最關心的是倫理道德,而這個倫理道德是
以仁義禮三者爲其基本内容的。

　　　(《價格與市場》1994 年第 12 期;《中國哲學史》1995 年第 3 期。)

────────────

① 　《馬克思恩格斯全集》第 21 卷,第 30 頁。
② 　同上,第 101 頁。
③ 　同上,第 112 頁。
④ 　同上,第 78 頁。

# 關於孔子及其思想的評價問題
## ——兼評《跳出國學　研究國學》

### 一、今日紀念孔子對不對

去年是中國世界級文化偉人孔子誕生 2545 周年，10 月上旬，二十多個國家、地區的近 300 名學者在北京聚會，隆重紀念孔子，研討儒學，成立了國際儒學聯合會。

紀念孔子，研究儒學，是個敏感問題。這些年來始終有人對孔子存有戒心，甚至把孔子、儒學、國學同馬克思主義對立起來，把中國當代文化建設中的民族性與時代性對立起來。孔子是儒家、國學、傳統思想文化的主要代表人物，問題的焦點總是集中在孔子身上。

紀念孔子對不對呢？這不可一概而論，要看處在什麼時代。處在動亂的時代或者處在破舊立新的革命戰爭時代，根本不可能紀念孔子。孔子是治世的聖人，他的學說歸根結底是講究仁愛，重視倫常，提倡和諧，強調秩序，追求安定。天下大亂的時候，問題需要通過實力解決，孔子的説教不管用。孔子本人正處在春秋末期的亂世，他的學説理所當然地不受歡迎，他本人栖栖遑遑如喪家之狗，到處碰壁，不了了之終其一生。至戰國，天下益亂，諸侯以侵伐爭奪爲能事。孟子繼承孔子學説，力主以仁政統一天下，其命運一點不比孔子好。當時祇有實力（主要是武力）能使天下歸一，孔子的文的辦法解決不了問題。

在革命戰爭的時代，革命的首要任務是打破舊秩序，然後建立新秩序。例如在陳勝、吳廣、項羽、劉邦起義反秦之時,孔子不可能受到重視。從這時起,一直到洪秀全太平天國革命,大小數百次農民起義、農民戰爭,沒有誰拿孔子的學說做爲思想武器。孔子的主張與破舊立新的革命格格不入,人們是不會要孔子的。

"五·四"運動是典型的例子。"五·四"運動興起,推翻封建制度,掃除封建禮教,肅清封建文化,是全民族的當務之急。孔子的精神與此發生衝突,人們批孔,提出"打倒孔家店"的激烈口號,是歷史的必然。

相反,在治世,在國家統一,進行和平建設的時候,孔子和孔子學說就受重視、受表揚。中國兩千多年來的歷史雖不是絕對如此,但是大體是不差的。我們無論怎樣評價這一現象都可以,但不能不承認這是事實。

如今的中國,改革開放的政策正在實行,國際大環境發生重大變化,和平發展成爲世界的主流。在這向建設有中國特色的社會主義強國的目標奮進的時候,我們最需要的是和平、秩序、穩定、社會和睦、民族團結。這時我們紀念孔子,研究儒學,弘揚民族優秀傳統文化,不僅是對的,而且勢在必行。

古人在如何對待孔子及孔子學說問題上,正反兩方面的經驗都有。戰國時代秦國不用儒家用法家,采取務實的農戰政策,經過幾代人的努力,終於用武力統一天下,建立了中央集權的專制主義的封建王朝——秦朝。這是它治亂世不用孔子學說的成功經驗。到了和平建没時期,它本該考慮用一點孔子的精神,然而卻反其道而行,焚書坑儒,視百姓如草芥,把法家的高壓政策推向極端,造成二世而亡的結局。後來賈誼作《過秦論》,把秦的成敗經驗概括爲一句話:"仁義不施,而攻守之勢異也。"他是説,打天下與治天下,情況是不同的。打天下必用武,治天下必用文(仁義),秦不這樣做,合該速亡。賈誼懂辯證法,懂歷史,也懂政治,是個政治家。

漢高祖劉邦是個粗人,打天下時曾用儒冠作溺器,可是得天下之後變了態度，他接受陸賈的意見，由粗人變細人，知道治天下要講究一下孔子的學說。有一回劉邦宣稱自己"居馬上得之，安事詩書"！引出陸賈的一番治國理論："居馬上得之，寧可以馬上治之乎？且湯武逆取而以順守之。文武並用，長久之術也。昔者吳王夫差、智伯極武而亡。秦任刑法不變，卒滅趙氏。嚮使秦已并天下，行仁義、法先聖，陛下安得而有之！"在當時五德終始說盛行的條件下，陸賈敢於用歷史哲學的大實話教訓皇帝，實在既大膽又高明。劉邦更高明，他竟然對臣下的逆言聽得進去，而且毅然轉變政策。

　　陸賈、賈誼總結出的以武力取天下以仁義守天下的治國戰略，經後世兩千年的歷史證明，是一個真理。漢族主天下，自不待言，就是少數民族入主中原，也都知道遵循這一規律。元世祖忽必烈祇是在他認同、繼承孔子、儒家思想學說之後，其統治才真正鞏固下來。清朝的例子距今不久，誰都知道，無須贅言。

　　現今的中國是以馬克思主義爲指導的社會主義國家，與封建時代不同。有人擔心，紀念孔子，講究儒家會不會冲淡甚而取代馬克思主義，走向復古倒退的老路上去呢？不會的，這個擔心純屬多餘。我們與古人相比，指導思想不同，經濟基礎不同，政治制度不同，國際環境不同。我們治國依靠的是馬克思主義、社會主義，對孔子的東西是作爲優秀傳統文化加以汲取、借鑒，使之爲我所用。我們無論誰都不可能（雖然現代新儒家如是想）用孔子治國，用儒學興邦。更不可能排斥東西方各國的成功經驗和先進的文化成果，否定業已形成的中國近現代新文化。這是歷史的大趨勢，任誰也不能改變。主張紀念孔子的學界人士絕對不是辛亥年間清朝遺老遺少或者"五・四"時代的國粹主義者。沒有人會站在封建主義的立場把歷史拉回一百年，回過頭去讓人尊孔讀經，或者實行"罷黜百家，獨尊儒術"。

　　我們祇是説，在中國現今的條件下，紀念孔子，講究儒學，汲取一點孔子的學説，是對的，必要的。況且，紀念孔子，講究儒學，與其説是個理論問題，毋寧説是億萬群衆的實踐問題。近聞黑龍江省佳木斯市一所中學進行"忠心獻給祖國，愛心獻給社會，關心獻給別人，孝心獻給父母，信心留給自己"的"五心"教育，受到廣泛的歡迎和肯定，效果相當好。新聞媒體給以熱情的傳播。這所中學的校長没有説明他這"五心"來自何處，但是一看便知，"五心"中含有孔子倫理道德的東西。總之，不管理論家們如何顧慮重重，群衆已經根據生活本身的需要，把批判繼承孔子的思想付諸實踐。

## 二、孔子的思想有没有真理性

實踐是檢驗真理的唯一標準。有無真理性的問題，實際上是經過實踐的檢驗，到底有無價值的問題。

孔子關於仁的學説，關於倫理道德的學説，大家已經討論很多。這裏我們要討論一下孔子關於歷史問題的一些觀點以及他的樸素唯物論和無神論。講過的話不再講，僅僅作些補充。

孔子是個卓越的歷史學家，他作的《春秋》一書實際是政治學著作，姑且不論。孔子另外有一些直接討論歷史問題的言論。這些言論所反映的觀點，至今仍有很高的理論價值。

孔子是 25 個世紀以前的人，同我們相比，他對人類歷史所知甚少，没見過封建社會，更不知資本主義爲何物。他不知道世界是個球體，他的天下僅限於"四海"及"四海"以内的黄河流域和長江流域。他腦海中的人類不過就是華夏和夷狄。孔子不可能具有衹有在資本主義社會化大生産時代才能産生的歷史唯物主義觀點。但是這並不妨礙他對歷史問題産生某些正確的認識。

孔子説："殷因於夏禮，所損益可知也。周因於殷禮，所損益可知也。其或繼周者，雖百世可知也。"(《論語·爲政》)這話有深刻的理論意義。他認定歷史是發展的，是連續有序的，因而是可知

的。就是説,歷史有繼承性,不能割斷。後代對前代勢必要因要損
要益。因、損、益與今日常語批判繼承實無根本的不同。孔子説的
另一句話:"周監於二代,郁郁乎文哉,吾從周。"(《論語·八佾》)與
因損益句意義一致。監於二代,就是周因於夏商二代。"吾從周",
三代相比,夏商爲古,周爲今。周在後,後來者居上,最盛最好。孔
子宣稱他從今不從古,當然是正確的。過去曾有人據此指責孔子
復古倒退,這是不妥當的。

　　孔子關於個體婚制在歷史發展中重大意義的看法也值得一
提。《禮記·昏義》説:"男女有別而後夫婦有義,夫婦有義而後父
子有親,父子有親而後君臣有正。故曰昏禮者,禮之本也。"《禮
記·郊特牲》也説:"男女有別然後父子親,父子親然後義生,義生
然後禮作。"《周易》之《序卦傳》有意義相同的話。《禮記》未明言這
是孔子的言論。據《漢書·藝文志》"記百三十一篇"句下班固自注
説"七十子後學者所記也",知《昏義》、《郊特牲》關於個體婚制之歷
史意義的言論,思想應屬於孔子。

　　在孔子生活的時代,個體婚制早已是普遍存在、司空見慣的平
常事物,孔子卻從中發現它深刻的歷史意義,指出它是文明社會發
生的源頭、契機。祇要我們把孔子的認識同恩格斯"在歷史上出現
的最初的階級對立,是同個體婚制下的夫妻間的對抗的發展同時
發生的。而最初的階級壓迫是同男性對女性的奴役同時發生的"、
"個體婚制是文明社會的細胞形態,根據這種形態,我們可以研究
文明社會內部充分發展着的對立和矛盾的本來性質"。[①] 將兩段
言論參照看,就會驚奇地發現,它們多麼相像。二人在不同的時代
不同的國度,提出大致相同的認識,這不能不引起我們的重視。

　　不必擔心這會把孔子思想現代化或貶低馬克思主義。孔子的
觀點與恩格斯的論述畢竟有着根本的區別,恩格斯關於個體婚制

---

①　《馬克思恩格斯全集》第21卷,第199、78頁。

的理論是以階級和階級鬥爭學說作爲前提的,是歷史唯物主義的科學結論。孔子發現一夫一妻制直接導致文明社會的產生,不具有階級及階級鬥爭學說的理論基礎,僅僅反映一位偉大哲人的偉大智慧。

孔子對於原始社會與文明社會的特徵看得很清楚,界限劃得極分明。據《禮記·禮運》記載,孔子把夏商周三代之前與夏商周三代看作兩種截然不同的社會,前者叫大同,後者叫小康。大同的特徵是:"天下爲公,選賢與能,講信修睦,故人不獨親其親,不獨子其子。使老有所終,壯有所用,幼有所長,矜寡孤獨廢疾者皆有所養。男有分,女有歸。貨,惡其棄於地也,不必藏於己。力,惡其不出於身也,不必爲己。是故謀閉而不興,盜竊亂賊而不作,故外戶而不閉。是謂大同。"這大同社會的特徵概括起來不外乎兩條,一是前一夫一妻制的婚姻形態,一是財產公有制。説明孔子知道在三代之文明社會之前有過不文明的原始社會,君臣禮義並非從來就有。

小康的特徵是:"今大道既隱,天下爲家,各親其親,各子其子。貨力爲己,大人世及以爲禮,城郭溝池以爲固,禮義以爲紀,以正君臣,以篤父子,以睦兄弟,以和夫婦,以設制度,以立田里,以賢勇知。以功爲己,故謀用是作而兵由此起。禹湯文武成王周公由此其選也。此六君子者未有不謹於禮者也,以著其義,以考其信,著有過,刑仁講讓,示民有常。如有不由此者,在執者去,衆以爲殃,是謂小康。"概括起來也不外乎兩條,一是一夫一妻的個體婚制的產生,一是財産私有制的存在。兩方面的共同結果是禮義制度。説明孔子知道文明社會與原始社會根本不同,知道它們的不同表現在什麼地方。

孔子這樣認識原始社會與文明社會,是不是真理呢? 當然是。沒有誰能證明他講的不是歷史實際。

孔子講大同與小康,是講歷史發展的必然過程,揭示歷史發展的實在內容，不含有評判價值、選擇優劣的意向。他一再弘揚禮義，弘揚禹湯文武成王周公，說明他不主張人類應由小康回到大同去。他講的大同社會是歷史，不是理想。康有爲把《禮運》講的大同社會說成孔子的理想社會，是出於政治鬥爭的需要，其實是不對的。

孔子關於歷史問題的觀點，符合中國古代歷史的實際，其價值不容忽視。研究中國古代歷史，在歷史唯物主義指導下把孔子的東西（當然不止孔子）作爲史料加以使用、研究，是必要的。

### 三、幾個問題的商討

《哲學研究》1994年第8期發表的《跳出國學，研究國學》（以下簡稱《跳》）一文告誡說："不從考察生產方式、經濟結構入手研究歷史，祇抓住個別經典、聖人，以之作爲曲直是非的尺度標準，不但不是馬克思主義的方法，也不是'新學'的方法"，"而是徑直退回到'舊學'的'考據'、'義理'上去了。"這不是馬克思主義的歷史研究方法，那末什麼是馬克思主義的歷史研究方法呢？《跳》文說，"我們的史學研究今天也不完全排斥考據和義理，但不應該脫離生產、實踐而單從史料、古代經典中進行考據和闡述"，"不應該祇抓住個別經典、聖人，以之作爲曲直是非的尺度標準"。

按照《跳》文的說法，馬克思主義的歷史研究方法歸納起來是這樣的：排斥考據和義理，但不完全排斥，多少要一點；生產、實踐與史料是兩回事，史料與古代經典又是兩回事，歷史研究主要是研究生產、實踐，次要的可以考據、闡述一下史料和古代經典；古代事物的是非曲直不以古代經典和聖人言論爲尺度標準。

這是馬克思主義的歷史研究方法嗎？我們認爲不是。是什麼呢？它就是早已爲中國史學界厭棄了的以論帶史或以論代史。

中國傳統史學的基本特點是記實記事，到清代，史學家提出實事求是、無徵不信的口號,把傳統史學推向頂峰。舊史家的任務是把一件件史事搞清楚,搞正確,然後做出評判。自今日馬克思主義的立場來看,傳統史學做的基本上是史料研究工作。

馬克思主義新史學則是運用歷史唯物主義觀點探討歷史過程的本質,尋求歷史發展的經濟原因和階級內容。也就是從經濟基礎與上層建築及其關係的發展上研究歷史過程的實在內容和規律。所以人們才説馬克思主義第一次把歷史變成科學。傳統史學做不到這一點。

這是馬克思主義史學之馬克思主義的一面。馬克思主義史學還應有史學的一面。是史學就須研究歷史本身,從而必須有史料。歷史唯物主義説各民族的歷史都有過奴隸制社會一段,但是中國奴隸制社會是什麼樣子,它有什麼特點,卻須通過古代文獻、甲骨金文、古代遺址、出土文物和對它們的研究以及民族學、民俗學、人類學等等加以解決。郭沫若、范文瀾、呂振羽、翦伯贊的史學論著都是按照這史論相結合的原則產生的,所以我們説他們是馬克思主義的史學家。

馬克思主義新史學與傳統舊史學的不同在於有無馬克思主義作指導。馬克思主義講究實事求是,乾嘉學人治史提倡實事求是、無徵不信,我們當然應當汲取。中國古代的具體史實,怎能不考據一下中國古代文獻(例如五經),不聽一聽古人(例如孔子)的説法!

談談天人合一的問題。孔子關於天人合一的思想主要反映在以下言論中。《周易·文言傳》説:"夫大人者與天地合其德,與日月合其明,與四時合其序,與鬼神合其吉凶。"(此鬼神,古人有解釋,是指造化之迹言,謂妙不可測,非指世俗之鬼神)

《論語·爲政》説:"吾十有五而志於學,三十而立,四十而不惑,五十而知天命,六十而耳順,七十從心所欲,不逾矩。"

《中庸》説:"能盡人之性,則能盡物之性;能盡物之性,則可以贊天地之化育;可以贊天地之化育,則可以與天地參矣。"《中庸》是孔子之孫子思作,思想應承自孔子。

這三段話的要點是:第一,人與自然不同。因爲不同,所以才有合一不合一的關係問題。假使人與天本無區別,何須言合一!孔子説:"鳥獸不可與同群。"(《論語·微子》)孔子總是把人與天地並列,合稱三才(《周易》之《繫辭傳》、《説卦傳》),説明孔子一貫認爲人與自然有别。宋人講"仁者渾然與物同體"(程顥《識仁篇》),是宋人的觀點,與孔子無涉。

第二,人事與自然界有一致性,所以人才有與自然合一的可能,所以《周易》才有由天道推及人事的思維方式。一致性表現在規律上,自然界有規律,人事也有規律。

第三,所謂合一,是説人作爲主體,行爲要順應自然,不違背自然規律,與自然達到一致。不是説讓自然來與人合一,也不是説人與自然混一無別。

第四,孔子認爲不是人人都能與天合一,能知天命,從心所欲不逾矩,贊天地之化育,與天地參的,祇有少數偉大智者如堯舜禹湯諸人能做到。

《跳》文不先研究一下古人的天人合一觀念究竟是怎麼一回事,張口就説"天人合一是説人也是自然的一員",然而事實上"人類的第一個起點就是天人不合一",天人合一的事實是不存在的,天人合一的觀念是虛妄的。還舉中國兩千多年來黃河下游決口泛濫 1500 次爲證,證明天人從未合一過。這事實上涉及對天人合一的理解問題,如果天人合一就是説人與自然是一而二,二而一,根本不是哲學命題,何勞大家討論來討論去!

天人合一觀念的核心是人順應天道自然,而不是違背它。這不但不是説要人在自然面前無所作爲,而且是相反,倒是要人利用、改造自然,從中體現人與自然的一致與和諧。《荀子·天論》反對"從天而頌之",主張"制天命而用之",也是這個意思。

古人對禹治水的評價是天人合一觀念的典型體現。理解了這個,就理解了天人合一。孔子、孟子高度評價禹治水的功績,因爲他順應水勢就下的自然規律,采用疏導水流使之注入大海的辦法解決了水患問題,實現了人與自然的合一。鯀治水,則違背水勢就下的自然規律采取壘壩堵水的辦法,使人與自然不合一,不和諧,所以人們對他持嚴厲的批評態度。可見天人合一觀念不是要人做自然的奴隸,祇是要人在對自然采取行動時對自然規律要順,要合一,不要逆,不要對立。從這個意義上説,的確不宜對自然使用"征服"、"戰勝"的字眼兒。

關於神道設教問題。《跳》文對於古人的神道設教深惡痛絶。我們則不然,我們認爲神道設教作爲一種歷史文化現象,與其憎恨而不理,不如理它而分析之。

孔子其實不是有神論者,他答學生問鬼神,不肯定也不否定就是證明。如果他心中相信鬼神,完全可以直言不諱。他支吾搪塞,説明他本不信鬼神卻又不能挑破。挑破了鬼神便否定了祭祀,而祭祀是當時維持社會秩序所絶不可無的。

孔子在鬼神問題上的這個秘密後來被荀子揭開。《荀子·天論》説:"雩而雨何也? 曰無何也,猶不雩而雨也。日月食而救之,天旱而雩,卜筮然後決大事,非以爲得求也,以文之也。故君子以爲文,而百姓以爲神。以爲文則吉,以爲神則凶也。"卜筮、祭祀這些宗教迷信活動老百姓實實在在地信,知識界上層人士搞這些祇是表面文章,内心不信。孔子、孟子、荀子都如此,後世的大思想家以及真正有學識的村塾先生莫不如此。

本不相信鬼神,卻又利用鬼神進行教化,這就是《周易·觀卦·象傳》講的神道設教。神道設教是歷史的產物,它的產生自有它的歷史必然性,不是某些思想家、政治家主觀願望決定的。馬克思早就説過宗教是麻醉人民的鴉片。科學發展到現在,凡受過一定教育的人都不會由衷相信上帝、諸神和靈魂的真實性。然而事實怎麼樣? 宗教在全世界範圍内仍然大量存在,甚至某些杰出的政治家、思想家、科學家也擺脫不了宗教的影響，而且他們的活動往往也離不開宗教的助力。這不是神道設教嗎！很難有什麼好辦法改變這種狀況。即使有朝一日人類在火星上建起一個地球移民村，也可能同時在那裏建一座教堂。中國政府是無神論的，不搞神道設教，但也實行宗教自由的政策。它對西藏喇嘛教的保護和贊助更是世人有目共睹。

即將進入21世紀的今日世界尚且擺脫不了宗教，我們怎好要求25個世紀前的孔子要麼是有神論者，要麼就站出來與宗教一刀兩斷？他是斷不了的，那卜筮那祭祀，發生於原始社會，到孔子時代早已成爲根深蒂固的禮俗，上層下層都在搞，勢力强得很，統治階級及其思想家因勢而行，通過卜筮、祭禮進行教化，是歷史的必然。古人這種神道設教的做法，《周易》是個典型，而《周易》中的《易傳》是孔子作的。《易傳》的思想清醒得很，理性得很，而且孔子本人也絕不搞卜筮，但是他不把卜筮的迷信性質點破，因爲一旦把卜筮否掉，《周易》的哲學思想就要因失去依託而落空。

宗教的最初產生與人類早期的無知即認識水平低下有關。至文明社會，例如在奴隸社會、封建社會，勞動人民接受宗教迷信，有信仰上的原因，有心理上的原因，根本的原因還是認識水平低下。這是歷史的事實。不必一聽說勞動人民認識水平低下就緊張，就激動拍案。孔子講"性相近也，習相遠也"，生來時大家不論貴賤都一樣，後天的條件不同才造成差別。勞動人民創造了文化，然而遠離文化，沒有受教育的機會，不識文字，當然難以直接接受理性十足的哲學說教。這種情況直到本世紀初期無大變化，所以解放區和解放後的中國大陸才有文化還給勞動人民、學校面向勞動人民的說法和做法。說當時勞動人民認識水平低下，不是說勞動者是笨伯，勞動者掌握生產勞動的技藝，不是孔子也自嘆弗如，說種菜他不如老圃嗎！

孔子及儒家認同的神道設教，是長期存在的歷史文化現象，具有無可置疑的客觀性，不是某個政府或某個人物的主觀意圖可左右的。今日中國，對人民，對下一代，一律進行理性的、科學的教育，除正規的宗教活動合法以外，民間的宗教迷信活動早已在取締之列，但是仍然屢禁不絕。這就證明，要消除一種歷史文化現象，歸根到底要從改變產生它的歷史文化原因上解決，而這是需要時間的。

神道設教自今天看來當然是不必要的，可是在古代，如果不必要，它爲什麽會産生而且持久不衰！歷史上的必要不必要，不用歷史的眼光看，難道還有什麽更好的辦法！例如奴隸制，一聽這個詞就會令人生厭，誰都要投它的反對票，可是在古代，它是個歷史的進步，在初期，甚至奴隸們自己也爲它歡呼。古代希臘、先秦中國的燦爛文化都是奴隸制的産物，你説奴隸制必要不必要！

另外，《跳》文有幾處我們讀不懂，順便提出來向作者請教。

《跳》文説："天人合一是天爲人存在的和諧方面的哲學觀念，而不是天爲人存在的鬥爭方面的結晶。"我們不懂"天爲人存在"是什麽意思。既説天人合一講和諧不講鬥爭，又説"如果中國封建社會没有對自然的戰勝和征服，也就不可能有不斷的發展和繁榮"。既説中國古代不斷地戰勝和征服自然，又説中國的天人合一"是農業社會'順天'的生産、生活方式的倒影，而不是開山伐路式的征服自然的近代資産階級物質生産的反映"。我們不明白，作者真正想説的是什麽。

《跳》文題目是《跳出國學，研究國學》，對國學這個概念必然會有一個明確的界定，説明國學是什麽，不是什麽，什麽屬於國學，什麽不屬於國學。依我們的理解，國學指未曾染指西學的中國學問。晚清學者講"中體西用"的與西學相對而言的中學應當就是國學。近現代以來形成的新學不應在國學範圍內。《跳》文關於國學的説法太富於變化，令人把握不住。它一會兒把國學與國粹等同起來，一會兒又把近現代中國新學劃入國學，説新學既是中國文化，就是中國國學。認爲凡是中國文化都是國學。它鄭重其事地説，嚴復、康有爲、梁啓超、譚嗣同、孫中山、王國維、魯迅、陳寅恪、湯用彤等人的思想與學術成就，"五·四"新文化中的科學與民主内容，毛澤東思想、鄧小平思想，"這算不算文化"？算文化就是國學。原來國粹、新學、國學一也。引申下去，諸如中國人掌握了的核技術、火箭技術等，都是國學。這樣一來，我們該如何跳出國學，研究國學？

《跳》文借用郭沫若當年的話號召我們跳出國學，然後研究國學，這是有道理的，廬山風景自外看最好。可是它又説："傳統絶不像一件衣服要穿上就穿上要脱掉就脱掉，它就在我們自身之中"，"要把它作客體同時又作爲主體來批判"。這也是有道理的。一邊説必須跳出去，一邊説不許跳出去，兩邊都有道理，我們怎麼辦？是跳還是不跳？

《跳》文説，國學是封建社會的産物，没資格與資本主義制度下産生的近現代西學和提倡人性、人權、個性自由以反對神性、神權、宗教桎梏的歐洲文藝復興相比或者對話。在近現代史上，國粹（《跳》文視之與國學爲同一概念）没起到保存我們的作用。在今日市場經濟條件下，在清除根源於舊事物的缺點中它也不起作用。不起好作用，但起壞作用，它有造成忽視或否定中國近現代文化的民族虛無主義的一面。"文革"對它全盤否定未獲成功，今日它竟又火起來。不否定它，它就否定中國近現代新文化。這使我們困惑不解，國學又老又醜，一無是處，它早就該死而不死，爲什麼又讓我們"跳出國學研究國學"？《跳》文作者是堅持馬克思主義的，可是馬克思、恩格斯、列寧、毛澤東、鄧小平的哪一本著作的哪一章哪一節説過一個民族的傳統文化與它的近現代新文化處在有我無他的對立狀態，且會造成民族虛無主義？

《跳》文説國學反映民族性，不反映時代性，新學反映時代性，不反映民族性。中國當代新文化建設應當"以時代性揚棄民族性"，不可"以民族性犧牲時代性"。把民族性與時代性對立起來，魚與熊掌不可得兼。可是我們知道，任何一個文化既是現實的又是歷史的，既是民族的又是時代的，民族性與時代性統一在一起，沒辦法分得開。

　　我們跟不上《跳》文富於個性的邏輯思路，所以祇能提出問題，拿不出見解。

　　　　　　　　　　（與呂紹綱合作，《哲學研究》1995 年第 1 期）

# 論孔子仁説及其相關問題

## 一

　　"仁者人也"，據我看，是孔子自己對其思想核心的仁字所作的正確的解釋。此義詳見《中庸·哀公問政》章。當然，從古文字來看，仁字有幾種寫法，造字時取義都是什麼，可能有人知道，至少，我不知道。但是，《説文》人部的仁字，我敢斷言，一定是孔子使用過的"仁"字。許慎在"仁"下説："親也，從人二。"我看許慎的解釋與孔子的説法完全一致。爲什麼呢？因爲《説文》仁字構形爲"人二"，即兩個人。這兩個人，其一是表示自己，其二是表示與自己面對面的那個人。當然，面對的那個人，既可以是個人，也可以代表集體，或者説是整個人類社會。"親也"則表示人對人應當親愛，不親愛就不是人。從字形來看是如此，從字音來看，與人正同。實際上，這個仁字的形和音，已表明它的意義應是"己欲立而立人，己欲達而達人"，"己所不欲，勿施於人"。《説文》心部"恕"下説："仁也"，無疑就是依此取義。

　　《論語·里仁》説："子曰：'參乎！吾道一以貫之！'曾子曰：'唯！'子出，門人問曰：'何謂也！'曾子曰：'夫子之道，忠恕而已矣。'"從《説文》心部"恕"下説"仁也"可以斷言，孔子的思想核心定是"仁"，而不是別的什麼東西。

　　此外，如《論語·述而》説："子曰：'仁遠乎哉？我欲仁，斯仁至矣。'"又，《顏淵》説："子曰：'克己復禮爲仁，一日克己復禮，天下歸仁焉,爲仁由己,而由人乎哉?'"又,《雍也》説:"子曰:'夫仁者,己欲立而立人,己欲達而達人,能近取譬,可謂仁之方也已。'"《中庸》説:"子曰:'道不遠人,人之爲道而遠人,不可以爲道。《詩》云:"伐柯伐柯,其則不遠。"執柯以伐柯,睨而視之,猶以爲遠,故君子以人治人,改而止。忠恕違道不遠,施諸己而不願,亦勿施於人。'"以上各點,都是孔子對仁的詮釋,這些詮釋都是從"仁者人也"和"仁,親也,從人二"的根本意義出發來構辭的。

《孟子·盡心上》説:"孟子曰:'萬物皆備於我矣,反身而誠,樂莫大焉,强恕而行,求仁莫近焉。'"我認爲,這是孟子言求仁之方,與孔子説"能近取譬"是一個意思。可惜"萬物皆備於我矣",被朱熹《孟子集注》作了錯誤的解釋,流毒六七百年,至今未泯。實際上,這就是"近取譬",意思是説你要行仁,須知恕道,饑思食,渴思飲,寒思衣,疲勞思休息,是人我所同,故曰"萬物皆備於我",哪裏有什麼"此言理之本然也,大則君臣父子,小則事物細微,其當然之理,無一不具於性分之内也"之事? 分明是郢書燕説,利用理學家慣用的語言,加以竄改。至於"反身而誠,樂莫大焉",則是説對待他人像對待自己一樣真誠,是莫大的快樂。"强恕而行,求仁莫近焉",則是本段的結語,是把上文的語意,落到實處。説如能努力依照恕道來做,是求仁最切實的辦法。

《吕氏春秋·不二》説"孔子貴仁",無疑是對的,可以證明這是當時人們的共同看法。同書《愛類》説:"仁於他物,不仁於人,不得爲仁;不仁於他物,獨仁於人,猶若爲仁。仁也者,仁乎其類者也。"

《孟子·盡心上》説:"孟子曰:'君子之於物也,愛之而弗仁;於民也,仁之而弗親。親親而仁民,仁民而愛物。'"可見"仁者人也"不但孔子是這樣解釋,戰國時的《孟子》和《吕氏春秋》也是這樣解釋,而孟子辨析尤爲精當。

# 二

仁爲孔子思想的核心，與此核心密切聯繫的，還有義和禮兩個德目。這一點，詳見《中庸・哀公問政》章。這一章不僅談了"仁者人也"，在這一句下，還繼續談了"親親爲大，義者宜也，尊賢爲大，親親之殺，尊賢之等，禮所生也"一整段文字，實際上這段文字是孔子對仁義禮三者的定義、內容及其相互之間的關係作了十分精確的説明。

首先要説明，這段話所講的都是仁的問題。如依照"仁者人也"的解釋，也就是人的問題。可見，近世有人説，孔子之學是人學，是人本主義，人道主義，儘管這些概念不是中國固有的，我看是對的。

下面準備對這段文字，進行比較詳細的解釋，由於"仁者人也"上面已經談過，現在就從"親親爲大"説起。

什麼是"親親"呢？"親親"實際上講的是血親之間的關係。我認爲，講好這個問題，應溯源於人類初生時的種的蕃衍。因而所謂親親，主要是指母子之間的愛，特別是母愛。據我看，世界上衹有母愛最真摯、最純潔、最偉大。當然，爲子女的也愛母，如孟子所説的"赤子之心"和"孩提之童無不愛其親也"，也是事實。但，我看終究不能比母親之愛子女。人類學認爲：原始人不能孤立生活，必須依靠群體，初時這個群體是不穩固的。但是，既名之爲群，一定有維繫這個群的紐帶。什麼是維繫群的紐帶呢？依我看，就是血族關係。後來發展爲氏族、胞族、部落、部落聯盟，它的基礎仍舊是血族團體。足見親親的意義是重大的。

"義者宜也，尊賢爲大。"從文章結構來看，"仁者人也，親親爲大"的説明，是頂接上文的"修道以仁"的，那麼，此處的仁，才説了兩句，怎麼就轉到義上來呢？我認爲，這正是繼續在説仁，不能説是轉到義上來，因爲從歷史上看，義是仁的邏輯發展，二者之間有密切聯繫。證據是，《禮運》説："仁者義之本也"，恩格斯説："以血族團體爲基礎的舊社會，由於新形成的社會各階級的衝突而炸毀，組成爲國家的新社會取而代之，而國家的基層單位已經不是血族團體，而是地區團體了。"①正由於是地區團體，這裏就不能不包括同姓和異姓，這時如果單講"親親"，就不符合客觀實際了，而必須兼講"尊賢"，才是宜。所以"義者宜也"的宜，就是適合，就是主觀與客觀相一致。

爲什麼"尊賢爲大"是宜呢？因爲社會是一個大的群體，這個群體中的老幼、少長、强弱、智愚、賢不肖，必須尊重賢者，使賢者在位，能者在職，社會才會長治久安，人們才能過着幸福生活，否則，使不賢者在位，不能者在職，則社會必然是混亂不堪，爾詐我虞，掠奪殘殺，這時人們祇有遭受災難，哪有幸福可言？

"親親之殺，尊賢之等，禮所生也。"這是説，仁、義、禮是一個整體，有了仁義之後必然產生禮。"親親之殺"、"尊賢之等"，本屬於仁、義的范疇，但是在實行時，把它們用具體形式表現出來，就是禮了。因此，仁義禮三者可以看成是一個整體，仁義是内容，而禮是形式。

"親親之殺"是指親親還要辨明親疏、遠近不同的等差，例如《禮記·喪服小記》説："親親以三爲五，以五爲九。上殺，下殺，旁殺，而親畢矣"就是親親之殺。鄭玄釋這段文字爲"己，上親父，下親子，三也。以父親祖，以子親孫，五也。以祖親高祖，以孫親玄孫，九也。殺謂親益疏者，服之則輕"，是對的。"尊賢之等"則如《左傳》莊公十八年説："王命諸侯，名位不同，禮亦異數。"即是其例。孔子殁後，孟子、荀子都傳承孔子之學，孟子大講仁義，荀子大講禮，説明孔子之學雖極深廣，語其要歸，實爲仁義與禮。而這個

---

① 《馬克思恩格斯全集》第 21 卷，第 30 頁。

仁義與禮三者歸結到一點，則是一個仁字。這個仁字的正確意義不是別的，就是"人也"。

### 三

如上所述，孔子之學以仁為核心，孔子平生言論，一切都是為了人。但也應知道，孔子言人道的同時，也言及天道和地道。這是由於人和天地有密切關係，人生在天地間，一刻也離不開天地。

孔子言天地人三者之道，詳見《易傳》。

司馬遷說，孔子晚而喜《易》，讀《易》韋編三絕，著成《易傳》。孔子在《易傳》的《繫辭下》說："《易》之為書也，廣大悉備，有天道焉，有人道焉，有地道焉，兼三才而兩之，故六，六者非它也，三才之道也。"又於《說卦》說："昔者聖人之作《易》也，將以順性命之理，是以立天之道曰陰與陽，立地之道曰柔與剛，立人之道曰仁與義，兼三才而兩之，故《易》六畫而成卦。"須知，《周易》一書雖具此義，但未明言，把天地人三才之道提出來合在一起來講，實自孔子始。

應該說，孔子用"《易》六畫而成卦"來說明"兼三才而兩之"，祇是舉一隅以見其餘。實際上，所謂"三才之道"，其義實貫穿於全《易》，曷止六畫而成卦？

請看，《繫辭上》言筮法時，說"分而為二以象兩"，"象兩"，不就是象兩儀象天地嗎？"挂一以象三"，"象三"不就是象三才嗎？這個三，顯然是"象兩"的兩，加上"挂一"的一，這個一，無疑就是象人。它表明有天地，又有了人，因而構成天地人三才。

同篇，孔子在談"夫《易》何為者也"時說："是以明於天之道而察於民之故，是興神物，以前民用"。這個"明於天地之道"，由於古人說天之道時常包括地之道，實際這也就是明於天地之道；"而察於民之故"，則是明於人之道。總起來，也是說，明於天地人三才之道。

又，《周易》六十四卦由乾坤開始，《繫辭上》説：“天尊地卑，乾坤定矣，卑高以陳，貴賤位矣。”顯然乾坤是象天地，説“貴賤”則是象人。《序卦傳》開篇説：“有天地然後萬物生焉。”接着下文又説：“有天地然後有萬物，有萬物然後有男女，有男女然後有夫婦，有夫婦然後有父子，有父子然後有君臣，有君臣然後有上下，有上下然後禮義有所措。”整個六十四卦正反映天地人三才之道。

餘如乾卦卦辭説：“元亨利貞”。《彖傳》説：“大哉乾元，萬物資始。”顯然是言天道。坤卦卦辭説：“元亨利牝馬之貞。”《彖傳》説：“至哉坤元，萬物資生。”顯然是言地道。從乾卦《大象》説“天行健，君子以自强不息”，坤卦《大象》説“地勢坤，君子以厚德載物”看，則乾坤二卦又言及人道。也就是僅從六十四卦爲首的乾坤二卦來看，裏邊已反映三才之道了。

至於説“立天之道曰陰與陽，立地之道曰柔與剛，立人之道曰仁與義”，我體會，這表明天地人三才之道，從其變化發展來看，是各具特點，又相互聯繫，在宇宙中構成一個統一的整體。

自其特點來説，所謂“立天之道曰陰與陽”，應是指《繫辭傳》所説“陰陽之義配日月”，以及“日往則月來，月往則日來，日月相推而明生焉。寒往則暑來，暑往則寒來，寒暑相推而歲成焉”來説的。這一點相當於《中庸》所説的“上律天時”的天時。關於“立地之道曰柔與剛”，這一點在孔氏遺書中，談的比較少，我以爲相當於《中庸》所説的“下襲水土”的水土，因爲大地的變化發展實由水土，而水恰是柔，相對來説，土恰是剛。“立人之道曰仁與義”，應是指人類社會的變化發展應遵行仁與義。

從其相互聯繫來説，例如益卦《象傳》説：“天施地生。”乾卦《彖傳》説：“大哉乾元，萬物資始，乃統天。”坤卦《彖傳》説：“至哉坤元，萬物資生，乃順承天。”都是説天與地在變化發展中是相互聯繫着的。還有，《繫辭上》説：“在天成象，在地成形，變化見矣，是故剛柔相摩，八卦相盪，鼓之以雷霆，潤之以風雨，日月運行，一寒一暑，乾道成男，坤道成女。"《乾文言》說："夫大人者，與天地合其德，與日月合其明，與四時合其序，與鬼神合其吉凶，先天而天弗違，後天而奉天時。"特別是在革卦《彖傳》說："天地革而四時成，湯、武革命順乎天而應乎人。"竟把湯、武革命看成與自然界四時變化等同，認爲二者都是不可抗拒的規律。《論語·公冶長》說："子貢曰：'夫子之文章可得而聞也，夫子之言性與天道不可得而聞也。'"什麼是性與天道呢？我看《說卦》把"立天之道曰陰與陽……"叫做"順性命之理"，那麼，性就是人性，命是天命，換成下文的語言，就是立天之道曰陰與陽，立地之道曰柔與剛，立人之道曰仁與義，也就是《周易》一書的全部內容。像這樣崇高的智慧，雖以言語著稱的孔門大弟子子貢都不能瞭解，便不足怪了。

上文所論及的"陰與陽"、"柔與剛"、"仁與義"都是什麼呢？不都是對立的統一嗎？

從孔子遺教"六經"來考察，可以看到裏邊也存在天地人三才之道問題。例如《史記·滑稽列傳》說："孔子曰：'六藝'（即"六經"）於治一也，《禮》以節人，《樂》以發和，《書》以道事，《詩》以達意，《易》以神化，《春秋》以道義。"《莊子·天下》說："《詩》以道志，《書》以道事，《禮》以道行，《樂》以道和，《易》以道陰陽，《春秋》以道名分。"《史記》所說的"《易》以神化"，和《莊子》說的"《易》以道陰陽"，說法雖然不同，其實都是說《易》是講天道的。其餘五經基本上都是講人道的。至孔子說："六藝於治一也"，則是說，六經都是爲當時的政治服務的。

《荀子·勸學》說："《禮》《樂》法而不說，《詩》《書》故而不切。"依我看，這是說，《禮》、《樂》是現實文書，祇須遵行，不要議論，《詩》、《書》是歷史古籍，是講過去的而不切於當時實際。《史記·司馬相如列傳》說："太史公曰：'《春秋》推見至隱，《易》本隱以之顯。'"這兩句話，前人解說多誤。我認爲，實際上，這是說，《春秋》與《周易》二經對於理論和實際的表示方法不同。《春秋》"推見至隱”，是説《春秋》是從二百四十二年行事的“見”（實際），推進至《春秋》爲禮義的大宗的“隱”（理論）；《易》則相反，是把天地人三才之道的“隱”（理論），用卦爻符號的“顯”（實際）表達出來。

關於孔子之學，我看，孔子之孫子思所作《中庸》説得最爲完備，具體，簡約。他説：“仲尼祖述堯舜，憲章文武，上律天時，下襲水土。”實際“祖述堯舜，憲章文武”，説的是人道，“上律天時”則説的是天道，“下襲水土”説的是地道，總起來説，恰是天地人三才之道。

在這裏，我還準備談兩個問題。其一是在所謂孔氏遺書《大學》裏所談的爲治方案，其二是散見《易傳》、《論語》、《中庸》、《孟子》諸書中所談的方法論問題。前者是孔子之學關於人道論的結晶，後者是孔子之學關於天地人三才之道的精髓。

先談《大學》。《大學》所提出的爲治方案，自“格物”、“致知”至“國治天下平”，本末兼該，内外交修，很值得注意。“格物”一條最爲重要，可惜卻被宋明理學家用唯心的觀點來解釋，説者雖多，終無是處。我的意見，“格”應釋爲“至”，格物就是“至物”，也就是接觸外部事物。“致知在格物”，就是知識是從感覺得來的。“知至而後意誠”，是説你的知識達到主觀與客觀相一致，然後你自然不會出現虚僞的意念。“意誠而後心正”，是説你的意念都能誠實無欺，你的心自然正直而無邪僻。“心正而後身修”，這是因爲心是身的主宰，所以心正，身自然等於有了約束。“身修而後家齊，家齊而後國治，國治而後天下平”，意思都是説集體是由個體組成的，個體好了，集體自然會好。可以看出以上這一系列的做法，裏邊有一個共同的特點，這就是自己約束自己，從不干涉別人，或者可以説這是東方文化特點之一吧！

下邊談第二個問題，即談方法論或時、中與和的問題。

首先説“時”。《孟子·萬章下》，對先代重大影響的幾個人物進行評騭，説“伯夷聖之清者也，伊尹聖之任者也，柳下惠聖之和者

也,孔子聖之時者也"。隨即舉出孔子之所以是聖之時的例證,説
"孔子之去齊,接淅而行;去魯,曰'遲遲吾行也,去父母國之道也'。
可以速而速,可以久而久,可以處而處,可以仕而仕,孔子也"。也
就是説,孔子在速、久、處、仕這幾個問題的處理上没有一成不變的
框框,而是因時間和條件的不同爲轉移的。這種方法提到今天哲
學上來,我看就是辯證法,不是形而上學。又《論語·微子》記載孔
子在評論"逸民伯夷、叔齊、虞仲、夷逸、朱張、柳下惠、少連"七人之
後,説:"我則異於是,無可無不可。"這個"無可無不可",與孟子所
説的"可以速而速,可以久而久,可以處而處,可以仕而仕"的説法,
完全一致。不僅如此,《論語·子罕》説:"子絶四:毋意,毋必,毋
固,毋我。"我們知道,意、必、固、我是形而上學的特徵,孔子絶此四
者,證明孔子思想肯定是辯證的。其他,如孔子在《易傳》裏談"時"
的地方更多,兹不具引,兹但擇其最著者兩條如下,例如豐卦《彖
傳》説:"天地盈虚,與時消息,而況於人乎?"艮卦《彖傳》説:"時止
則止,時行則行,動静不失其時,其道光明。"

　　從上述《孟子》、《論語》和《易傳》所談的"時"字來看,所謂
"時",用今日哲學的語言來説,就是辯證的觀點,而且不止孔子個
人如此,還説"天地盈虚,與時消息",這就是説,即便是天地變化,
也受這個規律、法則的支配。

　　其次説"中"。宋人把"中"説成是不偏不倚,近人有説中是折
衷主義,我看這種説法有對的一面。例如《論語·先進》説:"子貢
問:'師與商也孰賢?'子曰:'師也過,商也不及。'曰:'然則師愈
與?'子曰:'過猶不及。'"可見,不是過也不是不及,就是不偏之中,
或者説是折衷主義嘛!但是《中庸》説:"仲尼曰:'君子中庸,小人
反中庸:君子之中庸也,君子而時中,小人之反中庸也,小人而無忌
憚也。'"《孟子·盡心上》説:"楊子爲我,拔一毛而利天下,不爲也。
墨子兼愛,摩頂放踵利天下,爲之。子莫執中,執中爲近之,執中無
權,猶執一也。所惡執一者,爲其賊道也,舉一而廢百也。"根據上

述這兩段文字記載，説明光知道"不偏之謂中"這一面不行，還要知道"時中"和"有權"之中，否則，你的執中，就會變成執一。我們所以反對執一，是因爲執一必然是"舉一而廢百"。

最後説"和"。和與同貌相似，而實大不相同。我國哲人自古以來就主張和而反對同。

早在西周末年，周幽王史官史伯就對鄭桓公談過這個問題。《國語·鄭語》記史伯説："夫和實生物，同則不繼。以他平他謂之和，故能豐長而物歸之，若以同裨同，盡乃棄矣……於是乎先王聘後於異姓，求財於有方，擇臣取諫工而講以多物，務和同也。聲一無聽，色一無文，味一無果，物一不講。"

春秋時，齊國晏子也同齊景公談過這個問題。《左傳》昭公二十年説："齊侯至自田，晏子侍於遄臺，子猶馳而造焉，公曰：'唯據與我和夫。'晏子對曰：'據亦同也，焉得爲和？'公曰：'和與同，異乎？'對曰：'異！和如羹焉，水火醯醢鹽梅，以烹魚肉，燀之以薪，宰夫和之，濟之以味，濟其不及，以洩其過。君子食之，以平其心。君臣亦然。君所謂可而有否焉，臣獻其否，以成其可。君所謂否而有可焉，臣獻其可以去其否。是以政平而不干，民無爭心。故《詩》曰："亦有和羹，既戒既平，鬷嘏無言，時靡有爭。"先王之濟五味，和五聲也，以平其心，成其政也。聲亦如味，一氣，二體，三類，四物，五聲，六律，七音，八風，九歌，以相成也。清濁，小大，短長，疾徐，哀樂，剛柔，遲速，高下，出入，周疏，以相濟也。君子聽之，以平其心。心平德和。故《詩》曰："德音不瑕。"今據不然。君所謂可，據亦曰可，君所謂否，據亦曰否。若以水濟水，誰能食之？若琴瑟之專一，誰能聽之？同之不可也如是。'"

與晏子同時的孔子，也曾以極其簡潔的語言，談了這個問題。《論語·子路》説："子曰：君子和而不同，小人同而不和。"

孔子之孫子思作《中庸》，把中、和合在一起來談。説："喜怒哀樂之未發謂之中，發而皆中節謂之和。中也者，天下之大本也。和也者，天下之達道也。致中和，天地位焉，萬物育焉。"説得精深圓通，可以嘆爲觀止了。可惜，朱熹《中庸章句》作了歪曲的解釋，而且流行日久，深固難拔，兹爲辨析如下。

我認爲，"喜怒哀樂"是指喜與怒，哀與樂。意思是説二者本是對立的兩極，都不是中，但是當未發時，卻是不偏不倚，理應稱之爲中。

"發而皆中節"的發，也是指喜怒哀樂，以上文"之未發"三字知之。喜怒哀樂本不是中，但"發而皆中節"就變成中了。正像《孟子・離婁上》所説的"嫂溺則援之以手"。禮是制中的，禮文規定"男女授受不親"，但遇嫂溺，則不能坐視，而必援之以手。"援之以手"，違反授受不親的禮，但由於授之以手而救活了嫂，受到孟子稱贊，這乃是非禮之禮，與上述"發而皆中節"相同。"發而皆中節"是不中之中，這個不中之中正名應謂之和。因此，中與和的區別，"中"應視爲在正常情況下之中，"和"應視爲在特殊情況下之中。

"中也者，天下之大本也，和也者，天下之達道也。""中也者，天下之大本也"，是説中在方法論中帶有根本性，應在正常情況下使用。"和也者，天下之達道也"，是説和在方法論中帶有靈活性，應在特殊情況下使用。實際上，從方法論上説，這就是辯證的觀點。由於它們都帶有普遍性，所以稱爲"天下"。古人習慣上稱前者爲經，稱後者爲權，或稱前者爲常，稱後者爲變。

乃朱熹《中庸章句》竟釋爲"喜怒哀樂，情也。其未發，則性也，無所偏倚，故謂之中。發皆中節，情之正也，無所乖戾，故謂之和。大本者，天命之性，天下之理皆由此出，道之體也。達道者，循性之謂，天下古今之所共由，道之用也。此言性情之德，以明道不可離之意"。明明説的是中與和的問題，竟歪曲爲"此言性情之德"。貽誤後人，影響至今不減。

"致中和，天地位焉，萬物育焉"，這是説中和，即辯證法的規律，乃是宇宙的根本規律。如果把中和能做到極致，不但人，天地萬物也莫能外。而朱熹《中庸章句》竟說"致，推而極之也。位者安其所也。育者遂其生也。自戒懼而約之，以至於至靜之中，無少偏倚，而其守不失，則極其中而天地位矣。自謹獨而精之，以至於應物之處，無少差謬，而無適不然，則極其和而萬物育矣。蓋天地萬物本吾一體，吾之心正，則天地之心亦正矣；吾之氣順，則天地之氣亦順矣。故其效驗至於如此。此學問之極功，聖人之能事，初非有待於外，而修道之教亦在其中矣。是其一體一用雖有動靜之殊，然必其體立，而後用有以行，則其實亦非有兩事也"。簡直是一派胡言亂語，不知爲什麼過去元明清三朝實行科舉制度，竟用朱熹《四書章句集注》作爲八股文經義圭臬，一有違反，則繩之以法，稱之爲離經叛道，亦可怪矣！

（《中國哲學史》1996 年第 1、2 期合刊）

# 孔子思想有兩個核心

我研究孔子多年，認爲孔子的思想有兩個核心。一個是"時"，由"時"發展爲"中"、"和"。另一個是"仁"，由"仁"發展爲"義"、"禮"。

爲什麼這樣説呢？首先説"時"。《孟子·萬章下》説："孔子，聖之時者也。"《論語·微子》中，孔子自己説："我則異於是，無可無不可。"我看這都是"時"的證明。孟子説："孔子之去齊，接淅而行；去魯，曰：'遲遲吾行也。去父母國之道也。'可以速而速，可以久而久，可以處而處，可以仕而仕，孔子也。"這就是"時"。孔子離開齊國的時候，"接淅而行"。做飯，淘淘米未等煮就去了。去魯的時候就不這樣了。離開魯國，孔子説："遲遲吾行也。去父母國之道也。"如果是父母國，離開就不那麼着急，慢慢走。一樣離開，因爲兩個地方不同，就不能一樣。所以孔子他處世，可以快走就快走，可以慢走就慢走，可以不當官，也可以當官。這就是孔子的"時"。"時"這個東西，是不一定的，要看情況。遇到什麼情況。就有相應的做法，不能一定。冬天天冷，穿棉的、皮的；夏天天熱，你還穿皮的棉的？你得穿紗！孔子的做法，就是"時"。所以孟子説他是"聖之時者也"。他和伯夷，和伊尹，和柳下惠不一樣。這是孟子講孔子。《論語·微子》是孔子自己講。這段話孔子是説，遺民有伯夷、叔齊、虞仲、夷逸、朱張、柳下惠、少連。這七個人都是遺民。孔子説"不降其志，不辱其身"，是伯夷、叔齊。柳下惠、少連，那已經就"降志辱身矣"了，"言中倫，行中慮，其斯而已矣"。虞仲、夷逸，"身中清，廢中權"，這幾個人，就是這幾種做法。孔子説："我則異於是，無可無不可。”這說明，情況有變化，就不能有一定的可。一定的做法是不對的。這就是“時”。孔子自己講是“時”，孟子也説孔子是“聖之時者”，因此，“時”是孔子思想的一個核心。“時”的發展，就是“中”、“和”。《中庸》裏面有這麽幾句話：“喜怒哀樂之未發，謂之中；發而皆中節，謂之和。中也者，天下之大本也；和也者，天下之達道也。”“喜怒哀樂之未發，謂之中”，這句話，朱熹四書注解釋錯了。他説這是情。實際並不是這樣。喜、怒，這是兩個極端，喜歡、生氣，不是中。哀、樂，悲哀、歡樂，兩個極端，也不是中。但是，“喜怒哀樂之未發”，沒有表現出來，也不是喜，也不是怒，也不是哀，也不是樂，這就叫作“中”。這話應該這麽講。“發而皆中節”，發什麽呢？就是發出喜怒哀樂。未發時叫作“中”，表現出來了，表現得對，都做得對，該喜喜，該怒怒，這就叫作“和”。朱熹講“喜怒哀樂之未發”叫性，“發而皆中節”叫情，這是不對的。“發而皆中節”這個“和”其實是不中的“中”。怎麽叫“和”呢？可以舉出個例子來。《孟子·離婁》篇講，淳于髡問孟子：“男女授受不親，禮與？”孟子説是禮。淳于髡又問：“嫂溺，則援之以手乎？”——嫂子淹着了，用手拉一把去不？孟子説：嫂溺，不援之以手，那是豺狼。授受不親是禮，授之以手是權。就是説，禮雖是至中的，但是光有禮還不够，還得有“權”。“發而皆中節謂之和”，這個“和”就是“權”，是“中”的一個“權”。另外，孟子在《盡心》裏也講過：“楊朱取爲我，拔一毛而利天下，不爲也。墨子兼愛，摩頂放踵利天下，爲之。”這是兩個極端，一個爲己，一個爲人。子莫是執中。孟子講子莫執中“爲近之”，説明他是對的，但是有缺點，就是執中而無權，執中得有權，“執中無權，猶執一也。所惡執一者，爲其賊道也，舉一而廢百也”。《離婁》講的“權”，也就是這麽一個“權”。比如，我們黨講究原則性，不左不右，那是“中”。這是正確的。但是在特殊情況下，你得有靈活性，不能老是這一個樣。這就是“權”。既要有原則性，又要有靈活性。既要“中”，又要“和”。“中”是“時中”。《論語》裏子貢問："師與商也孰賢？"孔子説："師也過，商也不及。"子貢問："然則師愈與？"——那麼子張是不是要好一些呢？孔子説：不對，"過猶不及也"，都沒做對。應該做正確的，正確的才對。要做到正確，就不能夠老是執一。所以既要有原則性，又要有靈活性。有常、有變，有經、有權，有正、有奇，這才是對的，這才是"時"。總的來看就是"時"，繼續發展下去，就是"中"，就是"和"。所以《中庸》講，"中也者天下之大本也"，做"中"是正確的。但是又指出，"和也者，天下之達道也"，不能總是一個"中"。我看這個"時"，孔子就是將其發展成了"中"、"和"。

　　另一個是"仁"。《吕氏春秋・不二》篇講孔子"貴仁"。《論語》裏有很多地方可以證明，確實孔子是爲仁。孔子怎樣把仁發展成爲"義"和"禮"呢？可以由《中庸》"哀公問政"這一段來談這個問題。"哀公問政"説："爲政在人，取人以身，修身以道，修道以仁。仁者人也，親親爲大；義者宜也，尊賢爲大。親親之殺，尊賢之等，禮所生也。"孔子説，"仁"就是人。仁、人音同，古時可以通用。我的理解，從人類最開始時，就是"仁"重要。人一開始總有母子關係，母愛就是仁。原始群怎麼維持呢？就靠母愛，靠親族。以後到氏族、胞族、部落、部落聯盟，不同的社會發展階段，恩格斯講，都以血族團體爲基礎。每一個共同體，必須都是一個血族，都靠仁來維持團體生活。等到有國家後，恩格斯講，國家的基層組織已經由地區性代替了血族性。國家裏有各種的族。既然不能一個族，那麼靠仁愛來維持就不行了，不夠了。當然還得講仁，但是不夠。不夠靠什麼呢？孔子講"義者宜也"，又舉出這個"義"來了。孔子講"修道以仁"，是講"仁"的問題，底下講的就是"義"。"義者宜也"，就是你做得合適、對、適當。"尊賢爲大"，在講"義"的時候，就靠尊賢，靠尊賢來維持社會秩序。孟子説，賢者在位，能者在職。人有賢、有愚，要求得社會安定秩序，必須任人唯賢，任人唯親就不行了。你不尊賢，那就天下大亂。"親親之殺，尊賢之等，禮所生也"，親親分出等級，尊賢分出上下等級，就産生了禮。仁、義是內容，禮是外部的形式，是它們的表現。所以孔子在《中庸》講，"仁者人也，親親爲大；義者宜也，尊賢爲大。親親之殺，尊賢之等，禮所生也"。《易經·繫辭》也講，"立人之道曰仁與義"，人之道就這兩種。要有仁愛，另外還得有義，而"禮"實際上就是仁義的表現形式。這就是孔子對"仁"的進一步發展。

如果説到世界觀，"時"就是孔子的世界觀，是普遍的，也可以説是他的自然觀。如果研究孔子的人生觀或説社會觀，"仁"就是孔子的人生觀、社會觀。"時"的具體化就是一個"中"、一個"和"，"仁"的發展就是一個"義"、一個"禮"。簡單説，孔子的思想就是這兩個核心。

（本文係許兆昌同志根據金景芳先生講話録音整理而成，

原載《史學集刊》1999 年第 4 期）

# 談談關於孔子的評價問題
## ——兼與關鋒、林聿時兩同志商榷

最近於刊物上讀到兩篇文章。一篇是黎澍同志的《毛澤東同志的〈改造我們的學習〉和中國歷史科學》①，另一篇是關鋒、林聿時兩同志的《論孔子》②。兩篇內容都涉及孔子的評價問題，而在看法上有很大距離。黎澍同志說："中國有個孔夫子，他的思想影響延續二千年之久，對中國民族性格的形成起顯著作用，歐洲無人與之相對持。"這個評價相當高。而關鋒、林聿時兩同志的文章對孔子的評價，大體上是不同意孟子的說法，認爲孔子並不是什麼"始條理之"、"終條理之"的"集大成"，而是集了"雜拌"的大成；在孔子一人的身上，可以看到有主觀唯心主義和客觀唯心主義，還有樸素唯物主義和樸素辯證法的因素。這樣，孔子的思想就好像百貨店的展覽櫥窗，樣樣俱全。他不但算不上什麼了不起的人物，簡直連一個完整的、統一的思想體系也沒有建立起來。可見關、林兩同志所予孔子的評價是很低的。由這兩篇文章反映現在學術界對孔子的看法，還不一致，還有繼續討論的必要。

我認爲考慮給孔子如何評價，首先應注意下列三件事實：1."六經"；2."弟子三千人，達徒七十人"；3."至聖先師"的稱號。

請先談"六經"。"六經"也叫"六藝"，它是經過孔子整理、加工而保存下來的古代歷史文化遺產，在中國歷史上爲最有權威的著

---

① 《人民日報》1961 年 7 月 8 日第七版。

② 《哲學研究》1961 年第 4 期。

作,曾經長期作爲知識界所共同學習、鑽研的經典。雖然近幾十年來有人否認這個事實,主張"六經和孔子無涉"。實際這種主張,同說"六經皆孔子改制新作"一樣,都是一偏之見,是不符合客觀實際的。

其次,談第二件事實。"委質爲弟子者三千人,達徒七十人"(見於《呂氏春秋·遇合》篇)。"三千",祇言其多,未可泥執以求,"七十"之說,似屬可信。因爲《孟子》、《韓非子》諸書都有類似的記載,而《史記·仲尼弟子列傳》且一一舉出姓名,自非空言可比。

最後,談"至聖先師"的稱號。《史記·孔子世家》説:"孔子布衣,傳十餘世,學者宗之。"又説:"中國言六藝者,折中於孔子,可謂至聖矣。"這兩句話確是實錄,並無誇張。事實上中國從漢初到清末,歷代都以最隆重的典禮尊事孔子,孔子成了中國民族文化的代表,成了統一中國民族思想的重心。"至聖先師"的稱號,不但長期存在於祀典的牌位上,也長期存在於人們的心中和口中。

上述三件事實説明什麽呢?説明孔子是中國歷史上偉大的教育家。如果進一步就他用力最多的《易》和《春秋》兩經來考察,又可以肯定他是傑出的史學家和哲學家。這就是我對孔子的基本看法。下面即以此爲綱,詳細加以分析。

## 一、孔子是中國歷史上偉大的教育家

孔子能否稱得起偉大的教育家?今天我們可以就教育工作者的角度從教育對象、教學科目以及教學内容、方法、目的、效果和影響等幾個方面來考察。

### 1. 教育對象

應該承認"有教無類"(《論語·衛靈公》)是中國歷史上第一次,正是從孔子口中喊出來的最響亮的口號。尤其應當著重説明的,孔子不但提出了這個口號,而且能夠忠實地執行這個口號。《荀子·法行》有這樣記載:

南郭惠子問於子貢曰："夫子之門，何其雜也？"子貢曰："君子正身以俟，欲來者不距，欲去者不止。且夫良醫之門多病人，隱括之側多枉木，是以雜也。"

又，同篇説：

子貢、子路故鄙人也，被文學、服禮義，爲天下列士。

《呂氏春秋·尊師》説：

子張魯之鄙家也，顏涿聚梁父之大盜也，學於孔子。

《史記·仲尼弟子列傳》説：

仲弓父賤人，孔子曰："犁牛之子騂且角，雖欲勿用，山川其舍諸？"

以上四條，有力地證明了孔子能忠實地執行他所提出的"有教無類"的口號。

在這裏需要説明的，即依關鋒、林聿時兩同志的意見，孔子主張"有教無類"與説"惟上智與下愚不移"爲自相矛盾。[1] 又，兩同志把"有教無類"跟"自行束脩以上，吾未嘗無誨焉"聯繫在一起。説"有教無類"是爲了廣收弟子，廣收弟子是爲了多得"束脩"，用以糊口。[2] 我認爲這種看法是不正確的。

第一，應當指出，"有教無類"的"類"，是階級上的問題。它是針對當時教育，或者更確切些是學術，爲統治階級所壟斷，庶人以下永遠没有學文化的機會，而提出的。而"上智與下愚"則是秉賦上的問題。階級的差別與智力的差別，分明是兩椿事，不能並爲一談，認爲是自相矛盾。

第二，"束脩"之義，前人頗多異説，實際當以贊禮的解釋爲正。

---

① 《哲學研究》1961年第4期，第56頁。

② 同上，第59頁。

朱熹所謂"古者相見必須執贄以爲禮，'束脩'其至薄者"（《論語集注》）是其確解。古時用"束脩"爲贄禮，真正是致送乾肉，並不同於後世學生給老師納學費，名雖爲"束脩"，其實都是糧米銀鈔一類東西。《論語·鄉黨》所記孔子生活相當闊綽，光靠"束脩"收入，似難維持。《論語》記"子華使於齊。冉子爲其母請粟。子曰：'與之釜。'請益。曰：'與之庾。'冉子與之粟五秉。"（《雍也》）又有："原思爲之宰，與之粟九百。"（同上）是孔子弟子不但不納學費，反而沾了老師的光。這類事實，顯然是與"教書糊口"之説相矛盾的。而且細察孔子一生，在魯居官時，固無衣食之憂。即日後週游列國，史稱："適齊，景公將欲以尼谿田封孔子。""適衛，衛靈公問孔子居魯得祿幾何？對曰：'奉粟六萬。'衛人亦致粟六萬。"（俱見《史記·孔子世家》）可見孔子生活所需，實另有來源，並不仰賴教書糊口。關、林兩同志的解釋是沒有根據的。

　　孔子實行了"有教無類"的主張，開闢了私人講學的風氣，在學術上打破了階級的界限。自此以後，歷史文化遺產不復是奴隸主階級的禁臠，奴隸也有了學文化的機會。它爲中國奴隸社會的奴隸解放和由奴隸制向封建制度過渡準備了必要的前提條件。象這樣具有重大歷史意義的事實，是不宜低估的。

### 2. 教學科目和教材

　　孔子進行教育工作，事實上也有教學科目和教材。不過，這個教學科目和教材也應當有一個發展和完成的過程。我們今天所要提到的《詩》、《書》、《禮》、《樂》、《易》、《春秋》六藝，這六種科目和教材，實際是就其最後確立和完成的時候來説的。

　　《史記》説："孔子以《詩》《書》《禮》《樂》教，弟子蓋三千焉；身通六藝者，七十有二人。"（《孔子世家》）《漢書·儒林傳》也説："古之儒者，博學乎六藝之文。"這種説法是有根據的。

　　大略説，六藝中的《詩》《書》《禮》《樂》四藝很早已爲學者所共習。《左傳》僖公二十七年稱晉卻縠"説《禮》《樂》而敦《詩》《書》"是其明證。至《易》、《春秋》二藝則爲孔子新增。根據《史記》記載,在孔子弟子中祇有七十二人身通六藝,其餘三千則僅學習《詩》《書》《禮》《樂》而已。證明《易》和《春秋》是比較高深的科目,不是盡人都能通曉。

六藝和六經原來是有區別的。六藝猶言"六學"(《春秋繁露•玉杯》)、"六術"(賈誼《新書•六術》),意思是六種學習科目。而六經則是孔子進行六藝教學所編集的六種教科書。

經之得名,實由於有傳或説而起。章學誠説:"依經而有傳,對人而有我,是經傳人我之名,起於勢之不得已而非其質本爾也。"(《文史通義•經解上》)其説最確。今觀《墨辯》有經有説,《韓非子》内、外儲篇也有經有説,都是相對立名,互相依存。經既依傳而得名,那末,初時稱經,未必即寓有尊崇之義。也同司馬遷作《史記》有本紀之目,本取其"統理衆事",非專爲帝王而設。本紀必記帝王,"聖人制作曰經",都是後起之義,始初並不如此。明白了這個道理,就不必曉曉致辯於六經之名興於何時,爲何人所創了。

關於六藝這個教學科目的基本特點及其相互間的關係,先秦和漢初的古籍中談到的不少。兹撮引如下,然後加以分析。《莊子•天下》説:

> 《詩》以道志,《書》以道事,《禮》以道行,《樂》以道和,《易》以道陰陽,《春秋》以道名分。

《荀子•勸學》説:

> 故《書》者政事之紀也,《詩》者中聲之所止也,《禮》者法之大分,類之綱紀也。

又説:

> 《禮》之敬文也,《樂》之中和也,《詩》《書》之博也,《春秋》之微也,在天地之間者畢矣。

又説：

《禮》《樂》法而不説，《詩》《書》故而不切，《春秋》約而
不速。

又，《儒效》説：

《詩》言是其志也，《書》言是其事也，《禮》言是其行
也，《樂》言是其和也，《春秋》言是其微也。

《淮南子·泰族》説：

六藝異科而皆同道。溫惠柔良者，《詩》之風也；淳龐
敦厚者，《書》之教也；清明條達者，《易》之義也；恭儉尊讓
者，《禮》之爲也；寬裕簡易者，《樂》之化也；刺譏辯義者，
《春秋》之靡也。故《易》之失鬼，《樂》之失淫，《詩》之失
愚，《書》之失拘，《禮》之失忮，《春秋》之失訾。六者聖人
兼用而裁制之。失本則亂，得本則治。

《春秋繁露·玉杯》説：

《詩》《書》序其志，《禮》《樂》純其養，易、《春秋》明其
知。六學皆大而各有所長。《詩》道志，故長於質；《禮》制
節，故長於文；《樂》詠德，故長於風；《書》著功，故長於事；
《易》本天地，故長於數；《春秋》正是非，故長於治。

《史記·滑稽列傳》説：

孔子曰："六藝於治一也。《禮》以節人，《樂》以發和，
《書》以道事，《詩》以達意，《易》以神化，《春秋》以道義。"
（亦見《太史公自序》惟"神化"作"道化"。）

又《司馬相如傳》説：

太史公曰："《春秋》推見至隱，《易》本隱以之顯。"

　　歸納上引材料，可以看出兩個問題：(1)六藝基本上包括了當時的全部文化知識；(2)六藝各有專門特點，同時相互間有聯繫地構成一個統一的整體。下面僅就第二個問題加以分析。

　　大體上說，六藝中《詩》、《書》爲一組。所謂"《詩》、《書》故而不切"、"《詩》、《書》序其志"，都把《詩》、《書》二藝合并在一起來講，即説明了這個問題。"故而不切"的意思，表明《詩》、《書》二藝屬於歷史文化遺産範疇。但"詩以道志"，所録多閭巷歌謡，匹夫匹婦之辭，"書以道事"，内容多朝章國故，王公大人之事，是二藝有相反相成，互相補充的作用。

　　其次，《禮》、《樂》爲一組。所謂"《禮》、《樂》法而不説"、"《禮》《樂》純其養"，正説明了這一點。不過，古人説："《樂》也者動於内者也，《禮》也者動於外者也。故《禮》主其減，《樂》主其盈。《禮》減而進，以進爲文；《樂》盈而反，以反爲文。"是《禮》《樂》二藝也有互備之義。

　　又次，《易》、《春秋》爲一組。所謂"《易》、《春秋》明其知"是其證。但由"《春秋》推見至隱，《易》本隱以之顯"的説法，可見二藝也有互相補充的作用。

　　最後，把六藝總起來看，則《詩》、《書》、《禮》、《樂》爲一類，屬於一般的歷史文化知識教育和品德教育；《易》與《春秋》爲一類，則爲高深的理論教育。

　　根據上述分析，可以連帶解決一個問題。即《漢書·藝文志》序六藝，以《易》、《書》、《詩》、《禮》、《樂》、《春秋》爲次，並解釋説："左史記言，右史記事，事爲《春秋》，言爲《尚書》。"即以《尚書》、《春秋》爲一類。這是劉歆臆説，於古無徵。《禮記·玉藻》雖有"動則左史書之，言則右史書之"之語，所謂"動"、"言"，原是互文，並不意味着記言記動可以絶對分工。且"左"、"右"與劉説互異，又不言《書》與《春秋》，證明《玉藻》非劉説所本。《漢書·王莽傳》記故左將軍公孫禄説："國師嘉信公（即劉歆）顛倒五經，毁師法，令學士疑惑。”當指此類。後人不察，以爲古人舊説如此。唐人劉知幾並據“左史記言”之義，抨擊《尚書》，説：“至如堯、舜二典，直序人事，《禹貢》一篇，唯言地理，《洪範》總述災祥，《顧命》都陳喪禮，茲亦爲例不純者也。”（《史通·六家》）直欲會古經强合劉例，實爲大謬，是不可不辨。

### 3. **教學内容**

一般説來，應如《淮南子·要略》所概括，即“孔子修成康之道，述周公之訓，以教七十子，使服其衣冠，修其篇籍”。至其中心内容則爲“仁”。或者詳細一點説，爲“仁義”。或者更詳細一點説，爲“仁義禮樂”，或“仁義是非”。總之：祇是詳略不同，都是一樣。因爲這個問題很重要，下面將所引例證，細緻地加以分析。

《吕氏春秋·不二》説：“孔子貴仁。”證明“貴仁”是孔子學説的特點，已爲先秦學者所認識。

《莊子·天道》記孔子見老聃，“繙十二經以説，老聃中其説，曰：‘大謾，願聞其要。’孔子曰：‘要在仁義。’”這段孔、老對話，不必實有其事。且此篇作品是否出於莊子，也有疑問。不過，説“要在仁義”，確實是抓住了孔子學説的中心，則無問題。

《莊子》書中於《馬蹄》説：“及至聖人蹩躠爲仁，踶跂爲義，而天下始疑矣。澶漫爲樂，摘擗爲禮，而天下始分矣。”於《天道》説：“通乎道，合乎德，退仁義，賓禮樂。”於《大宗師》説：“回忘仁義矣”，“回忘禮樂矣”。實際這些地方所談的仁義禮樂，都針對孔子的學説而言。

《莊子·大宗師》有：“意而子曰：‘堯謂我，汝必躬服仁義而明言是非。’”此處寓言，也是暗指孔子的學説。

我們知道，先秦諸子儒、道之間和儒、墨之間的鬥争是十分激烈的。因此，説明孔子思想，用老、墨兩家的觀點相對照，便容易了解。

首先説，孔子“貴仁”與老子的“天地不仁以萬物爲芻狗，聖人不仁以百姓爲芻狗"的觀點，根本對立。

"仁"字並不是孔子所創造的，但是把"仁"字作爲一種術語來應用，則是孔子。所以孔子所説的"仁"，也同老子所説的"道"一樣，既有其與一般用語相通的地方，也有它的獨具特點。任何方面的理解，都是錯誤的。

孔子爲什麽提出這個問題？説明當時社會上有不仁的事實存在。當然此處所説的"不仁"與老子所説的"不仁"的意義是不同的。所謂"狂者東走，逐者亦東走"，從現象上看，全同，而實質上卻大不相同。這一點必須辨別清楚。

老子所説的"不仁"，是指還没有産生仁的概念，還不知有所謂仁和不仁的差別而言。《莊子》書裏有一段比喻，説："泉涸，魚相與處於陸，相呴以濕，相濡以沫，不如相忘於江湖。"（《大宗師》）正可以用來説明這個問題。魚離開水，即不能生活。但當它游泳於江湖之中，並不感覺水的可貴。魚才知道水的可貴的時候，正是它缺乏水的時候。老子把"仁"看作是"濕"、是"沫"，而把"不仁"看作是"江湖"。所以他反對"仁"，而主張"不仁"。由此可見，《老子》書裏所説的"不仁"，同《論語》裏所説的"人而不仁如禮何"（《八佾》）的"不仁"有本質上區別，不可不知。

《論語》一書，不是孔子的專著，在《論語》裏找不到關於"仁"這個概念的確切的解釋。但是，我們如果能夠利用抽象力而不停留在感性認識階段上，則古人遺説正多，似可以得到比較正確的解釋的。我認爲"中庸"説："仁者，人也。"《孟子》説："仁也者，人也。"（《盡心下》）又説："仁，人心也。"（《告子上》）又説："君子之於物也，愛之而弗仁，於民也，仁之而弗親。親親而仁民，仁民而愛物。"（《盡心上》）《吕氏春秋》説："仁於他物，不仁於人，不得爲仁。不仁於他物，獨仁於人，猶若爲仁。仁也者，仁於其類者也。"（《愛類》）這幾條材料，實正確地揭露了"仁"的實質和它的界限。所以，"仁"這個概念，就其本義來説，它既不適用於親屬，也不適用於草木禽獸,而僅僅適用於人民。孔子的"貴仁",實同他的"有教無類"的主張,一脈相通,具有相當大的進步意義。

在這裏還需要辨明一個問題,即"人"和"民"的解釋的問題。關鋒、林聿時兩同志認爲"《論語》在使用'人'和'民'這兩個詞上,是有相當嚴格的區別的"。具體説,即認爲"人"是指奴隸主階級,"民"是指奴隸階級。[①] 這種看法,我認爲還值得商榷。

我認爲,古人詞例,對文則人民二字,義有區別。例如《洪範》有"凡厥庶民無有淫朋,人無有比德,惟皇作極"。蔡沈《書集傳》説:"人,有位之人。"陳櫟《書集傳纂疏》説:"《書》之'知人安民',《詩》之'宜民宜人',皆以人爲有位者,民爲下民,此亦當然。"是其證明。至散文則通,甚至有以民爲賢哲之稱。例如《詩經》有"自古在昔,先民有作"(《商頌·那》)。"哀哉爲猶,匪先民是程,匪大猶是經,維邇言是聽,維邇言是爭"(《小雅·小旻》)。"先民有言,詢於芻蕘"(《大雅·板》)。《左傳》有"先民有言曰:'無穢虐士'"(哀公十五年)。等等,所有這些"民"字,都有賢哲之義,斷不能説指奴隸階級而言。如必謂《論語》中"民"字,都系指奴隸階級而言,那末,孔子説"誨人不倦"豈不與"有教無類"相矛盾,怎能講得通呢?詞彙一事,古今一樣,是一個非常複雜的問題。把複雜問題簡單化,一定會出毛病的。因此,把《論語》中"人"、"民"二字,一律加以區別,認爲"人"是指奴隸主階級,"民"是指奴隸階級,而把孔子的"仁",局限於奴隸主階級範圍內,這種見解是難以令人同意的。

事實上,孔子的"仁",應如《中庸》、《孟子》諸書所解釋,是以全民爲對象。而其本質特點,尤在於"仁民"。因爲在奴隸主階級範圍內,一般都有血緣關係,衹言親親,即可以達到互相親愛的目的,不必言"仁"。孔子提出"仁"字,作爲學説的中心內容和行動目標,正反映時代性,它意味著當時社會上有一部分人,原來不被看作

---

① 《哲學研究》1961年第4期,第47頁。

"人"。當然不能因此就説孔子已經站在勞動人民的立場,替勞動人民説話。問題没有這樣簡單。須知孔子的"仁"是以"孝弟"和"親親"爲基礎、前提的。所謂"孝弟其爲仁之本"(《論語·學而》)"親親爲大"(《中庸》)就是證明。故孔子的"仁",儘管有其廣泛性,但實行起來,所須服從等級觀念。而這等級觀念裏,即存在階級性。正因爲這樣,孔子言"仁"必與"禮"聯繫著,必與"親親"、"尊尊"之義聯繫著。這就是他的歷史局限性。孔子是不能逃出這個歷史局限性的。

現在更進一步來辨明孔子言"仁"與墨子言"仁"的不同。

大略説,孔子言"仁"是有差等的。其特點在詳辨親疏、厚薄、本末和先後。而墨子則主張"兼愛",兼愛的特點在無差等。所以兩家雖都言"仁",而其思想實質根本對立。墨家提出"尚賢"作爲政治口號,其針鋒所向,不在別處,正針對儒家的"親親"。《墨子·尚賢中》説:"故古者聖王甚尊尚賢而任使能。不黨父兄,不偏貴富,不嬖顏色。賢者舉而尚之,富而貴之,以爲官長。不肖者,抑而廢之,貧而賤之,以爲徒役。"又説:"故古聖王,以審以尚賢使能爲政,而取法於天。雖天亦不辯貧富貴賤遠邇親疏。賢者舉而尚之,不肖者,抑而廢之。"這就是極其明顯的證據。

關鋒、林聿時兩同志説:"'親親'和'尚賢',本是互不相容的,但孔子卻一方面主張'親親',一方面主張'尚賢'。"下面並舉孔子説過"舉賢才"作爲主張"尚賢"的證據。[①] 這種説法是不正確的。實際孔子所説的"舉賢才"是在承認"親親"的前提下來説的。它祇是一般性質,没有特殊意義。周人制禮,原貫穿"親親"與"尊尊"兩種原則。《禮記·大傳》説:"服術有六:一曰親親,二曰尊尊。""尊尊"也叫做"尊賢",《中庸》説:"仁者人也,親親爲大;義者宜也,尊賢爲大。親親之殺,尊賢之等,禮所生也。"這種解説,都非常精確。

---

① 《哲學研究》1961年第4期,第48～49頁。

所以，孔子説"舉賢才"，並不是什麽嶄新的東西，而是早已被人肯定的事實。請看《書·立政》説："繼自今立政，其勿以憸人，其惟吉士，用勱相我國家。"這與孔子説"舉直錯諸枉"又有什麽不同呢？那末，爲什麽主張"親親"同時又主張"尊賢"呢？這個道理，説來很簡單，就是因爲已經進入階級社會，不能專靠血緣關係維持統治。所以不但在政治上須注意選賢而强調"貴貴"，即在規定血緣關係的喪服裏，也滲入"貴貴"的因素。朱熹説："夏商而上，大概祇是親親長長之意。到得周來，則又添得許多貴貴底禮數。如始封之君，不臣諸父昆弟，封君之子，不臣諸父而臣昆弟，期之喪，天子諸侯絶，大夫降。然諸侯大夫尊同，則亦不絶不降，姊妹嫁諸侯者，則亦不絶不降，此皆貴貴之義。上世想皆簡略，未有許多降殺貴貴底禮數。凡此皆天下之大前世未備，到得周公，搜剔出來，立爲定制，更不可易"（《儀禮經傳通解》卷五六）。這種見地，基本上是正確的（當然説"更不可易"是不對的，應當批判）。祇有這樣了解周禮中"親親"與"尊賢"的關係，才是全面、具體。因此，關、林兩同志强調孔子主張"尚賢"，甚至强調到與墨子"尚賢"相提並論的地點，這是不正確的。墨子的"尚賢"是在反對"王公大人骨肉之親，無故富貴，面目美好者，則舉之"（《墨子·尚賢下》）的情況下提出來的。他是作爲儒家的對立面而出現。怎能不加分辨，把它們看成一樣？

孔子言"仁"是有差等的，所以"仁"的裏邊包含有"義"。把差等表現在具體行動上則爲"禮"。孟子兼言"仁義"，荀子特別强調"禮"，所注重的方面雖不相同，基本上都是發展孔子的學説，故總爲儒家。

### 4. 教學方法

關於孔子的教學方法，應分作兩個方面來論述：（1）模範作用；（2）教學法。

首先説模範作用。

揚雄説："師者，人之模範也。"（《法言·學行》）孔子的爲人師，真正能以身作則，發揮了模範作用。茲就《論語》一書所記，略述如下：

一

子曰："吾十有五而志於學，三十而立，四十而不惑，五十而知天命，六十而耳順，七十而從心所欲，不踰矩。"（《爲政》）

子曰："默而識之，學而不厭，誨人不倦，何有於我哉。"（《述而》）

子曰："德之不脩，學之不講，聞義不能徙，不善不能改，是吾憂也。"（《述而》）

子曰："十室之邑，必有忠信如丘者焉，不如丘之好學也。"（《公冶長》）

葉公問孔子於子路，子路不對。子曰："女奚不曰，其爲人也，發憤忘食，樂以忘憂，不知老之將至云爾。"（《述而》）

二

子絕四：毋意，毋必，毋固，毋我。（《子罕》）

子曰："衆惡之，必察焉。衆好之，必察焉。"（《衛靈公》）

子曰："……我則異於是，無可無不可。"（《微子》）

子曰："可與言而不與言，失人。不可與言而與之言，失言。知者不失人，亦不失言。"（《衛靈公》）

子曰："參乎！吾道一以貫之。"（《里仁》。亦見《衛靈公》，作"予一以貫之"）

三

子曰："朝聞道，夕死可矣。"（《里仁》）

子畏於匡。曰："文王既殁，文不在茲乎？天之將喪斯文也，後死者不得與於斯文也。天之未喪斯文也，匡人

其如予何?"(《子罕》)

　　子曰:"天生德於予,桓魋其如予何?"(《述而》)

　　上述三組材料。從第一組材料中,可以看出孔子"學如不及"的精神,他是終始如一,老而彌篤。而且隨着年齡的增長,不斷的前進,不斷提高。特別是他自述七十年間在學習方面所走過的道路,該多麼明白,多麼具體,簡直是一幅人類認識發展階段指示圖。如果不是有真實經驗,又有很高的認識水平,怎能講出隻字? 毫無疑問,對於門人弟子所起的啓發和指導作用,是很大的。

　　第二組材料,鮮明地反映孔子的思想方法。這種思想方法是唯物的呢,還是唯心的呢? 是辯證的呢,還是形而上學的呢? 讀者自能作出結論。在這裏祇想説明一點,即關鋒、林聿時兩同志説:"孔子是一個唯心主義者,他自己不可能作到'絕四'。"①我想,"子絕四",明白寫在《論語》書上。看詞義不像出自孔子之口,好像是弟子自己發現的。如果説《論語》不是成於某一人之手,而是若干弟子合作,則這個材料又似經過大家的承認。這樣,關、林兩同志説"不可能",就未免有問題了。説'絕四'不可能,不過是相信自己所作的"孔子是一個唯心主義者"這個結論是對的罷了。其實,客觀事實較之主觀見解,豈不是更有力量、更可相信嗎?

　　第三組材料反映孔子的堅定性和責任感。孔子説過:"歲寒然後知松柏之後彫也。"(《子罕》)看來並不是一句空話,他是能夠實踐的。

　　現在談教學法。

　　孔子的教學法,也有其顯著特點。兹略述如下:

一

　　子曰:"不憤不啓,不悱不發,舉一隅不以三隅反,則

――――――――

　　①　《哲學研究》1961年第4期,第60頁。

不復也。"(《述而》)

子曰:"中人以上,可以語上也。中人以下,不可以語上也。"(《雍也》)

顏淵喟然歎曰:"仰之彌高,鑽之彌堅,瞻之在前,忽焉在後。夫子循循然善誘人。博我以文,約我以禮,欲罷不能。既竭吾才,如有所立卓爾,雖欲從之,末由也已。"(《子罕》)

二

子曰:"學而不思則罔,思而不學則殆。"(《爲政》)

子曰:"吾嘗終日不食,終夜不寢以思,無益,不如學也。"(《衛靈公》)

三

子曰:"君子恥其言而過其行。"(《憲問》)

子曰:"君子欲訥於言而敏於行。"(《里仁》)

子曰:"古者言之不出,恥躬之不逮也。"(《里仁》)

四

子曰:"由! 誨汝知之乎? 知之爲知之,不知爲不知,是知也。"(《爲政》)

子曰:"蓋有不知而作之者,我無是也。"(《述而》)

子曰:"……君子於其所不知,蓋闕如也。"(《子路》)

子曰:"多聞闕疑,慎言其餘,則寡尤;多見闕殆,慎行其餘,則寡悔。"(《爲政》)

五

子曰:"君子周而不比,小人比而不周。"(《爲政》)

子曰:"君子和而不同,小人同而不和。"(《子路》)

子曰:"君子喻於義,小人喻於利。"(《里仁》)

六

子曰:"質勝文則野,文勝質則史,文質彬彬,然後君

子。"(《雍也》)

七

孔子因發問對象不同,而作不同的回答。在"問孝"(《爲政》)、"問仁"(《顏淵》)、"問聞斯行諸"(《先進》),都是如此。

上述七組材料,總起來看,裏邊都鮮明地貫穿着一種觀點。它是唯物的和辯證的觀點,而不是唯心的和形而上學的觀點。

第一組材料是總的、一般性的教學法。其特點是知識淵博,態度誠摯,能從實際出發,針對不同的人,不同的情況,作不同的處理。這種教學法,無疑是好的,直到今天還可以考慮使用。

第二組材料是對學與思問題的處理。以下第三組是對言與行問題的處理;四組是對待真理的態度;第五組指出君子和小人的基本特點;第六組是對文與質問題的處理;最後一組則是教育作用在回答問題時的體現。

綜括上邊所述的七組材料,可以看出孔子在教學時對於問題的處理,基本上是符合於實事求是、全面地、辯證地看問題的精神的。下面還想談一個問題,即"君子和而不同,小人同而不和"的問題。

關鋒、林聿時兩同志說:"在孔子思想中最主要的,卻是把如同水火般的兩個不可調和的方面折衷地調和起來。他說'君子和而不同,小人同而不和',這個'和'即是調和。"①我認爲這種看法也有問題。

關於"和"與"同"的問題,古人討論的已非常詳明,不應還有任何疑義。例如《國語·鄭語》記周人史伯在幽王時,就說過:"夫和實生物,同則不繼","聲一無聽,物一無文,味一無果,物一不講。"

---

① 《哲學研究》1961 年第 4 期,第 56 頁。

（原文很長，不全錄）又《左傳》昭公二十年，記晏子與齊景公的一段對話，對於“和”與“同”問題，辨別得尤爲清楚。兹迻錄如下：

> 公曰：“唯據（梁丘據）與我和夫！”晏子對曰：“據亦同也，焉得爲和？”公曰：“和與同，異乎？”對曰：“異。和如羹焉，水火醯醢鹽梅，以烹魚肉，燀之以薪。宰夫和之，齊之以味，濟其不及，以洩其過。君子食之，以平其心。君臣亦然。君所謂可而有否焉，臣獻其否以成其可。君所謂否而有可焉，臣獻其可以去其否，是以政平而不干，民無爭心。故《詩》曰：亦有和羹，既戒既平。鬷嘏無言，時靡有爭。先王之濟五味，和五聲也，以平其心，成其政也。聲亦如味。一氣、二體、三類、四物、五聲、六律、七音、八風、九歌，以相成也。清濁、大小、長短、疾徐、哀樂、剛柔、遲速、高下、出入、周疏，以相濟也。君子聽之，以平其心。心平德和。故《詩》曰：德音不瑕。今據不然。君所謂可，據亦曰可，君所謂否，據亦曰否，若以水濟水，誰能食之？若琴瑟之專一，誰能聽之？同之不可也，如是。”

由史伯和晏子這兩段議論，可以看出“和”是何等重要，而“同”是如何有害！《易·睽·大象》説：“上火下澤，睽，君子以同而異。”這“同而異”是從另一個角度來説明“和”的可貴。“同而異”是什麽意思呢？我想如用今天的哲學術語來説，就是既承認事物的同一性，又不否認事物的差別性。因此，所謂同一，並不是絕對的同一，而是同中有異，亦即所謂“和”，所謂“同而異”。所謂差別，也不是僵化的差別，而是在一定的條件下，可以統一起來。關、林兩同志把這種觀點，理解爲折衷主義。那末，就使人不禁要問：怎樣才算是辯證主義呢？難道必須是這樣，要麽就是完全一致，要麽就是徹底決裂，然後才算是辯證主義嗎？因此，我認爲關、林兩同志的看法是有問題的。

### 5. 教學目的

孔子的教學目的,說得簡明一點,主要是培養爲奴隷社會政治服務的知識分子。但是,由於他實行"有教無類"的主張和畢生致力於整理和傳播歷史文化遺產以及他的思想方法在某種程度上的正確性,等等,他對歷史還起了一定積極、進步的作用。

### 6. 效果和影響

孔子教學的效果和影響,可用下列一些材料來説明。

(1)《孟子》説:

> 以德服人者,中心悦而誠服也,如七十子之服孔子也。(《公孫丑上》)

(2)《史記》説:

> 孔子葬魯城北泗上,弟子皆服三年,三年心喪畢,相訣而去,則哭各復盡哀。或復留。唯子貢廬於冢上,凡六年,然後去。(《孔子世家》)

(3)《史記》説:

> 自孔子卒後,七十子之徒,散游諸侯,大者爲師傅卿相,小者友教士大夫,或隱而不見。故子路居衛,子張居陳,澹台子羽居楚,子夏居西河,子貢終於齊。如田子方、段干木、吳起、禽滑釐之屬,皆受業於子夏之倫,爲王者師。(《儒林列傳》)

(4)《淮南子》説:

> 墨子學儒者之業,受孔子之術。以爲其禮煩擾而不説,厚葬靡財而貧民,[久]服喪生而害事。故背周道而用夏政。(《要略》)

上述四份材料把孔子對弟子的影響,以及弟子又把孔子的影響輾轉向外傳播、不斷擴大的情況，講得很清楚。我們知道墨翟、禽滑釐是墨家，吳起是法家兼兵家。又戰國初期，魏文侯最稱好賢，“師卜子夏，友田子方，禮段干木”（《呂氏春秋·察賢》）。始作《法經》爲法家鉅子的李悝即任事於是時。而稍後的商鞅，亦是自魏入秦。商鞅在秦變法，實際是繼承和發展了李悝的思想。李悝當亦與子夏有師友關係。《史記·孟荀列傳》說：“魏有李悝盡地力之教。”而於《貨殖列傳》說：“當魏文侯時，李克務盡地力”，於《平準書》說：“魏用李克盡地力爲强君”，克、悝似爲一人。但《漢書·藝文志》》“李克七篇”在儒家，原注：“子夏弟子爲魏文侯相。”又，“李子三十二篇”在法家，原注：“名悝，相魏文侯，富國强兵。”又似克、悝爲二人。疑法家初興，未必即能獨樹一幟。以墨子“受孔子之術”，吳起“學於曾子”（《史記·孫吳列傳》）爲例求之，李悝似即李克，曾爲子夏弟子，並不是不可能。可見，戰國百家蜂出並作，儘管持說各異，有如水火之不相容，而溯本窮源，大抵無不與孔子有直接、間接的關係。

　　綜上所述，可以得出這樣結論，即孔子畢生的時間和精力，大部分消磨在文化教育工作上面。他對當時和後世的影響之大，在中國過去歷史上，是無人可與相比的。今天從教育工作這個角度來看，在對象、方法和效果這幾個方面，都有不少新的、正確和進步的東西。在目的和內容方面，雖然舊的東西居於主導地位，但這祇是跟後來的墨、法諸家思想比較而言。如就當時歷史條件來看，同樣，會發現裏邊有若干積極、進步的因素。總之可以肯定，孔子是中國歷史上偉大的教育家。

## 二、孔子是傑出的史學家

　　孔子是傑出的史學家，主要表現在《春秋》一書的撰述上。

　　現在在學者中間，還流行著兩種不正確的看法：1. 孔子沒有作

《春秋》；2.《春秋》是"斷爛朝報"。我認爲説《春秋》是"斷爛朝報"的人，其錯誤在於祇注意從感性認識方面來了解《春秋》，而不注意從理性認識方面來了解《春秋》。可是，《春秋》的特點，與《左傳》諸書不同，所重正在理性認識方面。説孔子没有作《春秋》的人，其錯誤在於否認或忽視歷史繼承性。硬説《孟》、《荀》和《莊子》諸書的記載，舉不足信，祇有孔子自己或與孔子同時人們的話，保存在當時的書上，才可信。實質上這是要求從没有證據的地方來找證據。這不過是一種詭辯，是没有科學價值的。

關於孔子作《春秋》的事實。《孟子》説："晉之《乘》，楚之《檮杌》，魯之《春秋》，一也。其事則齊桓、晉文，其文則史。孔子曰：'其義則丘竊取之矣。'"（《離婁》，又見《公羊傳》昭公十二年）此外，《史記·十二諸侯年表》説："孔子……論史記舊聞，興於魯而次《春秋》，上記隱，下至哀之獲麟，約其辭文，去其煩重，以制義法。"《莊子·天下》説："《春秋》以道名分。"又《史記·自序》説："《春秋》以道義"等等，都可與《孟子》之説互相證明。

大體説，《春秋》一書，是孔子爲了指導人們怎樣編寫而作的一種示範或舉例。所以，它既是歷史著作，又不同於一般的歷史著作。其主要特點，在特別強調所謂"義法"。譯成今語，"義"相當於觀點，"法"就是方法。至有説"《春秋》以道名分"，"撥亂世，反諸正，莫近諸《春秋》"（《公羊傳》哀公十四年），則又涉及作《春秋》的目的問題。總之可以斷言，《春秋》一書是有極其鮮明的政治傾向性和比較嚴密的邏輯性的。而這些東西，實爲中國史學的建立與發展，奠定了重要的理論基礎。誠然，孔子並没有留下這方面的言論，但是，有了具體實踐並作出成果，豈不比空談理論更有説服力嗎？誠然，專憑感性認識是理解不到《春秋》有這樣多的意義的，但是爲什麼不可以利用思維，利用理性認識來進行深入理解呢？采海洛夫斯基在《資本論》和《共產黨宣言》裏没看見有唯物論，難道能怪馬克思嗎？

　　司馬遷説：孔子作《春秋》，"筆則筆，削則削，子夏之徒不能贊一辭"（《史記·孔子世家》）"筆"是寫上，"削"是删去。寫什麽？怎麽寫？寫多少？根據什麽原則來決定取捨？寫歷史的目的何在？等等。這些問題，都是史學家所必須考慮而不易解決的問題，《春秋》在這些地方，都作了肯定的回答。兹舉例説明如下：

　　1. 常事不書

　　《公羊傳》桓公四年説："常事不書。""常事"是一般不重要的事，"不書"就是"削"，删去。這是《春秋》一條重要原則，它回答了寫什麽的問題。當然，所謂"常事"，應當具體的、歷史的了解，並且也是反映觀點的。可能這一個人，認爲是常事，而另一個人，卻認爲不是常事。這一種書，這一個時期，認爲是常事；另一種書，另一個時期，卻認爲不是常事。不過，寫歷史總要有一個特定的任務，總要有一定的篇幅，不能想寫什麽，就寫什麽，不能無限制的延長。因此，區別哪個是常事，哪個是重大的事情，以免輕重無別，取捨不當，還是具有一般意義的。《公羊傳》隱公七年説："以重書"（"城中丘"是重），桓公三年説："以喜書"（喜"有年"），桓公六年説："以罕書"等等。"書"就是"筆"，寫上。本來是常事，在不書之列，但是，由於有特殊原因，例如"重"、"喜"、"罕"等，就還要"書"。這種"書"乃是"常事不書"的變例或補充。"子夏之徒不能贊一辭"，正是在這些地方，不易處理。

　　2. 書其重者

　　《公羊傳》莊公十年説："戰不言伐，圍不言戰，入不言圍，滅不言入，書其重者。"又隱公五年説："將尊師衆，稱某率師；將尊師少，稱將；將卑師衆，稱師；將卑師衆，稱人；君將，不言率師；書其重者也。"以上二例，前者是區別戰爭的不同情況，依輕重爲次，共分五等，即伐、戰、圍、入、滅。"書其重者"，是因爲重可包輕，輕不能包重。後者是"率師"有五種不同的情況，用"稱某率師"、"稱將"、"稱師"、"稱人"、"稱君"來區別，作爲定例。論其原則，也是"書其重者”。

### 3. 録内而略外

《公羊傳》隱公十年説：“《春秋》録内而略外。”又莊公二年説：“外夫人不卒。”莊公四年説：“外夫人不書葬。”莊公十一年説：“外災不書。”僖公十四年説：“外異不書。”文公三年説：“外大夫不卒。”宣公十五年説：“外平不書。”襄公三年説：“外相如不書。”“録内略外”是《春秋》的重要原則之一。由於《春秋》是魯史，自應記魯國的事情要詳，所記其他國家的事情要略。在一般情況下，外國有“災”、“異”、“夫人卒”、“葬”等等事情，《春秋》都不予記載。但也有變例。即由於某種原因，而也載入《春秋》。上述自“外夫人不卒”以下七例，即都屬於此類（檢原文便知）。

### 4. 貴賤不嫌同號，美惡不嫌同辭

《公羊傳》隱公七年説：“《春秋》貴賤不嫌同號，美惡不嫌同辭。”“不嫌”的意思，是説兩種不同的事物，已經如黑白分明，不相混淆。《春秋》記事，遇到這樣情況，依舊用“同號”、“同辭”，不復加以區別。

### 5. 内其國而外諸夏，内諸夏而外夷狄

《公羊傳》成公十五年説：“《春秋》内其國而外諸夏，内諸夏而外夷狄。”這是記載時，對於本國、諸夏、夷狄，這三種關係，所作的不同的處理。

### 6. 所見異辭，所聞異辭，所傳聞異辭

《公羊傳》隱公元年説：“所見異辭，所聞異辭，所傳聞異辭。”這是把《春秋》二百四十二年的歷史，依史料來源對作者的關係區分爲三個不同階段。即所見者，所聞者，所傳聞者。所見者，是作者所耳聞目睹，親身經歷的時代。《春秋》所見者，略同於今天我們所説的“現代史”。所聞者，在前人爲所見，而在作者爲所聞，即這種史料對於作者來説，不是直接的，而是間接的。《春秋》所聞者，略同於今天我們所説的“近代史”。最後説所傳聞者。“傳”者，轉也。

轉聞比聞又遠了一層。在《春秋》，所傳聞者是古老的時代。"異辭"，是在寫法上作了不同的處理。具體説，即是於近者詳，差遠者略，最遠者尤略。

7. 據魯、親周、故殷

《史記·孔子世家》説《春秋》"據魯、親周、故殷，運之三代。""據魯、親周、故殷"也是《春秋》一條重要原則。不過，由於《公羊傳》寫作"新周"（宣公十六年："成周宣謝災，何以書？記災也。外災不書，此何以書？新周也。"）何休不知古字通假之例，"新"應讀爲"親"，而臆造"黜周王魯"之説，致使古義不傳。其實，這是《春秋》作者考慮了魯、周、宋（宋殷後，"故殷"即是"故宋"。"故宋"見於《穀梁傳》襄公九年）三國的特殊關係，而在寫法上作了不同的處理。"據魯"是由於《春秋》是魯史，故以魯爲主。"親周"是承認了周的特殊地位，有些事情，因發生在周也寫入《春秋》。"故殷"與"親周"同一道理，祇是周、宋與魯的關係還有差別，故又作了不同的處理。具體説，是記周事較記宋事爲詳。因周爲共主，而周上繼殷，所以宋較周又疏遠了。"親"、"故"二字表明關係不一樣。

8. 爲尊者諱，爲親者諱，爲賢者諱

《公羊傳》閔公元年説："《春秋》爲尊者諱，爲親者諱，爲賢者諱。"這也是《春秋》一條原則。即在書法上，對"尊"、"親"、"賢"這三種人作了特殊的處理。

以上祇舉出八條，作爲例證，至其詳，須俟別撰專文論述，此處從略。司馬遷稱讚《春秋》説："約其文辭而指博"（《史記·孔子世家》），又説："文成數萬，其指數千"（《史記·自序》）。所謂"數萬"、"數千"，雖然不免有誇張成分，但是，在《春秋》一書中，的確是提出了很多的問題，回答了很多的問題。它充分反映孔子的思想觀點和他在歷史上和邏輯上的修養。

孟子説："孔子成《春秋》而亂臣賊子懼。"孔子説："知我者，其惟《春秋》乎？罪我者，其惟《春秋》乎？"（以上二條，俱見《孟子·滕文公》)司馬遷説:"《春秋》者,禮義之大守也。"(《史記·自序》)證明孔子作《春秋》所據以判斷是非、善惡的標準,是所謂"禮義",即周代統治階級的制度和思想。其目的,則是反對所謂"亂臣賊子",而維護當時統治階級瀕於滅亡的舊政權。因此,就其政治態度來説,是保守的。後人雖有"春秋變周"、"爲漢制法"等等説法,我們很難因此就作出《春秋》有革命思想的結論。但是,"決嫌疑,別同異,明是非"這種特點,既爲周禮所固有(見《禮記·曲禮》),也適用於《春秋》(見《史記·自序》),並適用於名辯(見《墨子·小取》)。這實際仍是邏輯思想在幾個不同方面的表現,而孔子在《春秋》領域内,實作出了光輝的成績。

上面所談的偏重在觀點和方法方面,以下還就内容方面,簡單地談談。

《春秋》全書不過一萬多字,裏邊除了記録朝聘會盟、崩薨卒葬、伐戰圍入、蒐狩郊禘等等屬於政治方面和禮俗方面的事情,還特別注意農業,例如記:"螽","無麥苗","大無麥禾","冬不雨","冬十月不雨","正月不雨","四月不雨","六月雨","夏大旱","自十有二月不雨,至於秋七月","自正月不雨,至於七月","自正月不雨,至秋七月","饑","有年"等等;注意興築(重勞民),例如記:"城中丘","築微","城諸及防","築臺於郎","築臺於薛","築台於秦","新作南門","築鹿囿","城中城","城漆"等等;注意天文,例如記:"日有食之","恒星不見,夜中星霣如雨","霣石於宋五","有星孛入於北斗","有星孛於大辰","有星孛於東方",等等;注意怪異現象或事迹,例如記:"冬多麋","秋有蜮","秋有蜚","沙鹿崩","六鷁退飛過宋都","雨螽於宋","無冰","梁山崩","雨木冰","獲麟"等等。總之:所記範圍頗爲廣泛。後此司馬遷作《史記》,廣立部門,規模恢宏,當是受了《春秋》的影響。

司馬遷《史記·自序》對於孔子的《春秋》,備加讚揚,他自己儼然以《春秋》的繼承者自居。而《漢書·藝文志》也把《太史公》列入春秋家,這都不是偶然的。它證明《史記》是直接繼承了孔子的史學而加以發展。孔子作《春秋》實爲中國史學奠定了重要理論基礎。我們應當肯定孔子是中國傑出的史學家。

## 三、孔子是傑出的哲學家

孔子的哲學思想,於《論語》、《孟子》諸書中可以窺見大略,而最重要的貢獻,則表現在對於《周易》一書的鑽研和傳授上。

孟子説:"孔子,聖之時者也。"(《孟子·萬章》)用一個"時"字來概括孔子這個人物的本質特點,這不是偶然的,值得我們注意。如果再把孟子所説的"可以仕則仕,可以止則止,可以久則久,可以速則速,孔子也"(《孟子·公孫丑》)與孔子所説的"我則異於是,無可無不可"結合在一起來考察,則"時"字的意義,更顯得突出。什麼叫做"時"呢? 根據上面所引的兩句話來體會,就是客觀條件不同,處理事物的辦法也隨之不同,始終保持主客觀相適應。既不是從主觀願望出發,也不是把客觀事物看作一成不變。那末,這是什麼觀點呢? 我看它不是唯心的和形而上學的觀點,也不能説是什麼第三種觀點,最恰當的稱呼,應該是唯物的和辯證的觀點。當然,孔子在政治問題的看法上,如前所述,是唯心的和形而上學的,他看不見歷史正在發生巨大的變化,還努力去維護過時的社會制度。但是這一點,在其全部思想中,並不占主要地位。因爲孔子生平主要精力用在文化教育方面,而在這裏邊,新的、正確的和進步的東西,是占了主導地位的。

談到《周易》問題,現在學術界也有不同的看法。最常見的是: 1. 不承認《易經》裏有哲學思想;2. 認爲《易傳》與孔子没有關係。我認爲這兩種看法都是不正確的。

關於第一種看法的不正確,我想不須繁徵博引,祇舉出兩個最簡單的問題談一談就夠了。即:(1)《易經》的六十四卦;(2)《易經》

的卦用"九"、"六"名爻。請問,上述這兩點,僅僅這兩點,大家承認不承認是《易經》原有的東西?假如連這兩點也不承認,那就無法談下去了。假如你承認這兩點,就必須承認《易經》有哲學思想。

爲什麼呢?因爲你如果承認了第二點,《易經》的卦是用"九"、"六"名爻,就不能不承認《易傳》的"筮法"是有根據的。否則爲什麼稱"九",稱"六",將無法説明。可是,你既然承認了"筮法"與《易經》的不可分割的關係,那末,對於"筮法"的若干辭句,如:

> 天一,地二;天三,地四;天五,地六;天七,地八;天九,地十。
>
> 天數五,地數五,五位相得而各有合,天數二十有五,地數三十。凡天地之數五十有五,此所以成變化而行鬼神也。
>
> 大衍之數五十(當作"五十有五"。今世傳本脱"有五"二字),其用四十有九。分而爲二以象兩。挂一以象三,揲之以四以象四時。歸奇於扐以象閏。五歲再閏,故再扐而後挂……是故四營而成易。十有八變而成卦。引而伸之,觸類而長之,天下之能事畢矣。

等等,就不能熟視無睹。而這些辭句裏邊就存在哲學思想。

當然,單單看見什麼"天""地""一""二"這些文字本身,是看不見哲學的。問題在於要看看把這些文字組織在一起以後,裏邊有没有哲學思想?例如,數字的由"一"到"十",這當然是盡人皆知,没有什麼奇特的地方。可是,當一個人注意到十個數字裏邊是一奇一偶,互相對立,可以依次分成五組,分別用"天""地"二字作爲符號來表示。以後,更依照一定的規律而組成"大衍之數",作爲揲蓍求卦的根本,這就不是簡單的事。

"大衍之數"在"筮法"裏,肯定是用以表示最後的、絕對的大事物,它是一切事物的根源。從"分而爲二以象兩"和《易傳》另一處説"易有太極,是生兩儀",我們知道,它就是"太極"、"太一",亦即代表整個自然界。可是,這"大衍之數"是以"天地之數"爲其構成的基本因素,裏邊徹底地貫串著對立統一的原則,怎能説没有哲學呢?

你如果承認了上述的第一點,即《易經》的六十四卦是原有的東西,那末,就不能不承認《易經》六十四卦的排列次序是有意義的。因爲它是以乾坤二卦居首,以既濟、未濟二卦居末,六十四卦自始至終都是按著二卦相反或相對的次序排列的,這絕對不是偶然的事。可是,你如果承認了《易經》六十四卦的排列是有一定的意義,那末,對於《易經》裏關於乾坤二卦居首的説明,例如:

> 乾之策二百一十有六,坤之策百四十有四,凡三百有六十,當期之日。二篇之策萬有一千五百二十,當萬物之數也。
>
> ……乾坤其《易》之緼耶!乾坤成列而《易》立乎其中矣。乾坤毁則無以見《易》,《易》不可見,則乾坤或幾乎息矣。
>
> ……乾坤其《易》之門耶!乾,陽物也。坤,陰物也。陰陽合德而剛柔有體,以體天地之撰,以通神明之德。
>
> ……闔户謂之坤,闢户謂之乾,一闔一闢謂之變,往來不窮謂之通。
>
> ……剛柔相摩,八卦相盪,鼓之以雷霆,潤之以風雨,日月運行,一寒一暑,乾道成男,坤道成女。

等等,就都不能不承認是《易經》原有的意義。因爲它們如此吻合無間,僅僅用隨意附會或偶然巧合來解釋,是不能令人滿意的。

同樣,《易經》裏關於既濟未濟二卦居末的説明,例如:

> 物不可窮也,故受之以未濟,終焉。

也不能不承認是《易經》原有的意義。

　　實際《易經》六十四卦的結構，是以乾坤二卦爲門户，"乾坤相並俱生"(《乾鑿度》)共成一矛盾統一體，以下六十二卦，三十一個環節，是乾坤二卦在變化發展過程中所形成的不同階段，至既濟未濟而窮，即全部發展過程到此完結。既濟未濟二卦有承先啓後之意，表明此後將進入新的、更高的階段而向前發展，所以說："物不可窮也，故受之以未濟終焉。"這種思想，怎能理解爲不是哲學呢？

　　現在談《易經》與孔子的關係問題。我認爲解決這個問題，首先需要了解《易經》的特點。《易經》的特點，在於它是利用落後的卜筮形式來表現先進的哲學内容。這種矛盾是歷史條件所決定的。在殷末周初的歷史條件下不可能産生完全新的、獨立的、科學的哲學。孔子從歷史文化遺産中發現了它，苦心鑽研，把它列入六藝來傳授，並不是一股腦兒都接受過來，而是有批判地繼承和發展它正確的一方面，即它的精華。某些人不理解這一點，偏偏在所謂"象數"(例如"爻辰"、"納甲"等)中繞圈子，把《左傳》裏所記的若干庸俗巫史的說解，奉爲至寶，以爲這才真正是《易經》固有的東西。其實，這些東西，古則古矣，其奈都是糟粕何！繼承歷史文化遺産，首應辨明什麽是精華，什麽是糟粕，乃竟棄周鼎而寶康瓠，實屬大惑。

　　關於《易經》與孔子的關係，可以從下列幾個方面來考察：第一、從歷史方面考察。司馬遷之父談受《易》於楊何，楊何爲漢初傳《易》名儒之一，可見《史記》在《儒林列傳》裏所記《易》的傳授始末，和在《孔子世家》所記關於孔子學《易》的事實，都有根據，斷非憑空臆造可比。第二、從思想方面考察。《易傳》說："樂天知命故不憂"，《論語》記孔子之語，有"五十而知天命"(《爲政》)，"畏天命"(《季氏》)，"不知命無以爲君子也"(《堯曰》)等，兩書所言"天"、"命"，審其思想，完全一致。特別是《論語》說："加我數年，五十以學《易》，可以無大過矣。"(《述而》)與《史記·孔子世家》所說："假我數年，若是，我於《易》則彬彬矣。"兩個材料的來源雖不必同，而所表述的内容則是一個,尤足以説明孔子與《易》的關係。在這裏需要説明一個問題,即有人據魯《論語》"易"作"亦",而讀爲"加我數年,五十,以學,亦可以無大過矣",用來否認孔子與《易》的關係。肯定説,這是不對的。爲什麼呢? 因爲這樣改過以後,則文理不通,且與本書事實不符。具體説,於文法,在他動詞"學"的後邊應有賓語,否則學什麼不可知,怎能與下文"可以無大過矣"相連貫?如果説,這祗是一般的學,可以没有賓語,那末,孔子曾説過:"吾十有五而志於學",這裏又説:"五十以學",將怎麼解釋? 反之,如不改"《易》"爲"亦",則"無大過"與《易傳》説:"懼以始終,其要无咎,此之謂易之道也"及"无咎者,善補過也"之義相符,"五十以學《易》"與自述"五十而知天命"之義相符。即這樣原封不動,不但文理通貫,而且字字都有着落。證明從魯《論語》的讀法是錯誤的。又,孟子説,"孔子聖之時者也"與《易傳》特別强調"時"的重要意義的意思,正相一致。可見,孔子與《易》的關係是不容否認的。

孔子與《易》的關係,已如上述。那末,《易傳》(包括相傳所謂"十翼")是否爲孔子所作,還有必要加以説明。

我認爲《易傳》基本上應屬於孔子,但不必爲孔子親手寫定。其中有一部分當是經過孔子鑒定而保存下來的舊説(例如"筮法"和"説卦"的一部分,即屬於這一類);有一部分爲孔子所闡發的新義(《易傳》的主要部分);還有一部分疑是七十子後學的緒言(例如《乾文言》的一部分和"蓋取諸離"等)。後人爲了學習方便,都把它們彙集在一起。所以《易傳》實具有叢書性質。我們既不能説都是孔子所作,也不能否定它與孔子的密切關係。今人每好考辨先秦某書爲某人所作。及工作深入以後,就感到有很多問題,不易解決。不但《老子》、《墨子》如此,《莊子》也如此。考辨的結果,祗能做到用似是而非的證據,把著作權從某甲身上剥奪下來,另加在某乙的身上;或者把前一時代的作品,移入後一時代罷了。並没有真正解決了問題,不能使人信服。其實,中國古書,"子部"不同於"集部"。例如"集部"的書，標題爲《李太白集》，必須是李白的作品，否則便是假冒。而"子部"的書，卻不如此。標題雖爲某子，實際多是一家之學，不必盡爲某子一人所作。但也不能因此就説此書與某子無關。標題某子，它表明此書的中心思想應屬於他，其中主要部分是某子所著，或其門弟子所記。這是古書通例。了解古書通例如此，就不懷疑《易傳》與孔子的關係了。

孔子的哲學思想如何，現在大家看法還有很大的分歧。這個分歧主要表現在對"天命"、"中庸"這兩個概念的理解和對孔子與《易傳》的關係的看法上。

我認爲"天命"、"中庸"這兩個詞，作爲科學術語來應用，不可否認是有缺陷的。因爲它們在社會上習用已久，必然在某種程度上保留著舊時含義的殘迹，不能達到十分精確的地步。但是問題卻不在這裏，我們今天所要知道的，主要是依照孔子的意思，這兩個詞的含義應如何理解。我認爲解決這個問題，僅僅羅列一些現象，是不夠的。更重要的，是要就這些現象，進一步做具體分析。區別哪一個是本質的，哪一個是非本質的；哪一個是基本的、主要的，哪一個是從屬的、次要的。然後進行科學概括而引出正確的結論。這個結論的得出，乃是一個質變或改造的過程，亦即理性認識的過程。僅僅停留在直觀、感性認識階段上，是不中用的。例如《論語》一書，它本不是孔子的專門考述，而是孔子平日與人酬對偶然留下的隻言片語。我們使用這一份材料，更需要進行縝密地研究工作。否則有一條，算一條；有幾條就做出幾條結論，然後簡單地加在一起，結果一看，祇能是"雜拌"，還能是什麼東西？即如"天命"問題。《論語》上有時言"天"，有時言"命"，有時言"天命"，時間、地點、對象、情況，有很多地方不同。我們研究孔子思想，就不能等量齊觀，而應辨明哪一個是本質的東西。依我的看法，孔子説："五十而知天命"、"畏天命"、"不知命無以爲君子也"以及《易傳》的"樂知天命"等等，就是本質的東西。"天"、"命"二詞的含義，應以《孟子》所説："莫之爲而爲者，天也；莫之致而至者，命也。"
(《萬章》)爲最正確。

關鋒、林聿時兩同志説："孔子所説的'命'是一種機械的必然
性，是從社會外部加進來的異己力量，這種力量主宰着、規定着事
物的變化。這一點，當是没有疑問的。"①我認爲這種解釋，是有問
題的。説"孔子所説的'命'，是一種力量，它規定著事物的變化"這
一點，大家的看法，可能一致，没有疑問。至於這種力量，是從事物
的内部産生的呢？還是從外部加進來的呢？大家的看法，就不見
得是一致。而問題的中心，正在這裏。可惜，關、林兩同志在這個
極重要的問題上，衹説了一句空話，没有拿出根據，也没有分析。

實際孔子説："五十而知天命。"我們如果仔細加以分析，就會
看出：這個"天命"是可知的，又不是盡人皆知，而是一個人必須修
養達到一定的程度以後，才能夠知道它。這樣，就排除了它的神秘
性。因爲上帝鬼神一類東西，是不可知的。如果説這個"知"字，衹
表明籠統的、模糊的知，可以適用於知上帝鬼神，那末，孔子又不必
待到五十，才有此知。總之：把"天命"解釋爲上帝鬼神一類的東
西，是説不通的。

《易傳》説"樂天知命"(《繫辭傳》)"窮理盡性以至於命"(《説
卦》)又説："君子尚消息盈虚，天行也"(剥卦《彖傳》)，"終則有始，
天行也"(蠱卦《彖傳》)。可見在孔子意識裏所了解的"天"，是運動
的、變化的，並且是依照"消息盈虚"、"終則有始"的規律進行的。
"終則有始"是説明其重複性，"消息盈虚"是説明其依照辯證的原
則向前發展。從其是自然的現象而言，叫做"天"；從其是自然的規
律而言，叫做"命"。孟子所謂："莫之爲而爲"、"莫之致而至"，是言
其客觀性。孔子所謂"知命"，正是知這個東西。也衹有這樣，它才
是可知的。也衹有這樣，它才是一個人必須修養達到一定的程度

---

① 《哲學研究》1961 年第 4 期，第 54 頁。

以後，才能知。

　　至於要問孔子所説的"天命"，其運動、變化的根本動力何在呢？可以肯定的回答，是在内部而不在外部。《易傳》説："一陰一陽之謂道"、"陰陽不測之謂神"。證明"道"和"神"即規律，不在陰陽之外。又，全部《易經》的蓍和卦，雖然錯綜複雜，變化無方，但是始終以天、地之教，九、六之爻爲基本内容，整個六十四卦的變化發展，是從乾坤二卦開始的。這説明什麽呢？説明《易經》的哲學思想，亦即孔子的哲學思想，認爲事物發展的根本動力不在外部，而在於事物自身所存在的矛盾。下面還要説明兩個問題：(1)孔子的自然觀問題；(2)孔子的"命"與老子"道"的異同問題。

　　我認爲《論語》裏"天何言哉？四時行焉，百物生焉。天何言哉"這句話，反映孔子的自然觀，對於這個問題進行討論是有意義的，並且能夠得到解決。不同意關鋒、林聿時兩同志所説的"很難得出一致的可靠的結論"、"不必要在'天何言哉'這四個字上大作文章"①的看法。孔子所説的這句話，如與《周易》的哲學思想對照來看，就很容易了解。《易傳》解釋《易經》六十四卦的結構説："乾之策二百一十有六，坤之策百四十有四，凡三百有六十，當期之日。二篇之策萬有一千五百二十，當萬物之數也。"所謂"當期之日"與孔子所説的"四時行焉"的思想是一致的。乾卦卦辭的"元亨利貞"，先儒用春夏秋冬來理解，是有根據的。《繫辭傳》説"剛柔相摩，八卦相盪，鼓之以雷霆，潤之以風雨，日月運行，一寒一暑"，也是説明六十四卦全部結構的意義。"剛柔相摩"，是指變化開始的乾坤二卦而言。"剛柔相盪"，是指其餘六十二卦的變化發展的情況而言。"一寒一暑"，就是"四時行焉"之意。乾坤二卦當"一寒一暑"亦即"四時"，亦即"期"。以下每兩卦，例如屯和蒙，需和訟等等，都當"一寒一暑"，同樣也都是"四時"，也都是"期"。這不正是

　　① 《哲學研究》1961年第4期，第53頁。

所謂"四時行焉"嗎？《易傳》所謂"當萬物之數"，與孔子所説的"百物生焉"的意思是一致的。"百"、"萬"二字都表示多的意思，没有本質上差別。《序卦》説："有天地，然後萬物生焉。""天地"是指乾坤二卦而言，"萬物"主要是指其餘諸卦而言（包括乾坤在内）。又上引《繫辭傳》的"日月運行，一寒一暑"下，緊接"乾道成男，坤道成女"，也寓"萬物生焉"之意。可見孔子思想與《周易》思想吻合無間是不容否認的。又《易》筮法，經過"分二"、"揲四"、"歸奇"幾道手續之後，才産生出"爻"和"卦"，實質上也是"四時行焉、百物生焉"之意。還有《易傳》説："終則有始，天行也。""君子當消息盈虛，天行也"、"是以明天之道"等等，這種"天行"、"天道"亦即發展規律，是由什麼地方發現的呢？可以肯定地回答，也是"四時"。當然，從今天看來，知道"四時"，不算什麼學問。而在古代則不然，這乃是一種很大的學問。古人認識自然規律，首先是自天文曆算開始的。因爲它與人們的生産、生活的關係太密切了。這個道理，還需要多講嗎？没有自然科學作基礎，而能形成或建立起唯物主義而世界觀，是不可想象的事。孔子所説的"天何言哉，……"這句話，反映孔子的自然觀，並且它是唯物主義的，又有什麼疑問呢？

現在談孔子的"命"與老子的"道"的異同的問題。我認爲孔子的"命"與老子的"道"，都指"客觀規律"而言，這一點是相同的。但是在對"命"或"道"，與自然界的關係上，卻大不相同。而後者非常重要，它反映二人的兩種不同的世界觀。

老子説："道生一，一生二，二生三，三生萬物。"又説："天下萬物生於有，有生於無。"這個"一"，是什麼呢？ 它代表存在，代表自然界，代表"有"，亦即代表物質。人們能否看着、聽着或摸着，卻没有關係。總之，它是實有。至於"道"則不然，它乃是"無"。因此，"道"生"一"的過程，不同於"一"生"二"，"二"生"三"，乃是"無"生"有"的過程。這在"天下萬物生於有，有生於無"這句話裏，説的已經非常明白。"有"即是"一"，"無"即是"道"。"有生於無"即是

"一"生於"道"。難道還有疑問嗎？老子的"有生於無"命題，很明顯是從他的自發的辯證思想，"有無相生，難易相成……"的公式，邏輯地引出來的。他相信"有"不能常久不變。"有"一定是從"無"產生的，將來也一定會變成"無"。當然，應用這個公式來解釋日常事物，無疑是對的。我們日常説生死、存亡，都是指此種意義而言。但是，如果把這個公式應用於解釋哲學上根本問題，認爲物質也可以消滅，那就是荒謬絕倫的事，那就是唯心論。而老子正是這樣，所以老子是唯心論者。

孔子的見解，與老子根本不同。依《易傳》的解釋，宇宙的根源是"有"。宋儒張載説："大《易》不言有無，言有無者，諸子之陋也。"（《正蒙·大易》）真説到了問題的本質。《易傳》説："易有太極，是生兩儀"，這在老子，相當於"一生二"。至於"一"，是從哪裏來的呢？這個問題，在《易傳》裏，不但沒有討論，也沒有提出。宋儒周敦頤作《太極圖説》，開頭祇説了一句"無極而太極"，便已面目全非。儘管下面引了許多《周易》詞句，它已經不是《周易》的觀點，而變成老子的觀點了。宇宙最初根源是"有"還是"無"，這一點非常重要，它正是唯心與唯物的分界所在，不容忽視。

正由於孔、老二人的根本觀點不同，所以表現於對許多具體問題的看法和辦法上也全然不同。簡單説，即：老子主張"無爲"，而孔子主張有爲；老子崇尚"玄同"，而孔子強調"名分"；老子提倡"絕學"，而孔子最重"好學"；老子重"一"，而孔子尚"博"；老子貴"柔弱"，而孔子重"剛毅"；老子反對仁義禮樂，而孔子提倡仁義禮樂；老子所向往的是"小國寡民"的社會，即原始社會，而孔子所寤寐以求的是三代盛世，即奴隸社會。後人喜稱老子之學爲"黃老"，孔子之學爲"周孔"，深可玩味。實質上黃帝爲原始社會的代表，周公爲奴隸社會的代表，"黃老"與"周孔"的思想，正代表中國歷史上兩個不同的時代。從政治態度來説，孔子還有某些進步性，而老子則完全是反動。傳到後世，孔子思想遂爲封建社會統治階級所利用，而老子這個人物，竟成了道教崇拜的偶象，這並不是偶然的事，其根本所在，由於二人的思想觀點不同。即從根本上説，老子是唯心論的思想家，而孔子是唯物論的思想家。

墨子持非命説和孔子相對立，我認爲這一點，祇足以證明他是落後，而不能證明他是先進；祇是以證明他是錯誤，而不能證明他是正確（當然，在另外的問題上，應當別論）。不知道關、林二同志的意見，以爲如何？在《墨子》書裏，找不到“天道”一詞，所看到的，祇是“天志”。這不是偶然的事，應當引起我們注意。“天志”與“天道”是相互排斥的兩個概念。一個人既然承認了天有意志，怎能又承認天有規律呢？反之，既然承認了天有規律，怎能又承認天有意志呢？意志是主觀的、自由的東西，而規律是客觀的、必然的東西。所以，把孔子所説“天命”、“天道”的“天”，解釋爲“人格神”，是不對的。墨子不了解或不願意了解孔子所説的“命”。他不是想用感官看不見、聽不見來證明它不存在，就是把問題絕對化，認爲“知天命”的人，就一定“怠於分職”，“怠於從事”，竟不顧這種説法，事實上與孔子全不相干。這充分反映墨子的唯心論和形而上學的觀點。孔子承認有“天命”，同時又教人對於凡屬“正義”的事情（當然，“正義”是有階級性的）在可以做到的範圍内，盡力去做，雖“殺身”亦所不惜。這種觀點，不能叫做“折衷主義的調和”，它正是“辯證地結合”。關鋒、林聿時二同志對這個問題的看法①也是不正確的。

關於“中庸”問題，我在另一篇論文裏，已談了很多②，在這裏祇準備簡單地談一談。

“中庸”的實質是，要求處理問題時，能做到“時中”，而反對“過”和“不及”。今天還有很多人不了解“中”字的意義，以爲無“過”、“不及”，就是教人經常保持在中間的位置，即不管做什麼事，

---

① 詳見《哲學研究》1961 年第 4 期，第 55～56 頁。

② 《論孔子思想》，載《東北人民大學人文科學學報》1957 年第 4 期。

總是做了一半，就停止不前。因而錯誤地把"妥協"、"調和"、"不徹底"等等罪名，都加在"中庸"的頭上。其實，這乃是"不及"，並不是"中"。鄭玄解釋"中庸"說："以其記中和之用也。庸，用也。"《中庸》說："喜怒哀樂之未發，謂之中；發而皆中節，謂之和。中也者，天下之大本也；和也者，天下之達道也。"故"中"實兼"中"、"和"二義。喜怒哀樂未發之"中"，是方位詞，今讀平聲。發而中節的"中"（即"和"），是動詞，今讀去聲。前者所說明的問題，限於主觀一方面，而後者所說明的問題，則為主觀與客觀的關係。主觀與客觀的關係有兩種：其一，是一致；另一，是不一致。一致即所謂"中"，不一致即所謂"過"或"不及"。中字古音與"得"、"當"相近，其義相同，故常通用。例如：《周禮・地官》師氏"掌國中失之事"注："故書中為得"。惠棟《九經古義》和王引之《經義述聞》都從古書中找到很多例子，證明"中"、"得"聲相近，二字可以通用。又，今人吳承仕說："中、當音轉義同，顏氏《匡謬正修》謂中有當音，是也。"①其他如《三倉》注："中，得也。"（《史記索隱・封禪書索隱》引）《禮記・月令》注："中猶應也。"《穆天子傳》注："中猶合也。""得"、"當"、"應"、"合"四字之義，都是說明什麼問題呢？毫無疑義，都是說明主觀與客觀一致。當然，要求主觀與客觀一致，不一定能做到主觀與客觀一致；做到主觀與客觀一致，不一定能完全做到主觀與客觀一致。不過，提出"中"來，即提出主觀與客觀一致，作為奮鬥目標，是可以允許的，並且是正確的。今人做工作，常用"火候"來形容，這是最好的形容。做工作實際也像烹調飲食一樣，縱然方向、辦法都對頭，如果火候不到或者做得過火，也做不好，或者還會把事情做壞。火候不到，就是孔子所說的"不及"，過火就是孔子所說的"過"，做得恰到好處，就是孔子所說的"中"。這難道還有疑問？

（未公開發表，據手稿整理）

---

① 轉引自《漢書窺管》，科學出版社，1955年，第118頁。

# 論孔老易學思想

我看《歸藏》別卦六十有四，以坤爲首（以《歸藏》又名《坤乾》知之），而《周易》別卦六十有四，以乾坤爲首，二者之差異，就是老子思想與孔子思想之差異。因而可以説老子思想出於《歸藏》，孔子思想出於《周易》。

例如《呂氏春秋·不二》説："老耽貴柔。"《老子》一書中，亦屢言母，如説："有名萬物之母。"（一章）説："我異於人，而貴食母。"（二十章）説："可以爲天下母。"（二十五章）説："天下有始以爲天下母。既得其母，以知其子，既知其子，復守其母，終身不殆。"（五十二章）等等，是老子思想出於《歸藏》之證。而孔子則不然。他不貴柔，亦不貴剛，而是剛柔並重。如説："剛柔者，立本者也。"説："而剛柔有體。"（《易·繫辭傳下》）且不屢言母，而是説："父母唯有疾之憂。"（《論語·里仁》）説："君君，臣臣，父父，子子。"（《論語·顏淵》）説："父父，子子，兄兄，弟弟，夫夫，婦婦。"（《周易·家人》）或説："家人有嚴君焉，父母之謂也。"（同上）等等，是孔子思想出於《周易》之證。

有人要問，《歸藏》首坤，《周易》首乾，有如此重大意義嗎？我説有。請看《禮記·禮運》説："孔子曰：'我欲觀夏道，是故之杞，而不足徵也，吾得《夏時》焉。我欲觀殷道，是故之宋，而不足徵也，吾得《坤乾》焉。《坤乾》之義，《夏時》之等，吾以是觀之。'"孔子得《坤乾》可觀殷道，足見《坤乾》有重大意義。

又，《史記·梁孝王世家》褚先生説："太后謂帝曰：'殷道親親，周道尊尊，其義一也，安車大駕，用梁孝王爲寄'……袁盎等曰：'殷道親親者立弟，周道尊尊者立子……周道太子死立嫡孫，殷道太子死立其弟。'"根據《禮記·表記》說："母親而不尊，父尊而不親。"我們知道，"親親"是重母統，"尊尊"是重父統，則"殷道親親"與《歸藏》首坤，《周易》首乾有關。

　　那麼，爲什麼既說《周易》首乾坤，又說《周易》首乾呢？這是因爲談孔子思想，我們要說孔子思想出於《周易》以乾坤爲首，談君位繼承制，我們祇能說"周道尊尊"，與《周易》以乾爲首有關。事實是如此，我們要尊重事實。

　　由於老子屢言母，可以看出老子思想受原始社會的影響頗深，因爲，生於母系氏族公社的人，祇知有母，不知有父。孔子兼言父母，可以斷言孔子思想是在文明社會歷史條件下產生的。《禮記·昏義》說："男女有別而後夫婦有義；夫婦有義，而後父子有親；父子有親，而後君臣有正。"同書《郊特牲》說："男女有別然後父子親，父子親然後義生，義生然後禮作，禮作然後萬物安。"這是孔子兼言父母，其思想產生於文明社會歷史條件下的證明。

　　正由於老子思想植根於原始社會，於是他主張無爲、自然，反對仁義、智慧、巧利，而向往小國寡民。

　　正由於孔子思想產生於文明社會歷史條件下，他主張仁義禮樂刑政等等，也是可以理解的。

　　子思作《中庸》說："仲尼祖述堯舜，憲章文武，上律天時，下襲水土。"據我看，"上律天時"，相當於《易傳》所說的"立天之道曰陰與陽"；"下襲水土"，相當於《易傳》所說的"立地之道曰柔與剛"；"祖述堯舜，憲章文武"，相當於《易傳》所說的"立人之道曰仁與義"。證明孔子思想與《周易》一致，二者都是文明社會的產物。

　　關於世界觀問題。老子是道家之祖，老子的世界觀，完全反映在道字上。老子說："有物混成，先天地生，寂兮寥兮，獨立而不改，周行而不殆，可以爲天下母，吾不知其名，字之曰道。"（二十五章）說："道可道，非常道。名可名，非常名。無名，天地之始，有名，萬物之母,此兩者同出而異名。"(一章)説:"道生一,一生二,二生三,三生萬物,萬物負陰而抱陽,沖氣以爲和。"這三段話,反映老子世界觀的全部內容。第一段話是説,道先天地生,空空洞洞,但是它具有極大的能量,能够產生天地萬物。第二段話是説,道有同出異名的兩種道。一種叫常道,另一種叫非常道。常道無名,非常道有名。常道在天地先,非常道在萬物中。例如,《莊子·知北游》説"在螻蟻"、"在稊稗"、"在瓦甓"、"在屎溺"的道,就是在萬物中的非常道。第三段話是説從道到萬物的發展過程。"道生一"的一,就是"昔之得一者,天得一以清,地得一以寧,神得一以靈,谷得一以盈,萬物得一以生,侯王得一以爲天下貞"的一。這個一,是非常道。"一生二"的二,是天地。"二生三",三是一加二,即非常道加天地。"三生萬物,萬物負陰而抱陽,沖氣以爲和",説明萬物爲陰陽加沖氣的三結合。實際沖氣就是非常道,陰陽是天地的化身。

　　孔子思想出於《周易》。孔子的世界觀反映在《周易》別卦六十有四爲首的乾坤兩卦上。《繫辭傳上》説:"一陰一陽之謂道。"《序卦傳》説:"有天地然後萬物生焉。"《繫辭傳上》説:"在天成象,在地成形,變化見矣,是故剛柔相摩,八卦相蕩,鼓之以雷霆,潤之以風雨,日月運行,一寒一暑,乾道成男,坤道成女。"這三段話歸納起來,可以反映孔子完整的世界觀。第一段話"一陰一陽之謂道"這個"一陰一陽"代表乾坤,代表天地,代表一切事物的矛盾。"道"是規律,就是説"道"是"一陰一陽"即乾坤、天地或事物的矛盾產生的。在這裏既沒有外在的"常道",也沒有內在的"非常道"。第二段話是説萬物是天地產生的,也沒有"常道"與"非常道"的問題。第三段話乃是説由天地或乾坤產生萬物的全過程。特別是在"剛柔相摩,八卦相蕩"的詞句,不是分明在説事物的運動發展是由於事物內部的矛盾性嗎?哪有什麼常道或非常道存在的餘地?可見,孔子的世界觀與老子的世界觀是對立的,是唯物論與唯心論的對立。關於方法論問題,孔子老子都通曉辯證法。但老子是半截子辯證法，孔子是完整的辯證法。我嘗謂《老子》書五千言，可以二語盡之。這就是四十章説的"反者道之動，弱者道之用"。"反者道之動"，符合辯證法，"弱者道之用"，則不符合辯證法，而是形而上學。也就是説，老子在説的方面是辯證法，而在做的方面，不是辯證法，是形而上學。例如，他説："禍兮福之所倚，福兮禍之所伏。"（五十八章）"曲則全，枉則直，窪則盈，敝則新。"（二十二章）"將欲歙之，必固張之；將欲弱之，必固强之；將欲廢之，必固興之；將欲取之，必固與之。"（三十六章）等等，都符合辯證法。但他衹停留在説上。至於做時，則反是。他説"衆人昭昭，我獨昏昏，衆人察察，我獨悶悶"（二十章）以至於竟主張"抱一"（二十二章）、"抱朴"（十九章）、"守柔"（五十二章）、"守静"（十六章）等等，都不符合辯證法，而是形而上學。因此，我説老子的辯證法是半截子辯證法。

　　孔子的思想出《周易》，從《周易》的方法論來看，可以看得很清楚。《周易》别卦六十有四，以乾坤爲首。《易·繫辭傳上》説："乾坤其《易》之緼耶？乾坤成列而《易》立乎其中矣。乾坤毁則無以見《易》，《易》不可見，則乾坤或幾乎息矣。"《易·繫辭傳下》説："乾坤其《易》之門耶？乾陽物也，坤陰物也，陰陽合德而剛柔有體，以體天地之撰，以通神明之德。"《易·序卦傳》説："有天地然後萬物生焉。"爲什麽乾坤有這樣重大作用？用今日哲學來解釋，乾坤是一對矛盾，符合辯證法的對立統一規律。"事物矛盾的法則（規律）即對立統一的法則，是自然和社會的根本法則，因而也是思維的根本法則。它是和形而上學的宇宙觀相反的。"不僅如此，《周易》别卦六十有四，每卦都是初、二、三、四、五、上六爻。乾卦説："初九：潛龍勿用。九二：見龍在田，利見大人。九三：君子終日乾乾，夕惕若，厲无咎。九四：或躍在淵，无咎。九五：飛龍在天，利見大人。上九：亢龍有悔。"《乾文言》解釋説："潛龍勿用，陽在下也。見龍在田，德施普也。終日乾乾，反復道也。或躍在淵，進无咎也。飛龍在天，大人造也。亢龍有悔，盈不可久也。"又説："潛龍勿用，下也。

見龍在田，時舍也。終日乾乾，行事也。或躍在淵，自試也。飛龍在天，上治也。亢龍有悔，窮之災也。"由《乾文言》的反復解釋可以明顯看出，乾卦六爻由初至上是量變，而"盈不可久也"，"窮之災也"，充分反映是發生質變，即《周易》別卦六十有四的每一卦在六爻的爻位上已表現出辯證法的質量互變規律。又從《序卦傳》對《周易》別卦六十有四的排列順序解釋來看，它説："有天地然後萬物生焉。盈天地之間者，唯萬物，故受之以屯。屯者，盈也，屯者，物之始生也。物生必蒙，故受之以蒙。蒙者蒙也，物之穉也。物穉不可不養也，故受之以需。需者，飲食之道也。飲食必有訟，故受之以訟。訟必有衆起，故受之以師……有過物者必濟，故受之以既濟。物不可窮也，故受之以未濟終焉。"全《易》六十四卦每相鄰的兩卦，都是不反則對。例如乾與坤的六畫爲對，屯與蒙的六畫爲反。《傳》文一般都用"不可不……故受之"來解釋。這種解釋，從辯證法來看，其相互間就是質變。六十四卦是象徵一個大事物的發展過程，至六十三卦既濟而結束。最末一卦名爲未濟，《傳》文説："物不可窮也，故受之以未濟終焉。"這是什麽意思呢？我看，用辯證法的規律來印證，正符合否定之否定規律。證明孔子的方法論，的確是完整的辯證法。

　　不但《易傳》這樣，我們再看《論語》、《孟子》。《論語·子罕》説："顏淵喟然嘆曰：'仰之彌高，鑽之彌堅，瞻之在前，忽焉在後。'"這是出於孔子高足顏子之口。同篇又説："子絶四，毋意，毋必，毋固，毋我。"這是出於孔子衆弟子之口。同書《微子》説："我則異於是，無可無不可。"這是孔子自己説的。《孟子·萬章下》説："可以速而速，可以久而久，可以處而處，可以仕而仕，孔子也。"這是孟子説的。總之，從方法論來看，孔子與老子不同，他的辯證法是完整的。

　　孔子和老子在中國歷史上是有影響的兩大思想家。兩位思想家都有傳人。孔子的傳人爲儒家，老子的傳人爲道家。儒家的著名人物有孟子、荀子；道家的著名人物有楊朱、莊周。在中國歷史中，儒家多在朝，道家多在野。史書《儒林列傳》中人物，多是孔子傳人。歷代所謂山林隱逸之士，多服膺老子思想，當然真正傳承老子的思想。又如宋明理學家，雖然打着孔子的旗幟，實際不是真正傳承孔子思想的。

　　關於道教，由於一般人都瞭解，不想在這裏談了。關於理學，由於學術界還有不同的看法，茲準備簡要地在這裏談談。

　　理學創始於宋，著名的有濂、洛、關、閩四家，即周敦頤、程顥、程頤、張載和朱熹等人。中國哲學史作者一般都承認集理學大成者是朱熹。朱熹著述頗豐，最著名的爲《四書章句集注》。《四書章句集注》成於南宋淳熙年間。據《四庫全書總目提要·經部四書類二》說："案《四書》定於朱子《章句集注》，積平生之力爲之。至垂没之日，猶改定《大學》誠意章注，凡以明聖學也。至元延祐中，用以取士，而闡明理道之書，遂漸爲弋取功名之路。然其時經義經疑並用，故學者猶有研究古義之功。今所傳袁俊翁《四書疑節》、王充耘《四書經疑貫通》、詹道傳《四書纂箋》之類，猶可見其梗概。至明永樂中，《大全》出而捷徑開，八比盛而俗學熾，科舉之文，名爲發揮經義，實則發揮注意，不問經義何如也。且所謂注意者，又不甚究其理，而惟揣測其虛字語氣，以備臨文之摹擬，並不問注意何如也。蓋自高頭講章一行，非惟孔、曾、思、孟之本旨亡，並朱子之《四書》亦亡矣。"清臣對用《四書》取士之弊，慨乎言之。總之，自元延祐用《四書》取士，歷明及清六百餘年，所有中國士子自童丱至皓首，不讀《五經》者有之，幾乎没有不讀《四書》的。特別是《大學章句》和《中庸章句》爲初學必讀之書。凡是中國人，幾乎都把朱夫子看作孔夫子的替身或代理人，足見其影響至深且鉅。殊不知朱夫子之思想與孔夫子的思想實大相徑庭。因限於篇幅，不能詳談。茲僅就《大學章句》首章的"在明明德，在親民"及"致知在格物"和《中庸章句》首章的"性""道""教"和"中"及"和"這幾個問題談談。

朱子《大學章句》於"在明明德"説："明，明之也。明德者，人之所得乎天，而虛靈不昧，以具衆理而應萬事者也。但爲氣稟所拘，人欲所蔽，則有時而昏，然其本體之明，則有未嘗息者，故學者當因其所發而遂明之，以復其初也。"

我認爲《章句》對"明德"二字的解釋，不是孔子的觀點。特別是"明德者，人之所得乎天，而虛靈不昧，以具衆理而應萬事"，"氣稟所拘，人欲所蔽"，及"以復其初"，三語尤誤。因爲孔子明確地説過，"我非生而知之者，好古敏以求之者也"（《論語·述而》）。哪有"人之所得乎天，而虛靈不昧，以具衆理而應萬事"之事！這分明是佛家"人人皆具佛性"之濫調，而竄入孔氏之書。所謂"氣稟所拘，人欲所蔽"，也不是孔子的觀點，而是理學家杜撰的所謂"氣質之性"。他們曾把性區分爲義理之性和氣質之性兩種。認爲義理之性無有不善，氣質之性有善有不善。其實他們所説的義理之性不過是佛家的性或老子的道的異名，事實上是不存在的。他們所説的氣質之性才真正是有血有肉的人性。而《章句》用"所拘"、"所蔽"來説明它，其用意祇是用它來代替佛家的所謂"無明"罷了。至於"以復其初"的説法，更爲露骨，表面上是説祇要不被"氣質所拘，人欲所蔽"就能恢復到原來的"虛靈不昧，以具衆理而應萬事"，實際上是説如能去掉"無明"，就能恢復到佛性而成佛。《禮記·學記》説："玉不琢，不成器，人不學，不知道。"一個人哪有不學就能什麼都知道的事情，這完全是異端妄説，絶不是孔子的觀點。

《章句》於"親民"説："程子曰：'親當作新。'新者，革其舊之謂也。言既自明其明德，又當推以及人，使人亦有以去其舊染之污也。"

我認爲親應如字讀，不應改爲新。因爲《大學》文意源於《尚書》。《尚書·堯典》説："克明俊德，以親九族；九族既睦，平章百姓；百姓昭明，協和萬邦。"即《大學》首章所本。程子改親爲新，意在與"去舊染之污"聯繫起來。其實"去舊染之污"，就是佛家的去掉"無明"。孔子思想哪有去掉"無明"的問題！

《章句》於"致知在格物"説："致，猶極也；知，猶識也，推極吾之知識，欲其所知無不盡也。格，至也；物，猶事也，窮至事物之理，欲其極處無不到也。"

我認爲"致知"是由不知使知。"格物"是接觸外界事物。一個人閉目塞聰，是不會獲得知識的。祇有接觸外界事物，才會獲得知識。這是説知識來源於感覺，是唯物的觀點。而《章句》説"推極吾之知識"，"窮至事物之理"，這怎能辦得到呢？顯然不是《大學》本意。

談《中庸》首先要談書名。就是説這書爲什麼名爲《中庸》。鄭玄説："名爲中庸者，以其記中和之爲用也。庸，用也。"《章句》説："中者，不偏不倚，無過不及之名。庸，平常也。"二説誰對呢？我説鄭玄説的對。從中與庸這兩個詞的結構來看，基本上與《論語·學而》"禮之用"相同。《論語》説："禮之用，和爲貴。"我看，中庸命名之義，也是説，中之用，和爲貴。那末，這個和字應當怎麼解釋呢？我認爲應依《國語·鄭語》史伯説"夫和實生物，同則不繼"的和，與《左傳》昭公二十年晏子説"據亦同也，焉得爲和"的和，與《論語·子路》"子曰：'君子和而不同，小人同而不和'"的和作解。和同之異，有如音樂。同如所謂"聲一無聽"，和則是八音合奏，尤爲悦耳。從禮來説，和，就是自表面看，確實違反禮，而在實質上則祇有這樣做才合禮。例如，男女授受不親，禮也。但嫂溺則須援之以手。這個嫂溺援之以手，乃是非禮之禮，它就是和。否則，拘泥授受不親，而見死不救，怎能説是合禮呢！中庸之和，也應同此。《孟子·盡心上》説："子莫執中，執中爲近之。執中無權，猶執一也。所惡執一者，爲其賊道也，舉一而廢百也。"也是這個意思。中與和的關係，用今日通行的話來説，就是原則性與靈活性的關係。光有原則性而没有靈活性，就會犯教條主義錯誤而把事情做壞。中庸之義爲用中，就是教人知道，既有不偏不倚之中，又有"發而皆中節"的和,必兼之而後備。《章句》説"中者,不偏不倚,無過不及",是對了一半;説"庸,平常也",則全錯。

《章句》於"天命之謂性"説:"命猶令也。性即理也。天以陰陽五行化生萬物,氣以成形,而理亦賦焉,猶命令也。於是人物之生,因各得其所賦之理,以爲健順五常之德,所謂性也。"我認爲"性即理也"是理學的杜撰。它是從老子的道移進來的,在孔子的言論中找不到。《易傳》説:"一陰一陽之謂道,繼之者善也,成之者性也。"是把道看作規律,認爲它是由一陰一陽,即事物的矛盾性産生的。而不是如老子説有一個"寂兮寥兮,獨立而不改,周行而不殆,可以爲天下母","先天地生"的所謂"常道",亦無"無乎不在"的所謂"非常道"。"繼之者善也",是説能繼承由事物矛盾性所産生的規律就是善。"成之者性也",是説對"一陰一陽之謂道"來説,性不是"繼之者",而是"成之者"。這個"成"字應依《莊子·齊物論》"夫隨其成心而師之"、"道隱於小成"的成作解,即一曲的意思,就是説如"盡性"可以"至命""知天",然而它不是命或天,即不是"繼之者"的善。因此,説"性即理也",或説性是道以及什麼"義理之性"等等,都是錯誤的,不是孔子的觀點。至説"天以陰陽五行化生萬物,氣以成形,而理亦賦焉","於是人物之生各得其所賦之理,以爲健順五常之德,所謂性也",都是重複了性即理的觀點。這裏所説"理亦賦焉"、"各得其所賦之理"也就是"性即理"的理。至説"氣以成形"或"天以陰陽五行化生萬物"都在説"氣質之性",實際是在説"氣質之性"不是理,即不是真性,仍然是重複理學家的論調。

《章句》於"率性之謂道"説:"率,循也。道猶路也。人物各循其性之自然,則其日用事物之間,莫不各有當行之路,是則所謂道也。"

我認爲釋率爲循,不對。"人物各循其性之自然",就是任性而動。任性而動,其結果祇能是縱慾敗度,肆無忌憚,怎能是"則其日用事物之間,莫不各有當行之路"呢? 我認爲率當釋爲"堯舜率天下以仁而民從之”之率，即統率。誰統率呢？即上文的天。天爲主詞，率爲動詞，性爲賓詞，文法較順，不能是性爲主詞，又爲賓詞。祇有天率性，才能是名爲道。性率性怎能是道呢？

《章句》於“修道之謂教”説：“修，品節之也，性道雖同，而氣稟或異，故不能無過不及之差，聖人因人物之所當行者而品節之，以爲法於天下，則謂之教，若禮樂刑政之屬是也。”

我認爲《章句》説性道同，不對。性道同又何必修，何必教呢？很明顯這是曲説。

《章句》於“喜怒哀樂之未發謂之中，發而皆中節謂之和”説：“喜怒哀樂，情也。其未發則性也。無所偏倚故謂之中。發皆中節，情之正也。無所乖戾故謂之和。”

我認爲這兩句話的主題是講什麽是中，什麽是和，而不是講什麽是性，什麽是情。用性情來説明，是不恰當的。喜與怒、哀與樂各是對立的兩端。當未發時，不偏不倚是中，至發以後，就不一定是不偏不倚。祇要是皆中節度，就可，宜名之爲和。和是不中之中，孔子名爲“時中”，孟子名爲有權的中。《中庸》説：“仲尼曰：‘君子中庸，小人反中庸。君子之中庸也，君子而時中，小人之中庸也，小人而無忌憚也。’”關於時中的例證，在《論語·微子》，就是孔子自己所説的：“我則異於是，無可無不可。”在《孟子·萬章下》，就是孟子所説的：“可以速而速，可以久而久，可以處而處，可以仕而仕，孔子也。”有權的中的例證，《孟子·盡心上》説：“孟子曰：‘楊子取爲我，拔一毛而利天下，不爲也。墨子兼愛，摩頂放踵利天下，爲之。子莫執中。執中爲近之，執中無權，猶執一也，所惡執一者，爲其賊道也，舉一而廢百也。’”《孟子·離婁上》説：“淳于髡曰：‘男女授受不親，禮與？’孟子曰：‘禮也。’曰：‘嫂溺則援之以手乎？’曰：‘嫂溺不援是豺狼也。男女授受不親，禮也；嫂溺援之手者，權也。’”

（臺灣東海大學《中國文化月刊》1995 年 8 月）

# 談孟子思想

1. 對近人某些著作中關於孟子思想看法的商討

(1)論述孟子思想應從孟子的著作出發,不應從荀子《非十二子》對孟子所作的評語出發。

(2)孟子書中祇言"四端"不言"五行",這是任何人不能否認的事實,而荀子書中卻有"五綦"(《王霸》、《正論》)、"五官"(《天論》、《正名》)、"五色"、"五聲"、"五味"(《勸學》)的記載,按照辯者"有諸己不非諸人"(《墨子·小取》)的原則,縱令孟子真講"五行",荀子也沒有加以非難的理由,何況孟子並不曾講過五什麼,可見荀子《非十二子》對子思、孟軻的評論是有問題的,不能做爲論定孟子思想的依據,郭老硬要把"誠"字加入"四端",湊足五教,説孟子書中"五行系統的演化確實是存在着的"①,這種説法是不能令人信服的。

(3)決定一個思想家思想的,主要是他的階級地位和歷史條件,過分强調繼承性,把師生關係提到第一位來考察,説什麼由曾子到子思,由子思到孟子是在一條線上發展,這種觀點也是值得商討的。

2. 孟子七篇里對心性天命的問題講的較多,這是他不同於孔子的地方。這一點不能看作他是唯心主義思想家的證明,而應看作這是他對儒家學説的進一步發展。

(1)道家批評孔子的學術説:"吾聞中國之君子,明乎禮義而陋於知人心。"(《莊子·田子方》)

---

① 《十批判書》,新文藝出版社,1952年,135頁。

（2）孔子弟子論孔子説：“夫子之文章可得而聞也，夫子之言性與天道不可得而聞也。”（《論語·公冶長》）

3. 爲什麽孟子着重地討論了心性天命的問題？

（1）孟子認識到心性天命問題的研究對於指導實踐的重要性。例如，《荀子·大略》説：“孟子三見宣王不言事。門人曰：‘曷爲三過齊王而不言事？’孟子曰：‘我先攻其邪心。’”《孟子·離婁上》：“惟大人爲能格君心之非，君仁莫不仁，君義莫不義，君正莫不正，一正君而國定矣。”

（2）孟子認識到心性天命之間的關係。例如，《孟子·盡心上》説：“盡其心者，知其性也；知其性則知天矣。存其心，養其性，所以事天也。……殀壽不貳，修身以俟之，所以立命也。”

4. 孟子的天命觀

（1）“莫之爲而爲者天也，莫之致而至者命也。”（《孟子·萬章上》）這是孟子對於天命的理解。這種理解本身，至少説明了天命的客觀性質。它排斥了鬼神的存在。

（2）孟子説：“盡其道而死者，正命也。桎梏死者，非正命。”（《盡心上》）又説：“求則得之，舍則失之，是求有益於得者也，求在我者也。求之有道，得之有命，是求無益於得者也，求在外者也。”（《盡心上》）又説：“口之於味也，目之於色也，耳之於聲，鼻之於臭也，四肢之於安佚也，性也，有命焉，君子不謂性也。仁之於父子也，義之於君臣也，禮之於賓主也，知之於賢者也，聖人之於天道也，命也，有性焉，君子不謂命也。”（《盡心下》）這裏區分“正命”和“非正命”，“求在我”和“求在外”，“性也，有命焉，君子不謂性也”和“命也，有性焉，君子不謂命也”是什麽意思呢？這是承認了在一定限度内人的主觀能動作用。這一點既不同於道家的否定人的主觀能動作用，也不同於墨家的不承認有命，即不承認有客觀規律存在的觀點。

（3）孟子的天命觀與孔子和荀子的天命觀基本上是一致的。例如，孔子説："五十而知天命。"（《論語·爲政》）"畏天命。"（《論語·季氏》）同時又説："見義不爲無勇也。"（《論語·爲政》）"天下有道，丘不與易也。"（《論語·微子》）荀子説："節遇之謂命。"（《正名》）"知命者不怨天。"（《榮辱》）同時又説："從天而頌之，孰與制天命而用之。"（《天論》）

### 5. 孟子的性善論

"道性善"是孟子學説的特點。爲了正確瞭解這個學説的實質，可以從下列幾個方面來考察：

（1）對象

孟子所討論的對象祇限於人性，不包括禽獸及其他生物、無生物在内。這一點同告子説"生之謂性"的觀點不同。另一方面，它不是討論一定社會的内部這一部分人同那一部分人在性格上有什麼差異的問題。這一點同我們説階級性也不完全一樣。至於人類到底有没有共性？亦即有没有一般的人類性的問題，今天有些人還在争論，我不能表示意見。不過孟子所討論的，確是人類性的問題，則是可以斷言的。

孟子説："人之所以異於禽獸者幾希。"（《離婁下》）又説："如此則與禽獸奚擇。"（《離婁下》）又説："然則人之性猶牛之性，牛之性猶人之性歟？"（《告子上》）又説："故凡同類者舉相似也。"何獨至於人而疑之？聖人與我同類者。故龍子曰："不知足而爲屨，我知其不爲蕢也。屨之相似，天下之足同也。口之於味有同嗜也。易牙先得我口之所嗜者也。如使口之於味也，其性與人殊，若犬馬之與我不同類也。則天下何嗜皆從易牙之於味也。至於味，天下期於易牙，是天下之口相似也。惟耳亦然。至於聲，天下期於師曠，是天下之耳相似也。惟目亦然。至於子都，天下莫不知其姣也。不知子都之姣者,無目者也。故曰:口之於味也,有同嗜焉。耳之於聲也,有同聽焉。目之於色也,有同美焉。至於心獨無所同然乎? 心之所同然者何也? 謂理也,義也。聖人先得我心之所同然耳。故理義之悦我心,猶芻豢之悦我口。"(《告子上》)

(2)特點

a. 孟子説:"大人者不失其赤子之心者。"(《離婁上》)又説:"人之所不學而能者,其良能也。所不慮而知者,其良知也。"(《盡心上》)又説:"人皆有不忍人之心。……所以謂人皆有不忍人之心者,今人乍見孺子將入於井,皆有怵惕惻隱之心,非所以内交於孺子之父母也,非所以要譽於鄉黨朋友也,非惡其聲而然也。由是觀之,無惻隱之心非人也,無羞惡之心非人也,無辭讓之心非人也,無是非之心非人也。惻隱之心,仁之端也;羞惡之心,義之端也;辭讓之心,禮之端也;是非之心,智之端也。人之有是四端也,猶其有四體也。"(《公孫丑上》)以上爲孟子性善主張的理論根據。

b. 孟子並不認爲人性善就可以不要學習,而是特别强調學習。也就是説,他對於人的認識這個問題的看法,是既承認内因是主要的,又看到了外部條件的重要性。例如他説:"富歲子弟多賴,凶歲子弟多暴,非天之降才爾殊也,其所以陷溺其心者然也。今夫麰麥播種而耰之,其地同,樹之時又同,浡然而生,至於日至之時皆熟矣。雖有不同,則地有肥磽、雨露之養、人事之不齊也。"(《告子上》)又説:"牛山之木嘗美矣,以其郊於大國也,斧斤伐之,可以爲美乎? 是其日夜之所息,雨露之所潤,非無萌蘖之生焉,牛羊又從而牧之,是以若彼濯濯也。人見其濯濯也,以爲未嘗有材焉,此豈山之性也哉? 雖存乎人者,豈無仁義之心哉? 其所以放其良心者,亦猶斧斤之於木也。旦旦而伐之,可以爲美乎? 其日夜之所息,平旦之氣,其好惡與人相近也者幾希。則其旦晝之所爲有梏亡之矣。梏之反覆,則其夜氣不足以存。夜氣不足以存,則其違禽獸不遠矣。人見其禽獸也,而以爲未嘗有材焉者,是豈人之情也哉? 故苟得其養，無物不長；苟失其養，無物不消。"(《告子上》)又説："西子蒙不潔則人皆掩鼻而過之。雖有惡人齋戒沐浴，則可以祀上帝。"(《離婁下》)又説："凡有四端於我者，知皆擴而充之矣。若火之始然，泉之始達。苟能充之，足以保四海；苟不充之，不足以事父母。"(《公孫丑上》)孟子的這種説法與道家不同。道家雖然也説："專氣致柔能嬰兒乎？"(《老子》十章)"含德之厚，比於赤子。"(《老子》十五章)但是他認爲在認識上，赤子之心是起點，同時也是終點。人們不需要在赤子的基礎上更前進一步。例如老子説："絶學無憂。"(二十章)"絶聖棄智，民利百倍。"(十九章)就是證明。而孟子則認爲"赤子之心"祇是人的認識的起點或根據。另一方面孟子這種觀點也與荀子不同，荀子過分强調外部條件的作用，而不承認内因是變化的依據，外因必須通過内因而起作用。所以他有人性惡的主張。看來老子與荀子對於人的認識的看法都有很大的片面性，不如孟子的主張接近於真理。

(3)意義和作用

孟子把心性問題提到一個非常重要的地位來考察，其原因：

a. 認爲人的思想認識能指導實踐。例如他説："生於其心，害於其政，發於其政，害於其事，聖人復起，必從吾言矣。"(《公孫丑上》,《滕文公下》作："作於其心，害於其事，作於其事，害於其政，聖人復起，不易吾言矣。")是其證明。

b. 認爲"心之官"與"耳目之官"二者作用不同。一人之身有小體大體之分。例如，《告子上》載："公都子問曰：'鈞是人也，或爲大人，或爲小人，何也？'孟子曰：'從其大體爲大人，從其小體爲小人。'曰：'鈞是人也，或從其大體，或從其小體，何也？曰：'耳目之官不思而蔽於物，物交物則引之而已矣。心之官則思，思則得之，不思則不得也。此天之所與我者。先立乎其大者，則其小者，不能奪也。'"

（4）簡評

a. 不能把孟子性善論理解爲唯心論，除了在前面談到特點的時候，已涉及這個問題以外，還表現在：

（a）孟子認爲：“民之爲道也，有恒産者，有恒心。無恒産者，無恒心。”（《滕文公上》，亦見《梁惠王上》，原文爲“無恒産而有恒心者，惟士爲能。若民則無恒産，因無恒心。”）這個觀點肯定説是唯物論的觀點。

（b）孟子自述“不動心”是“知言”和“養浩然之氣”的結果。談到“知言”的時候，他説：“詖辭知其所蔽，淫辭知其所陷，邪辭知其所離，遯辭知其所窮。”（《公孫丑上》）就文字來説，當然祇限於言辭即學説或理論。意思説他既能識別各種不同錯誤言論的性質，又能洞察産生這些錯誤的原因。但是就它的意義來説，則實包括對於全部客觀事物的認識。孟子的“不動心”是以“知言”爲一個必要的前提條件，這足以説明他不是唯心論。其次，孟子的“不動心”，還有一個必要的前提條件，即“養氣”。孟子對於他的所謂“浩然之氣”如何養法，也曾作過比較詳細的説明，即“其爲氣也，至大至剛。以直養而無害則塞於天地之間。其爲氣也，配義與道，無是餒也。是集義所生者，非義襲而取之也。行有不慊於心則餒矣也”（《公孫丑上》）。大意是説，這種“浩然之氣”的養法，從積極的方面來説，要“以直養”；從消極的方面來説，要“而無害”。什麽叫做“以直養”呢？“以直養”是從内部根據這個角度來看問題的。孟子認爲養應該就原來本有的東西而加以發展。這就叫做“以直養”。“而無害”是從外部條件這個角度來看問題的。比如，大豆種在田地上，是可以長得很好。但是如果生蟲而遭遇到冰雹霜凍，或人畜踐踏，也是長不好的。所以，光有“以直養”還不夠，必須更注意“而無害”。“其爲氣也，配義與道”是説這個氣的本質特點。“是集義所生者，非義襲而取之”是説明這種氣的形成，雖然並不是不需要有適當的外部條件，但是要瞭解它決不是從外部一次輸送進來的，而是從内部逐漸地成長起來的。孟子的"不動心"是以"知言"、"養氣"爲必要的前提條件,這種觀點也是唯物的而不是唯心的。

b. 志與氣的關係。孟子認爲,"志,氣之帥也。氣,體之充也"。"志至焉,氣次焉。"同時又認爲"志壹則動氣,氣壹則動志",這種觀點是正確的。"志,氣之帥也。氣,體之充也"是承認志與氣的矛盾,志是主要的,起決定作用的方面。但在一定的條件下,氣也可以起決定作用。這種觀點,無疑是正確的。

c. 孟子使用善這個概念來說明人性的特征,是有缺點並且是不妥當的。因爲善惡問題屬於人的社會性一方面的事情,而他所要說明的則屬於人的自然性一方面的事情。人的社會性亦即階級性可以用善惡字樣來表述,儘管這個善惡的標譽準不是絕對的、不變的。而人的自然性則所談的主要是腦的機能,這樣用善惡來表述,顯然是不妥當的。在孟子同時和以後一兩千年中國歷史上長期有人爭論人性問題,始終沒有得到解決。其實,並不在於問題如何困難,而在於問題的提法不對頭,在邏輯上有一條規定叫做"異類不比"(《墨子·經下》)。例如謝靈運說:"天下才共一石。曹子建獨得八斗,我得一斗。自古及今,共用一斗。"(《佩文韻府》卷一三引《南史》)這種提法,從文學要求來說,當然是允許的,而且應該說很好。因爲他說得很形象很具體。但是如果從科學要求來說,則是不能容許的。因爲才不能用斗來一量,一定要認真起來,辨明是八斗或者是七斗,將祇能造成混亂,是不會使問題得到解決。孟子以性善不善言性,正應作如是觀。


6. 孟子的社會分工論

孟子書中有兩處談及社會分工問題:

(1)對於許行的"賢者與民並耕而食"的思想的批判;

(2)回答彭更"士無事而食"的問難。

在這兩處言論中,反映了孟子對於社會分工的看法:

a.認爲分工是社會發展的必然結果，不能人爲地來取消它。

b.認爲“勞心者治人，勞力者治於人。治於人者食人，治人者食於人，天下之通義也”。

c.認爲社會應通功易事，以羨補不足。

d.認爲“物之不齊，物之情也。或相倍蓰，或相什百，或相千萬”“比而同之，是亂天下也”。

e.認爲“食功”非“食志”。

這種觀點基本上是正確的。當然從今天看來，“勞心者治人”的説法是不對的，應當批判的。但在當時的歷史條件下，孟子這種主張不見得比許行的“賢者與民並耕而食”的主張落後。因爲許行的主張不僅事實上行不通，而且是一種倒退思想，不是一種進步思想。

### 7.孟子的民爲貴思想

孟子明白地提出“民爲貴，社稷次之，君爲輕”（《盡心下》）這個看法，無疑是具有進步意義的。在先秦思想家中有這種思想並且把問題提得如此明確，實在是不多見的。這種思想在孟子七篇中到處可以看見，孟子是非常關心人民的。最突出的，如主張“制民之産，必使仰足以事父母，俯足以畜妻子，樂歲終身飽，凶年不免於死亡”（《梁惠王上》），主張“與民同樂”説：“樂民之樂者，民亦樂其樂。憂民之憂者，民亦憂其憂。”（《梁惠王上》）滕文公問爲國，孟子説：“民事不可緩也。”（《滕文公上》）又如認爲：“桀紂之失天下也，失其民也。失其民者，失其心也。得天下有道，得其民，斯得天下矣。得其民有道，得其心，斯得民矣。得其心有道，所欲與之聚之，所惡勿施爾也。民之歸仁，猶水之下，獸之走壙也。”（《離婁上》）不過要知道，儘管孟子如此關心人民，但不能證明孟子是革命派，因爲他所信仰和所執行的政治路線是保守的，目的是維護奴隸制度的社會秩序的，所以，他雖然有好心腸，祇能是空想而不能變成現實。

8. 孟子書中所言"誠"的問題

近年來有人把孟子書中所言"誠"的問題，看作是唯心論觀點的證據。這種看法，我們不同意。恰恰相反，我們認爲這是唯物論觀點的反映。

（1）孟子説："誠身有道，不明乎善不誠乎身矣。"（《離婁上》）"誠身"以"明善"爲前提，這能説是唯心論嗎？

（2）孟子説："誠者，天之道也。思誠者，人之道也。至誠而不動者，未之有也。不誠未有能動者也。"（《離婁上》）根據"中庸"的説法"誠者物之終始，不誠無物"我們怎能得出"誠"是唯心論的結論呢？ 儒家這個"誠"字，正同道家的"無"字，有同等重要意義。因爲在這裏反映了他們兩家對於宇宙根源的看法，把認爲宇宙根源是"虛無"的斷爲唯物論。而把認爲宇宙根源是"實有"的斷爲唯心論。不管怎樣，這種看法，我們是不能信服的。

（3）荀子説："君子養心，莫善於誠。致誠則無他事矣。惟仁之爲守，惟義之爲行。誠心守仁則形。形則神。神則能化矣。誠心行義則理，理則明。明則能變矣。變化代興，謂之天德。天不言而人推高焉。地不言而人推厚焉。四時不言，而百姓期焉。夫此有常，以至其誠者也。君子至德，嘿然而喻。未施而來，不怒而威。夫此順命，以慎其獨者也。善之爲道者，不誠則不獨，不獨則不形，不形則雖作於心，見於色，出於言，民猶未從也。雖從必疑。天地爲大矣，不誠則不能化萬物。聖人爲知矣，不誠則不能化萬民。"（《不苟》）荀子這種説法，同孟子説法有什麼區別？ 同"中庸"説法有什麼區別？ 爲什麼近人把荀子説成唯物論的頂峰，而把孟子説成是唯心論呢？

9. 孟子的讀書法

孟子説："盡信書則不如無書。"（《盡心下》）又説："説《詩》者，不以文害辭，不以辭害志。以意逆志，是爲得之。"(《萬章上》)又説"否！此非君子之言，齊東野人之語也。"(《萬章上》)又説："頌其詩，讀其書，不知其人可乎？是以論其世也。"(《萬章下》)這種讀書法的精神是可取的。他教導人們讀書不應迷信古人，而要動腦筋，獨立地進行思考，無疑這是對的。當然在他具體運用這種方法的時候並不是没有問題。例如他説："吾於《武成》取二三策而已矣。仁人無敵於天下。以至仁伐至不仁，而何其血之流杵也？"(《盡心下》)這就有問題。因爲他的立論前提的"仁人無敵於天下"以及"至仁"、"至不仁"等等，這些判斷還有待於證明。根據這個前提所作出的結論當然是靠不住的。不過，他的錯誤並不是發生在一般的方法上，而是發生在具體的邏輯推理上。應該説，他的讀書法還是可以肯定的。

　　　　　　　　　　(此稿從未發表，據 1964 年油印稿整理)

# 關於荀子的幾個問題

　　荀子生於戰國末期。這個時期，中國奴隸制向封建制轉化的整個過程將近完結，社會主要矛盾，舊的奴隸主階級與新的地主階級，正進行最後搏鬥。在學術思想上，從總的傾向來説，代表舊的奴隸主階級的是儒家，代表新的地主階級的是法家。表現於政治上的具體主張，簡單説，前者的主張是：維護井田制、保留大小封君、强調禮的重要性和合理性，總起來説，即要求"復古"，行"周道"；後者則與此相反，主張廢除井田制（允許土地自由買賣）和分封制（改爲郡縣制）、强調法的作用，總起來説，是要求變革，變爲一個專制主義中央集權、秦始皇式的大帝國。後來的"焚書坑儒"慘劇，就是這一矛盾發展達到了極端尖鋭程度的表現。[①] 荀子是這個時期的一個偉大的學者和思想家。他在哲學、政治、經濟、文化、教育和軍事等各方面都有專門論述，提出了很多精到的、具有較大學術價值的見解。他是一個唯物主義的思想家。但是，他在政治上是不是進步的、代表新的地主階級的利益和要求呢！他與宋尹學派有無關係？他是否"爲法家的一位先導者"？這幾點我的答覆則是否定的。下面特就這幾個問題談談我的看法。

## 一、荀子的政治主張代表當時哪一個階級的利益和要求

　　目前學術界有人説："荀子是新興的統治者——封建地主階級

---

　　① 詳見拙著《中國奴隸社會的幾個問題》，中華書局，1962 年，第 103～107 頁。

利益的擁護者。"①這種説法，我看不一定妥當。因爲在荀子的著作裏，有很多這樣言論，例如：

仲尼之門人，五尺之豎子，言羞稱乎五伯。(《仲尼》)

王者之制，道不過三代，法不貳後王，道過三代謂之蕩，法貳後王謂之不雅。衣服有制，宮室有度，人徒有數，喪祭械用皆有等宜。聲則凡非雅聲者舉廢，色則凡非舊文者舉息，械用則凡非舊器者舉毀。夫是之謂復古，是王者之制也。(《王制》)

故人道莫不有辨，辨莫大於分，分莫大於禮，禮莫大於聖王。聖王有百，吾孰法焉？(故)曰：文久而息，節族久而絶，守法數之有司極(禮)而褫。故曰：欲觀聖王之迹，則於其粲然者矣，後王是也。彼後王者，天下之君也。舍後王而道上古，譬之是猶舍己之君而事人之君也，故曰：欲觀千歲，則審今日；欲知億萬，則審一二；欲知上世，則審周道；欲知周道，則審其人所貴君子。故曰：以近知遠，以一知萬，以微知明，此之謂也。(《非相》)

儒者法先王，隆禮義，謹乎臣子而致貴其上者也。(《儒效》)

先王之道，仁之隆也，比中而行之。曷謂中？曰：禮義是也。道者，非天之道，非地之道，人之所以道也。君子之所道也。(同上)

禮者，貴賤有等，長幼有差，貧富輕重皆有稱者也。故天子袾裷衣冕，諸侯玄裷衣冕，大夫裨冕，士皮弁服。德必稱位，位必稱祿，祿必稱用。由士以上，則必以禮樂節之，衆庶百姓，則必以法數制之。(《富國》)

① 《中國哲學史講授提綱》，見《新建設》1957年第6期，第67頁。

故曰：君子以德，小人以力。力者，德之役也。（富國）

傳曰：農分田而耕，賈分貨而販，百工分事而勸，士大夫分職而聽，建國諸侯之君分土而守，三公摠方而議，則天子共已而已矣。（《王霸》）

故有天下者事七世，有一國者事五世，有五乘之地事三世，有三乘之地者事二世，持手而食者不得立宗廟。（《禮論》）

由上述這些言論裏可以看出什麼問題呢？可以看出荀子的政治主張是"法後王"、行"周道"、"復古"。即他是舊的奴隸制度的擁護者，而不是"新興的統治者——封建地主階級利益的擁護者"。在他的全部言論裏，所最強調的是"隆禮義"。"隆禮義"表現於經濟、政治以及道德上的具體內容，即所謂"農分田而耕"，"賈分貨而販，百工分事而勸，士大夫分職而聽，建國諸侯之君分土而守"、"由士以上則必以禮樂節之，衆庶百姓則必以法數制之。"這就是說：在經濟上，農、工、商一律是依靠'分田'、"分貨"、"分事"過活，即替奴隸主工作。農、工、商自身對於"田"、"貨"、"事"並沒有所有權，不能自由支配，——例如買賣或轉讓等等，其所有權屬於奴隸主。在政治上，依然實行分封制。在統治階級內部，依照所有土地多寡，——例如"有天下"、"有一國"、"有五乘之地"等等，建立起一整套硬化的、嚴格的等級制度。至被統治階級則須遵守"力者，德之役"的原則，沒有參預政治的機會。所謂"由士以上則必以禮樂節之，衆庶百姓則必以法數制之"，實際就是"禮不下庶人，刑不上大夫"的另一種說法。荀子所描繪的這種圖案，難道能說是封建社會嗎？所謂"農分田而耕"毫無疑義，必須實行井田制，這樣，連地主階級都沒有產生的可能，又怎說"荀子是封建地主階級利益的擁護者"呢？

可能有人說，荀子主張"法後王"裏邊有進步意義。我認爲這

是一種誤解。實際荀子所說的"後王"，就其所代表的社會制度來
說，完全與他所說的"先王"相同。所不同的祇在於他認爲"文久而
滅，節族久而絶"，即比較起來，先王之迹不如後王之迹爲詳明罷
了。應該知道，在哲學思想上，如郭沫若同志所說，荀子"是一種循
環論"①。荀子認爲"欲觀千歲，則審今日……欲知上世，則審周
道"。當時有人正確地指出"古今異情，其以治禮者異道"（《非
相》），卻被荀子指爲"妄人"，而猛烈地加以攻擊，就是最明顯的證
據。所以，荀子所說的"先王"、"後王"、"周道"三詞，並没有本質上
差别。劉台拱說："'後王'謂文武也"，這個解釋實至當不可移易，
俞樾以爲不然，就是誤解了"後王"的意義（劉、俞說見王先謙《荀子
集解·非相》篇）。

## 二、荀子與宋尹學派的關係

　　近年來由於郭沫若同志發表了《宋鈃尹文遺著考》，②論證《管
子》中的《心術》、《白心》、《内業》等篇爲稷下黄老學派宋尹的遺著，
並説荀子"關於心的見解，主要是由宋鈃的《心術》承受過來的"。③
還由於侯外廬、趙紀彬、杜國庠等同志合著《中國思想通史》第一
卷，在論述宋尹和孟荀思想時，完全接受了郭沫若同志的觀點。杜
國庠同志更根據郭説寫了《荀子從宋尹黄老學派接受了什麼？》一
篇論文，④在學術界遂造成很大影響，幾乎普遍認爲這已經是鐵案
不可動摇了。其實，這個論點還有可以商討之處，不能視爲定論。
　　第一，郭沫若同志斷言《白心》、《心術》爲宋、尹遺著，主要是以
《莊子·天下》的"以此白心"和"語心之容，命之曰心之行"二語爲

---

① 《十批判書·荀子的批判》。
② 《青銅時代》，人民出版社，1954 年，第 245～271 頁。
③ 《十批判書》，新文藝出版社，1952 年，第 227 頁。
④ 《先秦諸子的若干研究》，三聯書店，1955 年，第 97～125 頁。

根據的。我們如果細繹《莊子》原文，就不難看到這個根據是薄弱的。因爲"以此白心"在原文裏，十分明顯，所談的對象爲"古之道術"。"白心"二字不能作爲篇名來理解。退一步講，"白心"二字可以理解爲篇名，那麼，這個著作也應是老早就有的東西，宋鈃、尹文不過是"聞其風而悦之"罷了，怎能説是他們二人的著作呢？客觀事物是非常複雜的，常有名同實異或名異實同的現象。正因爲這樣，所以古人最重循名覆實，而今日我們研究問題，也切忌表面性，而貴能認識事物的本質。因此，看見《管子》中有《白心》篇，《莊子》中也有"白心"二字，便斷言二者是同一的東西，這是很危險的。孔子講"正名"，不妨《荀子》和《吕氏春秋》二書中也有《正名》一篇。《詩經》中篇目以"柏舟"、"谷風"、"甫田"、"黄鳥"爲名的就都不止一篇。這種例子極多，不煩列舉。當然，郭沫若同志説過："《白心》篇的内容也大抵都是不累不飾不苟不忮的這一些主張。"[①]又説："假使我們還須得更進一步，把篇中的要諦和莊子所撮述的大意比較一下的話，那也是很容易的事。"[②]不過，我們曾就郭沫若同志所作出的幾條比較來看，實在看不出二者有什麼一致的地方。至於"心之行"同《心術》篇二者，連形式上都没有看到一致，硬要把它們聯繫在一起，説成是同一的東西，力量就顯得更薄弱了。

　　第二，"情慾寡淺"、"見侮不辱"、"禁攻寢兵"三者爲宋尹學派立論的核心，此可從《莊子》、《荀子》、《韓非子》、《吕氏春秋》諸書中大多得到證明而無疑者。可是在《管子·心術》等四篇中卻偏偏看不到談這些東西，所看到的都是道家言論，間或夾雜有法家的所謂"形名"，難道這不是千真萬確的事實嗎？怎能説這四篇是宋尹的遺著呢？

　　根據上述的兩點説明，可見説《管子》中《心術》等四篇爲宋尹

---

① 《青銅時代》，人民出版社，1954年，第250～251頁。

② 同上，第265頁。

遺著是十分牽强，不足信據的。

又，荀子在《解蔽》篇裏所講的"虛壹而静"，無疑這是吸收了當時道家學説中有益的部分。但是必須認清，荀子並不是把它原封不動的拿過來應用，而是已經從根本上給以改造了。這個改造，乃是把原來道家唯心論的東西，改造爲唯物論，而不是如某些人所説那樣，荀子的唯物論是受了道家自然的天道觀的影響。又，所謂道家學説主要指《老子》而言，至《管子》中《心術》等四篇，基本上是發揮老子的觀點。四篇作於何人、何時？還有待於研究。説荀子關於心的見解是從《管子》中《心術》等四篇的作者那裏接受過來的，或者更具體些説是從宋鈃那裏接受過來的，這都是鑿空之論，不足信據的。

荀子説：

> 人何以知道？曰：心。心何以知？曰：虛壹而静。心未嘗不臧也，然而有所謂虛；心未嘗不兩也，然而有所謂一；心未嘗不動也，然而有所謂静。人生而有知，知而有志，志也者，臧也。然而有所謂虛，不以所已臧害所將受，謂之虛。心生而有知，知而有異，異也者同時兼知之，同時兼知之，兩也。然而有所謂一，不以夫一害此一，謂之壹。心，臥則夢，偷則自行，使之則謀。故心未嘗不動也，然而有所謂静，不以夢劇亂知，謂之静。（《解蔽》）

就上述這段言論加以分析，就可以看到荀子所説的"虛壹而静"是在肯定了"臧"、"兩"和"動"的前提下而提出來的。所以"虛壹而静"在荀子思想中祇作爲一種認識的方法而存在，而不是用它來説明他對哲學上基本問題的看法。這與老子的觀點根本不同。老子説："致虛極、守静篤"，説："載營魄抱一，能無離乎"，則不僅是方法上的問題，實反映他對哲學基本問題的看法。老子主張"無爲"、"日損"、"塞兑"、"閉門"，意思是説"臧"、"兩"和"動"都是要不得的東西,有了它們就使"虛"、"一"、"靜"受到妨害。而荀子則不然。荀子主張"隆積"、"博學"、"由禮"、"得師",即他不但不反對"臧"、"兩"和"動",相反卻認爲人們的認識依賴於"臧"、"兩"和"動",亦即依賴於學習和社會實踐。因此,荀子所説的"虛壹而靜"所要求的祇限於"不以所已臧害所將受"、"不以夫一害此一"、"不以夢劇亂知",即祇在特定的場合下,要求能做到客觀、專心而已,它與老子所要求的"虛極"、"靜篤"、"抱一無離",有本質上差別。看不到這個差別而把二者並爲一談,是不對的。至於把荀子的唯物論觀點説成是受了道家自然的天道觀的影響,則更是莫大的錯誤。

## 三、荀子和韓非的思想關係
### ——禮和法的關係

郭沫若同志説荀子"可以稱爲雜家的祖宗"①。杜國庠同志更寫了《荀子從宋尹黄老學派接受了什麽?》和《中國古代由禮到法的思想變遷》(均見《先秦諸子的若干研究》)兩篇文章,論證了荀子與宋尹和韓非諸氏在某些主要的學術見解之間的繼承關係。關於荀子與宋尹學派的關係問題已詳上文,兹祇談荀子和韓非的思想關係。②

杜國庠同志説:"我們在荀子的思想中,就可看出由禮到法的發展的痕迹。這是歷史發展的反映。所以韓非雖事荀卿傳其學,卻一轉而爲法家的集大成者,不是偶然的。"③我認爲這種看法是不正確的。

儒家和法家是先秦兩個學派的名稱。兩個學派的政治觀點是

---

① 《十批判書》,新文藝出版社,1952年,第217頁。
② "荀子和韓非的思想關係"原爲杜國庠同志《中國古代由禮到法的思想變遷》一文的副標題。
③ 《先秦諸子的若干研究》,三聯書店,1955年,第126頁。

互相對立的。這個政治觀點的對立,實質上是階級利益對立的反映。前者所代表的基本上是奴隸主階級的利益,後者所代表的基本上是地主階級的利益。大體上説,奴隸社會的特點表現於思想上是所謂"禮不下庶人,刑不上大夫"(《禮記·曲禮上》)。亦即荀子所説的"由士以上則必以禮樂節之,衆庶百姓則必以法數制之"(《富國》)。説得明白點,即利用"禮"來調整統治階級内部相互間的關係,利用"刑"來保持統治階級與被統治階級之間的關係。儒家的特點,在政治上則突出地强調"禮"的方面,例如,孔子説:

> 道之以政,齊之以刑,民免而無恥;道之以德,齊之以禮,有恥且格。(《論語·爲政》)

這段話的實質,是主張把原來衹實行於統治階級内部的"禮",推廣之也應用於處理統治階級與被統治階級之間的關係。這種主張顯然同他的"貴仁"和"有教無類"的觀點是一致的,而法家的特點,則與儒家相反,所强調的,則是"刑"的方面。司馬談曾經正確地概括過法家的特點,説:

> 法家不別親疏,不殊貴賤,一斷於法。(《史記·自序》)

細繹這段話,也可以看出法家實際是主張把原來對待被統治階級所用的"刑"推廣應用於統治階級内部。儒法二家各自就原來社會本有的東西發展一個方面,而方向相反。比較起來,儒家是温和的,有好心腸,很想通過"齊之以禮"的辦法來改變當時被統治階級的政治地位。但是歷史條件決定它不能實現這個美好的願望。因爲"禮"是什麼? 它是從古代氏族社會中留傳下來的,并且經過奴隸社會改造過的一種道德軌範。將要到來的代替奴隸社會的社會肯定是不會依靠它作爲主要的調整社會秩序的工具的。相形之下,法家是冷酷的,不大買一些特權分子的賬,想用"一斷於法"的辦法在一定範圍内和一定程度上來拉平當時庶人與大夫之間的不平等關係。當然,這種想法也不能徹底實現,但是,借此來推翻舊的奴隸主階級的特權,提高新的地主階級的政治地位,則是符合歷史發展規律的。從儒法二家所代表的階級來說,儘管儒家對當時的庶人有某些同情之點,不能說沒有進步性,但是,它的屁股還是坐在奴隸主階級的椅子上,它所代表的依然是舊的奴隸主階級的利益。至法家則不然,它明顯地代表着新的地主階級的利益。正因爲這樣,儒家的"禮"同法家的"法"是根本對立、不可調和的。杜國庠同志説荀子"爲法家的一位先導者——替韓非奠好了法術理論的基礎"。[①] 這是與當時實際情況不符的。下面復舉例就荀、韓在許多重大問題的看法上的不同加以説明。

1. 荀子説:

夫妄人曰:"古今異情,其以治禮者異道",而衆人惑焉。(《非相》)

我們試想當時什麽人認爲"古今異情,其以治禮者異道"? 這不正是法家嗎? 商鞅説過:

三代不同禮而王,五伯不同法而霸。

又説:

治世不一道,便國不法古,故湯武不循古而王,夏殷不易禮而亡。反古者不可非,而循禮者不足多。(以上俱見《史記·商君列傳》)

韓非子也説過:

是以聖人不期修古,不法常可,論世之事,因爲之備。(《五蠹》)

---

① 《先秦諸子的若干研究》,三聯書店,1955年,第126頁。

這些言論與荀子所轉述的不正是完全一致嗎？但荀子斥之爲"妄人"，證明荀子與韓非二人對歷史的看法實有重大分歧，即前者是循環論者，而後者則是進化論者。因此，不能説他們之間有繼承關係。

2.荀子説：

> 世俗之爲説者曰："主道利周。"是不然。主者民之唱也，上者下之儀也。彼將聽唱而應，視儀而動。唱默則民無應也，儀隱則下無動也。不應不動，則上下無以相有也。若是則與無上同也，不祥莫大焉。（《正論》）

實際荀子在這段文字裏所提到的"主道利周"，正是韓非子所有的主張。韓非子曾明白地説過：

> 明主其務在周密。是以喜見則德償（償原作"償"，兹依顧廣圻校改），怒見則威分。（《八經》）

又説：

> 故曰：君無見其所欲。君見其所欲，臣將自雕琢。君無見其意。君見其意，臣將自表異。故曰：去好去惡，臣乃見素；去舊去智，臣乃自備。（《主道》）

可見荀、韓二人在對"主道"的看法也是根本對立的。

3.荀子説：

> 有亂臣，無禮國；有治人，無治法。羿之法非亡也，而羿不世中，禹之法猶存，而夏不世王。故法不能獨立，類不能自行，得其人則存，失其人則亡。法者治之端也，君子者治之原也。（《君道》）

又説：

> 故有良法而禮者有之矣，有君子而亂者，自古及今，

未嘗聞也。傳曰："治生乎君子,亂生乎小人。"此之謂也。
(《王制》,亦見《致士》)

而韓非子的主張恰恰與此相反,例如他說:

> 國無常強,無常弱,奉法者強則國強,奉法者弱則國
> 弱。(《有度》)

又說:

> 故明主使法擇人,不自舉也;使法量功,不自度也。
> 能者不可蔽,敗者不可飾,譽者不能進,非者不能退,則君
> 臣之間,明辯而易治。(同上)

又說:

> 釋法術而任心治,堯不能正一國;去規矩而妄意度,
> 奚仲不能成一輪;廢尺寸而差短長,王爾不能半中。使中
> 主守法術,拙匠執規矩尺寸,則萬不失矣。君人者,能去
> 賢巧之所不能,守中拙之所萬不失,則人力盡而功名立。
> (《用人》)

把上述荀、韓二人的言論互相對照,就可以明顯地看出荀子是
側重人治一方面,而韓非子則側重法治一方面,二人的主張實根本
對立。

綜觀上文所述,可以十分肯定地說,荀子是儒家,韓非子是法
家,二人的學術觀點和政治主張實根本對立,這種對立是兩個不同
的階級對立的反映。當然,這不等於說儒法兩家之間絕對沒有互
相影響互相吸取的東西,顯然荀子是韓非子的老師,從文化知識來
說韓非子就肯定是從荀子那裏接受過來的。不過,我們所說的繼
承、發展的關係,並不是指這些東西而言。平心而論,韓非子的學
術現點,直接地繼承了商鞅的法和申不害的術,間接地與老子的無
爲、自然學說也有某些聯繫;至與儒家的仁義、禮樂等觀點,則不僅

没有繼承關係，簡直是如水火不相容。所以，杜國庠同志所斷言的荀子"爲法家的一位先導者——替韓非奠好了法術理論的基礎"以及"在荀子的思想中，就可以看出由禮到法的發展的痕迹"，等等説法是不能成立的。

（《吉林大學社會科學學報》1962 年第 3 期）

# 論　儒　法

本文不準備全面地談，祇提出四個比較重要的問題談一談。目的在於從根本上批判"四人幫"關於儒法鬥爭的謬論，使若干被搞亂了的歷史問題得以澄清。

## 一、儒家和法家名稱的由來

儒家這個"儒"字是什麼意思？過去有人專門寫過《原儒》、《説儒》，其實都沒有説到是處。大抵周時，至晚春秋時，奴隸主貴族教育有六德、六行、六藝等科目。六德爲智、仁、聖、義、忠、和，六行爲孝、友、睦、姻、任、恤，六藝爲禮、樂、射、御、書、數。六德、六行也總稱德行，六藝也總稱道藝。長於德行的稱爲賢，長於道藝的稱爲能（見《周禮·地官·大司徒》和《鄉大夫》）。《周禮·天官·太宰》"以九兩繫邦國之民"下有"三曰師，以賢得民；四曰儒，以道得民"。鄭玄注説："師，有德行以教民者；儒，有六藝以教民者。"這個解釋是正確的。拿今天的學校教育作比喻，教政治的老師是師，教業務的老師是儒。孔丘是用六藝教人的，所以享有儒名。司馬談《論六家要指》説："夫儒者，以六藝爲法。"《漢書·藝文志》説："儒家明教化，游文於六經之中。"可爲儒家的儒來源於"有六藝以教民者"的確證。

必須指出，作爲教六藝的儒來説，早已存在，不自孔丘始。作爲一個學派的名稱——儒家，則自孔丘始，孔丘以前沒有儒家。儒和儒家二者之間儘管有聯繫，不應並爲一談。稱爲儒家就不僅僅是教六藝的，而是由老師、門徒和具有相同觀點的人所形成的一個集團。在這個集團以內的，實際上是有理論，有行動綱領，有政治目的，代表没落奴隸主階級利益，在歷史舞臺上進行鬥爭的一些人。

同樣，法和法家雖然有聯繫，也不是一回事。從歷史來看，古時，法和刑是同一的概念。例如，《尚書·吕刑》說：“蚩尤惟始作亂……惟作五虐之刑，曰法。”《左傳》昭公六年說：“夏有亂政，而作禹刑；商有亂政，而作湯刑；周有亂政，而作九刑。”這些所謂刑也可稱爲法。《左傳》昭公七年所說的“周文王之法”實際上也就是周文王之刑。不過，嚴格說來，法家的法同古時的法是有區別的。這個區別不在於它的名稱，而在於它的實質。公元前 536 年，鄭鑄刑書，應看作是由古時的法向法家的法過渡的轉折點。法家的法和古時的法的顯著差別在哪裏呢？就在於前者公佈而後者不公佈。《韓非子·難三》說：“法者，編著之圖籍，設之於官府，而佈之於百姓者也。”這個說明實正確地指出了法家的法的重要特點。鄭鑄刑書，晉叔向給鄭子產寫信拚命反對（見《左傳》昭公六年）。他所反對的，正是刑書要公佈這一點。前此不公佈，奴隸主對奴隸可以任意處刑，奴隸没有說話餘地。那時，奴隸主的權利是無限的，而奴隸則毫無權利。即所謂“刑不上大夫，禮不下庶人”（見《禮記·曲禮上》）。庶人以下實際就是奴隸。後來刑書公佈了，奴隸主對奴隸處罰的權利受到一定的限制。儘管這種限制在當時還很微小，但意義卻非常重大。

正是因爲這樣，所以，叔向看到鄭鑄刑書就好像大禍臨頭一樣，立刻用全力去爭。因爲鑄刑書預兆奴隸主階級末日快要到來。以後，於公元前 513 年，晉范鞅、荀寅鑄刑鼎（見《左傳》昭公二十九年），公元前 501 年，鄭駟歂殺鄧析而用其竹刑（見《左傳》定公九年），這一新生事物果然蓬勃發展起來。

　　子產、范軹、鄧析制定了法家的法，那末，他們都是法家了？不能這樣說。法家是一個學派的名稱。它同儒家一樣，也是由老師、門徒和具有相同觀點的人所形成的一個集團。在這個集團以內的，實際上是有理論、有行動綱領、有政治目的、代表新興地主階級利益、在歷史舞臺上進行鬥爭的一些人。

## 二、劃分儒法兩家的標準

　　反黨黑幫頭頭江青、姚文元都曾擺出一副"權威"架勢，厚顏無恥地在大庭廣衆中，講過儒法鬥爭史。總的是説：法家是愛國主義的，儒家是賣國主義的；法家是維護統一的，儒家是主張分裂的；法家是唯物的，儒家是唯心的；法家是前進的，儒家是倒退的，等等。這不但違反辯證法，把一些暫時的、歷史的東西説成是永恒的，不變的，而且有些提法根本與歷史事實相抵觸。例如，法家商鞅衛國人，原在魏國工作，而事秦後，首先伐魏；法家李斯楚國人，跑到敵國秦國去當大官，秦始皇滅楚，正是李斯受重任時。這怎能證明法家是愛國主義的呢？相反，《孟子·萬章下》説："孔子之去齊，接淅而行，去魯，曰：'遲遲吾行也。去父母國之道也。'"儒家孔丘對祖國倒是很留戀的。又如，商鞅説秦孝公，顯然是以"霸王之道"作陪襯，正意在"强國之術"。所謂"强國之術"，實際上是要保持現存的割據局面；而孔丘作《春秋》，開宗明義頭一句話——"春王正月"，就包含有"大一統"的意思，這怎能證明法家維護統一，而儒家主張分裂呢？

　　真正成爲劃分儒法兩家的標準的應是：儒家思想是奴隸主階級的政治、經濟的反映，法家思想是地主階級的政治、經濟的反映。在我國由奴隸社會向封建社會轉變的戰國時期，儒家是代表没落的奴隸主階級的利益，執行奴隸制的路綫，走奴隸制的道路的；法家是代表新興的地主階級的利益，執行封建制的路綫，走封建制的道路的。具體說，從思想上看，儒家主張禮治，而法家主張法治。主張禮治，故大力宣傳"親親尊尊"；主張法治，故大力宣傳"不別親疏，不殊貴賤，一斷於法"（《史記·太史公自序》）。宣傳"親親尊尊"的實質是肯定宗法制，爲奴隸主階級的政治制度分封制服務；宣傳"不別親疏，不殊貴賤，一斷於法"的實質是否定宗法制，爲地主階級的政治制度郡縣制服務。從政治上經濟上看，同是生在戰國前期，出頭露面則法家商鞅比儒家孟軻要早一點。商鞅在秦變法，主要是建立郡縣制，廢除井田制（《史記·商君列傳》）；孟軻爲滕謀劃，中心是恢復"世祿"和"井田"（《孟子·滕文公上》）。這兩個人的階級屬性和政治傾向，是多麼鮮明！這不就充分證明勇敢地執行封建制的路綫，走封建制的道路的，是法家；頑固地執行奴隸制的路綫，走奴隸制的道路的，是儒家。前者是代表新興的地主階級利益的，而後者是代表没落的奴隸主階級利益的嗎？

"四人幫"刮了幾年所謂儒法鬥爭妖風，鬧得全國輿論界到處都是烏烟瘴氣，究其實，連什麼是儒家和法家，怎樣區分儒法都不知道，真令人可笑，可憐，又着實可恨！

### 三、春秋時期有没有儒法鬥爭？

我的看法，春秋時期不存在儒法鬥爭，因爲這時法家還没有產生。

春秋時期，總的情況應如孔丘所說，是從"禮樂征伐自諸侯出"開始的。後來變爲"自大夫出"。最後變爲"陪臣執國命"（《論語·季氏》）。奴隸主階級的統治正一步步地由上層向下層轉移。它表明奴隸主階級早先建立起來的寶塔式統治大厦已自上而下逐級倒塌下來。

從經濟制度方面來看，公元前 645 年，晉"作爰田"（《左傳》僖公十五年），公元前 594 年，魯"初稅畝"（《左傳》宣公十五年），公元前 538 年，鄭"作丘賦"(《左傳》昭公四年)，都在不同程度上破壞了井田制。

從政治制度方面來看，作爲分封制對立物的縣，公元前 688 年，在楚國首先出現。① 次年，在秦國出現(《史記·秦本紀》)。《左傳》僖公三十三年(前 627)說：晉襄公"以再命命先茅之縣賞胥臣"，是晉已先此有縣。公元前 538 年，楚薳啓疆說："晉人若喪韓起、楊肸，五卿八大夫輔韓須、楊石，因其十家九縣，長轂九百，其餘四十縣，遺守四千"(《左傳》昭公五年)，證明到春秋後期，作爲嶄新制度的縣，在晉、楚等國的數量已經相當可觀。

從宗法制度方面來看，《左傳》宣公二年說："初，驪姬之亂，詛無畜群公子，自是晉無公族。"驪姬之亂在公元前 656 至前 651 年。《左傳》哀公十七年楚子穀說："觀丁父鄀俘也，武王以爲軍率，是以克州、蓼，服隨、唐，大啓群蠻。彭仲爽申俘也，文王以爲令尹，實縣申、息，朝陳、蔡，封畛於汝。"武王爲楚君在公元前 740 至前 690 年，文王爲楚君在公元前 689 至前 677 年。至於齊桓公之任管仲、寧戚，秦穆公之任蹇叔、百里奚，更是盡人皆知的事實，證明春秋時期，秦、晉、齊、楚幾個發展較快的國家，宗法勢力已大大削弱。

從禮治方面來看，最保守的魯國已出現"季氏八佾舞於庭，三家者以《雍》徹"(《論語·八佾》)，而"臣弑其君者有之，子弑其父者有之"(《孟子·滕文公下》)，在春秋時期各國更是司空見慣。另方面，如上文所述，作爲禮治對立物的法，亦已出現，並迅速發展起來。

總之，春秋時期，隨着奴隸制的衰頹，封建因素確已産生，并且日益發展壯大。但是占統治地位的仍然是奴隸主階級。地主階級

---

① 見洪亮吉《更生齋文甲集·春秋時以大邑爲縣始於楚論》。不過，他說："考楚文王縣申在魯莊公六年。"而《左傳》莊公六年祇言"伐申"，不言"縣申"，不知何據，待考。

正在形成中，並沒有成爲獨立的力量，登上歷史舞臺，與奴隸主階級進行較量。顧炎武説："春秋時猶尊禮重信，而七國則絶不言禮與信矣；春秋時猶宗周王，而七國則不言王矣；春秋時猶嚴祭祀，重聘享，而七國則無其事矣；春秋時猶論宗姓氏族，而七國則無一言及之矣；春秋時猶宴會賦詩，而七國則不聞矣；春秋時猶有赴告策書，而七國則無有矣。"（《日知録·周末風俗》）顧氏舉出六種現象，實質説明一個問題，就是春秋時期奴隸主階級仍然占統治地位。所以，從我國歷史來看，真正解決地主階級和奴隸主階級誰戰勝誰歷史任務的，實爲戰國。戰國這個戰字，就表明這個時期天下大亂，各國國内國外，政治上、經濟上、思想上，都展開生死大搏鬥。而在這個搏鬥中引人注目的，是地主階級和奴隸主階級的階級鬥爭。在思想上則集中表現爲法家和儒家的鬥爭。

由此可見，《漢書·藝文志》法家居首的，爲《李子》（李悝），是對的。有人把少正卯、鄧析乃至管仲也列入法家，是缺乏根據的，不對的。

## 四、秦漢以後的儒法問題

秦始皇統一中國標誌着地主階級和奴隸主階級誰戰勝誰的問題已經解決。"使黔首自實田"表明在經濟上土地個人所有制戰勝了井田制；"分天下以爲三十六郡，郡置守尉監"表明在政治上郡縣制戰勝了分封制；"焚詩書，阬術士"（《史記·儒林列傳》），"以吏爲師"（《史記·秦本紀》），表明在思想上法家思想戰勝了儒家思想。從這時起，中國歷史真正地、有決定意義地跨入了封建社會。清人惲敬説："……是故秦者，古今之界也。自秦以前，朝野上下所行者，皆三代之制也。自秦以後，朝野上下所行者，皆非三代之制也。"（《大雲山房文稿·三代因革論四》）惲敬所説的"三代之制"實際上就是奴隸制，所説的"非三代之制"實際上就是封建制。惲敬生在 1840 年鴉片戰爭以前，當然不懂得馬列主義，但是，他對於中國古代史分期問題所作出的結論，則是可取的。

自封建社會建立之日起，不容置疑，社會主要矛盾，是農民階級和地主階級的矛盾。作爲歷史文化遺産，儒家思想縱然被保存下來，對社會還有某些影響，不能不居於次要地位。因此，中國歷史從秦漢起到 1840 年鴉片戰爭，都是封建社會，亦即都是農民階級和地主階級的階級鬥爭史，決不是什麼"尊儒反法和尊法反儒的鬥爭史"。

"四人幫"及其御用寫作班子梁效、羅思鼎爲了篡黨奪權的需要，卻硬説："秦始皇統一中國，並不意味着鬥爭的結束。從秦王朝建立，一直到西漢王朝滅亡，將近二百五十年中間，儘管奴隸主復辟勢力逐步削弱，但是復辟和反復辟的鬥爭始終沒有間斷。"①又説："在整個封建社會中，始終存在着尊儒反法和尊法反儒的鬥爭，這種鬥爭一直影響到現在。"②不僅如此，他們還狂妄地用這些謬論冒充歷史規律，説"歷史證明，即使是一種剝削制度代替另一種剝削制度的革命，光有一代人的努力也還不行，必須經過幾代人的努力"③開始，是羞羞答答的，用"儘管"、"即使"之類遁辭遮遮掩掩，表明他們還不敢走得太遠。後來竟悍然不顧一切，張春橋公開狂吠：

"不論是封建制代替奴隸制，還是資本主義代替封建主義，都是先奪取政權，再運用政權的力量大規模地改變所有制，鞏固和發展新的所有制。"即毫不掩飾地修正了馬克思主義。

斯大林曾把無產階級革命和資產階級革命的區別歸結爲主要的五點。現將前三點轉録如下。

---

① 梁效：《研究儒法鬥爭的歷史經驗》。
② 同上。
③ 羅思鼎：《論秦漢之際的階級鬥爭》。

（一）資産階級革命通常是在較爲現成的資本主義經濟形式已經具備時開始發生的，這種形式在公開革命以前就已在封建社會内部生長並成熟了；無産階級革命卻是在現成的社會主義經濟形式没有具備或幾乎没有具備時開始發生的。

（二）資産階級革命的基本任務是奪取政權，並使這政權適合於已有的資産階級的經濟；無産階級革命的基本任務卻是在奪取政權以後建設新的社會主義的經濟。

（三）資産階級革命通常是以奪取政權來完成的；對於無産階級革命，奪取政權卻祇是革命的開始，并且政權是用作改造舊經濟和組織新經濟的杠杆。[①]

斯大林在這裏十分清楚地說明：1.資産階級革命的基本任務是奪取政權，而不是建設資産階級的經濟。2.奪取政權對資産階級革命來說，是革命的完成，而不是革命的開始。3.之所以這樣，是因爲資本主義經濟形式在公開革命以前就已在封建社會内部生長並成熟了。而張春橋和梁效、羅思鼎硬把無産階級革命的特徵加在地主階級革命和資産階級革命的頭上，胡説地主階級革命和資産階級革命，奪取政權，革命没有完成，奪取政權後，還要運用政權的力量建設新經濟，明目張膽地同馬克思主義的理論相對抗。真是反動透頂，猖狂已極。

他們篡改馬克思主義理論是爲篡改歷史作準備的。諸如秦末趙高篡權復辟奴隸制，漢初吴楚七國叛亂復辟奴隸制等等一大堆神話，都是以他們的謬論爲依據編造出來的。

現在先談趙高。

《史記》里《秦始皇本紀》、《李斯列傳》和《蒙恬列傳》都談到趙

---

① 《斯大林全集》第8卷，第21~22頁。

高。《史記》裏的趙高，當然也不是好東西。但和梁效、羅思鼎筆下的趙高卻沒有共同之處。兹列五證對照説明如下。

1. 趙高是"諸趙疏遠屬，……世世卑賤"(《史記·蒙恬列傳》)，和趙王没有親密關係。

2. 趙高至秦，趙國還未滅亡。① "痛其國爲秦所滅，誓欲報仇，乃自宫以進"②的説法是好事者所爲，不足爲據。

3. 趙高母在趙國"被刑僇"(《史記·蒙恬列傳》)，不是"因犯秦法而被判處重刑"。③

4. "秦王聞高强力通於獄法，舉以爲中車府令，高即私事公子胡亥，喻之決獄"(《史記·蒙恬列傳》)，不能説趙高"是一個地地道道的儒"。④

5. 趙高立胡亥受重任後，執行的是什麽路綫？這一點很重要，應該搞清楚。據我看，他執行的肯定是一條法家路綫，而不是儒家路綫。證據是，殺大臣李斯、蒙恬、蒙毅等，"公子十二人僇死咸陽市，十公主磔死於杜"，"刑者相半於道，而死人日成積於市，殺人衆者爲忠臣"和"不坐朝廷見大臣，居禁中"(《史記·李斯列傳》)，這些做法都同法家著作《韓非子·八經》説："亂之所生六也：主母、后姫、子姓、弟兄、大臣、顯賢。"《六反》説："重罰者，盜賊也，而悼懼者，良民也。欲治者，奚疑於重刑？"《八經》説"明主其務在周密。是以喜見則德償，⑤怒見則威分。故明主之言，隔塞而不通，周密而不見"等宗旨相一致，而與儒家以"修身、尊賢、親親、敬大臣、體群臣、子庶民、來百工、柔遠人、懷諸侯"爲"九經"(《禮記·中庸》)

―――――――――――

① 據《史記·李斯列傳》説，趙高"幸得以刀筆之文進入秦宫，管事二十餘年"，可以計算出來。

② 羅思鼎：《論秦漢之際的階級鬥爭》。

③ 同上。

④ 同上。

⑤ "償"疑誤，顧廣圻校改"濆"。

的精神背道而馳。

綜上所述，可以看出，歷史上的趙高是一個樣子，而梁效、羅思鼎筆下的趙高卻是另外一個樣子，指鹿爲馬，顛倒是非，"四人幫"和趙高是一路貨色。

漢初，吳楚七國叛亂，是以吳王濞爲首。《史記·吳王濞列傳》祇説"吳有豫章郡銅山。濞則招致天下亡命者，盜鑄錢，煮海水爲鹽，以故無賦，國用富饒"，哪裏有一點復辟奴隸制的影子？ 地方勢力一強大，就要跟中央政權相對抗，就想當皇帝，在中國封建社會是屢見不鮮的。 這是地主階級的本性決定的。 怎能都説成是復辟奴隸制？

不過，有一個問題需要談清楚。 這就是中國封建社會，從兩漢起，在思想領域內，儒家思想總像是居於統治地位，而法家思想反而不占優勢，道理何在呢？ 據我看，原因有兩個：

1. 商鞅、韓非法家本身有缺陷。 商鞅、韓非創造法家理論時，十分重視經濟制度、政治制度和法權制度，無疑是對的。 但對過去歷史長期積累的思想資料，卻不是批判繼承，而是采取了完全否定的態度。 甚至靠行政手段，簡單粗暴地以力服人，結果是壓而不服，反倒給儒家思想留下了擴大影響的餘地。

例如，韓非宣揚"商君教秦孝公燔詩書而明法令"（《韓非子·和氏》），韓非自己也主張"明主之國，無書簡之文，以法爲教；無先王之語，以吏爲師"（《韓非子·五蠹》），就是證明。

馬克思指出過："批判的武器當然不能代替武器的批判，物質力量祇能用物質力量來摧毀。"①依據這個原理，武器的批判同樣也代替不了批判的武器，精神力量也祇能用精神力量來解決。 商鞅、韓非等人由於不懂武器的批判和批判的武器作用不同，而錯誤地用武器的批判去對付儒家和儒家思想，結果，在一個時期裏從形

---

①　《〈黑格爾法哲學批判〉導言》，《馬克思恩格斯選集》第 1 卷，第 9 頁。

式上看似乎是消滅了儒家思想，但隨後不久儒家思想便又廣泛地傳播開來。

2. 封建制和奴隸制二者之間有共性。因此，奴隸制的意識形態有好多不須經過很大的改造，就可以爲地主階級的政治服務。應該看到，儒家思想其中包括很大一部分歷史文化知識。例如"三綱"、"五常"一類的説教對於鞏固地主階級的政權是很有用的。

當然，在整個中國封建社會中，儒家思想和法家思想二者之間仍然存在矛盾，比較起來，仍然有先進、落後之分。但是，對於地主階級來説，二者都是進行統治的工具，都可拿來應用。應用時，視客觀形勢而定，有時二者並用，有時強調其一。當強調儒術時，我們不能就説他是儒家；當強調法治時，我們也不能就説他是法家。

漢高祖劉邦，初時，不好儒，看見來的客人有戴儒冠的，就給解下來往裏小便。後來，當上皇帝，經過魯國，竟用太牢隆重地祭祀儒家祖師爺孔丘。你説他是法家？是儒家？漢武帝劉徹罷黜百家，獨尊儒術，可是受他重任的，卻是張湯、趙禹、杜周一些明法的人，而不是大儒董仲舒、申培、轅固。你説他是法家？是儒家？漢宣帝劉詢對自己兒子講話，索性把他家裏的老底兒都端出來，説："漢家自有制度，本以霸王道雜之，奈何純任德教，用周政乎？"（見《漢書·元帝紀》）意思是儒法並用，儘管以法爲主。你説他是法家？是儒家？可見，儒也好，法也好，在取得政權的地主階級看來，都是進行統治的工具，都可以拿來應用。因此，對封建時代的帝王將相，祇能説某些人會使用儒法這樣兩種工具，某些人不甚會使用儒法這樣兩種工具，不能依他們使用這兩種工具的熟練程度，在他們中間區分誰是儒家誰是法家。

事物有本質，有現象，本質和現象常常是矛盾的。從本質上説，在長期的中國封建社會中，儒法兩種思想到底哪一種思想真正占優勢，居於統治地位呢？據我看，還是法家思想。這不但從漢武帝的輕重安排和漢宣帝的語意可以看得出來，我還可以舉出兩個例子來證明這個問題。第一個是,已被"四人幫"貼上儒家標籤的宋人蘇軾有兩句詩,説"讀書萬卷不讀律,致君堯舜知無術"。[①] 這兩句詩告訴我們一條真理,這就是在中國封建社會想當好政府官吏,不讀律是不行的。第二個是,清人科舉,把八股文叫敲門磚,意思是説,中第以後,當上州縣官,八股文就用不着了,連"詩云"、"子曰"也用不着了,用得着的是另外一套,即法律、文書、檔案。不掌握這些東西,就不能完成兵刑錢穀的任務,就當不好官。這就充分證明,中國封建社會的大多數朝代,真正充任地主階級專政的有力工具的,主要是包括法律在內的一套法家經邦治國之策,而不是儒家的六經。

自戰國魏相李悝著《法經》六篇,商鞅受之相秦,改法爲律,漢興,蕭何以《法經》爲基礎作《律》九章,以後世有增損,一直到清朝編纂成《大清律》。證明集中反映法家思想的法律,實爲封建社會地主階級實行統治的一大法寶。哪一個朝代也沒有拋棄過這件法寶,而祇有不斷加强這件法寶。

我的結論用一句話概括,就是:作爲兩個階級、兩條道路、兩條路綫鬥爭的儒法鬥爭是我國戰國時期特有的現象。在戰國以前或以後都是不存在的。其所以不存在,是因爲當時沒有這樣的歷史條件。

(原載《歷史研究》1977 年第 5 期)

---

① 《戲子由》,見《蘇東坡全集》卷三。

# 從儒家文化的淵源説到現代文明

儒家學派創自孔子，孔子學説的淵源就是儒家文化的淵源。
孔子學説的淵源可以追溯到堯舜。《禮記·中庸》："仲尼祖述堯
舜，憲章文武，上律天時，下襲水土。"這兩句話全面、準確地把孔子
學説的淵源講了出來。"祖述"是繼承，"憲章"是傚法。"律"、"襲"
也是傚法的意思。"祖述堯舜，憲章文武"，是向歷史學習，繼承堯
舜文武以來最優秀的文化遺産。"上律天時，下襲水土"，是向自然
界學習，掌握自然方面的知識和規律。《中庸》這一説法符合孔子
思想的實際。孔子作爲一位偉大的思想家，他的深刻的世界觀和
人生觀正是這樣形成的。其中許多東西至今仍有真理性，在現代
社會主義精神文明建設中仍有意義。爲了證明這一結論的正確，
本文擬舉出"監"、"中"兩個概念、"明人倫"一個命題和《周易》乾坤
兩卦，具體地加以説明。

## 説"監"

監字繁體作監。現在作監視、監督、監察講。在古代，人們使
用這個監字，是指鏡子或者照鏡子。最初没有鏡子，人們用水做鏡
子，所以監字有時也寫作濫。《莊子·則陽》："靈公有妻三人，同濫
而浴。"濫是盛水用以照人的器物，當然也可用以沐浴。發明了銅
鏡子以後，監字旁加個金字，寫作鑑或鑒。寫作監，或者寫作濫、
鑒、鑑，並不一定，如《論語》作監，《莊子》除作濫外，也作鑑。《德充
符》："人莫鑑於流水而鑑於止水。"顯然是説用水作鏡子。不管寫

作哪個字，它的本義都是鏡子或者照鏡子。

　　古人把鏡子和照鏡子這極簡單的日常事物應用到社會人事上，引申出深刻的意義來。這就是站在現實的立場把歷史當作鏡子，加以對照比較。其間含有兩層意思：一是承認現實是由歷史發展來的，現實要繼承歷史；二是繼承必有損益去取，不是原樣照搬，否則發展便無從談起。這是不以人的意志爲轉移的客觀規律。我們的古人認識了這個規律，注意在生活中適應、把握這個規律。我們講傳統，這就是我們的傳統，而且是傳統中極爲優秀的一部分。古人很講究這個，有關的言論很多，比較典型的有《戰國策·趙策一》所載張孟談對趙襄子曰："前事之不忘，後事之師。"《資治通鑑》卷一百九十六記魏徵死，太宗李世民發感慨説："人以銅爲鏡，可以正衣冠；以古爲鏡，可以見興替；以人爲鏡，可以知得失。魏徵没，朕亡一鏡矣"等等。古人重視編寫前朝歷史，積累了二十四史這筆文化財富。司馬光主編一部通史，題名《資治通鑑》，無不出於以古爲鑒的用心。今人更重視歷史的經驗。中國的今天是中國的昨天乃至前天發展的結果，所以我們要建設有中國特色的社會主義，而不是什麼别的社會主義。我們要讓大家瞭解中國的歷史，特别是近代中國的歷史。

　　我們有以古爲鑒的傳統，可以追溯到孔子。監這個概念，這個思想，是孔子學説中的一個重要内容。可惜過去人們研究孔子往往忽略了它。《論語》中鑒衹出現了一次，即《八佾》篇記孔子説："周監於二代，郁郁乎文哉，吾從周。"監即鑒，鏡子或照鏡子。"周監於二代"，周以夏商二代作鏡子，意謂周是照着夏商的樣子發展來的。"郁郁乎文哉"，周禮樂文物郁郁興盛，得自夏商，又勝過夏商。"吾從周"，後代總比前代强，夏商周三代比較，孔子從周不從夏商。因爲夏商的優秀東西，周已繼承下來；周的新的優秀東西，夏商卻没有。

　　孔子對於歷史發展中後代監於前代，繼承前代又超過前代的認識非常深刻，已達到理論化的程度。《論語・爲政》載：“子張問：‘十世可知也？’子曰：‘殷因於夏禮，所損益可知也。周因於殷禮，所損益可知也。其或繼周者，雖百世可知也。’”孔子答子張問“十世可知也”這段話，語意與《八佾》“吾從周”那段話大抵一致，但卻加詳加深，從具體上升到了抽象。此“禮”字是廣義的概念，該括一切政治制度、社會風俗，如《禮記・大傳》言及的親親、尊尊、長長、男女有別和權度量、文章、正朔、服色、徽號、器械、衣服等等。因，承繼。損，減。益，加。孔子說歷史的發展雖百世亦可知，是由於他從夏商周三代的交替中看出了規律性的東西。殷繼承夏，周繼承殷，繼承之中必然有加減損益，而加減損益什麽，要受歷史的制約，不是政治家根據自己的好惡主觀地決定的。

孔子這一深刻思想，可概括爲一個鑒字。它不是孔子的發明創造，是孔子“祖述堯舜，憲章文武”而得來的。《尚書・酒誥》記周公的話：“古人有言曰：‘人無於水監，當於民監。’今唯殷墜厥命，我其可不大監！”周公是西周初的政治家，他說“古人有言曰”，那“古人”至晚是夏殷的人，或者可能更在夏之前。“古人”說以民爲監，殷人不以民爲監，結果失掉政權。周公告誡周人要以殷人不以民爲監因而丟了天下這一歷史教訓爲監。周公的意思還是以前代爲監。

《尚書・召浩》：“我不可不監於有夏，亦不可不監於有殷。”這是與周公同時的召公講的話。與《酒誥》所記周公的話語意相同，祇是思想更爲明白確切，周人要以夏殷二代爲監。《論語・八佾》記載的孔子“周監於二代”一段話顯然與此有關聯。

《詩・大雅・文王》：“殷之未喪師，克配上帝。宜鑒於殷，駿命不易。”師，衆。駿，大。詩作者告誡成王說，當殷尚未喪失衆心之時，能依着客觀的規律行事；至紂王不能順天應人而喪失衆心時，人民就歸向我們。我們要將殷的存亡得失作爲一面鏡子，時刻檢討自己。這條規律是不會改變的。對殷人適用，對我們周人也適用。

同樣含義的詩句在《大雅・蕩》裏也有。它説："殷鑒不遠，在夏后之世。"《韓詩外傳》卷五第十九章引此詩説："鄙語曰：'不知爲吏，視已成事。'或曰：'前車覆而後車不誡，是以後車覆也。'故夏之所以亡者而殷爲之，殷之所以亡者而周爲之。故殷可以鑒於夏，而周可以鑒於殷。《詩》曰：'殷鑒不遠，在夏后之世。'"

《詩》、《書》中關於監的思想後來成爲孔子學説的一部分，又通過儒家學派的傳播，融匯到中華民族的優秀傳統中。

孔子及儒家關於監的思想之具有真理性和現代意義，不成問題會得到大家的認同。在中華民族的傳統文化中事實上存在這一觀念，即以史爲鑒，繼承過去，有損有益。問題在於孔子承傳下來的這一文化精華，被漢代人搞的天人感應、綱常名教和宋代人鼓吹的心性之學給淹没了。今天我們把金子從沙海中發掘出來，讓大家看見它，給它派用場。


## 説"中"

在孔子思想中，"中"概念比"監"更重要，影響更深遠。它在孔子全部學説中處在核心的地位。仁義固然是孔子思想的骨幹，而深層次的、具有決定意義的東西卻是"中"。中這個概念也不是孔子的發明，是堯舜禹時已有的思想，經孔子"祖述"過來加以弘揚光大，成爲我們民族傳統思想文化優秀的一部分。

先看孔子關於"中"説了些什麼。《論語》有哲學意義的"中"凡兩見。一是"中庸之爲德也，其至矣乎，民鮮久矣"（《雍也》）；一是"堯曰：'咨爾舜，天之曆數在爾躬'，'允執其中，四海困窮，天禄永終'。舜亦以命禹"（《堯曰》）。《禮記・中庸》是孔子之孫子思作，篇中記孔子説："君子之中庸也，君子而時中；小人之中庸也，小人而無忌憚也。""天下國家可均也，爵禄可辭也，白刃可蹈也，中庸不可能也。”“舜其大知也與。舜好問而好察邇言，隱惡而揚善，執其兩端，用其中於民，其斯以爲舜乎。”中庸也就是中。孔子這些言論大抵説出兩個意思，一講“中”的淵源，一講“中”的含義和難能。

先説孔子對“中”的含義的理解。爲了弄清這個問題，須更先議論一下孔子何以如此強調“中”之難能，甚至斷言一個人舍去利禄乃至生命並不難，而做到中庸卻幾乎不可能。許多人以爲孔子講的中、中庸是調和、折中，是對事對人的一種不偏不倚、不左不右、不好不壞的圓滑態度。他們不曾想，這種圓滑的處世哲學，固然不是一下子能做到，但畢竟談不上難能，尤其不能説爵禄可辭，白刃可蹈，而折中老好滑頭不可能。堯傳舜，舜傳禹，祇交代一句話，就是“允執其中”，以爲如此便可“天禄永終”。可見這個“中”多麽重要，它不會是折中調和的意思。折中調和在孔子的言論中有表述，那就是“鄉原”。孔子視“鄉原”爲亂雅之鄭，奪朱之紫。這種看上去很公允、正派的僞君子，孔子稱之曰“德之賊”，深惡之，痛絶之，他怎麽會另一方面又去極力鼓吹折中老好的中，視之爲君子的至高修養呢！可見折中老好之類不是孔子對中的理解。

那末孔子怎樣理解“中”呢？孔子説舜是大知的人，一個重要的理由是舜能夠“執其兩端，用其中於民”。這執兩端而用中如果是取兩頭之中間那樣簡單，是人人不難爲的事情，孔子怎會據此稱舜爲大知。“兩端”，用今語表述，即事物之所以構成的矛盾兩方面。“執其兩端”，是人要把握這矛盾的兩方面，做到深知洞曉。“用中”，不是取兩個方面之中間，不偏不倚，而是在矛盾的兩個方面裏取一個主要的、有決定意義的。因爲一個事物中的矛盾主要方面是變化的，把握它極難，要有靈活性。“中”，就是那不可一定的靈活性。“用中”，是人的主觀上的靈活性準確、恰當地適應事物發展變化之客觀靈活性。

孔子用以表述這主觀之靈活性適應客觀之靈活性的概念是時。時這一概念反映客觀事物的變化，也反映人爲了適應客觀事物的變化而發生的認識上的變化。人總是要根據客觀事物的變化確定自己的認識和實踐上的最佳抉擇。孔子把這叫做"時中"。孔子關於"時中"的思想在《易傳》中表達得最爲充分。《易經》是講變化和人如何適應變化的書。孔子作《易傳》的用意，歸根結底是要發揮《易經》之時與中的思想。孔子自己的人生追求也是按照時中的原則進行的，《孟子》説孔子是"聖之時者"（《萬章下》），"可以速而速，可以久而久，可以處而處，可以仕而仕"。孔子自己説："我則異於是，無可無不可。"（《論語·微子》）處與仕，速與久，可與不可，何從何取，全依時而定，不能執一不變。這就是中，或者叫中庸、時中。中，絕對不是取處與仕、速與久、可與不可的中間狀態。取兩端的中間狀態，叫折中主義，是誰想辦都辦得到的。取兩端之一端，固守不變，叫執一。執一雖也不易做到，但畢竟不是不可能。於事物矛盾的兩端，依據時間條件，把握主要的一端，叫用中。一時一事做到用中，也許不難；時時事事，靈活轉換，恰當把握，真正做到時中、用中，則幾乎不可能。孟子認爲孔子做到了，故稱孔子是"聖之時者"，是古代衆多聖人中最了不起的一位。

　　孟子對時中的理解，有一個極重要的補充，使孔子理解的時中更加完備，更加易懂。孟子説："楊子取爲我，拔一毛而利天下，不爲也。墨子兼愛，摩頂放踵，利天下，爲之。子莫執中，執中爲近之。執中無權，猶執一也。所惡執一者，爲其賊道也，舉一而廢百也。"（《孟子·盡心上》）處理己與人的關係，楊朱主張爲我不爲人，墨子主張爲人不爲我，是兩個極端。子莫取二者之中，孟子認爲他接近正確。但是孟子指出，在這種情況下，能否行權，是最爲要緊的。不能行權，則其結果與執一無異。權是秤之錘，它的特點是通過靈活移動自身的位置反映物的重量，永遠不固定在一個點上。真正的執衡使權，當然十分簡單易行，在生活中行權，在紛紜複雜的人事關係中采取最正確的方案行動，則極難。孟子舉個例："男女授受不親，禮也；嫂溺授之以手者，權也。"（《孟子·離婁上》）堅持男女授受不親的原則，嫂溺不伸手拉一把，是禽獸，不可取。平時無事與嫂也授受必親，是男女無別，亦不可取。把握住授受親與不親的時，靈活而不執一，這就是權。權概念是中概念的一個補充。行權是爲了用中，行權才能用中。

孔子關於中的思想顯然由"祖述堯舜"得來。上文引《論語·堯曰》說堯傳舜，舜傳禹，祇交代一句"允執其中"，以爲是保有天下的秘寶。孟子也說："湯執中，立賢無方。"（《離婁下》）至唐代，韓愈爲了抵制佛家法統的影響，提出所謂道統說。韓氏在《原道》一文中說，儒家的道，"堯以是傳之舜，舜以是傳之禹，禹以是傳之湯，湯以是傳之文、武、周公，文、武、周公傳之孔子，孔子傳之孟軻，軻之死，不得其傳焉"。韓氏之道統說，其實孟子也說過。《孟子·盡心下》說："由堯舜至於湯，五百有餘歲"，"由湯至於文王，五百有餘歲"，"由文王至於孔子，五百有餘歲"，"由孔子而來至於今，百有餘歲，去聖人之世若此其未遠也，近聖人之居若此其甚也，然而無有乎爾，則亦無有乎爾"。韓愈說儒家道統傳到孟子爲止，孟子說傳到孔子爲止，言外都有以道統之承傳者自許之意。由堯舜至於孔孟，有一個至關重要的思想傳承下來，似乎不虛，而所傳者何事，他們未明確指出。宋人程頤說："退之晚年爲文，所得處甚多，如曰軻之死不得其傳，似此言語非是蹈襲前人，又非鑿空撰得出，必有所見。"（《程氏遺書》卷十八）程氏所言極是。這個道是什麼，其實是《論語》說的"允執其中"。"允執其中"的思想自堯舜開始，至孔子弘揚光大，孟子加以豐富完備。孟子之後則受到冷落，乃至歪曲，往往被斥之爲折中主義。孔子學說中最重要的精華部分竟被擱置在一邊。許多名氣頗大的思想家祇顧滔滔論說自己的東西而緊緊地抓住孔子這塊大牌子加以利用。

最能說明問題的是宋代理學家們之所爲。他們根據自己建立理學體系的需要，接過韓愈的儒學道統說，巧妙地加以點竄，使之既變成他們自己的東西，又保留着某些孔子舊有的色彩。他們幹得很得手。首先要説到朱熹。他在《中庸章句序》中開宗便講："《中庸》何爲而作也？子思子憂道學之失其傳而作也。蓋自上古聖神繼天立極，而道統之傳有自來矣，其見於經，則'允執厥中'者，堯之所以授舜也。'人心唯危，道心唯微，唯精唯一，允執厥中'者，舜之所以授禹也。堯之一言至矣盡矣，而舜復益之以三言者，則所以明夫堯之一言，必如是而後可庶幾也。"朱熹這裏有一個大膽的改動，《論語·堯曰》明明説堯以"允執其中"一語交代給舜，"舜亦以命禹"，他卻説舜命禹時變成了"人心唯危，道心唯微，唯精唯一，允執厥中"四句話。這一改動對於宋代理學家來説是至關重要的，它給道學或者説新儒學尋得了理論淵源。道學可以因此與孔學搭上關係，發揮起來名正言順。其實朱熹所據以爲説的是漢以後人僞託而作的僞古文尚書之《大禹謨》。《大禹謨》講舜命禹時説了四句話："人心唯危，道心唯微，唯精唯一，允執厥中。"這"人心唯危，道心唯微"兩句本非堯舜禹的思想，孔子亦未得見。《荀子·解蔽》有云："故《道經》曰，人心之危，道心之微，危微之幾，唯明君子而後能知之。"既云《道經》曰云云，其不出孔子及儒家之口明甚，僞作《大禹謨》的人假借過來塞入儒家經典，又被朱熹接過去，便成爲所謂十六字心傳的儒家道統了。這十六字心傳説程顥程頤兄弟已有了，甚至周敦頤也依此立説，但説得完備明確，影響至大的，還是朱熹。

　　宋人這十六字心傳説，其要害在於用"人心"、"道心"取代堯舜禹乃至孔子一脈相承傳的"允執其中"。這"中"字才是孔子承先啓後的思想精華，應當予以弘揚發揮，然而宋人拋棄了它。這實在是歷史的遺憾。"中"和"允執其中"是辯證法思想的古老表述。譯成今語，恰是看問題辦事情要抓住矛盾的主要方面，具體情況具體地分析，一切依時間、地點、條件爲轉移的意思。這決非有意將古人現代化。我們以爲没有必要因爲今人已有，便故意抹煞古人。正確的態度是，實事求是地發掘古人之具有真理性的東西，借爲今用。

對於"道統"這個概念亦須略作辯白。朱熹的高足黃榦在所作朱熹《行狀》中說，"道之正統待人而後傳。自周以來，任傳道之責，得統之正者不過數人。而能使斯道章章較著者，一二人而止耳，由孔子而後，曾子、子思繼其微，至孟子而始著。由孟子而後，周、程、張子繼其絕，至先生而始著。"《宋史・朱熹傳》引入此語，且按曰"識者以爲知言"。其實不是"知言"，朱熹稍後的葉適就說："道始於堯，次舜，次禹，次皋陶，次湯，次伊尹，次文王，次周公，次孔子，然後唐虞三代之道，賴以有傳。"(《習學記言序目》卷四十九)連孟子也不承認，更不論朱熹。但是祇是否定孟子、朱熹在道統之"統"緒上的地位，"道"是什麼竟不在意。孔子講的"道"是客觀真理的意思。所說"朝聞道夕死可矣"，"邦有道則仕，邦無道則可卷而懷之"之"道"皆指稱真理，絕不似道家之道那般神秘。堯舜禹乃至孔子相傳的"中"也是客觀真理，不過這個客觀真理屬於世界觀方面，具有最高的理論意義和指導意義。對道統之"道"是什麼的問題，清人顧炎武講的透闢，他說："孔子與門弟子言，舉堯舜相傳，所謂危微精一之說，一切不道。而但曰'允執其中，四海困窮，天祿永終'。夫聖人之所以爲學者，何其平易而可循也。"又說："今之君子則不然"，"置四海之困窮不言，而終日講危微精一之說，是必其道之高於夫子，而其門弟子之賢於子貢，桃東魯而直接二帝之心傳者也，我弗敢知也。"(《亭林文集》卷三《與友人論學書》)顧氏此論極有見地，把宋人的心性之學同孔子傳承的"允執其中"劃分開來，一針見血，說到了問題的根本處。

對於"中"的正確理解是逐漸完成、逐漸加深的。堯舜提出"允執其中"，強調中的無比重要，卻未加說明。至孔子講"時中"，說"我則異於是，無可無不可"，"中"的含義豁然明朗。孟子以"權"爲喻，舉嫂溺授之以手否說明執中非折中亦非執一，將"中"解釋得透闢明白，幾不容生歧義。可惜後世人仍不免擅作另解。宋人一意孤行,孔孟之説他們視若罔聞,竟以爲"不偏不倚之謂中"。更有甚者,徑釋之爲折中調和,致使"中"的遭遇比"監"更不濟。"監"祇是被埋没,"中"則被歪曲。這種情況一直延續到現代。毛澤東關於事物矛盾着的兩方面中必有一個是主要方面,另一個是非主要方面,兩個方面互相轉化,不是固定的這一説法,實際上正是對古老的"中"概念所做的最科學的理論説明。然而學術界依舊有人死守宋人"不偏不倚之謂中"的曲解不放,把本是傳統思想文化中優秀部分的"中"作爲折中調和的糟粕一批再批。這是令人非常遺憾的。

## 説"明人倫"

孔子重視明人倫,強調明確劃分並妥當處理各類人際關係,也是"祖述堯舜"得來。《孟子·滕文公上》説:"使契爲司徒,教以人倫。"又説:"夏曰校,殷曰序,周曰庠,學則三代共之,皆所以明人倫也。"據《孟子》説,舜時以契爲司徒之官,掌教明人倫的職責,至夏商周三代設爲庠序學校,也是爲了明人倫。《孟子》的記載不妄。今文尚書《堯典》記舜對契説:"契,百姓不親,五品不遜,汝作司徒,敬敷五教在寬。"説明契確實做過司徒之官,確實用教化的辦法解決了"百姓不親,五品不遜"的問題,受到舜的表彰。"五品"是家庭關係中的五種人,"五教"是針對五種人應有的道德所進行的教化。"五品"是哪五品,"五教"是哪五教,《堯典》未明言,而見於《左傳》文公十八年記太史克言曰:舜"舉八元,使布五教於四方,父義,母慈,兄友,弟共,子孝"。父、母、兄、弟、子,是"五品"。義、慈、友、共、孝,是"五教"。"五品"與相應的"五教"完全限於家庭内血緣關係,未及家門之外。這大概與舜時是原始社會,血緣關係占主導地位,廣泛的社會聯繫尚未出現有關。至戰國時代則大爲不同了。《孟子·滕文公上》記"契爲司徒,教以人倫"時,人倫被指稱爲"父子有親，君臣有義，夫婦有別，長幼有敍，朋友有信"。社會上的政治關係被納入進來，構成新的"五品"或者說"五倫"，這很可能反映文明時代政治關係超過血緣關係而居主導地位的情況。新"五品"實指五種人際關係，不單純指五種人。五種人際關係其實祇是血緣與政治兩種關係。針對五種關係提出的"五教"即五種道德概念先是義、慈、友、共、孝，後又變爲孝、悌、忠、信、恭等等。《周禮・大司徒》言及"以鄉三物教萬民"，更有所謂知、仁、聖、義、忠、和六德及孝、友、睦、姻、任、恤六行。不論人倫道德的名目有多少，也不論怎樣變化多端，其反映血緣與政治兩種人際關係則是確定的。所以孔子、孟子雖然提出過許多人倫道德概念，但是最根本的祇有仁義兩個。仁解決以父子關係爲起點的個人與人類之間的關係問題，義解決以君臣關係爲主幹的社會政治關係問題。

總之，古人自堯舜起就重視"明人倫"，孔子、孟子乃至整個儒家學派莫如此。"人倫"即人與人之間的關係，從來就是客觀的存在，祇要有人類生存，人倫問題便不會消失。由於人類社會是變化發展的，各個時代的人倫關係的具體內容必各有不同。舜屬於原始社會，祇提出父、母、兄、弟、子之所謂"五品"，至孟子時代，歷史已進入奴隸社會晚期，人與人的關係複雜，簡單的"五品"變成內容豐富的父子、君臣、夫婦、兄弟、朋友五倫了。封建社會大抵如此。至於今日，五倫已不能包括人們的全部關係。但是，不管具體內容多麼不同，人倫總是存在，人倫必須講究，則是古今一致，永遠如此的。不僅今天要講究人倫，即便到了共產主義的大同社會，人倫也絕不能不講。因爲人是社會關係的總和，有人就有社會關係。人際關係有常有序，穩定不亂，就是人倫。

## 說"乾坤"

《中庸》記"仲尼祖述堯舜，憲章文武"，是向歷史學習，是人事方面的問題,屬於社會科學範圍。記仲尼"上律天時,下襲水土",是向自然學習,是天道方面的問題,屬於哲學範圍。就孔子整理述作的"六經"而言,前者在《詩》、《書》、《禮》、《樂》,後者在《周易》。"上律天時",是效天;"下襲水土",是法地。效天法地便形成乾坤的觀念。有乾坤便有陰陽、剛柔,從而構成八卦、六十四卦,產生《周易》。《周易》是效天法地,模擬自然而來,所以它的基礎是唯物論。它說"易有太極,是生兩儀,兩儀生四象,四象生八卦";"大哉乾元,萬物資始,乃統天";"至哉坤元,萬物資生,乃順承天";"有天地然後萬物生焉,盈天地之間者唯萬物",就是證明。在《周易》看來,世界除了天地萬物及生存其間的人類之外,別無其他。六畫卦代表天地人。而且它認爲"立天之道曰陰與陽,立地之道曰柔與剛,立人之道曰仁與義,兼三才而兩之,故《易》六畫而成卦"。不僅指出天與地是矛盾的統一體,天地與人是矛盾的統一體,也認定天地人各是一個矛盾的統一體,各有其內在的矛盾。所以《周易》從天地自然講到人,把世界視作永恒變化的客觀存在。它裏邊貫穿着鮮明的辯證法精神,沒有絲毫的形而上學。

　　孔子"上律天時,下襲水土",向自然學習,掌握天地自然的知識和規律,所以對以唯物論與辯證法爲基礎的《周易》能夠充分理解,做出《易傳》來對《周易》做最深刻的理論闡述。學習天時,就懂得乾;學習水土,就懂得坤。乾坤是《易》之門、《易》之縕,《周易》實由乾坤構成;懂得乾坤,就懂得《周易》,也就是把握了古老、素樸的唯物論與辯證法。孔子是中國傳統的唯物論與辯證法的哲學奠基人。孔子及其闡述的《周易》的哲學是中國傳統思想文化中的最優秀也是最重要的部分,我們理應加以繼承、弘揚。怎奈有人竟無端指斥孔子的哲學是唯心主義體系,將精華作糟粕拋棄,委實令人百思不解。不做認真的研究,祇憑主觀想象下結論,給學術帶來的危害,難道還少嗎!

　　以上約略地說了"監"、"中"、"明人倫",説了乾坤兩卦,意在證明孔子學說淵源於堯舜及文武周公，不是在春秋末期忽然出現。它的產生有時代的根據，也有歷史的來路。儒家學派乃孔子所創。孔子學說的淵源即儒家文化的淵源。韓愈的道統說不能說全無根據，但宋儒倡言的危微精一十六字心傳則絕非孔子原物。孔子從堯舜文武傳承過來監、中、明人倫，是平實而深刻的哲理。它們被宋明道學完全歪曲和埋沒，今天我們應當將它們發掘出來，審慎恢復它們的原型，使之為建設有中國特色的社會主義所用。社會主義精神文明的建設不可能不從優秀傳統中汲取營養。問題是我們如何運用馬克思主義觀點對傳統文化進行優選。古人的東西一切都好的意向固然要不得，那種全盤否定傳統，定將中國變外國的思潮更其有害。將自己的根首先否掉，汲取外部文化從何談起！中國人的傳統文化中不乏優秀的東西，它們將在現代文明建設中發揮無窮的生命活力，閃現出熠熠光輝。

（與呂紹綱合寫，《吉林大學社會科學學報》1992 年第 1 期）

# 論天和人的關係

天和人的關係實際上是自然和人的關係。人是自然的一體，人在任何時候都離不開自然，因而天和人的關係是永恒存在的。衹要有人存在，就有天和人的關係。但是，人的認識不能始終停留在一點上，而是不斷地由低級向高級發展的。於是天和人的關係也不能不表現爲若干不同的發展階段。

據我所知，此前，天和人的關係已經歷了四個階段。

第一階段是在原始人群時代。當時每一人群還未能使自己同周圍自然界分開。群中間的每一成員還未能同群的其他成員分開。最古人類的意識中，個體社會與自然界並不是對立的。因此，天和人在當時還談不到關係問題。

第二階段應自母系氏族公社開始至文明社會的前夜。這時人和自然界已能分開，但是，人還常把自然物人格化。原始宗教和圖騰主義即產生於是時。例如《詩經・大雅・生民》説，姜嫄"履帝武敏歆"而生后稷，《商頌・玄鳥》説："天命玄鳥，降而生商。"此即中國古代有過圖騰主義的證明。《禮記・郊特牲》説："伊耆氏始爲蠟。"天子大蠟八，有迎猫、迎虎、祭坊與水庸。很明顯，這是萬物有靈思想的反映。又，《國語・楚語》説："顓頊受之，乃命南正重司天以屬神，命火正黎司地以屬民。"顓頊是五帝之一。證明這時還是把天看作是神的世界。這樣，從整個這個階段來説，天和人的關係，實表現爲神和人的關係。

第三階段是自堯制新曆開始，在中國正是文明社會的前夜。《尚書・堯典》曾用很大的篇幅記載此事："乃命羲和，欽若昊天，曆象日月星辰，敬授人時。”又説：“帝曰咨！汝羲暨和。期三百有六旬有六日，以閏月定四時成歲……允釐百工，庶績咸熙。”事實上在堯以前，帝嚳已感到火曆不便，着手制定新曆。如《大戴禮記·五帝德》説帝嚳“曆日月而迎送之”，即其事。但未完成。因此，堯制新曆，在中國歷史中，應是一件劃時代的大事。它改變了過去長時期地依靠占星術來確定季節，而是根據日月星，主要是根據太陽來確定季節。因此，這時不但知道春秋，而且知道冬夏，知道四時。更重要的，是十分明確地知道決定春夏秋冬四時的乃是太陽。而太陽不是神。《禮記·郊特牲》説：“郊之祭也，迎長日之至也。大報天而主日也。”證明古人祭天，所謂天，主要的是指太陽。而這一點至關重要，它不能不改變有神論爲無神論，改變唯心論爲唯物論。所以，從此以後，不僅使曆法由不科學變成科學，也使思想由不正確變成正確了。

　　《論語·泰伯》説：“子曰：‘大哉堯之爲君也！巍巍乎！唯天爲大，唯堯則之。’”孔子所讚揚堯的則天行事，實際包括兩個內容。一是則天治曆。即所謂“曆象日月星辰”和“期三百有六旬有六日，以閏月定四時成歲”。二是則天施政。即所謂“敬授人時”和“允釐百工，庶績咸熙”。後世之有朔政制度，當是自堯開始。例如《周禮·春官·太史》説：“正歲年以序事，頒之於官府及都鄙，頒告朔於邦國。”《春秋·文公十六年》説：“公四不視朔。”《論語·八佾》説：“子貢欲去告朔之餼羊。子曰：‘賜也！爾愛其羊，我愛其禮。’”都是後世實行朔政制度的證明。今傳世有“夏小正”和《禮記》、《逸周書》的《月令》，以及《呂氏春秋》“十二紀”和《淮南子·時則》的一部分，當即古代實行朔政制度的遺迹。

　　這裏需説明一個問題。有人説《尚書·堯典》的“敬授人時”，應爲“敬授民時”。“人”字乃是唐人避諱所改。我不同意這種説法。我認爲人民二字古時使用有嚴格的區別。例如《尚書·皋陶謨》説“在知人，在安民”，《詩·大雅·假樂》説“宜民宜人”，“人”都是指有公職的，"民"則是指庶民。堯的授時，實際是祇授有公職者而不及予庶民。《尚書·洪範》説："王省惟歲，卿士惟月，師尹惟日……庶民惟星。"這段文字舊説多誤，實際上講的也是朔政制度。《公羊傳·文公六年》説："不告月者何？不告朔也。"何休解詁説："禮，諸侯受十二月朔政於天子，藏於太祖廟，每月朔朝廟，使大夫南面奉天子命，君北面而受之。"此所謂天子制十二月朔政，就是"王省惟歲"。諸侯每月告朔就是"卿士惟月"。《左傳·桓公十七年》説："天子有日官，諸侯有日御。日官居卿以底日，禮也。日御不失日以授百官於朝。"這個"日御不失日以授百官於朝"就是"師尹惟日"。"庶民惟星"則表明庶民仍然觀察星宿（例如大火心宿二）以定季節。這就證明朔政制度不及予庶民。因此，我們也不能認爲堯制新曆，知道"四時行焉，百物生焉"是由太陽決定的，而不是由神決定的，就認爲當時社會的人們都是無神論者。

實際上自堯制新曆以後，有神論與無神論、唯心論與唯物論兩種思想的對立，在中國幾千年歷史當中長期存在。這裏邊不單純是認識問題，也夾雜着諸如政治問題、禮俗問題，等等。《國語·周語上》説："古者先王既有天下，又崇立於上帝明神而敬事之，於是乎有朝日夕月以教民事君。"這裏所説的敬事上帝明神、朝日夕月，就不能理解爲認識問題，而是政治問題。今日對親朋喪事，一般都送花圈，這是禮俗問題，不能認爲是認識問題。餘如，逢水旱年而曰"老天爺不做美"之類，都不能認爲是認識問題。

從歷史上考察，《尚書·皋陶謨》説"天工人其代之"。這個天，顯然是堯則天行事的天。但是，同篇又説"天敍有典"、"天秩有禮"、"天命有德"、"天討有罪"。以及《甘誓》説"今予惟恭行天之罰"，《湯誓》説"天命殛之"、"致天之罰"，《牧誓》説"今予發惟恭行天之罰"，等等，這些天字從其來源來説，可以説與堯則天之天有一定的聯繫。但是，當具體應用時，就很難説不包含有人格神的意義。

據我看，關於天和人的關係問題，自堯制新曆，則天行事，已開闢了無神論的新紀元。但從思想認識這個角度來看，可以說，這時還不够明確，不够全面。至《周易》出，對天和人的關係問題的認識，才達到了完善的地步。固然《周易》中"乾爲天"的天，依舊是堯則天的天，但其所闡發的内容卻豐富多了。第一，它增加了一個地。因爲光有天没有地，顯然祇能説四時行焉，還不能説百物生焉。《易・乾卦象傳》説："大哉乾元，萬物資始，乃統天。"《易・坤卦象傳》説："至哉坤元，萬物資生，乃順承天。"《易・繫辭傳下》説："乾坤其《易》之門耶！乾陽物也，坤陰物也，陰陽合德，而剛柔有體，以體天地之撰，以通神明之德。"這正是《易》首乾坤，把天地看作是一個矛盾統一體的意義。第二，它又增加了一個人。《易・繫辭傳下》説："《易》之爲書也，廣大悉備，有天道焉，有人道焉，有地道焉，兼三材而兩之故六。六者非他，三材之道也。"就説明這個問題。因爲站在人的立場上看，天地成化是以人爲對象的。

《周易》一書從其表現形式來看，確實應稱爲卜筮之書。然而審察其思想内容，卻是非常先進的、非常深邃的哲學著作。《易・繫辭傳上》説："子曰：'夫《易》何爲者也？夫《易》開物成務，冒天下之道，如斯而已者也。'"這是孔子明確地指出《周易》乃是哲學著作。那麽，殷周之際周人爲什麽著成這樣的書？如果直接地就講哲學思想不是很好嗎？應該知道這是歷史條件決定的。因爲，當時社會廣大人民的認識水平普遍低下，事事祇聽命於鬼神，不能直接用哲學思想來進行説教。於是《周易》作者乃采取另一種辦法，即利用卜筮的形式而賦以哲學的内容，間接地進行説教。亦同《國語・周語上》所説"古者先王既有天下，又崇立於上帝明神而敬事之，於是乎有朝日夕月以教民事君"一樣，不能認爲《周易》作者真正信卜筮。《易・繫辭傳上》説："其孰能與此哉？古之聰明睿知神武而不殺者夫！"正是説明這個問題。

天和人的關係司馬遷稱爲"天人之際"。這個問題向來爲我國歷代學者所重視。例如,有人説"道之大原出於天",有人主張"天人合一",其實,都没有越出《周易》的範圍。所謂"道之大原出於天",這個道是什麽呢? 顯然是人道。那麽,"天"是什麽? 也不是指天的形體,而是指天道。所以,這個説法同説"天人合一"實質上是一致的。《易·繫辭傳上》説:"易與天地準。"又説:"廣大配天地,變通配四時。"它明白地説《周易》成書是以天地爲摹本的。特别是《乾文言》説:"夫大人者,與天地合其德,與日月合其明,與四時合其序,與鬼神合其吉凶。先天而天弗違,後天而奉天時。"我們從其思想來看,這不正是天人合一嗎?

那麽,所謂天道是什麽? 人道又是什麽? 以及二者爲什麽能合一? 據我看,如用今天的哲學語言來説,道就是規律。天道是自然規律,人道是社會規律。二者之所以能合一,是因爲它們遵循唯物辯證法的規律是一致的。

我們從《周易》的結構來考查,首先要看到它是唯物的。它之所以是唯物的,最明顯的表現是,全《易》六十四卦以乾坤兩卦爲首。這個乾坤兩卦是象天地。那麽,天地先是什麽? 没有講。《易·繫辭傳上》説:"是故《易》有太極,是生兩儀,兩儀生四象,四象生八卦。"兩儀可以説是陰陽,是天地。那麽,天地先是否可以説是太極呢? 據我看,不可。因爲"太極"是一。"生兩儀"是一分爲二。許慎於《説文解字》一之下説:"惟初太極,道立於一,造分天地,化成萬物。"這樣説法很對,符合繫辭原義。因爲太極和兩儀實際上是一個東西,衹是整體和部分的區别,不能説還有什麽物質的東西在天地先。所以説,《周易》思想是唯物的。如《老子》説:"有物混成,先天地生,寂兮寥兮,獨立而不改,周行而不殆,可以爲天下母,吾不知其名,字之曰道。"又説:"道生一,一生二,二生三,三生萬物。"則是唯心的。因爲,他所説的道乃是抽象的東西,没有物質性。

同樣,對《周易》的結構進行考查,又可以看到它是辯證的。例如《周易》以乾坤二卦爲首。乾坤象天地、象陰陽。《易·繫辭傳下》說:"乾坤其《易》之門耶! 乾陽物也,坤陰物也。陰陽合德,而剛柔有體。以體天地之撰,以通神明之德。"《繫辭傳上》說:"在天成象,在地成形,變化見矣。是故剛柔相摩,八卦相蕩,鼓之以雷霆,潤之以風雨,日月運行,一寒一暑,乾道成男,坤道成女。"這不正說明乾坤或天地是一個矛盾的統一體,而天地生萬物端在於這個矛盾統一體内部的統一和鬥爭嗎?

又從《周易》的結構中,不但可以看到有辯證法的對立統一規律,還可以看到質量互變規律。例如,全《易》六十四卦,每一卦六爻,其順序爲初、二、三、四、五、上。乾卦六爻的爻辭爲"初九:潛龍勿用。九二:見龍在田,利見大人。九三:君子終日乾乾,夕惕若,厲,无咎。九四:或躍在淵,无咎。九五:飛龍在天,利見大人。上九:亢龍有悔"。《乾文言》解釋說:"'潛龍勿用',陽在下也。'見龍在田',德施普也。'終日乾乾',反復道也。'或躍在淵',進无咎也。'飛龍在天',大人造也。'亢龍有悔',盈不可久也。"又說:"'潛龍勿用',下也。'見龍在田',時舍也。'終日乾乾',行事也。'或躍在淵',自試也。'飛龍在天',上治也。'亢龍有悔',窮之災也。"充分反映六爻由初至上是量變。上爻說"盈不可久也"或"窮之災也",則表明是質變。其餘六十三卦每一卦的六爻都是如此安排,這絕不是偶然的。《序卦傳》說:"有天地然後萬物生焉。盈天地之間者,唯萬物,故受之以屯。屯者,盈也。屯者,物之始生也。物生必蒙,故受之以蒙。蒙者蒙也,物之稚也。物惟不可不養也。故受之以需。需者,飲食之道也。飲食必有訟,故受之以訟。訟必有衆起,故受之以師。師者,衆也。衆必有所比,故受之以比……物不可窮也,故受之以未濟終焉。"從《序卦傳》來看,可以看出六十四卦的排列順序是有意義的。這個排列順序不僅反映質量互變的規律,從其最後一卦名爲未濟,說爲"物不可窮也",也隱約地反映出否定之否定規律。遺憾的是後人多不明其義而肆意詆毀。如韓康伯説："《序卦》之所明,非《易》之緼也。"葉適詆爲"淺鄙",康有爲詆爲"膚淺",多見其不自量也。

自來中國學者談天人合一的,頗不乏人。但是,談得最深刻、最全面、最富真理性,則無如《周易》。所謂天人合一,絶不是形式上合一,而是精神上、理論上的一致性。例如《春秋繁露·人副天數》説："人有三百六十節,偶天之數也。形體骨肉,偶地之厚也。上有耳目聰明,日月之象也。體有空竅理脈,山川之象也。"這樣談天人合一,完全出於牽强附會,又有什麼意義呢?

據我看,後世談天人合一,又能做到天人合一的,祇有孔子一人。孔子晚而喜《易》,讀《易》韋編三絶,著成《十翼》,是真有得於《易》者。總其立身行事,簡直是《周易》思想的化身。不過關於孔子思想,因限於篇幅,不能全面地談。兹僅舉其犖犖大者如下:

一、孔子認識到天地人的各自特點。《易·説卦傳》説:"昔者,聖人之作《易》也,將以順性命之理,是以立天之道曰陰與陽,立地之道曰柔與剛,立人之道曰仁與義。"這與《禮記·中庸》説"仲尼祖述堯舜,憲章文武,上律天時,下襲水土"可以互相證明。"陰與陽"具體説是指天時、四時,或晝夜、寒暑。"柔與剛"具體説是指水土、五行,或如《尚書·洪範》所説:"水曰潤下,火曰炎上,木曰曲直,金曰從革,土爰稼穡。"《左傳·昭公三十二年》説:"天有三辰,地有五行。""三辰"爲日月星,是四時所從出。《左傳》所説的,實際也是這個問題。"上律"、"下襲",無疑是説天地爲孔子所取法。"祖述堯舜、憲章文武",則與"人之道曰仁與義"有直接關係。必須指出,孔子所以説"立人之道曰仁與義",是與當時的歷史條件分不開的。因爲當時社會人與人之間祇存在兩種關係:一種是血緣關係;另一種是政治關係,或者説階級關係。前一種關係要求親親,後一種關係要求尊尊。親親就是仁,尊尊就是義。實行仁義則社會可以達到團結、安定。由於堯舜文武是靠實行仁義致太平,孔子"祖述堯舜、憲章文武",其目的也是爲致天下於太平。從辯證的觀點來看,陰與陽是對立的統一，柔與剛是對立的統一，仁與義也是對立的統一。

二、孔子思想是唯物的。《論語·陽貨》說："子曰：'天何言哉！四時行焉，百物生焉，天何言哉！'"孔子認爲四時行、百物生是天的功能，與他稱讚堯說"巍巍乎！唯天爲大，唯堯則之"一樣，這個天顯然是物質的天，而不是精神性的天。《墨子·公孟》說："儒以天爲不明，以鬼爲不神。"墨子是反對孔子的。墨子指責"儒以天爲不明，以鬼爲不神"，更是證明孔子的思想是唯物的。

三、孔子思想是辯證的。《論語·子罕》說："子絕四：毋意、毋必、毋固、毋我。"《論語·微子》記載孔子說過"我則異於是，無可無不可"。《孟子·萬章下》說："孔子之去齊，接淅而行。去魯，曰遲遲吾行也，去父母國之道也。可以速而速，可以久而久，可以處而處，可以仕而仕，孔子也……孔子，聖之時者也。"够了，我們不須更多地引述證佐。僅上述幾條，已足證明孔子思想是辯證的了。

總之，我認爲談天人合一，孔子真正能做到與《周易》思想相一致。

在孔子外談談老子。老子是道家的創始人。他精於辯證法，與孔子齊名，對後世有重大影響。老子在天和人的關係問題上是怎麼看的，怎麼做的呢？我認爲，《老子》書五千言，可以二語盡之，這就是"反者道之動，弱者道之用"。也就是說，他在認識上是辯證法，是兩點論，而在應用時，則是形而上學，是一點論。因此有人說，老子是陰謀家，是利己主義者。我看是有道理的。

例如，老子說："天下皆知美之爲美，斯惡矣。皆知善之爲善，斯不善矣。故有無相生，難易相成，長短相形，高下相傾，音聲相和，前後相隨。"又說："曲則全，枉則直，窪則盈，敝則新。"又說："爲者敗之，執者失之。故物或行或隨，或呴或吹，或強或羸，或載或隳。"又說："將欲歙之，必固張之；將欲弱之，必固強之；將欲廢之，必固興之；將欲奪之，必固與之。"又說："禍兮福所倚，福兮禍所伏。"又説："圖難於其易,爲大於其細。"又説："天之道其猶張弓乎?高者抑之,下者舉之,有餘者損之,不足者補之。"又説："信言不美,美言不信。善者不辯,辯者不善。知者不博,博者不知。"總之,老子觀察自然和社會,明確地看到矛盾及矛盾的互相轉化是普遍存在的。能看到這一點,在二千餘年以前的古人確實是少有的。但是他不能把這個正確的思想貫徹到底,表現於行動方面卻主張"抱一"、"抱朴"、"守柔"、"守静"。即完全與其正確的思想相反,不是兩點論,而是一點論。不是發展的,而是静止的。一句話,不是辯證法,而是形而上學。孔子自己説："我則異於是,無可無不可。"孟子説："孔子聖之時者也。"而老子則不然,則是有可有不可。他不是隨着客觀條件的變化而轉移。不僅如此,他還説："失道而後德,失德而後仁,失仁而後義,失義而後禮。"證明他知道人類社會的歷史是發展的。但他不是主張隨着歷史一同前進,而是相反,主張"絕聖棄智"、"絕仁棄義"、"絕巧棄利",即主張向後倒退。他爲什麼這樣主張呢?這從他説"是以聖人後其身而身先,外其身而身存,非以其無私耶? 故能成其私"可以看得很清楚,説穿了,就是老子利用辯證法對立面的互相轉化,知道後能變成先,外能變成存,以達到他自私的目的。有人説老子是陰謀家,即指此而言。因爲他不是赤裸裸地以進爲進,而是以退爲進,所以可稱他爲陰謀家。又因爲他使用陰謀,其目的是爲了自私,所以可稱他是利己主義者。

　　在天和人的關係方面,老子固然説過"人法地,地法天,天法道。道法自然",實際上,他所謂法,祇是爲自己謀利益,並不是真正瞭解天和人即自然和社會的關係而付諸行動以促使歷史前進。他不如孔子遠甚。

　　因此,我認爲,在馬克思主義傳入以前,二千餘年在中國對天和人的關係問題的理解上,應以《周易》和孔子爲第一。其餘自鄶而下,都不足觀。

　　第四階段則與天人合一相反，而是強調天人對立。應當指出，它不是中國固有的，是從西方傳入的意識形態。其特點是把自然看作敵對勢力，傾全力來鑽研自然科學和生產技術，並立即投入應用。其目的乃是爲了戰勝自然、征服自然。

　　近百年來，西方科學技術高度發展，確實是使自然界無論大地、海洋、天空，也無論動物、植物、礦物，沒有能抵禦科學的銳利武器，真正地實現了戰勝自然、征服自然的理想。但是也有人認爲這樣做破壞了自然界的生態平衡，破壞了人類的生存條件，會引起自然界的懲罰和報復的。我則認爲科學技術的高度發展，確實是可貴的。不過，應該說，人類應用科學技術，是爲了改造自然，利用自然，來爲人類謀福利。不應把自然界看作敵對勢力，而使用戰勝或征服這一類字眼。這一類字眼顯然是自昔日殖民主義者對弱小民族的手段移植來的。昔日征服弱小民族有的竟使種族滅絕，難道征服自然界最後也能消滅自然界嗎？假使能消滅自然界，人類自身還能存在嗎？我看這種思想要不得。窮根究柢來說，它不僅是狂妄的，而且是愚蠢的。

（《傳統文化與現代化》1994 年第 2 期）

# 論《中庸》

## ——兼析朱熹"中庸"説之謬

《中庸》是儒家經典中至爲重要的著作,它雖不是孔子親手所作,是孔子身後由孔子之孫子思寫成,但是卻反映了孔子的思想。就其所反映的孔子思想的系統性與完整性而言,意義和影響甚至不亞於《論語》。這一點古人早有認識。漢人把《中庸》編入《小戴禮記》第三十一篇;自漢代起,不斷地有人爲它作注解,到清代朱彝尊作《經義考》時爲止,已有《中庸》單篇注解一百五十餘種。唐人韓愈、李翱視《中庸》(還有《大學》)爲與《論語》、《孟子》同樣重要的經典。北宋程顥、程頤更表章《中庸》、《大學》與《論語》、《孟子》並行。至南宋朱熹,著《四書集注》(《大學章句》、《中庸章句》、《論語集注》、《孟子集注》),"四書"的名稱確定下來,隨後數百年間"四書"躍居與"五經"同等重要的地位,而朱熹的《四書集注》更成爲士子必讀的教材。朱熹還規定青少年讀"四書",應先讀《大學》,次《論語》、《孟子》,最後讀《中庸》。可見《中庸》在"四書"中是重要的也是難讀的一部。

宋人給《中庸》以特殊的重視,没有錯,今日亦應如此。唯宋人尤其朱熹對《中庸》所做的道學家解釋,必須認真加以分析揭示。我們需要的是孔子本色的中庸思想,朱熹的一套理論應拋棄。

以下從幾個方面討論《中庸》的問題。

## 一、《中庸》篇名含義

《中庸》篇名"中庸"一詞肯定來自孔子,孔子説過"中庸之爲德也,其至矣乎,民鮮久矣"(《論語·雍也》),"君子中庸,小人反中庸"(《中庸》引子曰)這兩段話就是確切的證據。但是孔子没有對"中庸"一詞做過任何正面的解釋。《中庸》作者取"中庸"作篇名,正文中使用"中庸"一詞也不下十次,卻也没做明確的説明。因此,"中庸"一詞到底是什麽意思,兩千多年來一直衆説紛紜,莫衷一是。

自古至今關於"中庸"的解釋最爲權威的有鄭玄、程頤、朱熹三家。鄭玄説:

> 名曰"中庸"者,以其記中和之爲用也。庸,用也。(《禮記正義》引鄭玄《三禮目録》)

程頤説:

> 不偏之謂中,不易之謂庸。中者天下之正道,庸者天下之定理。(《河南程氏遺書》卷七記作二先生語,朱熹《中庸章句》引作程頤語,今從朱氏)

朱熹説:

> 中者,不偏不倚,無過不及之名。庸,常也。(《中庸章句》)

三家的解釋,鄭玄訓庸爲用,釋"中庸"爲"中和之爲用",基本上是正確的。説它正確,因爲訓"中庸"之庸爲用,最得《中庸》篇名的真義,"中庸"正是"用中"的意思。説它"基本上"正確,因爲"中庸"是中之爲用,不是"中和之爲用"。人們把未發之中加以應用即付諸實踐,産生的結果便是和。和必在用之後,中在未用時是談不到和的。所以祇能説中之爲用，不可説“中和之爲用”。

鄭玄訓“中庸”之庸爲用，是不可移易的確詁。庸字在《詩》、《書》、《易》、“三傳”以及先秦諸子書中多次出現，如《舜典》“明試以功，車服以庸”，《康誥》“勿庸以次汝封”，《詩·南山》“齊子庸止，既曰庸止”，《左傳》僖公二十四年“庸勳親親”，昭公二十五年“不能庸先君之廟”，《荀子·王制》“則庸寬惠”，《莊子·齊物論》“爲是不用而寓諸庸，庸也者用也”等等，庸字皆訓用。《説文》用部，“庸，用也，從用庚”。“用，可施行也。”這是庸字的本義，庸字單做一詞使用一般都訓用。有時庸字與另一字連合爲一個成詞，構成比較穩定的意義，如《堯典》“帝曰疇咨，若時登庸”，《君奭》“天不庸釋於文王受命”，“登庸”和“庸釋”都是由庸字組成的成詞，庸字都訓用。“登庸”就是“用登”，“用登”是用某人登位的意思。“庸釋”就是“用釋”，“用釋”是厭棄、抛棄的意思。“中庸”一詞的結構與“登庸”類似，“中庸”就是“用中”，就是把中加以應用，付諸實行的意思。另一方面，從《禮記》四十九篇的篇名看，類似“中庸”這種結構的，還有一些。例如《學記》、《服問》、《經解》，其實便是“記學”、“問服”、“解經”的意思，與《中庸》之爲“用中”同。

《論語·學而》記有子説：“禮之用，和爲貴。”根據《禮記·仲尼燕居》所記孔子“禮所以制中也”的説法，知禮的特點是制中。那末，我們可以把“禮之用，和爲貴”的話理解爲“中之用，和爲貴”。中，用起來最好達到和的狀態。用中的結果是中和，所以《中庸》用大量篇幅講中和。這個問題下文要詳加闡述，此不細言。“禮之用，和爲貴”的和與中和之和同義，即孔子講的時中，子思講的“皆中節”，孟子講的權，絶對不是和氣的意思，朱熹《論語集注》釋“和爲貴”的和爲“從容不迫”，比釋作和氣更加離題。

不過，庸字在經典裏不可一概訓作用。《中庸》篇中“庸德之行，庸言之謹”之兩庸字不宜訓用。鄭玄《中庸》注説：“庸猶常也。言德常行也，言常謹也。”是對的。

這裏特別應該指出，《中庸》的作者提出中和的概念，并且劃清了中與和的不同，使我們知道"中庸"是用中，把中付諸實行，使之皆中節就是和。令我們明白：有個中在那裏，這對於人來説還不够，人必須解决如何在"中"的實行中使之皆中節，即達到和的問題。一個孔子雖然身體力行做到了却未曾確切言明的問題由《中庸》作者講明了。這是《中庸》作者的重大理論貢獻。這位思想家委實不簡單，他會是誰呢？司馬遷、鄭玄説是孔子之孫子思（《孔子世家》、《經典釋文》引）。我們相信這一説法。古書用簡策，長期轉抄中竄入幾句後人語乃司空見慣之事，不必因爲見《中庸》文中雜有"車同軌，書同文"數句就把它的成書時代拉到秦以後。歐陽修、崔述及現代某些學者的質疑，不足信據。

中這個概念很古老，堯傳位給舜時曾交代説："咨爾舜，天之曆數在爾躬，允執其中，四海困窮，天禄永終。"後來舜傳禹時也説了同樣的話（《論語・堯曰》）。孔子也説舜"執其兩端，用其中於民"（《中庸》）。據孟子説，這"允執其中"的王者五百年出一位，自堯舜禹湯文武周公傳至孔子（《孟子・盡心下》）。但是"允執其中"的中到底怎樣理解，怎樣實行，誰也没有講。現在我們知道，孔子自己是完全做到了"允執其中"了，也言及了"中庸"，可是"中庸"是怎麼回事，怎樣"允執其中"，他却没有言明。這個問題是子思作《中庸》才回答的了。

那末，程頤説，"不偏之謂中，不易之謂庸"，對不對呢？不對。庸是用，不是不易。中是"喜怒哀樂之未發謂之中"的中，即不偏不倚，不左不右，無過不及。這個中是静的，自在的。"中庸"二字的含義就是如何將這個中付諸實行。而程頤講"不偏之謂中"的中却是喜怒哀樂既發之後的和，即孔子講的時中，孟子講的權。"中庸"之中不是這個中。程頤釋"中庸"爲"不偏"、"不易"，説明他對子思作《中庸》的意義没能把握。

但是，程頤對中的理解實在相當深刻。他説："衹一個中字，但用不同。"(《河南程氏遺書》卷十八)以爲一個中字有二義,一是在中之義,一是時中之義。在中之義的中,即喜怒哀樂未發之中。他説,"天下事事物物皆有中","事事物物上皆天然有個中在那上,不待人安排也"(同上書卷十七),也是這個中。至於他説的"不偏之謂中"的中,是時中的中,即喜怒哀樂既發之和。他釋"不偏"説,"若以手足胼胝、閉户不出二者之間取中,便不是中。若當手足胼胝,則於此爲中;當閉户不出,則於此爲中"(同上)。又説,"且如初寒時則薄裘爲中,如在盛寒而用初寒之裘,則非中也。更如三過其門而不入,在禹稷之世爲中,若居陋巷,則不中矣。居陋巷,在顏子之時爲中,若三過其門不入,則非中也"(上書卷十八)。程氏説"不偏之謂中",甚得孔子時中即"無可無不可"之精義,衹是用以釋"中庸"的中則錯了;"中庸"之中是在中之中。當人們把它付諸實行之後,達到恰當不偏,切合時宜,那時才可以叫做時中,叫做"不偏之謂中"。

朱熹講"中者,不偏不倚、無過不及之名。庸,平常也",與子思"中庸"之義根本悖謬。釋"中庸"之中爲"不偏不倚,無過不及",是對的,而釋庸爲平常,則大錯。説明他完全没有理解子思《中庸》之義。況且他在《中庸或問》裏又説:"蓋不偏不倚,獨立而不近四旁,心之體,地之中也。無過不及,猶行而不先不後,理之當,事之中也。故於未發之本,則取不偏不倚之名;於已發而時中,則取無過不及之義,語各有當也。"他此話至少有兩個錯誤:第一,不偏不倚與無過不及同義,都是程氏所謂"在中"之中,亦即喜怒哀樂未發之中,但是他卻視作二事,以爲不偏不倚是在中之義,無過不及是時中之義。因而第二,他實際上以爲"中庸"之中既是在中又是時中,既是中又是和,是不對的。比照他在《中庸章句》裏釋中爲"天命之性",釋和爲"情之正,無所乖戾",看得出他在中的問題上邏輯混亂,認識不清,整個的未曾弄懂。

## 二、中、和

《中庸》提出了"中和"的概念，其文云："喜怒哀樂之未發謂之中，發而皆中節謂之和。"子思這一提法具有開創性，有重大的理論意義，等於揭開了孔子"中庸"一詞含義之謎。把中字析爲中與和兩層意義，中在未發時，客觀地存在那裏，猶如今語講的客觀辯證法。中在由人付諸應用之後，處理得當，無不中節，名曰和，猶如今語講的主觀辯證法。人的任務是把客觀存在的中應用起來，使皆中節，這不正是"中庸"之義嗎！

"喜怒哀樂之未發謂之中"的中，是程頤所説"在中"之義。喜怒哀樂未發，即未嘗有喜有怒有哀有樂，處在靜態當中，談不上過或不及，可以説一切都在不偏不倚，不左不右的恰當位置上，這當然可以叫做中。孔子答子貢問子張與子夏孰賢，曰："師也過，商也不及。"又曰："過猶不及。"（《論語·先進》）《禮記·仲尼燕居》記孔子曰："師爾過，而商也不及。"鄭玄注："過與不及，言敏鈍不同，俱違禮也。"意謂過敏與鈍不及敏，皆不可取，居二者之中爲好。孟子説："楊子取爲我，拔一毛而利天下，不爲也。墨子兼愛，摩頂放踵利天下，爲之。子莫執中，執中爲近之。"（《孟子·盡心上》）言子莫既不取楊朱爲我，拔一毛而利天下不爲，也不取墨子摩頂放踵利天下爲之，而取二者之中。孟子認爲子莫的做法雖不知權，但是畢竟強於楊墨，因爲他知執中。這些不偏不倚，不左不右，無過不及，居中守中的中，就是"喜怒哀樂之未發謂之中"的中，亦即程頤所説"在中"之中。朱熹《中庸章句》題下注所説："中者，不偏不倚，無過不及之名。"用以釋"中庸"之中，是正確的，若用以釋"中和"之中，即"喜怒哀樂之未發謂之中"的中，也很恰當。但是朱熹自己並不這樣理解。他用"其未發，則性也，無所偏倚"解釋"喜怒哀樂之未發謂之中"的中，把中與性扯到一起，又誤。就朱熹釋中之義邏輯如此混亂這一點看，他對於《中庸》的理解，可謂基本不得要領。

喜怒哀樂"發而皆中節謂之和"的和，是程頤所説中字有二義之第二義——時中。以時中解釋《中庸》"發而皆中節"的和，切中肯綮，任何其他的解釋都不能取代。喜怒哀樂未發出來，自然有個不偏不倚的中在，故云在中。既發之後，喜怒哀樂之中節與否，就要依時而定了。時當喜而怒，當哀而樂，或時當怒而喜，當樂而哀，便是不中節，亦即不合時宜，不是和。時當喜則喜，當怒則怒，當哀則哀，當樂則樂，便是中節，亦即合時宜，是和。《中庸》舉"喜怒哀樂"之發與未發説中和，僅是個比喻，因爲喜怒哀樂是盡人皆有的經驗，説來易懂；並非説和僅僅表現人之喜怒哀樂發而皆中節上。朱熹《中庸章句》注和字説："發皆中節，情之正也，無所乖戾，故謂之和。"前面未發之中扯到性上，這裏釋和又扯到情上。人之能否喜怒哀樂皆中節，不是情的問題，而是如何駕馭情的問題。這完全決定於人的智力，也就是認識水平。所以孔子稱贊舜能"執其兩端，用其中於民"時，説舜是大知的人，而不説他性情如何美好。説"無所乖戾"就是和，也不是準確的解釋。很明顯，和，必然"無所乖戾"，但是"無所乖戾"的事情卻不必是和。況且，事實上表現中和與否的事情多着呢，是普遍存在的，決不止於喜怒哀樂發與未發這一個方面。

例如禮，古人視爲立身治國之大經，視聽言動均不得有違。禮的規定很繁很細，實行起來要靠人靈活把握，即有個經與權的問題。《中庸》説："優優大哉，禮儀三百，威儀三千，待其人而後行。"三百三千是死的規定，是經；"待其人而後行"，就是要人權宜行事，靈活機變。這禮的規定，必是根據最一般的情況做出，不偏不倚，不左不右，具有普遍的適應性。這正是《中庸》所説未發之中。所以古人説："夫禮所以制中也。"（《禮記·仲尼燕居》）禮文之規定是必須取不偏不倚的中道的，必須具有普遍的適應性，而同時又要允許有所變通。例如喪服期限，"至親以期斷"，直近親屬以一年之喪爲中，但是親疏遠近不同則喪期有變。父母必三年之喪，是加隆。其餘有緦麻、小功等不足一年者，是殺（《禮記·三年問》）。隆殺便是和。

　　古人中孟子是最爲知權的一位。"男女授受不親"，是古禮中一條重要規定，通常情況下誰也不得違犯。遇有特殊的情況例如嫂溺怎麼辦？孟子説，"嫂溺援之以手"，"嫂溺不援，是豺狼也"。"男女授受不親"與"嫂溺援之以手"，看似抵觸，其實極順理。孟子説："男女授受不親，禮也；嫂溺援之以手，權也。"（《孟子·離婁上》）平時授受不親，特別時候援之以手，都是正確的，前者是中，後者也是中。但是，畢竟有區別，前者屬於一般性，相當於"喜怒哀樂之未發"的中；後者屬於特殊性，相當於"發而皆中節"的和。孟子對於權的理解極其深刻，上文已言及孟子曾説子莫既不學楊子爲我，也不學墨子兼愛，而是執中，執中比爲我、兼愛兩個極端好。但是，孟子認爲，"執中無權猶執一也。所惡執一者，爲其賊道也，舉一而廢百也"（《孟子·盡心上》）。執中是對的，但衹對一半，另一半尚須知權。執中而不知權便等於執一，執一則絕對達不到《中庸》所謂皆中節的和。老子貴柔守雌不爲天下先，所以道家不講中和也做不到中和。

　　孟子講權，孔子講時中，都是《中庸》講的皆中節的和，孔子自稱他與前聖伯夷、叔齊、柳下惠諸人之根本不同在於那些人拘於一偏，而他是"無可無不可"（《論語·微子》）。什麼事情都無所謂可也無所謂不可，一切依時而行。孔子確實是這樣做的。據孟子説："孔子之去齊，接淅而行。去魯，曰：遲遲吾行也，去父母國之道也。可以速而速，可以久而久，可以處而處，可以仕而仕，孔子也。……孔子，聖之時者也。"（《孟子·萬章下》）孔子教學因材而異，"求也退，故進之，由也兼人，故退之"（《論語·先進》），弟子問仁問孝，孔子因人而異，時而這樣答，時而那樣答，都是"無可無不可"的表現，換句話説，就是時中。孔子看問題做事情這種知權達變的靈活方法使弟子們既難以捉摸又深爲嘆服，所以顏淵慨嘆説：夫子"仰之彌高，鑽之彌堅。瞻之在前，忽焉在後"（《論語·子罕》）。

以上扼要地討論了"中和"之中與和的不同。簡言之，中是不偏不倚，不左不右，無過不及。它是隱的，静的，自在的，有待於人去實行。由於事物是複雜多變的，人在實行這個中時務須知道權變，把握時宜，否則不流於執一，便陷入折中調合，看來是中，其實不是中。如果能够知權達變，合乎時宜，表面看不是中，但是，是正確的，恰當的，因而實質也是中。這個中，孔子叫時中，孟子喻以權，《中庸》則徑稱之爲和。程頤講中一字而有二義，一曰在中，二曰時中，真可謂真知灼見。

子思《中庸》的和概念是有承繼的，不是他的突然發明。和概念早在孔子及孔子之前已經出現。《國語·鄭語》記史伯批評周幽王用人拘於一偏，是"去和而取同"。《左傳》昭公二十年記齊晏嬰説，和與同異。《論語·子路》記孔子説，"君子和而不同，小人同而不和"。三人所説的和皆與同對言，那末這和是什麽意思呢？史伯説："以他平他謂之和。"晏嬰説："和如羹焉。水火醯醢鹽梅以烹魚肉，燀之以薪，宰夫和之，齊之以味。"又説："君臣亦然。君所謂可，而有否焉，臣獻其否，以成其可。君所謂否，而有可焉，臣獻其可，以去其否。是以政平而無干，民無爭心。"《左傳》昭公二十年又記孔子説："善哉，政寬則民慢，慢則糾之以猛，猛則民殘，殘則施之以寬，寬以濟猛，猛以濟寬，政是以和。"《鄭語》韋昭注："和謂可否相濟。同謂同欲。"左昭二十年杜預注："否，不可也。獻君之否，以成君之可。"以上諸人對和的理解與《中庸》是一致的，祇是《中庸》概括爲"皆中節謂之和"更爲簡練、確切，因而更具有理論意義。

《中庸》之中和説與《易傳》也有關係。《易》以二、五兩爻爲中，《易傳》解釋卦爻辭特別以中爲重。二、五之中，相當於未發之中，其特點是不偏不倚，不左不右，恰在中道。《易》又以陽爻居陽位，陰爻居陰位爲正，《易傳》解釋卦爻辭也以正爲重。正，其實是做事正確，符合實際，相當於既發而皆中節的和。皆中節的和，在《易傳》裏更突出地表現爲時。艮卦《象傳》說"艮止也，時止則止，時行則行，動靜不失其時，其道光明"，最能反映《易傳》時中的思想。六十四卦一卦代表一個時代，一爻代表一個時代中的不同階段。例如乾卦，是元亨利貞的時代，乾之六爻則有潛、見、惕、或、飛、亢六種不同表現。時不同，對待亦應不同。人在乾時應當剛健奮進，自強不息。在乾之初則當隱伏不見，樂則行之，憂則違之；在乾之三則要進德修業，終日乾乾。《易傳》明確強調時或時中的言論很多，如升《象傳》："柔以時升。"蒙《象傳》："時中也。"損、益《象傳》："爲時偕行。"等等。《易傳》這正、時、時中的概念，到得《中庸》，就成爲中和的和。

　　中和二字連用時，二字的關係是中而和，不能理解爲中與和、中之和。中而和是"中庸"即把不偏不倚、不左不右的中加以靈活應用所達到的結果。人有中和問題，自然界也有中和問題。在人，屬於思想方法，是方法論的問題，做到中和，是高智力的表現。能"致中和"的人極爲罕見。孔子絕不輕易許人以仁，但也說管仲是仁者，說顏淵三月不違仁，而對於中和，他僅僅以爲舜够標準，因而說："舜其大知也與。"（《中庸》第六章）孟子則除言及舜做到中和之外，又提到孔子。在自然界，中和屬於天道運行，萬物生育的一種最佳狀態。是無思無爲，自然天成。孔子講的"天何言哉，四時行焉，百物生焉，天何言哉"（《論語·陽貨》）和《周易》乾《象傳》說的"乾道變化，各正性命，保合大和"，正是自然界的中和狀態。孔子認爲人若真正做到中和，便會取得偉大的效果，乃至於"與天地合其德，與日月合其明，與四時合其序，與鬼神和其吉凶"（《周易·乾·文言傳》）。也就是《中庸》講的"致中和，天地位焉，萬物育焉"（第一章），"可以贊天地之化育"，"可以與天地參"（第二十二章）。這當然不是說人"致中和"能够決定或改變天地萬物的面貌，而是說人的中和與天地自然之中和具有一致性，人是可以合於天的。

### 三、天、性、道、教

《中庸》開宗明義便説："天命之謂性,率性之謂道,修道之謂教。道也者不可須臾離也,可離非道也。"從天講到人,從天之道講到人之道,而後落到人之修養——教上。然後全篇都是講君子如何修道、盡性、知天,以至於達到與天地參的問題。主旨與邏輯層次同《易傳》一致而比《易傳》更系統、圓通。

"天命之謂性",命是謂詞,使令、賦予之意。天是主詞,指稱天地自然。性,物之性及人之性。全句是説天所使令,天所賦予,天所生成的,就是性。這個性具有普遍意義,包括人類和萬物,與《易文言傳》"各正性命"之性同義。

"天命之謂性"之"天",宜據《易傳》作解。《易傳》講萬物乃自然天成,與神無涉。而自然就是天,天不能單獨成物,必天地合德方能造就萬物。故《序卦傳》説"有天地然後萬物生焉","有天地然後有萬物,有萬物然後有男女",不單言天而合言天地。《説卦傳》説"立天之道曰陰與陽,立地之道曰柔與剛"。天的實質性内容不是别的,就是太陽。《禮記·郊特牲》講"大報天而主日",《漢書·魏相傳》説"天地變化必由陰陽,陰陽之分以日爲紀"。可見古人指天爲太陽,所謂"立天之道曰陰與陽",這陰與陽是太陽造成的,如晝夜、寒暑、陰晴、春夏秋冬等。"立地之道曰柔與剛",柔剛其實也是陰陽,地即大地。地上的陰陽表現在金木水火土等實物上。

天地生成萬物以及人類,《文言傳》認爲是天地合德即相互作用的結果。《文言傳》用乾指稱天,用坤指稱地。《繫辭傳下》又説:"乾陽物也,坤陰物也。"從小處説,天地各有陰陽,從大處説,天地亦一陰陽。那末,在生成萬物的問題上天地各起什麽作用呢?乾《彖傳》説:"大哉乾元,萬物資始。"坤《彖傳》説:"至哉坤元,萬物資生。"天廣大無比,萬物賴之以生,地亦至廣無比,萬物賴之以成,天地合德,然後萬物"各正性命","品物咸章"。從萬物的角度看,飛潛動植以及人類男女,全由天賦,自然天成,既非神意,亦非人爲。《中庸》所説"天命之謂性"之"天命",恰是此意。命字在此作動詞用,不宜視爲名詞。"天命",天是天地自然,命是生成萬物以及人類。

性是什麼,"天命之謂性"句便是最明確的定義。萬物及人類由天地合德而自然生成,其形其質皆自然所賦予。此自然所賦予之形與質,便是性。《繫辭傳上》説:"一陰一陽之謂道,繼之者善也,成之者性也。"一陰一陽實即乾與坤,乾坤對立統一便是自然規律。繼是人繼,人能與乾坤合其德,順應自然規律,就是善。善不是性,"成之者"才是性。成是天成,天(即乾道與坤道)生成萬物,萬物從天那裏獲得一定的形體,一定的性質,便是性。《大戴禮·本命》説"形於一謂之性",義與此同。《春秋繁露·實性》説"性者,天質之樸也",講得更加明白無疑。這樣理解性,與孔子"性相近"的説法完全符合,性就是天賦的自然本性,人類如此,"品物流形","各正性命"的萬物亦如此。朱熹《中庸章句》説"性即理也",大謬。他説的理實際是老子"道生一"的道。此"道"先天地生,獨立而不改,與物之性、人之性無干。即便他説的"理一分殊"之分散於萬物的理,也不是《中庸》所言之性。孔子固然也講理,如《説卦傳》説"窮理盡性以至於命","順性命之理",但是此理指一般事理而言,與朱熹的理不是一事。

"率性之謂道",此性指人之性,此道指人之道。人之性問題歷來爭論最大,説法很多。我們討論《中庸》所言之性,自應遵循孔子的意見。孔子説:"性相近也,習相遠也。"《論語》記孔子言性祇有這一條。這一條卻十分重要,也十分明白。性是天賦自然之性,人們大體相同,故言近。習是後天習染,人們相差甚遠,故言遠。自然之性無所謂善惡,善惡乃後天環境、教育造成,人各有不同。孟子"人性善"、荀子"人性惡"以及後世人之"有善有惡"、"善惡混"諸説,都與孔子相近相遠之説不符,也都不正確。

人之道,依《説卦傳》"立人之道曰仁與義"的説法,是仁與義。仁與義在孔子那裏既是道德的概念,也是人倫關係的概念。人之所以是人,與動物不同,除形體特質的自然屬性之外,更重要的在於人有社會屬性。《説卦傳》用仁與義概括的人之道其實説的就是人的社會屬性。仁與義不是別的,正是人必然生活其中的社會關係的兩個方面。一個是血緣關係,一個是血緣外關係(在階級社會表現爲政治關係)。人生活在這兩種社會關係中,所以叫人;動物有血緣但没有血緣關係,某些動物雖有群體關係(如蜂、蟻),卻屬於天賦本能,没有群體意識支配,更無道德可言。所以動物不是人。《中庸》記孔子説:"仁者人也,親親爲大,義者宜也,尊賢爲大。親親之殺,尊賢之等,禮所生也。"顯然在孔子看來,仁主要講血緣關係,義主要講政治關係。兩種關係都有等差,由此而産生禮。

人之道與天之道是相通的。"一陰一陽之謂道"是天之道,天之道由抽象到具體,就是人之道。"立天之道曰陰與陽"落到人類,便是"立人之道曰仁與義"。仁與義的實質是陰與陽。

"率性之謂道",應是"天率性之謂道",天字作爲主詞,因上句省。這裏,率字的訓釋是關鍵。鄭玄《中庸》注:"率,循也。"宋人程頤,朱熹因之。率字固有循訓,經典率字多有訓循者,如《詩·大雅·縣》"率西水滸"、《小雅·北山》"率土之濱",毛傳率並訓循。但是率與帥古同音通用,帥亦作率。《荀子·富國》:"將率不能則兵弱。"《漢書·申屠嘉傳》:"遷爲隊率。"師古注:"一隊之率也。"鄭玄注《儀禮·聘禮》"帥衆介夕"云:"古文帥皆作率。"《説文》辵部:"達,先導也。"段注:"達,經典假率字爲之。"又:"《釋詁》、《毛傳》皆云'率,循也',此引申之義,有先導之者,乃有循而行者。"是知率訓循行,亦訓先導、率領。

"率性之謂道"之率字宜訓先導、率領,訓循是不對的。是誰率性? 是天率性。率什麼性? 率人的自然屬性。自然屬性決定人有喜怒哀樂愛惡欲。天既能生人，使之備具人之性，亦能使人性中的諸多情慾有所節制，即先導之，率領之，使達於中和的狀態而不至於無忌憚，這就是道。道是客觀的，不以人的主觀意識爲左右。率人之性的是天，是天之道，然而落實到人類身上，便由抽象上升到具體而成爲人之道。人之道即如上文所説，是仁與義。仁與義不是別的，就是任何個人都不能逃脱或改變的血緣、血緣外兩種社會關係。社會關係是變化的，古今有所不同，但是人必生存於其中且受其率領、節制這一點，永遠不會變。如果訓率爲循，則循性者必是人，人循性而行，必無所節制，何可謂道！

道不能改變卻可以修治，故云："修道之謂教。"概言之，"修道"就是學道，就是通過一定的手段使人不離道且自覺地處在道的節制中。具體地説，包括治人和修身兩方面。朱熹以爲"修道之謂教"的教衹是"聖人因人物之所當行者而品節之，以爲法於天下，則謂之教，若禮樂刑政之屬是也"，注意了治人的一面，忽略了修身的一面。其實《中庸》重點在於講修身，故云："爲政在人，取人以身，修身以道，修道以仁。"人之修道在於仁，也包括義、知、勇等。仁、義、知、勇都有個時與度的問題，須做到"無可無不可"、"無過不及"，亦即把握中庸之道。達到極致，是"致中和"，可"贊天地之化育"，"可以與天地參"。

《中庸》開宗明義提出天、性、道、教四個概念，指明四者的關係，意在强調人道與天道的差異性與一致性，修道的必要性與可能性。君子修道之最重要也最難能的一項是做到"時中"，以達於"致中和"、"與天地參"。其中蘊含着孔子人與天地合其德的"天人合一"的思想。朱熹《中庸章句》用理釋性，以循訓率，説率性是"人物各循其性之自然"，亦即循理而行；而理是宋人鼓吹的所謂天理，根本不是孔子講的天之道、人之性。

## 四、誠

《中庸》用很多篇幅講誠的問題。由人道的誠講到天道的誠，又由天道的誠講到人道的誠，強調人道的誠與天道的誠的一致性，在中和問題之後更進一步從誠的角度闡述天人合一的觀點。

《中庸》提出誠的概念，是與孔子及《周易》有關係的。《論語》沒有明確的誠概念，有兩個誠字，也都與《中庸》哲學意義上的誠不同。但是，《中庸》講的天道之誠的確可在《論語》中找到根據，"天何言哉，四時行焉，百物生焉，天何言哉"（《論語·陽貨》），"子在川上曰：'逝者如斯夫，不舍晝夜'"（《論語·子罕》），所言天不言而流行生物不息，豈不正是《中庸》講的天道之誠。《周易》无妄卦卦辭講"无妄，元亨利貞，其匪正有眚，不利有攸往"，《彖傳》解釋"无妄，元亨利貞"爲"天之命也"，解釋"其匪正有眚，不利有攸往"說，"无妄之往，何之矣，天命不祐，行矣哉"。《象傳》說"天下雷行，物與无妄，先王以茂對時育萬物"。這是說无妄是天之命或曰天之道亦即由太陽運行規律決定的萬物生生不息地生長、發展、運動、變化的歷程，這歷程恒久而無差忒。人的思想行爲也有個能否適應天之道的問題，天道是无妄的，人亦當效天而无妄。《周易》无妄的思想，《中庸》使用一個誠字來概括。

誠字怎麽講？《爾雅》、《廣雅》都訓信，《説文》言部則誠、信互訓，《詩·九罭》"於汝信處"，鄭玄箋："信，誠也。"賈誼《新書·道術》說"期果言當謂之信，反信爲慢；志操精果謂之誠，反誠爲殆"。訓誠字爲信，爲言行一致，心口如一，爲慢殆的反義，當然是對的。但是《中庸》的誠已具有哲學的蘊含，不可簡單對待。朱熹《中庸章句》說："誠者，真實无妄之謂，天理之本然也。"說天道之誠是真實無妄，極得要領，說誠是"天理之本然"則大謬。天理是朱熹強加給《中庸》的概念，是宋人的東西，孔子以及《中庸》祇講天之道、人之道等等,從不言什麼天理。朱熹所謂理,在物之先,物之外,在某物之先,先有個某物之理在,然後才有某物;在天地之先,先有個天理在,然後才有天地。這理與孔子講的道根本不同。《中庸》本身已交代得十分清楚:"道也者,不可須臾離也,可離非道也。"若説誠是天道之本然,那就對了。

《中庸》言誠先從人之道説起。它的邏輯思路是這樣的:君子的人生價值在於修身、治人、治天下國家,爲此要處理好君臣、父子、夫婦、昆弟、朋友五種關係即天下五達道,要解決好修身、尊賢、親親等所謂九經,而要做到這些,必須具備知、仁、勇三方面即天下三達德,而根本的一點是修身,修身的直接目標是使身誠,如何使身誠? 曰:"誠身有道。不明乎善,不誠乎身矣。"曰:"誠之者,擇善而固執之者也。"一是明善,二是行善。由此可見,君子誠身的内涵就是一個善字。《繫辭傳》説:"繼之者善也,成之者性也。"由此又可見,性是天成,善是後繼,是人爲修養;誠當然不是人性所固有。這道理在《易傳》和《中庸》表述得極確切。

《中庸》説:"誠者天之道也。誠之者人之道也。誠者不勉而中,不思而得,從容中道,聖人也。"這是《中庸》論誠至關重要的言論。它是説,第一,無論天道人道,誠都是一樣的,故天人可以相通,可以合一。第二,天與人誠的途徑有別,天道之誠"不勉而中,不思而得,從容中道",即不須努力,不須思慮,自然天成。而人道之誠則須通過勉、思達到。第三,人中之聖人特殊,與天相同,誠可以不勉不思而成。亦即《中庸》另處所言"生而知之","安而行之"之人。"生而知之"説本孔子(見《論語·季氏》)。"生而知之"之人本不存在,孔子自己從不以"生而知之"自許。他之所以在"學而知之"之前虛懸"生而知之"一格,是時代迫使他不得不如此,猶如他本不信鬼神之存在,卻又充分肯定祭祀之重要一樣,是出於神道設教的考慮。子思對此當然是要繼承的。

虛設聖人生而知之、不勉不思而成這一格,實具有重大的理論

意義,既給人達到天道之誠從而實現天人合一提供可能性,也給對
人提出明善、擇善而固執之以達到誠的境界找到了充分的理由和
依據。所以《中庸》言誠特別詳述天道之誠,然後特別強調人道效
天道而達到誠的途徑。第26章講"故至誠無息"云云,即是言天道
之誠。天道之誠表現在天地之生物、成物上。天地"至誠無息",天
高明,地博厚,二者共悠久。它們"爲物不貳",專一不亂;"生物不
測",多至無窮。而所有生物成物的過程始終表現爲"不見而章,不
動而變,無爲而成"。所以第二十五章說"誠者自成也","誠者物之
始終也,不誠無物"。誠表現在物之成上,倘無物,誠則無從說起。
朱熹將誠釋爲真實无妄,是符合《中庸》本義的。

　　《中庸》按照天道之誠給人道之誠描述出修養的途徑。第二十
一章說:"自誠明,謂之性;自明誠,謂之教。誠則明矣,明則誠矣。"
由誠而至於明善,是天命之性使然,不假人爲修養,屬於"不勉而
中,不思而得"的聖人一類。這類人能盡己之性,又能盡人物之性,
甚乃可以"贊天地之化育"而"與天地參",以至於"發育萬物,峻極
於天"。聖人以下的君子賢人一類不能"自誠明",而須"自明誠",
他們要"明善"並"擇善而固執之",爲此務必要"博學之,審問之,慎
思之,明辨之,篤行之",而且學、問、思、辨、行務須造其極,做到"人
一能之己百之,人十能之己千之",付出十倍於人的努力。

　　以上是《中庸》誠說的大概。它的淵源顯然在孔子及其《易
傳》。《文言傳》之"夫大人者與天地合其德","君子學以聚之","君
子敬以直內,義以方外",《繫辭傳》之"精義入神","窮神知化"云
云,講的正是"自誠明"、"自明誠"的問題。《中庸》誠說並不神秘,
參照《易傳》看,不難明白,對於人的道德修養也很有積極的意義。
它說天道是誠的,人也要學天道之誠,辦法是學以明善,擇善而固
執之,要終生積漸,奮鬥不息。這道理極其樸實,且有哲學意義,對
於今人也有借鑒的價值。

　　可是《中庸》誠說到宋人尤其朱熹那裏卻變了樣。朱熹說誠是

真實无妄,是對的,其餘則加以扭曲。朱熹喜言體用,便用體用説框《中庸》的誠。他説"性即理"(《中庸章句》),"誠是實理自然","誠之者是實其實理"(《朱子語類》卷六十二)。性是理,誠也是理,則誠必是性。又説"性是體,道是用"(同上),"天下之物,洪纖鉅細,飛潛動植,亦莫不各得其性命之正以生,而未嘗有一毫之差。此天理之所以爲貴而不妄者也"(《中庸或問》),"大本者,天命之性。天下之理皆從此出。道之體也"(《中庸章句》)。以爲性、誠都是道體,而道是用。這裏,朱熹對《中庸》的扭曲至少有三。第一,《中庸》思想得自孔子及其《易傳》,不講體用,講體用是朱熹的思想,與《中庸》不相干。況且《中庸》講誠是天之道,"誠之"是人之道,誠與"誠之"分別表現在天之道與人之道之中,不可謂誠是體,道是用。第二《中庸》講道不講理,而且祇講天之道、人之道、天地之道、天下之道等等,不講超越物外之道。朱熹在道之外又講理,且謂誠是理是體,而道是用,等於説理是體,道是用。第三,《中庸》謂"天命之謂性,率性之謂道","誠者天之道也",性、道不同,而誠表現在天之道上,故誠、性亦非一物,朱熹卻謂性、誠一事。

　　以上就四方面問題討論了《中庸》的基本思想,分析且批評了朱熹"中庸"説之謬誤。我們的觀點概括地説是以下幾點。第一,《中庸》確係孔子之孫子思所作,反映孔子的思想且與《易傳》有關。第二,中的概念始於堯,傳至舜禹成湯文武周公,誰都不曾明白地講過人究竟應當怎樣用中。至孔子才提出"中庸"説,并且身體力行地給用中指出一條道路,但是也没有明言"中庸"的含義爲何。子思作《中庸》,把中劃分爲中與和二義,這才使人知道了"中庸"就是用中,就是讓人把客觀自在的未發的中,付諸應用,使達到皆中節的和。這和相當於孔子的時中,孟子的權。中與和的關係毋寧説是經與權的關係。第三,《中庸》全文貫穿着天人合一的思想,由天道言及人道,認爲人道與天道一致,人道應該也能够與天道合,進而强調人修道進德的積極意義。第四,朱熹藉助《中庸》建立自己的理學體系，他對《中庸》的解釋在諸多要害問題上都是錯誤的，背離《中庸》的原義。朱熹的包括《中庸章句》在内的《四書集注》，自元至清六七百年間被官方定爲士子課讀和應試的最高教材。朱熹注釋的權威性甚至高過"四書"本身，必須絕對遵信，稍有懷疑，便是非聖叛道。謬説流傳，貽誤後代，影響至今仍然隨處可見。《中庸》(以及《大學》、《論語》、《孟子》)實藴含着深刻而正確的思想，對於當代精神文明建設尤其道德倫理方面的建設具有積極意義，而朱熹的"中庸"説則必須批判、抛棄，因爲它是傳統思想文化中的糟粕，而不是精華。

　　　　　　　（與吕紹綱合寫，《孔子研究》1994 年第 2 期）

# 儒家主和哲學與未來國際政治

和平外交是新中國的國策。

有人説，現在中國還不够强大，故實行和平外交，將來如果强大了，是會改變的。我不同意這種看法，我認爲中國和平外交是長期的，將來也不會改變。爲什麽這樣説呢？我可以舉出三點根據。

## 一

儒家主和哲學在中國歷史上有深厚的基礎。例如《尚書·堯典》説："克明俊德，以親九族，九族既睦，平章百姓，百姓昭明，協和萬邦。"這是説帝堯作爲一個政治組織的首腦，對九族的政策采用"親"，對百姓的政策采用"平章"，對萬邦的政策采用"協和"。"萬邦"好似今天的聯合國，但在當時不過是一些部族、部落或氏族，因爲當時還没有國家。這個"協和萬邦"證明，主和哲學早自帝堯時在實踐上已經有所表現。《國語·鄭語》記載周厲王時，史伯和鄭桓公有一段對話，在對話中史伯批評周厲王"去和而取同"，説："夫和實生物，同則不繼，以他平他之謂和，故能豐長而物歸之。若以同裨同，盡乃棄矣，故先王以土與金木水火雜，以成百物。是以和五味以調口，剛四支以衛體，和六律以聰耳，正七體以役心……於是乎先王聘后於異姓，求財於有方，擇臣取諫工而講以多物，務和同也。聲一無聽，物一無文，味一無果，物一不講。"在這段對話中，史伯論主和的正確性何等透辟！

《左傳》昭公二十年記載：

　　齊景公曰："唯據與我和夫！"晏子對曰："據亦同也，焉得爲和？"公曰："和與同異乎？"對曰："異。和如羹焉；水、火、醯、醢、鹽、梅，以烹魚肉，燀之以薪，宰夫和之，齊之以味，濟其不及，以泄其過。君子食之，以平其心。君臣亦然。君所謂可，而有否焉，臣獻其否，以成其可；君所謂否，而有可焉，臣獻其可，以去其否，是以政平而不干，民無爭心。故《詩》曰：'亦有和羹，既戒既平，鬷嘏無言，時靡有爭。'先王之濟五味，和五聲也，……一氣、二體、三類、四物、五聲、六律、七音、八風、九歌，以相成也；清濁、大小、長短、疾徐、哀樂、剛柔、遲速、高下、出入、周疏，以相濟也。君子聽之，以平其心。心平，德和。故《詩》曰：'德音不瑕。'今據不然，君所謂可，據亦曰可，君所謂否，據亦曰否。若以水濟水，誰能食之？若琴瑟之專一，誰能聽之？同之不可也如是。

　　在這段文字裏，晏子對主和哲學所以是正確性的論述，可以説是淋漓盡致。

　　《論語·子路》記孔子曰："君子和而不同，小人同而不和。"孔子這段話既精確，又簡明，也尖鋭，應是儒家主和哲學最切己的訓示。

## 二

　　從新中國建立那天起，就主張和平，反對戰争。這決不是權宜之計，而是由國家性質決定的。大家還記得開國時，毛澤東出任國家主席，就反對霸權主義，反對强權政治，曾經向全世界宣佈中國永遠不稱霸。周恩來任國務院總理，出席萬隆亞非會議，和印度總理尼赫魯、緬甸總理吳努共同提出著名的和平共處五項原則，在討論問題時，主張求同存異。什麼是求同存異？實際就是"和而不同"嘛。

## 三

　　當今有識之士,都承認國際社會的主題是和平與發展。這是因爲本世紀經過兩次世界大戰,人們都深知戰爭之危害,而渴望和平。儘管目前還存在霸權主義、强權政治,不過如西下夕陽,是不會長久的。我敢斷言,未來國際政治一定是和平,而不會是相反,因爲祇有和平,世界才會安寧,人民才有幸福可享。

(《文史知識》1999 年第 9 期)

# 論《中庸》的"中"與"和"及《大學》的"格物"與"致知"

本文準備談兩個問題。一個是《中庸》的"中"與"和",一個是《大學》的"格物"與"致知"。"中"與"和"實際講的是工作方法問題,"格物"與"致知"講的是知識來源問題。講到工作方法問題,可以說有千萬條,但是歸納起來祇有兩條:一條是"中",一條是"和"。"中"在正常情況下應用,比較好懂,有三兩句話就能説明白。"和"在特殊情況下應用,就不大好懂,必須用許多話才能説明白。"中"與"和"是中國自古以來傳統中卓有成效的兩種工作方法,《中庸》一書舉以示人,十分寶貴。可惜被朱熹作《四書注》給解釋錯了,迷惑後人六七百年,必須加以糾正,免得繼續迷惑後人。"格物"與"致知"講的是知識來源問題,本來十分容易懂,人人都明白,卻被朱熹注得很玄奧。現在也得談談。

首先談"中"與"和"。

《中庸》説:"喜怒哀樂之未發,謂之中。""喜怒哀樂"是人在感情上的四種表現,這四種表現不是中,都是偏於一個方面。但是當它們都還沒有表現出來的時候,無所偏倚,就叫做中。這句話是解釋"中"的定義。朱熹給《中庸》作注,説"其未發"是性,這種解釋顯然是不對的。

"發而皆中節,謂之和。""發"是"喜怒哀樂"的"發"。"皆中節",是説喜也中節,怒也中節,哀也中節,樂也中節,喜怒哀樂表現得都對,就是"皆中節",這就叫"和"。有一首詩説人生有四喜,"久旱逢甘雨,他鄉遇故知,洞房花燭夜,金榜題名時"。喜不是中,但這時候該喜,喜得對,那就是"中節",就是"和"。怒哀樂也都是一樣的。再舉個例子,《孟子·離婁上》講,淳于髡問孟子:"男女授受不親,禮與?"孟子說是禮。淳于髡又問:"嫂溺則援之以手乎?"孟子說,嫂溺不援之以手,那是豺狼,男女授受不親是禮,嫂溺援之以手是權。這就是說男女授受不親是"中",嫂溺援之以手是"不中",但不援之以手就會淹死人,援之以手就對了,這是"不中的中",這就是"和",也就是孟子所說的"權"。又比如說,劉青山、張子善是老黨員,但他們貪污,就要殺;傅作義是戰犯,該殺,但北平和平解放,他立了大功,所以解放後不但不殺,還讓他做了水利部長。殺人好像有點左,但有罪該殺就不是左;讓傅作義做水利部長好像有點右,但他有功,讓他做水利部長是對的,那就不是右,這樣做就是"和"。朱熹解釋"和"是"情之正也,無所乖戾",這完全是錯誤的。

"中也者,天下之大本也。""本"是根本,形容重要。"天下之大本",就是天下的根本,是最重要的。什麼事都能做到中,那是最好的,所以是"天下之大本"。政策不左不右就叫做"中"。《論語》記載子貢問孔子:"師與商也孰賢?"孔子說:"師也過,商也不及。"子貢問:"然則師愈與?"孔子說:"過猶不及。""中"就是無過無不及。朱熹給這句話作注時說"大本"是"天命之性",不對。

"和也者,天下之達道也。""和"是"不中的中"。"達道"就是通往"中"的其他道路。比如去北京可以坐火車去,但也可以坐飛機去,這就是"達道"。而朱熹卻說:"達道者,循性之謂。"這是故作高深的錯誤說法。

"致中和,天地位焉,萬物育焉。"這實際是說天地萬物也不過是中和而已。這句話可以用《論語·陽貨》篇來解釋。《陽貨》說:"子曰:'予欲無言。'子貢曰:'子如不言,則小子何述焉?'子曰'天何言哉? 四時行焉,百物生焉,天何言哉?'""致中和",就是"四時行焉",就是講春夏秋冬。春秋是"中",冬夏是"和"。"天地位焉,萬物育焉"就是"百物生焉"。天地萬物祇有經過春夏秋冬才能發育成長，這就是"致中和"。朱熹對這句話的解釋更是荒謬，説什麽"自戒而約之，以至於至静之中，無少偏倚，而其守不失，則極其中而天地位矣。自謹獨而精之，……則極其和而萬物育矣"等等，讓人不知所云。同時，講"中和"這段話在《中庸》中是獨立一節，與上文没有關係。朱熹作注時硬把上下文聯繫起來以"心性"之説解釋"中和"，毫無可信之處。

下面再談一談"格物"與"致知"。

《大學》首章云："致知在格物。"這句話很簡單，是講知識的來源問題。"格"是接觸，"物"是外物，你祇有接觸外界事物，才能獲得知識。閉耳塞聽一輩子也得不到知識。而朱熹則認爲知識在人的内心，要從内心去尋找，説什麽"推極吾之知識，欲其所知無不盡也"，"窮至事物之理，欲其極處無不到也"，故作高深，貽誤後人。同時，他還在第五章中以心性理學之説再次解釋"格物"與"致知"，更是大錯特錯。

"中"與"和"是講做事的方法，"格物"與"致知"是講獲得知識的途徑，都很重要的。"中和"之道在軍事上尤其重要。趙括紙上談兵，結果在長平之戰被白起打敗，四十萬趙兵被活埋，他自己也被殺死。這是不懂得"中和"之道。孫子作戰講究"出其不意，攻其無備"，這是講"中和"，毛主席打仗説"打得贏就打，打不贏就跑"，以小米加步槍消滅了國民黨八百萬美式裝備的軍隊，也是講"中和"。打仗有正有奇，有常有變，有經有權，在正常情況下怎麽辦，在特殊情況下怎麽辦，都要靈活處理，祇知其一，不知其二是很危險的。

（《學術月刊》2000 年第 6 期）

# 戰國四家五子思想論略

## ——儒家孟子、荀子,墨家墨子,道家莊子,法家韓非子

　　戰國時期,天下大亂,"上無天子,下無方伯",先前所有"納民於軌物"的東西,大都失去了約束力。新生事物如脫韁野馬,驀坡注澗,從各個角落裏一齊奔跑出來。整個社會發生急劇變化。反映在意識形態領域內,則爲思想解放,百家爭鳴,在中國歷史上形成一個罕見的繁榮局面。

　　關於當時的思想派別,諸子書如《莊子》、《尸子》、《荀子》、《呂氏春秋》等都有論列,但區別不精,又所舉家數多未立名目。至漢初,司馬談著論,評騭得失,始總爲陰陽、儒、墨、名、法、道德六家。後來班固作《諸子略》,襲用劉歆舊説,又分爲儒、道、陰陽、法、名、墨、縱橫、雜、農等九家。其實,陰陽家所長在於天文曆法,農家則注意在生產技術,應屬自然科學和生產技術範圍。名家所爭辯的不出邏輯學範圍,是方法論上事。至縱橫家則以不同的外交政策作爲爭論的主要內容。雜家則不名一家。真正在政治思想領域中展開鬥爭的,實際衹有儒、墨、道、法四家。本文即以儒、墨、道、法四家爲綱,就其代表人物孟子、荀子、墨子、莊子、韓非子等五子的思想略論如下。

## 一、儒　　家

　　儒家以六藝爲法,以孔子爲師。戰國時期儒家的代表人物有

孟子和荀子。

## 孟　子

　　孟子名軻，鄒人，受業於子思之門人，是孔子學説的堅定的捍衛者。在孟子生活的幾十年間，不但"楊朱、墨翟之言盈天下"（《孟子·滕文公下》），法家吳起、商鞅，縱横家蘇秦、張儀，兵家孫臏等也紛紛登上政治舞臺，大顯身手。這時孟子獨逆歷史潮流而動，把許多的新生事物都作爲邪説、跛行、淫辭來反。所以孟子的政治主張毋寧説比孔子還落後。孔子祇是夢想周公，而孟子則"言必稱堯舜"（《孟子·滕文公上》）。孟子自視甚高，嘗感慨地説："當今之世，舍我其誰也?"（《孟子·公孫丑下》）然而他的官運並不亨通。孟子在齊、魯兩國任過卿，爲時很短。游梁，見梁惠王，强語以仁義，終不見用，退而與萬章之徒作《孟子》七篇。

　　就現存的《孟子》七篇來考察，大體上可以説，孟子的思想是以性善論爲出發點的。表現在政治上則爲行王道，施仁政；表現在經濟上則主張"制民之産"（《孟子·梁惠王上》），即恢復當時已經遭到破壞的井田制。他的歷史觀是唯心的，但他承認社會分工的必要性而反對平均主義；在天命問題上，認識比較模糊，但從本質上看，應屬唯物論范疇；又在一些言論當中反映有辯證法因素。這些都是應當肯定的。兹更逐一論述如下。

　　1. 性善論

　　人性問題在戰國的思想界是一個受到普遍重視的問題。很多人想解決它，但誰也沒有解決得了。原因在於他們都是離開人的社會性，抽象地去看人性，因而不能解決人性問題。孟子當然也是這樣。

　　孟子認爲人性善，理由是"人皆有不忍人之心"。他説："所以謂人皆有不忍人之心者，今人乍見孺子將入於井，皆有怵惕惻隱之心。非所以内交於孺子之父母也，非所以要譽於鄉黨朋友也，非惡其聲而然也。由是觀之，無惻隱之心非人也，無羞惡之心非人也，無辭讓之心非人也，無是非之心非人也。惻隱之心，仁之端也；羞惡之心，義之端也；辭讓之心，禮之端也；是非之心，智之端也。人之有是四端也，猶其有四體也。"(《公孫丑上》)

在另一個地方，又說："口之於味，有同嗜也，易牙先得我口之所嗜者也。如使口之於味也，其性與人殊，若犬馬之與我不同類也，則天下何嗜皆從易牙之於味也？至於味，天下期於易牙，是天下之口相似也。惟耳亦然。至於聲，天下期於師曠，是天下之耳相似也。惟目亦然。至於子都，天下莫不知其姣也，不知子都之姣者，無目者也。故曰：口之於味也，有同嗜焉；耳之於聲也，有同聽焉；目之於色也，有同美焉。至於心，獨無所同然乎？心之所同然者何也？謂理也，義也。聖人先得我心之所同然耳。故理義之悦我心，猶刍豢之悦我口。"(《告子上》)

孟子還說："人之所不學而能者，其良能也；所不慮而知者，其良知也。孩提之童，無不知愛其親者，及其長也，無不知敬其兄也。親親仁也，敬長義也，無他，達之天下也。"(《盡心上》)又說："仁之實，事親是也；義之實，從兄是也；智之實，知斯二者弗去是也；禮之實，節文斯二者是也。"(《離婁上》)

孟子上述這些論證，看來好象有道理，那麼，荀子論證人性惡，說"今人之性，生而有好利焉，順是，故爭奪生而辭讓亡焉；生而有疾惡焉，順是，故殘賊生而忠信亡焉；生而有耳目之欲，有好聲色焉，順是，故淫亂生而禮義文理亡焉"(《荀子·性惡》)，又何嘗沒有道理。其實，二人所舉的一些例子都有片面性，都沒有接觸到問題的實質。特別是孟子所舉的"口之於味也"一些例子，所論證的祇是人的自然性，同社會性顯然不是一回事。

至於良知良能的説法，實際上是把血緣親屬關係理想化了，亦即把氏族制度理想化了。自春秋以來，歷史上所經常看見的乃是"臣弑其君者有之，子弑其父者有之"。孟子所説的良知、良能、事親、從兄，何嘗具有普遍意義？

　　毛澤東同志説："有没有人性這種東西？當然有的。但是祇有具體的人性，没有抽象的人性。在階級社會裏就是祇有帶着階級性的人性，而没有什麼超階級的人性。"①孟子所説的人性善，正是抽象的人性，超階級的人性，因而是不能成立的。

　　2. 仁政説

　　孟子説："人皆有不忍人之心。先王有不忍人之心，斯有不忍人之政矣。以不忍人之心，行不忍人之政，治天下可運之掌上。"（《公孫丑上》）

　　又説："老吾老以及人之老，幼吾幼以及人之幼，天下可運於掌。"（《梁惠王上》）

　　又説："道在邇而求諸遠，事在易而求諸難，人人親其親，長其長，而天下平。"（《離婁上》）

　　又説："君仁莫不仁，君義莫不義，君正莫不正，一正君而國定矣。"（《離婁上》）

　　又説："堯舜之道，孝悌而已矣。"（《告子下》）

　　又説："君行仁政，斯民親其上死其長矣。"（《梁惠王下》）

　　又説："行仁政而王，莫之能御也。"（《公孫丑上》）

　　從上述這些言論可以明顯地看出，孟子所説的仁政，是以性善論爲出發點的。他是以孝悌，即親其親、長其長作爲推行仁政的方法和根據。行仁政的典型人物則是堯舜，堯舜成功的經驗祇是孝悌。從實質上看來，孟子所宣揚的仁政，不是別的，不過是氏族制度的翻版罷了。

　　韓非説："夫古今異俗，新故異備，如欲以寬緩之政，治急世之民，猶無轡策而御駻馬。"（《韓非子·五蠹》）這種説法，無疑是對的。司馬遷認爲孟子"迂遠而闊於事情"（《史記·孟荀列傳》），當即指孟子的這個政治主張來説的。

---

　　①　《毛澤東選集》合訂本，第 827 頁。

　　孟子的政治主張在當時是落後的,這一點没有疑義。但是因此而過分地貶低孟子,過分地抬高商鞅,我看也不見得對。例如,孟子强調人君應當與民同樂。他説:"樂民之樂者,民亦樂其樂;憂民之憂者,民亦憂其憂。"(《梁惠王下》)又説:"得乎丘民而爲天子。"(《盡心上》)"桀紂之失天下也,失其民也。失其民者,失其心也。得天下有道,得其民,斯得天下矣。得其民有道,得其心,斯得民矣。"(《離婁上》)孟子根據這個認識,作出了"民爲貴,社稷次之,君爲輕"(《盡心下》)的論斷,並説:"君之視臣如手足,則臣視君如腹心;君之視臣如犬馬,則臣視君如國人;君之視臣如土芥,則臣視君如寇讎。"(《離婁下》)又説:"國君進賢如不得已,將使卑踰尊,疏踰戚,可不慎與?左右皆曰賢,未可也。諸大夫皆曰賢,未可也。國人皆曰賢,然後察之。見賢焉,然後用之。左右皆曰不可,勿聽。諸大夫皆曰不可,勿聽。國人皆曰不可,然後察之。見不可焉,然後去之。左右皆曰可殺,勿聽。諸大夫皆曰可殺,勿聽。國人皆曰可殺,然後察之。見可殺焉,然後殺之。故曰國人殺之也。如此,然後可以爲民父母。"(《梁惠王下》)孟子的這種思想,應當承認,是很寶貴的。它具有明顯的人民性。這一思想,不但在戰國時期,即便是在整個中國封建社會,也是很難得的。連這一點也予以否定,豈不是把小孩同髒水一起潑掉嗎?這是非常錯誤的。

　　3. 經濟思想

　　孟子主張"制民之産",即實行井田制。他説:"若民則無恒産,因無恒心。苟無恒心,放辟邪侈,無不爲已。及陷於罪,然後從而刑之,是罔民也。焉有仁人在位,罔民而可爲也?是故明君制民之産,必使仰足以事父母,俯足以畜妻子,樂歲終身飽,凶年免於死亡,然後驅而之善,故民之從之也輕……五畝之宅,樹之以桑,五十者可以衣帛矣。雞豚狗彘之畜,無失其時,七十者可以食肉矣。百畝之田,勿奪其時,八口之家,可以無饑矣。謹庠序之教,申之以孝悌之義,頒白者不負戴於道路矣。老者衣帛食肉,黎民不饑不寒,然而不王者，未之有也。"(《梁惠王上》)這段話是説制民之産對人民的好處。

他又説："夫仁政，必自經界始。經界不正，井地不鈞，穀禄不平。是故暴君汙吏必慢其經界。經界既正，分田制禄，可坐而定也。"(《滕文公上》)這段話是説實行井田制對制定國君和大夫、士的禄食有好處。

當時由於生産力的發展，各國正在利用政治力量來"盡地力"，"爲田開阡陌封疆"，而孟子卻主張恢復井田制，顯然是反動的，行不通的。

但孟子强調社會分工，反對平均主義，則是有進步意義的。他反對許行的"賢者與民並耕而食，饔飧而治"的主張。兹將孟子同許行之徒陳相的一段對話鈔録如下：

　　孟子曰："許子必種粟而後食乎?"

　　曰："然。"

　　"許子必織布而後衣乎?"

　　曰："否。許子衣褐。"

　　"許子冠乎?"

　　曰："冠。"

　　曰："奚冠?"

　　曰："冠素。"

　　曰："自織之與?"

　　曰："否。以粟易之。"

　　曰："許子奚爲不自織?"

　　曰："害於耕。"

　　曰："許子以釜甑爨，以鐵耕乎?"

　　曰："然。"

　　"自爲之與?"

　　曰："否。以粟易之。"

“以粟易械器者，不爲厲陶冶；陶冶亦以械器易粟者，豈爲厲農夫哉？且許子何不爲陶冶，舍皆取諸其宮中而用之，何爲紛紛然與百工交易，何許子之不憚煩？”

曰：“百工之事固不可耕且爲也。”

“然則治天下獨可耕且爲與？有大人之事，有小人之事。且一人之身而百工之所爲備，如必自爲而後用之，是率天下而路也。故曰，或勞心，或勞力。勞心者治人，勞力者治於人。治於人者食人，治人者食於人。天下之通義也。”（《滕文公上》）

在這段對話裏，孟子把勞心者治人，勞力者治於人，治於人者食人，治人者食於人，看作是永久的真理，顯然包含有統治階級的偏見。但他用大量具體事實論證社會分工之不可廢，則是對的，應當肯定。

4.歷史觀

孟子的歷史觀是唯心的，這一點不但表現在他大力維護過時的社會制度上，也表現在他的下述兩段言論上：

第一，他説：“五百年必有王者興，其間必有名世者。由周而來，七百有餘歲矣。以其數則過矣，以其時考之則可矣。”（《公孫丑下》）又説：“由堯舜至於湯五百有餘歲，若禹、皋陶，則見而知之；若湯則聞而知之。由湯至於文王五百有餘歲，若伊尹、萊朱則見而知之，若文王則聞而知之。由文王至於孔子五百有餘歲，若太公望、散宜生則見而知之，若孔子則聞而知之。由孔子而來至於今百有餘歲，去聖人之世若此其未遠也，近聖人之居若此其甚也，然而無有乎爾，則亦無有乎爾！”（《盡心下》）孟子把五百年必有王者興看作是一種規律，無疑是把偶然性當作必然性看待，是没有科學根據的，是唯心的。

第二，孟子説：“盡信書，則不如無書，吾於《武成》取二三策而已矣。仁人無敵於天下，以至仁伐至不仁，而何其血之流杵也？”

（《盡心下》）單從孟子説書不可盡信這一點來看，是無可非議的。問題在孟子不相信《武成》的“血之流杵”的記載，是由於這個記載同他的“仁人無敵於天下”的論斷相矛盾，亦即這個客觀事實與他的主觀想法不一致。因爲客觀的事實和自己的主觀想法不一致，就斷言客觀事實不可信，這自然是唯心論的一種表現。

5. 天命觀

孟子曾經給天命二字下過定義。他説：“莫之爲而爲者，天也；莫之致而至者，命也。”（《萬章上》）這個定義既可以作唯心論理解，説天命是指有鬼神在暗中作主宰；也可以作唯物論理解，説天命是指有客觀規律在起作用。到底怎樣理解才符合孟子的原意，還須看他另外的一些言論。

孟子在另外一個地方説：“天下有道，小德役大德，小賢役大賢。天下無道，小役大，弱役强。斯二者天也。順天者存，逆天者亡。”（《離婁上》）從這段文字來看，則這裏所説的天，決不是指有鬼神在暗中主宰，而是指必然性來説的，自然應給以唯物的解釋。

餘如説：“行或使之，止或尼之，行止非人所能也，吾之不遇魯侯，天也。臧氏之子焉能使予不遇哉？”（《梁惠王下》）

又説：“禍福無不自己求之者。《詩》云：‘永言配命，自求多福。’《太甲》曰：‘天作孽，猶可違，自作孽，不可活。’此之謂也。”（《公孫丑上》）

又説：“天之高也，星辰之遠也，苟求其故，千歲之日至，可坐而致也。”（《離婁下》）

又説：“盡其心者，知其性也。知其性，則知天矣。存其心，養其性，所以事天也。殀壽不貳，修身以俟之，所以立命也。”（《盡心下》）

所有上述這些言論，我認爲都應作唯物論解釋，而不應作唯心論解釋。爲什麼呢？因爲如果認爲有鬼神在暗中主宰，則“知天”、“立命”、“日至”等等，都無從談起。由此可見，孟子的天命觀雖不如荀況的明朗,還應屬唯物論范疇,有人指爲唯心論,是不恰當的。

此外,如孟子說:"志,氣之帥也;氣,體之充也。夫志至焉,氣次焉。"同時又說:"志壹則動氣,氣壹則動志也。"(《公孫丑上》)這是既承認一種事物對另一種事物的決定性作用,同時又承認另一種事物對此事物的反作用。這種觀點,顯然是辯證的,同形而上學是不相容的。

孟子說:"金重於羽者,豈謂一鈎金與一輿羽之謂哉?"(《告子下》)

又說:"仁之勝不仁也,猶水之勝火,今之爲仁者,猶以一杯水救一車薪之火,不熄,則謂之水不勝火,此又與於不仁之甚者也,亦終必亡而已矣。"(《告子上》)

孟子所取的這兩個比喻,一方面肯定金比羽重,水能勝火,另一方面又說一鈎金不比一輿羽重,一杯水不能救一車薪之火。這裏邊就包含辯證法,即一種事物所起的作用,不單純是質的問題,也和一定的量有關係。

## 荀　子

荀子名況,趙國人。世又稱爲荀卿或孫卿。年輩後於孟子。曾歷游燕、齊、秦、楚諸國。至齊,三爲祭酒,仕楚,爲蘭陵令。晚廢,家於蘭陵,著書數萬言。今存《荀子》三十二篇。

荀子認爲人性惡,同孟子人性善的說法形成尖銳的對立。荀子的學識在並世諸子中最稱廣博。他對政治、經濟、軍事、哲學和邏輯都進行過深入的研究,并且有很多精闢的見解。有人見法家韓非、李斯是他的弟子,他的觀點又和孟子有很多的不同,因而斷言他是法家。其實,這是一種誤解。他的思想儘管反映若干時代特點,但從主導方面說,他仍然是以六藝爲法,以孔子爲師,向往三代即奴隸社會的政治,所以,他肯定是儒家不是法家。以下就組成荀子思想的幾個重要方面,具體地加以論述。

1. 性惡論

人性惡是荀子考慮問題的出發點。他認爲"今人之性,生而有好利焉,順是,故爭奪生而辭讓亡焉。生而有疾惡焉,順是,故殘賊生而忠信亡焉。生而有耳目之欲,有好聲色焉,順是,故淫亂生而禮義文理亡焉"(《性惡》)。荀子對人性的看法同孟子的看法恰恰相反,從根本上來說,是因爲孟子從氏族社會那種自然長成的結構看問題,看到親親、敬長是人的良知、良能,從而得出人性善的結論。而荀子則不然。荀子是從階級社會人們都努力保護或攫取私有財產的角度看問題,因而把爭奪、殘賊看成是人的本性,從而得出人性惡的結論。二人的看法從表面上看,儘管如水火不相容,從本質上說,都是抽象地看人性,都是祇抓住一些表面現象去看人性,因而都没有解決人性的問題。

2. 政治思想

荀子用形而上學的觀點來看歷史。他説:"古今一也,類不悖,雖久同理。"(《非相》)因此,他有"道不過三代,法不貳後王"(《王制》)的主張。有人把荀子法後王同孟子法先王的對立看成是法家同儒家的對立,這是從字面上看問題,並没有看到問題的實質。其實,荀子的法後王跟孟子的法先王,在大的範圍內並没有什麽不同。這一點,可從荀子的下列言論中得到説明。

荀子在《不苟》篇説:"天地始者,今日是也。百王之道,後王是也。"這兩句話同他的"古今一也"的觀點是一致的。即他認爲後王同百王的關係,祇不過是今日同天地始的關係,從本質上說是一樣的。既然是一樣,爲什麽他要法後王呢?唯一的原因,在於後王之迹是"粲然"的。荀子在《非相》篇説:"聖王有百,吾孰法焉?曰(曰上原有故字,茲據王念孫校删)文久而息,節族久而絕,守法數之有司極(極下原有禮字,茲據俞樾校删)而褫。故曰,欲觀先王之迹,則於其粲然者矣,後王是也。"這段話講得非常清楚。就是這裏所説的"後王",自其"迹"或"道"來説,同他所説的"聖王有百"以及

"先王"等是一樣的,並沒有對立的意義。荀子所以主張法後王,是由於後王在時間上距離近。如"文",它不是"久而息",如"節族",它不是"久而絕",而是蹤迹"粲然",即它是明明白白的,既完整又具體,最易於傚法。正因爲這樣,所以他說,"道不過三代,法不貳後王"。在荀子的眼睛裏,"三代"和"後王"具有同一的内容。所以,把荀子的法後王跟孟子的法先王看成是儒法兩家觀點上的不同,是不對的。

荀子在《王制》篇說:"王者之制,道不過三代,法不貳後王。道過三代謂之蕩,法貳後王謂之不雅。衣服有制,宮室有度,人徒有數,喪祭械用,皆有等宜。聲,則凡非雅聲者舉廢;色,則凡非舊文者舉息;械用,則凡非舊器者舉毀。夫是之謂復古,是王者之制也。"

又在《王霸》篇說:"《傳》曰:'農分田而耕,賈分貨而販,百工分事而勸。士大夫分職而聽,建國諸侯之君分土而守,三公總方而議,則天子共己而已矣。'"

從上述兩段文字來看,荀子的這個政治設計,完全是奴隸社會的那一套,沒有任何新的進步的東西。有人說他是法家。豈有法家主張"復古",主張"分田而耕"、"分土而守"的事情?

不僅如此,荀子在政治上還主張"人治",反對"法治"。他說:"有亂君,無亂國;有治人,無治法。羿之法非亡也,而羿不世中。禹之法猶存,而夏不世王。故法不能獨立,類不能自存,得其人則存,失其人則亡。法者治之端也,君子者法之原也。"(《君道》)

又說:"故有良法而亂者,有之矣。有君子而亂者,自古及今,未嘗聞也。《傳》曰:'治生乎君子,亂生乎小人',此之謂也。"(《王制》)

荀子的這個觀點,同法家韓非"國無常強,無常弱,奉法者強則國強,奉法者弱則國弱"和"故明主使法擇人,不自舉也;使法量功,不自度也"(《韓非子·有度》)的觀點,很明顯是不相容的。

3. 經濟思想

荀子在經濟上强烈地反對平均主義。他説:"夫天地之生萬物也,固有餘,足以食人矣,麻、葛、繭絲、鳥獸之羽毛齒革也,固有餘,足以衣人矣。夫有餘不足,非天下之公患也,特墨子之私憂過計也。天下之公患,亂傷之也。"(《富國》)

荀子既然認爲天下之公患不是"不足",而是"亂傷之",那麽,怎樣防亂呢? 他説:"人之生,不能無群。群而無分則争,争則亂,亂則窮矣。故無分者,人之大害也,有分者,天下之本利也。而人君者,所以管分之樞要也。"(《富國》)

即,荀子認爲"有分"能防亂。"有分"的具體辦法在制禮,即實行嚴格的等級制度。他説:"人之所以爲人者,何已也? 曰:以其有辨也……辨莫大於分,分莫大於禮,禮莫大於聖王。"(《非相》)又説:"夫兩貴之不能相事,兩賤之不能相使,是天數也。勢位齊,而欲惡同,物不能澹則必争,争則必亂,亂則窮矣。先王惡其亂也,故制禮義以分之。使有貧富貴賤之等,足以相兼臨者,是養天下之本也。"(《王制》)

荀子就是用這套理論來反對墨子的。

他説:"我以墨子之非樂也,則使天下亂;墨子之節用也,則使天下貧。非將墮之也,説不免焉。墨子大有天下,小有一國,將蘁然衣粗食惡,憂慼而非樂。若是則瘠,瘠則不足欲,不足欲則賞不行。墨子大有天下,小有一國,將少人徒,省官職,上功勞苦,與百姓均事業,齊功勞。若是則不威,不威則賞罰不行。賞不行,則賢者不可得而進也;罰不行,則不肖者不可得而退也。賢者不可得而進也,不肖者不可得而退也,則能不能不可得而官也。若是則萬物失宜,事變失應,上失天時,下失地利,中失人和,天下敖然,若燒若焦。墨子雖爲之衣褐帶索,嚽菽飲水,惡能足之乎?"(《富國》)

在階級社會,反對平均主義,這一點是應當肯定的。但從本質上説,荀子的經濟思想同他的政治思想一樣,他的立場都是站在奴隸主階級一邊。在當時的歷史條件下，就不能說有什麼進步意義。

4. 軍事思想

荀子的軍事思想集中地表現在《議兵》一篇。在這篇的言論裏有四點值得特殊注意。

第一，"凡用兵攻戰之本在乎壹民"，"兵要在乎善附民而已"。

第二，爲將慎行"六術"、"五權"、"三至"而處之以"五無壙"。

六術：制號政令，欲嚴以威；慶賞刑罰，欲必以信；處舍收藏，欲周以固；徙舉進退，欲安以重，欲疾以速；窺敵觀變，欲潛以深，欲伍以參；遇敵決戰，必道吾所明，無道吾所疑。

五權：無欲將而惡廢，無急勝而忘敗，無威內而輕外，無見其利而不顧其害，凡慮事欲熟，而用財欲泰。

三至：所以不受命於主有三：可殺而不可使處不完，可殺而不可使擊不勝，可殺而不可使欺百姓。

五無壙：敬謀無壙，敬事無壙，敬吏無壙，敬衆無壙，敬敵無壙。

第三，王者之軍制：將死鼓，御死轡，百吏死職，士大夫死行列。聞鼓聲而進，聞金聲而退，順命爲上，有功次之。令不進而進，猶令不退而退也，其罪惟均。不殺老弱，不獵禾稼，服者不禽，格者不舍，奔命者不獲。

第四，兼并易能也，唯堅凝之難焉……故凝士以禮，凝民以政；禮修而士服，政平而民安；士服民安，夫是之爲大凝。以守則固，以征則強，令行禁止，王者之事畢矣。

上述四點，是荀子軍事思想的精華。

關於第一點，毛澤東同志說過："戰爭的偉力之最深厚的根源，存在於民衆之中。"[1]荀子是一個剝削階級學者，生在戰國時期，居然能認識到"凡用兵攻戰之本在乎壹民"，"兵要在乎善附民"，即認爲"兵民是勝利之本"，這件事很不簡單，說明他是一個了不起的人

---

[1] 《毛澤東選集》合訂本，第 478 頁。

物。

第二點所談的,都是軍事上至關重要的問題。

"六術"是爲將的綱領性的守則。簡明扼要,可抵一部幾千言的兵書。具體説,一術是談號令;二術是談賞罰;三術是談宿營;四術是談行軍;五術是談偵察;六術是談作戰。殊不似書生語,很像一個有豐富實戰經驗的人所作的總結。

"五權"的前四權指出在幾種場合都要避免片面性。最後一權則諄諄叮囑遇事總要深思熟慮,不要吝惜金錢。

"三至"是説爲將的天職在於求得軍事上的勝利。雖蒙受殺身之禍,也不能使戰争失敗。

"敬五壙"反映荀子深知"兵,兇器;戰,危事",所以無論在什麼時候,對待什麼人什麼事,都要求十分謹慎,力戒疏忽大意。

第三點是説紀律嚴明是奪取戰争勝利的重要保證。

第四點,"兼并易能也,唯堅凝之難焉"這兩句話是在"齊能并宋,而不能凝也,故魏奪之。燕能并齊,而不能凝也,故田單奪之。韓之上地,方數百里,完全富足而趨趙,趙不能凝也,故秦奪之"等一系列的經驗的基礎上所做出的總結。這個總結非常寶貴。秦始皇統一中國,十四載而亡,其原因就在於不善於處理這個問題。漢高祖罵陸賈説:"乃公馬上而得之,安事詩書?"陸賈説:"居馬上得之,寧可以馬上治之乎?且湯武逆取而順守之,文武並用,長久之術也。昔者吴王夫差、智伯,極武而亡。秦任刑法不變,卒滅趙氏。鄉使秦已并天下,行仁義,法先聖,陛下安得而有之?"(《史記·陸賈列傳》)陸賈的觀點同荀子的觀點完全一致,而荀子提出這個觀點比陸賈早半個世紀,尤爲可貴。

5. 哲學思想

荀子的歷史觀肯定是唯心的、形而上學的。例如,他反對"古今異情,其所以治亂者異道"的觀點,而認爲"古今一也,類不悖,雖久同理"(《荀子·非相》)就是證明。但他在自然觀和認識論方面,則具有極爲鮮明和相當豐富的唯物論觀點和辯證法思想。

荀子的唯物論思想集中地反映在《天論》一篇裏。《天論》的全篇大意在明天人之分。荀子認爲天有常道，地有常數，人有常體。人世間的一切貧富、存亡、吉凶、禍福都決定於人自己，而與天無關。人應敬其在己者，而不慕其在天者。星墜木鳴是天地之變，陰陽之化，物之罕至者也，怪之可也，而畏之非也。真正可畏的倒是人妖。

最後歸結到禮義上，他説："故人之命在天，國之命在禮。"特別是他説："從天而頌之，孰與制天命而用之。"這個"制天命而用之"的思想，產生在戰國時期，實在是難能可貴的，在這裏已孕育着人類不僅能認識世界，而且能改造世界這種正確思想的萌芽。

荀子的《解蔽》篇主要談的是認識論，但在這裏辯證法思想表現得最爲充分。

《解蔽》的全篇要義是想解決人們認識上的片面性問題。他開頭第一句就説："凡人之患，蔽於一曲，而闇於大理。""蔽"是蒙蔽，"一曲"是局部，"闇"是不認識，"大理"是全面的正確的道理。這句話譯成現代漢語，意思是：人在認識上有一個共同的毛病，就是常被事物的某一個方面所蒙蔽，而不能認識事物的本質，事物的全體。

以下，他舉出十種片面性，説："欲爲蔽，惡爲蔽，始爲蔽，終爲蔽，遠爲蔽，近爲蔽，博爲蔽，淺爲蔽，古爲蔽，今爲蔽。"

接着，提出他自己認爲能消除片面性的辦法。

他把客觀真理叫做"道"，把認識客觀真理的器官叫做"心"，即大腦。大腦怎樣才能認識客觀真理呢？他提出一個"虛壹而静"的辦法。

以下，他解釋説："人未嘗不臧也，然而有所謂虛；心未嘗不兩也（兩原作滿，兹依楊倞説改），然而有所謂一；心未嘗不動也，然而有所謂静。人生而有知，知而有志，志也者，臧也；然而有所謂虛，不以所已臧害所將受謂之虛。心生而有知，知而有異，異也者，同時兼知之；同時兼知之，兩也，然而有所謂一，不以夫一害此一，謂之壹。心臥則夢，偷則自行，使之則謀。故心未嘗不動也，然而有所謂靜，不以夢劇亂知謂之靜……虛壹而靜，謂之大清明。萬物莫形而不見，莫見而不論，莫論而失位。坐於室而見四海，處於今而論久遠，疏觀萬物而知其情，參稽治亂而通其度，經緯天地而材官萬物，制割大理，而宇宙裏矣。"

荀子的這段話講出了他的認識論的全部内容。荀子的這個思想和道家老、莊的思想有相同的地方，也有不同的地方。相同的地方在於荀子把"虛壹而靜"的功效形容得神乎其神，簡直是老子的"無爲而無不爲"，莊子的"至人之用心若鏡"（《莊子·應帝王》）學說的翻版。不同的地方在於荀子是在承認了有"臧"、有"兩"、有"動"的前提下提出虛壹而靜的，而老、莊不是這樣。老、莊的虛壹而靜是取消了"臧"、"兩"、"動"而後達到的。例如老子說："爲學日益，爲道日損。損之又損，以至於無爲"，莊子說："墮肢體，黜聰明，離形去知，同於大通。"（《莊子·大宗師》）這不是取消了"臧"、"兩"、"動"而後達到虛壹而靜嗎？荀子思想和老、莊思想有相同的地方，證明荀子思想是吸取了道家的思想。荀子思想和老、莊思想有不同的地方，證明荀子不是簡單地吸取了老、莊的思想，而是在老、莊思想的基礎上又加以改造，把唯心論的認識論改造成唯物論的認識論。

當然，荀子還沒有徹底地解決認識論的問題。最根本的問題在於他沒有解決認識與實踐的關係。他不瞭解認識是由感性階段開始，然後上升到理性階段，不瞭解認識不能一次完成。馬克思主義的認識論認爲，"實踐、認識、再實踐、再認識，這種形式，循環往復以至無窮，而實踐和認識之每一循環的内容，都比較地進到了高

一級的程度"①。這一點對於荀子來説,是不認識,也不可能認識
的。

　　6. 邏輯思想

　　《正名》篇是荀子談邏輯的專門著作。戰國百家爭鳴,各家爲
了求得能在辯論中獲勝,無不重視邏輯。名家專門以名(即邏輯)
名家,不必説了,其他各家也都有自己的邏輯思想。例如墨家的
《墨經》,道家莊子的《齊物論》,法家的所謂"好刑名",都是談邏輯
或與邏輯有關的問題的。

　　在儒家,"正名"這個概念是孔子首先提出來的。《論語·子
路》説:"子路曰:'衛君待子而爲政,子將奚先?'子曰:'必也正名
乎?'子路曰:'有是哉,子之迂也! 奚其正?'子曰:'野哉由也! 君
子於其所不知,蓋闕如也。名不正則言不順,言不順則事不成,事
不成則禮樂不興,禮樂不興則刑罰不中,刑罰不中則民無所措手
足。故君子名之必可言也,言之必可行也。君子於其言無所苟而
已矣。'"這段對話把正名説得與政治有十分密切的關係。

　　外人都説孟子好辯。孟子説:"予豈好辯哉,予不得已也……
我亦欲正人心,息邪説,距詖行,放淫辭。"(《孟子·滕文公下》)孟
子的好辯,是用辯來息邪説,放淫辭。這個辯裏也涉及邏輯思想。

　　但是,專門深入地系統地談邏輯問題的,則是荀子的《正名》
篇。

　　荀子《正名》之作並非無的放矢,它是針對當時存在的"惑於用
名以亂名","惑於用實以亂名","惑於用名以亂實"這三種情況而
發的。第一種情況,他舉"見侮不辱"、"聖人不愛己"、"殺盜非殺
人"爲例。第二種情況,他舉"山淵平"、"情慾寡"、"芻豢不加甘,大
鐘不加樂"爲例。第三種情況,他舉"非而謁楹,有牛馬非馬也"爲
例。

_____

① 《毛澤東選集》合訂本,第273頁。

荀子認爲,早在治世,有"明君臨之以勢,導之以道,申之以命,章之以論,禁之以刑","其民之化道也如神",用不着辯説。"今聖王没,天下亂,姦言起,君子無勢以臨之,無刑以禁之",辯説就成爲必要的了。正名就是爲辯説服務的。

荀子認爲正名需要注意的有三點:一是"所爲有名",二是"所緣以同異",三是"制名之樞要"。

"所爲有名"就是所以要有名的意思。這裏包括兩個内容:一個是制定名稱的目的,另一個是制定名稱的基本原則。荀子認爲制定名稱的目的是"明貴賤,辨同異"。例如爵名就是明貴賤的,刑名、文名、散名就是辨同異的。制定名稱的基本原則是"制名以指實",就是説,名是反映實的。實是第一性的,名是第二性的。無疑這是唯物論的觀點。

"所緣以同異",就是根據什麼確定名稱的同異。荀子認爲"緣天官",就是根據目耳口鼻形體等五個感覺器官和心這個思維器官來確定同異的。他説:"形體、色、理,以目異;聲音清濁,調竽奇聲,①以耳異;甘、苦、咸、淡、辛、酸、奇味,以口異;香、臭、芬、鬱、腥、臊、漏、庮(漏、庮原作灑、酸,兹據王念孫校改)、奇臭,以鼻異;疾、養、瘡、熱、滑、鈹、輕、重,以形體異;説、故、②喜、怒、哀、樂,愛、惡、欲,以心異。心有徵知。徵知,則緣耳而知聲可也,緣目而知形可也。然而徵知必將待天官之當薄其類然後可也。五官薄之而不知,心徵之而無説,則人莫然謂之不知,此所緣而以同異也。"也就是説,人對外界事物的認識,必須通過人的感覺器官,並經過人的

① "調竽"謂樂聲和諧。《韓非子·解老》説"竽也者,五聲之長者也。故竽先則鐘瑟皆隨,竽唱則諸樂皆和",是其證。盧文弨説"調竽"二字,上下必有脱誤。俞樾改"調竽"爲"調笑"。王先謙改"調竽"爲"調節"。皆謬誤,不可從。

② "説、故"應依《墨子·小取》"以説出故"作解。"説"指言論,"故"指觀點。過去有人説"説"讀爲"脱"。有人説,"説者,心誠説之"。有人説,"説同悦,故同固"。皆誤。

思維器官的作用,然後才能辨別事物,從而制定事物同異的名稱。

"制名之樞要",就是制定名稱的要領。荀子説:"同則同之,異則異之;單足以喻則單,單不足以喻則兼;單與兼無所相避則共,雖共,不爲害矣。知異實者之異名也,故使異實者莫不異名也,不可亂也,猶使同實者莫不同名也。

故萬物雖衆,有時而欲徧舉之,故謂之物。物也者,大共名也。推而共之,共則有共,至於無共然後止。有時而欲徧舉之,故謂之鳥獸。鳥獸也者,大別名也。推而別之,別則有別,至於無別然後止。

名無固宜,約之以命,約定俗成謂之宜,異於約則謂之不宜。名無固實,約之以命實,約定俗成謂之實名。名有固善,徑易而不拂,謂之善名。

物有同狀而異所者,有異狀而同所者,可別也。狀同而爲異所者,雖可合,謂之二實。狀變而實無別而爲異者,謂之化;有化而無別,謂之一實。此事之所以稽實定數也。此制名之樞要也。"

這就是説,荀子認爲,同實的就制定相同的名稱。異實的就制定不同的名稱。用單字爲名,可以爲人瞭解,就用單字名。用單字爲名,不能爲人所瞭解,就用兩字名(即用兼)。單與兼所指的事物的某些性質相同,沒有加以區別的必要,則用共名。

例如萬物,飛潛動植,種類繁多,有時要舉它的全部,則名爲物。這個物,就是大共名。大共名相當於邏輯學所説的類概念。有時要舉次一級的概念,例如鳥獸。這個鳥獸,就是大別名。概念的等級不同,共還有共,別還有別。

名稱的本身不能説合適不合適。關鍵在於是否"約定俗成"。取了一個名稱,大家都用它,成爲習俗,就叫做合適。其他同這個名稱不一樣的,就叫做不合適。用什麼名稱表示一個事物,也不是固定的。約定俗成,這個名稱就固定了。固定了的名稱,直截易懂,不致被誤解,就叫做善名。

　　物有形狀相同而不在一個處所的，有形狀不同而在同一處所的，都可以區別。形狀相同而處所不同，雖可合而爲一，亦應叫做兩個事物（二實）。有的形狀變化了而事物還是原來的事物，祇是變爲另外一種形狀，這叫做"化"。雖有變化但不是另一種事物，叫做一個事物（一實）。這樣做可以用來核對實際和確定數量。

　　以上就是制定名稱的要領。

　　荀況談到辯說的時候説："實不喻然後命，命不喻然後期，期不喻然後説，説不喻然後辯。"這就是説，客觀存在的某一種事物（實）不爲人所瞭解，就給它創造一個名稱。有了名稱還不爲人所瞭解，就舉例以明之。舉例還不爲人所瞭解，就加以説明。説明還不爲人所瞭解，就進行辯論。

　　他又説："名聞而實喻，名之用也。累而成文，名之麗也。用麗俱得，謂之知名。名也者，所以期累實也。辭也者，兼異實之名以論一意也。辯説也者，不異實名以喻動静之道也。期命也者，辯説之用也。辯説也者，心之象道也。心也者，道之工宰也。道也者。治之經理也。"這段話是對有關的一些概念所作的説明。"名聞而實喻，名之用也"是説聽了名就知道實是什麼，這是名的功用。"累而成文，名之麗也"的名，實際上指的是一個單字或單詞。"累而成文"，是説文章就是積累許多單字、單詞而成的。"名之麗也"，是説這個積累不是任意的、雜亂的積累，而是經過精心組織的。"麗"就是組合、搭配的意思。"用麗俱得，謂之知名"，是説每一個單字或單詞用得得當，用一些單字或單詞組成爲文章也得當，就叫做"知名"，即懂得語言文字了。"名也者，所以期累實也"，是説爲了説明問題而創造出語言文字。"辭也者，兼異實之名以論一意也"，這是對於辭的定義的説明。"兼異實之名以論一意"同"彌綸群言，研精一理"的説法是一致的。"辯説也者，不異實名以喻動静之道也"，是説辯説是對同一問題（不異實名）的是非的爭論。"期命也者，辯説之用也"是説一切命名、舉例都是爲辯説服務的。"辯説也者，心之象道也",是説辯説反映一個人的思維器官對客觀真理的認識。"心也者,道之工宰也"的"工宰"應以《墨子・尚賢中》"今王公大人有一衣裳,不能制也,必借良工;有一牛羊,不能殺也,必借良宰"的工宰作解,舊説多誤。"心也者,道之工宰也"是説真理依賴於人的思維器官去認識它。"道也者,治之經理也",是説理論是政治的指導原則。

荀況邏輯思想的基本内容,略如上述。

總之,荀況是一個有廣博知識的學者。他在很多領域都進行過深入的探討。今人看他有唯物論的思想,就説他是"法家",過去人們看他主張人性惡,又對他貶抑太甚。其實,這兩種作法,都不是用實事求是的態度對待歷史人物。

## 二、墨　家

墨家的創始人是墨翟。墨翟之書説過:"今天下好戰之國齊、晉、楚、越"(《墨子・非攻下》),又語及智伯之敗(《墨子・非攻中》),則墨翟的生年當在戰國之初。墨翟名翟,墨是其氏。魯國人,嘗爲宋大夫。

《淮南子・要略》説:"墨子學儒者之業,受孔子之術,以爲其禮煩擾而不説,厚葬靡財而貧民,久服傷生而害事,故背周道而用夏政。"可見儒、墨兩家既有區別,也有聯繫。墨子原也是從儒者受學,祇因不同意儒家的觀點,故另闢途徑,自立學派。

戰國時期,儒、墨同號顯學。《吕氏春秋・尊師》説:"孔、墨徒屬彌衆,弟子彌豐,充滿天下。"《孟子・滕文公下》説:"楊朱、墨翟之言盈天下",《韓非子・顯學》説:"世之顯學,儒、墨也",是其證。

其實,墨子的學説並沒有什麼深厚的理論基礎。他的一些主張,完全是針對現實社會存在的缺點問題而發的。荀子説:"墨子蔽於用而不知文"(《荀子・解蔽》),實説到墨子學説的本質。《墨子·魯問》説：“凡入國必擇務而從事焉。國家昏亂則語之尚賢、尚同，國家貧則語之節用、節葬，國家憙音湛湎則語之非樂、非命，國家淫僻無禮則語之尊天、事鬼，國家務奪侵凌則語之兼愛、非攻。”由此可見，墨子也是認爲“有用就是真理”，他並不考慮實際上是不是真理。

正因爲這樣，墨子的學説，在當時有很多人信從，特別是下層人信從的最多，而經過一個時期以後，竟煙消雲散，漸滅以盡。

墨子學説的基礎是兼愛。《孟子·滕文公下》説：“墨氏兼愛。”《尸子·廣澤》説：“墨子貴兼。”《吕氏春秋·不二》説：“墨翟貴廉”（孫詒讓説：“廉疑兼之借字”），可爲證明。

墨子思想之屬於政治方面的，有尚賢、尚同、非攻；屬於經濟方面的，有節用、節葬、非樂；屬於哲學方面的，有天志、明鬼、非命；屬於同敵對學派鬥爭方面的，有非儒。

1. 兼愛

墨翟生當戰國初期。他和其他諸子一樣，希望能有一種辦法使人們從越來越嚴重的社會動亂中解脱出來。但是在尋找社會動亂的原因時，墨翟卻祇抓住了問題的表面，而沒有看到問題的本質。他不瞭解戰爭與動亂有其深刻的社會原因，是一種社會制度向另一種社會制度轉變過程中的歷史必然。他把社會動亂的原因歸結爲人們“不相愛”，以爲“若使天下兼相愛，愛人若愛其身”，就可以消除動亂，實現天下太平。墨翟正是堅信自己的主張是正確的，因而到處奔走呼號，宣傳兼愛。然而終於與事無補。事實上社會動亂不是減少，而是日益嚴重。因爲“世上決没有無緣無故的愛，也没有無緣無故的恨”，所謂超階級的愛，“在階級社會裏是不可能實行的”。

2. 政治思想

首先談尚賢。尚賢的基本思想可用《尚賢中》中數語來概括，即“不黨父兄，不偏貴富，不嬖顔色。賢者舉而上之，富而貴之，以爲官長；不肖者抑而廢之，貧而賤之，以爲徒役”。其目的是要求能達到“官無常貴，民無終賤”。這種主張顯然是對世官世禄制度的否定，是有進步意義的。不過有人把孔子所說的“舉賢才”，看作和墨子的“尚賢”等同，也有人認爲《老子》所說的“不尚賢”是專門爲反對墨子的“尚賢”而發的，這都是對墨子尚賢說的錯誤理解。應當指出，孔子的“舉賢才”是在肯定宗法制度的前提下提出來的。而《老子》所說的“不尚賢”祇是意味着消滅好與壞之間的差別，都不能和墨翟的尚賢說相提並論。

其次談尚同。墨翟主張尚同，其目的也是爲息爭、止亂。他說：“天下之所以亂者，生於無正長。”這句話的意思同說“百人無主，不散則亂”的意思一樣，都是强調國家的重要作用。從他的有關尚同的全部言論來看，包含有兩個錯誤。一個是，他說，“古者民始生未有刑政之時，蓋其語人異義。是一人則一義，二人則二義，十人則十義，其人兹衆，其所謂義者亦兹衆。是以人是其義，以非人之義，故交相非也”。這是認爲每一個人的意見都是“真理”，不承認有客觀真理，不承認真理祇有一個。另一個是，他認爲有正長亦即有國家是爲“一同天下之義”。所謂“一同天下之義”，就是“上之所是，必亦是之；上之所非，必亦非之”。這種理論，如果付諸實踐，其結果，祇能是實行君主專制，而决不是“一同天下之義”，爲什麼呢？ 因爲文明社會的國家“在一切場合在本質上都是鎮壓被壓迫被剥削階級的機器”。它怎能達到“一同天下之義”呢？

由此可見，墨翟主張尚同，儘管動機是好的，實行起來，决不會得到預期的結果。因爲他的論點祇是出於主觀空想，不符合客觀實際。

至於非攻，則是他的兼愛思想在另一個問題上的表現。兼愛既是一句空話，非攻自然也不能實行。

3. 經濟思想

墨翟的經濟思想可以概括爲兩個字，就是節用。節葬、非樂都是從節用派生出來的。他的説法是"凡足以奉給民用則止。諸加費不加於民利者,聖王弗爲"。從《魯問》説"國家貧則語之節用、節葬"來看,墨子提出節用的主張,也是有針對性的,它是爲解決貧的問題而提出來的。節用,當然是應該肯定的。但是,如果强調過分,也會産生片面性。荀子説:"墨子蔽於用而不知文",又説:"上功用大儉約而僈差等"(《荀子·非十二子》),就是從它的片面性來發議論的。"不知文"是批評他不懂得"文"的作用,例如"樂"就屬於"文"的範圍。"僈差等"則是批評他搞平均主義。這一點在上文論荀况時已經談到。

4. 哲學思想

墨翟的哲學思想主要表現在《天志》、《明鬼》、《非命》三篇的言論中。《天志》、《明鬼》兩篇都是根據有用即真理的指導思想提出來的。作爲一種哲學思想來説,不但是荒謬的,而且是膚淺的,没有深論的必要。至於"非命"則不然。到底應當怎麽認識?是正確的還是錯誤的,大家的看法並不一致。

墨翟所非的命,無疑是指儒家所説的命。那末,儒家所説的命,又是什麽東西呢?是不是如近年來批孔的文章所經常重複的,就是上帝的異名或同義語呢?我認爲不是。如果是的話,那末墨翟在鼓吹天志、明鬼的同時,爲什麽竟非起命來,這豈不是自相矛盾嗎?"儒以天爲不明,以鬼爲不神"(《墨子·公孟》),而相信有命。墨翟則與儒家相反,尊天事鬼而非命。那麽,這個命到底是什麽東西呢?孟軻説:"莫之爲而爲者天也,莫之致而至者命也。"(《孟子·萬章》)孔子説:"五十而知天命。"(《論語·爲政》)道家莊子轉述孔子的話説:"死生、存亡、窮達、貧富、賢與不肖、毁譽、飢渴、寒暑,是事之變,命之行也。"(《莊子·德充符》)據我看,孟軻所説的天命祇能從唯物論的意義來解釋,而不能從唯心論的意義來解釋。古人所使用的這個命的概念,含義不像我們今天所使用的"規律"一詞這樣明確,這樣不易爲人誤解。但是,古人説的"命"與今人説的規律是一個東西。墨子尊天事鬼卻非命,恰足以證明命和天、鬼是不相容的。承認了"命"的作用,就不會承認天和鬼的作用。墨子説:"自古以及今生民以來者,亦嘗見命之物,聞命之聲者乎?則未嘗有也。"實際上是不承認有客觀規律的存在,反對客觀規律的作用。今人出於批孔的需要,一定要説孔子是唯心論,連孟軻説過的"莫之爲而爲者天也,莫之致而至者命也"也一定作爲唯心論的言論去批判,全然不顧墨子尊天事鬼而非命的事實,決不是馬克思主義者應有的態度。

5. 非儒

儒、墨相非,由於兩家所持的觀點和方法不同。墨家反對儒家的厚葬久喪,應該説是對的。不過,在《非儒》篇裏,夾雜著不少歪曲事實和人身攻擊的成分,則不足爲訓。有人説,這是墨子後學所爲,可能是事實。

墨子弟子甚多,其著者有禽滑釐和相里氏之墨,相夫氏之墨,鄧陵氏之墨。孟軻説:"墨子兼愛,摩頂放踵,利天下爲之。"(《孟子·盡心上》)莊周也説:"墨子真天下之好也,將求之不得也,雖枯槁不舍也。"(《莊子·天下》)在當時,墨子確是一個苦行救世的人物。不過就其思想來説,則多半很膚淺,又是唯心的,貢獻不大。據我看,墨子固然不是保守派,但也不是革命派,説他是改良主義者,比較合適。

# 三、道　家

## 莊　子

戰國時期道家的著名人物有楊朱、列禦寇、莊周等。由於莊周遺留下來的作品比較完具,故把莊周作爲道家的代表人物論述如下。

莊子名周,宋人,嘗爲蒙漆園吏。《漢書·藝文志》道家有《莊子》五十二篇,今存三十三篇。

　　莊子基本上是祖述老子思想的,但也有自己的特點。據我看,他的思想核心是相對主義,表現在政治上則爲無政府主義。

　　莊周思想的形式,同當時的社會背景分不開。莊周對當時社會動亂的現實,極端不滿,但又找不到解決的辦法。於是幻想從現實中超脱出來。就他的許多言論來看,直似遊戲人間,俯視一切。其實,這乃是悲觀厭世思想的另一種表現。古人有"長歌以當哭"的説法,我讀莊周書,亦每作如是觀。

　　1. 哲學思想

　　莊周的時空觀是正確的。他説:"出無本,入無竅,有實而無乎處,有長而無乎本剽(剽本亦作摽,末也。此處據陳壽昌《南華真經正義》認爲"有所出而無竅者,有實"九字爲衍文,故删去)。有實而無乎處者,宇也;有長而無乎本剽者,宙也。"(《莊子·庚桑楚》)這就是説空間是無限的,時間也是無限的。又説:"夫物量無窮,時無止,分無常,終始無故。是故大知觀於遠近,故小而不寡,大而不多,知量無窮;證曏今故,故遥而不悶,掇而不跂,知時無止;察乎盈虚,故得而不喜,失而不憂,知分之無常也;明乎坦途,故生而不説,死而不禍,知終始之不可故也。"(《莊子·秋水》)"掇"是短的意思,在這裏作短暫解,與上"遥"字的意思相對。遥應作久遠解。這段話是説不但空間無限、時間無限,物質也是無限的。由於物質是不斷運動、不斷變化,所以"分無常","終始無故"。這種觀點也是正確的。

　　但是莊子在道與物的關係問題上,認識是錯誤的。他認爲道在物先,道可以離開物質而單獨存在。他説:"夫道有情有信,無爲無形,可傳而不可受,可得而不可見,自本自根,未有天地,自古以固存。神鬼神帝,生天生地,在太極之先,而不爲高;在六極之下,而不爲深,先天地生而不爲久,長於上古而不爲老。"(《莊子·大宗師》)莊子所説的"道",實際上就是今天哲學上所説的"規律"。"道有情有信，無爲無形，可傳而不可受，可得而不可見”，則是説道這種東西，儘管不能用感覺器官去認識（無形，不可受，不可見），并且是因任自然，無有作爲（無爲），但它是客觀存在的（有情有信，可傳，可得），不同於精神性的東西。“自本自根，未有天地，自古以固存”以下數語，則是説道與天地即規律與物質的關係。他認爲先有規律，後有物質，規律可以離開物質而獨立存在，物質是由規律産生出來的。這個觀點同老子説“有物混成，先天地生，寂兮寥兮，獨立而不改，周行而不殆，可以爲天下母。吾不知其名，字之曰道”，和“道之爲物，惟恍惟惚，惚兮恍兮，其中有象，恍兮惚兮，其中有物，窈兮冥兮，其中有精，其精甚真，其中有信，自古及今，其名不去”的觀點完全一致。這樣，莊子就陷入了唯心論的泥潭。

莊子的認識論也同老子一樣，是唯心論的。莊子的認識論集中反映在下述一段話裏，他説：“至人之用心若鏡，不將不迎，應而不藏，故能勝物而不傷。”（《莊子•應帝王》）怎樣才能達到“用心若鏡”呢？老子的話可做答案。《老子》説：“爲學日益，爲道日損，損之又損，以至於無爲，無爲而無不爲。”這就是説，“爲道”與“爲學”的要求不同。“爲學”要求“日益”，即一天比一天長進，所謂“日知其所亡，月無忘其所能”。而“爲道”則與此相反，要求“日損”，即一天要去掉一點。去掉什麽東西呢？一是知識，二是技能。莊子把知識叫做“知”，把技能叫做“故”。他在《刻意》篇説：“去知與故”，在《大宗師》篇説“離形去知”，所説的都是這個東西。祇有“去知與故”，才能“循天之理”；祇有“離形去知”，才能“同於大通”。“循天之理”，“同於大通”，則達到“無爲”。莊子所謂“坐忘”（《莊子•大宗師》），“心齋”（《莊子•人世間》），“若鏡”，都是指已達到這種境界而言。老、莊認爲，達到這種境界以後，就能“無不爲”，能“勝物而不傷”了。莊子之所以把有知識、技能看成是認識事物的障礙，其道理在於他認爲獲得某種知識、技能，這個知識、技能就會變成成見。人的思維器官一旦爲成見所束縛、所錮蔽，認識事物就一定有片面性。井蛙不可語於海，夏蟲不可語於冰，曲士不可語於道，所說的都是這個道理。莊子把成見叫做"成心"。他說："道隱於小成。"又說："夫隨其成心而師之，誰獨且無師乎？奚必知代而心自取者有之，愚者與有焉。"(《莊子·齊物論》)也是說明這個問題。

"不將不迎，應而不藏"是什麼意思呢？"將"的意思是送。"不將不迎"就是莊子在《刻意》篇所說的"不思慮，不預謀"。意思是說，事情不論是過去的也好，將來的也好，都不去考慮它。"應而不藏"就是宋儒所說的"因物付物"，"物來而順應"。意思是事情來了就處理，處理過後，心裏不留餘迹。莊子所說的"其寢不夢，其覺無憂，其神純粹，其魂不疲"，正是形容能做到這一點的人的心理狀態。《老子》說："不出戶，知天下，不窺牖，見天道。其出彌遠，其知彌少。"就是以這個認識論爲根據而得出的結論。

馬克思主義認爲人的正確認識祇能來源於實踐，又要到實踐中去受檢驗。一個閉目塞聽，同客觀外界完全絶緣的人是無所謂認識的。所以，莊子的這套理論，完全是欺人之談。相信莊子的認識論，其結果祇能導致愚昧無知，毫無認識，不會是別的什麼東西。

莊子的真理觀是地地道道的相對主義。

莊子對於生死、大小、貴賤、是非等等差別，祇承認它們的相對性，而否認它們的客觀性。他認爲這些概念的產生，完全是有條件的，隨意的。因此，在這個問題上，他是個主觀唯心論者。

他說："民濕寢則腰疾偏死，鰌然乎哉？木處則惴慄恂懼，猨猴然乎哉？三者孰知正處？民食芻豢，麋鹿食薦，蝍且甘帶，鴟鴉嗜鼠，四者孰知正味？猨猵狙以爲雌，麋與鹿交，鰌與魚游。毛嬙、麗姬，人之所美也，魚見之深入，鳥見之高飛，麋鹿見之決驟。四者孰知天下之正色哉？自我觀之，仁義之端，是非之途，樊然殽亂，吾惡能知其辯？"(《莊子·齊物論》)以上是莊子用處、味、色三者爲例，舉出許多事實，來證明真理都是相對的，而否認真理的客觀性。因此，他作出如此異乎常情的判斷，說"天下莫大於秋毫之末，而泰山爲小;莫壽於殤子,而彭祖爲夭"(《莊子·齊物論》),是毫不奇怪的。

莊子爲了證明他的這個觀點,還舉過另外一個例子。他説:"既使我與若(你)辯矣。若勝我,我不若勝;若果是也,我果非也耶?我勝若,若不吾勝;我果是也,而(你)果非也邪?其或是也,其或非也邪?其俱是也,其俱非也邪?我與若不能相知也。則人固受其黮闇。吾誰使正之?使同乎若者正之?既與若同矣,惡能正之?使同乎我者正之?既同乎我矣,惡能正之?使異乎我與若者正之?既異乎我與若矣,惡能正之?使同乎我與若者正之?既同乎我與若矣,惡能正之?然則我與若與人俱不能相知也。"(《莊子·齊物論》)這就是説,假設彼此雙方進行辯論,由於不能找到真正的第三者來作評判,就不能斷言誰是誰非。所以,所謂是非就祇能是主觀的東西,並沒有客觀上的標準。這樣,莊子便由相對主義進而滑到不可知論了。

莊子的上述觀點在《秋水》篇裏,曾作過鄭重的詳細的闡述。他説:"以道觀之,物無貴賤。以物觀之,自貴而相賤。以俗觀之,貴賤不在己。以差觀之,因其所大而大之,則萬物莫不大;因其所小而小之,則萬物莫不小;知天地之爲稊米也,知毫末之爲丘山也,則差數睹矣。以功觀之,因其所有而有之,則萬物莫不有;因其所無而無之,則萬物莫不無;知東西之相反,而不可以相無,則功分定矣。以趣觀之,因其所然而然之,則萬物莫不然;因其所非而非之,則萬物莫不非;知堯、桀之自然而相非,則趣操睹矣。昔者堯、舜讓而帝,之、噲讓而絕,湯、武爭而王,白公爭而滅。由此觀之,爭讓之禮,堯、桀之行,貴賤有時,未可以爲常也。梁麗可以衝城,而不可以窒穴,言殊器也;騏驥驊騮一日而馳千里,捕鼠不如狸狌,言殊技也;鴟鵂夜撮蚤,察毫末,晝出瞋目而不見丘山,言殊性也。故曰:蓋師是而無非,師治而無亂乎?是未明天地之理,萬物之情者也。是猶師天而無地,師陰而無陽,其不可行也明矣。然且語而不舍,非愚則誣也。"上述這一大段文字,對他的相對主義觀點,發揮得可謂透闢之至,酣暢之至。具體分析,文内的"以道觀之,物無貴賤",以及"未可以爲常","其不可行"等等,都是從相對主義立場否認真理之客觀性來説的。"以物觀之","以俗觀之","以差觀之","以功觀之","以趣觀之"以及"言殊器也","言殊技也""言殊性也"等等,都是從相對主義認爲真理是有條件的、隨意的來説的。語其終極和歸宿,依然是不可知論。

　　總之,莊子的真理觀是主觀唯心論的。

　　2. 政治思想

　　莊子在政治上所嚮往的是"至德之世",即無政府主義。他之所以産生這種思想,是由於他目睹當時社會混亂不堪,到處都是陷阱,十分可怕。他認爲人們都想方設法醫治這個社會,拯救這個社會。豈知壞就壞在這個醫治、拯救上。祇有没有政治,没有文化,没有知識,回到太古洪荒時代,問題才能得到根本解決。

　　莊子在《繕性》篇説:"古之人在混芒之中,與一世而得澹漠焉。當是時也,陰陽和静,鬼神不擾,四時得節,萬物不傷,群生不夭;人雖有知,無所用之。此之謂至一。當是時也,莫之爲而常自然。逮德下衰,及燧人、伏羲,始爲天下,是故順而不一。德又下衰,及神農、黄帝,始爲天下,是故安而不順。德又下衰,及唐、虞始爲天下,興治化之流,澆淳散樸,離道以善,險德以行,然後去性而從於心。心與心識知而不足以定天下,然後附之以文,益之以博。文滅質,博溺心,然後民始惑亂,無以反其性情而復其初。"

　　這就是説,天下之所以亂,其病根在於治。越治越亂。祇有不治,任其自然,才能得治。

　　在《馬蹄》篇説:"馬,蹄可以踐霜雪,毛可以御風寒,齕草飲水,翹足而陸,此馬之真性也,雖有義臺路寢,無所用之。及至伯樂,曰:'我善治馬。'燒之,剔之,刻之,雒之,連之以羈馽,編之以皂棧,馬之死者十二三矣。饑之,渴之,馳之,驟之,整之,齊之,前有橛飾之患,而後有鞭策之威,而馬之死者已過半矣。陶者曰:'我善治埴,圓者中規,方者中矩。'匠人曰:'我善治木,曲者中鉤,直者應繩。'夫埴、木之性,豈欲中規矩鉤繩哉!然且世世稱之曰:伯樂善治馬,而陶、匠善治埴、木。此亦治天下之過也。"這是借馬、埴、木三者爲喻,證明所謂"治天下"正所以害天下。

特別是在《外物》篇,有"儒以詩禮發冢"一段話,寓意尤爲深刻。原文説:"大儒臚傳曰:'東方作矣,事之何若?'小儒曰:'未解裙襦,口中有珠。詩固有之曰:青青之麥,生於陵陂,生不布施,死何含珠爲?'接其鬢,壓其顪。儒以金椎控其頤,徐別其頰,無傷口中珠。"這是對儒家的攻擊,也包括其他言治的若干家。意思是説,儒家表面上誦詩守禮,道貌岸然。究其實,所幹的都是"發冢"一類的勾當。用心尋求的祇在墓主人的裙襦和口中珠罷了。

莊子所嚮往的"至德之世",在《馬蹄》篇説:"至德之世,其行填填,其視顛顛。當是時也,山無蹊隧,澤無舟梁,萬物群生,連屬其鄉,禽獸成群,草木遂長。"同篇又説:"夫赫胥氏之時,民居不知所爲,行不知所之,含哺而熙,鼓腹而遊。"在《胠篋》篇中説:"昔者容成氏,大庭氏,伯皇氏,中央氏,栗陸氏,驪畜氏,軒轅氏,赫胥氏,尊盧氏,祝融氏,伏羲氏,神農氏,當是時也,民結繩而用之,甘其食,美其服,樂其俗,安其居,鄰國相望,鷄狗之音相聞,民至老死而不相往來。若此之時,則至治已。"則莊子所嚮往的"至德之世",實際是原始社會的最初時期。

莊子之所以產生這種思想是由於他深深感到"方今之時,僅免刑焉。福輕乎羽,莫之知載;禍重乎地,莫之知避"(《莊子·人間世》)和"今也殊死者相枕也,桁楊者相推也,刑戮者相望也"(《莊子·在宥》)。因此,他的人生哲學就選擇了"爲善無近名,爲惡無近刑"(《莊子·養生主》),"處乎材與不材之間"(《莊子·山木》)。就是説他既怕名,又怕刑;既怕材,又怕不材。他覺得刑和不材固然可怕,"直木先伐,甘井先竭"(《莊子·山木》),"桂可食,故伐之;

漆可用,故割之"(《莊子·人世間》),即名和材,尤其可怕。正由於
莊子經常在怕中生活,所以,他不但看到曲轅的櫟樹,商之丘的大
木,覺得可以羨慕,即便是"牛之白顙者與豚之亢鼻者與人有痔病
者"(《莊子·人世間》),乃至"頤隱於臍,肩高於頂,會撮指天,五管
在上,兩髀爲脅"的支離疏(《莊子·人世間》),也覺得同樣可以羨
慕。其所以覺得可以羨慕,根本原因在於它們以不材得終其天年。
正由於這樣,所以莊子用力的先後次序是"道之真以治身,其緒餘
以爲國家,其土苴以治天下"(《莊子·讓王》)。

　　莊子的政治理論可用下述一語來概括,就是"泉涸,魚相與處
於陸,相呴以濕,相濡以沫,不如相忘於江湖"(《莊子·大宗師》),
或者説"魚相忘乎江湖,人相忘乎道術"(《莊子·大宗師》)。意思
是説:當人講仁義道德的時候,正反映這是缺乏仁義道德。好像泉
涸,魚相處於陸,才覺得相呴以濕,相濡以沫之可感。假如縱游於
江湖之中,一點點濕、沫又算個什麼呢? 這些話就是莊子所以主張
要回到"至德之世"的根本意義所在。

　　荀況批評莊子説:"莊子蔽於天而不知人。"關於天和人的解
釋,《秋水》篇説得好,"牛馬四足,是謂天,落馬首,穿牛鼻,是謂
人"。看來荀況所説的天,就是因任自然,所説的人就是改造自然
和改造社會。從莊子的全部思想來看,他確實是受了因任自然這
個片面性的錮蔽,而不瞭解人有改造自然、改造社會的偉大力量。

## 四、法　家

　　法家作爲一個政治派別來説,不是自古就有,也不是繼續到現
在,而是我國在戰國這個特定的歷史時期的産物。它在當時,是新
興地主階級在政治上的代表,在政治舞臺上,是變奴隸制爲封建制
的開路先鋒。

　　法家著名人物有商鞅、申不害、慎到、韓非等,而韓非晚出,兼

綜商鞅、申不害、慎到三人之長，並有比較完整的著作傳於後世。因此，這裏把韓非作爲代表，評述如下。

韓非，韓國的諸公子，爲人口吃，不能談説，而善著書，與李斯俱學於荀況，李斯自以爲不如。時人有傳其書至秦，秦王政見到《孤憤》、《五蠹》，嘆息説："寡人得見此人與遊，死不恨矣！"李斯對秦王説："此韓非之所著書也。"秦因急攻韓。韓王安遣非使秦，秦王見到韓非，很高興。未信用，即被李斯、姚賈等讒死獄中。

韓非的著作，今有五十五篇，名《韓非子》。過去商鞅言法，申不害言術，慎到言勢，韓非繼承了三人之説，兼言法、術、勢。從其總的目標來説，則都是爲實行封建制的君主專制服務的。

要瞭解韓非的學説，首先應瞭解什麽是法、術、勢。現在先説法。

韓非在《難三》説："法者編著之圖籍，設之於官府，而佈之於百姓者也。"在《定法》説："法者憲令著於官府，刑罰必於民心，賞存乎慎法，而罰加乎姦令者也，此臣之所師也。"這就是説，韓非所説的法是專指成文法而言。這個法，必須由官府制定，向百姓公佈。公佈之後，必須堅決地貫徹執行。因此，韓非言法總是和賞罰聯繫在一起，例如他説："賞莫如厚而信，使民利之；罰莫如重而必，使民畏之；法莫如一而固，使民知之。"(《五蠹》)

韓非把法比作鏡、衡、規矩、尺寸。他把法看成是一個客觀上的標準。

他説："故鏡執清而無事，美惡從而比焉；衡執正而無事，輕重從而載焉。夫搖鏡則不得爲明，搖衡則不得爲正，法之謂也。"(《飾邪》)又説："釋法術而任心治，堯不能正一國，去規矩而妄意度，奚仲不能成一輪，廢尺寸而差短長，王爾不能半中，使中主守法術，拙匠執規矩尺寸，則萬不失矣。"(《用人》)

正因爲這樣，韓非主張"法不阿貴，繩不撓曲"，"刑過不避大臣，賞善不遺匹夫"(《有度》)，"誠有功，則雖疏賤必賞；誠有過，則雖近愛必誅"(《主道》)。不但要求臣下百姓守法,人君自己也要依法行事。他說:"明主使法擇人,不自舉也;使法量功,不自度也。"(《有度》)所以,韓非簡直把法提到絕對化的高度。他說:"國無常強,無常弱。奉法者強,則國強;奉法者弱,則國弱。"(《有度》)又說:"廢常上賢,則亂;舍法任智,則危。故曰:'上法而不上賢。'"(《忠孝》)

韓非"上法不上賢"的觀點,不但同墨翟尚賢的主張相抵觸,同荀況"有亂君,無亂國;有治人,無治法"的說法也針鋒相對。其實,人治法治互有短長,不宜偏廢。對於這個問題,倒是孟軻說得好:"徒善不足以爲政,徒法不足以自行。"(《孟子·離婁上》)儘管孟軻的政治觀點不見得對,但從這句話的本意來看,則是對的,是符合辯證法的。

韓非之所以特別重視法的作用,其根據有二:第一,他認爲"人情者有好惡,故賞罰可用"(《八經》)。第二,他看到君民之間的利益是矛盾的,不用法則令不行,禁不止。

關於第一點,他申述說:"凡治天下,必因人情。人情者有好惡,故賞罰可用。賞罰可用,則禁令可立,而治道具矣。"(《八經》)又說:"人不樂生,則人主不尊;不重死,則令不行也。"(《安危》)

關於第二點,他用父母與君上作比較,說:"母之愛子也倍父,父令之行於子也十母。吏之於民無愛,令之行於民也萬父母。父母積愛而令窮,吏用威嚴而民聽從,嚴愛之策,亦可決矣。且父母之所以求於子也,動作則欲其安利也,行身則欲其遠罪也。君上之於民也,有難則用其死,安平則盡其力。親以厚愛關子於安利而不聽,君以無愛利求民之死力而令行,明主知之,故不養恩愛之心,而增威嚴之勢。"(《六反》)這就說明韓非瞭解到君所求於民的是"死"、是"力",也就是說,君民之間的利益是矛盾的。君上不用法是達不到自己的目的的。

什麼是術? 韓非在《難三》說:"術者,藏之於胸中,以偶衆端,而潛御群臣者也。"在《定法》説："術者，因任而授官，循名而責實，操殺生之柄，課群臣之能者也。此人主之所執也。"韓非的這些解釋無疑是對的，已經抓住問題的實質，但還不夠詳明。據我看，法家之所謂術，實際上是把道家老、莊的認識論應用於政治實際，即用它作爲人君駕御群臣的方法。法家之所以把術作爲人君駕御群臣的方法，其根據在於他認爲"君臣之利異"。(《内儲説下》)韓非在《備内》説："人臣之於其君，非有骨肉之親也，縛於勢而不得不事也。故爲人臣者，窺覘其君心也，無須臾之休。"正因爲這樣，人君駕御群臣，必須講求方法，具體説，就是所謂術。這個術包括兩種作用：一是預防，二是使用。

韓非在《主道》、《揚權》兩篇曾專門談到術的問題。兹引《主道》篇一大段原文如下：

> 道者，萬物之始，是非之紀也。是以明君守始以知萬物之源，治紀以知善敗之端。故虛靜以待令，令名自命也，令事自定也。虛則知實之情，靜則爲動者正("爲"原作"知"，兹依俞樾説校改)。有言者自爲名，有事者自爲形。形名參同，君乃無事焉，歸之其情。故曰：君無見其所欲。君見其所欲，臣自將雕琢。君無見其意。君見其意，臣將自表異。故曰：去好去惡，臣乃見素。去舊去智，臣乃自備。故有智而不以慮，使萬物知其處。有賢而不以行(原作"有行而不以賢"，兹依王先慎校改)，觀臣下之所因。有勇而不以怒，使群臣盡其武。是故去智而有明，去賢而有功，去勇而有强。群臣守職，百官有常，因能而使之，是謂習常。故曰：寂乎其無位而處，漻乎莫得其所。明君無爲於上，群臣竦懼乎下。

我認爲，我們如果明白了《老子》所説的"爲學日益，爲道日損，損之又損，以至於無爲，無爲而無不爲"和《莊子·應帝王》所説的

"至人之用心若鏡,不將不迎,應而不藏,故能勝物而不傷"這兩段話,就很容易瞭解上述這一大段文字。關於《老子》和《莊子·應帝王》這兩段話,上文談莊子哲學思想的時候,已做了詳細說明,兹不復述。簡要地説,《主道》篇裏所説的"始"、"紀",都是指"虛静"而言。這個"虛静",就是《老子》所説的"無爲",也就是《莊子·應帝王》所説的"若鏡"。"令名自命也,令事自定也,虛則知實之情,静則爲動者正"數語,也就是《老子》所説的"無爲而無不爲",《莊子·應帝王》所説的"勝物而不傷"。"有言者自爲名",就是下文所説的"群臣陳其言"。"有事者自爲形",就是下文所説的"君以其言授其事,事以責其功"。"形名參同,君乃無事焉,歸之其情",就是下文所説的"功當其事,事當其言,則賞;功不當其事,事不當其言,則誅"。"君無見其所欲"和"君無見其意",就是要求能做到虛静,亦即無爲、若鏡。這裏邊無疑包含有預防的意思。"群臣守職,百官有常,因能而使之,是謂習常",則是從使用一方面來説的。

　　總的看來,韓非之所謂術,不是別的,不過是把道家的認識論應用於政治實際罷了。道家的認識論是唯心的,法家之所謂術實行起來,也不會有好的結果。《荀子·正論》反對"主道利周"的主張,實際就是反對韓非所説的術(《韓非子·八經》説:"明主其務在周密。")。這種反對,我看是正確的。

　　法家之所謂勢,實質上就是指政權或國家機器來説的。關於勢的重要性,韓非在《功名》、《難勢》兩篇裏有精闢的説明。《功名》篇説:"夫有材而無勢,雖賢不能制不肖。故立尺材於高山之上,下臨千仞之溪,材非長也,位高也。桀爲天子能制天下,非賢也,勢重也。堯爲匹夫,不能正三家,非不肖也,位卑也。千鈞得船則浮,錙銖失船則沉,非千鈞輕而錙銖重也,有勢之與無勢也。"《難勢》則以慎到言勢的一段話作爲辯論的中心內容,反復攻駁。最後得出結論説:"吾所以爲言勢者,中也。中者,上不及堯舜,而下亦不爲桀紂。抱法處勢則治,背法去勢則亂。"

　　韓非所說的法,是取之於商鞅;所說的術,是取之於申不害;所說的勢,是取之於慎到。韓非兼取三人之長,同時也指出申、商學說的缺點。他在《定法》篇有下述兩大段話,主要是說申、商二家學說的缺點,兹鈔錄如下:

　　問者曰:"徒術而無法,徒法而無術,其不可何哉?"對曰:"申不害,韓昭侯之佐也。韓者,晉之別國也。晉之故法未息,而韓之新法又生;先君之令未收,而後君之令又下。申不害不擅其法,不一其憲令,則姦多。故利在故法前令則道之,利在新法後令則道之,利在故新相反,前後相悖。則申不害雖十使昭侯用術,而奸臣猶有所謂其辭矣。故托萬乘之勁韓,七十年(顧廣圻曰:"'七十'有誤,或當作十七")而不至於霸王者,雖用術於上,法不勤飾于官之患也。公孫鞅之治秦也,設告相坐而責其實,連什伍而同其罪,賞厚而信,刑重而必。是以其民用力勞而不休,逐敵危而不卻,故其國富而兵強。然而無術以知姦,則以其富強也,資人臣而已矣。及孝公、商君死,惠王即位,秦法未敗也,而張儀以秦殉韓、魏。惠王死,武王即位,甘茂以秦殉周。武王死,昭襄王即位,穰侯越韓、魏而東攻齊。五年,而秦不益一尺之地,乃城其陶邑之封。應侯攻韓八年,成其汝南之封。自是以來,諸用秦者,皆應、穰之類也。故戰勝則大臣尊,益地則私封立,主無術以知姦也。商君雖十飾其法,人臣反用其資,故乘強秦之資,數十年而不至於帝王者,法(法下疑脫非字)不勤飾於官,主無術於上之患也。"

　　問者曰:"主用申子之術,而官行商君之法,可乎?"對曰:"申子未盡於術,商君未盡於法也(原作"申子未盡於法",兹依顧廣圻說校改)。申子言治不踰官,雖知弗言。治不踰官,謂之守職也可。知而弗言,是謂過也。人主以一國目視，故視莫明焉。以一國耳聽，故聽莫聰焉。今知而弗言，則人主尚安假借矣。商君之法曰：斬一首者，爵一級，欲爲官者，爲五十石之官。斬二首者，爵二級，欲爲官者，爲百石之官。官爵之遷與斬首之功相稱也。今有法曰：‘斬首者，令爲醫、匠。’則屋不成而病不已。夫匠者手巧也，而醫者齊藥也，而以斬首之功爲之，則不當其能。今治官者，智能也；今斬首者，勇力之所加也。以勇力之所加，而治智能之官，是以斬首之功爲醫、匠也。故曰：二子之於法術，皆未盡善也。”

總的説來，韓非的政治理論是以勢即政權爲後盾，用術來對待群臣，用法來對待人民，他所實行的是真正的君主專制。

韓非在《八經》篇説：“知臣主之異利者王，以爲同者劫，與共事者殺。故明主審公私之分，審利害之地，姦乃無所乘。亂之所生者六也：主母、后姬、子姓、弟兄、大臣、顯賢。”在《備內》篇説：“人主之患在於信人，信人則制於人。人臣之於其君非有骨肉之親也，縛於勢而不得不事也。故爲人臣者，窺覘其君心也，無須臾之休。而人主怠惰處其上，此世所以有劫君弑主也。爲人主而大信其子，則奸臣得乘其子以成其私，故李兑傅趙王而餓主父。爲人主而大信其妻，則奸臣得乘其妻以成其私，故優施傅麗姬殺申生而立奚齊。夫以妻之近與子之親而猶不可信，則其餘無可信者矣。”在《和氏》篇説：“主用術，則大臣不得擅斷，近習不敢賣重。官行法則浮萌趨於耕農，而遊士危於戰陣。則法術者，乃群臣士民之所禍也。”從上述三段引文可以清楚地看到，韓非的政治理論認爲：第一，臣主之間的利益是矛盾的；第二，人主對任何人，包括妻子在內，都不能相信，亦即對任何人都要防備；第三，人君與群臣士民的利益通通是矛盾的。正因爲這樣，才得出“法術者，乃群臣士民之所禍也”的結論。綜上三點，韓非豈不是把人君個人以外的所有一切的人，都看成是可怕的敵人嗎？韓非教人君這樣看，這樣做，其結果自然是把自己完全孤立起來了。

　　韓非不僅有上述論點，在《六反》篇稱：貴生之士爲降北之民，文學之士爲離法之民，有能之士爲牟食之民，辯智之士爲僞詐之民，磏勇之士爲暴憨之民，任譽之士爲當死之民。在《五蠹》篇把"學者"、"言古者"、"帶劍者"、"近御者"、"商工之民"總稱爲"五蠹"。在《八説》篇説："博習辯智如孔、墨，孔、墨不耕耨，則國何得焉？修孝寡欲如曾史，曾史不戰攻，則國何利焉？"在《五蠹》篇説："故明主之國，無書簡之文，以法爲教；無先王之語，以吏爲師；無私劍之捍，以斬首爲勇。"也就是説，按照韓非的理論去做，人君祗要法術勢，其餘什麼都不要；人君祗相信自己，自己以外的人都不相信；人民所從事的，祗有耕戰，其餘什麼也不要做。韓非的這套政治理論，秦始皇確實把它付諸實踐了。實踐的結果怎樣呢？實踐的結果，據我看，有成功的經驗，也有失敗的經驗。成功的經驗是并吞六國，實現中國統一；失敗的經驗是祗歷二世十四載而亡。

　　具有秦國的種種有利條件，而實行嚴刑峻法，并力耕戰，結果吞滅六國，實現中國的統一，是不奇怪的，是合理的。統一後，繼續實行韓非的政治主張，即第一，最高的統治者——皇帝，與全體人民（包括親屬、大臣、左右）爲敵；第二，這個社會，不要賢良，不要信義，不要文化，不要工商業，祗要賞罰，祗要耕戰。這樣的統治怎能長期維持下去呢？這樣的社會怎能長期存在下去呢？然而秦二世卻正是這樣幹的。試翻開《史記》看一下，秦二世"不坐朝廷見大臣，居禁中"（《李斯列傳》），這不就是實行韓非的所謂術嗎？殺大臣蒙毅、李斯等，"公子十二人僇死咸陽市，十公主磔死於杜，財物入於縣官，相連坐者，不可勝數"（《李斯列傳》）。這不就是實行韓非的所謂法嗎？其結果怎樣呢？趙高指鹿爲馬，二世不能辨其非；閻樂入宮，二世願與妻子爲黔首而不可得。一個以六合爲家，殽函爲宮的龐大的秦皇朝，竟然不旋踵而亡。當然，具體執行政策的人不能不負責，作爲這個政治理論的提倡者韓非，能夠不負責任嗎？

當然，韓非思想除了在政治上宣揚法術勢之外，還有一些積極的東西，例如他認爲歷史是發展的。在《五蠹》篇説："上古之世，人民少而禽獸衆，人民不勝禽獸蟲蛇。有聖人作，構木爲巢，以避群害，而民悦之，使王天下，號之曰有巢氏。民食果蓏蜯蛤，腥臊惡臭而傷害腸胃，民多疾病。有聖人作，鑽燧取火以化腥臊，而民悦之，使王天下，號之曰燧人氏。中古之世，天下大水，而鯀、禹決瀆。近古之世，桀紂暴亂，而湯武征伐。今有構木鑽燧於夏后氏之世者，必爲鯀、禹笑矣。有決瀆於殷周之世者，必爲湯、武笑矣。然則今有美堯、舜、湯、武、禹之道於當今之世者，必爲新聖笑矣。是以聖人不期修古，不法常可，論世之事，因爲之備。"這個觀點，無疑是正確的。又，他凡事都注重實踐。在《六反》篇説："人皆寐，則盲者不知；皆嘿，則喑者不知。覺而使之視，問而使之對，則喑盲者窮矣。"在《顯學》篇説："夫視鍛錫而察青黄，區冶不能以必劍。水擊鵠雁，陸斷駒馬，則臧獲不疑鈍利。髮齒吻形容，伯樂不能以必馬。授車就駕，而觀其末塗，則臧獲不疑駑良。觀容服，聽辭言，仲尼不能以必士。試之官職，課其功伐，則庸人不疑於愚智。故明主之吏，宰相必起於州部，猛將必發於卒伍。"這種説法也是對的。特別是當時在中國由奴隷社會向封建社會轉變時期，他反對宗法關係，反對分散主義，爲創建一個專制主義中央集權的封建國家製造輿論，這都是有積極意義的。

但是韓非主張太過，走了極端，以爲無教化，去仁愛，專任刑法，可以爲治，終於走到了反面。"四人幫"在人民當家做主的社會主義時代，竟然以現代法家自居，推行韓非的那一套封建地主階級的政治主張，不要生產，不要文化，不要賢智，堅決與無産階級革命家和廣大人民群衆爲敵。他們遭到歷史的懲罰，人民的唾棄，也自然是理所當然的事。

（《吉林大學社會科學學報》1980 年第 1 期）

# 《孫子》十三篇略説

孫子名武,春秋末齊國人。《史記》稱孫武"以《兵法》見於吳王闔閭。闔閭曰:'子之十三篇,吾盡觀之矣'"。今傳世的《孫子》十三篇,可能就是孫武持見吳王闔閭的《兵法》。孫武是中國古代軍事科學理論的建立者。在孫武前雖有《司馬法》,但它屬政書之類,不是軍事科學理論著作,《漢書·藝文志》入之禮家,是對的。至《六韜》等,則出於後人的依託,不可信據。《尉繚子·制談》説:"有提三萬之眾,而天下莫當者誰? 武子也。"劉向《新序》説:"孫武以三萬破楚二十萬。"(《太平御覽·兵部二》)二書所記,似非無據。則孫武不但是軍事理論家,也是一個有實踐經驗的軍事家。

"春秋無義戰",孫武的軍事科學理論當然是爲當時各諸侯國進行兼并戰爭服務的。在《孫子》十三篇中,既不區別正義與非正義,更談不上革命戰爭的問題。他的這部書,是在當時歷史條件下,在總結了前人戰爭經驗的基礎上寫出來的。他既不寫戰爭史實,也不寫武器裝備,祇是在理論上進行高度的概括。因此,孫武寫的這部書,不但舊日稱爲"兵經",直至今日,仍有很重要的指導意義,爲中外軍事家所重視。

現在就把《孫子》十三篇將內容,重點介紹如下。

**第一 《計篇》**

《計篇》列爲第一,實是十三篇的綱領。

篇首説:"兵者,國之大事,死生之地,存亡之道,不可不察也。"這是開宗明義,着重指出軍事的重要性。孫子認爲戰爭關係到國家的存亡,人民的死生,不能不予以特殊注意。

春秋時向戌提倡過"弭兵"，戰國時墨翟主張過"非攻"。二人的主觀願望可能是好的，然而"弭兵"、"非攻"實際上是和平主義的異名。事實證明，弭兵不但不會消弭戰爭，反而會加速戰爭的爆發。原因是"和平主義"祇會起到麻痹被侵略者的作用，而侵略者是從來不聽這一套的。

《呂氏春秋·蕩兵》說："古聖王有義兵而無有偃兵。"《呂氏春秋》這種說法，無疑是正確的。

《計篇》主要談兩個問題。一個是"經之以五校之計而索其情"，另一個是"計利以聽，乃爲之勢以佐其外，勢者因利而制權也"。

亦即先談"經"，後談"權"。"經"是經常，"權"是權變。"經"是政治上的問題，"權"是軍事上的問題。"經"既適用於平時，也適用於戰時，"權"則祇適用於戰時。比較起來，"經"是主要的，根本的。"權"在軍事上當然極端重要，能起決定性作用，但同"經"相比較，不能不居第二位。孫子談勢時，用了一個"佐"字，恰恰說明這個問題。

所謂"經之以五校之計而索其情"，就是在戰爭這個問題上，要先對敵我雙方，從五個方面進行一次力量的對比，以瞭解敵我雙方的情況。

這五個方面就是"一曰道，二曰天，三曰地，四曰將，五曰法"。

孫子說："道者，令民與上同意也。故可與之死，可與之生，而民不畏危。"孫子所謂"道"，顯然是政治問題。這是最根本的問題，所以擺在第一位。

孫子說："天者，陰陽寒暑時制也。"這是考慮氣候條件的問題。

孫子說："地者，遠近險易廣狹死生也。"這是考慮地理條件問題。

孫子說："將者，智信仁勇嚴也。"將在戰爭中是起決定作用的因素。《孫子》十三篇之作，毋寧說就是以將爲對象來作的。智信仁勇嚴是爲將的五德，缺一不可。智之所以居第一位，是因爲將主要是鬥智，而不是鬥力。孫子所説的"勢者，因利而制權也"，"兵，詭道也"這一理論，都要由將來運用。信是對戰士來説的。得不到戰士的信任，人心渙散，是不能取得勝利的。對戰士則必須仁與嚴相結合。這一點，吳起做得最好。《史記》説："起之爲將，與士卒最下者同衣食。臥不設席，行不騎乘，親裹贏糧，與士卒分勞苦。卒有病疽者，起爲吮之。"這樣做，可以説是仁了。但《尉繚子·武議》説："吳起與秦戰，未合。一夫不勝其勇，前獲雙首而還。吳起立斬之。軍吏諫曰：'此材士也，不可斬。'起曰：'材則是也，非吾令也。'斬之。"可見吳起對士卒又極其嚴。至於勇，則爲將者當然要具備了。

　　孫子説："法者，曲制官道主用也。""曲制官道主用"這幾個字，不好理解。但下文説："法令孰行，兵衆孰强，士卒孰練，賞罰孰明。"可知這裏所謂"法"，主要應包括四者在内。

　　孫子説："勢者，因利而制權也。"權是什麼？權的本義就是稱錘。稱錘必須前後移動，然後才與物重平衡，而起到稱的作用。所以權是因利而制，不能固定不變。毛澤東同志説的"機動靈活的戰略戰術"，可以看作是對權字的最好説明。霍去病説，"顧方略何如耳"，(《史記·衛將軍驃騎列傳》)這話很符合孫子"因利而制權"的精神。講軍事，本本主義是絶對要不得的。春秋時宋襄公的泓之敗，戰國時趙括的長平之敗，就都是吃了本本主義大虧的著名的例子。孫子説："兵者詭道也。"也就是説戰爭要因利而制權的意思。後人常説"兵不厭詐"，就是"兵者詭道也"的通俗説法。

　　孫子説："故能而示之不能，用而示之不用；近而示之遠，遠而示之近，利而誘之，亂而取之，實而備之，强而避之，怒而撓之，卑而驕之，佚而勞之，親而離之，攻其無備，出其不意。"由"能而示之不能"至"親而離之"共十二種，都是因利而制權的辦法。"攻其無備，出其不意"，則是所要達到的目的。"攻其無備，出其不意"是孫子軍事理論的精髓。歷代軍事家很多就是應用這條理論而取得軍事上的勝利的。

第二　《作戰》

《作戰》主要談了兩條經驗。

第一條說："不盡知用兵之害者，則不能盡知用兵之利也。"這是教人要全面地看問題。用兵當然是爲求利，但是必須首先完全瞭解害的一方面，然後才能獲得完全的利。

第二條說："兵聞拙速，未睹巧之久也。"古人常說"兵貴神速"，正是孫子這條軍事理論的具體運用。

孫子的這兩條經驗，都是在他算了經濟帳之後而得出來的。

第三　《謀攻》

《謀攻》把"百戰百勝，非善之善者也，不戰而屈人之兵，善之善者也"作爲軍事最高目標來提出，這是孫子高人一等處。

如何能達到"不戰而屈人之兵"呢？顯然這不是祇有單純的軍事觀點所能辦到的，而必須把政治問題放在首要地位。

孫子說："上兵伐謀，其次伐交，其次伐兵，下政攻城。攻城之法，爲不得已。"這正是孫子強調政治的具體說明。

孫子說："用兵之法，十則圍之，五則攻之，倍則分之，敵則能戰之，少則能逃之，不若則能避之。"這正是篇首所說的"凡用兵之法，全國爲上，破國次之；全軍爲上，破軍次之；全旅爲上，破旅次之；全卒爲上，破卒次之；全伍爲上，破伍次之"這個理論在戰場上的具體運用。

孫子說："故君之所以患於軍者三。不知軍之不可以進，而謂之進。不知軍之不可以退，而謂之退。是謂縻軍。不知三軍之事，而同三軍之政，則軍士惑。不知三軍之權，而同三軍之任，則軍士疑矣。三軍既惑且疑，則諸侯之難至矣。是謂亂軍引勝。"這實際是說在軍事上外行不能領導內行，如果是外行領導內行，搞瞎指揮，必敗無疑。

　　孫子説："故知勝有五：知可以戰與不可以戰者,勝。識衆寡之
用者,勝。上下同欲者,勝。以虞待不虞者,勝。將能而君不御者,
勝。"根據這五勝,孫子得出結論,説："故曰：知彼知己,百戰不殆。
不知彼而知己,一勝一負。不知彼不知己,每戰必殆。"基於這一原
因,所以孫子把"用間"看得異常重要。因爲祇有用間,才能知彼。

## 第四　《形篇》

　　《形篇》的要義在於下列一些論點："昔之善戰者,先爲不可勝,
以待敵之可勝。""故善戰者,立於不敗之地,而不失敵之敗也。是
故勝兵先勝而後求戰,敗兵先戰而後求勝。""先勝而後求戰",應該
説,就是毛澤東同志所説的"不打無把握之仗"。這一軍事思想產
生在春秋時期,自然是很難得的。

　　孫子説："勝者之戰民也,若決積水於千仞之谿者,形也。"這個
"形",就是本篇所以命名爲《形篇》的意義所在。

## 第五　《勢篇》

《勢篇》説：

　　　　凡治衆如治寡,分數是也;鬥衆如鬥寡,形名是也;三
　　軍之衆,可使必受敵而無敗者,奇正是也;兵之所加,如以
　　碬投卵者,虛實是也。

　　　　凡戰者,以正合,以奇勝。故善出奇者,無窮如天地,
　　不竭如江河,終而復始,日月是也;死而復生,四時是也。
　　聲不過五,五聲之變,不可勝聽也;色不過五,五色之變,
　　不可勝觀也;味不過五,五味之變,不可勝嘗也;戰勢不過
　　奇正,奇正之變,不可勝窮也。奇正相生,如循環之無端,
　　孰能窮之?

　　　　激水之疾,至於漂石者,勢也;鷙鳥之疾,至於毀折
　　者,節也。是故善戰者,其勢險,其節短,勢如彍弩,節如
　　發機。紛紛紜紜,鬥亂而不可亂也;渾渾沌沌,形圓而不
　　可敗也。

這段文字裏"激水之疾"兩句,是説勢的威力。"戰勢不過奇正"幾句,是説爲之勢的方法。"凡戰者,以正合,以奇勝",是作爲一個重要結論提出的,具有普遍意義。

### 第六 《虛實》

本篇命名有取於"兵之形,避實而擊虛"一句。作爲全篇綱領的,一是"善戰者致人而不致於人",二是"形人而我無形,則我專而敵分"。

"致人"就是能調動敵人,牽着敵人的鼻子走。"不致於人"就是我始終掌握主動權。

"形人"是我對敵人的情況瞭如指掌。"我無形"是説敵人對於我來説,是聾子、瞎子、精神病患者,完全不瞭解我的情況。

正由於"致人而不致於人",所以能够做到"我專而敵分。我專爲一,敵分爲十,是以十共其一也,則我衆而敵寡。能以衆擊寡者,則吾之所與戰者約矣。吾所與戰之地不可知。不可知,則敵所備者多。敵所備者多,則吾所與戰者寡矣。故備前則後寡,備後則前寡,備左則右寡,備右則左寡。無所不備,則無所不寡。寡者,備人者也。衆者,使人備己者也。故,知戰之地,知戰之日,則可千里而會戰。不知戰地,不知戰日,則左不能救右,右不能救左,前不能救後,後不能救前,而況遠者數十里,近者數里乎?"

孫子這兩段理論極精。今日小國弱兵用遊擊戰之所以能戰勝大國强兵,其道理就在於此。

孫子説:"夫兵形象水。水之形避高而趨下,兵之形避實而擊虛。"這條理論非常重要,歷代軍事家無不奉爲至寶。

### 第七 《軍争》

孫子説:"軍争之難者,以迂爲直,以患爲利。故迂其途而誘之以利,後人發,先人至,此知迂直之計者也。"孫子這幾句話應是軍事上應用迂迴戰術的經典式説明。

孫子在提出上述理論之後,又指出"軍争爲利,軍争爲危"。即用迂迴戰術的辦法，其結果有兩種可能：有利的可能，也有危的可能。

他説："舉軍而爭利則不及，委軍而爭利則輜重捐。是故卷甲而趨，日夜不處，倍道兼行，百里而爭利，則擒三將軍，勁者先，疲者後，其法十一而至。五十里而爭利，則蹶上將軍，其法半至。三十里而爭利，則三分之二至。是故軍無輜重則亡，無糧食則亡，無委積則亡。"這是用具體事實來説明"軍爭爲危"的一面。如何爭取利的一面，避免危的一面，這就在於爲將的智慧和勇敢了。

孫子説："夫金鼓旌旗者，所以一民之耳目也。民既專一，則勇者不得獨進，怯者不得獨退。此用兵之法也。"

又説："故三軍可奪氣，將軍可奪心。是故朝氣鋭，晝氣惰，暮氣歸。故善用兵者，避其鋭氣，擊其惰歸，此治氣者也；以治待亂，以静待譁，此治心者也；以近待遠，以佚待勞，以飽待饑，此治力者也；無要正正之旗，無擊堂堂之陣，此治變者也。"

前一段文字談用衆之法，後一段文字談在戰爭時怎麽治氣、治心、治力、治變。這些都屬於戰術或戰役上的問題。總之，是叮嚀軍事家無時無地都不要忘記發揮自己的優勢，利用敵人的弱點，以求得勝利。

### 第八　《九變》

本篇有兩段話值得特殊注意。

第一段話是："用兵之法，無恃其不來，恃吾有以待之也；無恃其不攻，恃吾有所不可攻也。"

第二段話是："將有五危：必死，可殺也；必生，可虜也；忿速，可侮也；廉潔，可辱也；愛民，可煩也。凡此五者，將之過也，用兵之災也。覆軍殺將必以五危，不可不察也。"第一段話大意是求其在我，有備無患。第二段話，是説要利用敵人之弱點，同時自己也要知所警惕。

### 第九　《行軍》

談到覘敵之術，他說："敵近而靜者，恃其險也。遠而挑戰者，欲人之進也，其所居易者，利也。眾樹動者，來也。眾草多障者，疑也。鳥起者，伏也。獸駭者，覆也。塵高而銳者，車來也。卑而廣者，徒來也。散而條達者，樵采也。少而往來者，營軍也。辭卑而益備者，進也。辭強而進驅者，退也。輕車先出居其側者，陣也。無約而請和者，謀也。奔走而陳兵車者，期也。半進半退者，誘也。倚仗而立者，饑也。汲而先飲者，渴也。見利而不進者，勞也。鳥集者，虛也。夜呼者，恐也。軍擾者，將不重也。旌旗動者，亂也。吏怒者，倦也。粟馬肉食，軍無懸瓶，不返其舍者，窮寇也。諄諄翕翕，徐與人言者，失眾也。數賞者，窘也。數罰者，困也。先暴而後畏其眾者，不精之至也。來委謝者，欲休息也。兵怒而相迎，久而不合，又不相去，必謹察之。"見微知著，由現象能看到本質，不僅軍事家覘敵如此，實具有普遍意義。

談到御眾之法，他說："卒未親附而罰之，則不服。不服則難用也。卒已親附而罰不行，則不可用也。故令之以文，齊之以武，是謂必取。"這是經驗之談，非空洞理論可比。

### 第十　《地形》

本篇所說的地形，今天可能已不適用，但他說：

> 戰道必勝，主曰無戰，必戰可也。戰道不勝，主曰必戰，無戰可也。故進不求名，退不避罪，唯人是保，而利合於主，國之寶也。

又說：

> 視卒如嬰兒，故可與之赴深谿；視卒如愛子，故可與之俱死。厚而不能使，愛而不能令，亂而不能治，譬如驕子，不可用也。

又說：

> 知吾卒之可以擊,而不知敵之不可擊,勝之半也。知
> 敵之可擊,而不知吾卒之不可以擊,勝之半也。知敵之可
> 擊,知我卒之可以擊,而不知地形之不可以戰,勝之半也。
> 故知兵者,動而不迷,舉而不窮。故曰:知彼知己,勝乃不
> 殆。知地知天,勝乃可全。

上述三段話,第一段話的大意是說,在戰爭中應保證將能獨立
自主地決定重大問題。《荀子·議兵》論爲將説:"所以不受命於主
有三:可殺而不可使處不完,可殺而不可使擊不勝,可殺而不可欺
百姓。"孫子在這裏所説的觀點,應是荀子所本。

第二段話有兩層意思。第一層意思是説應當象愛惜嬰兒、愛
子那樣愛惜士卒,士卒才能爲所用。第二層意思是説,如果把士卒
養成像驕子那樣,就不能用了。總的是説,對士卒需要恩威並濟。

第三段話重在結尾兩句,即:知彼知己,勝乃不殆;知地知天,
勝乃可全。

### 第十一　《九地》

本篇所謂九地,今天也不一定適用。但他説:

> 將軍之事,靜以幽,正以治,能愚士卒之耳目,使之無
> 知。易其事,革其謀,使人無識;易其居,迂其途,使人不
> 得慮。帥與之期,如登高而去其梯,帥與之深入諸侯之
> 地,而發其機,焚舟破釜,若驅羊而往,驅而來,莫知所之;
> 聚三軍之衆,投之於險,此謂將軍之事也。

又説:

> 始如處女,敵人開户;後如脱兔,敵不及拒。

前一段話,從軍事貴保守秘密這一點來理解,還是可取的。

後一段話是"兵者詭道也"的生動説明。其目的在於"攻其無
備,出其不意"。

**第十二 《火攻》**

火攻在古代戰爭中是一種毀滅性的戰爭手段,使用時需要注意種種條件,否則會自食其果。孫子特用一個專題來論述,是有道理的。

篇末説:"主不可以怒而興師,將不可以愠而致戰,合於利而動,不合於利而止。怒可以復喜,愠可以復悦,亡國不可以復存,死者不可以復生。故明君慎之,良將警之,此安國全軍之道也。"這一段話與卷首説"兵者,國之大事,死生之地,存亡之道,不可不察也"相呼應。叮嚀反復,語重心長。足見兵凶器,戰危事,不得已而用之,也要十分審慎。喜言兵事的,從來不是真知兵者。

**第十三 《用間》**

用間譯成今語,就是作諜報工作。全篇大體上可分三段。

第一段闡明用間的重要性。大意是説戰勝在於知敵,知敵在於用間。孫子把戰爭的費用和用間的費用作了對比,指出不肯在用間上花錢,是"不仁之至也,非人之將也,非主之佐也,非勝之主也"。

第二段提出因間、內間、反間、死間、生間等五間的名稱,並逐一加以説明。

第三段是用間正文。他説:"故三軍之親,莫親於間,賞莫厚於間,事莫密於間。非聖智不能用間,非仁義不能使間,非微妙不能得間之實。微哉,微哉,無所不用間也。"孫子把用間提到極端重要的地位。

通過上述介紹,不難看出,孫子不僅是一個卓越的軍事理論家,並具有豐富的辯證法思想和唯物論思想。

(《社會科學戰線》1982 年第 3 期)

序跋編

# 跋金朝覲《三槐書屋詩鈔》

先高祖午亭公手寫《三槐書屋詩鈔》四卷，早歲爲親串蕭某所假，雖先君子不知也。嗣以諸父過其家，獲睹是書，歸以語芳，芳驚喜，急請索回，幸未污損。歲辛未（1931），游瀋陽，藏之行篋，適繆太史東麟公自山左來。太史者，詩鈔中繆公楳澥之曾孫也。於芳有通家之誼，因請爲序，以付手民。詩卷甫投，而有九月十八日之變。芳倉猝西奔，太史亦去瀋陽。非但剞劂無日，即此卷之有無，亦不可知矣！踰年歸，詢知太史所在，具函存問，得悉此卷無恙，惟太史則以年老力衰，寄回原詩，辭不爲序。瀋陽有刊行遼海叢書之議，芳以爲言，承允刊入，屬芳校其字，芳以先高祖不朽之盛事，自此乃不朽也！因忘其庸愚，欣然從事校勘，既畢，並識其始末如此，俾知撰述者固匪易，保存者亦不可忽云。

癸酉（1933）冬，義州金景芳謹記。

（金朝覲《三槐書屋詩鈔》，1933 年）

# 《毛詩多識》跋

　　右《毛詩多識》十二卷，清拔貢岫巖多隆阿所著也。其書舊有三本，一爲嘉業堂刊本，鐫於吳興劉氏，校讐極審，並有程棫林按語，文字亦似幾經修正者，惜止六卷，未爲完璧。一爲遼陽張氏排印本，乃張繡江之後裔所印，卷首即以繡江名署之，較刊本稍遜。一爲遼陽袁氏藏書舊鈔本，文詞煩冗，譌奪最甚。今茲所印，即據三本互校，擇善而從。前六卷以刊本爲主，後六卷以排印本爲主。其三本並誤，則檢所引原書是正之。綜觀斯著，以辨鳩鶹螽杞爲最精，芄蘭桑扈鮒鱨，一一釋以俗名，尤見博洽。惟解唐棣爲楊，荼毒之荼爲貓兒眼之類，似難徵信。至於秬稷藦芑，則失之愈遠。要之，不愧實事求是之作，治《毛詩》者不可不一讀也。校勘事竟，聊識其顛末，並附所見如此，後之君子，以考覽焉。丙子初夏，義縣金景芳跋。

# 《〈中國奴隸社會史〉序》①（存目）

---

① 見《中國奴隸社會史》卷首序。

# 《戰車與車戰》序

《戰車與車戰》一書，是楊英傑同志於從我受學時所作的研究生畢業論文的基礎上完成的。

戰車與車戰在中國古代史教學當中，是一個經常看到，而缺乏系統地深入地闡釋的課題。楊英傑同志早在作研究生畢業論文時，已對軾和軹的形制、戰車的乘法、戰車的屬卒、戰車的挽馬和戰車的旗飾等提出了獨到的精確的見解。今成此書，又以馬克思主義理論作指導，參考了文獻、考古、前人今人著述的大量資料，對於戰車的形制、構件、車飾、種類、甲士、屬徒、挽馬、馬具、馬飾、兵器、戰旗、戰鼓、戰陣、戰法等等作了詳盡的、系統的闡述，同時對古代車戰的產生、發展、消亡的過程也作了探討。毫無疑義，對於當前中國古代史的教學與研究是有裨益的。茲當此書即將問世之際，略誌數語，以當敍引。

1986 年金景芳於長春吉林大學，時年八十有四。

（《戰車與車戰》卷首，楊英傑著，東北師範大學出版社，1986年）

# 讀《中國傳統思想探索》

曹德本同志所寫的《中國傳統思想探索》一書已於 1988 年由遼寧大學出版社出版。我讀了以後,覺得這部書有三大優點。

第一,他這部書是在資産階級自由化泛濫,徹底否定中國傳統文化的浪潮下寫的。他能不爲所動,堅定地站在馬克思主義的立場上,應用辯證法的觀點,對中國傳統思想既不是完全否定,亦不是完全肯定,而是采取批判繼承的態度,根據大量的事實,作實事求是的分析,這是很難得的。

第二,中國傳統思想經歷的時間特別長,在各個發展階段中所有的人物、思想又特別複雜。曹德本同志應用馬克思主義的理論、方法,剝蕉抽繭,苦心探索,得出公允、正確的結論,這無疑是很不容易的,足見他對中國古代文獻、歷史和哲學有深厚的功力。

第三,他經過精心探索,對中國傳統思想概括出兩大特點:一是民族的特點,一是重人倫的特點。關於民族的特點,應該承認,帶有普遍性。關於重人倫這一點,我看曹德本同志真正抓到了問題的本質,我非常同意。

我研究中國古代史,覺得原始社會重視血緣關係這一點,毫不奇怪。及至文明社會,我覺得當進入文明社會的前夜時帝堯欽若昊天,曆象日月星辰,敬授人時,很值得注意。堯創立新曆法,其目的主要不是在知天,而是在利民。當時實行朔政制度,對後世有很大影響。《春秋·文公十七年》有"公四不視朔"的記載,《論語·八佾》説"子貢欲去告朔之餼羊",夏傳《夏小正》,《禮記》存《月令》,以及封建社會歷代有所謂"皇曆",溯本窮源,應知都是帝堯之時。

《尚書》有帝舜說：“契，百姓不親，五品不遜，汝作司徒，敬敷五教，在寬。”《左傳》文公十八年記載這同一事實說：“舉八元使布五教於四方，父義、母慈、兄友、弟共、子孝。”《孟子·滕文公上》也說：“使契爲司徒，教以人倫，父子有親，君臣有義，夫婦有別，長幼有序，朋友有信。”不但此也，《孟子·離婁下》還說：“舜明於庶物，察於人倫。”《孟子·滕文公上》還說：“夏曰校，殷曰序，周曰庠，學則三代共之，皆所以明人倫也。”

又，《周易》是講什麼的呢？《繫辭傳下》說：“《易》之爲書也，廣大悉備，有天道焉，有人道焉，有地道焉。兼三才而兩之，故六。六者非它也，三才之道也。”《繫辭傳上》說：“是故《易》有太極，是生兩儀，兩儀生四象，四象生八卦，八卦定吉凶，吉凶生大業。”也就是《周易》實際上是講天地人，而其歸趨則在人的“定吉凶”，“生大業”上。我們在講孔子和儒家思想的時候，祇從自古以來的堯舜和《周易》的思想，就可看出中國傳統思想是重人倫了。

（《吉林大學社會科學學報》1990 年第 4 期）

# 《〈周易〉大辭典》序

　　《周易》之爲書，就全世界來說，也是一部奇書。奇就奇在它是利用卜筮的形式而賦以哲學的内容，而且成書很早，早在三千年前。自卜筮一方面來說，不可否認，屬於宗教迷信範疇；而自哲學一方面來說，應該肯定它極爲先進，先進到馬克思辯證唯物主義、歷史唯物主義學說出現以前無與倫比。正因爲這樣，所以這部書向來公認最難理解。自《周易》問世以來，歷時幾千年，據我看，真正能理解它的，祇有爲它作《傳》的孔子一人。其餘學《易》的人，或理解其中一大部分；或理解其中一小部分；或全不理解，而添枝添葉，妄生異說，以至於紛紜輪困，五花八門，弄得烏烟瘴氣，令人如入五里霧中，益發不明真相是什麼。當今中國，正值改革開放之時，從物質到精神，具備了許多爲以前所不曾具備的優越條件，我相信在不久的將來，一定會有人對《周易》問題作徹底的解決。

　　中國工人出版社現在正編印《周易大辭典》，在《辭典》裏廣泛收集歷史上講論《周易》衆多著作中的名言精義，作爲詞條，以饗讀者。我看這個工作無論對於有志學《易》者，或對正在解決《周易》問題的專家，都是有益的。

金景芳時年八十有九

（《周易大辭典》卷首，蕭元、廖名春主編，中國工人出版社，1991年）

# 《周易經傳溯源》序

《周易》是我國古代一種卜筮之書。這一點,從它在《周禮》爲太卜所掌以及它在《左傳》、《國語》諸書中的應用,可以看得清清楚楚。但在這個卜筮之書中卻蘊藏着極爲深邃的哲理。這一點,則除了《易傳》以外,不見有人説過。因此《周易》之所以可貴,端在有《易傳》爲發掘它在卜筮外衣下所掩蓋的哲理。那末,《易傳》講的都是什麼?《易傳》是誰作的以及它是什麼時候作的? 等等,就成了《周易》研究的重要課題。

當前在國内外形成了一股《周易》熱。儘管在熱潮當中,衆説紛紜,大家的見解不見得一致。但應當承認這是好現象。因爲,第一,它説明《周易》一書爲海内外所重視;第二,它説明《周易》一書内容豐富、艱深,不易解讀;第三,它説明大家都下決心努力要解決它,這個不易解讀的讀物,最終一定會解讀的。

我學《易》多年,對《周易》連同《易傳》也有一些看法,並已將我的看法先後寫成書稿問世。祇是我的看法都來自文獻,我自己是相信的,別人是否相信,我不敢説。

今日有幸,獲讀李學勤同志大作《周易經傳溯源》(副題"從考古學、文獻學看周易"),使我大開眼界,驚嘆很多不易解決的問趣,這回可以全部解決了。

李學勤同志對《周易》研究之所以獲得豐碩成果,據我看,第一,他有足夠的條件。具體説,他不僅長於考古學、文獻學,並精通古文字學和外語,而且精力充霈,殷勤搜討,他能見到並能閱讀別人所不能見不能讀的資料;第二、他不但能掌握大量資料而且能辨析毫芒,識力過人。

例如,"五十以學易"的問題。《經典釋文·論語音義》説:"'學易':如字。《魯》讀'易'爲'亦',今從《古》。"這個"《魯》讀'易'爲'亦'",前人祇能説對或不對,至於爲什麼對或不對,不見有人説得很清楚。而李學勤同志用大量資料首先辨明"《魯》讀'易'爲'亦'"是"文字有異而不是讀音不同"。然後辨明"'魯讀'都是異文,但異文的情形又有區別"。"《古論》作'易',《魯論》作'亦',異文的産生是因爲音近通假或者傳訛所致。"最後辨明"'易'、'亦'二字能够互相通假,或音近傳訛,乃是一定歷史時期的現象"。經過輾轉剖辨以後,作出結論説:"總之,《論語·述而篇》所載孔子自言'五十以學易'"等語,是孔子同《周易》一書直接有關的明證。雖有作'亦'的異文,實乃晚起,與作'易'的本子没有平等的價值。我們探討《周易》與孔子的關係時,可以放心地引用《述而》這一章,不必顧慮種種異説的干擾。"

又如,李學勤同志對韓中民《帛書〈繫辭〉淺説》中《要》的部分"夫子老而好《易》",居則在席,行則在橐","有古之遺言焉。子非安其用,而樂其辭。""後世之士疑丘者,或以《易》乎?"子貢問:"夫子亦信其筮乎?"孔子説:"我觀其德義耳","吾與史巫同途而殊歸"數語特感興趣,並有六段文字作了詳細的分析和論證。最後説:"近些年來,國内外學者都很重視《周易》的研究,對《易傳》的形成也有較多討論。這是由於《易傳》對研究儒家思想極有意義,又最富於哲理性質。祇要我們把《周易》看作儒家經典,那麼《易傳》可視爲理解《周易》的鑰匙,帛書《易傳》又可視爲理解今本《易傳》的鑰匙。"

從上述兩個例子,可以看出李學勤同志對《周易》經傳研究所徵引的資料是何等浩博!其所作的分析又何等精審!我不準備多費筆墨了。謹摘取班孟堅《西都賦》中"元元本本,殫見洽聞"八個字舉以相贈,以當我對《周易經傳溯源》一書的評價。

　　　　　　　　　　　　　　辛未夏九十叟金景芳序

# 評《儒家治國方略》

　　曹德本同志的新作《儒家治國方略》日前由吉林大學出版社出版。我早知道曹德本同志在下功夫研究這個題目。這是儒家學說中的大問題，儒家學說的方方面面，都含蓋在這個題目中。儒家由天道推及人事，人事不外乎內聖與外王兩方面。內聖是修身，外王是齊家治國平天下。這個思想是孔子從堯那裏繼承過來的，以後兩千多年間眾多儒家人物，說來說去，都在解釋或發揮這個源遠流長、包羅廣大的題目。但是，未見有人把它作爲專題來研究。曹德本同志肯下功夫搞這個題目，而且寫出書來，這本身就應當肯定。

　　我看這書寫得不錯，有特色。首先，這書給人印象最深的是，把儒家的治國方略作爲一個整體來研究，邏輯很清楚，結構很謹嚴，既有橫的比較，又有歷史的分析，頗見功力。他把儒家的治國方案歸納爲仁政、民本、君臣、義利四個方面的觀點，可以說抓住了要領。又從天命觀、天道觀、天理觀上分析儒家治國方略的哲學基礎，從人性觀、修養觀、境界觀上探索儒家治國方略的倫理依據。這就把儒家的天人合一，內聖外王亦即修身齊家治國平天下的學說體系原原本本、清清楚楚地講出來了。接着又分析了儒家治國方略的兼容精神、深遠影響和生命活力，使全書更加全面、系統。

　　其次，全書涉及的時間跨度很大，從孔子以前講到孔子，從孔子講到戰國諸子，然後從漢魏隋唐一直講到清代，對近現代也有討論。兩千多年裏應當研究的思想家、政治家都研究了。而且不僅研究儒家，還研究法家、道家、道教、佛教，研究儒家與它們的關係，揭示儒家與法、道、佛長期相互鬥爭、相互滲透的歷史過程。這是十分必要的，也是符合實際的。祇有這樣，才能突出儒家思想文化在整個中國傳統文化中的主幹地位。史料極爲豐富，屬於儒家的東西自不待言，該用的都用了，屬於法、道、佛的材料也很齊全，而且不是隨便引用，是經過深入研究、仔細斟酌之後才動筆的。

再次，本書的觀點是立得住的，尤其關於儒家治國方略的現代意義所提出的一些觀點，更值得贊許。例如他提出在現代化過程中，應當依據當代的時代特點，對儒家的治國方略做出選擇，以爲借鑒。像爲政清廉、長治久安、義利之辨、道德自律、民族團結與國家統一、尊重權威、以農爲本等問題，都可爲今所用，又如作者提出儒家治國方略是大文化現象的觀點，説儒家治國方略不是一個單純的政治主張，而是一個歷時悠久、長期穩定、深入人心、得到官方認同與封建社會始終相適應的完整思想體系。又如作者強調當今有一個對待儒家治國方略實行文化反彈的問題，即儒家治國方略作爲一種寶貴的文化資源，早已無償出口到亞洲一些國家，在這些國家轉化成了巨大的生產力。我們應當把它反彈回來，爲我們的現代化建設所用，我看這都是很好的見解。

孔子的治國方略與後世儒家是有區別的。如果作者能劃清他們的界限，把孔子的治國方略放在突出的地位，作重點論述，那麼這本書就更完美了。但是瑕不掩瑜，好書難得，這是一本好書。

（《長白論叢》1995 第 2 期，又《孔子研究》同年同期，《吉林大學社會科學學報》1994 第 6 期）

# 探索人生要義　追求革命真理

## ——讀匡亞明《求索集》①

　　力求用馬克思主義的立場、觀點和方法，有重點、有
系統地對中國優秀傳統思想文化進行研究

　　拜讀匡亞明同志的大著《求索集》，給我留下許多深刻印象。

　　匡老在《自序》中，開卷第一點即談大著《求索集》的定名。説明這個論文集之所以定名爲"求索"，既取義於屈原《離騷》賦中"路漫漫其修遠兮，吾將上下而求索"的一句話，也尊敬屈原的爲人、品格、愛國情操，同時也欣賞他帶浪漫主義色彩的思維、想象和典雅、清新的辭藻與文采。下面具體説：

　　正是這種帶有一定普遍意義的"求索"精神，鼓舞和鞭策我當時如飢似渴地既閲讀馬克思主義的著作和各類現代進步書刊，也閲讀中國傳統文化典籍，久而久之，就開始懂得一點馬克思主義的基本原理，并力圖運用其立場、觀點和方法，去處理工作實踐和學術思想中的問題。

　　我看這個開場白正是把這部大著的基本精神以及表現在思想上的全部內容都揭示出來了。同時，匡老一生首先是一位老輩的無產階級革命家，而其所長則在文學、政治以及中國傳統思想文化等，也已從這裏露出端倪。

　　《自序》中説：

---

① 原文題下有張岱年、金景芳、李慎之、樓宇烈的組文，此僅節選金老所作一段。

　　二十歲（1926 年）因參加革命活動被學校開除，後即由惲代英同志推薦考入上海大學。同年加入中國共產黨。"我當時已體會到革命事業的本身就是人類全部思想學問的精華和總和的顯示，沒有這些精華和總和就沒有人間的革命。"

　　可見匡老參加革命相當早，而且推薦人是惲代英同志。惲代英同志是中國共產黨建黨初期的卓越領導人之一，這件事很不簡單。不僅如此，匡老參加革命時，對於革命的重要意義，已有充分認識，這一點是很難得的。《自序》中說：

　　1982 年我 76 歲時，開始感到精力似不如前，而自己想從事研究的課題和著述任務還很多，我即向組織提出申請免去大學黨委書記和校長工作。批准後，我很高興，因爲從此能有較多時間和精力，從事學術研究和著述，特別是有關中國優秀傳統思想文化的研究。我和一些志同道合的同志、同仁一道，力求用科學馬克思主義的立場、觀點和方法，有重點、有系統地對它進行研究，去粗取精，加以弘揚和開發，使之在建設有中國特色社會主義中發揮應有的重要作用。

　　說明匡老的革命精神到老不懈。特別是有關中國優秀傳統思想文化的研究與我的努力方向相同，我感到非常興奮。

　　我讀畢《自序》，開始讀目錄。這個目錄如在《自序》篇首所說，"收錄文章一百篇，共分六編，即學術編、文學編、教育編、政論編、人物編、綜合編，其跨度爲 1926 至 1995，正好是七十年。"我讀完目錄，引起有兩個印象：其一是匡老學問深廣，隨遇而發，無所不可；其二是匡老的學術觀點早已成熟，在七十年一百篇文章中，始終是一貫的。

　　由於時間短促，這個一百篇文章，我僅在《學術編》中讀了《孔孟"仁"的哲理之釐定》、《漫談宗教》、《〈孔子評傳〉後記》、《孔子人學思想中積極因素的現代價值》、《中國傳統文化與當代社會》五篇。在《文學編》中讀了《繼承是爲了創新》、《略談中國詩歌問題》、《詩人必須具備的條件》三篇。在《教育編》中我讀了《略論師生關係》、《教工宿舍分配中的政策性問題》、《人才成長的規律》、《語文教育與思想文化素質》四篇。在《政論編》中我讀了《徐州解放》和《偉大的預見》兩篇。在《人物編》中我讀了《學習列寧的風格》、《好領導、好同志、好朋友》、《鄧中夏的一生》序三篇。在《綜合編》中我讀了《雨花臺革命烈士書信選》序,《青雲路上的上海大學》兩篇。加在一起,不到 20 篇,我並不是不想讀完,因爲時間限制,我盡最大力氣,祇能讀這些,其餘留待異日吧。總的説,我認爲很多都是新鮮的,我感到受益很大。

(《傳統文化與現代化》1996 年第 2 期)

# 《易經白話例解》序

我是《周易》愛好者，自少小時受《易》，以後幾十年研讀不輟，老而彌篤。

近承朱高正先生以新著《易經白話例解》見示，雒誦三復，深訝此編濃縮孔子《易傳》及歷代義理派諸家精義於一書之中，還能做到深入淺出，文約義豐，在千百年《易》著之中，洵爲罕見。

朱先生是德國波恩大學哲學博士。他在德國出版的學術著作《康德的人權與基本民權學説》被全球哲學權威刊物《康德研究季刊》的書評推崇爲研究康德法權哲學的四本必讀著作之一。朱先生不僅精通西學，居然復留意祖國古籍，於最難讀的《周易》，悉心鑽研，斐然有成，雖老儒有所不及，不能不令國人聞之驚嘆。

《周易》一書，嚮稱難讀。其所以難讀，固然由於文字古奧，更主要的則在於它具有兩重性，即從形式上看，它是卜筮之書，而其內容卻蘊藏着深邃的哲學思想。如實地説，它是兼具卜筮形式和哲學内容的矛盾統一體。

在《易》産生和産生以後的一個時期，它是以單純的卜筮之書的面貌出現的。這一點，由《周禮》太卜職和《左傳》、《國語》二書記述卜筮部分，可以看得非常清楚。

至春秋時，偉大的思想家孔子出。孔子晚而喜《易》，讀《易》韋編三絶，著成《易傳》。在《易傳》中，他鄭重地告訴世人説："《易》之爲書也，廣大悉備，有天道焉，有人道焉，有地道焉，兼三材而兩之，故六，六者非它也，三材之道也。"又説："昔者聖人之作《易》也，將以順性命之理，是以立天之道曰陰與陽，立地之道曰柔與剛，立人之道曰仁與義，兼三材而兩之，故《易》六畫而成卦。"應該說，從這時起，《周易》內容所蘊藏着的哲學思想，開始大明於世。

自兩漢以來，至於當今，兩千餘年，說《易》者一直分爲兩派，一派重視卜筮，號稱象數派；另一派則重視哲學思想，號稱義理派。在兩派中，占優勢的，並不是義理派，而是象數派。

最近一個時期，興起一股《周易》熱。這個《周易》熱，打着的是弘揚中國傳統文化的旗號，參加的人，至爲廣泛。從海內到海外，從專家學者到江湖術士，幾乎都參加進來了。伏處閭巷的算命先生，亦聞風興起，充斥闤闠，頓時利市三倍。

在這種氣候下，朱高正先生撰寫《易經白話例解》，堅持走義理派的道路，毫不動搖，可謂有膽有識，不愧是中外享有大名的哲學家。

我酷嗜《周易》，向來傾心義理派。今讀罷朱先生大著，喜得同好，不禁擊節嘆賞，故樂爲之序。

　　乙亥季夏，金景芳序於吉林大學寓所，時年九十有三。

　　　　　　（《朱高正易著精選》，臺灣，1996 年）

# 《趙儷生史學論著自選集》序

趙儷生先生是當今名教授，現任職於蘭州大學歷史系，原籍山東安丘，1917 年 6 月 14 日出生於一個聲名藉甚的家庭。先生之父是前清秀才，伯父是清進士，兄弟二人俱擅長填詞及書法，有名於時。先生幼穎異，出就外傅後，每逢考試，輒冠其曹。年未冠，即考進北京清華大學外語系。由於早歲在中學受過進步老師宋還吾、郝蔭潭的啟迪，傾心於無產階級革命工作，適值抗戰軍興，於是離開清華大學，到山西太原受訓，參加第二戰區總動員工作，既而參加部隊，在晉西北和晉南轉戰了兩年半。1939 年因病脫離部隊。自此以後，一直從事教學工作至今。

在學術上，先生是從新文藝開始，由於外語基礎好，先後翻譯英、俄、美、日文學作品多種。以後，偶爾自圖書室中借到全祖望的《鮚琦亭文集》，讀了以後，受到觸動，遂轉到史學上來。實際先生博學多通，才、學、識兼長。先生平生用力最深的是《中國農民戰爭史》和《中國土地制度史》兩部著作。在先生的論著中，我特別欣賞先生在研究中國農民戰爭史中提出的四個專題：

其一是農民的身份，即不同時代中農民身份間的差異；

其二是起義和國家機器的關係；

其三是農民起義與民族關係間的關係；

其四是宗教在起義中的作用。

先生在土地制度史著作中對於所謂"亞細亞生產方式"問題及公有制與私有制問題的看法，我也特別欣賞。例如先生說：

根據我的理解，所謂"亞細亞生產方式問題"，是指公有制在私有制社會（階級社會）中的遺存。……在人類公有制階段中，私有制的萌芽早就存在了；而在私有制階段中，公有制的經濟形式一直有遺存。……這種現象告訴我，當時無論什麼私有制或國有制都不成熟，都不是純粹而又純粹，筆直而又筆直的。

近三十年的史學著作中，總把私有制一開始到其成熟，描寫作是同等的兇惡。這是非常之不合歷史主義的。必須指出：私有制有其自身的淺化階段和深化階段。

我從閱讀《費爾巴哈論綱》“德意志意識形態”一段中，才懂得了所有制衍變發展的全史。國家所有制在前，而私人所有制在後。這是我明白的第一點。國有制由部落所有制而來，而且在這個演變過程中，一直存在着兩點局限，即第一，屬於私人的祇是“占有”，它的含義遠較“所有”的含意爲淺；第二，即使占有，也主要指“不動產”（土地）而言，至於“動產”，還處在法律未予明確處置的地步。這是我明白的第二點。等到動產、不動產都成爲純粹的私有財產的時候，那已經進入“現代資本主義”的時代；在這個時代中，“人”對於“物”具有絕對的支配權力，包括使用它、濫用它、甚至毀滅它。這是我明白的第三點。

那麼讓我們來對照我們中國的歷史，那種純粹的私有財產，那種可以任意對其使用、濫用、甚至毀滅的權力，在社會公認的情況下，在鴉片戰爭甚至土地改革以前，怕是一直不曾出現過吧。這就是爲什麼我們説中國社會一直帶有“亞細亞”色彩的原因。至於爲什麼這樣呢？我也從上述經典著作中得到啓示。現代資本主義的純粹的私有制之出現，需要兩個前提：一是古老共同體（即公社）從實質到形式，統統被抛棄了；二是國家對私有財產的任何影響，都已消除。

　　上述兩點，雖然不曾在舊時代中國歷史上大量出現過，但我們把這種理論遺產，翻過來就是方法。從此我立志，要在中國經濟史的每一個關節點上悉心檢查，看共同體形式拋棄了還是未曾拋棄？拋棄淨盡了還是未曾淨盡？還要看國家權力的影響消除了還是未曾消除？什麼情況下弱一點，什麼情況下又強化起來？我發現，照這兩條檢查下去，周代半公社所有制的井田制度可以得到解釋，魏晉北朝的半國家所有制的均田制度也可以得到解釋，宋和宋以後的地主（相對）土地所有制也可以得到解釋。我就是沿着這麼一條綫索，才寫出我的《中國土地制度史論要》來的。

還有先生論東西文化，也有獨到之處。例如説：

　　從孟子到王陽明，這自然是一種偏。偏向"內"而未曾專門去對付"外"。這與西方恰成對照。西方生產力發展不受阻，人們向有廣闊天地，所以自然科學、應用技術一日千里。可是他們對於"內"則不足。……總起來看，他們是一種偏，我們是一種偏，二者應該互補，也祇能互補，在悠久歷史段落中互補。説互補，就是説不能互相代替，不能把儒學硬搬到西方去，也不能要中國"全盤西化"。

以上各點，我是從"學術自傳叢書"《趙儷生自傳》中迻録過來的。我初讀時，即驚嘆不已。我認爲，這是作科學研究從具體事實升華爲純理論，不是穿穴載籍，並有高度的抽象力是辦不到的。這真正是寢饋功深，甘苦有得之言。

　　我識先生於先生耳順之年，真是相見恨晚。先生少我十五歲，締交後，麗澤互益，情投義合，我常視爲畏友。

　　先生爲人，頗倜儻自喜，不以岸異爲非，論學敢於堅持自己的意見,於同時代人少所許可,以是每不見諒於人。然先生實胸懷坦蕩,無適無莫。當其與友人縱論天下事,熱情奔放,不可羈勒,蓋其天性然也。

今年喜逢先生八秩華誕,群弟子爭相撰文,勒爲一集,作爲紀念。先生則回首前塵,感慨頗多,顧念科學研究是先生數十年心血所注,因此自選平生論文精品十六篇,四十餘萬言,總爲一集,交付出版社印行,以餉讀者。

我忝與先生爲友,以篤老,不克趨前稱觴,謹將先生數十年生活概況書出,弁諸簡端,以當芹獻。

（見《趙儷生史學論著自選集》,山東大學出版社,1996 年）

雜著編

# 金毓黻傳略

　　金毓黻先生，遼寧省遼陽縣後八家子人。生於 1887 年 7 月 19 日（清光緒十三年舊曆五月二十九日），1962 年 8 月 3 日歿於北京，終年 75 歲。

　　先生初名毓璽，二十歲後始改名毓黻。原字謹庵，後改靜庵。

　　先生少小時，家有祖遺田產二三十畝，生活粗能自給，不算寬裕。六歲入私塾。自十六歲起，因家境不濟，無力讀書，改習商業四年。先生於日記中說："憶年十六七時在書肆購得《三魚堂集》，繹誦數過，以謂近代醇儒，莫清獻若。乃因其緒論，以求濂洛關閩之書。復得《正誼堂全書》。宋賢嘉言，燦然具在，而其中有清獻著作四種，尤所葆貴。因是更求所著之《四書大全訂本》、《困勉錄》、《松陽講義》、《三魚堂日記》及《賸言》，皆已得之。"又說："余志學之初，由先生（陸隴其）入，於此不敢持異同之見。"可見先生於習商時並未廢學。同時也可以看出，先生少時受宋明理學思想影響很深。觀先生自號靜庵，且以靜晤名室，其言曰："靜晤者，期於靜中有所悟也。"又說："吾人惟守定動中求靜，靜中求樂。"又說："人能於至動之中以求至靜，然後能以靜制動，而不爲外誘所奪。然非功夫深至者，亦未易及此，是又在吾人之自勉也。"又說："《易》曰：'吉凶悔吝生乎動者也。'吉居其一，而凶悔吝居其三，此昔賢之所以主靜戒動也。"又說："余自十五六歲後，一日未嘗廢書，自謂漬於義理者甚深，故於任事事人，皆守皎然不欺，蒙難而貞之義。"可知先生後來雖以史學和文學名家，而作爲立身行事的指導思想，卻始終是宋明理學。

　　先生二十歲時入遼陽縣立啓化高等小學堂。先生所以中止習商，重新入學，主要是由於受該校校長白永貞的賞識。先生於日記中說："余少受知於佩珩（白永貞字佩珩）先生，承其獎飾拔擢，始出泥滓而履坦途。四十年來，得時時溫理故書，日與古人晤對，而不致爲君子所棄者，師之賜也，如何可忘。"即指此事而言。自此以後，先生讀書都享受官費，不用家庭負擔。1908 年春，先生考入奉天省立中學堂。學堂設在瀋陽北關，俗稱北關中學，在當時很有名氣。同班五十人，先生年最長。同學多一時碩彦，如吳家象、孫國封、汪兆璠等，後來在學界、政界都負盛名。時當有清季世，省人主速開國會，以救亡禦侮，議久不決。一夕，先生隨各校代表會於諮議局，先生於議長吳景濂前，抽刀斷指，血淋漓於襟袖，一座大驚，皆泣下。先生少時義氣奮發如此。1912 年冬中學畢業。1913 年秋考入北京大學文科，1916 年夏畢業。先生在大學的後二年，適逢蘄春黃侃季剛執教。先生有詩追念黃師說："少小牽家累，自恨頗廢讀。二十復就學，惟日恐不足。廿七登上庠，人海紛相逐。廿八逢大師，蘄春來黃叔。授我治學法，蒼籒許鄭伏。研史應先三，窮經勿遺六。文章重晉宋，清剛寄縟鬱。"先生以後治學，實以黃氏爲法。

　　先生由北京大學畢業回到東北，在瀋陽文學專門學校任教，同時兼任奉天省議會秘書，後升任秘書長。1920 年 10 月至齊齊哈爾任黑龍江省教育廳科長，共五閱月。從這一年起，開始寫《靜晤室日記》。1921 年春，在吉林任永衡官銀錢號總文書，不半載，離去，任吉林交涉署第一科長兼秘書。1922 年 7 月改任吉長道尹公署總務科長。1923 年任吉林省財政廳總務科長。1925 年 5 月 17日任吉長道尹公署總務科長，十八日任長春電燈廠廠長。先生於日記中嘗自述本志說："余本書生，嗜古成癖，不幸而投身政界，而與政治關係甚淺，而外人不之知也。且吾國數千年之慣，學優則仕，仕優則學。學問政治無明確之界畫，故學問之士非投身政界無以謀生。實以此爲謀生之具，非以其有興味而爲之也。必於此處洞悉無遺，始有以明吾輩之素守。"先生在這一時期著有《遼東文獻徵略》和《長春縣志》。

1929 年 3 月 9 日，先生任東北政務委員會機要處主任秘書。1930 年 1 月 22 日，任遼寧省政府秘書長。1931 年 4 月 18 日，任遼寧省政府委員兼教育廳長。同年 9 月 18 日夜間，日本帝國主義對遼寧省政府所在地瀋陽突然發動進攻。由於南京國民黨政府指示東北地方最高軍政長官張學良將軍實行不抵抗政策，日本帝國主義侵略軍輕易地占領瀋陽，坐令陷敵的政府工作人員以及老百姓都成了沒有娘的孩子。面對這突然事變，人們祇能各行其是。於是有的逃往關內，有的奮起抗敵。先生當時沒有走這兩條道路，眷戀與遼寧省政府主席臧士毅的關係，跑到臧家與臧共商對策，而日憲兵突至。先生繼臧被捕之後，亦被捕去囚禁。後雖獲釋，仍不得自由。日人以先生乃東北人望，屢以美官厚禄相誘，例如委以營口鹽務署長、安東省長等僞職，均轉託臧士毅婉言拒絕。當此時，實際上先生是以老母在堂，采取辭尊居卑，伺機逃走的對策。陷敵四年，終於 1936 年經由日本東京潛回祖國。先生有《瀋陽蒙難記》一文，記敘了陷敵及逃走的詳細情況。

先生在任遼寧省政府秘書長和教育廳長期間，曾成立東北學社，出版《東北叢鐫》，先生任總纂，唐蘭、王永祥任編輯。在陷敵期間，先生曾利用各種有利條件，集中精力致力於東北地方史料的搜集整理工作。先後編輯出版了《渤海國志長編》二十卷，補遺一卷，《遼海叢書》十集，《文溯閣四庫全書原本提要》三十二冊，《奉天通志》一百冊，《宣統政記》十三卷。

當 1936 年 7 月先生由日本乘輪船轉抵上海時，首先往訪黃炎培，承告以蔡元培先生久居此間，可往一謁，遂見蔡，蔡喜甚，囑持函赴南京見傅斯年。至南京，又由傅介紹見翁文灝(時任行政院秘書長)、羅家倫(時任中央大學校長)、段錫朋(時任教育部次長)。

不久，先生受聘爲行政院參議、教育部特約編輯、中央大學教授。9月2日起，編寫東北史講義，9月11日開始爲中央大學歷史系講東北史。在此期間，並在《黑白》半月刊撰有《遼海叢書録》在《禹貢》半月刊撰有《遼海叢書目録提要》。1937年5月前往安慶，任安徽省政府委員兼秘書長。祇六個多月，由於"七·七"抗戰，安徽省政府改組，先生乃於是年底溯江而上，轉赴重慶。1938年春又回到中央大學任教授兼歷史系主任（時中央大學已遷重慶）。1938年11月始撰宋、遼、金史講疏。1940年3月，應邀任國史館籌備委員會顧問。是年寫成《東北通史》卷上。撰《遼海先賢志》，先成《王鶚傳》一首，凡分五節：一、發端；二、本事；三、考證；四、文録；五、補傳。又撰《宋遼金史綱要》上、中、下三編。上編政治之部，中編制度之部，下編社會文化之部，全書約三十萬言。1941年秋，由於東北大學校長臧啓芳堅邀，到四川三臺東北大學任教。在該校先成立東北史地經濟研究室，後改爲文科研究所，先生均兼任主任。在此期間，先生主編《志林》刊物。並將《東北通史》卷上用石印出版。1943年，先生將其所藏東北文獻資料編成《東北文獻拾零》和《遼海書徵》各六卷及《東北古印鈎沉》一册，作爲東北大學叢書出版。又撰有《文心史傳篇疏證》約三萬言。1944年，先生第三次到中央大學任教，擔任文學院長。先生於是年6月13日日記中説："閱報知《中國史學史》已在商務印書館出版，爲之一喜。此書已在香港出版一次，乃未得見，蓋爲兵戈所阻也。此次實爲再版。"於8月31日日記中説："余嘗有志修《清通鑑》，亦可名爲《通鑑清紀》，録《史稿》所舉諸要事，一一繫於備年之下，使人一覽而得。其於穿插聯貫之際，又應虎虎有生氣，使讀之爲之忘倦。茫茫此願，不知何時可酬。"撰《東北要覽》凡得二十餘萬言，由三臺東北大學排印。1945年"八·一五"抗日戰爭勝利後，9月間，先生經國民黨政府監察院副院長劉尚清的推薦任監察委員，仍在中央大學任教。9月6日，應國民黨政府教育部之聘爲東北教育復員輔導委員會委員,在部開第一次會議。同年 10 月 19 日任清理戰時文物損失委員會委員。1946 年 4 月 26 日,由重慶飛南京。同年夏回到東北,參加"東北視察團"工作。8 月編成《宋遼金史》,被列入大學叢書。1947 年 2 月,先生辭去監察委員及中央大學教授的職務,改任國史館纂修。同年 4 月,國民黨政府教育部聘先生爲瀋陽博物館籌備委員會主任,兼東北大學歷史系教授。在此期間,先生繼續致力於東北文獻資料的甄擇選錄工作。整理東北圖書館所藏清室內閣大庫的明清檔案,將明代天啓、崇禎兩代內外各官署奏稿、折帖輯成《明清內閣大庫史料》第一輯共 525 件。

　　1949 年 1 月,北京解放,舊的國史館并入北京大學。先生轉入北京大學文科研究所,兼任教授。同時還在輔仁大學兼課。同年 12 月先生的《明清內閣大庫史料》第一輯由北大出版組分上下冊出版發行。1950 年先生在北大與田餘慶等共同編輯《太平天國史料》一書,10 月,以北大文科研究所名義由開明書店出版。該書搜集有英國大不列顛博物館及劍橋大學圖書館所藏太平天國珍貴史料,被中華書局三次重版。1951 年,抗美援朝事起,配合運動,先生主編《五千年來中朝友好關係》一書,歷述中、朝兩國悠久的友好歷史。1952 年,全國實行大學院系調整,先生被調到中國科學院歷史研究所第三所任研究員,負責搜集整理地震史料,又參加中國近代史資料第三編《太平天國資料》的編輯工作。1955 年,赤峰縣發掘遼墓,出土文物甚豐。先生十分重視,親自前往考察,並於次年《考古通訊》第四期發表《略論近期出土的遼國歷史文物》一文。1956 年,先生編成《中國地震年表》二冊,由科學出版社出版。同年,先生在《新建設》雜志上撰文,建議組織全國學術界的力量普修全國地方志,保存舊志優點,增添有關勞動人民生產勞動及生活狀況部分,以爲祖國日益發展的社會主義建設服務。1957 年,先生修訂所著《中國史學史》一書,將原書第十章刪去,改換第九章標題,由商務印書館再版。

先生自述生平说："余之生平，頗殫於學，雅有書癖，無書則不歡。治事有暇，輒以書自遣，籌燈展卷，常至深宵。時復未明即起，振筆疾書，以此爲樂，不知疲也。此非有人驅迫，不期其然而然，此可述者一也。余早治文學，雅喜桐城，繼嗜《文選》，鈎章棘句，固不願爲，而縱筆所之，恣所欲言，亦復自成篇章。至於詩歌韻語，亦喜爲之，佳日美景，有觸而發，務令情韻不匱，不復計其工拙。近二十年，究心乙部，實則不廢文事，以謂文能優美，乃稱佳史，此可述者二也。余之研史，實由清儒。清代惠戴諸賢，樹考證校讎之風，以實事求是爲歸，實爲學域辟一新機。用其法以治經治史，無不順如流水。且以考證學治經，即等於治史。古之經籍，悉爲史裁，如欲究明古史，舍群經其莫由。余用其法以治諸史，其途出於考證，一如清代之經生，所獲雖尠，究非甚誤，此可述者三也。上述三端，是爲余治學之梗概。"①又説："余之治學途徑，大約謂始於理學，繼以文學，又繼以小學，又繼以史學。"②又説："生平喜讀乙部之書，重點放在宋遼金三史一段，並注意東北地方掌故，自謂薄有基礎。"③

先生喜藏書，其自撰《千華山館書目序》説："大抵自壬寅（1902年）訖丁未（1907年），喜購宋明理學之書。自戊申（1908年）訖壬子（1912年），則喜購古文家專集。自癸丑（1913年）訖壬戌（1922年），又喜求經訓小學之書，迨癸亥（1923年）訖今，則致力乙部，於東省掌故之作及鄉賢遺著，搜求尤力。蓋至是四變矣。前後三十年間，得書無慮二千餘種，一萬四千餘册。"此序撰於"九一八"事變後在瀋陽陷敵時。及潛回祖國，曾將所藏書托書商古香齋主人雒竹筠轉運北平，寄存友人家。1936年歸國後，審知此書已被友人賣掉一部分，遂將其殘餘部分運到南京。嗣1937年，抗戰軍興，日

---

① 見 1944 年 2 月 16 日《静晤室日記》。

② 見 1944 年 3 月 9 日《静晤室日記》。

③ 見 1956 年 5 月 14 日《静晤室日記》。

軍南侵，南京危殆，又將存書二百餘種並石刻拓本古迹照片若干件共計 22 木箱送存於安徽采石鎮北大同學魯亞鶴家。當 1946 年 5 月 22 日由采石鎮魯宅取回此書時，祇有殘存 17 麻袋而已。

先生自 1920 年開始寫日記，歷 40 年不輟。一律以特製立行紅格紙，用毛筆書寫。積 170 冊。分裝 17 函。先生的日記取法於李慈銘《越縵堂日記》，即"匪惟談理治學之語，層見迭出，即所作詩文亦悉以入錄。作日記讀可，作全集讀亦可"。先生與友人王寒川書説："僕伏處一室，常以筆札自遣。每有歡欣抑塞，輒於日記發之。敝帚自珍，比於良友。"①

先生天資甚高，詩文敏速絕人。早在北大讀書時，從陳衍石遺學詩。但不以宋詩相標榜。平生爲詩，於古體詩取法大小謝，於近體詩則盛稱李義山與杜樊川，尤喜元遺山的詩作。爲文則受黃侃季剛的影響較深。平日喜讀《後漢書》，以爲晉宋人之文，文質兼備。

先生書法工力很深。對顏平原、李北海、米元章諸家書都曾刻意摹臨，而尤得力於《聖教序》。字迹風神秀逸，逼近王右軍。

先生平生喜遊歷，慕徐霞客之爲人，遇有佳山水，往往留連忘返，長吟漫酌無倦容。

先生爲國史館纂修時，注意搜訪東北現代政治人物的事迹，例如張作霖、王永江、郭松齡、楊宇霆、袁金鎧、王樹翰等，先生都撰有別傳，載於日記中。這些材料極爲寶貴，因爲多得自參與內幕人的口述。其細微曲折，不是外間人所能知道的。又，先生撰有《王觀堂先生軼聞》一文，記王國維生前與徐恕行可的過從，爲王氏爲什麽投湖自殺的最可信材料，亦載在《靜晤室日記》中。先生晚年治史，於隋唐五代頗多用力，惜未及成書。

先生父名德元字子惠，母吳氏。生子三人，長毓璧字式如，早

---

①　見 1944 年 2 月 17 日《靜晤室日記》。

亡，季毓綸字著青；先生是其仲。夫人赫孟賓，善持家，是先生賢內助。有女一人名淑君，適東北師範大學教授鄒有恒。子四，長佑、長衡、長銘、長振。

先生在舊史學領域中是一位卓有成就的學者，是本世紀我國馬克思主義新史學産生之前有數的幾位史學名家之一。在當時，堪稱北方史壇巨擘，海內學界之第一流。先生先後受聘爲中央大學歷史系主任、文學院長及國史館纂修，正是因爲他的博學和在學界的聲望得到時人重視的緣故。

先生治史，繼承了我國舊史學的諸多優良傳統，終生勤苦鑽研，博極群書，悉心考索，實事求是。先生做學問尤其注重實地調查，解決問題務求達到折衷至當，切理厭心而後已。

先生治史的重點和成就在東北地方史方面。著述很多，而且每一部都是很精的。涉及的方面也極廣，每一方面都有深入的研究。可以毫不夸張地説，東北史這門學科的基礎是由先生奠定的。所著《東北通史》、《宋遼金史》、《渤海國志長編》、《遼東文獻徵略》等，至今猶爲東北史學者案頭必備之書。

先生不是一位馬克思主義學者。先生治學的觀點和方法始終未曾越出舊史學的範圍。這是由於時代和個人經歷造成的，我們不必也不該苛求於他。先生青年時代雖就讀於北大，受過新思潮的洗禮，但從學術思想的主導方面看，所受的影響還是傳統的東西多。先是在北大讀書受黃季剛先生的熏陶至深，隨後回東北從政，所遇全是一派陳舊氣氛。先生所執贄稱弟子者如世榮、吳廷燮，所敬事者如袁金鎧、金梁、李西、楊鍾義、陳思諸人，或清朝遺老，或舊式文人，與先生朝夕過從，耳濡目染，不能不使先生的學術思想偏於舊的一方面。

先生是一個赤誠的愛國者。有人以先生陷敵時曾任僞職爲病。此由不瞭解先生當時苦衷以及不瞭解先生陷敵與脱險所經歷的細微曲折的事實所致。實爲過論。

　　解放後先生參加新中國的建設工作，經過思想改造，學習馬克思主義，思想發生深刻的變化。可惜先生去世過早，我們未能得見他爲祖國文化事業做出更多的貢獻。

　　（《社會科學戰線》1986 年第 2 期、《史學史研究》1986 第 3 期）

# 一個學者的緬懷

　　老友亞明同志走了。噩耗傳來，我心中痛楚萬分。他才 91 歲呀，走得這樣早，又走得這麼急，竟一臥不起，說走就走。這些天來，我一直在執拗地想，這不是真的，1991 年在他主辦的"中國傳統思想文化與 21 世紀國際學術研討會"上，他曾私下與我約定，我們要活到 21 世紀，他完成他的《中國思想家評傳叢書》，我幹完我的事情，不把事情做完不走，他怎麼能爽約，不辭而別呢！

　　今年秋天吉大舉行五十周年校慶，他雖然說來沒有來，但是 11 月間曾親自趕到徐州與那裏的"評傳"作者座談，來回坐十幾小時汽車沒出問題，可見身體還是不錯的。12 月上旬傳來消息說亞明同志住院了，並未引起我嚴重注意，不料十天後就有人說亞明同志逝世了，我以爲訛傳，不敢相信，直到吉林大學黨委證實了這個消息，我才不得不接受這殘酷的事實。

　　亞明同志走後這十天，我在悲慟中整理思緒，回顧我們四十多年的友情，掂量他在我心中的份量。我這一輩子有過不少要好的朋友，他是最知心、最令我佩服的一位。從黨員的標準說，他是個十分優秀的黨員。他對馬克思主義、毛澤東思想信得實，吃得透，堅貞不移。這反映在他的著作、講話裏，更表現在他的實際工作中。他的馬列主義絕不是嘴上說說而已，而是浸透在整個身心之中。他在政治上能够保持一個清醒的頭腦，風向右的時候，他冷靜；風向"左"的時候，他也冷靜。我沒見過他有見風使舵的時候。他不是故意的，他的本色就是這樣。

　　建國以後，亞明同志主要的工作是辦教育，先後當過吉大和南大的校長兼黨委書記。他在南大的情形我不知道,在吉大工作的八年我是清楚的。他是老革命、老幹部,固然容易贏得大家的尊敬,但是吉大的人至今念念不忘匡校長,更因爲他是個懂行的教育家,把吉大辦得很好。幾十年後的今天,吉大仍然可以感受到他的影響。他辦大學,善於羅致人才,團結知識分子,依靠知識分子。現在吉大的許多知名教授,不少是他當年請來的,或者是他扶植、培養起來的,這些人樂於在他的領導下工作,積極發揮作用,帶出了一批又一批的學術尖子。如今吉林大學有一支比較過硬的教師隊伍,應當說這底子是亞明同志打下來的。這不是我一人的看法,而是"吉大人"的共識。吉大四十周年校慶時,送他一塊"功昭校史"的匾,就是明證。

亞明同志雷厲風行、賞罰嚴明的工作作風,也是盡人皆知的。記得他當時有一個長遠規劃,要把吉大辦成全國一流的新型社會主義大學。計劃不是空的,他主持制定各項規章制度,加強行政、後勤工作的管理。這些事情他不是停留在計劃上,而是落實到措施上,説幹就幹,幹起來風馳電掣,衹爭朝夕。各個部門職責分明,幹得好的,賞;幹得不好的,罰。賞罰分明,是非分明,一切從工作出發,不徇私情。因此受獎者不驕,受罰者無怨,大家都盡心盡責,心服口服。

亞明同志對學校各項基礎建設抓得又緊又實,在他的任上,吉大圖書館購置不少好書,學校興建了幾處大樓,理科設立了一些實驗室,添置了實驗設備。在吉大已成爲全國著名重點大學的今天,當年的這些基礎建設仍在起作用。

人們説亞明同志是無産階級教育家,我由衷地贊成,但是我覺得這評價還不够,我要添上"傑出"二字。

亞明同志從南大校長的崗位上退下來十多年了。職務是退了,人卻沒有休息,十多年來他帶病爲黨和國家作了許多事情。籌辦並領導了中國孔子基金會,創立了中國思想家研究中心,主編

《中國思想家評傳叢書》，主持國家古籍整理出版規劃小組工作。他做的這些事情，我多少都有所參與，情況基本瞭解。他年歲越來越大，銳氣卻不減當年。雷厲風行的作風與當校長時比，並無兩樣。無論做什麼，還是說幹就幹，幹就全力以赴，全身心地投入。到生命的最後一息，他心中裝着的都是事業，做到了鞠躬盡瘁，死而後已。他的逝世，大家都感覺到是我們的事業受到了損失。匡亞明同志逝世，對於我個人來說也是個損失，我失去一位知心的老朋友。我 1954 年春天調來吉林大學教書，他 1955 年來吉林大學當校長，1963 年調往南京大學。八年當中我們結下了深厚的友誼。他是校長兼黨委書記，我是普通的教授。不是我主動巴結他，而是他禮賢下士，屈尊交我做朋友。我是從舊社會過來的知識分子，對新大學處處感到新鮮，也感到有許多的不適應，心中不免產生一種莫名的孤獨感和危機感，正是這時，亞明同志給我送來了溫暖。他是校長兼黨委書記，他的溫暖在我看來就是黨的溫暖，我是從亞明同志那裏認識共產黨，接近共產黨的。我也知道他交我這個舊知識分子朋友，不是私人間的感情，是體現黨對知識分子的團結、改造的政策。團結自不必說，即便說改造，亞明同志所做的，我也心悅誠服，樂於接受。

　　有一件事我終生難忘。1955 年我寫一篇題曰《易論》的論文，我運用馬克思主義理論與方法，對《周易》作了歷史的和哲學的分析。我說《周易》反映周人的思想，與殷代不同。又說《周易》講的是"辯證法"，提出一些在當時算作很新的見解。以前我作文一向用文言，這是第一次改作白話文，寫得很吃力。寫完我自認還不錯，送給學報發表，但是送審給卡住了。我這文章取"西周封建說"，校內有人說我否定中國有奴隸社會，這怎麼行！送給劉大年，劉大年說他不懂《周易》，轉送給馮友蘭，馮友蘭說《周易》不可能有辯證法，而我說《周易》就是講辯證法，這當然不宜發表。眼看我這文章被打入冷宮，亞明同志一句話使它起死回生。亞明同志果斷

地表示："我看這篇文章應當發表，學術研究要百家爭鳴嘛!"此事
雖小，對我影響卻相當大。如果說，我以後幾十年的學術研究值得
一提的話，那末亞明同志的支持和鼓勵，便是我孜孜以求的最初動
力。

不久，我當上圖書館長、歷史系主任、校工會主席，加入了中國
共產黨。不用說這都是出於亞明同志的關懷。這些職務算不上什
麼官，我自己也無意做官，更不適合做官。然而我對這些職務很重
視，樣樣都努力去做，盡可能地做好。因爲我深深地認識到，這是
亞明同志對我的信賴。一個舊知識分子爲新中國服務，還有什麼
比受到信賴更重要的呢? 我遇事好發表意見，提出看法，從不人云
亦云，敷衍了事，不免常常與別人發生分歧。亞明同志從不有意偏
袒誰，總是實事求是，分清是非，大多數情況下是支持我。他常到
我家裏來，我也常到他家裏去。聊的內容很廣泛，都是正經事。他
平易近人，不拿領導架子，也不用馬列理論教訓人。我長他四歲，
按古人的說法，我們是"比肩"的關係，屬於同齡人，而他視我爲兄
長，尊敬有加。當時我祇有五十多歲，他便稱我"金老"。"金老"這
個稱呼是他首先叫起來的。他重視學問，喜歡談學問。藏書少，不
搞學問的教授，他是看不上的。我的藏書比較而言不算少，說得過
去的好書也有一些，他很滿意。他這人有一種"知之爲知之，不知
爲不知"、"入太廟，每事問"的好學精神，不懂就是不懂，從不裝懂。
這種真實而不虛假的謙虛，本身就是大學問。我實在很佩服他，從
那時起，我就知道他不僅是革命家，也是學者，而且是大容量的學
者。

1963年他調離吉大，相距數千里，交往卻未斷。十一屆三中
全會召開以後，我們的友情日漸加深。他主持中國孔子基金會工
作，讓我忝列副會長;他領導國家古籍整理出版規劃小組，讓我充
當顧問;他舉辦的幾次大型國際學術討論會，都邀我參加;他寫《孔
子評傳》，拿來初稿，讓我提意見;他搞《中國思想家評傳叢書》，寫

出方案，寄我一份，命我協助修正。前不久出版《求索集》，也讓我先睹爲快。我們每次見面，無論會議多麼緊張，總要湊到一起，説上幾句知心話。晤談是投契的，誠摯的，令人難以忘懷的。1992年初夏，他作爲國家古籍整理出版規劃小組組長在北京召開古籍整理出版規劃會議，我參加了。正趕上我過九十歲生日，他竟在會上爲我做壽，搞得很隆重。我本不願意他這樣做，可是他這樣做了，我實在好感動。我算什麼，我不過是個普普通通的老教書匠，竟受到這麼高的禮遇。我再一次從亞明同志那裏感受到黨的温暖。今年夏天，吉林大學的人爲我出一本九五壽辰紀念文集，亞明同志因病不能寫文章，寫來一份題辭，曰：“老驥伏櫪，志在千里。”今年吉大辦五十周年校慶，亞明同志事先捎來話説，他一定來，還説來時一定看看我。我期待着他的來臨。可惜他沒有來，據説是因爲身體不太好。我仍然期待着，相信我們會見面的。不料三個月後傳來的是噩耗，我的期待成了永遠的遺憾。

　　亞明同志的兩部大著《孔子評傳》和《求索集》，我都仔細拜讀過，都是高水平的書。《孔子評傳》取范文瀾的“西周封建説”，我不贊成，但是我要説它對孔子思想所作的背景廣闊、高屋建瓴的分析和大膽、肯定的評價，是不同凡響的，在八十年代的學術界，有振聾發聵的作用。對歷史文化遺產的“三分法”，孔子思想的哲學性質“唯物”“唯心”不宜説死等等新見解，我讀了覺得新鮮，精采，頗受啓發。收有作者百篇文章的《求索集》，展示了一個馬克思主義者歷經艱辛，步步走向成熟的人生道路。這書仿佛一道生命活水，流淌着，跳躍着，沒有一絲的呆滯氣。你會清楚地感覺到它的源頭和歸宿，那就是充滿生機的真正的馬克思主義。馬克思主義與中國傳統思想文化相結合，是這兩部書共有的特點，也是亞明同志這個人的特點。離開傳統的馬列，是空的；不要馬列的傳統，是死的。祇有兩者結合起來，才是現實的，有生命力的。亞明同志作爲革命家和學者，是實現這種結合的典範。

12 月 21 日,吉林大學黨委書記王文金同志赴南京參加亞明同志告別儀式。我和我的助手呂紹綱教授匆忙中合擬一副挽聯托王書記帶去。拙是拙了點,但大體反映亞明同志的光輝一生。其聯曰:

　　是老革命,早歲與惲代英鄧中夏相交,九死一生,恨未睹中國騰飛廿一世紀;

　　亦大學者,終身共馬列書孔孟文爲伴,朝乾夕惕,已預見叢書耀眼百五十篇。

　　　　　　(《匡亞明紀念文集》,南京大學出版社,1997 年)

# 治學二題：讀書和科研

我沒有上過大學，更沒有出過國，留過學。我做教學工作是從任初級小學教師開始的。以後，我又教高小，教初中，教高中。最後，我進入大學，一步步地從兼任講師、專任講師、副教授而至教授。今天我之所以獲得一些專業知識，主要是靠自學。

自學當然是不得已而爲之。然而一切事物都有兩重性，我看自學也有優點。第一，自學一定有主動性，積極性；第二，自學一定有克服困難的勇氣；第三，自學一定能够獨立思考；第四，自學容易接受新鮮事物。而這四點，都是做好學問所不可缺少的。

我在學術上沒有做出什麼成績。讓我談治學，我感到實在沒有可談的。無奈不能推卻，我祇好就過去和當前所獲得的點滴經驗談一談。

首先，談讀書。

古人有一句名言，說"讀人間未見書，不若讀人間常見書"。這句話我很欣賞，并且經常用它作爲我讀書時的指導。據我理解，常見的書是經過古今人長期篩選的結果，多半是最好的，最切實用的。同時，也爲更多的人所熟悉。未見的書當然不能說沒有好的，但多半是少量的，冷僻的，甚至是怪誕的。一個做學問的人，應該把基礎打得寬些。這樣讀書時就要把常見書放在首位。

讀一部書，我看序跋目錄都要讀，最好先讀。因爲讀了序跋目錄以後，已初步地瞭解到這部書的要領和特點。讀第一遍，要從頭至尾，一字不遺。讀第二遍，第三遍時，就要注意這部書的要點重點和問題，從而深入地思考和研究。假如有注疏，要先從白文讀起，然後讀注，讀疏，最後還要回到白文上，切不要祇把注意力放在注疏上，而忘掉了白文，變成本末倒置。對於最基本的書，必須熟讀精思。古人說"舊書不厭百回讀"，這是經驗之談。學習馬列主義的，都知道讀經典著作，讀一次有一次新得。讀古書，如讀群經、諸子等，也會有同樣感覺。

讀書專、精是必要的。不專不精不能有新的成就，但是又要通，要博。因爲事物都不是孤立的。一種專業往往和很多種專業有聯繫。不通，不博，在很多情況下，是不能解決本專業的問題的。

讀書是接受前人的經驗，人類歷史的發展，前進，就是依賴於接受前人的經驗，才發展前進的。但是，接受前人的經驗不等於鸚鵡學舌。即決不要盲從附和，人云亦云；而要有所發現，有所創造，有所前進。所以，接受前人的經驗問題，也是一個批判繼承的問題。人類歷史就是在這個批判繼承中前進的。

其次，談科學研究。

我過去在初級師範本科讀書的時候，不懂得什麼是科學研究，祇知道讀書人應當學會作文章。當時，我學作文受一位教國文的老師影響很深，這位老師喜愛桐城派古文。講國文時，遇到桐城派古文，總是極口稱贊。因此，我也學作桐城派古文。買《古文辭類纂》探求古文義法，揣摩所謂"神理氣味，格律聲色"。久而久之，逐漸感到桐城派古文有些矯揉造作，故作姿態，唐宋八大家的文章也多空腔滑調，不如漢魏的文章精嚴，有文采。因進而讀《昭明文選》。

後來，我又瞭解到要想把文章真正作好，光在形式上下功夫不行，必須有內容。因又進而讀史部、子部、經部的書。史部書太多，不能全讀，我祇讀了"四史"和《資治通鑑》。子部書我最愛讀《老子》、《莊子》。對於《墨子》、《荀子》、《韓非子》、《呂氏春秋》等，都不如《老》、《莊》所下的功夫多。經部書，我最喜讀《周易》、《春秋》和"三禮"。

　　讀了歷史、諸子、群經以後，我的眼界開闊了。這時，我的頭腦裏很快就產生了許多問題。對於一些問題，我也有了同意或不同意的看法。當我把我的看法寫出來，登載在刊物上，人家告訴我，這就是科學研究。

　　當我正式做科學研究時，明白了我以前所做的，就是基本功。搞社會科學的基本功，一般說爲文、史、哲。過去孔子稱爲事、文、義，劉知幾稱爲才、學、識，清代古文家稱爲義理、詞章、考據，其實，都是一種東西，祇是說法不同罷了。

　　凡是在社會科學領域内，無論學哪一門專業，第一，都要能寫好文章。如果文章寫不好，不能正確地表達思想，那就很難說已經學好這個專業。這個寫好文章，其實，就是上邊所說的"文"，或者叫做"才"或"詞章"。第二，都要能掌握有關本專業的大量的比較系統的資料。而這一點就是上邊所說的"史"、"事"、"學"或"考據"。第三，都要有觀點有邏輯思想。這就是上邊所說的"哲"、"義"、"識"或"義理"。當然，由於專業不同，不能不有所偏重。然而總的來說這三點都是不可缺少的。所以說，它是社會科學的基本功，在初學時，必須努力學好。

　　談到科學研究，我的經驗：

　　第一，要選好專業。人當開始學習時，大多數都不知道哪一種專業好，於是任憑興趣驅使，什麽書都想看。當然在打基礎時，什麽書都看，並沒有什麽不好。因爲基礎要打得越寬越牢越好。但到一定的時候，就要選好專業。否則，所學沒有一個中心，很難深入下去。社會越發展，分工越細。在今天，想做一個無所不知的聖人是不可能的。

　　第二，要選好題目。試作時，題目不宜受限制。不過，小一點好。最好是有幾分把握。免得由於作不好，而挫傷銳氣。

　　當正式開展科學研究時，選題就成爲一件重要的事情。最好要選本專業當前存在的重大的、帶有關鍵性的問題。同時，也要考慮自己的條件。這不是説微觀的題目就不許做。不過，我看應該把注意力更多地放在宏觀上。因爲大的問題解決了，小的問題往往就可以迎刃而解。

題目不一定是新的，但内容卻必須新。没有新的見解，祇是重複别人的觀點，不能算是科學研究。做科學研究必須盡可能多地占有材料，又能提出問題，分析問題，解決問題。也祇有這樣，科學才能發展，人類社會的物質文明和精神文明才會不斷地進步。

第三，要堅持理論與實際相結合。這裏所説的理論是指馬克思主義理論，所説的實際是指中國歷史實際。也就是説，必須用馬克思主義理論作指導，必須從中國歷史實際出發（因爲我是搞中國古代史的）。

理論與實際的關係，實際上是抽象與具體的關係，一般與特殊的關係。理論之可貴，就在於它能發現事物的本質、事物的規律，具有普遍意義。但是，任何理論，決不能窮盡事物的特殊性和複雜性。因此，解決具體問題，理論祇起指導作用，不能用理論來代替。

馬克思主義是真理，是放之四海而皆準的。歷史研究如果不應用馬克思主義理論作指導，而重複什麽"史料即史學"的謬論，歷史將永遠不能變成科學。反之，如果不從歷史實際出發，而誤信什麽"以論帶史"，也是什麽問題都不能解決的。

第四，要堅持唯物論。毛澤東同志説過："一切結論產生於調查情況的末尾，而不是在它的先頭。""調查就'像十月懷胎'，解決問題就像'一朝分娩'。"這是對唯物論最好的説明。所以做科學研究，是結論在末尾，還是在先頭，這是唯物論與唯心論最明顯的分野。

在"四人幫"橫行時期，曾經懷疑一切，打倒一切，制造成大量的冤假錯案。他們這樣做，在哲學上的特徵，就是大搞唯心論。他們一貫是先定案，後調查。應用毛澤東同志的上述觀點來考察，他們正好相反，是結論產生於調查情況的先頭，而不是在它的末尾。

　　過去在學術界有所謂"疑古派"。他們的口號是"大膽假設，小心求證"。他們的主張是"先把古史縮短二三千年，從《詩》三百篇做起，將來等待金石學考古學發展上了科學軌道以後，然後用地底下掘出的史料，慢慢拉長東周以前的古史，至於東周以下的史料，亦須嚴密評判，'寧疑古而失之，不可言古而失之'"。實際上，他們也是先定案，後調查，懷疑一切，打倒一切。那末，他們是否也制造一些冤假錯案呢？對於這一點，現在學術界的看法可能不一致。據我看，他們也是大搞唯心論，他們所制造的冤假錯案，也不會少。祇是至今還沒有人起來做平反工作罷了。

　　第五，要堅持辯證法。所謂堅持辯證法，就是要全面地歷史地看問題，而不要孤立地靜止地看問題。這個道理，可能人人都知道。可是在實踐上卻不是人人都能堅持這條原則。

　　例如君子小人這兩個概念，最初無疑是代表兩個對立的階級的。《國語·魯語上》說"君子務治，而小人務力"，《左傳》襄公九年說"君子勞心，小人勞力，先王之制也"，就是最明顯的證據。但是《論語》說："君子固窮，小人窮斯濫矣。""君子成人之美，不成人之惡。小人反是。""君子和而不同，小人同而不和。"這些君子小人的概念，就不屬於階級的範疇，而屬於道德的範疇。有人解釋《論語》，堅執這些君子小人的概念都屬於階級的範疇，而不屬於道德的範疇，用來證明自己的觀點，顯然是不對的。這就是靜止地看問題，而不是歷史地看問題。因爲概念是反映客觀實際的，歷史發展了，客觀實際發生變化，反映這個客觀實際的概念，也不能不發生變化。

　　《詩·小雅·北山》說："普天之下，莫非王土。"有人引用這個詩句，來證明周代的土地所有制。孤立地從邏輯上來看，不能說它不對。但是，如果聯繫到《儀禮·喪服》說："君謂有地者也。"《左傳》襄公二十五年說："且昔天子之地一圻，列國一同，自是以衰。"以及《孟子·萬章上》、《荀子·君子》、《韓非子·說林上》有關這個詩句的論述等等來看，就會看到它是錯誤的。這個錯誤在哲學上就是孤立地看問題，而不是全面地看問題，也就是說違反了辯證法。

由上述兩個例子，可以看出，做科學研究能始終一貫地堅持辯證法，並不是一件容易的事。當然，不容易也要堅持。因爲光堅持唯物論不行，還要堅持辯證法。祇有辯證唯物主義，才是最正確的方法。離開它就不能發現真理或證明真理。

以上，就是我幾十年治學的點滴經驗，沒有多少參考價值，寫出來，僅僅是尊從《文史哲》編輯部同志之美意，用它完卷罷了。

（《文史哲》1982 年第 6 期，該文又收入《吉林青年》1982 年第 11 期，題爲《談自學與治學》）

# 從抗日戰爭時期的復性書院談起

自清末廢除書院創立學校以來，數十年間，青年學子但知學校爲培養人才的場所，多不知書院爲何物。在抗日戰争期間，有所謂復性書院者，地址在四川樂山烏尤寺，實由於先師馬一浮先生的創議，而爲當時國民黨當局所同意，並予以贊助促成的。事情的經過是這樣，原來馬先生息影杭州，不樂仕進，有終焉之志。以日寇入侵，江浙危殆，適浙江大學校長竺可楨與先生有舊，遂應浙江大學之聘，爲該校臨時特約講座。初隨該校遷至江西泰和，繼又由江西泰和遷至廣西宜山。這時，國民黨當局亦由南京遷至重慶。以先生的道德學問爲士林所宗仰，國民黨當局思有所倚重，乃從廣西宜山禮聘先生至重慶。復性書院即於這時與國民黨當局商談後籌建的。書院命名爲復性以及院址選在樂山烏尤寺，都是出於馬先生的意見。

復性書院於 1939 年夏間正式成立。成立之初，有人向馬先生建議改爲國立，廣收生徒，擴大辦學規模。實際上是想按照現行的大學或研究院的方式來辦書院。馬先生不同意這種意見，堅持主張按照舊式書院的形制來辦，其具體辦法是：

一、成立董事會。由董事會募集基金來維持書院開支。

二、所招生徒，不限定年齡，不限定資格，祇要有作品，經過審查合格，即可准許入院。

三、由於書院主要講經術義理，重在躬行實踐，所以還規定入院後有兩個月考查時間。在考查期間内，供給伙食，不發膏火費。考查合格後，爲正式生。每月不但供給伙食，還發膏火費三十元。

後因幣制貶值,改爲五十元。

四、書院不規定畢業年限。發現有問題,隨時遣歸。

五、書院定有學規。學規總的説有四條:主敬爲涵養之要;窮理爲致知之要;博文爲立事之要;篤行爲進德之要。

六、學員每人都要寫札記。大約一個星期收集一次,馬先生親自審閲;仔細批改。

七、爲便於自學,馬先生撰有《讀書法》和《通治群經必要諸書舉要》。

八、馬先生任主講。已講過的有《群經大義總説》、《論語大義》、《孝經大義》、《詩教緒論》、《洪範約義》、《觀象巵言》等。

九、書院兼印書業務,計印行的有《延平答問》、《上蔡語録》、《聖傳記》、《明本釋》、《正蒙注》、《公是弟子記》、《胡子知言》、《太極圖説、通書、西銘述解》、《春秋胡氏傳》。

十、馬先生講録和《爾雅臺答問》,都有木刻本印行。學員作品有《吹萬集》,係鉛印。

十一、書院工作人員除主講外有監院一人,事務史一人,典學史一人。謝無量先生、張真如先生,均受聘爲書院老師。

經過在復性書院一段學習,我認爲,在今日,書院制度再不能代替學校制度。但書院制度也有優越性,可作學校制度的補充。理由如下。

一、國家設立各級各類學校,而書院則唯適宜於傳授中國傳統文化,並以招收成學之士爲限。

二、國家設立各級各類學校,培養各種各樣人才,這就需要大量的人力、物力和財力,不是書院祇由某一個人或某一團體籌集基金所能辦到的。

祇從上述這兩點看,就可以看出,書院是不能代替現行的學校制度的。

然而書院也確有其優越性。簡言之:

　　一、書院帶有民辦性質，最易接近群衆。工作人員也比較少，不似今日的學校一般都設有龐大的機構。

　　二、書院便於因材施教。例如今日學校都是分班分級教學，教材和進度都作統一規定。好似軍隊訓練一、二、三開步走。有如孫武所説“勇者不得獨進，怯者不得獨退”（《孫子·軍争》）。這種辦法用之於軍隊作戰，當然好。用之學校學習就不見得好。因爲一個班級的學生都有十幾個人，學生的天資和入學前的基礎是有種種差别的。由於學習進度是統一的，所以有的學生感到吃不飽，有的學生感到跟不上。吃不飽的實際上是受到壓抑，跟不上的，未免失於挫傷其前進心。而書院以自學爲主，没有統一規定，就没有這種毛病。

　　三、書院的院長或主講，一定聘請名師充任，而學校則不然，學校的教師中就不乏無真才實學者。上堂照本宣科，養成學生衹會死記硬背，不能獨立思考。這是現行學校的通病。書院可以避免這種毛病。

　　由於書院有上述優越性，所以我認爲可以成立書院，作爲學校制度的補充。

　　今日設書院，我認爲不能照搬舊式書院的辦法。

　　一、必須受黨和政府的領導。

　　二、必須遵守四項基本原則，必須以馬列主義毛澤東思想爲指導思想。

　　三、必須有豐富的圖書資料。

　　四、必須有固定資金。

　　五、必須聘請名師（道德學問足爲士林矜式）爲院長和主講。

　　六、學員不受年齡、資格的限制，但必須達到一定的學術水平。

　　七、應供給學員食宿，并發一定的補助費和獎學金。

　　八、學員以自學爲主，但必須寫讀書筆記，由主講定期審閲。

　　九、每學期末，學員須寫一篇論文或讀書心得。

十、學員學習年限應有規定，不能視同養老院。

十一、書院可兼辦出版社，或出刊物。

（《嶽麓書院一千零一十周年紀念文集》，湖南人民出版社，1986 年）

# 自學能成才

　　一個人成才與否，一般地說，決定於是否受過正式學校教育，特別是受過高等學校教育。然而出於種種原因，不能接受正式學校教育或高等學校教育，是不是就不能成才呢？這也難說。雖然沒有受過正式學校教育或高等學校教育，而天資穎異能虛心求教，刻苦鑽研，古往今來有很多例子，證明是能够成才的。

　　我沒有上過大學，然而早自 1942 年起就在大學教書。自1962 年起，指導碩士研究生，自 1982 年起，指導博士研究生。現在已有十名碩士研究生取得碩士學位，兩名博士研究生取得博士學位，則是事實。

　　我家境貧寒，經歷艱難困苦，祇讀過初小、高小，至初級師範學校本科畢業而止。自 1923 年由初級師範學校畢業，至今六十餘年，主要從事教育工作。在這中間，有兩件事，有必要在這裏提一下：一、1929 年我參加遼寧省教育廳的教育局局長考試，以總成績第一名被錄取。二、1940 年教育部（國統區）舉行著作發明及美術獎勵，我獲三等獎。所以提這兩件事，因爲：一、遼寧省教育廳舉行教育局局長考試規定參加考試條件爲，高等師範學校畢業者需任教一年，大學畢業者需任教三年，初級師範學校本科畢業者需任教五年。當時我是與大學畢業、高師畢業的應考者一同考試，結果以第一名錄取。說明我那時的實際學術水平，至少不低於他們。二、在教育部舉行著作發明及美術獎勵時，有文件規定大學畢業者可任助教，任助教四年提出相當於碩士論文者可任講師，任講師三年提出相當於博士論文者可任副教授，任副教授三年提出相當於獲學術獎勵論文者可任教授。我已獲學術獎勵，就表明我可任教授。所以，我自 1942 年起在大學任教，不是不合法的。

上述兩件事，對於我來說，關係重大。從表面上看，這是偶然性在起作用。從本質上看，裏邊實存在必然性。假如我平日不是堅持自學，是不會取得這等結果的。

談到自學，我沒有一套成熟的經驗。不過，我總覺得自學，首先應有一個理想。這並不是説一開始就幻想當什麼家，做什麼樣偉大的人物，而是説應當有一個方向，有一個目標。因為學問是多種多樣的，無窮無盡的。你什麼都想學，就一定什麼也學不好。其次，要有幹勁。因為一切事業都是幹出來的，不幹怎麼能行。特別是自學，必須加倍努力，要"人一能之，己百之；人十能之，己千之"。再次，要講求方法。我是學歷史的，我覺得學歷史離不開讀書，特別是讀古書。而讀書首先要有一點目錄學知識。例如《書目答問》、《四庫全書總目提要》之類，都屬目錄學知識。其次，要購置一些工具書。一般説，工具書是自學最好的老師。例如《新華字典》、《康熙字典》、《辭源》、《辭海》等就是當前常用的工具書。再次，也要看一些講讀書法的書。這類書很多，前人如梁啓超、胡適，今人如張舜徽都有這類著作。昔時有人説，"讀人間未見書，不若讀人間常見書"，我同意這種説法。這並不是説人間未見書不要讀，而祇是説初學以多讀人間常見書為好。因為人間常見書多是經過累世篩選的好書，而人間未見書則多半是以新、僻見長。每讀一部書，序跋目錄都要看，不要忽略，因為讀了這些東西以後，往往就瞭解了這部書的基本內容和一些問題。當然，光看序跋目錄，不看本文，便夸夸其談，自矜博學，那是一種騙子行為，是很不好的。書有注釋，看注釋是必要的，但不要忘了本文，不要認為注釋都對，讀書應從本文開始，最後還要回到本文上來，祇有這樣才能真正瞭解本文的思想，並能識別注釋的對錯。我認為讀書貴在抓住要點，發現問題，解決問題。尤貴能獨立思考，切忌人云亦云，盲從附和。孔子説："學而不思則罔，思而不學則殆。"即主張學與思並重，這一點，對於我們今天，也有指導意義。作爲一名史學工作者來説，我深知從事歷史研究，必須應用馬克思主義理論作指導，必須從實際出發；要敢於堅持真理，同時也要敢於修正錯誤。還有學文科的，一般説，文史哲都要學。因爲没有理論指導，没有事實根據，没有文字表達能力，是什麼也搞不好的。自己的書不够用，不能不到圖書館去借。但借來的書要格外珍惜，不要損壞，不要在書上亂畫。最好另備一個本子，把心得體會和問題以及需要牢記的詞句、段落都記下來，以備日後翻檢。

（《名家談自學》，蘭州大學出版社，1988 年）

# 我是怎樣培養研究生的

　　自 1978 年起至今,我一直没有間斷對碩士生、博士生的招收培養。我培養的 17 名碩士生,已相繼走上工作崗位,政治、業務素質都比較好。已畢業的 6 名博士生,已成爲教學、科研工作中的骨幹,大多已評上高級職稱。他們的博士論文不僅順利通過,還得到學術界的較高評價,而且已經出版或者即將出版。其中謝維揚的《周代家庭研究》被中國社會科學的博士文庫選中。吕文郁的《周代采邑研究》由於學術價值較高,被中國臺灣文津出版社選入他們的大陸博士論文叢書,不久即將出書。其餘幾篇博士論文,不久也將得到出版的機會。這些博士論文出版之後,必將逐步顯示出它們的學術價值,進入當代中國古代史優秀研究成果的行列。今年又有兩位博士生畢業,論文已經打印完畢,馬上就要進行答辯。一篇是《孝道研究》,一篇是《論昭穆制度》。寫得都很好,很出色。孝道問題從没有人系統研究過,昭穆也是古代史中没有解決的問題,他們第一次運用馬克思主義理論、方法,對這兩個問題做出了系統的、專門的研究。我看,他們解決了問題。

　　還有更重要的一點必須提出,我們培養的研究生應當是社會主義建設的人才,既要有高水平的學術研究能力,也要有較高的馬克思主義理論水平和社會主義覺悟;業務要合格,政治也要合格,我培養出的這些博士生及碩士生,據我瞭解,都頂住了這些年來全盤西化和資產階級自由化思潮的衝擊,腳跟站穩了,没聽説他們有誰發生偏差。1989 年春夏之交發生的政治動亂,我培養的博士生都交了合格的答卷。

要說培養研究生的經驗，其實我沒有什麼經驗好談。我祇是按照黨的要求辦，按照國家教委以及學校研究生院的規定辦。我能說的就是我盡到了力量，對黨、對國家、對學生本人，盡到了責任。我是教授，又是黨員，但首先是黨員。作爲一個黨員，我要按照黨的要求培養研究生，使他們成爲能爲人民服務、爲祖國服務的人。作爲一個教授，我要指導他們學會科學的治學方法，引導他們進入高層次的學術領域的大門，成爲具有真才實學的人。如果一定要我說出什麼經驗的話，這就是我的經驗。

研究生院 1985 年組織過一次研究生培養工作經驗交流會，我交流過所謂經驗，據說當時的校長唐敖慶同志替我概括爲十六個字。那些老話，不須再說。現在我補充一點新體會。

第一，用馬克思主義理論培養學生

我自己搞學問的路子就是實行馬克思主義理論、方法與中國歷史實際相結合。我三十多歲開始接受馬克思主義，用馬克思主義研究《周易》，後來又用馬克思主義研究中國歷史，我深刻地體會到，馬克思主義是世界觀，也是研究社會科學的科學方法（自然科學當然也不例外）。我這樣做，要求研究生也這樣做。具體的要求是兩方面，平時要他們必須閱讀馬克思主義著作，列出單子，按時檢查。《家庭、私有制與國家的起源》、《摩爾根古代社會一書摘要》、《費爾巴哈與德國古典哲學的終結》、《反杜林論》、《唯物主義與經驗批判主義》、《矛盾論》、《實踐論》、《中國革命與中國共產黨》等經典著作，我的研究生是必須讀的。當然，是領會馬克思主義的精神實質，不是死記教條。另一方面，學位論文必須以馬克思主義做指導。我在審閱研究生論文寫作提綱這個環節上就注意把住這一關。論文寫作過程中我要隨時看，不按照要求做，必須重來，絕不遷就。

第二，培養研究生樹立正確的政治方向

青年人必須樹立正確的政治方向。這正確的方向，就是信仰馬克恩主義,跟共產黨走,搞社會主義,爲人民服務。其中關鍵的一條是跟共產黨走。我爲什麼要求學生跟共產黨走呢？因爲我一生的經驗使我認識到,中國離開共產黨,不行。我自己離開共產黨更不行。我決心跟共產黨走到底,所以我要求學生這樣做。我是舊社會過來的人,舊中國的情況我有深刻的感性認識。那時候,國家不統一,主權不完整,工業落後,人民貧困,受盡外國人的欺侮。解放以後,中國真正獨立,工業發展了,農業也發展了,十億人口有飯吃,有衣穿,國家強大了,再不受外國人的欺侮。沒有共產黨是辦不到的。我經常對學生講這個基本的事實和基本道理。1989年動亂時,我分別找研究生談話,告誡他們不要聽信謠言,不要去遊行鬧事。事實證明,我的話對他們起了作用。1989年以後,我繼續這樣做。關鍵時候,我要找他們談談話。

第三,專業學習方面嚴格要求

一是強調自學。研究生的學習方式主要是自學。自學就是自覺地、積極地去讀書,去發現問題,研究問題。自學不等於放任自流,導師要有佈置,有要求,有檢查,有講評。每屆新生入學,我首先告訴他們要讀哪些古書,開出單子,然後檢查讀書的情況。有的研究生一開始就考慮論文題目,圍繞題目找材料,不願意多讀古書。我注意糾正這個傾向,要求首先讀古書,從讀書中發現問題,確定論文題目。有的研究生基礎不錯,有吃老本的思想,不肯在讀古書上下功夫,我都及時加以批評糾正。

二是加強指導。研究古代史必須與古人打交道,對古人要有全面的正確的認識。我首先指導研究生認識疑古派的錯誤和危害。然後指導他們認識古人的優點和缺點。漢代學者名物訓詁搞得好,如鄭康成注"三禮",豐富詳贍,必須學習他的東西。但是漢人在別的方面就不行。鄭康成注的《周易》,就可以不讀。宋人義理講的多,思想很敏銳、活躍,這些優點我們要繼承。宋人的缺點也突出,一是太不重視文字訓詁,所談義理往往淺薄無根;二是提倡所謂理學，丟棄了孔子的唯物傳統，陷入唯心論的泥沼。清代人才輩出，成就很全面，但是也有缺點。清人如戴震、段玉裁、王念孫、王引之、俞樾、孫詒讓、王先謙等，在訓詁、考據方面解決了許多前人未解決的問題。他們的成果，我們搞古代史的應當吸取、繼承。清人在義理方面也有成就，如顧炎武、黃宗羲、戴震等，都有不小的貢獻。清人的缺點是具體有餘，宏觀不足。學問做得很實在，但還不能算做真正的科學，今天我們要繼承清人的成果，用馬克思主義的方法研究我們的學問。

三是注意培養文字表達能力，一切學問的成果都必須用文字表達出來。古代史尤其如此。文字表達能力非一日之功，是自幼及長期養成的結果。所以我在研究生錄取上，特別注意文字功夫。不會做文章的人，不能錄取。這些年我的博士生中有好幾位原來是學中文的，有人說不好，我看沒什麼不好，中國的學問，文史不分家，到了高層次尤其不能分家。今年又錄取一位搞哲學的。文、史、哲相互關聯，相互滲透，相互依賴，不容易分開。博士生錄取，關鍵是看他們的文字表達能力。文字表達能力的高低，反映一個人的邏輯思維能力的高低。文字表達能力低，即便是歷史專業出身，取得博士學位也難。所以錄取前，我要看他們的文章，錄取後，要求他們練習寫文章。

第四，發揮研究室集體的作用

這些年來，為了發揮集體力量，為了提高研究室中青年教師的水平，我招的1984、1986兩屆碩士生，由我與另一位同志合帶，課由他上。博士生的課，也逐漸轉給別的同志上。從1990年起，我招的博士生由研究室另外兩名同志幫助我指導，課由他們上，論文也由他們管，我退居二線，不過我盡可能還要做些事情。去年我給博士生開了一門孔子與六經的選修課，把我關於六經的新體會講給他們。現在，我每周都與每位博士生談一次話，了解他們的學習情況，發現問題，及時加以指導。博士生學位論文題目的選擇、確定,我也注意,提出意見。總之,我年老了,培養研究生的工作,要由大家來做,但是,我也不能完全放手不管。

(《高教研究與實踐》1992 年第 3 期)

# 在我的歷史科學研究作品中
# 所反映的史學觀

## 一、我的學術信念

我 1902 年生。由於家境貧寒，就學後，勉强讀至初級師範學校本科畢業，無力再進高等學校深造。

自 1923 年暑假畢業，即從事初小、高小、初中、高中等校教學工作。至 1942 年開始到東北大學中文系任教（時逢抗日戰争，校址遷至四川三臺）。

我在中學任教及在復性書院學習期間，有三件事，可以在這裏提一下。

1. 我在遼寧義縣中學任教時，值遼寧省教育廳舉行教育局長考試。報考資格規定：高等學校畢業者需任教學工作一年；大學畢業者需任教學工作三年；初級師範學校本科畢業者需任教學工作五年。我已任教五年，符合報考規定，因前往瀋陽，參加考試。考試共三場，第一場爲初試。發榜，我名列第二。第二場爲復試。發榜，我名列第一。第三場爲口試。發榜，我名列第一。結果我以第一名録取，當即委任爲通遼縣教育局局長。

2. 抗日戰争時期，我在四川省威遠縣静寧寺東北中學任教。於 1939 年寒假，我寫了《易通》一書。原來我從少年時即嗜《易》。但我看了許多注釋的書，始終弄不明白。當東北中學由湖南邵陽桃花坪遷至四川威遠静寧寺時，我在路上從書店買到傅子東譯列寧《唯物論與經驗批判論》一書，於附錄裏載有列寧著《談談辯證法問題》。我讀後，受到啓發，覺得《周易》中的難題，自此都可以渙然冰釋，怡然理順了。因廢寢忘食，傾一月之力，寫成此書。全書共分十章。第一章爲“《周易》之命名”，第二章爲“《易》學之起源與發展”，第三章爲“先哲作《易》之目的”，第四章爲“《易》之體系”，第五章爲“《周易》之特質”，第六章爲“論象數義理”，第七章爲“筮儀考”，第八章爲“《周易》與孔子”，第九章爲“《周易》與老子”，第十章爲“《周易》與唯物辯證法”。《自序》略謂：“中國哲學綜爲二大宗派，而以孔、老二大哲人爲開山。二哲之思想結晶，則在《易傳》與《老子》。是二書也，體大思精，並爲百代所祖，而尤以《易傳》爲最正確、最有體系。洵吾炎黃胄裔所堪自詡之寶典也。”又謂：“予草此稿，純本研究態度，目的在求真理。經始之日，私立戒條，期必遵守。”

一、不自欺欺人。“知之爲知之，不知爲不知”，心有未安，輒便削稿。絕不强書就己，因而隱匿證據，曲解證據，以自欺欺人。

二、不枉己徇人。以真理爲歸，決不隨俗俯仰，以要虛譽。

三、不立異。所凡論述，力求愜心當理，決不矯誣立異，以嘩衆取寵。

四、不炫博。徵引以足證佐爲度，凡離奇之説，近似之見，謬悠之談，一概屏棄。

五、貴創。事爲前人所未發，或語焉不詳，而確知其爲真理者，推闡務求精審，人所熟知者，則從簡約；力以盲從附和、拾人牙慧爲戒。

六、貴精。辯理力求簡當精確，不持兩可之見，而支吾其詞。

七、貴平實。以取矜慎，以理之確鑿有據、至當不易者爲貴，不以平凡淺近爲羞。

八、貴客觀。純就原書分析綜合以推導條例，不以己見專輒武斷。凡門户之見，新舊之爭，皆不令闌入吾心。

我在東北中學出任教務主任時，以反對三民主義青年團被控告，説把學校辦紅了。被教育部電令"撤職，立即離校"。我離校後，到樂山復性書院學習。到書院後請人把《易通》書稿繕正。時值教育部舉辦"著作發明及美術獎勵"，我求金毓黻、高亨兩教授寫推薦書，用《易通》申請獎勵。事實上當時我懷有一種矛盾的心理：既認爲我的書有創見，可以請獎；又覺得我的書是用馬克思主義觀點寫的，遭到懲處怎麼辦？結果竟獲三等獎，實出意外。究竟是什麼原因，這實在是個謎。至今我也不能解釋。

3. 我在復性書院學習，讀畢《春秋》"三傳"，我寫出心得體會，命名爲《春秋釋要》。先師馬一浮先生閱後，在扉頁上親筆書寫題詞，略謂："曉邨以半年之力盡讀'三傳'，約其掌録，以爲是書。其於先儒之説，取捨頗爲不苟。而據《史記》主魯親周以糾何氏黜周王魯之誤，謂三世内外特以遠近詳略而異，不可並爲一談，皆其所自得。豈所謂'箴膏肓'、'起廢疾'者耶！"

我於 1941 年 11 月由東北著名史學家金毓黻先生介紹，到東北大學工作，先任文書組主任，1942 年秋改在中文系任教。

1945 年抗戰勝利，日本投降。我隨東北大學遷回瀋陽北陵舊址。1947 年因解放戰爭戰火逼近瀋陽，我又隨東北大學遷至北平。1949 年北平解放，我又隨東北各院校被遣送回東北。行至瀋陽，大隊暫住東北旅社，聽候分配。我以對新文學，如文藝理論、小説、戲劇等，都一竅不通，自忖不宜在大學中文系工作，要求另行分配工作。當即被分配到瀋陽故宮，任東北文物管理處研究員。以後至 1954 年 1 月我由瀋陽調至長春東北人民大學（1961 年改爲吉林大學）。到校後，校領導尊重我的意見，命在歷史系任教。我之所以是史學工作者實自這時開始。

我是解放後重新到大學工作的，而且又是歷史系，不是中文系。感到一切都是新的，事事都要從頭學起。既要從頭學馬列主義理論，又要從頭學歷史知識，晚睡早起，忙得不可開交。

## 二、"文革"前我研究了些什麽問題

我來東北人民大學頭一年就寫了一篇文章名爲《易論》，是在舊作《易通》的基礎上寫的。對舊作的觀點既有修正、補充，也有發展。文章寫成後，學校準備在東北人民大學《人文科學學報》創刊號發表。交由歷史系主任佟冬同志審查。佟冬同志轉請中國科學院近代史研究所劉大年同志代審。劉大年同志謙稱不懂《周易》，又轉請北京大學教授馮友蘭先生審查。馮先生審查結果基本上肯定，但又説《周易》一書裏不可能有辯證法。我不同意馮先生的觀點。原稿退回後，我又在原稿上用辯論的口氣補充幾點意見，加强了我的觀點。而當提交《學報》時，有的編委認爲文章説周是封建社會，又不説殷商是奴隸社會，等於否定中國有奴隸社會。這是原則性錯誤，不能在《學報》上發表。當時匡亞明同志任校長，力主貫徹執行百家争鳴。我的這篇文章終於在《東北人民大學人文科學學報》1955年第3期和1956年第1期連載。

我寫這篇文章是由於考慮到中國產生在二千年前的《周易》，居然有辯證法的觀點是很難得的。這是中華民族的光榮，應大力宣傳它。他們否定《周易》有辯證法，等於完全否定我這篇文章，我當然不能同意。至於周代社會性質問題，當時我實在没有成熟的看法。我這篇文章内容僅談兩個問題。一、論《易》的起源和發展；二、論《周易》蓍、卦的組成和應用。對舊作《易通》的第一、第二兩章作了修正，並否定了伏羲畫八卦的説法。文章開首説："《周易》是歷史的產物，是人類認識在具體歷史條件下長期發展的結果。論其形式，不可否認，是陳舊的、卜筮的形式，而其内容在當時卻是新生的、先進的哲學的内容。這個具有舊的卜筮形式與新的哲學内容的矛盾的統一體，就是《周易》一書的本質特點。"這個觀點，直到現在，我還認爲是正確的。

1955 年我又寫了一篇《論宗法制度》。這是因爲我意識到宗法制度在中國古代史中非常重要，而當代史學家解説多誤。内容着重談三個問題。一、別子的概念；二、爲什麼大宗百世不遷，小宗五世則遷？三、宗法制度存在於中國歷史上哪個時代，哪個階層？

我於談第一個問題時，是這樣説的："別子的別字，原取區別、分別的意思，表明要跟舊有的系統區別開來，另建一個新系統。爲什麼要區別開來呢？因爲尊卑不同。具體説，爲國君的是尊，不爲國君而爲國君的臣屬是卑。所以別子含有兩種意義：一是'自卑別於尊'，一是'自尊別於卑'。前一種意義指公子而言。公子與嗣君雖然同是先君之子，同是一個血統傳下來的。但是，由於公子不繼君位，在政治地位上已與嗣君大大懸殊，即一方爲君是統治者，一方爲臣是被統治者，尊卑不同。公子須離開舊有的系統（君統），另建立自己的系統（宗統），這就是'自卑別於尊'。後一種意義指公子之子孫有封爲國君者而言。公子之子孫不消説是在宗統中。但是，今已封爲國君，政治身份與前已大不相同，這樣，也要離開宗統另建君統，這就是'自尊別於卑'。不過，宗法所説的別子，祇限於'自卑別於尊'的一種情況，至'自尊別於卑'的別子，則因所建的是君統，不在宗法範圍之内。"事實上，在原始社會，如恩格斯所説"以血族團體爲基礎"，不需要有宗法。在資本主義社會如《共産黨宣言》所説"資産階級撕破了家庭關係上面所籠罩着的温情脈脈的紗幕，並把這種關係化成了單純金錢的關係"，不可能有宗法。因此，宗法祇存在於奴隸社會和封建社會。在這兩個社會當中人與人之間祇承認兩種關係。一是血緣關係；另一是政治關係，或者説是階級關係。所謂君統，表明天子對天下，諸侯對其國，都是政治關係，而不是血緣關係；所謂宗統，表明宗子對同宗是血緣關係，而不是政治關係。至於公子，雖然他是嗣君之弟，與嗣君有血緣關係。但他不是君，對嗣君應執臣禮。不能用血緣關係侵犯天子或諸侯在政治上的權威。所以需要從君統中分出來，稱爲別子，自立宗統。

因此，有人説，"天子是天下的大宗"，"諸侯是一國的大宗"，是錯誤的。因爲天下和一國裏邊的人都是臣民，而且事實上大多數人與天子和諸侯之間並没有血緣關係。

《論宗法制度》一文在《東北人民大學人文科學學報》1956年第2期發表。

1957年暑假，東北人民大學召開科學討論會。我寫了一篇《論孔子思想》，提交大會討論。在論文中，我談了四個問題。一、"天命"，意在談孔子的世界觀；二、"中庸"，意在談孔子的方法論；三、"仁"，意在談孔子的人生觀；四、"正名"，意在談孔子的政治思想。我的出發點，一則認爲毛澤東同志很早就説過"從孔夫子到孫中山，我們應當給以總結，承繼這一份珍貴的遺産"。現在是建設時期，可以談孔子了。二則認爲我過去對孔子的遺産，曾用心學習過，我可以談談對孔子的看法。没有意識到我把孔子思想是唯物的、辯證的，竟説成"基本上是辯證唯物主義"，犯了鉅大錯誤。這個錯誤被關鋒在《光明日報》上指出來。我經向哲學系的同志請教，才瞭解到馬克思以前没有辯證唯物主義。我瞭解到是犯了原則性錯誤以後，痛自悔改。深知學習馬克思主義，談何容易！時值開展批判資産階級學術思想運動，儘管我已承認錯誤，在東北人民大學《人文科學學報》上公開發表"自我批判"。不料我在這次政治運動中變成一個難得的批判對象，竟被長期抓住不放，調子越提越高。直到"文化大革命"開始，當吉林省委宣傳部副部長韓容魯作爲工作小組組長到我校開動員大會時，我竟以"反黨、反社會主義、反毛澤東思想"的"三反分子"被揪出來，真嚇死人！誰知第二天造反派起來了，以韓容魯爲首的工作小組被打倒了。此後，在"文化大革命"當中我祇有"反動學術權威"和"孔教徒"兩頂帽子。至於所謂"三反分子"，竟消失得無影無踪了。其實，我的這個錯誤同小學生寫錯別字一樣，錯誤固然是錯誤，但説成是有意的，是不對的。

1959年中國科學院歷史研究所召開由郭沫若主編的《中國史

稿》討論會。我與李春圃隨副校長佟冬同志前往參加。在會上我聽到郭氏古史分期的説法，很不同意。以後我撰寫《中國奴隸社會史》，實自這時開始。

　　1959 年我寫了一篇《中國奴隸社會的階級結構》，值尹達同志約稿，遂在《歷史研究》1959 年第 10 期發表。

　　1960 年，我意在與馮友蘭先生商榷，寫了一篇《也談關於老子哲學的兩個問題》。這兩個問題是：一、“《老子》書的年代和它與老子的關係的問題”；二、“老子的哲學思想，究竟是唯物主義的，或是唯心主義的問題”。我不同意馮友蘭主張《老子》書出於戰國中期或者稍後；也不同意馮友蘭説老子的哲學思想是唯物主義。本文載《東北人民大學人文科學學報》1960 年第 1 期。

　　1962 年我寫了一篇《關於荀子的幾個問題》。文內主要談三個問題：一、我不同意“荀子是新興的統治者——封建地主階級利益的擁護者”的説法；二、我不同意“荀子關於心的見解，主要是由宋鈃的‘心術’承受過來的”的説法；三、我不同意“荀子與宋、尹和韓非諸氏在某些主要的學術見解之間有繼承關係”的説法。本文載《吉林大學社會科學學報》1962 年第 3 期。

　　本年我寫的《中國奴隸社會的幾個問題》一書由中華書局出版。談了三個問題：一、中國奴隸社會的特點問題；二、中國奴隸社會的下限問題；三、中國奴隸社會的上限問題。這是爲撰寫《中國奴隸社會史》作準備。

　　1963 年，由亡友張德鈞介紹，我寫了一篇《釋“二南”、“初吉”、“三淰”、“麟止”》在《文史》第 3 輯發表。文內釋二南，主要是説《詩經》“二南”的“南”應依《國語·周語》“鄭伯，南也”的南字作解，不應釋爲方向詞的南。《春秋公羊傳》稱周公、召公分陝而治，所謂《周南》，就是周公所治之國。所謂《召南》，就是召公所治之國。周、召稱南同鄭伯稱南一樣。釋初吉，是説初吉是指一個月三旬中，在初旬内的吉日，不應與生霸、死霸並爲一談。因爲生霸死霸是指月相，與擇吉日不是一回事。釋三飡，是説《莊子・逍遥遊》中的"三飡"。我認爲這個"三飡"不應解釋爲吃三頓飯，而應解釋爲在一頓飯中所吃飯食的三個單位數量，表明吃得相當少。釋麟止，是説《史記・自序》所説的"故述往事，思來者，於是卒述陶唐以來，至於麟止，自黄帝始"中的"麟止"。我的意見認爲"述陶唐以來"的"陶唐"，是指孔子所修《尚書》的上限。"至於麟止"的"麟止"是指孔子所著《春秋》的下限。總之，表明《史記》之作，是繼承孔子，完成孔子的未竟之業。

我在研究井田制過程中寫了一篇《井田制的發生和發展》，在《歷史研究》1965 年第 4 期發表。

## 三、新時期的史學追求

1976 年"四人幫"被粉碎，"文化大革命"結束。爲肅清"批儒評法"的流毒，我寫了一篇《論儒法》，在《歷史研究》1977 年第 5 期發表。文内談四個問題：一、儒家和法家名稱的由來；二、劃分儒法兩家的標準；三、春秋時期有没有儒法鬥爭；四、秦漢以後的儒法問題。

爲編寫《中國奴隸社會史》作準備，我寫了一篇《談談中國由原始社會向奴隸社會過渡的問題》，載吉林大學《理論學習》1977 年第 11 期和《光明日報》1978 年 2 月 2 日第 3 版。

1978 年《社會科學戰綫》創刊號載我寫的《關於長沙馬王堆一號漢墓帛畫的名稱問題》。在這篇文章發表之前，有一段歷史，不妨在這裏簡單地談談。當長沙馬王堆一號漢墓正式發掘，發現很多珍貴文物時，《光明日報》曾登載"簡報"，並把所謂帛畫一並載出。我看了以後説這哪是什麼畫，乃是古代的一種旗幟，應當稱爲"銘旌"。説完就算了。適北京考古所王世民給于省吾老先生來信説，北京召開會議討論這個問題，大家意見紛歧，你們那裏有没有懂《周禮》的？于對我説，我談了我的看法。于給王復信，告知此事。王回信要求我寫一篇文章。我寫了文章寄去。適這時《西漢帛畫》發表。這個《西漢帛畫》版面恢宏，印製精美，前有郭沫若序言，以帛畫命名，實已最後定案。王世民回信令我參考新出版《西漢帛畫》修改，限期寄回。不料過了一段時間以"不擬刊用"四字寄回，不予發表。因爲當時僅有《考古》、《文物》兩種刊物發行，其餘刊物一律停刊。歷史系同志勸我把文章改投《文物》。我把文章投給《文物》後，吉林大學歷史系李如森同志正在北京大學考古系進修，導師是俞偉超。李如森告訴我，俞偉超是我這篇文章的審稿人。俞誇獎我這篇文章寫得好。然而《文物》並没有發表。至《社會科學戰綫》創刊，該刊原來議定發表我的《中國古代史分期商榷》，可是當真要發表時，編輯部卻有顧慮，誘稱等我上下兩篇都寫完再發表。乃用《關於長沙馬王堆一號漢墓帛畫的名稱問題》這篇文章作爲代替。

我寫的《中國古代史分期商榷》，在《歷史研究》1979年第2、3期連載。在這篇文章發表之前也有一段歷史，可以在這裏談談。原來我的助手田居儉同志，調到《歷史研究》編輯部作編輯。他告訴我《歷史研究》計劃出一個中國古代史分期專號。囑我寫文章。後來由於專號稿子没有組成，改由《社會科學戰綫》編輯部聯合在長春南湖賓館召開全國性的古代史分期學術討論會。當時我寫文章參加。因爲我的觀點與郭沫若的觀點相左，《社會科學戰綫》第1期不願發表，誘稱等文章全部寫完再發表。及第2期，文章也全部寫完，編輯部不好説不發表。乃向吉林省委宣傳部部長宋振庭請示，時宋在北京，給了三條指示：1. 須同時登載與我觀點相反的一篇文章；2. 語氣要温和；3. 郭老現在病重。這第三條等於不主張發表。因爲郭老的生命如有不測，會説我給氣死的，這個罪名誰敢擔當！

1978年10月，我從上海開會回到北京。夜宿《歷史研究》編輯部。田居儉勸我把文章兩部分改成一部分，在《歷史研究》發表。
我說不要發表了。我的這篇文章已經在大會上講了，又在開封師
範學院、上海史學會、杭州大學、蘇州大學都講過了，沒有必要在
《歷史研究》發表。見到主編黎澍同志，他也勸我發表。我依舊把
上邊所説的重複一遍。沒有想到，我回家不久，就接到田居儉來
信，説我的這篇文章，《歷史研究》已決定在1979年第2、3兩期連
續登載，並囑我把觀點改得更明確些。我於是在上篇的標題前增
加了"對郭老的分期説提出八點意見"這樣十三個字。我猜想爲什
麼發生這樣大的變化？一定是三中全會剛開過，有了新的精神。

　　我對郭老分期説提出的八點意見爲：一、馬克思主義所説的奴
隸制是一種形態，還是兩種？二、夏代尚有待於地下發掘物證明，
這個觀點是可以商量的。三、人犧人殉能證明殷代是典型的奴隸
社會嗎？四、關於井田制問題。五、"普天之下，莫非王土，率土之
濱，莫非王臣"講的不是土地所有制問題。六、"初稅畝"三個字，沒
有"極其重大的社會變革的歷史意義"。七、《左傳》上的"三分公
室"、"四分公室"講的是兵制，同"初稅畝"毫不相干。八、魯三家、
齊田氏是完成社會變革的新興的地主階級嗎？

　　1979年《中華文史論叢》復刊（第七輯），上海古籍出版社編輯
郭群一同志索稿，我趕寫一篇《商文化起源於我國北方説》寄去。
文章内容主要根據《荀子•成相》有"契玄王，生昭明，居於砥石，遷
於商"，《淮南子•地形》説"遼出砥石"和高誘注説"砥石山名，在塞
外，遼水所出，南入海"。我們今天知道遼水發源於内蒙古昭烏達
盟克什克騰旗的白岔山，在我國北方。

　　我爲撰寫《中國奴隸社會史》，寫了一篇《西周在哲學上的兩大
貢獻——〈周易〉陰陽説和〈洪範〉五行説》，在《哲學研究》1979年
第6期發表。

　　我在山西太原參加中國哲學史學會關於孔子研究方法論問題
的會議，會議約稿，我寫了一篇《關於孔子研究的方法論問題》，在

《哲學研究》1979年第11期發表。

　　我爲撰寫《中國奴隸社會史》寫了一篇《戰國四家五子思想論略》，在吉林大學《社會科學學報》1980年發表。

　　延邊大學教授朴文一約稿，我寫了一篇《論老子思想》在《延邊大學學報》1980年第3期發表。在篇末我說："老子之所以形成這種思想，決非偶然，應有它的思想根源。據我看，這同孔子和《周易》的關係一樣，老子思想一定和《歸藏》首坤思想有關係。"

　　我爲撰寫《中國奴隸社會史》，寫了一篇《周公對鞏固姬周政權所起的作用》在吉林大學《社會科學論叢》歷史專號1980年第2輯發表，内容分五個小標題：一、救亂、克殷、踐奄；二、建侯衛；三、營成周；四、制禮作樂；五、致政成王。

　　我爲《中國奴隸社會史》出版寫序，在《社會科學戰綫》1980年第2期發表。在序裏我說："由於馬克思主義水平和歷史專業水平的限制，我寫的這部書不可能没有缺點錯誤。但有一點敢奉告讀者，就是我没有依草附木，隨波逐流。我說的是自己的話，走的是自己的道路。"在篇末又說："我寫的這部書，不完善的地方一定很多。但從方向道路來看，很可能是對的。我寫這部書時，着重注意下列各點：

　　一、堅決用馬列主義理論作指導，從歷史實際出發，既認真讀馬列原著，也認真讀中國古書。要求盡可能讀深讀透，做到融會貫通。對歷史上的每一個問題，特別是每一個重大的問題，都要用馬列主義理論作指導，以大量史料爲根據，經過認真的仔細地研究，然後作出結論。決不從主觀願望出發，隨心所欲地尋找幾條材料，用來證明自己的論點。引證時，注意選擇典型的，不用單文孤證。引文注意用原文，並注明出處，反對故意割裂，任意曲解。

　　二、我認爲我國古書上説，夏、商、周的祖先禹、契、稷都是黄帝的子孫，同恩格斯説"氏族起源於共同祖先，成了庸人學者（馬克思語)絞盡腦汁而不能解決的難題"①的觀點是一致的。我不同意現行的一些歷史著作那種夏是羌族，商是東夷族，周是羌族的一支以及部落聯盟的首領由夷和夏輪流擔任等説法。

三、馬列主義所説的文明時代，是從有國家開始。不能用私有制、階級或鐵作爲劃分原始社會和奴隸社會界限的標誌。

四、歷史是不斷發展的，在發展中又有階段性。每一個歷史階段都有它自己的特點。根據上述觀點，本書把夏、商、西周作爲奴隸社會上升時期來論述，同時注意其中每個發展階段的特點。把春秋、戰國作爲奴隸社會的衰落和轉變時期來論述，同時也注意其中各個不同階段的特點。

五、每一個歷史時期或階段的特點，總是反映經濟是基礎，政治是經濟的集中表現，文化是政治、經濟在意識形態的反映，又給予偉大影響和作用於政治和經濟，這樣的相互關係之中。我不贊成那種孤立的羅列現象式的敍述法。

六、奴隸社會的階級和階級鬥爭有它自己的特點，不能用資本主義社會的階級和階級鬥爭作爲公式往奴隸社會生搬硬套。

七、我國古書上所有三皇、五帝、五霸、七雄等等，基本上都是歷史上的有客觀根據的概念，對歷史研究有重要參考價值，輕易地加以否定，我認爲是不對的。

八、朝代興替同社會制度的新陳代謝，不是一回事。但二者往往有關係，不應完全否定這種關係。

九、歷史與小説不同。小説允許虛構，歷史則要求事事都有根據。煩瑣考證固然不好，必要的考據是應當提倡的。

十、恩格斯説：馬克思認爲自己的最好的東西對工人來説也還不够好，他認爲給工人提供不是最好的東西，那就是犯罪！② 馬克

---

① 《馬克思恩格斯全集》第 21 卷，人民出版社，1965 年，第 117 頁。

② 《馬克思恩格斯全集》第 37 卷，第 433 頁。

思這種負責任的精神，也不是常人能做到的。我秉性粗疏，常用它作爲我的座右銘。

開封師範學院趙希鼎教授爲《史學月刊》約稿，我把爲《中國奴隸社會史》寫的《禹在歷史上的偉大作用》寄去，在《史學月刊》1980年第2期發表。文內談四個問題：一、征有苗；二、合諸侯；三、畫爲九州；四、任土作貢。

《中國社會科學》編輯何祚榕約稿，我寫了《論中國奴隸社會的階級和階級鬥争》在《中國社會科學》1980年第4期發表。此文主要批評當前史學界錯誤地把中國奴隸社會的階級和階級鬥争看作與資本主義社會的階級和階級鬥争没有原則性區別的觀點。

我撰寫《中國奴隸社會史》認識到井田制是其中一個重大問題，花費了很大氣力進行研究，寫成《論井田制度》，在《吉林大學社會科學學報》1981年第1至4期連載。齊魯書社1982年出版。

我爲撰寫《中國奴隸社會史》寫了一篇《孔子思想述略》，在《中國哲學史研究》1981年第2期發表。

我的《古史論集》，齊魯書社1981年出版。

我爲《史學集刊》復刊寫了《"左史記言、右史記事，事爲〈春秋〉，言爲〈尚書〉"，謷言發覆》，在《史學集刊》1981年復刊號發表。

中國哲學史學會陳克明要求我寫《中國古代思想史》，我寫了一篇《中國古代思想的淵源》，在《社會科學戰綫》1981年第4期發表。

同年，我又寫了篇《中國奴隸社會産生和上升時期的思想》在《史學集刊》1981年第1、2期連載。

《人文雜志》約稿，我寫了《〈周禮〉、〈王制〉封國之制平議》在《人文雜志》1982年《先秦史論文集》專輯發表。

《晉陽學刊》編輯部要求我寫《自傳》，收在《中國現代社會科學家傳略》（第1輯）中，1982年山西人民出版社出版。

應《文史哲》編輯部約稿，我寫了《治學二則：讀書與科研》在該刊1982年第6期發表。

中華書局總編輯李侃同志來函囑我爲《文史知識》寫《周禮》一題。本文在《文史知識》1983年第1期發表。

我寫《豳風説》在《學術月刊》1983年第11期發表。我認爲豳風是西周畿内詩,不同意清人張履祥和近人徐中舒説是魯詩。可惜文内批評徐的部分全被删掉。

我編著的《中國奴隸社會史》,1983年由上海人民出版社出版。據責任編輯告訴我,在審稿期間,有人阻攔出版,編輯部曾發生動摇。最後本書終於與讀者見面了。可見我這部著作從準備到出書,中間經過多少關卡,能闖過來,真不易呀!這部書初版印數爲1.7萬多册。教育部指定爲高等學校文科選用教材。

應《天津社會科學》約稿,我寫《古籍考證五則》,於該刊1984年第2期發表。“五則”爲:一、“蓋十世希不失矣”;二、“士田”;三、“夫圭田無徵”;四、“斾”;五、“古者,生無爵,死無謚”。

應《歷史研究》紀念創刊三十周年約稿,我寫《經學與史學》在《歷史研究》1983年第1期發表。

應《史學月刊》紀念創刊三十五周年約稿,我寫一篇《説易》在《史學月刊》1985年第1期發表。

我寫的《研究中國古史必須承繼孔子這一份珍貴的遺産》在《人文雜志》1985年第1期發表。文内分兩部分:一、什麽是孔子這一份珍貴的遺産?二、爲什麽説研究中國古史必須承繼孔子這一份珍貴的遺産?

我寫的《馬克思主義關於奴隸制的科學概念與中國古代史分期》發表在《社會科學戰綫》1985年第1期。

1985年我在曲阜孔子基金會成立大會上的發言“我對孔子的基本看法”,在《中國史研究》1986年第3期發表。

我寫《孔子與六經》在1986年《孔子研究》創刊號發表。

我寫的《金毓黻傳略》在《社會科學戰綫》1986年第2期發表。

　　我爲《周易講座》寫的序在《孔子研究》1987 年第 4 期發表。文內説："根據我不成熟的看法，認爲古今説《易》之書，總有二蔽。一蔽於單純地視《周易》爲卜筮之書，而不承認《周易》裏邊有深邃的哲學思想；二蔽於祇斤斤於一詞一句的詮釋，而無視《周易》六十四卦的結構中存在着完整的思想體系。"

　　孔子基金會在曲阜闕里賓館召開"儒學國際學術討論會"，我寫的《孔子對〈周易〉的偉大貢獻》收入《儒學國際學術討論會文集》，齊魯書社 1987 年出版。

　　由我講述，吕紹綱整理的《周易講座》一書，由吉林大學出版社 1987 年出版。

　　我寫的《關於〈周易〉的作者問題》，在《周易研究》1988 年創刊號發表。

　　爲我與吕紹綱合著的《周易全解》寫序，《煙臺大學學報》索稿，改爲《關於周易研究的若干問題》在該刊 1988 年第 2 期發表。

　　原序説："我幾十年研究《周易》有哪些心得體會？反映在本書裏有哪些特點？有必要在這裏作幾點簡單的介紹：

　　一、首先需要説的，本書的説解是恪遵孔子作《易大傳》所開闢的道路，這就是我們並不否認《周易》是卜筮之書，而着眼點卻不在卜筮，而在於它内部所藴藏着的思想。説得明白些，就是我們不應宣傳迷信，祇應宣傳真理，宣傳馬克思主義。

　　二、前人對孔子《易大傳》的理解，我看很不夠，對《繫辭傳》的理解，我看更是錯誤百出。例如，在《周易》裏，蓍、卦二者，同等重要，或者可以説蓍更重要些，因爲蓍是卦之所由出嘛！而前人説《易》，多看到卦，看不到蓍。其實，這個問題，並不難懂，在《易·繫辭傳》裏就有兩處談到：其一，談筮法時，説"是故四營而成易，十有八變而成卦"。其二，談"夫《易》何爲者也"時，説"是故蓍之德圓而神，卦之德方以知……神以知來，知以藏往"。在《説卦傳》裏，又説"昔者，聖人之作《易》也，幽贊於神明而生蓍，參天兩地而倚數，觀變於陰陽而立卦，發揮於剛柔而生爻”。應該説這個問題在《易大傳》裏已經講得很清楚了，祇是人們熟視無睹罷了。我在1939年寫《易通》時，曾着重談了這個問題，現在我仍舊認爲我的看法是正確的。

　　三、傳本《繫辭傳》在講筮法那部分有錯簡和脱字。關於錯簡，宋人程頤、朱熹和項安世已覺察到並作了更正。關於脱字則長期以來，不見有人論及。因此，自京房、馬融、荀爽、鄭玄、姚信、董遇以至朱熹，都把“大衍之數五十”作了非常錯誤的解釋。其實“大衍之數五十”應爲“大衍之數五十有五”，下脱“有五”二字。非常明顯，上文自“天一地二，天三地四，天五地六，天七地八，天九地十，天數五，地數五”至“凡天地之數五十有五，此所以成變化而行鬼神也”一大段文字，正是爲這個“大衍之數”而作的説明，否則此“五十”爲無據，而前面一大段文字爲剩語，此必無之事。這一問題，1939年我寫《易通》時，就曾提出，1955年我寫《易論》時，又對“其用四十有九”作了補充説明。略謂“五十有五”不全用，是因爲全用則“分二”、“挂一”、“揲四”、“歸奇”等等以後得不出七八九六，不能定爻成卦，達不到預期的目的。其所以説“其用”，正由於有不用者在。這完全出於人爲的安排，而朱熹卻迷信所謂“河圖”，竟説是什麼“皆出於理勢之自然，而非人之知力所能損益也”（《周易本義》卷三），肯定是錯誤的。

　　四、我認爲《周易》一書的精華所在在於思想，而思想則主要寓於六十四卦的結構之中。這一點，孔子作《繫辭傳》曾反復地不厭其煩地作了説明。此外，在《序卦傳》、《雜卦傳》裏以及在乾坤兩卦的《象傳》裏也都曾論及。總的看來，這一思想已形成一個完整的體系。然而自孔子著《易大傳》以來，兩千餘年，誦習者率皆瞶瞶，無能通其意者。我於30年代後期，讀了列寧《談談辯證法問題》，受到啓發，對《周易》中這些思想有了初步的理解。不久，我寫《易通》，遂把這一理解寫入《易通》中。解放後，我參加革命工作，由於長期學習馬克思主義理論,對於《周易》中這一思想的理解,又不斷加深。爲了把這個問題談清楚,下面準備多占用一些篇幅,徵引有關原文,並詳細地加以闡釋。

首先從《序卦傳》談起。

《序卦傳》篇首説:"有天地,然後萬物生焉。"這個"天地"是指什麼説的? 很明顯,是指六十四卦中爲首的乾坤兩卦。乾純陽,象天;坤純陰,象地。《易緯·乾鑿度》説:"乾坤相並俱生。"所以,乾坤兩卦實際上是一個矛盾的統一體。《周易》作者事實上是利用六十四卦結構來反映他的世界觀,而用爲首的乾坤兩卦代表天地,那末,依據《周易》的這個觀點來説,乾坤之前是什麼呢? 我認爲乾坤之前是太極。《繫辭傳上》説:"《易》有太極,是生兩儀。"這個"兩儀"就是一對矛盾,説它是陰陽可以,説它是天地、乾坤都可以。而太極亦名太一,它是絕對的一,整體的一,渾沌未分的一。許慎《説文》一部於"一"下説:"惟初太極,道立於一,造分天地,化成萬物。"許慎這種説法,正是復述《周易》的觀點。譯成今日的語言,許慎所説的"造分天地",就是一分爲二。同樣,許慎所説的"化成萬物",就是《序卦傳》所説的"有天地,然後萬物生焉"。自六十四卦的結構來看,乾坤是天地,其餘諸卦則是天地所產生的萬物。

《繫辭傳上》講筮法時説:"乾之策二百一十有六,坤之策百四十有四,凡三百有六十,當期之日。二篇之策萬有一千五百二十,當萬物之數也。"這裏實際上也是説"有天地,然後萬物生焉"的問題。不過這裏有一個問題需要加以説明。這就是《繫辭傳上》所説的"二篇之策萬有一千五百二十,當萬物之數也"。這個"萬物之數"當然包括乾坤在內。這樣,怎麼説天地生萬物呢? 據我理解,這裏説乾坤兩卦既是生萬物的天地,同時又是在天地生萬物當中一個獨立的環節。這一點,從"凡三百有六十當期之日"就可以看得出來。因爲期是一歲,一歲分四時,四時之中,自天來説,有寒有暑,自地來説,有生有成。總起來説,是天地生萬物,分開來説,則是天"資始"而地"資生"。所以,在天地生成萬物的構想當中,乾坤又是一個獨立的環節。這說明什麼呢? 它說明所謂天地生萬物並不是一次完成的,而是天地在不停地進行,萬物在不斷地出生。《老子》說:"天地之間其猶橐籥乎,虛而不屈,動而愈出。"看來是對的。

《繫辭傳上》說:"乾坤其《易》之縕耶! 乾坤成列,而《易》立乎其中矣。乾坤毀則無以見《易》,《易》不可見,則乾坤或幾乎息矣。"這段話是孔子說《周易》六十四卦結構的全部意義都蘊藏在乾坤兩卦之中。所謂全部意義,包括乾坤是天地;六十四卦是乾坤作爲天地所以產生的萬物;以及六十四卦作爲天地生萬物在發展過程中所形成的若干環節和各個環節之間的遞嬗規律;與最後兩卦既濟、未濟在六十四卦中的特殊的意義。

"乾坤成列而《易》立乎其中矣"是說當乾坤兩卦排列在六十四卦之首時,《易》,即六十四卦的變化發展已經存在裏邊了。具體說,乾純陽,坤純陰,乾坤是一個矛盾統一體。由這個矛盾統一體的變化發展而產生六十四卦。六十四卦的排列,每兩卦不反則對。例如乾與坤是對,屯與蒙是反。從《序卦傳》看,自屯以下,卦與卦之間的遞嬗,都是用"……必……"或"……不可以……"等字樣,表明六十四卦的形成是由乾坤兩卦的變化發展,而這個變化發展是有規律的。

"乾坤毀則無以見《易》,《易》不可見,則乾坤或幾乎息矣。"這段話實際上是對六十四卦最後兩卦既濟、未濟的特殊意義所作的說明。亦即"乾坤毀則無以見《易》",說的是既濟。"《易》不可見,則乾坤或幾乎息矣",說的是未濟。從六十四卦作爲一個發展過程來看,可以看到,開始是乾純陽、坤純陰,最不平衡。當發展到既濟,則六爻"剛柔正而位當",即已達到平衡。乾坤之變化發展,本來由於陰陽不平衡。一旦達到平衡,這就等於乾坤毀了。"乾坤毀則無以見《易》",意思是說矛盾既已解決,就再也看不到變化發展了。《雜卦傳》説"既濟定也",所説的也是這個問題。"《易》不可見,則乾坤或幾乎息矣",這個"幾乎息"三字大可玩味。"幾乎息",實際上是説没有息,祇是象息罷了。幾乎息是指既濟,没有息是指未濟。《序卦傳》説,"物不可穷也,故受之以未濟終焉",正是説明未濟是没有息。在六十四卦結構中,既濟與未濟處於一個環節,而既濟説幾乎息,未濟説没有息,這是什麼意思呢? 這就是説卦從乾、坤到既濟、未濟,祇是完成一個大的發展階段。變化發展並没有終止。而且也不可能終止。因爲時間是無限的,空間是無限的,物質的運動也是永遠不會停止的。有人説:"《繫辭》説變化的發生,不是由於陰與陽的鬥争,而是由於陰與陽的和諧,不是向前發展,而是終而復始的循環、重複。"我認爲這種説法,不是有意歪曲,就是没有讀通《周易》,肯定是不對的。

《繫辭傳下》説:"子曰,乾坤其《易》之門耶! 乾陽物也,坤陰物也,陰陽合德而剛柔有體,以體天地之撰,以通神明之德。"這是孔子又一次闡述《周易》六十四卦的結構問題,那末,説"《易》之門"與説"《易》之緼"有什麼不同呢? 我認爲,不同在於"《易》之緼"是全面地談,而"《易》之門"着重就乾坤這一矛盾來談的。"乾陽物也,坤陰物也",正是説乾坤是一對矛盾。"陰陽合德而剛柔有體",則是説六十四卦的剛柔不是别的,是由於乾坤兩卦内部的矛盾和鬥争所産生的結果。在這裏需要補充説明一個問題,就是這個"門"字在《繫辭》另一個地方有確切的訓釋。它説:"闔户謂之坤,闢户謂之乾,一闔一闢謂之變,往來不穷謂之通",所以,這個"門"字實生動地説明了乾坤這對矛盾在其變化發展當中的情況。"以體天地之撰,以通神明之德",則是指整個六十四卦來説的。所謂"體"就是"剛柔有體"的體,所謂"德",就是"陰陽合德"的德。整個意思是説六十四卦的剛柔是以乾坤的剛柔爲體,六十四卦的德是與乾坤之德相通的。

《繫辭傳上》説:"在天成象,在地成形,變化見矣。是故剛柔相摩,八卦相盪,鼓之以雷霆,潤之以風雨,日月運行,一寒一暑,乾道成男,坤道成女。"這裏所談的實際上也是"有天地然後萬物生焉"的問題。具體說,"在天成象,在地成形"講的是作爲天地的乾坤所具有的各自特點。"變化見矣"講的是作爲天地的乾坤這對矛盾所發生的變化。下面自"剛柔相摩"至"一寒一暑"則是對"變化見矣"又作了具體地生動地說明。"乾道成男,坤道成女",不是别的,它就是在天地變化中所產生的萬物。這裏的男女與《繫辭傳下》所說的"天地絪縕,萬物化醇,男女構精,萬物化生",《序卦傳》所說的"有天地然後有萬物,有萬物然後有男女"一樣,所說的男女,祇是指萬物中有陰性的、陽性的罷了,不能理解爲祇是人類中的男女。

　　五、王弼《周易略例》有《明象》一篇,他主張"得意忘象,得象忘言"。說:"故立象以盡意,而象可忘也。重畫以盡情,而畫可忘也。是故觸類可爲其象,合義可爲其徵。義苟在健,何必馬乎? 類苟在順,何必牛乎? 爻苟合順,何必坤乃爲牛? 義苟應健,何必乾乃爲馬? 而或者定馬於乾,案文責卦,有馬無乾,則僞說滋漫,難可紀矣。互體不足,遂及卦變,變又不足,推致五行,一失其原,巧愈彌甚,縱復或值,而義無所取,蓋存象忘意之由也。忘象以求其意,義斯見矣。"王說提出以後,在學者間毁譽參半。我認爲王弼批判易象數派之"定馬於乾,案文責卦",誠爲的當。然而以爲應用"得意忘象,得象忘言"的方法,就能解決這個問題,我殊以爲不然。我認爲《說卦傳》自身已經把這個問題解決了,祇是人們多滑口讀過,不能心知其意罷了。1985年我寫《說易》時曾談到這個問題。我的意見,《說卦傳》說"乾,健也。坤,順也。震,動也。巽,入也。離,麗也。坎,陷也。艮,止也。兌,悦也"與說"乾爲馬,坤爲牛,震爲龍,巽爲鷄,坎爲豕,離爲雉,艮爲狗,兌爲羊。乾爲首,坤爲腹,震爲足,巽爲股,坎爲耳,離爲目,艮爲手,兌爲口"不同。前者是說八卦的性質,後者是說八卦的取象。"乾,健也",是說乾就是健。"乾爲馬",是說乾可以爲馬。"也"的意思同"是",表明是不變的。

"爲"的意思同"化"，表明是可變的。胡渭《禹貢錐指》於"播爲九河"下引林氏説："凡言爲者，皆從此而爲彼也。"林氏解釋"爲"字是對的。正因爲這樣，所以，乾既可以爲馬，也可以爲首，爲天，爲圓，爲君，爲父等等。"定馬於乾，案文責卦"，當然不對了。

六、《繫辭傳下》有"古者包犧氏之王天下也，仰則觀象於天，俯則觀法於地，觀鳥獸之文與地之宜，近取諸身，遠取諸物，於是始作八卦，以通神明之德，以類萬物之情，作結繩而爲網罟，以佃以漁，蓋取諸離"至"上古結繩而治，後世聖人易之以書契，百官以治，萬民以察，蓋取諸夬"一大段文字。這段文字對後世影響很大。1939年我寫《易通》時就相信這種説法。解放後，經過深入研究，始知這種説法不足據。理由如下：1. 這種説法與上文"《易》有太極，是生兩儀，兩儀生四象，四象生八卦"的説法不一致。2. 下文有"以體天地之撰，以通神明之德"乃是在八卦重爲六十四卦，已有了《易》，并且是六十四卦的序列以乾坤居首的時候。"始作八卦"怎麽就能"以通神明之德，以類萬物之情"呢？ 3. 司馬遷説："百家言黃帝，其文不雅馴，薦紳先生難言之。"所謂"包犧氏"祇見《莊子》、《管子》，不見於孔氏之書，以此知這段文字定不是出於孔子。4.《易》卦有井有鼎，皆於實物取象。乃由"作結繩而爲網罟，蓋取諸離"，本末顛倒，於事理說不通。5.《易大傳》提到作《易》者時，祇泛稱"聖人"，從不確指何人，而此處明言包犧氏始作八卦，足見不可信。基於上述五點，我敢斷言這一大段文字是後世好事者竄入，不是《繫辭傳》原文。

七、《繫辭傳上》有"天垂象，見吉凶，聖人象之；河出圖，洛出書，聖人則之"二語在"是故天生神物，聖人則之，天地變化，聖人效之"之下，我疑二語也不是《繫辭傳》原文，而是後人竄入的。爲什麽呢？ 因爲上文"是故天生神物，聖人則之，天地變化，聖人效之"是承"莫大乎蓍龜"來說的。而"莫大乎蓍龜"又是承"八卦定吉凶，吉凶生大業，是故法象莫大乎天地，變通莫大乎四時"一段話來說的。這裏的"天生神物"分明是指"蓍龜","天地變化"分明是指"法象莫大乎天地,變通莫大乎四時"。總之祇是說"八卦定吉凶"。怎能又說"天垂象,見吉凶"呢? 還有上文已經說"天生神物,聖人則之",怎麼又說"河出圖,洛出書,聖人則之"呢? 不但語意重複,自相矛盾,而且"河圖"、"洛書"是什麼東西? 在《周易》經傳中連一個影子也看不到,則所謂"聖人則之"是則什麼呢? 因此,我認爲"天垂象,見吉凶"二語也不是《繫辭傳》原文,而是後人竄入的。

八、《說卦傳》說"昔者聖人之作《易》也,幽贊於神明而生蓍","參天兩地而倚數",多不得其解。朱熹《周易本義》釋"參天兩地"說:"天圓地方,圓者一而圍三,三各一奇,故參天而爲三;方者一而圍四,四合二偶,故兩地而爲二。"尤誤。其實這兩句話都是說蓍,上句是說蓍的產生,下句是說蓍的應用。上句的意思是說蓍本是一種草,它並不知吉凶。它之所以知吉凶,被稱爲"神物"、"神明"是由於聖人的"幽贊",即聖人在暗地裏進行贊助。怎樣在暗裏進行贊助呢? 這就是下句所說的"參天兩地而倚數"。參兩是古語,例如《周禮·天官·疾醫》說:"兩之以九竅之變,參之以九藏之動。"《逸周書·常訓》說:"疑意以兩,平兩以參。"參兩有交錯的意思。天地是指一三五七九,五天數,二四六八十,五地數。"參天兩地而倚數"就是筮法所說的"天數五,地數五,五位相得而各有合,天數二十有五,地數三十,凡天地之數五十有五,此所以成變化而行鬼神也"。"倚數"即立數,立"大衍之數"。

九、《繫辭傳上》說:"是以明於天之道而察於民之故,是興神物,以前民用。"這裏的"神物"顯然是指蓍,由下文"天生神物"的"神物"可爲證明。那末,於"是興神物"之前,先說"是以明於天之道而察於民之故"是什麼意思呢? 1985年我寫《說易》時,曾着重地談過這個問題。我的意見,認爲這是說蓍的創造是以"明於天之道而察於民之故"爲前提條件。所謂"明於天之道",譯成今語,就是瞭解自然;"察於民之故",譯成今語,就是瞭解社會。舉例說,筮法有"象兩"、

"象四時"，就是瞭解"天之道"的證明，有"象三"，就是瞭解"民之故"的證明。不但此也，《繫辭傳下》說："《易》之爲書也，廣大悉備，有天道焉，有人道焉，有地道焉"，《說卦傳》："昔者聖人之作《易》也，將以順性命之理，是以立天之道曰陰與陽，立地之道曰柔與剛，立人之道曰仁與義。"以及豫卦《彖傳》說："天地以順動，故日月不過而四時不忒；聖人以順動，則刑罰清而民服。"賁卦《彖傳》說："觀乎天文以察時變，觀乎人文以化成天下。"剝卦《彖傳》說："君子尚消息盈虛，天行也。"頤卦《彖傳》說："天地養萬物，聖人養賢以及萬民。"咸卦《彖傳》說："天地感而萬物化生，聖人感人心而天下和平。"恒卦《彖傳》說："日月得天而能久照，四時變化而能久成，聖人久於其道而天下化成。"睽卦《彖傳》說："天地睽而其事同也，男女睽而其志通也，萬物睽而其事類也。"革卦《彖傳》說："天地革而四時成，湯武革命，順乎天而應乎人。"豐卦《彖傳》說："日中則昃，月盈則食，天地盈虛與時消息，而況於人乎？況於鬼神乎？"等等，證明"明於天之道而察於民之故"確定是創造著的前提條件。由於著的創造是以"明於天之道而察於民之故"爲前提條件，所以這一思想很自然地反映在卦之中以至反映在全《易》之中。由此可見，"是以明於天之道而察於民之故，是興神物，以前民用"這段話，對於瞭解《周易》一書來說，十分重要，切不宜等閑視之。

十、《周易》、《歸藏》二書，從"其經卦皆八，其別皆六十有四"來看，是相同的。然而別卦的卦序，《歸藏》首坤次乾，《周易》首乾次坤，二者卻恰恰相反。這是偶然的嗎？我嘗試考其故，而知這個不同，實反映殷周二代表現在政治思想上有重大的差別。例如《史記·梁孝王世家》褚少孫補有"太后謂帝曰：吾聞殷道親親，周道尊尊，其義一也。安車大駕，用梁孝王爲寄……袁盎等曰，殷道親親者立弟，周道尊尊者立子……周道太子死立嫡孫，殷道太子死立其弟"。結合《禮記·表記》所說"母親而不尊，父尊而不親"來考查，我們知道，"殷道親親"是重母統，"周道尊尊"是重父統。惟其重母統，故殷易首坤。惟其重父統，故《周易》首乾。《周易》首乾次坤是周人君尊臣卑、父尊子卑、夫尊妻卑思想的集中反映。這一點我認爲，學《易》者是應該知道的。

以上各點，說是我學《易》的心得也可，說是本書的特點也可，總之，與前人的見解有很大的不同，特於此表而出之。

我與呂紹綱合著《周易全解》，吉林大學出版社 1989 年出版。

我爲參加紀念孔子誕辰 2540 周年國際學術討論會寫了《孔子所說的仁義有沒有超時代意義》，載《孔子研究》1989 年第 3 期。

我在原文裏說："我認爲，歷史的發展，既有時代性，又有超時代性，二者是統一的，缺一不可。沒有時代性，歷史不能發展；沒有超時代性，歷史也不能發展。爲什麼呢？因爲歷史是以新陳代謝的方式不斷推向前進的。沒有新的代替舊的，歷史當然不能向前發展。但是如果在舊的當中沒有可以繼承的東西，則進入新的一代勢必一切都從頭做起，好像熊掰苞米一樣，掰取一個，又丟掉一個，最後剩下的還是一個，這樣，歷史也是不會向前發展的。"

我爲《孔子新傳》寫一篇《孔子的思想有兩個核心》，值《歷史研究》編輯宋超約稿，因寄《歷史研究》，於該刊 1990 年第 5 期發表。

文中說："據我看，孔子的思想，如果說得全面、具體些，不妨說它有兩個核心：一個是時，另一個是仁義。第一個核心是基本的，第二個核心是從屬的。第一個核心偏重在自然方面，第二個核心偏重在社會方面。孔子又特別重視中，實際上中是從時派生出來的。孔子還特別重視禮，實際上禮是從仁義派生出來的。"

我爲《孔子新傳》寫一篇《孔子的天道觀與人性論》，值《百科知識》編輯杜述勝約稿，寄與該刊於 1990 年第 12 期發表。文章開始說："《論語·公冶長》載子貢曰，'夫子之文章可得而聞也，夫子之言性與天道不可得而聞也'。證明性與天道是一個很難瞭解的問題。即便是孔子生時，群弟子中以言語見稱的子貢，亦曾以'不可得而聞'而興嘆。當然，在過去一個時期内，曾經有不少人談過這個問題。不過，當時是在批孔的影響下，談的人多抱有成見，其結論是不足據的。今天不同了。今天我們可解放思想，實事求是，不必擔心有任何框框了。"

我爲《孔子新傳》寫一篇《孔子的這一份珍貴的遺產——六經》，在《吉林大學社會科學學報》1991 年第 1、2 兩期連載。

"六經"中，於《詩》談了"六義"、"四始"、"二南"、"正變"、"詩序"五個問題。於《書》談了"今古文問題"、《堯典》、《皋陶謨》、《禹貢》、《洪範》、"五誥"六個問題。於《禮》着重談《儀禮》17 篇。於《樂》據《樂記》談了三個問題：一、音樂的起源及聲、音、樂之異；二、音樂與政治的關係；三、音樂與禮的關係。於《易》談了三個問題：一、《易經》問題；二、《易大傳》問題；三、《易經》的内容和形式問題。於《春秋》談了四個問題：一、《春秋》的名稱；二、《春秋》一書的本質特點；三、所謂"《春秋》以道義"，在《春秋》一書裏有哪些具體表現；四、《春秋》與"三傳"的關係。

我寫《孔子與現代化》在《書林》1990 年第 3 期發表。本文開篇説："談孔子與現代化，首先要解決一個問題，這就是'五四'及其以後長時期批孔，而今天卻大張旗鼓地紀念孔子誕辰 2540 周年，到底誰對誰不對，是批對，還是紀念對呢？我説都對。原因是時代不同了。前此是革命年代、戰爭年代，而今天是和平年代、建設年代，好似冬衣裘，夏衣葛，沒有什麼奇怪的。人們所以迷惑不解，過去不學歷史，或學歷史而不能心知其意。如果學歷史，又心知其意，就會看到，不祇'五四'時期批孔，中國歷史上曾多次批孔。不過，須注意，批孔總是在戰爭年代。"

吉林大學出版社爲慶祝我九十生日，於 1991 年出版《金景芳古史論集》。

我與吕紹綱合著《尚書新解》，其中《堯典》部分以《堯典新解》（節選）爲題，載《孔子研究》1992 年第 4 期。

《長白論叢》1992 年創刊號約稿，我寫一篇《三易思想的産生不在堯前》刊出。

　　我與呂紹綱合寫《甲子鈎沉》在《傳統文化與現代化》1993 年第 2 期發表。

　　我與呂紹綱合著《尚書新解》，其《甘誓》以《甘誓淺說》爲題，在《社會科學戰綫》1993 年第 2 期發表。

　　由於我的史學觀已在上述一些論著中反映出來，就沒有必要再作專題説明。

（《史學家自述》，武漢出版社，1994 年）

# 話　讀　書

　　我出生一個貧苦的家庭。讀書僅至初級師範學校本科畢業而止，無力升入高等學校深造，更談不到到外國去留學。因此，以後讀書，不能不依靠自學。當然，自學是不得已而爲之。不過，一切事物都有兩重性，我看自學也有好處。第一，它有主動性，不假督促就能長期勤奮，第二能獨立思考，讀書常能發人之所未發。最後是能堅持真理——對古今的一些大人物或權威人士，都無所畏懼。

　　我的讀書，大部分時間祇是盲目摸索，談不到有什麽經驗，祇能説有些體會。

　　一、書不可不讀。因爲人的生命有限，而人類社會的歷史極長。前人的經驗、教訓豐富得很，其中有很多東西可以爲我們利用或借鑒。不過，即以中國而論，歷史有四五千年，積累的圖書太多了，一個人以有限的生年，怎能遍讀這樣多的書？因此就必須有選擇。而且書有真偽，有好壞。例如一些誨盜、誨淫、迷信、怪誕的書，就不宜讀。選擇的辦法，最好是向名師請教。大體上説，應考慮主客觀條件。從主觀上説，第一，要考慮性之所近，如果你愛好文學書就可由文學開始，逐漸由淺入深，由今到古，由文學兼及史學、哲學諸書。第二，要考慮所從事的專業。例如，鄰近專業的書，也應讀，但仍應以自己的專業書爲主。從客觀上説：第一，要考慮所處環境，不管是借閲也好，購買也好，你所處的環境，都非常重要；第二，要考慮時代需要。因爲人是離不開社會的，一個人的一生，總應對社會有所貢獻。

　　二、我是搞社會科學的。從社會科學的角度來看，我認爲，不管從事什麼專業，文史哲三者，都需要有一定的基礎。因爲，文是表達思想的，你有思想表達不出來，或表達得不好，甚至發生不應有的錯誤，這不能説不是莫大的缺憾。史是前人的事迹，裏邊有成功和失敗的經驗和教訓，對於今人來説，有的可以學習，有的可以借鑒，是一項寶貴的財富，不可不知。哲是講思想的。我們做一切事情，不但要知其當然，還要知其所以然。古人説："人莫不飲食也，鮮能知味也。"人飲食不知味，他不是味覺有毛病，就是粗心大意，總不能算好。古代讀書人有的被人稱爲"書厨"，有的被人稱爲"書麓"。這樣，縱令讀萬卷書，又有什麼用呢？因此，我認爲不管學哪一種專業，文史哲三者都要有一定的基礎。其實，不光我這樣説，古人也多這樣看。例如，《孟子・離婁下》説："晉之乘，楚之梼杌。魯之春秋，一也。其事則齊桓晉文，其文則史，孔子曰：'其義則丘竊取之矣。'"這裏所説的事就是史，所説的義就是哲，證明《春秋》是史，但哲文也不可缺少。又劉知幾《史通》提出"才、學、識"三長。清代桐城派古文家主張義理、詞章、考據，實際也是説文史哲三者是作好古文的必要條件。我作爲中國古代史專業、先秦史方面的博士生導師，招收新生不專收歷史學畢業的。如哲學、文學畢業成績優異者，我也錄取。在考題當中，我也總是出一道作文題。我以爲不會作文章，肯定學不好先秦史，做不好科學研究。

三、讀書須學思結合。孔子説過"學而不思則罔，思而不學則殆"（《論語・爲政》），又説過"吾嘗終日不食，終夜不寢，以思，無益，不如學也"（《記語・衛靈公》），證明光學不思，光思不學，都不行。因爲書雖然内容豐富，多種多樣，但有好有壞，有的有用，有的無用，特别是其中的理論，往往深奧難懂。如果祇是滑口讀過，不深思其故，讀完以後，還是啥也不懂，等於白白浪費時間，一點益處没有。當然，不讀光思，也是無所得的。

四、讀書要博古通今。因爲古今是一對矛盾，二者之間既有區别，又有聯繫。没有古哪裏來的今？没有今當然古也不存在。我是歷史科學工作者,深知古今同等重要,不可偏廢。當然這不是説不需要分工,但分工衹是量的多少問題,並不是看法上有厚此薄彼。

過去中國在封建社會有一種崇古的傾向,這當然是錯誤的。但是,晚近以來,提出厚今薄古的口號,我看也不見得對。例如,文化大革命時朝發展爲除四舊,搗毀很多文物古迹,圖書館的綫裝書長期封存,不准借閲,顯然不對。經過黨的十一屆三中全會撥亂反正,這樣的事已經不存在了。但是,這樣的流風遺俗,還在明裏暗裏繼續發揮作用。我擔任先秦史博士生導師,經常叮囑研究生,要對中世紀、近現代史有所瞭解。特別是對新聞、雜志,例如《光明日報》《參考消息》《新華文摘》《歷史研究》等必須及時閲讀。尤其黨的文件及黨中央國務院領導同志的重要講話,必須認真閲讀,對國際、國内的大事,不許一問三不知。

毛澤東説,"古爲今用",是對的。古人有詩作説,"不薄今人愛古人",也是正確的態度。

五、讀書力戒淺嘗輒止,見異思遷。要有一種打破沙鍋問到底的精神,鍥而不舍,精益求精。如果從事某種專業,一定要打好功底。要打得深厚,打得踏實。這樣,讀書就要坐住冷板凳,不怕苦,不怕累。例如,讀一種大部頭書,一定要從頭到尾,一字不遺地看完。有人看看序跋,看看目録,對本文略翻閲幾處,便夸夸其談,表示看了很多書。其實,話以自欺,別人是不會受欺的。我以爲,讀古書,例如讀《十三經注疏》,序跋目録自應首先要看。但最重要、始終不要忘記的是白文。由於白文不懂才看注,注不懂才看疏。必須瞭解注疏是爲白文服務的,斷不應讀了注疏而忘掉了白文。最好讀完注疏,還要回到白文上來。衹有這樣,才對白文的理解有益,同時也能瞭解注疏的對錯和好壞。讀大部頭書,第一遍,要通讀,不遺一字。第二遍就要選擇重點和難點來讀。讀書不僅以能瞭解本書意義爲止,貴能發現問題,解決問題。不論讀古人書或今人書，都不應爲鸚鵡學語，人云亦云。而要能提出新的見解，發前人之所未發。

六、讀書要微觀與宏觀並重。一字一句，一章一節的意義要知道，全書全篇的大意是什麽要知道。漢儒注重考據，往往祇在訓詁名物上下功夫，而忽視全書、全篇的大意，宋儒注重義理，往往好發議論，而對於一字一句的訓詁名物很少注意，這都是一種偏頗。

七、我由於家貧，無力陞入高等學校深造，不能不依靠自學。我的自學是不得已而爲之。但是，我覺得現在學校教育，偏重課堂教授，也有缺點。我自 1942 年到大學任教，至今已五十餘年，長達半個多世紀。見到有些教師手裏拿着一部發黃的講稿，到課堂上就念，念完就下課。下一次上課再念。我看這種教學法，實不利於學生的進步成長。因爲學生考入大學，對於本專業已有一定的基礎，理應學生看懂的，老師就不要講。老師講的，應是學生自己看不懂的東西。最引起我反感的，是學生懂的東西，老師講起來沒完，學生不懂的東西，老師偏偏不講。我認爲課堂下的時間很多，應當好好利用。我指導研究生，初期給研究生訂出精讀的、略讀的圖書目錄，令研究生自己預備一個筆記本。每周讀什麽書，讀多少書，有哪些問題，哪些心得，等等，都要在本上記下來。我定期進行檢查，指導。後來由於我老了，八九十歲了，精力有限，這個辦法不得不放鬆。但是，我覺得這個辦法是好的，可行的。因爲研究生借此可以看很多書，并且隨時能解決很多疑難問題。

八、現在學科門類多，一個人應做的事情也多，不可能如清人惠士奇那樣，能背誦九經四史。因此，工具書就成爲必要。現在各種字典、詞典、辭源、辭海，以及索引、圖表等等，新出的很多。當然也有不少是粗製濫造的，但是經過選擇，仍需要經常利用。

（《中國圖書評論》1995 年第 5 期）

# 兩點意見

## ——關於建設國家文科基礎學科
## 人才培養和科學研究基地的意見

　　我讀過國家教委《關於建設國家文科基礎學科人才培養和科學研究基地的意見》，感到這個文件既重要，又及時，其內容既全面，又具體，很好。

## 一、認識方面

　　我是高等學校教師。解放前，在東北大學中文系任教，解放後，到吉林大學，改在歷史系任教。人們常說文史不分家，我深深感到這種說法是對的。清代桐城派古文家把義理、詞章、考據看成是寫好文章的必要條件，唐代劉知幾著《史通》說寫好歷史著作，要具備才、學、識三長，戰國時孟子對孔子所作的《春秋》說，"其事則齊桓、晉文，其文則史，孔子曰，'其義則丘竊取之矣'"。上述這三種說法，實際上都是說若想成為一個著名的文學家或史學家，文史哲三者是一樣也離不開。可見文史哲三者是基礎學科，在今日高等學校中，也應予以足夠的重視。然而，從目前來看，這個文科基礎學科，不但不被重視，反而有岌岌可危，朝不保夕之勢，這就不能不引起人們的注意。那末，為什麼出現這種狀況呢？據我看，這固然是工作安排問題，裏邊也有認識問題。

　　有人說，我們正在建設一個既富且強的新中國，不把科學技術放在首位，不重視政經法，行嗎？不行固然是不行。然而，如用毛澤東反對唯武器論,說武器固然重要,但是,戰爭勝敗的決定性因素是人,而不是武器的思想來衡量,則過分的壓低這個文科基礎學科,不給它以應有的地位,而看成是可有可無,也不算對。可以看出,這樣做,就不光是工作安排問題,裏邊也有認識問題。何況鄧小平同志對於精神文明與物質文明也曾一再告誡"要兩手抓,兩手都要硬"啊! 依我看,如不提高認識,則這個文科基礎學科人才培養和科學研究基地,縱然建設起來,也很難鞏固和發展。

## 二、教學和科學研究方面

1. **教師**　我認爲要想在基地搞好文科基礎學科人才培養和科學研究,最關鍵的問題,是選擇教師。受聘的教師應當是忠於祖國、忠於職守,具有高水平的品德修養和學術修養。在品德方面,不僅能言傳,而且能身教;在學術方面,能精益求精,堅持真理,勇於創新。

又,教師之所以爲教師,端在進行教學,現在教師中有不少人不上課,或上課太少,殊不利於培養人才,應當改正。

腦力勞動不同於體力勞動,教師年齡較大的,一般都學有成就,經驗豐富,僅以年齡關係棄而不用,未免可惜。

年輕化有戰略意義,自應堅決貫徹執行。但對於年輕教師的提職和晉級,優待盡可優待,應特別注意不宜降低標準。

2. **教學**　課程設置,我認爲必修課不宜過多,可多開一些選修課。

教學方法,課堂內自應以教師授課爲主。但課文有難有易。我認爲凡是學生能自己閱讀的,教師祇介紹大略即可,不必詳細解說,如遇重點、難點,學生自己不能解決,教師卻應細緻地講,耐心地講,切忌輕易放過。

課堂外應給學生規定一定的自學時間。自學不能放任自流,教師須進行輔導和答疑。輔導的辦法，教師可先給學生開列一批精讀和略讀的書目。學生自學時宜命學生預備一個筆記本，把一日讀什麼書，讀多少章節，有什麼疑難問題，有什麼心得體會，一一記上，備教師檢查。

3.**科學研究**　據我瞭解，要想作好科學研究，第一，需要有廣博的知識，特別是本專業的知識，第二需要方法對頭。

所謂廣博的知識，簡單說，就是既要博，又要精，既要通，又要專。博是說，瞭解的東西愈全面愈好，精是說，對於其中的某些重點難點要搞深搞透。通是指通曉多種門類，專是指於其中某一種門類具有專長。

關於方法問題，根據我的經驗，撰寫哲學社會科學論著，一方面必須用馬克思列寧主義毛澤東思想作指導，另一方面必須從實際出發。（實際包括現實實際和歷史實際）否則空患主觀主義或經驗主義的毛病，沒有好的結果。

論著內容，貴能提出問題，解決問題，貴能獨立思考，有創造性見解；反對平庸無奇，人云亦云。在文字上應遵照毛澤東的教導，力求作到準確、鮮明、生動。

現在出版物付稿酬以字數多少論價，引導人們寫長文章，其實，文章如能說明問題，是越短越好，而不是越長越好。

（《史學集刊》1996 年第 2 期）

# 創新與挑戰

1902 年（清光緒二十八年）農曆四月二十七日我出生於今遼寧省義縣白廟子鄉項家臺村的一個貧困的家庭。由於家庭貧困，我沒有上大學。我父親求親靠友，竭盡全力勉強培養我讀完初級師範本科而止。1923 年暑假師範畢業後，即從事中小學教學工作。1929 年我在義縣師中學校任訓育主任，時值遼寧省教育廳舉行教育局長考試，由於我任教 5 年，符合報考資格，乃前往報考，經過初試、復試、口試三場考試，我僥幸錄取第一名，旋即委任爲通遼縣教育局局長。由於"九一八"事變，東北淪陷，我流寓關內。1939 年，我在湖南邵陽桃花坪東北中學任教，因爲戰爭原因，學校西遷四川威遠縣靜寧寺。在遷校途中，我從書店購書，開始接觸馬克思主義理論，受到啓發，寫成《易通》一書。1940 年初，我在東北中學任教務主任，是年暑假，因爲我爲了維護學校秩序，限制三民主義青年團的非法活動，結果被教育部電令撤職，立即離校。1940 年 9 月我到樂山考入復性書院，研究儒學。書院主講爲國學大師馬一浮先生，導師有著名的文學家兼書法家謝無量嗇庵先生、著名佛學、哲學家張頤真如先生。1941 年 11 月，經著名史學家金毓黻先生介紹，我到三臺東北大學任文書組主任。1942 年 5 月兼任中文系講師，7 月聘爲中文系專任講師。以後晉陞爲副教授、教授。解放後，我於 1949 年 4 月 1 日參加革命工作，任東北文物管理處研究員。以後由於改爲東北文化事業管理處，不設研究室，我調到東北圖書館爲研究員兼研究組組長。1954 年 1 月調來本校，到本校後，領導同意我的要求，改在歷史系任教。定職仍爲教授。在過去這四十多年裏，我在本校曾兼任基層工會副主席、主席、圖書館館長、歷史系主任。1956年先後加入中國民主同盟、中國共產黨。現任古籍研究所教授，先秦史博士生導師，歷史系名譽主任，古籍研究所顧問。校外兼職有國家古籍整理出版規劃小組顧問、中國先秦史學會顧問、吉林省歷史學會顧問，國際儒學聯合會顧問、東方國際易學研究院顧問、前任中國孔子基金會副會長。

我是從事先秦史的教學和研究的。從實際出發，我曾反復考慮過，自學術一方面來説，先秦史就是我的學術，先秦史而外，不存在我的學術；自思想方面來説，教學和研究的思想，屬於我的思想，至於先秦史思想，則是前人的，不屬於我的思想。

如果我理解不錯的話，我這篇文章，準備就教學和研究先秦史的思想來談問題。

據我瞭解，從當前各校教學和研究先秦史的思想來看，應該説有兩種表現形式：一種是照本宣科，拾人牙慧；一種是不斷創新，敢於向權威挑戰。我是向往後者。

現在就把我自1939年接觸馬克思主義理論以後，在先秦史範圍內，從事科學研究所走過的道路以發表的論文題目作爲標題，按照時間順序逐一記述如下。

# 一、《易通》

我少小愛好《周易》，悉心鑽研，翻閱前人各家著述，對於若干基本問題，終是百思不解。我在東北中學由湖南桃花坪向四川静寧寺遷校途中，購得傅子東譯列寧著的《唯物論與經驗批判論》，在本書附錄中，有《談談辯證法問題》，我讀後，受到啓發，立覺前此學《易》所遇到的一些難題，焕然冰釋。抵静寧寺後，根據我新的理解，迅即廢寢忘食，月餘即寫就《易通》一書。此書完成，我興奮得很，幾乎達到"喜欲狂"的程度。這是因爲我自詡我的這本書將爲

《周易》研究開闢了一個新紀元。時間過了不久，這本書居然獲教育部著作發明及美術獎勵二等獎。1945年由重慶商務印書館出版。

## 二、《春秋釋要》

《春秋》在六經中與《周易》一樣，是一部難讀的書。今日欲研究《春秋》，最著名的訓解，無過於東漢何休的《春秋公羊傳解詁》。清代今文學家篤信公羊。如劉逢祿、王闓運、康有爲，無不以何休說爲圭臬。我在復性書院讀《春秋》三傳，爲了糾正何休的錯誤，寫成《春秋釋要》一書。喜得先師馬一浮先生表揚，爲親筆題詞，略謂："曉邨（我的別名）以半年之力盡讀'三傳'，約其掌錄，以爲是書。其於先儒之説，取捨頗爲不苟。而據《史記》主魯親周以糾何氏黜周王魯之誤，謂三世内外特以遠近詳略而異，不可並爲一談，皆其所自得。豈所謂'箴膏肓'、'起廢疾'者耶？"

## 三、《論宗法制度》

宗法制度在中國古代史研究中，是一個極其重要的問題。然而當代史學權威如范文瀾、呂振羽、李亞農、周谷城等都作了錯誤的解釋。例如范著《中國通史簡編》修訂本第一册第三章説："封建制度與宗法及土地是分不開的，天子算是天下的大宗。"呂著《簡明中國通史》第六章第三節講宗法制度説："繼大夫以大夫爲奉祀的祖先，這在宗法上，即所謂別子爲大宗，其從屬下的士，不論是否親族，同樣衹能陪祭。繼承士者，以士爲其奉祀祖先，即宗法所謂小宗……士之子不得繼承爲士者，便不得稱爲小宗。"李著《中國的奴隸制與封建制》講宗法制度説："所謂宗法制度是這樣的，天子世世相傳，每代的天子都是以嫡長子的身份繼承父位，奉始祖爲大宗。"

周著《中國通史》上册"由繼統法到宗法制"條，亦復如是。總之他們都是迷信《詩·大雅·板》毛傳的誤說，不顧鄭箋早已予以糾正，錯誤地把政權上的天子與宗法上即血族上的宗子，混爲一談。

　　由於我瞭解這個問題的重要性，乃下大力氣進行研究。寫出這篇《論宗法制度》，其經過是以恩格斯《家庭、私有制和國家的起源》作指導，結合中國古籍《禮記》之《喪服小記》、《大傳》和《儀禮》之《喪服》全面地細緻地進行分析研究，目的是想從根本上解決這個問題，爲歷史學界打開一個新局面。上述這些史學權威們本來都是無產階級革命家，豈有不讀馬克思主義理論之理，缺點是未能結合歷史實際或讀了而心不知其意。

　　我讀了《家庭、私有制和國家的起源》，瞭解到原始社會是以血族團體爲基礎的，國家出現就改變爲以地區組織作爲基層單位了。宗法的宗子是血族團體的領袖，而天子乃是地區組織的首腦。在宗法的範圍内，一定相互之間有血緣親屬關係，而在天子所管轄的領域内包括同姓、異姓、庶姓，這樣，天子怎能成爲天下之大宗呢？正是因爲這樣，所以宗法制最根本的一條就是"別子爲祖"。什麽是別呢？這個字最重要，而讀者多習焉不察。實際上別是分別，公子與公雖然是兄弟，有親屬關係，然而公這時已經是一個地區的政治首領，所以公子必須從公這個政治組織裏分出去，自建血族團體。以下世代相傳，他就成爲這個團體的祖先。這就是宗法制所説的"別子爲祖"。宗法是血族團體，有大宗、小宗；國家是政治組織，有天子、公、卿、大夫、士，這分明是兩個係統。混而爲一，當然是不對的。我的這篇《論宗法制度》一文發表在東北人民大學《人文科學學報》1956年第2期。

## 四、《關於荀子的幾個問題》

　　這篇論文是在《吉林大學社會科學學報》1962年第3期發表

的。主要談三個問題:其一爲"荀子政治主張代表當時哪一個階級的利益和要求"。這個問題的提出,是反對北京大學《中國哲學史講授提綱》,①主張"荀子是新的統治者——封建地主階級的擁護者"。其二是"荀子與宋尹學派的關係"。這一問題的提出是由於不同意郭沫若著《宋鈃尹文遺著考》②中論證《管子》的《心術》、《内業》等篇爲稷下黄老學派宋尹的遺著,並說"荀子關於心的見解主要是由宋鈃的《心術》承受過來的"③的觀點。還由於侯外廬、趙紀彬、杜國庠合著的《中國思想通史》第1卷,在論述宋尹和孟荀思想時,完全襲用郭氏的説法,而杜國庠更根據郭的看法寫了一篇《荀子從宋尹黄老學派接受了什麼》④證明郭氏論點在學術界影響極大,不可等閑視之。其三是"荀子和韓非的思想關係——禮和法的關係"。這一問題的提出,主要是批判杜國庠著《荀子從宋尹黄老學派接受了什麼》和《中國古代由禮到法的思想變遷》(見《先秦諸子的若干研究》)。

### 五、《釋"二南"、"初吉"、"三稔"、"麟止"》

這四個問題都是當前學術界的老大難問題。兹將我的意見逐一說明如下。

首先說"二南"。二南是《詩經》十五國風爲首的兩篇簡稱,全稱爲《周南》《召南》。這兩個標題是什麼意思? 特別是這個南字很不好理解,自來說者有很大分歧。例如《毛詩》大序說是"自北而南";韓嬰敍《詩》說"其地在南郡南陽之間";宋人程大昌說:"南、雅、頌,樂名也。若今之樂曲之在某宫者也,南有周召,頌有周魯

---

①　見《新建設》1957年第6期。

②　《青銅時代》,第245～271頁。

③　《十批判書》,第227頁。

④　《先秦諸子的若干研究》,第97～125頁。

商，本其所得而還以係其土也。”近人梁啓超説：“南是一種音樂。”章太炎説：“二南爲荆楚風樂。”衆説紛紜，其實，都没有説對。

我認爲“南”應釋爲《國語·周語》所説：“鄭伯，南也”的南。這個南，不是方向詞，也不是樂名，而是一種爵位的名稱。當然原注對這南字也没有解釋對。例如韋昭《國語解》説：“賈侍中云：‘南者，在南服之侯伯也。或云，南，南而君也。’鄭司農云：‘南謂子男。鄭，今新鄭。新鄭之於王城在畿内，畿内之諸侯雖爵有侯伯，周之舊法，皆子子男之地。’昭案《内傳》子産争貢曰：‘卑而貢重者，甸服也。鄭，伯男也，而使從公侯之貢，懼弗給也。’以此言之，鄭在南服明矣。”實際上韋昭、賈逵、鄭衆三人之説皆誤。第一，《國語》和《左傳》所談的不是一回事，如用今日的標點符號來表明，則《國語》應爲“鄭伯，南也”，《左傳》應爲“鄭，伯男也”。《國語》是説鄭伯的地位尊貴，故下文説：“王而卑之，足不尊貴也。”《左傳》説的是職別屬於伯男一級，故下義説“而使從公侯之貢，懼弗給也”，非常明白。因此，“鄭伯，南也”的南，很明顯是表明地位尊貴。那末，鄭伯在五等爵中僅僅是伯，爲什麼尊貴呢？據我瞭解，這是因爲鄭武公作過周平王卿士，鄭莊公作過周桓公卿士。那麼，作卿士的祇是現在鄭伯的先人，現在的鄭伯已經不是卿士，爲什麼還説尊貴呢？據我考證，這個史實，一見於《左傳》僖公二十八年説：“五月丙午，晉侯及鄭伯盟於衡雍。乙未，獻楚俘於王，駟介百乘，徒兵千。鄭伯傅王，用平禮也。”二見於《左傳》襄公二十五年説：“鄭子産獻捷於晉，戎服將事……晉人曰：何故戎服？對曰：我先君武、莊爲平、桓卿士，城濮之役，文公佈命曰：各復舊職，命我文公戎服輔王，以授楚捷，不敢廢王命故也。”有此兩條記載，鄭伯當時雖不爲卿士而稱南，其地位也得稱南。《春秋公羊傳》隱公五年説：“自陝而東者，周公主之，自陝而西者，召公主之”，因此，由陝東各國所選出的詩，可以稱爲《周南》；由陝西各國選出的詩，可以稱爲《召南》。《毛詩》《周南》尾題爲“周南之國十一篇，三十四章百五十九句”。《召南》尾題爲

"召南之國十四篇四十章百七十七句",正説明這個問題。

　　其次説"初吉"。古代文獻及銅器銘文記時多用"初吉"二字,先儒毛亨、鄭玄和韋昭都釋爲朔日。清人王引之《經義述聞》以爲舊説非是,另立新説,略謂:初吉是一個月上旬的吉日,對中旬和下旬的吉日而言,故名爲初吉,不應釋爲朔日。近人王國維有《生霸死霸考》,他説:"古者蓋分一月之日四分,一曰初吉,謂一日至七八日也;二曰既生霸,謂自八九日以降至十四五日也;三曰既望,謂十五六日以後至二十二三也;四曰既死霸,謂自二十三日以後至於晦也。"當今學者多信從王國維説,我認爲還是王引之説最爲正確。因爲王國維説,是根據月相,初吉是不能用月相來解釋的,它是源於卜筮。《禮記•曲禮》説:"凡卜筮日,旬之外曰遠某日,旬之内曰近某日……喪事先遠日,吉事先近日,卜筮不過三。"胡培翬《儀禮•特牲饋食禮》正義説:"古人卜筮之法,皆以此月之下旬卜筮來月之日,如吉事則以此月之下旬,先卜來月之上旬,不吉,筮中旬,又不吉,卜筮下旬。喪事則此月之下旬,先卜筮來月之下旬,不吉,卜筮中旬,又不吉,卜筮上旬,此所謂喪事先遠日,吉事先近日是也。"由此觀之,應是指一月内的上旬吉日,王引之説是對的。

　　又次説"三湌"。這個"三湌",是指《莊子•逍遙遊》篇内的"三湌"一詞。原文説:"適莽蒼者,三湌而反,腹猶果然;適百里者,宿舂糧,適千里者,三月聚糧。"這個"三湌",成玄英《莊子疏》説:"往於郊野,來去三食,路既非遥,腹猶充飽。"宣穎《南華經解》説:"言飯三盂。"王先謙《莊子集解》説:"三湌猶言竟日。"我認爲三説都不正確,而宣説較勝。三湌亦稱三飯三食。三飯一詞,雜見於《儀禮》、《禮記》、《論語》諸書。賈公彦《儀禮•少牢饋食禮》疏説:"一口謂之一飯。"這樣解釋是對的。因爲古代人吃飯不用筷子,而是以手抓取,每抓取一次叫做一飯,一飯是吃飯數量的最小單位,因此,《莊子》書中這個"三湌",是表明吃的不多,而不是吃三頓。後人不瞭解古代的習俗,而以爲是吃三頓飯,當然是錯誤的。

最後説“麟止”。“麟止”是指《史記·太史公自序》中説的“故述往事，思來者，於是卒述陶唐以來，至於麟止，自黄帝始”的“麟止”。裴駰《史記集解》引張晏説“麟止”是司馬遷著《史記》一書止於漢武帝獲麟之年。司馬貞《史記索隱》引服虔説以爲武帝至雍獲白麟而鑄金作麟形之年，二説微異，但自來學者相傳無異辭。我認爲二説皆誤，不可從。實際上《史記》説的“陶唐”，是指孔子删《書》的上限，所謂《尚書》獨載堯以來，“麟止”是指《春秋》的下限，《春秋》哀公十四年西狩獲麟是也，它表明《史記》之作，是繼承孔子。否則“自黄帝始”，將義何説？崔適《史記探源》據“述陶唐以來”一語欲改題《五帝本紀》爲《陶唐本紀》，豈不可笑！我的這篇文章發表在《文史》第三輯（1963 年 10 月）。

## 六、《論儒法》

1977 年我寫了一篇《論儒法》，在《歷史研究》1977 年第 5 期發表，共談四個問題：一爲“儒家和法家名稱的由來”，二爲“劃分儒法兩家的標準”，三爲“春秋時期有没有儒法鬥爭”，四爲“秦漢以後的儒法問題”。目的在從根本上駁斥“四人幫”及其一伙關於儒法鬥爭的謬論，使他們搞亂了的若干歷史問題得到澄清。

## 七、《關於馬王堆一號漢墓帛畫名稱問題》

這是因爲長沙馬王堆一號漢墓出土的這件東西，引起人們廣泛注意。北京考古學界曾開會討論。對於它的原來名稱叫什麽，大家意見紛歧，没有取得一致。考古所王世民給我校于省吾教授來信，詢問我校有没有懂得《周禮》的，于問我，我説：“我在報紙上看過這個印件，這不是什麽帛畫，而是古代一種旗，正名應爲明旌。”于囑我寫一書面意見。于給王復信，王重視我的意見，囑我給

《考古》雜志寫一篇文章。我寫後，寄給王。王回信囑我修改，限某日寄回發表。信内提到《兩漢帛畫》出版，我猜想是讓我按照《西漢帛畫》的提法修改，我不同意那種提法，没有按照它修改。當文章寄出後，不久即得到《考占》編輯部的信，説"不擬刊用"。以後我又向《文物》投稿，依然没有刊用。1978 年《社會科學戰綫》創刊號發表了。我在這篇文章指出這個帛畫，正名應爲明旌或銘旌。我是根據《周禮·司常》、《儀禮·士喪禮》作了詳細的論證，並對唐蘭、陳直等一些錯誤説法予以駁難。

## 八、《中國古代史分期商榷》

中國古代史分期，是建國初期史學界展開爭論最爲熱烈的一個問題。北京大學教授向達戲稱"五朵金花"，其中就有中國古代史分期。本文所稱的商榷，不必諱言就是對郭沫若中國古代史分期説有不同的意見。郭沫若是老一輩的無産階級革命家，他在文學、史學、考古、書法各方面都有很高的造詣，爲中外人士所尊重，我也是素所敬仰。我寫這篇文章對他絶没有冒犯的意思，祇是因爲我是一個歷史科學工作者，對於歷史問題，祇應實事求是，而不應屈從權威。回想這篇文章，當撰寫時，就遭到非議。1978 年《社會科學戰綫》創刊號本準備發表，但臨時膽怯，向吉林省委宣傳部長宋振庭請示，宋提出二點指示：一、要同時發表一篇與我意見相反的文章；二、語氣要温和；三、郭老病重。結果没有發表。1978年 10 月，我由上海（參加華東師範大學科學討論會）回到北京，《歷史研究》編輯部主動提出要發表我這篇文章，但是祇發表下一部分，上一部分不發表（我商榷的正是上一部分）。由於我不同意而作罷。但是過了不久，《歷史研究》編輯部又主動給我來信，説我的這篇文章已決定全部在 1979 年第 2 期和第 3 期發表，并且要求把第一部分的標題前加上"對郭老的分期説提出八點意見"十三個字。爲什麼原先僅説發表第二部分，而後來竟全部發表，還要求把第一部分的觀點更强調一下呢？我推測可能與黨的十一屆三中全會剛開過有關，當然尚待證實。因爲我敢於在太歲頭上動土，在當時史學界好像爆炸一顆原子彈，影響極大。

## 九、《商文化起源於我國北方説》

關於商文化起源問題，當代學術界一般都認爲是起源於東夷。我今天提出異議，寫了一篇《商文化起源於我國北方説》，在《中華文史論叢》第七輯（1979 年）發表。我是以《荀子·成相》説“契玄王，生昭明，居於砥石，遷於商”，《淮南子·地形》説“遼出砥石”和高誘注説“砥石山名，在塞外，遼水所出，南入海”作爲根據。因爲契是商的初祖，契之子昭明居於砥石，砥石爲遼河的發源地。我們今日知道遼河發源於内蒙古克什科騰旗白岔山。無疑白岔山就是砥石山，而商文化的起源正在此地，證明東夷説是不對的。

## 十、《中國奴隸社會史》序

由於我寫的《中國奴隸社會史》將脱稿，因趕寫一篇序，在《社會科學戰綫》1980 年第 2 期發表。當寫序時我覺得有必要先向讀者交代一下我寫作這書的基本態度。我説：“我寫的這本書不可能沒有缺點錯誤，但有一點我敢奉告讀者，就是我沒有依草附木，隨波逐流，我説的是自己的話，走的是自己的道路。”下面首先“對今後的中國古代史研究提出應注意的兩點”：一爲“要堅持馬克思主義觀點，反對形形色色的唯心論和形而上學”。二爲“要堅持文獻與實物並重，而以文獻爲主”。接着説“我寫這書時，着重注意下列各點”：一爲“堅持用馬列主義理論作指導，從歷史實際出發”。二爲“我認爲我國古書上所説夏商周的祖先禹契稷是黄帝的子孫，同

恩格斯説‘氏族起源於共同祖先,‘成了庸人學者(馬克思語)絞盡
腦汁而不能解決的難題’的觀點是一致的”。三爲“馬克思主義所
説的文明時代是從國家開始,不能用私有制、階級或鐵作爲劃分原
始社會與奴隸社會的標誌”。四爲“歷史是不斷發展的,在發展中
有階段性,每一個歷史階段都有自己的特點”。五爲“每一個歷史
時期或階段的特點,總是反映經濟是基礎,政治是經濟的集中表
現,文化是政治經濟在意識形態上的反映,又給予偉大影響和作用
於政治和經濟”。六爲“奴隸社會的階級鬥爭有自己的特點,不能
用資本主義社會的階級和階級鬥爭作爲公式生搬硬套”。七爲“我
國古書上所有三皇、五帝、三王、五霸、七雄等等,基本上都是歷史
上形成的有客觀根據的概念,對歷史研究有很重要的參考價值,輕
易地加以否定是不對的”。八爲“朝代興替同社會制度的新陳代謝
不是一回事,但二者往往有關係,不應完全否定這種關係”。九爲
“歷史與小説不同,小説允許虛構,歷史則要求事事都有根據,煩瑣
考證固然不好,必要的考據,還是應當提倡的”。這篇文章在《社會
科學戰綫》1980年第2期發表。我寫的《中國奴隸社會史》已由上
海人民出版社1983年出版。國家教委定爲高等學校選用教材。

## 十一、《論中國奴隸社會的階級和階級鬥争》

自新中國建立以來,所有歷史研究工作者,没有不學習馬列主
義理論的。奇怪的是,長期以來,講奴隸社會或封建社會的階級和
階級鬥爭,都寫成兩大相互直接對立的階級和階級鬥爭,無一例
外。本來馬克思、恩格斯在《共産黨宣言》裏明確地説過:“它使階
級對立簡單化了,整個社會日益分裂的兩大敵對的陣營,分裂爲兩
大相互直接對立的階級:資産階級和無産階級。”而當談奴隸社會
和封建社會時並不是這樣,而是説“多級的階梯”。列寧也説過“社
會劃分爲階級,這是奴隸社會、封建社會和資産階級社會共同的現

象,但是在前兩種社會中存在的是等級的階級,而後一種社會中則是非等級的階級"。① 爲什麽學習馬列主義理論以後還都是那樣寫呢? 我讀了《斯大林全集》,才瞭解到這是受了斯大林的影響,因爲斯大林説過:"奴隸革命把奴隸主消滅了,把奴隸主剥削勞動者的形式廢除了。"②我這篇文章發表在《中國社會科學》1980年第3期。

## 十二、《論井田制度》

井田制是中國古代史研究中的重大問題,但是史學權威胡適卻否認中國有井田制度。他説:"不但豆腐乾塊的封建制度是不可能的,豆腐乾塊的井田制度也是不可能的。"③郭沫若與胡適微别,他承認中國有井田制,但是他説:"孟子所説的井田完全是孟子烏托邦式的理想化。"④事實上郭沫若所説的井田,完全出於郭沫若的杜撰,不是中國實有的井田,范文瀾也同郭沫若一樣,他説:"孟子井田説是一種空想。"⑤實際上他説的井田制,也不是中國固有的井田制。我感到這個問題的重要性,因下了很大的力氣,自1959年在中國科學院參加郭沫若主編的《中國史稿》編纂討論會以後,一直在鑽研這個問題,我以馬克思主義論著爲指導,查閲大量的中國古籍,寫成《論井田制度》一文,在《吉林大學社會科學學報》1981年由第1期至第4期連載。1982年由齊魯書社作爲小册子出版。全書共分四章:第一章爲《井田的名稱》;第二章爲《井田制的基本内容》下分十節;第三章爲《井田制發生發展和滅亡的過

①　《列寧全集》第6卷,第93頁注。

②　《斯大林全集》第3卷,第215頁。

③　見《井田制有無之研究》,華通書局,1930年,第2、3頁。

④　《奴隸制時代》,第29頁。

⑤　《中國通史簡編》修訂本第一編,第69頁

程》下分四節，在四節下又分十個小節；第四章爲《井田制的所有制問題》。

## 十三、《周易講座》

1985 年秋至 1986 年夏一學年中，我爲《周易》研討班講《周易》，當時錄了音，後來經過我的助手呂紹綱依照錄音加以整理，成爲《周易講座》一書，於 1987 年由吉林大學出版社出版，我爲此書寫的序亦由《孔子研究》1987 年第 4 期發表。我在這篇序文中認爲時賢說《易》有二弊：一、把《周易》視爲單純的卜筮之書；二、說《易傳》不是孔子作的。我不同意這兩種看法乃舉出大量史實加以論證。同時還說："我講《周易》，基本上是根據我瞭解的程度來講的。我敬佩孔子'知之爲知之，不知爲不知'的說法，我講的都是我知道的，不知道就不講。例如，《雜卦傳》内容的排列順序有沒有意義，它是按照什麼原則排列的，我不知道，不知道就不講。"

## 十四、《周易全解》序

這篇序全文由《煙臺大學學報》1988 年第 2 期發表，但題目被該學報編輯改爲《關於〈周易〉的若干問題》，書則由吉林大學出版社於 1989 年出版。原序主要談書是由我與我的助手呂紹綱合作，觀點是我的，但由於我年老，長期伏案體力有所不勝，故書稿商量由呂紹綱撰寫，我僅負責删潤及最後定稿。並寫了作爲本書特點亦即我的學《易》的多年心得體會十條，這裏邊基本上都是自孔子傳《易》以來二千餘年未經人道的。（當然，這不是我新發明，而應歸功於馬克思。）我深信《易經》和孔子所作的《易傳》是中國的無價寶書，可惜爲歷代言卜筮者所亂。我們寫作此書目的，在於撥亂反正，爲後人學《易》之不迷信者，準備一個較好的讀本。

　　此外，還有與上述類似的若干篇論文，例如《古籍考證五則》、《論孔子的思想有兩個核心》、《孔子的天道觀與人性論》、《孔子的這一份珍貴遺產——六經》、《古籍考辨四題》等，因篇幅限制，不寫了。

　　（《我的學術思想》，吉林大學社科處編，吉林大學出版社，1996年）

# 全民所有制與國家所有制

我不懂經濟學，但是讀到本年 1 月 5 日《光明日報·經濟與管理》刊載的一篇《關於國家所有制問題的討論》的報導，很感興趣。我的意見是：所有制問題既是一個經濟學的問題，也是一個歷史學的問題。因此應當打破學科界限，大家共同努力來解決這個問題，特別是這個問題直接涉及到我國現實的經濟制度，有着極其重要的理論意義和現實意義。

我國在完成生產資料所有制方面的社會主義改造以後，人們都説我國現階段只存在兩種所有制，一種是全民所有制，另一種是集體所有制。全民所有制是社會主義性質的，集體所有制將來也要逐步地過渡到全民所有制。今天討論全民所有制，忽然提出國家所有制問題來，自然是一種新的見解，不能不引起人們的注意。

據《光明日報》報導，目前國內對國家所有制的問題的討論，有幾種不同的看法，還未取得一致。我的意見，要瞭解國家所有制問題，首先應當瞭解什麼是國家。

什麼是國家呢？恩格斯説過："國家的本質特徵，是和人民大衆分離的公共權力。"①國家既然是和人民大衆分離的公共權力，那末，把全民所有制同國家所有制並爲一談，和"全民的國家"的説法一樣，就很成問題了。

現在還有一種流行的説法，説："社會主義生產方式的基礎是

---

① 《馬克思恩格斯全集》第 21 卷，第 135 頁。

公有制,它消滅了人對人的剥削。"果真是這樣嗎？據我看,這不是
馬克思主義的觀點。馬克思主義認爲,國家存在,就意味着階級存
在,也就意味着人對人剥削的存在。恩格斯説:"國家是文明社會
的概括。"①也就是説,國家是文明社會,亦即階級社會的一個不可
缺少的特徵。從歷史這個角度來看,只有階級社會有國家。原始
共産主義社會没有國家,將來進入共産主義社會也没有國家。由
原始社會向階級社會轉變,亦即由没有國家向有國家轉變,中間有
一個過渡時期;由階級社會向共産主義社會轉變,亦即由有國家向
没有國家轉變,中間也有一個過渡時期。而後一個過渡時期,就是
社會主義社會,或者説是共産主義社會的低級階段。列寧説:"無
産階級需要國家政權集中的權力組織、强力組織,爲的是鎮壓剥削
者的反抗和領導廣大民衆即農民、小資産階級和半無産階級來'組
織"社會主義經濟。"②又説:"因而這個時期的國家就必須是新型
的民主國家(對無産者和一般窮人是民主的)和新型的專政國家
(對資産階級是專政的)。"③證明社會主義社會不同於共産主義社
會,因爲它有國家;也不同於階級社會,因爲它不是典型時期的國
家,而是新型的國家。這個新型的國家正表明它是過渡時期,它是
由有國家向没有國家的過渡。

　　人們之所以産生許多糊塗觀念,在於不瞭解什麽是過渡時期
和怎樣過渡。

　　首先,需要明確的,我們今天所説的過渡時期是指由資本主義
社會向共産主義社會的過渡,是指有國家向没有國家的過渡。因
此,這個過渡時期是包括整個社會主義歷史時代,而不應在社會主
義内部又劃爲兩段或三段。

---

① 《馬克思恩格斯全集》第21卷,第200頁。
② 《列寧全集》第25卷,第391頁。
③ 同上,第399頁。

　　社會主義是由有國家向没有國家的過渡時期,而歷史上有過一個由没有國家向有國家的過渡時期。這樣,我們如果用歷史上有過的那個過渡時期作爲借鑑,看看它的具體内容是什麽,對於瞭解今天這個過渡時期很可能是有益的。因爲前一個過渡時期是由没有國家向有國家的過渡,而後一個過渡時期則是倒轉過來,由有國家向没有國家的過渡。

　　我們讀馬克思《摩爾根〈古代社會〉一書摘要》,可以看到有幾個地方談到由氏族制度向國家過渡的問題。例如,在"希臘政治社會的建立"一章説:"這個(由氏族制度向國家)的過渡時期,……延長了數世紀之久。"①另一個地方説:"由於氏族制度不能滿足社會的複雜要求,氏族、胞族和部落中的所有民政權力乃逐漸被剥奪並交給新的選舉出來的團體。一種制度在逐漸消失,另一種制度在逐漸出現,因此在某一期間内,兩者是並存的。"②在"羅馬人的古利亞、部落和民族"一章説:"以氏族爲基礎的社會和以領土與財産爲基礎的國家并存;後一組織在二百年的時間内逐漸代替了前者的地位。"③恩格斯《家庭、私有制和國家的起源》在"雅典國家的産生"章一開頭就説:"國家是怎樣部分地靠改造氏族制度的機關,部分地用設置新機關的辦法來排擠掉它們,最後全部代之以真正的國家權力機關而發展起來的。"④這就是説,馬克思主義認爲由氏族制度向國家的轉變中間有一個過渡時期。這個過渡時期的具體内容,如果用一個公式來表達:就是以氏族爲基礎的社會和以領土與財産爲基礎的國家并存,後一組織在一個相當長的時期内逐漸代替了前者的地位。又由於"氏族制度本質上是民主的,君主制度

①　人民出版社,1965年,第183頁。

②　同上,第182頁。

③　同上,第209頁。

④　《馬克思恩格斯全集》第21卷,第125頁。

和氏族制度是不相容的"①,而國家則都是階級專政的國家,所以這個公式也可以改作:民主的氏族社會和專政的國家并存,後一組織在一個相當長的時期內逐漸地代替了前者的地位。

那末,以此爲借鑑,可以知道由資本主義社會向共產主義社會轉變這個過渡時期的公式就應該是:開始是專政與民主并存,在一相當長的時期內,後者逐漸代替了前者的地位。亦即這個過渡時期的具體內容是前一個過渡時期的具體內容的顛倒。列寧談到從資本主義向共產主義過渡的時期時説:"這個時期的國家就必須是新型的民主國家和新型的專政國家。"②就充分證明了這一點。具體説,今天這個過渡時期,應該是從專政與民主并存開始的。它的全過程,是一個由民主逐漸代替專政的過程。亦即在社會主義時期雖然不能立即廢除國家、不要專政,但就總的過程來説,應當是隨着生產力的發展,不斷地擴大民主、縮小專政,而不是相反——不斷地擴大專政、縮小民主。否則,要想國家消亡,進入共產主義社會,是不可能的。

在生產力還沒有極大地發展的條件下,能否立即廢除國家?不能。恩格斯説過:"當實際的勞動人口要爲自己的必要勞動花費很多時間,以致没有多餘的時間來從事社會的公共事務,例如勞動管理、國家事務、法律事務、藝術、科學等等的時候,必然有一個脱離實際勞動的特殊階級來從事這些事務;而且這個階級爲了它自己的利益,永遠不會錯過機會把愈來愈沉重的勞動負擔加到勞動群衆的肩上。只有通過大工業所達到的生產力的大大提高,才有可能把勞動無例地分配於一切社會成員,從而把每個人的勞動時間大大縮短,使一切人都有足夠的自由時間來參加社會的理論和實際的公共事務。因此,只是在現在,任何統治階級和剥削階級,

①　馬克思《摩爾根〈古代社會〉一書摘要》,第 176 頁。
②　《列寧全集》第 25 卷,第 39 頁。

無論它擁有多少'直接的暴力'都將被無情地消滅。"①恩格斯這段話,正是在生產力還沒有大大提高的條件下,不能廢除國家的具體說明。

當然,無產階級專政的社會主義國家是新型的國家,不同於典型時期的國家。但是,它既然是國家,就不能不沒有和人民大衆分離的公共能力。縱然説是社會的公僕,也不能説在順利的條件下不會逐步變爲社會的主人。

所以,我國今天的當務之急,首先是發展大工業,大大提高生產力;同時也要發揚民主,加强法治。這是通過社會主義進入共產主義的必由之路,舍此都是斷港絶潢,没有達到共產主義的希望。

爲什麼説,以公有制爲基礎,不一定就能消滅人對人的剥削呢? 從事實來説,就是"古代的公社,在它繼續存在的地方,在數千年中曾經是從印度到俄國的最野蠻的國家形式即東方專制制度的基礎"。② 從理論來説,恩格斯説過:"在每個這樣的公社中(按指"開化得比較晚的民族的原始農業公社"),一開始就存在着一定的共同利益,維護這種利益的工作,雖然是在全社會的監督之下,却不能不由個別成員來擔當:如解決争端;制止個別人越權;監督用水,特别是在炎熱的地方;最後,在非常原始的狀態下執行宗教職能。這樣的職位,在任何時候的原始公社中,例如在最古的德意志的馬爾克公社中,甚至在今天的印度,還可以看到。這些職位被賦予了某種全權,這是國家權力的萌芽。"又説:"在這裏我們没有必要來深入研究:社會職能對社會的這種獨立化怎樣逐漸上升爲對社會的統治;起先的社會公僕怎樣在順利的條件下逐步變爲社會的主人;這種主人怎樣分别成爲東方的暴君或總督,成爲希臘的氏族首領,成爲克爾特人的族長,等等;在這種轉變中,這種主人在什

---

①　《馬克思恩格斯全集》第 20 卷,第 198 頁。

②　《馬克思恩格斯全集》第 21 卷,第 187 頁。

麼樣的程度上終究也使用暴力；最後，各個統治人物怎樣集結成爲一個統治階級。在這裏，問題在於確定這樣的事實：政治統治到處都是以執行某種社會職能爲基礎，而且政治統治祇有在它執行了它的這種社會職能才能持續下去。"①也就是無論從事實或從理論來說，都不能認爲以公有制爲基礎，就一定消滅了人對人的剝削。

當然，這並不是説原始社會和共產主義社會的以公有制爲基礎，不能消滅人對人的剝削，而祇是説在國家存在的條件下，不管是典型時期的國家也好，新型的國家也好，這個以公有制爲基礎，都不能説已經消滅了人對人的剝削。

如果上述論證不錯的話，那末，社會主義國家所有制祇能説爲全民所有制創造了前提條件，還不能説就是全民所有制。因爲國家和全民不但不是同一的概念，而且是不相容的。祇有國家消亡以後，才會有全民所有制。

瞭解了這一點，則當前經濟體制的改革，例如尊重生產隊的自主權，給國營企業一定的自主權，以及發展集體企業，等等，就不能説是破壞或削弱全民所有制，而正是向實現全民所有制的目標前進。

（據手抄稿整理）

---

①　《馬克思恩格斯全集》第 21 卷，第 194～195 頁。

# 送静庵先生東渡日本<sup>①</sup>

又渡東瀛訪異書，

車脣船背憶從初。

蓬壺草細春依舊，

鼎鼐香浮爨有餘。

洗盞更開高士宴，

殫襟重詣衆仙居。

者番定釋空回感，

寶貯千華語不虛。

（見金毓黻《静晗室日記》卷六五，遼瀋書社，1993 年，第 3804
頁。）

---

# 游觀音渡鎮江寺[①]

一水橫筵碧，
群峰入眼青。
江山非故國，
風日似蘭亭。

（見金毓黻《靜晤室日記》第 6 册，遼瀋書社，1993 年，第 4857
頁）

---

　　① 　編者按：此詩作於 1941 年 12 月 8 日。時金老初到東北大學，與臧啓芳校長、
金毓黻、高亨、路朝鑾、趙鴻壽等多人到觀音渡涪江水利工程處遊覽，得涪江水利工程
處負責人黄萬里（黄炎培之子）熱情招待。酒酣，臧校長提倡與宴諸君作詩，於是作詩
一首，博衆人同聲喝彩。金毓黻先生寫入日記中，題爲《游觀音渡鎮江寺》，下注"小
邨"。詩旁字字加圈，書後曰："寥寥二十字而含情無限，不愧妙作。"翌日又書曰："往日
不知小邨能詩，昨日出語極簡，而能壓座，所謂'士別三日，便當刮目相看'者也。"

# 詠　梅

除夕,贈靜庵先生

　　　　　　客窗又見紅梅發,
　　　　　　攪動鄉愁感不禁。
　　　　　　瘦影豈堪臨水照,
　　　　　　孤根卻喜耐霜侵。
　　　　　　西州風月心常苦,
　　　　　　北地煙花夢易尋。
　　　　　　惆悵一枝誰與寄,
　　　　　　家山極望碧雲深。

（見金毓黻《靜晤室日記》卷一一二,1942 年 2 月 14 日,第
4887～4888 頁）

# 送石禪之峨眉<sup>①</sup>

昭文不鼓琴，本無成與虧。
塞翁得駿馬，恰當失馬時。
人情有翻覆，世路多險巇。
達士守其真，貧賤不能移。
潘子江右彥，遭亂能不羈。
余亦傷飄泊，相逢愜夙期。
勝境每同往，談經輒忘疲。
汪汪比叔度，難挹千頃陂。
胡爲舍茲去，聞之別淚滋。
勸君頻進酒，酒能慰別離。
愁多生白髮，髮白不能緇。
人生一世間，有如聲在絲。
抗墜隨人操，悲喜故無涯。
景空怨魍魎，虻徒憐蚿夔。
共縱舟浪中，汎汎任所之。

---

　　① 石禪，潘重規之字。潘重規（1907－2003），江西婺源人。黄侃的及門弟子和
乘龍快婿，著名的紅學家、藏書家。是先生在東北大學中文系任教時的同事、好友。南
京中央大學中文系畢業，曾先後任東北大學、暨南大學中文系教授，四川大學、安徽大
學中文系教授兼主任，臺灣師範大學國文系教授兼國文研究所所長，新加坡南洋大學
中文系教授，香港中文大學新亞書院中文系主任、文學院院長、臺灣文化大學中文系教
授兼研究所所長、文學院院長，臺灣東吳大學中文研究所研究員等職，曾獲法國法蘭西
學術院漢學茹蓮獎、韓國嶺南大學頒贈榮譽文學博士。

　　峨眉孕靈異，但去不用疑。

　　洗象池邊住，洪椿坪上嬉。

（引自金毓黻《静晤室日記》卷一一六，1942 年 11 月 13 日，第
5071 頁）

# 西江月·送静庵宗老還渝州<sup>①</sup>

秘監精兼五絕，
舍人妙擅三長。
臥龍時至拜公床，
謬許鳳雛微尚。

客路凋殘歲月，
鄉愁斷絕肝腸。
相依暫喜百憂忘，
忍聽驪歌（駒）催唱？

（引自金毓黻《静晤室日記》卷一一七，第 5107 頁）

（呂文郁輯録）

---

# 述　懷

　　草木有本性,不畏霜雪虐。

　　歲寒識後凋,生氣豈銷鑠。

　　（摘自宋德金《布衣傲王侯——我的老師金景芳先生》,《文史知識》2009 年第 10 期。）

# 調寄清平樂・周總理誕辰感賦

枝頭鶯咔，
驚破周公夢。
處處花開春意重，
應識東君妙用。

憶昔風雪隆冬，
冷侵萬丈青松。
不有迴天偉力，
怎睹四海春融。

（《吉林大學社會科學學報》1978 年第 2 期）

# 自傳

# 目　録

# 金景芳學術自傳

我這個學術自傳,準備分兩部分寫。前一部分寫我的生活經歷,後一部分寫我的學術成果。而以後一部分作爲重點。

## 一、我的生活經歷

我姓金,學名景芳,字曉邨,公元 1902 年(清光緒二十八年)農曆 4 月 27 日生於今遼寧省義縣白廟子鄉項家臺村。我的父親諱寶政,字輔臣。因幼時家貧,習銀匠手藝,爲手工業工人。我父性善巧思,聰敏過人,所爲器,人多寶之。我母親劉氏,賢明慈惠。我二叔父之子景明,我三叔父之子景瑞,皆幼喪母,我母撫之特厚,爲鄰里所稱道。

我父母祇生我兄弟二人,無姊妹。兄名景山,字小亭,長我七歲,師範講習科畢業,終身爲小學教員。

我出生後,由於缺乏營養,身體異常瘦弱。六歲時,以學珠算敏速超過景明(長我九歲)、景山二兄,人始異之。事情是這樣:一日,景明、景山二兄於晚飯後圍坐一張八仙桌學珠算。我在桌旁站立觀看,看了看發生興趣,伸手去搶算盤,大呼我也學。我二兄憐我幼小,不與我争門,從鄰家借來一個算盤交與我。實際上他們認爲我祇是搗亂,不是真正要學珠算。不料我是真的要學,哭鬧要求我母親教。而我母親没有學過珠算,不能教。不得已,乃請求我祖母教。我祖母杜氏出自名門,少小時讀過"四書",會寫、會算。可是我祖母不肯教,竟說"這大孩子就學珠算,成小人精子了"。我母親没有辦法。我卻堅決要學。正躊躇間，同里韓德陽大哥適在我家，見狀，慷慨説："我教！"韓大哥是按照老辦法教，我就按照老辦法學。把"九歸"、"九除"都學完了。韓大哥的腹内也没有東西可教了。這時不知他從哪裏找到一個小本，教我學"獨行千里"。我繼續跟他學。回過頭來看我二兄，他們連"九歸"、"九除"還没有學完。不僅没有學完，而且經常打錯，我就從旁揶揄他們。其實，我這時學珠算，全憑記憶，光記憶每一演算過程算珠是怎麽擺的，連"二一添作五"是什麽意思，也不知道。不過，我父聽説，卻欣然色喜，常於客人面前，呼我打算盤，矜爲早慧。

1910 年，我已 8 歲。正憂愁無力入私塾讀書。值清廷實行新法，在農村興辦小學，不收學費。我於是就近進入離我家二里的白廟子小學堂學習。當時學制爲五年。我還記憶上學讀書的第一課書爲"張龍旗，乘長風，大風泱泱"。翌年，辛亥革命，清廷退位，中華民國誕生。學制改爲四年。1913 年冬，我小學畢業。在小學四年裏，由於我學習勤奮，天資亦不太笨，除頭一學期外，每遇學期、學年考試，皆名列榜首。老師於我另眼看待。該校學生開始祇有一個班，以後增爲兩班。我在甲班。孫雨山老師負責甲班，乙班由齊文宣老師負責。齊老師特別喜愛我。一見面就給我出算術題，我常常能算上。故而我在小學時，數學的基礎打的比較好。我家舊有一部《三國志演義》。我初時，愛看書中各種人物圖像；稍後，能看打仗部分；再後，漸能通讀全書。最後，對書中若干精彩段落，我能背誦。齊老師又借給我《東周列國志》，我看後，覺得頭緒亂，不如《三國志演義》寫得生動。但由此引起我對歷史發生興趣。

1914 年，我小學已畢業，怎麽辦？學手藝，學買賣吧，苦於没有門路。繼續讀書吧，農村没有高等小學堂，必須進縣城，而在縣城讀書的食宿費，我家無力負擔。所幸這時距我舅父家祇二里路的張家泥河子開辦高等小學預備科。由我二叔父出面，與我舅父商議，我到張家泥河子高等小學堂上學，在我舅父家食宿。議妥後，我就前去上學。衹學習半年，這個預備科停辦了。我不能不回家。回家後，沒有別的辦法，衹有從事農業勞動。自 1914 年秋至 1916 年夏，首尾二年，我一直在家從事農業勞動。所有一切種地、鑯地、割地、刨糞、抬土、拾柴、放牛，我都幹過。我的力氣小，但不示弱，總想比別人幹的多一點。1916 年夏，一日，孫雨山老師從我家門前過，見我赤腿牽牛，意甚憐之，力勸我父令我繼續讀書。盛讚我聰穎好學，誤了前程可惜。豈知這一席話恰恰觸到我父的痛處。我家雖食指衆多，終年勞動，僅得溫飽，然而卻總以書香門第自詡。子弟不能讀書，認爲是莫大憾事。原因是我高祖諱朝覲，清嘉慶辛未進士，曾在四川做過幾任州縣官。我曾祖諱慧麟，是候補知縣，歿於陝西大荔。我祖父諱錫綬，以患羊癇風，未進考場。爲童子師，詩及書法都有名。我家是我伯祖父諱錫祿敗壞的。我父幼承家教，故記憶尤深。我在初小時，學習成績突出，我父對我的前途抱有很大希望。非不願令我繼續求學，衹以家境貧窘，力不從心，故爾如此。孫老師提及此事，我父長年憂憤，一時暴發，不可遏止。從此，無心幹活了。時在盛暑，終日在隔鄰王家店的餵馬木槽裏睡覺。我母親和我兩位叔父十分驚恐，以爲這樣下去，全家生活將無所依靠。正愁沒有辦法，忽聽有人說："張家泥河子又辦起高等小學堂，並且已經開辦一個學期了。"因又由我二叔父出面與我舅父商量，令我插班入張家泥河子高等小學堂，在我舅父家食宿。由於我舅父家亦不寬裕，議妥我家每年交與我舅父一擔糧。我獲插班入高等小學堂後，學習更加努力。是年年終考試，我在全班名列第二。以後學期、學年考試，我俱名列第一。

　　1918 年下學期，教育部門改變新辦法。學生要交納學費，即以這個學費充作老師薪給的一部分。新辦法公布後，老師和學生都不肯執行，學校因此又解散了。校長顧念學生學習三年將滿，因與每人發給畢業證書一紙。時當 10 月間，我回家後怎麼辦，又成了問題。值設在錦西高橋的省立第四師範學校暑期招生，人數沒有招足，又招插班生。我家聞訊，以爲我年歲還小，就考插班生吧！師範學校伙食有官費，花錢少，畢業後作小學教師還可以得到補償。於是決定命我考插班生。這次投考也是我二叔父送去的。本來錦縣至高橋已通火車，爲了省錢，我們叔侄二人不坐火車，祇牽一頭毛驢馱行李，我們二人走累了，還可以換着騎。到了高橋，晉見師範學校校長郭恩波（字作舟）。郭校長義縣人，是小同鄉。熱情接待，并親自命考題。我猶記憶國文題兩道：其一爲"温故而知新"；其二爲"過則勿憚改"。即在校長辦公室案頭寫答卷。第二天，我到學校去看，牌告已挂出來了。我被録取，並給與半公費。我大喜過望。我二叔父帶着喜悦的心情回家。我隨即把行李搬到校內，插入第六班，開始學習初級師範學校課程。當時初級師範學制爲五年：一年預科，四年本科。我由於是插班生，很多東西没有學到，預科時的學期、學年考試，都不能不在十名以外。入本科後，第一學期我考試名列第四。以後每次學期、學年考試都名列第一。

我在學習期間，受教國文的張老師影響最深。張老師名膚韜，字儀范，海城人，清附生。張老師學識淵博，善於講課，最受學生歡迎。他對作文喜簡潔，憎説空泛話。他給學生批改作文，見有空泛話，毫不遲疑，就在首尾兩端加上一個大括號，通通删掉。因此學生給他起一個外號叫"大括弧"。以前我在高小寫文章，常受老師誇獎。及入師範後，寫出頭一篇文章，張老師的批語，竟爲"層次不清，語無倫次"。我看到後，十分惶惑，簡直像在我頭上響起一陣驚雷，不知所措。及冷靜下來，我對我作的文章反復審視，復取古人的文章，互相對比，覺悟到我寫的這篇文章確實是"層次不清，語無倫次"，張老師批得對。自此以後，我寫文章逐漸窺見門徑，不斷得到張老師的好評。

我在這時的學習，一般説，最重視國文、數學、英文三門課。平日總是晨起讀英文，白天演算數學題，晚間自習讀國文。其餘各門課程，我祇是在上課時注意聽講，課後就不看了。待將考試停課復習時，國文、數學、英文這三門課由於平時經常努力學習，這時就不看了。這時專力復習其他各門課程。復習時一般都看兩遍。第一遍全面地看，不遺一字；第二遍，重點地看，要求既精且熟。我從不開夜車，越是在考試前一夜，我越要睡好覺，務必保持頭腦清醒。

數學課本的算題，我都是自己演算。我演算過後，不留算草。當時有一位老師教代數，上課後，面對黑板，一邊講，一邊寫，寫了就擦去。再講，再寫，再擦去，輪番不已。講完課後，全班五十多人，沒有人聽懂。待考試時，全班祇有二人得滿分，其餘都不能作答。這二人，其一是薛仲三（字甲一，畢業後升入東北大學，繼又留美，歸國後教統計），其二就是我。薛因前在錦縣縣立師範時，從一位有數學專長的老師學過代數。我則是由於自學學會的。

在各門課程中，我最喜讀國文。在課外，我讀了《古文觀止》，又讀《古文辭類纂》。我家舊藏有林雲銘西仲《楚辭燈》、《莊子因》、韋昭注《國語》，及《古唐詩合解》等，我也取出恣意瀏覽。在此以外，我對《老子》、《周易》二書特感興趣。《老子》書尚可粗通大義，《周易》則怎麼看也不懂。從同學朱宗季借來一部《五經味根錄》，讀來稍理解一些。但此書字太小。加之我託人買了一部廣益書局印的《史記》，不但字小，而且是有光紙。因此我一部《史記》沒有點讀完，就覺得腦子不好受，近視進一步加深。經過休息一個時期，腦子慢慢好了，但近視並沒有改善。

我父母和我舅父見我讀書勤奮，時時提出警告，怕我累壞了。其實，我懂得勞逸結合，是不能累壞的。

1923年暑假，我經過五年學習，初級師範本科畢業了。這時我應遼寧省鎮東縣縣長、前校長郭作舟老師的邀請，擔任他的家庭教師，負責教他的長子維城和次子連城，同時還兼任該縣唯一的一所縣立小學教員。我在這個小學教國文、音樂。學生對我非常好。鎮東在當時是個荒僻小縣，縣城及四郊無山、無水、無樹，盡是沙鹼土。冬日白雪皚皚，寒風凜冽。我不願久住。1924年5月，我返回家鄉義縣。這時四平至洮南，鐵路已修好通車。洮南至鎮東140華里，尚無鐵路。我晨起携帶行李坐小勒勒車，由鎮東起程，赴洮南趕乘火車。當出發時，小學生成群出送，揮之不去，送了一程又一程，總是戀戀不舍，最後不得不灑淚而別。童稚的真摯之情，使我久久不能忘懷。

我回到義縣，經友人介紹，到南學堂小學任教。該校原有初小、高小，又新增初級中學。我初到時教一個高小班國文。暑假後，這個班畢業，全班升入初中。依照舊例，這個新班初中國文應由費翼庭老先生教（費老先生名清揚，清秀才）。但這班學生已向校長說好，改讓我教，讓費老先生教高小班國文。當時初中教員的工資比高小教員高。校長爲了解決費老先生不愉快的心情，允許費老先生照舊領初中教員的工資，令我仍領高小教員工資。一年後始改正。

我教初中學生國文，立刻感到過去學的東西很不够用。第一，老秀才都熟讀"四書"，會作詩、作對聯，我自愧不如，應努力補上；第二，新的東西如文法學、修辭學、文章學以及文學史等，日有進步，我亟須學習，否則就落後了；第三，古文、古史我閱讀的還少，應博覽群書，不斷充實自己。因此，儘管一周我上十八節課，課後還要批改學生作文，而我仍擠出時間學習，比往日沒有稍懈，反更加勤奮。

我自1924年回義縣任教，至1929年考取教育局長離去，首尾五年多。初在義縣南學堂任高小及初中國文教員。嗣後這個初中與東關師範講習科合並稱師中學校，我繼續任國文教員。有時因爲教時不足兼上歷史課。由於我的教學效果比較好，受校長青睞，使我兼任訓育員、訓育主任。當時沒有副校長、教務主任、教導主任的名稱，訓育主任相當於副校長，幾乎是什麽事都管，我也盡力去做，得到大多數教師的支持，全校學生也擁護我，真正做到令行禁止，秩序井然。

1929年下學期,吳家象任遼寧省教育廳廳長。爲了刷新教育,實行教育局長考試。應考資格分三種:1.高等師範學校畢業者須任教一年;2.大學畢業者須任教三年;3.初級師範本科畢業者須任教五年。我符合應考資格,遂前去報考。考試共分三場,第一場初試,第二場復試,第三場口試。我第一場考試名列第二,第二第三兩場考試都名列第一,結果以第一名録取,旋即委任爲通遼縣教育局局長。這件事在當時教育界引起轟動,報章稱我們這批考取者爲"新貴"。

我回到義縣辦理離職手續,同事們對我都交口稱讚。學生惜別有流涕者。我在通遼縣教育局任職僅一年多,由於辦事沒有經驗,沒有什麼成績可言。但我以考取教育局長第一名前來就職,自縣長以下皆另眼看待,辦事異常順利。

1931年1月,我被調至教育廳,任第二科第一股股長兼第四科第二股股長。第二科主管地方教育,第四科主管社會教育。這兩科各有兩個股。第二科第一股股長負責草擬稿件,第二股股長負責圖表統計。我有第四科兼職,每月津貼十五元。本來工作不多,後因第一股股長病休,還正趕上辦運動會,文稿很多,就都落到我身上了。我初到職時,真是隔行如隔山,我辦稿、查卷,事事不懂,也曾着急上火。不過,過了一個時期,做起來就得心應手了。

1931年5月間,吳廳長調任東北邊防司令長官公署秘書廳廳長,遺職由遼寧省政府秘書長金毓黻繼任。金先生字静庵,遼陽人,在東北乃至全國都是數一數二的著名學者。來廳後,曾召我談話。問:"你是考取教育局長第一名嗎?"我回答:"是。"隨即稱贊我的漢文寫得好。復問:"扔下了沒有?"我回答:"我寫得不好。最近一年多由於忙行政事務,扔下了。"最後叮囑我:"不要扔下。"稍後,東邊林科校李校長掌校二十年出紀念刊物,請廳長寫序。廳長批令我寫。我心想這時廳裏有秘書沈彭齡、劉德成。金廳長還任《東北叢鎸》總纂,唐蘭、王永祥作編輯。沈、劉、唐、王等人都是有名的寫手，爲什麼偏令我代寫？分明是考我，我不能不寫。我寫了以後，廳長略加修改，居然用了。我瞭解到金廳長對我的印象，確實很好。"九一八"事變後，情況有很大變化，但是，我與金先生仍經常保持聯繫。

1931年"九一八"事變發生後，我倉卒撫眷逃回義縣故里。以後遼寧省政府遷至錦縣，我又到錦縣上班。及東北軍撤退關內，友人勸我隨軍至北平。我以老母在堂，不能遠離，又返故里。1932年春，我到瀋陽舊居取箱子，並探聽情況。住旅館，時聞槍聲。這時原教育廳第三科科長趙毓學任一小學校長。見面，他說你到這裏教書吧，免得住旅館。我就到這個小學教國文。大約5月間，瀋陽初級中學開學，趙誠恕任第二初級中學校長。承金毓黻先生介紹，我到第二初級中學任國文教員。

我自1932年在瀋陽第二初級中學任教，至1936年春被解職，將近五年。回憶這段期間，涸迹士林，日以授徒及潛研古籍爲事。有暇即到瀋陽南門外舊書肆巡視。由於"九一八"事變，東北大學及其他公私藏書流散出來的頗多，在瀋陽南門外出現很多舊書鋪。每家前屋、後屋都堆滿古籍，問價異常便宜。我以工資有限，養家以外，所餘無多，不能恣意收購。當時僅購得帶有李審用手迹的《三禮古注》、陳奐《陳氏詩毛氏傳疏》、浦起龍《史通通釋》、王念孫《廣雅疏證》及木版大字《公羊傳注疏》和正續《清經解》零散本若干種。在這些書中，尤以李審用書錄有在大學課堂上聽課筆記，最爲珍貴。我讀了以後，仿佛置身在大學課堂聽名教授講課。以後我對"三禮"有興趣，就是從這時開始的。此外，我花了十元錢從舊書肆買了一部商務印書館鉛印本《資治通鑑》，盡一月之力讀畢，獲益匪淺。

當日學日語有極爲方便的條件，但我目睹日軍暴行，心中有抑制不住的儲恨。以爲學日語就是甘願作亡國奴，可恥。我堅決不學。今日思之，還是學好，我不學於日軍何傷！

　　1936年開學前，我突然被解職，不知何故。當時學校正從外邊聘進國文教員，而我的教學效果本不錯，爲什麼解我的職呢？這裏一定有原因。處在那種境地，思之不能不慄慄危懼。經友人介紹，我到基督教會辦的文華中學教書。

　　這時，金毓黻先生正在編輯《遼海叢書》、《奉天通志》，約我幫忙。我到辦公處所看了看，插不上手。僅將我高祖諱朝覲字午亭的《三槐書屋詩鈔》及族高祖諱科豫字笠庵的《解脱紀行録》交金先生收入《遼海叢書》中。金先生見我心情抑鬱不快，説："你應該到關裏去。"我説："我聽説在關裏的東北人，一個人要收養幾個東北逃在關裏的老鄉，無法維持生活。我不敢去。"金先生説："不是那樣。將來咱們可以往一起凑。"過了不久，先生以博物院副院長的名義到日本考察。時將放暑假，我接到他從日本給我寄來一封信。信内主要説："我近日旅行他往，歸期無定。"我知道他已潛回祖國了。我於是摒擋什物，借度假爲掩護，携眷歸義縣故里。時老母已棄養，無多牽挂。於開學時，我乘北寧路火車西行入山海關。在火車上日人檢查一次，未發現有什麼破綻。至山海關換車，搬下行李檢查。時天雨，脚行捅我一下，我給了他小費。没有檢查，就送上車了。一進山海關，就歸中國管轄。我的心情特别舒暢，有死裏逃生的感覺。到北平，暫住二日，即轉赴西安。

　　西安是張學良將軍駐節的地方，東北軍民多聚居於此。我到西安，首先謁見舊首長吳家象。時吳任張學良將軍秘書長。我自吳處得知金毓黻先生已回國，在南京任行政院參議兼中央大學教授。我見吳後，又見到同學杜錫庚及郭維城。我在西安以食宿問題無法解決，乃到咸陽妻弟家暫住（妻弟商亞東，時在何柱國部隊工作）。未久經杜錫庚介紹爲東北大學工學院秘書。院長爲金錫如，亦義縣人。我即於是年9月1日到院就職。我自東北淪陷區逃出隻字未帶，至是感到無書可讀，苦惱得很。適值商務印書館特價出《國學基本叢書簡編》。我以圖書館的名義，以七折二十一元買得一部。自此有書可讀,欣喜之至。及 12 月 12 日西安事變發生,我不知底蘊。但覺得在瀋陽遇"九一八"事變,到西安又遇西安事變,何不幸乃爾。

　　西安事變後,國民黨政府把張學良將軍私立的東北大學改爲國立,臧啓芳任校長。他來工學院接收時,前院長金錫如在北平,實際上是由我出面作交接工作。臧在南京時,受金毓黻先生囑托,留我繼續在工學院工作。並説:"如不願在工學院工作,將來聘金毓黻先生爲文學院院長,可到文學院去工作。"我因目睹臧動用宋希濂三十六師官兵接收時慘狀,仍覺離去爲是。我離去後,先住旅館,後在青年會食宿一個時期。1937 年 5 月間,我搭乘東北軍由西安至淮陰搬家火車,到徐州下車,轉赴蚌埠。住一宿。翌晨,乘火車至南京。先在旅館住下,第二天早晨,謁見金毓黻先生。先生見面親熱得很,詢及入關後經過情況。這時在報紙上已登載東北人劉尚清任安徽省政府主席,金毓黻任省政府委員兼秘書長。金先生立即命我從旅館搬到他家居住,囑我幫助他收拾東西,一同到安徽去。當時安徽省政府設在安慶。到安慶後,我被委任爲秘書處秘書,與秘書長對面辦公。這時主任秘書爲王玉科,科長爲夏博泉,秘書有薛翹如、羅申甫,朱貫等。我親眼得見金毓黻先生每日經常有各種工作會議和接待賓客及宴會等等,忙得不可開交,還能擠出時間讀書、寫日記,使我由衷欽佩。既而抗戰軍興,劉主席調走,由蔣作賓繼任。當時在政治上是"一朝天子一朝臣",前時隨劉主席來的,不能不一一離去。我與友人竇宗漢(前總收發)乘江輪西上至武漢。在武昌湖邊街懿德女中租兩間房暫住。時該女中爲避日機轟炸已疏散下鄉。在女中租房居住三個月。1938 年春,由金毓黻先生介紹,我到鷄公山東北中學任國文教員。

　　東北中學原爲張學良將軍私立,西安事變後,一度由湖北省教育廳長周天放(東北籍國民黨員)派趙雨時接管。由於發生衝突,未果。繼又由與陳果夫、陳立夫有親密關係的齊世英(東北籍國民黨員)取得教育部長陳立夫的同意,改爲國立,增加經費,聘留日取得地質學博士的馬廷英爲校長。教務主任是王漢倬,訓導主任石志洪,事務主任王慶吉。教員有吳宗函、聶恒銳、于闓彦、楊春田、郭德浩(高蘭)、何壽昌、吳伯威、蒼多三、張蘭馨、鄒本林、傅茵波、曹延亭、滿廣信等,皆一時髦彦。我到校後,最初要求教初中國文。但由於我代教兩班高中國文,學生滿意,向教務主任要求,讓我繼續教下去,不要代理。因此我在東北中學一直教高中班國文。

　　1938年夏,徐州戰事吃緊。東北中學經武漢遷至湖南邵陽桃花坪。在桃花坪鬧了一次學潮。學潮是由一位英文教員教課引起的,後來演變爲兩個學派的對立。一派主要是原私立東北中學學生,他們與重慶的東北救亡總會有聯繫;另一派主要是新的領導班子,他們與重慶的東北協會有聯繫。結果改組領導班子。學校爲避日寇,又經貴州遷至四川威遠靜寧寺。在遷校途中,步行祇占小部分,大部分是利用木船和汽車,可是竟走了八個月,足見辦事人的不力。到了靜寧寺,新的領導班子組成:代理校長王漢倬,教務主任李國棟,訓導主任肖楹辰,事務主任孟以猛。大部分學生仍舊不滿意。這時學校又新增添了一個不安定因素,就是新聘的化學教員王煥彬,在校內籌辦三民主義青年團,王煥彬自任籌備主任。他上課屁股後帶手槍,聲稱與特務頭子康澤交好。誘使初中班學生磨薄青銅錢邊緣,宣稱要殺共產黨。此時學校已呈無政府狀態,領導班子幾個人都束手無策。最後想出一個逃避現實的辦法,三主任聯袂去重慶中央訓練團受訓。代理校長亦準備辭職,教員多要求離去。我亦忙寫論文報考復性書院。孰知在這期間,教育部長陳立夫去昆明解決一個棘手的問題,齊世英到香港辦一件要緊的事,都電代理校長王漢倬,一定要維持到開學,決不能辭職。這樣,真把這個代理校長難壞了。想走走不了,不走又沒有辦法維持到開學。他急中生智。瞭解我與教數學的老師吳宗函在學生中有威信,與大部分教課好的老師私人關係也比較好,因用甘言美語强拉我們二人幫助他。拉我當教務主任,拉吳當訓導主任。我們知道這個學校是齊世英好不容易抓到手的,怎能容許他人染指,我們都表示堅決不幹。但經過王漢倬月餘的糾纏,我們心情軟了。轉念這些學生,大都是東北流亡來的,吃飯、穿衣都由公家供給。弄到這步田地,多麼可憐。我們是東北人,能够出點力,就出點力,不必考慮很多。因此,我允諾當教務主任,吳宗函允諾當訓導主任。但提出一個條件,就是王焕彬不能回校。王焕彬如果回校,我們就不幹了。王漢倬滿口應允。可是開學前,王焕彬居然回來了。實際上這個代理校長對王焕彬並沒有辦法。我和吳宗函都遵守前約,不幹了。但王漢倬因爲不能過關,還是苦苦哀求,讓我們履行諾言。最後,吳宗函確實不幹了,而我則想法很多。一方面,前幾天,我聘請教員,説我當教務主任,請你幫我的忙。没過幾天,又説我不當教務主任了,請你不要來,這話不好出口。另一方面,我不怕王焕彬搗亂,我有能力把學校辦好。就這樣,我滿足了王漢倬的要求,當上教務主任了。

開學將近,教室裏的桌椅缺的很多。桌椅都被學生搬到寢室去了。負責事務的人員,縱然想添置,也不知道添置多少。我於是發出號召,讓學生自己往回搬。確實有人響應號召搬回來不少,但還不够。我乃率領事務員到學生寢室去搬,凡是教室中桌椅一律搬出。結果教室的桌椅不是不够用,而是多出來很多。此事已經證明我在學生中有威信。因此進一步建立一些規章制度,要求師生嚴格遵守。我的宗旨,不管你有什麼黨派背景,一律要照章辦事。結果三青團的活動受到限制,他們不甘心;原爲東北協會的人,也覺得學校像是换了牌子;西鄰的東北中山中學秩序不好,懷有嫉妒心理。三股力量聯合起來反對我。特別是三青團,他們向中央團部、中央黨部、教育部告我的狀,説我把學校辦紅了。

1940年暑假前,教育部來電,撤我的職並令立即離校。代理校長王漢倬怕引起風潮,不敢發表。及新任校長楊予秀到校,挂牌公布新的教務主任、訓導主任等名單。我問王漢倬這是怎麼回事？
王漢倬方拿出教育部電文。我知道是受騙了，但已無可奈何，祇有
急速離開。我離開東北中學，曾到樂山烏尤寺復性書院，謁見馬一
浮先生，重提入院學習事。蒙先生首肯。以後又遊覽峨眉山，到成
都晤老同學杜錫庚。杜是吳家象外甥，他約我去崇慶見吳家象。
因爲我高祖曾官崇慶州，我也想到崇慶看看。到崇慶在吳家住三
宿，即返回成都。是年九月間我到樂山，入復性書院學習。

　　復性書院主講馬先生諱浮，字一浮，別號湛翁、蠲叟，浙江紹興
人。是江南耆宿，國學大師。於書無所不讀，尤喜宋明理學，詩、
詞、書法篆刻皆精。這個學習場所的特點是不限資格、年齡，亦無
畢業年限，祇看作品，合格者入院考察一個時期。考察時供伙食，
還給膏火費。考察合格方爲正式生，供給伙食與膏火費。初時伙
食每月約法幣十元，吃得很好。膏火費爲每月三十元。有帶眷屬
學習者。後來法幣貶值，膏火費每月增爲五十元，也不頂用，伙食
至不能裹腹。書院是 1939 年夏成立的。我至書院已遲了一年。
這時導師熊十力、監院賀昌群已離去。書院除主講馬先生外，還有
導師謝無量先生、張真如先生。監院沈某，典學史烏以風、張立民，
事務史王培德。正式生不足二十人。其中張德鈞、王準二人與我
友誼至篤。張四川西充人，曾在支那內學院從歐陽竟無學佛學，因
此長於佛學，儒學也有根柢。解放後，曾任社會科學院歷史研究所
研究員，惜已物故。王浙江遂安人，長於詩和書法，曾在東北大學
中文系教杜詩。惜亦享年不永。自餘有張國銓、陶元用、李大蜚、
鮮于季明、樊漱圃、徐賡陶、謝思孝、鄧自祥、張知白、王紫東等。久
無音問，存歿不詳。

　　我在復性書院學習，有兩件事，需要在這裹着重地談一下。一
爲我在東北中學 1939 年寒假寫的《易通》一書，是到書院後雇人清
繕，以後經金毓黻、高亨二人推薦送教育部申請著作發明及美術獎
勵的。二爲我讀《春秋》三傳，寫出心得體會，名爲《春秋釋要》，得

到先師馬一浮先生稱讚，親爲題詞，就是在這時候。

我在復性書院攻苦食淡，軀體日益消瘦，有不可終日之勢。幸蒙金毓黻先生介紹至三臺東北大學爲文書組主任。

我於 1941 年 11 月拜別馬先生偲車至三臺。時金毓黻先生爲東北大學政治經濟研究室主任，室設長平草堂。我夜與先生共宿。明日至東北大學，荷高亨先生從食堂買餃子招待。時校長臧啓芳，教務長李光宗，訓導長白世昌，總務長陳克孚，文學院長蕭一山，理學院長張爲政，法學院長婁學熙。

高亨字晉生，吉林雙陽人。當我在東北中學寫《易通》時，高正在武漢大學寫《周易古經今注》。經王漢倬溝通，他主動寫信與我商量問題。當時我將《易通序》鈔寫一通寄去。及我到樂山，他正在武漢大學中文系任教授，遂獲晤對。語及《周易》，他與我的見解並不一致，但不影響友誼。今獲晤面，異常歡洽。

我初到東北大學，一日，臧啓芳校長約金毓黻、高亨、路朝鑾、趙鴻翥等多人到觀音渡涪江水利工程處遊覽。金毓黻、高亨兩先生囑我亦參加。涪江水利工程處負責人黃萬里係黃炎培之子，能詩，熱情招待。踞高岸臨江宴飲。酒酣，臧校長提倡與宴諸君作詩。由於金、高二先生動員，我亦作了一首。詩爲"一水橫筵碧，群峰入眼青。江山非故國，風日似蘭亭"。不意竟博得衆人同聲喝彩。金毓黻先生寫入《靜晤室日記》中，題爲《游觀音渡鎮江寺》，下注"小邨"。詩旁字字加圈，書後曰"寥寥二十字而含情無限，不愧妙作"。翌日爲星期二，又書曰"往日不知小邨能詩，昨日出語極簡，而能壓座，所謂'士別三日，便當刮目相看'者也"。其實我豈能詩，這幾句乃是逼出來的。

1942 年 5 月我以文書組主任兼任中文系講師。暑假後進入新學年，我被聘爲中文系專任講師。這時，我寫的《易通》已獲教育部"著作發明及美術獎勵"三等獎，獎金三千元。嚮在東北中學爲教務主任時，有人攻擊我不合格。今天我不但作中學教務主任合格,作大學教授也合格了。因爲教育部有文件規定:大學畢業可作助教;作助教四年,提出相當於碩士的論文,可作講師;作講師三年,提出相當於博士的論文,可作副教授;作副教授三年,提出相當於獲學術獎勵的論著,可作教授。我已獲學術獎勵,當然可以作教授了。

當時在中文系任教的有高亨、陸侃如、馮沅君、蔣天樞、霍玉厚、潘重規、董每戡、葉鼎彝、佘雪曼、傅庚生、姚雪垠等。姜寅清曾任系主任,已去職。我在中文系曾擔任大一國文及經學概論、專書選讀等選修課。每周授課九小時。我在《志林》刊物上曾發表《研治經學之方法》及《周易與老子》等。

1945年8月日本投降,舉國歡騰。東北大學亦籌劃復員工作,早日遷迴瀋陽北陵舊址。我因思家心切,於1946年先行返鄉。由三臺乘汽車至重慶,搭飛機至南京,又乘火車至上海,買輪船至塘沽,再乘火車返里。時叔父、嬸母、兄嫂都健在,衹是已分爨自成小家庭了。是年冬,我携眷至瀋陽北陵東北大學舊址,住南新村。逾年學校員工全部遷回,正式上課,我又遷至東新村。值解放戰爭開始,瀋陽危殆。1948年東北大學又遷至北平。文學院設在光明殿,我住石板房衚衕,在光明殿上課。1949年北平解放,我隨東北各院校又被遷返東北。至瀋陽,我被分配任東北文物管理處研究員,1949年4月1日到職。東北文物管理處設在瀋陽故宮,總管東北全區文物。直轄瀋陽故宮、東北博物館、東北圖書館及北陵、東陵兩陳列所。當時文物處正在草創時期,從各處接收的圖書文物甚多。終日忙於搬運、整理或展覽,不能做研究工作。此時號稱"研究員"的人員也很多。以後方在故宮設研究室,研究員有我和黎翔鳳、朱子方、楊仁愷共四人。後來東北文物管理處改爲東北人民政府文化部文物處,又改爲東北文化事業管理處。當改爲東北文化事業管理處時,不設研究室,我被分配到東北圖書館任研究員兼研究組長。1954年1月調來長春東北人民大學,即今日的吉林大學。

　　我到東北人民大學後，向領導要求，不在中文系任教，改在歷史系任教。原因是我過去對中國古籍確實下過很大工夫，而對新時期所崇尚的文藝理論、小説、戲劇等等，幾乎是一竅不通，不宜於在中文系任教。

　　我到歷史系，意識到解放後與解放前不同，歷史系與中文系不同，一切需要從頭做起。首先應從思想上來一個較大的轉變，變過去爲地主階級、爲資産階級服務而改爲爲人民服務。這樣就要求努力學習馬列主義理論和毛澤東思想及黨的路綫、方針、政策，並積極參加政治運動。其次應在教學工作和科學研究工作中，也來一個比較大的轉變，即一定要用辯證唯物主義和歷史唯物主義理論作指導，要求我所説的和所做的盡可能的都符合科學，符合真理。

　　我調來東北人民大學（以後改吉林大學），截至現在已經三十七年了。我以歷史系教授先後兼任基層工會副主席、主席，圖書館館長，歷史系主任，先秦史研究室主任，哲學社會科學學術委員會副主任委員，先秦史碩士生導師、博士生導師等。現任歷史系名譽主任，古籍研究所顧問，先秦史博士生導師。

　　1955 年我初次用語體寫了一篇文章，名爲《易論》，分上下兩部分：上爲《論〈易〉的起源和發展》，下爲《論〈周易〉的組成和應用》。分別在《東北人民大學人文科學學報》1955 年第 2 期和 1956年第 1 期發表。這是學了更多的馬列著作，在舊作《易通》的基礎上寫成的。今日看來，除了把殷代説成是氏族社會，把周代説成是封建社會，後已改正外，其餘的論點，還是正確的。特別是《論〈周易〉的組成和應用》那部分是我幾十年研究《周易》的結晶，其中有很多見解前人似未説過，我相信是能經得起歷史檢驗的。

　　1956 年我寫了一篇《論宗法制度》在《東北人民大學人文科學學報》1956 年第 2 期發表。這篇論文從材料説是舊的，從觀點説則是新的,是後來寫的《中國奴隸社會史》的一個重要支柱。

1960 年我寫了一篇《也談老子哲學的兩個問題》在《東北人民大學人文科學學報》1960 年第 1 期發表。這是因不同意馮友蘭先生的觀點而寫的。

1962 年我寫了一篇《關於荀子的幾個問題》在《吉林大學社會科學學報》1962 年第 2 期發表。這篇文章主要是批評《新建設》1957 年第 6 期發表的《中國哲學史講授提綱》中説"荀子是新興的統治者——封建地主階級利益的擁護者"和郭沫若《宋鈃尹文遺著考》論證《管子》中《心術》、《白心》、《内業》等篇爲稷下黃老學派宋、尹之遺著,並於《十批判書》中説"荀子關於心的見解主要是由宋鈃的《心術》承受過來的",及杜國庠説"我們在荀子的思想中,就可看出由禮到法的發展的痕迹,這是歷史發展的反映。所以韓非雖事荀卿傳其學,卻一轉而爲法家的集大成者,不是偶然的"(《先秦諸子的若干研究》)等一個時期廣泛流行的觀點。

是年我寫的《中國奴隸社會的幾個問題》一書由中華書局出版。它是我寫《中國奴隸社會史》的一項準備工作。

1963 年,爲了反映我讀書的若干心得體會,我寫了一篇《釋"二南"、"三淪"、"初吉"、"麟止"》在《文史》第三輯發表。

在這裏着重地談一個問題,這就是 1957 年暑假,我校開科學討論會,我寫一篇《論孔子思想》。我本意借此機會既發揮我的專長也不悖於毛澤東思想。因爲毛澤東同志很早就説過"從孔夫子到孫中山,我們應當給以總結,承繼這一份珍貴的遺産"。可是沒有想到我因錯誤地説"孔子的世界觀基本上是辯證唯物主義的"發表後被人抓住,批我十幾年,而且不斷提高,最後竟提高到反黨反社會主義反毛澤東思想。其實,這種錯誤有如小學生寫錯別字。錯誤誠然是錯誤,然而説成是故意的,則是不能令人心悦誠服的。

1962 年山東濟南召開紀念孔子逝世 2440 周年學術討論會,邀我參加。我提出一篇《談談關於孔子的評價問題——兼與關鋒、林聿時兩同志商榷》的文章。有人在《高教動態》上誣我參加馮友蘭、周予同、于省吾等人向孔子墓行禮。經過調查，由我系同行的張博泉同志出具未參加的證明才了事。

1976 年"四人幫"被粉碎後，爲了澄清"批儒評法"的錯誤觀點，我寫了一篇《論儒法》，在《歷史研究》1977 年第 5 期發表。

1977 年我寫了一篇《談談中國由原始社會向奴隸社會過渡的問題》，在《吉林大學理論學習》1977 年第 11 期和《光明日報》1978年 2 月 2 日發表。蘭州大學劉文英提出不同意見，我又寫了一篇《關於中國原始社會向奴隸社會過渡的討論——答劉文英同志》，與劉文英文章並在《吉林大學社會科學學報》1978 年第 5、6 期合刊發表。

1978 年在《社會科學戰綫》創刊號發表我一篇《關於馬王堆一號漢墓帛畫的名稱問題》。這篇文章在文化大革命時期原是《考古》雜誌約稿，不知爲什麼退回不用。以後又曾送與《文物》雜誌，經過很長一段時期亦未發表。後來瞭解到乃是由於我的看法與某權威人士的看法不一致。

1979 年《歷史研究》第 2、3 兩期連載我寫的《中國古代史分期商榷》的文章。這篇文章由於與郭沫若的觀點大異，發表很不容易，中間經過多少關卡。最後，由於黨的十一屆三中全會的召開和《歷史研究》的主編是黎澍，才獲與讀者見面。

1978 年上海古籍出版社《中華文史論叢》第七輯復刊號索稿，我寫了一篇《商文化起源於我國北方説》送去發表。

1979 年我寫了一篇《西周在哲學上的兩大貢獻——〈周易〉陰陽説和〈洪範〉五行説》，在《哲學研究》1979 年第 6 期發表。

1979 年我參加在太原召開的孔子研究的方法論問題討論會，在會上我寫了一篇《關於孔子研究的方法論問題》在《哲學研究》1979 年第 11 期發表。

1979 年《中國社會科學》約稿，我寫了一篇《論中國奴隸社會的階級和階級鬥爭》在《中國社會科學》1980 年第 4 期發表。

《延邊大學》約稿，我寫了一篇《論老子思想》在《延邊大學學報》1980 年第 3 期發表。

1978 年我開始寫《中國奴隸社會史》，由上海人民出版社出版，準備爲建國 30 周年獻禮。後以出版遲滯，因將《中國奴隸社會史序》交《社會科學戰綫》於 1980 年第 2 期發表。

我的舊著《論井田制度》，經過修改後，在《吉林大學社會科學學報》1981 年第 1、2、3、4 期連載。後由齊魯書社印成小册子於 1982 年出版。

1980 年我寫了《戰國四家五子思想論略——儒家孟子、荀子、墨家墨子、道家莊子、法家韓非子》在《吉林大學社會科學學報》1980 年第 1 期發表；寫了《禹在歷史上的偉大作用》在《史學月刊》1980 年第 2 期發表；寫了《周公對鞏固姬周政權所起的作用》在吉林大學《社會科學論叢·歷史專集》1980 年 2 月發表。

1981 年我寫了一篇《孔子思想述略》在《中國哲學史研究》1981 年第 2 期發表。

1981 年我寫了一篇《“左史記言，右史記事，事爲〈春秋〉，言爲〈尚書〉”讆言發覆》在《史學集刊》1981 年復刊號發表。

1981 年我寫了一篇《中國古代思想的淵源》在《社會科學戰綫》1981 年第 4 期發表。

我結集的《古史論集》，由齊魯書社於 1981 年 7 月出版。

1982 年我寫的《中國奴隸社會誕生和上升時期的思想》在《史學集刊》1982 年第 1、2 兩期連載。

1982 年我寫了一篇《〈周禮〉、〈王制〉封國之制平議》在《人文雜誌》增刊《先秦史論文集》發表。

1982 年李侃同志約稿，我寫了一篇《周禮》在《文史知識》1983 年第 1 期發表。

1983 年我寫《豳風説》在《學術月刊》1983 年第 11 期發表。

　　1983 年我寫了一篇《古籍考證五則》在《天津社會科學》1983年第 2 期發表。

　　我寫的專著《中國奴隸社會史》1983 年 7 月由上海人民出版社出版。不久,教育部推薦爲高等學校文科選用教材。

　　1984 年我寫《說易》在《史學月刊》1984 年第 1 期發表。

　　《歷史研究》創刊三十周年紀念約稿,我寫《經學與史學》,在《歷史研究》1984 年第 1 期發表。

　　1985 年我寫《馬克思主義關於奴隸制的概念與中國古代史分期》在《社會科學戰綫》1985 年第 1 期發表。

　　1985 年我寫《研究中國古史必須承繼孔子這一份珍貴的遺產》在《人文雜誌》1985 年第 1 期發表。

　　1986 年我寫《孔子與六經》在《孔子研究》1986 年創刊號發表。

　　1985 年我寫《金毓黻傳略》在《社會科學戰綫》1986 年第 2 期發表。

　　1986 年我寫《我對孔子的基本看法》在《中國史研究》1986 年第 3 期發表。

　　1987 年“儒學國際學術討論會”徵稿,我寫《孔子對〈周易〉的偉大貢獻》在《儒學國際討論會論文集》發表。

　　1989 年我寫《孔子所講的仁義有沒有超時代意義》在《孔子研究》1989 年第 3 期發表。

　　我舊作匯爲一集名爲《學易四種》,吉林文史出版社 1987 年出版。

　　爲研討班講課整理出的書稿名爲《周易講座》,吉林大學出版社 1987 年出版。

　　與吕紹綱合作的《周易全解》吉林大學出版社 1989 年出版。

　　我與吕紹綱、吕文郁合寫《孔子新傳》。我負責寫下列三部分。

　　1.《論孔子思想的兩個核心》,《歷史研究》1990 年第 5 期發表。

2.《孔子的天道觀與人性論》,《百科知識》1990 年第 12 期發表。

3.《孔子的這一份珍貴的遺産——六經》,《吉林大學社會科學學報》1991 年第 1、2 期連載。

我與吕紹綱、吕文郁合寫的《孔子新傳》將由湖南出版社出版。

我寫的《孔子新傳序》,《學術月刊》1991 年第 6 期發表。

1991 年 6 月我爲李學勤同志新著《周易經傳溯源》寫序一通。

巴蜀書社計劃出《學術自傳叢書》,約我寫《學術自傳》。我這個《學術自傳》寫畢,就不準備再寫什麽了。

## 二、我的學術成果

從我過去的全部著作來看,應該説《中國奴隸社會史》是我的代表作。如果問我有什麽專長,我説是"經學",或者説是"孔學"。因爲我認爲"經學"和"孔學"實質上是一個東西。在"經學"中,我對《周易》用力最多。其次,則是《春秋》、"三禮"。《尚書》、《詩經》,我亦喜讀,但不如《周易》精熟。於諸子最喜《老》、《莊》,次則《孟》、《荀》、《韓》、《吕覽》。至於史部,前四史、《資治通鑑》亦頗瀏覽。清代以後學者我最尊顧炎武、黃宗羲、江永、戴震、孫詒讓及近人黃侃、王國維。有人説"王國維在治學上繼承了乾嘉學派實事求是,無徵不信的優良學風","王國維治學謹嚴,敢於突破前人定論,推翻權威學説",①我同意這種説法。我幾十年來一貫以這種學風自勵。

首先談談我如何寫《中國奴隸社會史》。我寫作此書的指導思想是一方面用馬克思主義理論作指導,一方面從歷史的實際出發。

① 　許逸雲:《大學問家王國維》,見《浙江近代學術名人》,浙江人民出版社,1990年。

套用毛澤東的話説,就是馬克思主義的普遍真理與中國歷史的具
體實踐相結合。我以爲這是一條顛撲不破的真理。毛澤東既然以
此領導中國革命成功,我們研究中國的歷史,當然没有比這更好的
辦法了。

　　我之所以寫這部書,是由於對當前流行的一些權威作品和權
威性觀點深致不滿。我認爲他們不但是曲解歷史,不從歷史實際
出發,對馬克思主義理論也往往並未真正弄懂。由此形成了中國
史學界的混亂狀態,以致一些重大問題長期不得解決。

　　我這部書的時限自夏代寫到秦統一,恰是馬克思主義經典作
家所説的古代社會,本來可以名爲"中國古代史"。因爲中國學者
強調厚今薄古,把自鴉片戰爭以前的歷史統統稱爲古代,古代社會
與奴隸社會成爲兩個不同的概念,爲免生歧義,我衹好直用奴隸社
會這個概念,名曰《中國奴隸社會史》。

　　什麽是奴隸社會,這個問題時賢所見不一。有人僅用"奴隸"
二字來瞭解"奴隸社會"。其實"奴隸"二字衹起標題作用,用以指
稱五種社會形態的第二種。馬克思主義用"奴隸"一詞作爲人類歷
史上第二種社會形態的標題,並不認爲衹有奴隸社會才有奴隸,也
不認爲奴隸社會必有希臘式那種主人用繩索捆綁着的奴隸。馬克
思主義本來就認爲世界上有過兩種奴隸社會,而不是一種。除希
臘、羅馬古典古代的類型外,還有亞細亞古代的類型。恩格斯説:
"在亞細亞古代和古典古代,階級壓迫的主要形式是奴隸制。"[1]這
證明馬克思主義創始人不認爲奴隸社會衹有希臘、羅馬式的一種。
而時賢以爲中國古代既然有過奴隸社會,便一定是希臘、羅馬式
的,或者認爲中國没有奴隸社會。都是不對的。

　　關於古史分期問題,我以爲從中國歷史的實際出發,是可以解
決的。豐富的古代文獻提供了解決的條件,而時賢卻受疑古派的

---

①　《馬克思恩格斯全集》第 21 卷,第 387 頁。

影響，若干寶貴的材料不敢用，或者任意作歪曲的解釋。例如《禮記·禮運》論大同、小康一段材料，很能説明問題。孔子論述之先，説"而有志焉"，可見他講的話於古有徵，並非臆想。而自宋以來在學者中間有人偏説孔子講的是自己的理想，不是實在的歷史。社會存在決定社會意識，沒有那樣的社會存在，怎能憑空想出那樣具體的東西。而且前後對比着説，言"大同"時説"人不獨親其親，不獨子其子"，"貨惡其棄於地也，不必藏於己；力惡其不出於身也，不必爲己"；言"小康"時説"各親其親，各子其子，貨力爲己"。倘無事實根據，怎做得出如此準確、生動的對比。在《禮運》裏把以"天下爲家"的禹、湯、文、武、成王、周公作爲"小康"時代的代表，恰恰説出了夏、商、周三代是文明社會，在它之前的"大同"時代，與它是兩個不同的社會。不但此也，《孟子·萬章》説"孔子曰唐虞禪，夏后殷周繼，其義一也"。雖説"其義一也"，但還是把堯舜與夏商周三代劃作兩個不同的歷史時代。古人稱夏商周爲三代，視作同一種社會的其他記載多得很。《尚書·召誥》也説，"相古先民有夏，天迪從子保，面稽天若，今時既墜厥命。今相有殷，天迪格保，面稽天若，今時既墜厥命"。"我不可不監於有夏，亦不可不監於有殷。我不敢知曰有夏服天命，惟有歷年。我不敢知曰不其延，惟不敬厥德，乃早墜其命。我不敢知曰有殷受天命，惟有歷年。我不敢知曰不其延，惟不敬厥德，乃早墜其命。"把夏代講得肯定無疑，乃竟有人説夏代有無不知道，需要將來從地下挖出來材料去證明。這簡直是信口胡言。用這種思想來搞歷史，怎能令人信服！至少我是不信的。

中國古書有三王、五霸、七雄的成説，決非古人隨口拈成，它們恰標誌着幾個相關聯卻又各有特點的歷史階段。我們研究古史分期，對這些成説應予重視，熟視無睹或隨便加以否定，是不對的。其他如《論語》："殷因於夏禮，所損益可知也。周因於殷禮，所損益可知也。""周監於二代，郁郁乎文哉。"《禮記》"夏道尊命，事鬼敬神而遠之";"殷人尊神,率民以事神,先鬼而後禮";"周人尊禮尚施,事鬼敬神而遠之",等等。談古史分期問題,都是極寶貴的材料。可惜疑古派宣布不許用。

清人惲敬《三代因革論》有以下數語:"夫五霸更三王者也,七雄更五霸者也。秦兼四海,一切皆掃除之,又更七雄者也。""是故秦者古今之界也。自秦以前,朝野上下所行者皆三代之制也。自秦以後,朝野上下所行者皆非三代之制也。"我對這些話非常欣賞。惲氏古人,不知馬克思主義,竟能從歷史實際着眼,看出這麼深刻的歷史發展脈絡,實在可貴。他的這兩段言論,實可作我們研究古史分期問題的最好參考。惲氏已經覺察到三王、五霸、七雄是三個不同的歷史階段。它們雖有不同,而與秦以後相比,則具有共同的性質。祇是他不知道秦以前的三王、五霸、七雄是奴隸社會的不同階段,秦以後則是封建社會。今人談古史分期,各持一説,紛如聚訟,長期不得解決。其實惲氏已經把問題點破,如果我們細繹他的言論,參考着去研究,問題實不難解決。我的古代史分期説就是從惲敬這兩段話得到啓發而後研究出來的。當然,啓發不過開啓一條思路,最後解決問題,要靠大量的具體問題的深入研究。

其次談井田問題。

疑古派主帥胡適堅決否定井田的存在。郭沫若雖然不贊成胡適的意見,卻也不信《孟子》與《周禮》,而憑自己的腦子另外構想出一種井田。實質上也等於否定了井田。然而文獻有徵,井田是古代確有之事,是否定不了的。

我對於井田問題曾做過多年研究,寫過一本小書,叫做《論井田制度》。古代文獻上明明記載着井田的存在,無奈疑古派説古書不可信。幸有馬恩著作論述歐洲也有過和中國井田一樣的制度。馬恩著作是外國人寫的,外國人寫的東西竟與中國古文獻所記不謀而合,況且馬恩著作是人們公認的真理,學者不能不服從真理。

胡適把井田説成是豆腐乾塊,認爲"豆腐乾塊的井田制度不可能"。然而這個豆腐乾塊式的井田不但是可能的,而且是千真萬確的事實。恩格斯在《馬爾克》一文中説:"在那裏,雖然不再一年分配一次,但是每隔三年、六年、九年或十二年,總要把全部開墾的土地(耕地和草地)合在一起,按照位置和土質分成若干'大塊'。每一'大塊'再劃分成若干大小相等的狹長帶狀地塊,塊數多少根據公社中有權分地者的人數而定。這些地塊采用抽籤的辦法分配給有權分地的人。所以每一個社員,在每一個'大塊'中,也就是説,在每一塊位置和土質各不相同的土地上,當初都分到了同樣大的一塊土地。"馬克思《給查蘇里奇的第三篇信稿》中説:"如果你在某一個地方看到有壠溝痕迹的小塊土地組成的棋盤狀耕地,那你就不必懷疑,這就是已經消失的農業公社的地產! 農業公社的社員並没有學過地租理論課程,可是他們瞭解,在天然肥力和位置不同的土地上消耗等量的農業勞動,會得到不等的收入。爲了使自己的勞動機會均等,他們根據土壤的自然差別和經濟差別把土地分成一定數量的地段,然後按農民的人數把這些比較大的地段再分成小塊。然後每一個人在每一塊地中得到一份土地。"

　　從馬克思、恩格斯所論述的情況來看,西方的農業公社或馬爾克,同中國古文獻上記載的井田制度是一樣的。怎麽説井田不可能呢? 何況《周禮•遂人》所説的"以歲時稽其人民而授之田野",不就是恩格斯所説的每隔三年、六年、九年或十二年重分一次土地嗎!《孟子•滕文公上》所説的"請野九一而助,國中什一使自賦",如與《周禮•載師》、《爾雅•釋地》等一些文字參照起來看,就可以解決中國古代有關政治、經濟、教育、軍事等若干重大問題。

　　《爾雅•釋地》説:"邑外謂之郊,郊外謂之牧,牧外謂之野,野外謂之林,林外謂之坰。"《詩•魯頌•駉》毛傳説:"邑外曰郊,郊外曰野,野外曰林,林外曰坰。"這兩段文字向來不被人們注意,甚至有人説《爾雅》、《毛傳》是漢人作品,不足以證明古代制度。其實這是錯誤的見解。這等文字絶非晚周以後人所能作的。我們可舉出

恩格斯《家庭、私有制和國家的起源》的一段語作爲證明。恩格斯
説："每一部落除自己實際居住的地方以外，還占有廣大的地區供
打獵和捕魚之用。在這個地區之外，還有一塊廣闊的中立地帶，一
直延伸到鄰近部落的地區邊上；在語言接近的各部落中間，這種中
立地帶比較狹小，在語言不接近的各部落中間，中立地帶比較大。
這種地帶跟德意志人的邊境森林、凱撒的蘇維匯人在他們四周所
設的荒地相同；這也跟丹麥人和德意志人之間的 îsarnholt（丹麥語
爲 jarnved，Limes Danicus）、德意志人和斯拉夫人之間的薩克森
森林和 branibor（斯拉夫語，意即'防衛林'，勃蘭登堡這一名稱即
由此而來）相同。由這種不確定的疆界隔開的地區，乃是部落的公
有土地，而爲相鄰部落所承認，並由部落自己來防衛，以免他人侵
占。"恩格斯説的這段話與《爾雅·釋地》所記的那段話，何其相似
乃爾！兩相比較，實際上《釋地》所説的"邑"就是恩格斯所説的部
落自己居住的地方。《釋地》所説的"邑外謂之郊"的"郊"，就是恩
格斯所説的供打獵和捕魚的廣大地區。《釋地》所説的"郊外謂之
牧，牧外謂之野"或《毛傳》所説的"郊外曰野"的"牧"、"野"，就是恩
格斯所説的"還有一塊廣闊的中立地帶"。《釋地》所説的"野外謂
之林，林外謂之坰"的"林"、"坰"，就是恩格斯所説的"防衛林"和
"部落的公有土地，而爲相鄰部落所承認，並由部落自己來防衛，以
免他人侵占"的地方。

　　至於《釋地》有"郊外謂之牧，牧外謂之野"，而《毛傳》祇説"郊
外曰野"，這個分歧怎麼理解？陳奐《詩毛氏傳疏》説："今本《爾雅》
增'郊外謂之牧'一句，不知野即牧，非野外更有牧也。"我認爲陳説
非是。《國語·周語中》説："國有郊牧。"《周禮·載師》説："牧田任
遠郊之地。"則郊有近郊遠郊，牧是遠郊的專名。《儀禮·聘禮》説
"及郊"之後又説"賓至於近郊"；《詩·小雅·出車》説："我出我車，
於彼牧矣"，鄭箋説："牧地在遠郊。"是其明證。

　　《孟子·滕文公上》"野九一而助，國中什一使自賦"的"國中"，

顯然指郊以内言。從文字學來説，"郊"就是以處國野之交得名。但是"國"這個字的内涵是隨着歷史而不斷變化的。例如《左傳》隱公元年："先王之制，大都不過參國之一。"這個"國"相當於《釋地》所謂的"邑"。《禮記·曲禮》説："入境而問禁，入國而問俗"；《國語·齊語》説："參其國而伍其鄙"，所説的"國"都是指郊以内。《左傳》文公三年説："小國受命於大國"，這個"國"則是指一個諸侯國受封的全部領地。所以清人焦循説："蓋合天下言之，則每一封爲一國；而就一國言之，則郊以内爲國，外爲野；就郊以内言之，又城内爲國，城外爲野。蓋單舉之則相統，並舉之則各屬也。"（孫詒讓《周禮正義》大宰疏引）焦循這個説法是對的。

《孟子·滕文公上》："請野九一而助，國中什一使自賦。"這兩句話實際上牽涉周代的田制、税制、軍制以及其他如政治、教育等問題。兹分述如下：

1.《孟子·滕文公上》説："夏后氏五十而貢，殷人七十而助，周人百畝而徹，其實皆什一也。徹者徹也，助者藉也。龍子曰：'治地莫善於助，莫不善於貢。貢者校數歲之中以爲常。樂歲粒米狼戾，多取之而不爲虐，則寡取之；凶年，糞其田而不足，則必取盈焉。'"五十、七十、百畝，是説夏、商、周三代田制之不同。貢、助、徹是説三代税制之不同。"徹者徹也"至"則必取盈焉"是解釋貢、助、徹的意義並評論其利弊。

夏、商、周三代爲什麽田制有五十、七十、百畝之不同，顧炎武、萬斯大、錢塘、金鶚並據《獨斷》，謂夏以十寸爲尺，殷以七寸爲尺，周以八寸爲尺。三代田制不同者，夏之百分，殷以爲百一十二分，周以爲百二十分，通其率則五十之爲五十六與六十也。一里廣長皆三百步，其積皆九萬步也。自遂以上，殷周皆不必更，而獨更其畝，是之謂名異而實同。日人加藤繁又謂"五十、七十、一百爲儒家常用的整數，因之五十、七十及百畝之分田，似龍、孟等的理想"（齊思和《孟子井田説辨》引自 1916 年《東方雜誌》）。

　　我不同意上述這些看法。我認爲五十、七十、百畝是實際數字，其用意正表明三代田制之不同。爲什麽不同呢？我認爲一方面由於生産力水平不斷提高，殷人一夫之力可耕七十，而不是五十。周人一夫之力可耕百畝，而不是七十。一方面則由於夏后氏時漁獵收穫物較豐，對農産品所需求的比重不大。至殷周時則不然，漁獵收穫物逐漸減少，相對來説，對農産品所需求的比重逐漸增大了。《尚書》論禹治水，先説："暨益奏庶鮮食"，後説："暨稷播，奏庶艱食、鮮食"，就説明這個問題（《經典釋文》説"艱"，馬本作"根"，云"根生之食謂百穀"）。

　　貢、助、徹是夏、商、周三代稅制之不同。"貢"，如龍子所説，"校數歲之中以爲常"。用今日經濟學語言來説是實物地租。"助"則是勞役地租，如孟子所説，"井九百畝，其中爲公田，八家皆私百畝，同養公田。公事畢然後敢治私事"。徹是什麽？孟子説"徹者徹也"，在當時可能人人都懂，自今人看來，孟子這話等於没説。後世趙岐釋爲取，鄭玄釋爲通，我看都不對。段玉裁《説文注》徹字下説，"古有徹無轍"。《説文新附》有轍字。徐鉉注説，"本通作徹，後人所加"。可見孟子所説"徹者徹也"，應讀作"徹者轍也"。"轍"字的意思，猶今日所説的"雙軌制"。轍，即周人稅制貢助兼用，在國中用貢，在野用助。孟子所説的"野九一而助，國中什一使自賦"，就是確鑿的證明。賦是就軍制來説的，自稅制來説，正是貢。孟子説："死徙無出鄉，鄉田同井，出入相友，疾病相扶持。"與《國語·齊語》説"世同居，少同游，故夜戰聲相聞，足以不乖；晝戰目相見，足以相識"，完全一致。顯然這是言軍事而不是言農事。至於自稅制來説，則是用貢法。貢與助的差别，用鄭玄的話説，在於貢"稅夫，無公田"，助"制公田，不稅夫"。古人認爲，無公田的土地實行溝洫法，制公田的土地實行井田法。《周禮·地官·遂人》説："凡治野，夫間有遂，遂上有徑；十夫有溝，溝上有畛；百夫有洫，洫上有途；千夫有澮，澮上有道；萬夫有川，川上有路，以達於畿。"這是所謂溝洫法。《考工記·匠人》説:"匠人爲溝洫,耜廣五寸,二耜爲耦。一耦之伐,廣尺深尺,謂之畎。田首倍之。廣二尺深二尺,謂之遂。九夫爲井,井間廣四尺深四尺,謂之溝。方十里爲成,成間廣八尺深八尺,謂之洫。方百里爲同,同間廣二尋深二仞,謂之澮。專達於川,各載其名。"《匠人》所述,前者是溝洫法的典型形式,後者是井田法的典型形式。溝洫法與井田法,二者在五溝五途的名稱方面是相同的。不同之處在於前者是"十夫有溝",後者是九夫有溝。不管是十夫有溝還是九夫有溝,每夫分得的土地都是百畝,用胡適的話説,都是"豆腐乾塊",亦即都是井田制。

2.《詩·衛風·碩人》"説於農郊",毛《傳》説:"農郊,近郊。"《詩·小雅·出車》:"我出我車,於彼牧矣。"鄭《箋》説:"牧地在遠郊。"以《周禮·地官·載師》"掌任土之法,以物地事,授地職,而待其政令。以廛里任國中之地。以場圃任園地。以宅田、士田、賈田任近郊之地。以官田、牛田、賞田、牧田任遠郊之地"證之,則所謂"以宅田、士田、賈田任近郊之地",亦可統稱爲"農郊"。這裏所説的"廛里",爲城内居住區,相當於《爾雅》的所謂"邑"。"場圃"是供給城内居民果蔬用的園田。"宅田、士田、賈田",前人解説多誤。實際上"宅田"即郊内居民或者説國人的居住區。"士田、賈田"則是分配給國人的土地。"士"是軍士,"賈"是工商户。《國語·齊語》"管子於是制國以爲二十一鄉,工商之鄉六,士鄉十五",可爲證明。"士"爲軍士。鄭玄釋爲"士田者,士大夫之子得而耕之田也"。鄭衆釋爲"士讀爲仕,仕者亦受田,所謂'圭田'也。《孟子》曰:'自卿以下必有圭田,圭田五十畝。'"清人江永説:"近郊遠郊七種之田皆農田外之閑田。農田自近郊以外皆有之,不定在近郊遠郊,故不言。"皆誤。賈田爲工商户分配的土地,除《齊語》可證外,《漢書·食貨志》説"工商家受田,五口乃當農夫一人",當亦指此。

"官田、牛田、賞田"地在遠郊,故又有牧稱,則其爲閑田餘地無疑。恩格斯在《馬爾克》一文裏談及"分配的馬爾克",又説到"公共的馬爾克”。如果同中國的井田制相對照，則近郊正是“分配的馬爾克”，遠郊正是“公共的馬爾克”。近郊又稱農郊，遠郊又稱牧，正說明這個問題。實行馬爾克或井田制度，沒有“公共的馬爾克”，是不能保證“土地分配給單個家庭並定期實行重新分配”的。恩格斯在《勞動在從猿到人轉變過程中的作用》一文中説：“原始的土地公有制一方面適應於眼界完全局限於眼前事物的人們的發展程度，另一方面則以可用土地的一定剩餘爲前提”，可見實行馬爾克制度，光有“分配的馬爾克”不行，必須有“公共的馬爾克”同時存在。

《周禮·載師》又説：“以公邑之田任甸地，以家邑之田任稍地，以小都之田任縣地，以大都之田任疆地。”這個甸，稍，縣，疆等地，又通稱爲“野”。《孟子·滕文公上》：“請野九一而助，國中什一使自賦。”《齊語》：“參其國而伍其鄙。”所説的“野”與“鄙”，都是指這個地方而言。在《爾雅·釋地》，就是“牧外謂之野”，在《詩·駉》毛傳，就是“郊外曰野”。這個被稱爲“野”的地區，最初在部落時代其實就是恩格斯所説的“一直延伸到鄰近部落的地區邊上”的“一塊廣闊的中立地帶”。

鄭玄《載師》注説：“家邑，大夫之采地；小都，卿之采地；大都，公之采地，王子弟所食邑也。”無疑是對的。因爲封地必須在原來空閑的土地，封地越大，越須在外圈或最外圈。不過，他説：“公邑謂六遂餘地，天子使大夫治之。”則不見得對。據我看，公邑，表明它是天子直轄的土地，應包括六遂在內。六遂是公邑，其餘未封之地，如已開墾，也是公邑。

鄭玄《載師》注説：“皆言任者，地之形實不方平如圖，受田邑者，遠近不得盡如制，其所生育賦貢取正於是爾。”鄭玄這個説法很通達，肯定符合歷史實際。實際上，從古到今，沒有一個制度能够把所有的情況包括無遺。即便是在我國空前統一的今天，中央機關制定的任何制度、方案，也祇能結合地方的具體情況來施行，不可能也不應該到處刻板式一刀切。

　　關於國野之分，在我國古代，並不是祇適用於周的王畿内或幾個諸侯國，而是帶有普遍性的。例如《尚書·牧誓》説："王朝至於商郊牧野"，是商畿内有國野之分。又《費誓》説："魯人三郊三遂"，是周初魯國也有國野之分。《詩·鄘風·干旄》説："孑孑干旄，在浚之郊"，"孑孑干旟，在浚之都。"是春秋初期的采邑也有國野之分。《墨子·尚賢上》説："國中之衆，四鄙之萌人。""四鄙"就是四野，是戰國時期的列國也有國野之分。

　　《墨子·尚賢上》於國中稱衆，於四鄙稱萌。萌亦作氓、甿。《孟子·公孫丑上》説："則天下之民皆願爲之氓矣。"又《滕文公上》説："願受一廛而爲氓。"孟子之所謂"民"，是指國人，所謂"氓"，是指野人。是國、野不但地區有别，其居民之名稱亦明顯不同。

　　《左傳》隱公元年説："都城過百雉，國之害也。先王之制，大都不過參國之一，中五之一，小九之一。"這裏所説的"國"相當於《爾雅·釋地》所説的"邑"，即後世所説的國都。《禮記·曲禮上》説"入境而問禁，入國而問俗，入門而問諱"的"國"，是指郊内，同《孟子·滕文公上》説的"國中什一使自賦"的"國"是同一個東西。《左傳》文公三年説的"小國受命於大國"的"國"則是指一個諸侯國的全部土地。

　　關於國與野這兩個概念，焦循説得最爲明晰，已如上述。國這個概念不是固定不變的，是隨着歷史的發展而發展的。

　　那末，爲什麼古代每一封内都區分爲國、野，國、野兩地居民的名稱又不相同呢？亦即爲什麼居於國者稱國人，又稱民，居於野者稱野人又稱氓呢？這個問題不見有人解答。孫詒讓《周禮正義》於《地官·委人》解釋"羈旅"一詞説："羈旅謂畿外客民，與上民爲六鄉土著異。"又説："暫止爲羈旅，久居則爲新甿。"我認爲孫氏所説的"六鄉土著"是指國人説的，所説的"新甿"是指野人説的。爲什麼稱國人爲土著，這一點很值得思考。實際上孫氏已説到了問題的本質，它意味着國人在部落時代即是這個地區以血族團體爲基礎的氏族或部落的成員,到了文明時代,雖然已經變成以地區團體爲基礎,但是因爲他們是原有的住户,習慣上仍被視作自己人。至於野人則不然。他們是戰俘,或是自外邊遷來的户口,所以稱氓或甿,以别於國人之爲民。又國人都居住在郊内,實行井田制,則外郊爲"公共的馬爾克",内郊爲"分配的馬爾克"。是外遷户或戰俘在郊内無容納之餘地,他們被安置在野也是必然之勢。殷墟卜辭有:"王大令衆人曰'叶田',其受年,十一月。"又有:"貞王令多羌坌田。"卜辭的前一條稱"衆人",顯然與《墨子·尚賢上》稱"國中之衆"相同,是指國人。"叶田"在周人則是耦耕。卜辭的後一條稱"多羌",顯然是指戰俘。"坌田"今通作墾田。則"多羌墾田"應是指野人開墾而言。

《左傳》宣公十二年記鄭伯肉袒牽羊屈服於楚,説:"其俘諸江南以實海濱,亦唯命,其翦以賜諸侯使臣妾之,亦唯命。"這是當時習慣上使戰俘於野墾殖的證明。又襄公十四年記戎子駒支對范宣子説:"昔秦人負恃其衆,貪於土地,逐我諸戎。惠公蠲其大德,謂我諸戎是四岳之裔胄也,毋是翦棄,賜我南鄙之田,狐狸所居,豺狼所嗥。我諸戎除翦其荆棘,驅其狐狸豺狼,以爲先君不侵不叛之臣,至於今不貳。"諸戎當然非戰俘可比,但是也安插在南鄙而不安插在國内。其他如孟子所説的"則天下之民皆悦而願爲之氓矣","願受一廛而爲氓",雖是客民不是戰俘,但從稱氓來看,也都是安插在野而不是安插在國。由於野人是客民或戰俘,所以國人和野人具有不同的名稱和不同的政治身份。

所謂不同的政治身份,主要表現在國人能當兵,野人不能當兵;國人能受教育,野人不能受教育。《周禮》於《大司徒》説:"令五家爲比,五比爲閭,四閭爲族,五族爲黨,五黨爲州,五州爲鄉。"於《小司徒》説:"乃會萬民之卒伍而用之,五人爲伍,五伍爲兩,四兩爲卒,五卒爲旅,五旅爲師,五師爲軍。"又《大司徒》説:"以鄉三物教萬民而賓興之。一曰六德:知仁聖義忠和。二曰六行:孝友睦姻任恤。三曰六藝：禮樂射御書數。”於《鄉大夫》説：“三年則大比，考其德行道藝而興賢者能者。”於《遂人》説：“掌邦之野。五家爲鄰，五鄰爲里，四里爲酇，五酇爲鄙，五鄙爲縣，五縣爲遂。凡治野，以下劑致甿，以田里安甿，以樂昏擾甿，以土宜教甿稼穡，以興鋤利甿，以時器勸甿，以彊予任甿。”於《遂大夫》説：“正歲，簡稼器，修稼政。三歲大比則帥其吏而興甿，明其有功者，屬其地治者。”即國人居六鄉稱民，有“會卒伍而用之”和“以鄉三物教萬民而賓興之”之事。而野人居六遂稱甿，衹有“以下劑致甿”等等及“正歲簡稼器，修稼政，三歲大比，則帥其吏而興甿，明其有功者，屬其地治者”，而無“會卒伍”及“以鄉三物教萬民而賓興之”之事。顯而易見，國人能當兵，能受教育，野人不能當兵，不能受教育。春秋時管仲治齊，“參其國而伍其鄙”，大致也是國人能當兵受教育，而鄙人不能當兵，不能受教育。這一點非常重要。正因爲這樣，我們認爲這個社會是奴隸社會。

　　總之，對於中國奴隸社會史的研究，必須對井田制度有正確的瞭解。否則不但中國是什麼類型的奴隸社會不能説明，諸如田制、軍制、禮制、刑制、税制以及教育制度等等也不能作確切的説明。不僅如此，以後諸種制度是怎麼變化的，也不能説明。簡直可以説，不瞭解井田制度就不瞭解中國奴隸社會史。然而自胡適以來，學術界竟有很多人否定《孟子》、《周禮》所記述的井田制度。其實不但《孟子》、《周禮》所記述的井田制度可信，即《爾雅·釋地》、《詩·魯頌》毛傳以及《國語·周語》、《詩·小雅·出車》、《鄘風·干旄》等，都是極爲可貴的井田制資料。

　　其次談宗法制度問題。

　　宗法制度也是中國奴隸社會中一個重要問題。這個問題本來清人如程瑤田、淩廷堪、鄭珍、王國維等已經談清楚了，不應有什麼爭議，乃時賢在疑古風的影響下，多不遵古訓，逞臆爲説，例如説“天子是天下之大宗”，“諸侯是一國之大宗”等等，全然不顧古人有

"諸侯奪宗""君是絶宗之人"的正確論斷,强行混宗統與君統爲一,我不滿意這種做法,因於 1956 年徵引大量資料並結合馬克思主義理論寫成《論宗法制度》一文。大意認爲周人創立宗法制度,固然出於總結商代君位繼承制的經驗教訓,也符合於當日的歷史條件。恩格斯説:"一定歷史時代和一定地區内的人們生活於其下的社會制度受着兩種生産的制約:一方面受着勞動的發展階段的制約,另一方面受着家庭的發展階段的制約。勞動愈不發展,勞動産品的數量,從而社會的財富愈受限制,社會制度就愈是在較大程度上受血族關係的支配。"①我們細繹恩格斯這段話,它顯然有另一方面的意思,即勞動愈發展,血族關係對社會制度的支配作用就愈減弱。這是第一點。另一點,勞動愈發展,在一定的歷史範圍内,總是表現爲政治關係或者説階級關係愈加强。這就是説,人類自從進入文明社會以後,歷史上始終存在血族關係和政治關係這兩種關係。這兩種關係並不是平行的。一般説,政治關係的支配作用愈擴大,血族關係的支配作用就愈縮小。這樣,當中國奴隸社會發展至西周時,實行宗法制,是可以理解的。據我理解,宗法制的最基本的特點是"别子爲祖"。所謂"别子",就是令公子、公孫與君統相區别,即從君統中分出來,另立宗統。公子與公(新君)雖有兄弟之親,但實行宗法後,公子應稱公(新君)爲君,不能稱公爲兄或弟。其實質是使血族關係服從政治關係,即政治關係高於血族關係。

《史記·梁孝王世家》褚先生補編有:"袁盎等曰:'殷道親親者立弟,周道尊尊者立子,……周道太子死,立嫡孫。殷道太子死,立其弟。"這裏所説的"殷道親親"、"周道尊尊",雖然祇是言君位繼承制問題,但由於"殷道親親",不難看出殷代不可能有宗法制。同樣由於"周道尊尊",可以肯定宗法制是周代創立的。《禮記·大傳》説:"服術有六,一曰親親,二曰尊尊。"鄭玄注説:"親親父母爲首,

<hr />

① 《馬克思恩格斯全集》第 21 卷,第 30 頁。

尊尊君爲首。"證明"親親"主要是言血族關係,"尊尊"主要是言政治關係。《儀禮·喪服》從喪服中表現當時社會存在的各種人與人之間的關係至爲繁賾。用一句話來概括,不外親親與尊尊兩種關係。關於宗法制問題在古代文獻中談得很多,本來不成問題。然而至今還有若干人依然以時賢的論點爲是。他們的辦法,一則否定《禮記》、《儀禮》的記載,以爲都是漢人的著述,完全不顧社會存在決定社會意識的規律。説先秦成説由漢人輯録的,可以,漢人怎能憑空造出那些東西來? 二則堅持《詩·公劉》"君之宗之"毛傳釋爲"爲之君,爲之大宗也"及《詩·板》"大宗爲翰"毛傳釋爲"王者天下之大宗"之説。不知鄭箋説"宗,尊也",孔疏引孫毓説"國君不統宗,故有大宗小宗,安得爲之君,復爲之大宗乎? 箋説爲長"及《板》詩孔疏説"以天子諸侯皆絶其宗名,且以上文類之,不得爲王之身。大者,衆多之辭,宗者與王同族。故知大宗王之同姓世嫡子也",早已把《毛傳》駁得體無完膚。

用這種東西作爲否定周人實行宗法的佐證,究竟能説明什麼問題呢? 研究中國奴隸社會史,如果對於周代的宗法制不理解,則對於周代的分封制、禮制以及其他有關問題也一定不能很好地理解。爲什麼呢? 因爲它們都是從宗法制派生出來的。

我寫《中國奴隸社會史》,曾在序文中鄭重聲明,"我寫的這部書不可能没有缺點錯誤,但有一點敢奉告讀者,就是我没有依草附木,隨波逐流,我説的是自己的話,走的是自己的道路"。我所以這樣説,由於當時史學領域有一種教條主義風氣正在廣泛流行,縱然觀點與史實都有問題,也無人敢持異議。我深深感到這種風氣極不利於史學發展,因不揣庸陋,敢於以自己的意見徑直地與若干權威人士相抗争。

其次談奴隸社會的階級和階級鬥争問題。

這是我與權威抗争的一個重要内容。當時一般流行的説法,把奴隸社會、封建社會的階級和階級鬥争與資本主義社會的階級和階級鬥爭等同起來。我根據馬克思、恩格斯、列寧的論述證明，資本主義社會的階級是非等級的階級，奴隸社會的階級是等級的階級。資本主義社會的階級鬥爭是在兩大直接對立的階級之間進行，而奴隸社會的階級鬥爭，如馬克思所説："衹是在享有特權的少數人内部進行，衹是在自由富人與自由窮人之間進行，而從事生産的廣大民衆，即奴隸，則不過爲這些鬥士充當消極的舞臺臺柱。"①恩格斯説："在奴隸制下，衹能有單個人不經過過渡狀態而立即獲得釋放（在古代是没有用勝利的起義來消滅奴隸制的事情的），而中世紀的農奴實際上卻作爲階級而逐漸實現了自己的解放。"②列寧説："我們知道，奴隸舉行過起義，進行過暴動，掀起過内戰，但是他們始終未能造成自覺的多數，未能建立起領導鬥爭的政黨，未能清楚地瞭解他們所要達到的目的，甚至在歷史上最革命的時機，還是往往成爲統治階級手下的小卒。"③

其次談夏部落的問題。

我認爲夏也稱大夏，原爲地名。自啓殺益奪取政權，建立起一個以華夏族爲基礎的奴隸制國家後，才變成了歷史上一個朝代的名稱。後世所稱的"夏后氏"或"夏"，實際上是啓至桀這個王朝的名稱。范文瀾《中國通史簡編》説：戰國以前書，從不稱"夏禹"，衹稱"禹"、"大禹"、"帝禹"；稱啓爲"夏啓"、"夏后啓"。這個考據是完全正確的，并且是十分必要的。《逸周書·世俘》稱禹爲"崇禹"。《國語·周語下》稱禹父鯀爲"崇伯鯀"。是鯀、禹父子原是崇部落的酋長。《國語·周語上》説："昔夏之興也，融降於崇。"與"周之興也，鸑鷟鳴於岐山"連類而及，證明夏之崇山一如周之岐山，衹表明崇山是夏的發祥地，並不意味崇之鯀、禹亦冒夏名。因此，中國歷

---

① 《馬克思恩格斯全集》第 16 卷，第 405 頁。
② 《馬克思恩格斯全集》第 21 卷，第 177 頁。
③ 《列寧全集》第 29 卷，第 442 頁。

史上祇有夏王朝,而沒有夏部落。"夏部落"的叫法是沒有根據的。

其次談夏是羌族,商是東夷族,周是羌族的一支以及部落聯盟的首領由夷和夏輪流擔任的問題。

我認爲恩格斯的下述觀點是可信的,有普遍意義的。恩格斯在論述"易洛魁人的民族"時稱:"這種血緣親屬關係是聯盟的真實基礎。"①《史記・三代世表》把我國堯、舜、禹時期的部落聯盟中的堯、舜、禹、稷、契等等部落聯盟首領通稱作黃帝的子孫,與恩格斯的說法一致。這就證明,部落聯盟不可能是不同族的混合。怎能說夏是羌族,商是東夷,周是羌族的一支以及部落聯盟的首領由夷和夏輪流擔任呢! 既不相信文獻記載,也不相信馬克思主義理論,祇相信自己的主觀臆斷。這種做法,儘管在當時的歷史條件下還有市場,我是斷斷不能同意的。

其次談封國問題。

我認爲,分封諸侯之事大行於周初。殷商末世箕子封箕,微子封微之類,容或有之。堯、舜、禹之時斷無分封之事。《史記》稱"契封於商","封弃於邰",皆非事實。因爲《荀子・成相》說:"契玄王,生昭明,居於砥石遷於商。"《左傳》襄公九年說:"陶唐氏之火正閼伯居商丘,祀大火,而火紀時焉。相土因之,故商主大火。"怎能說"契封於商"呢!《詩・大雅・生民》明明說后稷生後"即有邰家室",怎能說"封弃於邰"呢! 由此可見,堯、舜、禹時代並無封國之事。《史記》所說是沒有根據的。

其次談商文化起源問題。

我根據《淮南子・地形訓》說"遼出砥石"和高誘注說"砥石,山名,在塞外,遼水所出,南入海"寫了一篇《商文化起源於我國北方說》,發表在《中華文史論叢》第七輯(復刊號)上。在史學領域引起很大反響。很可能我的看法是對的。

①　《馬克思恩格斯全集》第21卷,第109頁。

其次談文獻史料與實物史料問題。

我主張文獻與實物二者並重但以文獻史料爲主。胡適說："現在先把古史縮短二三千年,從《詩》三百篇做起。將來等待金石學、考古學發展上了軌道以後,然後用地底下掘出的史料慢慢地拉長東周以前的歷史。"我不贊成他的說法。

其次談原始社會與文明社會的分界問題。

我認爲根據恩格斯"國家是文明社會的概括"①的觀點,應把國家的出現作爲劃分原始社會與奴隸社會界限的標誌。我不同意以私有制、階級或鐵作爲劃分原始社會與文明社會界限的標誌的觀點。

其次談民族融合問題。

恩格斯把"以血族團體爲基礎"視作原始社會的特徵,把"基層單位不是血族團體而是地區團體"視作國家的特點。根據恩格斯的這一觀點,我認爲"黃帝族與炎帝族,又與夷族、黎族、苗族的一部分逐漸融合,形成了春秋時稱爲華族"的說法是不足據的。

其次談夏代是我國由氏族制度向奴隸制國家過渡的時期的問題。

我提出這個問題有人不同意。其實這個問題無論在馬克思主義理論還是在我國歷史文獻中,都有確鑿的根據。馬克思《摩爾根〈古代社會〉一書摘要》在談及羅馬人時說:"以氏族爲基礎的社會和以領土與財產爲基礎的國家并存;後一組織在二百年的時期內逐漸代替了前者的地位。"在談及希臘政治社會的建立時說:"這個由氏族制度向國家的過渡時期,修昔的底斯和其他著者描寫爲經常混亂的時期,這種混亂現象則是由權限上的衝突和還未十分明確規定的政權機關濫用職權造成的;舊的管理制度已經無能爲力,這也就引起了必須由成文法代替習慣法。這個過渡時代延長了數

---

① 《馬克思恩格斯全集)第 21 卷,第 200 頁。

世紀之久。"①又説:"一種制度在逐漸消失,一種制度在逐漸出現,因此在某一期間内,兩者是并存的。"②恩格斯在談及雅典國家的產生時也説過,國家是"部分地靠改造氏族制度的機關,部分地用設置新機關的辦法來排擠掉它們,最後全部代之以真正的國家權力機關而發展起來的"。③ 中國古籍如《周禮·考工記》、《禮記》之《檀弓》、《祭義》、《論語·八佾》、《孟子·滕文公上》等凡是夏、殷、周三代並稱時,一例稱爲"夏后氏"、"殷人"、"周人",這決不是偶然的。正表明夏是過渡時期,以氏族爲基礎的社會和以領土與財產爲基礎的國家并存,而殷、周已完成了過渡。

其次談春秋與戰國的分界綫問題。

當時影響最大的是郭沫若的説法。他把春秋與戰國的分界綫定爲公元前 475 年即周元王元年。我不贊成這種看法。《史記·六國年表》起於周元王元年,用意在與孔子所作的《春秋》相銜接,並不是以此作爲春秋與戰國兩個時代的分界綫。觀其序文説"三國終之卒分晉,田和亦滅齊而有之,六國之盛自此始",可以知曉。《左傳》、《國語》二書之下限和《戰國策》之上限亦以韓、趙、魏三家滅智伯而有其地爲終點和起點。《資治通鑒》也是從韓、趙、魏三家滅智伯而分其地敍起。足見這個分法符合歷史實際並爲大家所公認。《墨子》、《荀子》皆以齊桓、晉文、楚莊、吳闔閭、越勾踐爲五霸。若以郭氏説法爲是,將分界綫劃在周元王元年,則五霸缺一,而韓、趙、魏不在七雄之内。

其次談中國奴隸社會與封建社會分期問題。

這是建國以來史學界議論最多、分歧最大的一個問題。清人惲敬《三代因革論》説:"是故秦者古今之界也。自秦以前,朝野上

① 　人民出版社,1965 年,第 183 頁。
② 　同上,第 182 頁。
③ 　《馬克思恩格斯全集》第 21 卷,第 125 頁。

下所行者皆三代之制也。自秦以後，朝野上下所行者皆非三代之制者也。"(《大雲山房文稿》)惲氏説的"三代之制"，實際就是奴隸制，所説的"非三代之制"，實際就是封建制。惲氏不知道後世有社會分期的爭論，他的結論全來自對歷史的冷靜觀察、分析得出，並無毫忽成見在胸，因而可信。我很佩服他的卓識。他不懂馬克思主義，卻講到了點子上，實在不簡單。我寫《中國奴隸社會史》采用了他的觀點。

以上概述了我在史學方面做的工作。

下面談談我在經學方面下的功夫。

### 1. 我對《周易》的研究

我在古籍中最喜讀經學，在經學中最喜讀《周易》和《春秋》。對《周易》我用力最多。我於 1939 年寫了一本《易通》，1945 年由商務印書館印行。解放以後又寫了《易論》、《説易》、《關於〈周易〉的作者問題》。與先前的《易通》合爲一書，題曰《學易四種》，於 1987 年由吉林文史出版社印行。以後又於 1987、1989 由吉林大學出版社先後印行《周易講座》、《周易全解》二書。

總的來説，我認爲《周易》是殷周之際的作品，它是周初統治者利用卜筮的形式表達哲學内容，藉以統治人民的一種工具。它的產生是當時的歷史條件決定的。一方面，周初的統治者已具有很高的哲學水平；另一方面，當時的廣大人民群衆認識水平還相當的低，完全束縛在宗教迷信之中。利用卜筮這種形式進行教化，是當時百姓所能接受的最有效的辦法。《繫辭傳上》説的"其孰能與於此哉，古之聰明叡知神武而不殺者夫"，就是這個道理。靠武力解決不了的問題靠卜筮卻能解決。

但是卜筮祇是《周易》的外部形式，哲學才是它的實質性内容。此書行世既久，人們祇習慣於把它看作卜筮之書，無人注意並肯下功夫去瞭解它的内涵。祇有孔子聰明叡知，首先發現了這個問題。他晚而喜《易》，讀《易》韋編三絶，著成《易傳》。後世真正瞭解《易》

的人並不多。於是自古至今治《易》的長期分爲兩大派。一派是注重卜筮的,通常名爲象數派。一派是注重思想的,通常名爲義理派。兩派互爲對壘,旗鼓相當,難分上下。實際上是象數派鼓吹迷信,義理派維護真理。前者於學術無益,於社會有害,後者是進步的。今日中國是社會主義國家,以馬克思主義爲指南,以四項基本原則爲立國之本,研究《周易》還主張象數,宣傳迷信,是根本的錯誤。

我研究《周易》最重視《易傳》。我認爲《易傳》是瞭解《周易》的鑰匙。我最看不起所謂的"象數派"《易》學。如果説我在《易》學上做了些有益的工作的話,我以爲第一是揭穿象數派的謬誤,第二是闡發《易傳》的精微。

説揭穿象數派的謬誤。

指出包犧氏畫八卦之説不可信。《繫辭傳下》説:"古者包犧氏之王天下也,仰則觀象於天,俯則觀法於地,觀鳥獸之文與地之宜,近取諸身,遠取諸物,于是始作八卦,以通神明之德,以類萬物之情。作結繩而爲罔罟,以佃以漁,蓋取諸離。包犧氏没,神農氏作,斲木爲耜,揉木爲耒,耒耨之利,以教天下,蓋取諸益。日中爲市,致天下之民,聚天下之貨,交易而退,各得其所,蓋取諸噬嗑。神農氏没,黄帝堯舜氏作,通其變,使民不倦,神而化之,使民宜之。《易》窮則變,變則通,通則久,是以自天祐之,吉无不利。黄帝堯舜垂衣裳而天下治,蓋取諸乾坤。刳木爲舟,剡木爲楫,舟楫之利,以濟不通,致遠以利天下,蓋取諸涣。服牛乘馬,引重致遠,以利天下,蓋取諸隨。重門擊柝以待暴客,蓋取諸豫。斷木爲杵,掘地爲臼,臼杵之利,萬民以濟,蓋取諸小過。弦木爲弧,剡木爲矢,弧矢之利,以威天下,蓋取諸睽。上古穴居而野處,後世聖人易之以宫室,上棟下宇,以待風雨,蓋取諸大壯。古之葬者,厚衣之以薪,葬之中野,不封不樹,喪期無數,後世聖人易之以棺槨,蓋取諸大過。上古結繩而治,後世聖人易之以書契,百官以治,萬民以察,蓋取諸夬。”這一大段文字我看有許多可疑之處。第一，“包犧氏”、“伏犧氏”、“宓犧氏”這些名字都不見於戰國以前孔子的書。司馬遷説：“百家言黄帝，其文不雅馴，薦紳先生難言之。孔子所傳宰予問五帝德及帝繫姓，儒者或不傳。”那末《易傳》中確切地言及包犧氏、神農氏，不可疑嗎！《左傳》僖公二十五年説：“今之王，古之帝也。”説明夏、商、周三代之前無王天下之事。《禮記·禮運》記孔子對言偃説：“今大道既隱，天下爲家。”同時言及“禹、湯、文、武、成王、周公”。而在講“大道之行也”時，祇説“天下爲公”，不曾道出一個人的名字。何況“王天下”與“天下爲公”從根本上就是不相容的。第二，在這段文字中，説“以通神明之德，以類萬物之情”，説“蓋取諸離”，“蓋取諸益”，“蓋取諸噬嗑”，這顯然已是六十四卦，“始作八卦”是辦不到的。第三，《易》六十四卦之取象如鼎，如井，都是先有鼎、井這兩個實物，然後才有用鼎、井兩物作爲卦象。怎能説先有卦象然後才創造出實物呢！“以佃以漁”，“耒耨之利”，從科技發展史説，一方面由於有了可能的條件，一方面由於生活的需要，才出現的。怎能説是由於取諸某卦呢！我敢斷言，孔子決不會有這種語言。第四，《易傳》每談到作《易》者時，祇稱“聖人”，決不見具體指出某人的名字。因此我認爲上引這段文字實非《易傳》原文，而是後世人竄入的。這竄入者是誰，不能確指，我看很可能是戰國時人。

　　指出河出圖洛出書之説非《易傳》固有。《繫辭傳上》説：“天垂象，見吉凶，聖人象之。河出圖，洛出書，聖人則之。”我懷疑這幾句話也是後人竄入的，不是《易傳》原文。上文既言“八卦定吉凶”，此處又説“天垂象，見吉凶”，兩相抵觸。《周易》實際上是由八卦、六十四卦見吉凶，決不是從天垂象見吉凶。又，上文已説“天生神物，聖人則之”，“神物”分明是“蓍龜”，足以説明問題，此又言“河出圖，洛出書，聖人則之”，徒生混亂。河圖、洛書是什麼，在六十四卦中不見一點影子，孔子何以憑空插入這樣一句話！

指出八卦的性質確定不變而其取象則靈活不居。《説卦傳》説:"乾,健也。坤,順也。震,動也。巽,入也。坎,陷也。離,麗也。艮,止也。兑,説也。"很明顯這是説八卦的各自性質。《説卦傳》説:"乾爲馬,坤爲牛,震爲龍,巽爲鷄,坎爲豕,離爲雉,艮爲狗,兑爲羊。"又説:"乾爲首,坤爲腹,震爲足,巽爲股,坎爲耳,離爲目,艮爲手,兑爲口。"顯然這是説八卦的取象。説八卦性質時用"也"字,如説"乾健也,坤順也",表明乾是健,坤是順,在任何情況下乾都是健,坤都是順,始終不變。説八卦的取象時用"爲"字,如"乾爲馬,坤爲牛",表明乾可以取象馬,坤可以取象牛,但是落實到六十四卦中,乾也可以取象龍,坤也可以取象馬,並非祇有震才能取象龍,祇有乾才能取象馬。可見八卦各取什麼象是靈活不居,没有一定的。而執象數之説的人乃將象固定下來,搞"定馬於乾,案文責卦",與《易傳》背道而行。

指出"大衍之數五十"實脱"有五"二字。《繫辭傳上》説:"大衍之數五十,其用四十有九。"這個"大衍之數五十"決是同篇的"凡天地之數五十有五"。鄭玄、姚信、董遇都已看到這一點,其所以不説"五十有五",仍作"五十",顯然是傳鈔時脱"有五"二字。遺憾的是古人對"其用四十有九"的解説皆誤。鄭玄説:"天地之數五十有五,以五行氣通,凡五行減五,大衍又減一,故四十九也。"姚信、董遇説:"天地之數五十有五者,其六以象六畫之數,故減之而用四十九。"其他如京房説:"五十者謂十日、十二辰、二十八宿也,凡五十。其一不用者,天之生氣,將欲以虚來實,故用四十九焉。"馬融説:"易有太極,謂北辰也。太極生兩儀,兩儀生日月,日月生四時,四時生五行,五行生十二月,十二月生二十四氣。北辰居位不動,其餘四十九轉運而用也。"荀爽説:"卦各有六爻,六八四十八,加乾坤二用,凡有五十,初九潛龍勿用,故用四十九也。"其實"其用四十有九"根本没什麼神秘,就是因爲四十九根蓍草擺弄起來能得出七、八、九、六這四個數,因而能求出卦來,而五十五或五十等數都辦不到。古人這些説法全是强不知以爲知，信口亂道，不足置辨。

　　指出將五行五方十天干等引入《易》學領域，强解"天數五，地數五，五位相得而各有合"，是錯誤的。《繫辭傳上》談及大衍之數的構成時説："天一地二，天三地四，天五地六，天七地八，天九地十。天數五，地數五，五位相得而各有合。天數二十有五，地數三十，凡天地之數五十有五，此所以成變化而行鬼神也。"這段文字本來不易解釋，而傳鈔者又將"天一地二，天三地四，天五地六，天七地八，天九地十"移至别處，使解釋起來更難。學者於此理應根據"知之爲知之，不知爲不知"的精神，疑者缺之，乃有些人卻强不知以爲知，逞臆爲説。例如虞翻釋"五位相得而各有合"説："五位謂五行之位，甲乾乙坤相得合木，謂'天地定位也'，丙艮丁兑相得合火，'山澤通氣'也。戊坎己離相得合土，'水火相逮'也。庚震辛巽相得合金，'雷風相薄'也。天壬地癸相得合水，言陰陽相薄而戰於乾。故五位相得而各有合。或以一六合水，二七合火，三八合木，四九合金，五十合土也。"鄭玄釋此説："天地之氣各有五。五行之次，一曰水，天數也。二曰火，地數也。三曰木，天數也。四曰金，地數也。五曰土，天數也。此五者陰無匹，陽無耦。故又合之，地六爲天一匹也，天七爲地二耦也，地八爲天三匹也，天九爲地四耦也，地十爲天五匹也。二五陰陽各有合，然後氣相得施化行也。"又説："天一生水於北，地二生火於南，天三生木於東，地四生金於西，天五生土於中。陽無耦，陰無配，未得相成，地六成水於北，與天一並。天七成火於南，與地二並。地八成木於東，與天三並。天九成金於西，與地四並。地十成土於中，與天五並。"他們對"天一地二，天三地四，天五地六，天七地八，天九地十"和"五位相得而各有合"不能理解，而牽附五行五方以及十天干，不但不能解決問題，適以自亂。然而後世之言象數者競視作珍寶，當作傳承卜筮的最難得的資料。所以言象數者其所謂象，實際上就是"定馬於乾，案文責卦"的象；其所謂數，實際上就是把五行五方十天干等等牽附進來的數。總之都不是《周易》原有的東西，而是從外部加進去的可怪的貨色。

　　我認爲，天地之數自一至十起，應與《左傳》所謂"盈數"有關係。《左傳》莊公十六年説："不可使共叔無後於鄭，使以十月入，曰良月也，就盈數焉。"杜預注説："數滿於十。"又閔公元年説："萬，盈數也。"孔穎達疏説："數至十則小盈，至萬則大盈。"又僖公四年説："十年尚猶有臭。"孔穎達疏説："十是數之小成。"前蘇聯學者柯斯文《原始文化史綱》説："在許多落後部落的語言中，'二'這個數目僅僅意味着一件東西的兩半。"又説："這些部落從事計數時，往往祇能到三爲止。"又説："安達曼人和其他一些落後的部落，能够計數到十，十以上的數目就一概稱之爲'多'或'很多'。"可見人類計數有一個發展過程。"十"是一個發展階段的標誌，"萬"也是一個發展階段的標誌。我國古人心目中長期留存着這個意識，所以一般都稱十爲盈數，萬亦爲盈數。相對地説，十爲小盈，萬爲大盈。就是説，古人的計數能力曾經祇知道十，十以上的數就不知道了。後來向前發展，有一個時期還知道有萬，萬以上就不知道了。稱十、萬爲盈數以及有萬物、萬民之稱，都是古人計數知識經歷過這樣的發展過程的證明。筮法之數以十爲起點，明顯視十爲盈數，以爲十個自然數有涵蓋一切的意義，仿佛一個獨立的天地。"天一地二"的天地實無深義，如同陰陽奇偶一樣，表明十個自然數中有對立統一的關係而已。與五行五方十天干根本没有關係。《洪範》的"一曰水、二曰火"的一、二等數是序數，與《易》筮法的"天一地二"毫不相干。至於"五位相得而各有合"，也極簡單，祇是説天一與地二相得，天三與地四相得，天五與地六相得，天七與地八相得，天九與地十相得，共爲一個矛盾的統一體。一、三、五、七、九五個數合爲二十五，二、四、六、八、十五個數合爲三十。十個自然數分爲天地兩組，兩組相加，爲五十五，故曰"天地之數五十有五"。《易傳》説得再明白不過，任何其他的説解都是妄生枝葉，務須刪削。鄭玄、虞翻等人本是誤説，後人誤信，不料竟據以自號爲象數派，謬種流傳，踵事增華，無有紀極，可爲浩嘆！

　　説闡發《易傳》之精微。

　　現在談我在《易》學領域中下的第二方面功夫。我在這方面祇是發掘孔子《易》學思想中湮滅不彰的問題，没有我自己的獨立的見解。

　　闡發"坤元亨利牝馬之貞"之精義。我開始讀《易》時對坤卦辭"牝馬"二字的意義百思不解。以後讀《黑韃事略》，見書中有曰："其牡馬留十分壯好者作移剌馬種。外餘者多扇了，所以無不强壯也。移剌馬者，公馬也，不曾扇，專管騍馬群，不入扇馬隊。扇馬、騍馬各自爲群隊也。又其騍馬群，每移剌馬一匹，管騍馬五六十匹。騍馬出群，移剌馬必咬踢之使歸。或他群移剌馬逾越而來，此群移剌馬必咬踢之。"是以得到啓發，以爲"利牝馬之貞"的牝馬，應作如是解。後來見俞琰説《易》亦曾語及於此，方悟我聞見之不廣。然因此益堅信我的見解正確不誤。"牝馬"二字本義既如此，則"先迷後得主"，"先迷失道，後順得常"，"大哉乾元，萬物資始，乃統天"，"至哉坤元，萬物資生，乃順承天"以及"天尊地卑，乾坤定矣"，"乾健也，坤順也"等等一系列問題都迎刃而解。不僅如此，更可以知道"乾元亨利貞"的乾是象天，亦即象太陽。《禮記·郊特牲》説："郊之祭也，迎長日之至也，大報天而主日也。"可爲證明。"元亨利貞"象春夏秋冬四時。所謂"大哉乾元，萬物資始"，是象"春日載陽"。"至哉坤元，萬物資生"，是象"孟春之月，天地和同，草木萌動"。因而"有天地然後萬物生焉"，"乾坤其《易》之緼邪"，"乾坤其《易》之門邪"以及"乾之策二百一十有六，坤之策百四十有四，凡三百有六十，當期之日"等等問題都可以解決了。

　　闡發六十四卦結構的精義。《繫辭傳上》説："乾坤其《易》之緼邪！乾坤成列而《易》立乎其中矣。乾坤毀則无以見《易》，《易》不可見，則乾坤或幾乎息矣。"這段話至關重要，它具體地揭露全《易》

六十四卦結構的深刻意義。"乾坤其《易》之緼邪",是說乾坤二卦在六十四卦當中所處的重要地位。"《易》之緼"說六十四卦是一個變化發展過程,這個過程已蘊藏在乾坤二卦之中了。"乾坤成列而《易》立乎其中矣",當乾坤兩卦列在六十四卦之首的時候,《易》的發展變化亦即六十四卦的發展變化已經在其中了。由乾坤兩卦展開的六十四卦的序列,每兩卦不反則對,都是一個矛盾的統一體。然而乾坤兩卦作用特殊,是一個特殊的矛盾統一體。它們一個是陽物一個是陰物,陰陽合德,剛柔相摩,創生其餘諸卦。六十四卦發展變化的内在動力和外部形式全由乾坤兩卦的發展變化所決定。《易》的運動過程實質即乾坤兩卦的運動過程,六十四卦的發展即乾坤兩卦的展開。《易》通過乾坤兩卦的運動體現天地自然生育萬物,生而復滅,滅而復生,生生不息的客觀規律。因此才說"乾坤毀則无以見《易》"。乾坤實際上祇有發展没有毀。"《易》不可見,則乾坤或幾乎息矣",乃假設之辭,看來它幾乎息,但是不能息。既濟未濟兩卦排在六十四卦之後恰好反映乾坤似息未息的微妙狀態。六十四卦的有序排列反映分陰分陽,剛柔迭用的過程。到既濟這一卦,陰陽各得其位,剛柔兩兩皆應,矛盾表面上已停止,故《雜卦傳》概括以"既濟定也"。然而乾坤不能毀,所以既濟之後是未濟,未濟六爻皆應但皆不當位,於是矛盾又復萌,乾坤或幾乎息卻並不是息,六十四卦結束,新的過程又開始。乾坤居首,既濟未濟殿後,六十四卦如此排列,把"物不可窮"的偉大辯證法思想表現得這般準確、精妙而富有魅力,至今猶令人驚嘆不已。

　　闡發《易傳》變通之義。《繫辭傳上》說:"闔户謂之坤,闢户謂之乾,一闔一闢謂之變,往來不窮謂之通。"《繫辭傳下》說:"變而通之以盡利。"又說:"化而裁之謂之變,推而行之謂之通。"又說:"化而裁之存乎變,推而行之存乎通。"這些言論歸結起來都是講乾坤。變是乾坤之變,通是乾坤之通。乾坤之運動就是變,運動不止就是通。形象地說,門打開了,這是乾;門關上了,就是坤。一開一關,反復無有窒礙便是通。但是任何比喻都有欠缺,變與通並不似一扇門一開一關那麼簡單。變實際上指量變,通實際上指質變。量變與質變總是交替進行,這是不依人的意志爲轉移的客觀規律。然而人之主觀作用並非無能爲力,人可以通過自身的努力爭取事情的成功,即所謂"以盡利"。人適應規律,利用規律,於量變宜"化而裁之",於質變宜"推而行之"。變與通的問題在六十四卦中體現最爲充分。一卦自初至上恰似一個變通的過程。所以《繫辭傳下》說:"六爻相雜,唯其時物也。"王弼《周易略例》說:"夫卦者時也,爻者適時之變者也。"時亦即變通,若無變無通,時何從談起! 若不爲表現時,古人何須畫卦設爻! 試以乾卦爲例說明之。乾卦六爻初"潛龍勿用",二"見龍在田",三"終日乾乾",四"或躍在淵",五"飛龍在天",上"亢龍有悔",是一個量變的過程,六爻自初至上一直是量變,乾的性質不曾變。至上九"亢龍有悔",則達到滿盈的程度,質變即將發生,乾《文言傳》說:"亢龍有悔,窮之災也","盈不可久也",正是這個意思。乾之時要向非乾之時轉化。是知《周易》有對立統一規律的反映,也有質量互變規律的反映。這當然不是舊日說《易》者所能瞭解的。

闡發《易傳》關於《周易》一書性質的義蘊。孔子作《易傳》,對《周易》所作的一個重大貢獻是把這書的性質點透了,爲後世形成的義理派《易》學奠定了理論基礎。春秋時代許多人把《周易》看作卜筮之書,用以卜筮問吉凶,孔子則視《周易》爲講思想講哲學的書。他說:"是以明于天之道而察于民之故,是興神物,以前民用。"(《繫辭傳上》)意謂《周易》的實質性內容是自然規律和人事規律,而用著卦這個神物表達它,目的是指導人民百姓的生活。孔子還說:"夫《易》何爲者也? 夫《易》開物成務,冒天下之道,如斯而已者也。"這話更加確定地點明《周易》祇是講哲學的書,天下全部事理都在它的該括中。一句"如斯而已者也",明示《周易》的任務不是卜筮。孔子這一思想後世重視的人實不多。朱熹名氣極大,卻也强調《周易》的本義是卜筮。我堅信孔子的認識是完全正確的。我一直遵循這一思想研究《周易》。

闡發卦義爻義的真髓。例如漸與歸妹是既反且對之卦。漸卦辭説"女歸吉",歸妹卦辭則説"歸妹征凶,无攸利"。兩卦相反對,何以一個曰女歸,一個曰歸妹;一個吉,一個凶而無所利。我認爲它們反映中國古代婚嫁制度的特點。漸卦講嫁,歸妹講娶。漸卦女子嫁作嫡即夫人,歸妹是娶來女子作侄娣。原來古代婚嫁中有一種侄娣制度,在文獻中有記載。《公羊傳》莊公十九年説:"媵者何? 諸侯娶一國,則二國往媵之,以侄娣從。侄者何? 兄之子也。娣者何? 弟也。諸侯壹娶九女,諸侯不再娶。"諸侯結婚一次,一次娶九個女人。"娶一國"是從一個國家中娶一位女子作夫人,在九女之中她是嫡。娶她要備六禮,即完成一個繁雜的禮儀手續。另外兩個國家各嫁過去一個女子,叫左媵右媵,媵是庶妻。作夫人和作媵的三個女子又各帶兩名侄或娣。侄娣也是庶妻。二媵和六侄娣不備六禮,男方娶過去就是了。《公羊傳》隱公二年説:"伯姬歸於紀。"隱公七年又説:"叔姬歸於紀。"這就是歸妹。何休注説:"叔姬者,伯姬之媵也。至是乃歸者,待年父母國也。婦人八歲備數,十五從嫡,二十承事君子。"女子六禮齊備,堂堂正正嫁作夫人,古人以爲吉,故漸曰"女歸吉"。不備六禮,被人娶作侄娣,古人以爲凶,故歸妹曰"征凶,无攸利"。

困卦九五"劓刖"當從王肅本作臲卼。阮元《校勘記》於"困于葛藟臲卼"下説"臲,《説文》作劓"。《莊子・德充符》説"魯有兀者王駘"。兀者即刖者。則九五"劓刖"的劓應作劓,刖應讀如兀。故"劓刖"可寫作"臲卼"。臲卼與臲卼字義同。益卦上九象曰"莫益之,偏辭也"。阮元《校勘記》説:"《釋文》偏孟作遍。"案孟作遍是。王注:"獨唱莫和,是偏辭也。"非。坤卦《彖傳》:"柔順利貞,君子攸行,先迷失道,後順得常。"六二"直方大,不習无不利",《象》曰:"六二之動,直以方也,不習无不利,地道光也。"與老聃貴柔,不敢爲天下先，無爲而無不爲的觀點很相似，疑老子思想出於殷易《坤乾》。老、孔之異，實爲《坤乾》與《周易》之異。

### 2. 我對《春秋》的研究

經學中《周易》而外，我最喜《春秋》。抗日戰争期間我在四川復性書院學習時，讀畢《春秋》"三傳"，撮檢心得體會，寫成《春秋釋要》一書。其中語及"據魯、親周、故殷"一節，過蒙先師馬一浮先生題詞鼓勵。自今視之，有些問題固然説對了，有些問題則不全對。例如談到《春秋》之書名時，采取賈、杜二家説，就不對。毛奇齡《春秋毛氏傳》説："舊謂春以善善，秋以惡惡。《春秋》者善善惡惡之書，則《毛詩》'春秋匪懈'，《孝經》'春秋祭祀，以時思之'，《中庸》'春秋修其祖廟'，未聞有善惡於其間，蓋古來恒稱如是矣。"當時以爲毛氏喜駁辨，這種説法不見得有什麼根據。及後來讀書漸多，瞭解到古人觀察大火以定季節，如《左傳》襄公九年所説"古之火正，或食於心，或食於咮，以出内火……陶唐氏之火正闕伯居商丘，祀大火而火紀時焉"，所謂出内火，實際當時祇知道春秋二季爲一年，不知道春夏秋冬四時爲一年。祇有到了堯制新曆時，始知"期三百有六旬有六日，以閏月定四時成歲"。由於舊有習慣，所以人們依然稱一年爲春秋。即便言四時，亦如《禮記·孔子閑居》説："天有四時，春秋冬夏。"《莊子·至樂》説："是相與爲春秋冬夏四時行也。"習慣稱春秋冬夏，而不稱春夏秋冬。《尚書·洪範》説："日月之行，則有冬有夏。"可見在堯"曆象日月星辰，敬授人時"以前，人們是不知有冬有夏的。故《春秋》一書取名應如毛奇齡所説，"古來恒稱如是矣"。

"據魯、親周、故殷"，見《史記·孔子世家》，這是司馬遷問故於董生的舊説，確然可據。惜爲何休所誤解，説成"黜周王魯"。真如晉人王接所説："何氏黜周王魯，大體乖硋，志通《公羊》，往往還爲《公羊》疾病。"

何休之誤，詳見何休《公羊傳解詁》。《公羊傳》宣公十六年：

"成周宣謝災,何以書? 記災也。外災不書,此何以書? 新周也。"
此處"新周"當讀爲"親周"。古新、親可通用。何休不解,仍作本字
讀,讀爲新舊之新,以致錯誤地在《解詁》裏説:"孔子以《春秋》當新
王,上黜杞,下新周而故宋。"

《春秋》"據魯、親周、故殷",是因爲《春秋》是魯史,不能不依據
魯國發生的歷史事件來寫。但周對魯來説是共主,周與魯又有特
殊的關係。所以周發生的事情,魯史也當寫,這就叫做"親周"。
"親"表示周、魯之間的特殊關係。"故殷"即"故宋"。因爲宋於周
爲二王後。《禮記·郊特牲》説:"天子存二王之後,猶尊賢也。尊
賢不過二代。"根據這條原則,魯對殷後宋也要有一種特殊的表示,
這就叫做"故宋"或"故殷"。《公羊傳》襄公九年:"宋災何以書? 記
災也。外災不書,此何以書? 爲王者之後記災也。"《穀梁傳》襄公
九年:"宋災。外災不志,此其志何也? 故宋也。"是其證。按照天
子存二王後,尊賢不過二代的原則,魯雖然不是天子,也應追尊周
殷二代,不能尊夏,所以可稱爲黜夏。何氏之誤,當也是應用"天子
存二王之後"的原則看待《春秋》,而不知《春秋》或孔子並不是天
子。昔人稱《春秋》王魯或孔子爲"素王",應當就是由此而產生的。
至於《史記》稱"故宋"爲"故殷",應以《禮記·樂記》鄭玄注"商,宋
詩也"之例釋之。宋可稱商,當然亦可稱殷。

《春秋》記事除"據魯、親周、故殷"原則外,見於《公羊傳》的還
有"所見異辭,所聞異辭,所傳聞異辭","爲親者諱,爲尊者諱,爲賢
者諱","內其國而外諸夏,內諸夏而外夷狄"等原則,惜何休《解詁》
把它們糾纏在一起,又加上什麽據亂、升平、太平等説法,給搞得一
塌糊塗。

"所見異辭,所聞異辭,所傳聞異辭"這條原則分別見於《公羊
傳》隱公元年、桓公二年、哀公十四年。很明顯,這條原則是表明如
何對待史料的問題。史料有的是直接的,有的是間接的,有的是近
年的,是的是遠年的。使用時近者應詳,遠者當略。《荀子·非相》

説："五帝之外無傳人，非無賢人也，久故也。五帝之中無傳政，非無善政也，久故也。禹湯有傳政，而不若周之察也，非無善政也，久故也。傳者久則論略，近則論詳，略則舉大，詳則舉小。"荀子講的其實就是孔子作《春秋》所使用的"所見異辭，所聞異辭，所傳聞異辭"那條原則的真實意義。何休不察，竟説："所見者謂昭、定、哀，己與父時事也。所聞者謂文、宣、成、襄，王父時事也。所傳聞者謂隱、桓、莊、閔、僖，高祖、曾祖時事也。異辭者見恩有厚薄，義有深淺。時恩衰義缺，將以理人倫，序人類，因制治亂之法。故於所見之世恩己與父之臣尤深，大夫卒有罪無罪皆日録之，'丙申季孫隱如卒'是也。於所聞之世，王父之臣恩少殺，大夫卒無罪者日録，有罪者不日略之，'叔孫得臣卒'是也。於所傳聞之世，高祖、曾祖之臣恩淺，大夫卒有罪無罪皆不日略之也，'公子益師無駭卒'是也。於所傳聞之世，見治起於衰亂之中，用心尚麤觕，故内其國而外諸夏，先詳内而後治外，録大略小，内小惡書，外小惡不書，大國有大夫，小國略稱人，内離會書，外離會不書，是也。於所聞之世，見治升平，内諸夏而外夷狄，書外離會，小國有大夫，'宣十一年秋晉侯會狄於攢函'，'襄二十三年邾婁劓我來奔'是也。至所見之世，著治太平，夷狄進至於爵，天下遠近小大若一，用心尤深而詳，故崇仁義，譏二名，'晉魏曼多、仲孫何忌'是也。所以三世者，禮爲父母三年，爲祖父母期，爲曾祖父母齊衰三月。立愛自親始，故《春秋》據哀録隱，上治祖禰。"其實《春秋》這幾條原則本不難懂，而何氏故意求深，不但把聞見、内外兩條原則牽附一起，而且製造一個據亂、升平、太平三世之説，把本來極簡單的事情搞得極煩瑣，令人不得要領。"所見"、"所聞"、"所傳聞"，不過説史料來源有遠近，詳略不同，所以寫作時對待自當不同，何氏竟規定出那麼多界限，必出自他本人臆想，非孔子本有之義。

　　"内其國而外諸夏，内諸夏而外夷狄"，這條原則見於《公羊傳》成公十五年。原文説："曷爲殊會吴？外吴也。曷爲外也？《春秋》

內其國而外諸夏，內諸夏而外夷狄。"這也是"《春秋》以道義"即貫徹等級制度的表現。這條原則也略稱"別內外"。例如今日在中國吉林省，對遼寧省而言，吉林省爲內，遼寧省爲外。對日本國而言，則遼寧省爲內，日本國爲外。這個道理極簡單，由於何休把它與所見所聞諸説攪到一起，就不易懂了。

　　"爲尊者諱，爲親者諱，爲賢者諱"，這條原則見於《公羊傳》閔公元年。經文説："冬，齊仲孫來。"《公羊傳》説："齊仲孫者何？公子慶父也。公子慶父則曷爲謂齊仲孫？繫之齊也。曷爲繫之齊？外之也。曷爲外之？《春秋》爲尊者諱，爲親者諱，爲賢者諱。子女子曰：'以《春秋》爲《春秋》，齊無仲孫，其諸吾仲孫與！'"《公羊傳》莊公四年説："紀侯大去其國。大去者何？滅也。孰滅之？齊滅之。曷爲不言齊滅之？爲襄公諱也。《春秋》爲賢者諱，何賢乎襄公？復仇也。何仇爾？遠祖也。哀公烹乎周，紀侯譖之，以襄公之爲於此焉者，事祖禰之心盡矣。盡者何？襄公將復仇乎紀，卜之曰：'師喪分焉，寡人死之，不爲不吉也。'遠祖者幾世乎？九世矣。九世猶可以復仇乎？雖百世可也。家亦可乎？曰不可。國何以可？國君一體也。先君之耻猶今君之耻也，今君之耻猶先君之耻也。國君何以爲一體？國君以國爲體，諸侯世，故國君爲一體也。今紀無罪，此非怒與？曰非也。古者有明天子，則紀侯必誅，必無紀者。紀侯之不誅，至今有紀者，猶無明天子也。古者諸侯必有會聚之事，相朝聘之道，號辭必稱先君以相接，然則齊紀無説焉，不可以並立乎天下。故將去紀侯者不得不去紀也。有明天子，則襄公得爲若行乎？曰不得也。不得則襄公曷爲爲之？上無天子，下無方伯，緣恩疾者可也。"《穀梁傳》成公元年説："王師敗績於貿戎。不言戰，莫之敢敵也。爲尊者諱敵不諱敗，爲親者諱敗不諱敵。尊尊親親之義也。然則孰敗之？晉也。"又成公九年説："晉欒書帥師伐鄭，不言戰，以鄭伯也。爲尊者諱耻，爲賢者諱過，爲親者諱疾。"案《公》、《穀》言諱，頗多問題，不見得全對。例如閔公元年《春秋》

書:"冬,齊仲孫來。"據《左傳》,知齊仲孫是齊仲孫湫,不是公子慶父。《公羊傳》所說齊襄公復九世之仇,亦不見得是孔子所襃。凡此,都有很大問題。啖趙《春秋集傳纂例·三傳得失議》說:"《公羊》、《穀梁》初亦口授,後人據其大義散配經文,故多乖謬,失其綱統,然其大指,亦是子夏所傳。"其說甚是。"爲尊者諱,爲賢者諱,爲親者諱"的原則必是孔子的,不容懷疑。自餘如二傳所稱"書其重者","常事不書","信以傳信","疑以傳疑"等等,亦應是孔子作《春秋》記事的原則。就不在此細說了。

### 3. 關於經傳的名稱問題

關於六經經傳名稱,我同意章學誠《文史通義·經解上》的說法。他說:"六經不言經,三傳不言傳,猶人各有我,而不容我其我也。依經而有傳,對人而有我,是經傳人我之名起於勢之不得已,而非其質本爾也。"此說得王逸《離騷經注》"經,徑也";和劉勰《文心雕龍·史傳》"傳者,轉也,轉受經旨,以授於後"的解說而益明。蓋經是直接受自原作者,而傳是間接受自原作者。猶有子而後有父,有妻而後有夫,有臣而後有君。經傳之名如同父子夫妻君臣之名一樣,都是對立的名稱,缺一方則另一方不能成立。有人說"聖人制作曰經,賢人制作曰傳","經,常道也","經是編絲綴屬"等等,都不是經傳名稱之本義。

### 4. 關於經今古文的排列次序問題

周予同《經今古文學》一文說:"今文家的次序是:(1)《詩》,(2)《書》,(3)《禮》,(4)《樂》,(5)《易》,(6)《春秋》。古文家的次序是:(1)《易》,(2)《書》,(3)《詩》,(4)《禮》,(5)《樂》,(6)《春秋》。"以下周氏解釋說:"古文家的排列次序是按六經產生時代的早晚,今文家卻是按六經內容程度的淺深。"我不同意這種解釋。我認爲在劉歆爭議立《左氏春秋》於學官以前,六經基本上是按照今文家的次序排列的。例如《莊子·天下》說:"《詩》以道志,《書》以道事,《禮》

以道行,《樂》以道和,《易》以道陰陽,《春秋》以道名分。"《天運》説:
"丘治《詩》、《書》、《禮》、《樂》、《易》、《春秋》。"《荀子·儒效》説:
"《詩》言是其志也,《書》言是其事也,《禮》言是其行也,《樂》言是其
和也,《春秋》言是其微也。"董仲舒《春秋繁露·玉杯》説:"《詩》、
《書》序其志,《禮》、《樂》純其養,《易》、《春秋》明其知。"《史記·儒
林列傳》説:"自是之後,言《詩》於魯則申培公,於齊則轅固生,於燕
則韓太傅。言《尚書》自濟南伏生。言《禮》自魯高堂生。言《易》自
淄川田生。言《春秋》於齊魯自胡毋生,於趙自董仲舒。"這是在劉
歆爭議立《左氏春秋》於學官以前諸家言六經之次序,一例都是如
周氏所説的今文家次序的明證。至於周氏所謂古文家的次序,則
首見《漢書·藝文志》之"六藝略",而《漢書·藝文志》是以劉歆《七
略》爲藍本的,其出於劉歆僞造無疑。這個問題雖然不大,然影響
不小,不可不辨。

**5. 關於"左史記言,右史記事,事爲《春秋》,言爲《尚書》,帝王
靡不同之"的問題**

此語見於《漢書·藝文志》,也是劉歆僞造,影響很大,不可不
辨。古書中祇有《禮記·玉藻》説:"動則左史書之,言則右史書
之。"絶不見有"左史記言,右史記事"的記載。不僅如此,《莊子》、
《荀子》都明白説"《詩》以道志,《書》以道事",哪裏有"事爲《春秋》",
言爲《尚書》"之事! 劉知幾作《史通》於《六家》中誤信劉歆之讕言,
竟然詆譭《尚書》,説"至如堯舜二典直序人事,《禹貢》一篇唯言地
理,《洪範》總述災祥,《顧命》都陳喪禮,兹亦爲例不純者也"。其實
堯舜及三代没有此例。劉歆造例而令堯舜禹及西周遵從,豈非笑
話?

**6. 關於《詩》的幾個問題**

我讀《詩》,覺得"二南"、"四始"、"六義"、"正變"以及《豳風》這
幾個問題很重要,而前人説法多歧,並未解決問題。近人一概不

講，也不對。我曾專門研究過這些問題，兹略説如下：

　　"二南"。我以爲"二南"的南字《毛詩序》釋爲方位詞，以爲"南，言自北而南也"，顯然不對。正如崔述《讀風偶識》所説："江漢汝沱，皆正岐周之東，當云自西而東，豈得自北而南乎！"但《水經注·江水二》引韓嬰敍詩説："其地在南郡、南陽之間。"也不對。因爲南郡、南陽之間無由稱周南、召南。宋人程大昌《考古編·詩論》以爲南是樂名，他説："南、雅、頌，樂名也。若今之樂曲之在某宫者也。南有周、召，頌有周、魯、商，本其所得而還以係其土也。"清人惠周惕從程説，以爲"風、雅、頌，以音别也"（《詩説》），近人梁啓超説"南是一種音樂"（《釋四詩名義》），章炳麟説"二南爲荆楚風樂"（《檢論·詩終始論》），亦是宗程説的。他們的根據是《詩·鼓鍾》的"以雅以南"，《禮記·文王世子》的"胥鼓南"，《左傳》襄公二十九年的"見舞象箾南籥者"，認爲這些"南"字都應依《詩·鼓鍾》毛傳説"南夷之樂曰南"作解。我認爲毛傳釋《詩》"以雅以南"的"南"爲"南夷之樂曰南"，是對的。但不應用以釋"二南"之"南"。因爲《左傳》襄公二十九年吴公子札觀周樂這份材料，在"舞象箾南籥者"之上已説"使工爲之歌《周南》、《召南》"，則《周南》、《召南》之"南"與"舞象箾南籥者"之"南"非一物已非常明顯，怎能稱"二南"之"南"爲"南夷之樂"之"南"呢？何況我國古人夷夏之辨最嚴，而《毛詩序》説："《關雎》后妃之德也，風之始也，所以風天下而正夫婦也。故用之鄉人焉，用之邦國焉。"《論語·陽貨》説："子謂伯魚曰：汝爲《周南》、《召南》矣乎？人而不爲《周南》、《召南》，其猶正墙面而立者也與！"足見《周南》、《召南》之"南"決非"南夷之樂"之"南"。

　　"二南"之"南"既不應釋爲方位詞的"南"，也不應釋爲"南夷之樂"的"南"，那末，"二南"之"南"到底該怎麽理解呢？我認爲應理解爲《國語·周語中》"鄭伯，南也，王而卑之，是不尊貴也"的"南"。《漢書·律曆志》説："南，任也。"這個"南"表示鄭伯的尊貴，亦即他在王朝曾擔任很高的職位。具體説，就是鄭武公、莊公都作過周平王的卿士（見《左傳》隱公三年）。卿士的職位正相當於周公、召公在周初之分陝而治，亦即如《公羊傳》隱公五年所説："自陝而東者周公主之，自陝而西者召公主之。"當然後來有些變化。《左傳》僖公二十八年記踐土之盟説："五月丙午，晉侯及鄭伯盟於衡雍。丁未獻楚俘於王，駟介百乘，徒兵千，鄭伯傅王，用平禮也。"杜預注説："傅，相也。"是對的。但説"以周平王尊晉文侯仇之禮享晉侯"，則不對。爲什麽呢？因爲《左傳》襄公二十五年説："鄭子産獻捷於晉，戎服將事……晉人曰：'何故戎服？'對曰：'我先君武、莊爲平、桓卿士，城濮之役，文公布命曰，各復舊職，命我文公戎服輔王，以授楚捷，不敢廢王命故也。'"證明鄭伯傅王，就是鄭文公戎服輔王，以授楚捷。鄭文公之所以戎服輔王，是由於晉文公布命各復舊職。則所謂"用平禮"並不是"以周平王尊晉文侯仇之禮"，而是城濮之役鄭文公戎服輔王，用周平王之禮。鄭文公之所以"戎服輔王"，是由於"各復舊職"。這個"舊職"就是鄭"武、莊爲平、桓卿士"之"舊職"。可見這個"鄭伯，南也"的"南"表明鄭伯這時仍享有卿士的虛名。正因爲這樣，才説"王而卑之，是不尊貴也"。

　　"鄭伯，南也"這個"南"字前人頗多誤解。例如《國語》韋昭注説："賈侍中云：'南者，在南服之侯伯也。'或云：'南，南面君也。'鄭司農云：'南謂子南。鄭，今新鄭。新鄭之於王城在畿内，畿内之諸侯雖爵有侯伯，周之舊法皆食子男之地。'昭案：《内傳》子産爭貢，曰：'爵卑而貢重者，甸服也。鄭伯男也，而使從公侯之貢，懼弗給也。'"賈、鄭之説俱不可從。韋昭引《左傳》昭公十三年"鄭伯男也"，應讀爲"鄭，伯男也"。意謂鄭本是伯男一類的國家，不應使從公侯之貢。而"鄭伯南也"則不然。應讀爲"鄭伯，南也"。是説鄭伯是南，應享受卿士的待遇。古人行文不用標點符號，以致産生歧解。今日有標點斷句，則無此弊了。

　　由於"南"同任，古時相當卿士的職位，所以《詩・周南》之尾題稱"周南之國"，《召南》之尾題稱"召南之國"。"周南之國"，意思是周公所任的國家；"召南之國"，意思是召公所任的國家。亦即所謂"自陝而東，周公主之；自陝而西，召公主之"。今觀《三國志·陳思王傳》"三監之釁，臣自當之；二南之輔，求必不遠"和《晉書·王導傳》"雖有殷之殂保衡，有周之喪二南，曷逾兹懷"二語，皆以"二南"爲周公、召公。《文選》載潘岳《西征賦》："美哉邈乎，兹土之舊也，固乃周召之所分，二南之所交。"更把"二南"明確無誤地指爲周公、召公分主之陝東陝西兩地。周召分陝而治之說，不僅見於《公羊傳》隱公五年，亦見《史記·燕召公世家》。《禮記·樂記》說："五成而分，周公左，召公右。"《尚書·顧命》說："太保率西方諸侯入應門左，畢公率東方諸侯入應門右。"王肅說："畢公代周公爲東伯。"亦足證明周召分陝而治之說不虛。《史記·自序》說："太史公留滯周南。"裴駰《集解》引摯虞說："古之周南，今之洛陽。"司馬貞《索隱》引張晏說："自陝以東，皆周南之地也。"這又是"周南"爲自陝以東之地的證明。

　　對"二南"之南字的說解，《毛詩序》說謬不可據。上引曹植、潘岳以及摯虞、張晏所陳諸義是正確的，他們與《毛詩序》說相左，顯然別爲一派。清人全祖望、陳喬樅諸氏以爲是魯詩說（見王先謙《三家詩義集疏》），似爲得實。《漢書·藝文志》評論三家詩說"魯最爲近之"，看來是對的。可惜"齊詩久亡，魯詩不過江東"（《經典釋文·序錄》語），魯詩一些好見解，竟自東晉以後長久被埋没。

　　總之，"周南"、"召南"之"南"不是南北的南，也不是"南夷之樂"之南。這個南應釋作任。"周南"、"召南"是簡語，全稱是"周南之國"、"召南之國"。《周南》是從周公所任之國選出的詩，《召南》是從召公所任之國選出的詩。"二南"的詩都是從周公、召公負責管轄的諸侯國中按一定標準選出的美好風詩，故稱作"正風"。其他如鄭、衛風詩，則不加選擇，美刺兼收，故稱作"變風"。"正風"大多是用作進行正面教育的，人人都應諷誦學習，所以孔子說"人而不爲《周南》、《召南》，其猶正墙面而立也與"！

四始。我認爲"四始"應以司馬遷"《關雎》之亂以爲《風》始，《鹿鳴》爲《小雅》始，《文王》爲《大雅》始，《清廟》爲《頌》始"之説爲定論。《詩緯·汎歷樞》説："《大明》在亥，水始也；《四牡》在寅，木始也；《嘉魚》在巳，火始也；《鴻雁》在申，金始也。"不足據。孔穎達《毛詩正義》説："'四始'者，鄭答張逸云：'《風》也，《小雅》也，《大雅》也，《頌》也，凡四者，人君行之則爲興，廢爲則爲衰。'又箋云：'始者王道興衰之所由。'然則此四者是人君興廢之始，故謂'四始'也。"案鄭、孔之説亦非。蓋古時書用簡編，容易散亂，用"四始"以標明風、雅、頌四部分之爲首的一篇，沒有什麼深意。

六義。比、興、賦、風、雅、頌六者，《詩大序》稱爲"六義"，《周禮·大師》稱爲"六詩"。稱謂不一，其實相同。自來説者也有分歧。孔穎達《毛詩正義》説："風、雅、頌者詩篇之異體，賦、比、興者詩文之異辭耳。大小不同而得並爲"六義"者，賦、比、興是詩之所用，風、雅、頌是詩之成形，用彼三事成此三事，是故同稱爲義，非別有篇卷也。"孔説是對的。《鄭志》"張逸問'何詩近於比、賦、興'，答曰'比、賦、興吳札觀詩已不歌也。孔子録詩已含風、雅、頌中，難復摘別。篇中義多興'"。鄭玄此話不够明確，比、賦、興既可理解爲詩篇之異辭，也可理解爲詩篇之異體。近人章炳麟、郭紹虞拘泥"六詩"之名，説比、賦、興是詩篇之異體，是錯誤的。因爲風、雅、頌離開賦、比、興，則不成其爲詩。班固説"或曰賦者古詩之流也"。可見後世文體雖有賦名，並不認爲賦原是古詩之異體。而且後世縱有賦名，卻絕不見有以比、興名篇的。我想，後世人對"六義"之名發生疑義，很可能覺得賦、比、興若不是詩之異體，何以與風、雅、頌並爲一談，合稱"六義"、"六詩"？其實，將不同類之物並爲一談在古代是常事，不足爲怪。例如《左傳》文公七年説："六府三事謂之九功。水、火、金、木、土、穀，謂之六府。正德、利用、厚生，謂之三事。"《國語·楚語》説："天地民及四時之務爲七事。"六府三事可以並稱爲"九功"，天、地、民與四時之務可以並稱爲"七事"，那末，賦、比、興與風、雅、頌大小不同，爲什麼不可以並稱爲"六義"或"六詩"呢？

　　至於風、雅、頌命名之義，應如《詩大序》所説："是以一國之事係一人之本，謂之風。言天下之事，形四方之風，謂之雅。雅者正也，言王政之所由廢興也。政有小大，故有《小雅》焉，有《大雅》焉。頌者，美盛德之形容，以其成功告於神明者也。"這就是説，風以國別，例如《衛風》、《鄭風》等等，是列國之詩。這些詩的特點在於反映各該國家的風俗。各該國家的風俗是由各該國家的國君所施行的政治美惡形成的。雅則不然。雅，代表中央政權。講的是天下之事，不是一國之事；反映的是四方之風，不是一方之風；説明的是天子王政的廢興得失，不是諸侯一國的政治美惡。頌是歌頌功德的詩。古頌、容二字可通。《詩大序》所言"頌者美盛德之形容"，當如《禮記·樂記》賓牟賈侍坐於孔子章所説的《武》詩，一如今日的演劇，應是以舞爲重的舞詩。至於賦、比、興，《周禮·大師》鄭玄注説"賦之言鋪，直鋪陳今之政教善惡；鄭司農云'比言比方於物也，興者託事於物'"是對的。後人雖有許多説法，要當以此爲正。

　　正變。《風》之正變，上文言"二南"時已經談及。《雅》詩之正變，亦當與"二南"一例。不過篇次多亂，今已不能確指了。

　　豳風。《詩·豳風》尾題稱豳國。豳是公劉所居，而《大雅·公劉》不稱豳。又《豳風》七篇除《七月》一篇外，自餘《詩小序》都明稱周公。既是歌頌周公之詩，爲什麼不稱魯而稱豳，這些都是疑問。箋疏有説，但都不能令人滿意。因此清人張履祥及近人徐中舒都説《豳風》是魯詩。理由亦不充足。《王風》尾題稱王國，《豳風》尾題稱豳國，我認爲其實都是周王畿内之詩。《王風》不稱周而稱王，正如陸德明所説："以王當國，猶《春秋》稱王人。"《豳風》不稱周不稱王而稱豳，則是因爲東周畿内之詩已稱王，西周畿内之詩稱周不可，稱王亦不可，故稱豳。《豳風》是西周畿内之詩，説爲公劉或魯詩，都是站不住脚的。王畿之詩都稱風而不稱雅，是因爲它是言

"一國之事",不是言"天下之事"。以"平王東遷,政遂微弱,詩不能復雅"說之,是不恰當的。

### 7. 我對《尚書》兩篇的一點看法

《堯典》。《堯典》:"乃命羲和,欽若昊天,曆象日月星辰,敬授人時……"我認爲這段關於觀象授時的文字在《堯典》全篇中處於很重要的地位。它之作雖不必出自堯之時,而從其基本內容來看,則是可信的。在堯制新曆以前,人們都是觀察大火即心宿二以定季節。例如《左傳》襄公九年說:"古之火正或食於心,或食於昧,以出內火。是故昧爲鶉火,心爲大火。陶唐氏之火正閼伯居商丘,祀大火而火紀時焉。"就是明證。堯之新曆,不僅須觀察星辰,而且須觀察日月,所謂"欽若昊天,曆象日月星辰"是也。"曆象日月"實自帝嚳已經開始,例如《國語·魯語上》說:"帝嚳能序三辰以固民。"韋昭注說:"三辰,日月星,謂能次序三辰以治曆明時,教民稼穡以安也。"《大戴禮記·五帝德》說,帝嚳"曆日月而迎送之"。這些就是明證。因爲堯以前祇觀察大火以定季節,所以當時人們於四時祇知有春秋而不知有冬夏。堯時正式施行"曆象日月星辰,敬授人時",才第一次知道"期三百有六旬有六日,以閏月定四時成歲"。須知在"曆象日月星辰"時不僅注意觀察中星,而且有"寅賓出日","寅餞納日"。

《洪範》。這一篇文字很重要,但又很不好懂。篇首一段尤其不好懂。因此古人常把它與《周易》八卦並舉,認爲是出於"河圖"、"洛書",非人間所能製造。其實大誤。我們今日讀古書,非首先破除這種謬論不可。

《洪範》篇首說:"唯十有三祀,王訪於箕子。王乃言曰:'嗚呼箕子,唯天陰騭下民,相協厥居,我不知其彝倫攸敍。'"我認爲,這是周武王滅商奪取王位以後不知道如何進行統治,向殷遺臣箕子請教的主要內容。"天"是就武王自己說的。《爾雅·釋詁》說:"林烝天帝皇王后辟公侯,君也。"知天字有君義。當然《洪範》的這個

“天”字帶有一般性，是說爲天子居天位的天。意謂作爲天子，他有
“陰騭下民，相協厥居”即統治人民，使人民各得其所的責任。“我
不知其彝倫攸斁”，謂我不知道人際關係怎麼搞才能使社會安定有
秩序。這個“天”如果理解爲上天，理解爲蒼蒼者的天，則前後文義
難通而不知所云。又，“帝乃震怒，不畀洪範九疇，彝倫攸斁”。這
個帝是帝舜。“帝乃震怒”，是指帝舜“殛鯀於羽山”。“不畀洪範九
疇，彝倫攸斁”，祇是說舜未傳位於鯀。下文“天乃錫禹洪範九疇彝
倫攸斁”，“天”亦指舜，全句謂舜傳位於禹。“錫”與“畀”都是與的
意思。“帝”與“天”是一個意思，都指舜。“錫禹洪範九疇”亦猶《論
語·堯曰》“咨爾舜，天之曆數在爾躬”一段話。不同的是《論語》說
“允執其中”而《洪範》說“洪範九疇”。至於天、帝雜出，不僅《洪範》
篇首如此，下文第五疇“皇極”一段裏，也是王、帝、天子混用。這，
一點也不奇怪。我們不能用後世行文的標準去要求古人，古人用
字就是不規範的。

　　在第八疇“庶徵”裏有云：“曰王省惟歲，卿士惟月，師尹惟日，
歲月日時無易，百穀用成，乂用明，俊民用章，家用平康。日月歲時
既易，百穀用不成，乂用昏不明，俊民用微，家用不寧。庶民惟星，
星有好風，星有好雨。日月之行，則有冬有夏，月之從星，則以風
雨。”這段文字《東坡書傳》謂有錯簡，以爲此節應在上文第四疇末
尾“五曰曆數”之下，我認爲是對的。不過舊解全誤。我認爲，“王
省惟歲，卿士惟月，師尹惟日”，須用朔政制度來解釋。古有朔政制
度，《公羊傳》文公六年說：“不告月者何？不告朔也。”何休注說：
“禮，諸侯受十二月朔政於天子，藏於太祖廟。每月朔朝廟，使大夫
南面奉天子命，君北面而受之。”亦即天子每歲歲始制定十二月朔
政，如《周禮·春官·大史》所說：“正歲年以序事，頒之於官府及都
鄙，頒告朔於邦國。”這就叫做“王省惟歲”。“王省惟歲”是說王考
慮的是全年的工作。“卿士唯月”，卿士，王朝卿士，包括列國諸侯。
何休所說“每月朔朝廟，使大夫南面奉天子命，君北面而受之”即其

事。"師尹惟日",則如《左傳》桓公十七年所説"天子有日官,諸侯有日御,日官居卿以底日,禮也。日御不失日以授百官於朝",即其事。"歲月日時不易",是説王與卿士、師尹等都遵照爲自己規定的職責正確執行,這樣就可以産生"百穀用成"的結果。"日月歲時既易",是説不執行自己的職責,就可能産生"百穀用不成"的結果。這個朔政亦名"曆數"。《論語·堯曰》"天之曆數在爾躬"的"曆數"即指此。

"庶民惟星",是説庶民不在朔政範圍之内,享受不到天子頒朔的好處,他們安排生産、生活,還要靠老辦法自己直接觀察星宿,例如《左傳》襄公九年説:"祀大火而火紀時焉。"因此可以知道,《堯典》"敬授人時",阮元《校勘記》説"古本人作民,注同。按唐以前引此句未有不作民者",非是。古本應是"人",不作"民"。在《洪範》里人與民二字用法上區別就很清楚,人是指有官職的,民是指老百姓。《堯典》"敬授人時",應是祇授給卿士、師尹一幫人,不授給老百姓。"星有好風,星有好雨",是説庶民觀察星宿可知風雨寒暑。《詩·小雅·漸漸之石》説:"月離於畢,俾滂沱矣。"《春秋緯》説:"月離於箕,風揚沙。"即其證。"日月之行,則有冬有夏",是説在堯制新曆以前,實行火曆,人們觀察心宿二以定季節,在一年之中祇知有春秋,不知有冬夏。至堯時實行新曆,懂得觀察日月之運行,這才從一年之中分出四時來,不僅知有春有秋,又知有冬有夏。

### 8.《周禮》的兩個問題

《地官·載師》"士田",鄭玄注説:"鄭司農云:'士田者,士大夫之子得而耕之田也。'玄謂士讀爲仕。仕者亦受田,所謂圭田也。孟子曰:'自卿以下必有圭田,圭田五十畝。'"孫詒讓《周禮正義》:"近人江永云:'近郊遠郊七種之田皆農田外之閑田。農田自近郊以外皆有之,不定在近郊遠郊,故不言。下文近郊什一,遠郊二十而三,則農田在其中矣。"鄭司農、鄭玄之説皆非。"士田"當依《國語·齊語》"士鄉十五"之"士"釋之,應爲軍士之士。當時兵農合一，寓兵於農，故士田亦可視爲農田也。江説尤非是。近郊亦名農郊（見《詩·衛風·碩人》），豈得謂“近郊遠郊七種之田皆農田外之閑田”！

　　《春官·司常》言九旗，有“通帛爲旜，雜帛爲物”。孫詒讓《九旗古義述》釋旜、物説，“通帛者謂以同色之帛爲縿斿”，“雜帛者謂縿與斿異也”。《儀禮·覲禮》：“天子乘龍，載大旂，象日月，升龍，降龍。出拜日於東門之外。”鄭玄注説：“馬八尺以上爲龍。大旂，大常也。王建大常縿首畫日月，其下及旒交畫升龍、降龍。”《左傳》昭公十三年：“建而不旆。”杜預注説：“建立旌旗，不曳其旆。旆，游也。”陳祥道《禮書》説：“旒亦曰旆。”其實，古代之旗有縿有旆。縿是旗之正幅，旆是繼縿者，故縿爲旗身，旆爲旗尾。至於旗之旒（或作斿、游），其爲用與冕旒相同，都是下垂爲飾，並以旒數之多寡表示主人政治地位之高低。而旆則不然。旆是旗中繼縿的部分。《爾雅·釋天》説：“緇廣充幅長尋曰旐，繼旐曰旆。”《儀禮·士喪禮》説：“爲銘以其物。亡，則以緇，長半幅經末，長終幅，廣三寸。”鄭玄注説：“今文銘皆爲名，末爲旆也。”芳案《爾雅》説“緇廣充幅長尋曰旐”。這個旐就是《周禮·春官·司常》“龜蛇爲旐”的旐。由於九旗的正幅都是縿，所以《釋天》説的旐，實際是指旐這種旗的縿的部分説的。“繼旐曰旆”也就是繼縿曰旆。《士喪禮》“以緇長半幅”，是對這個銘旐的縿的説明。“經末”則是這個銘旐的繼縿部分即旆的説明。至於旒，無論《周禮·春官·巾車》的“十有二斿”，還是《爾雅·釋天》的“練旒九”，都不是繼縿的部分，與旆判然二物。又《左傳》昭公十三年孔穎達《正義》釋杜注“建立旌旗，不曳其旆。旆，游也”説：“《釋天》云：‘緇廣充幅長尋曰旐，繼旐曰旆。’郭璞曰：‘帛續旐末爲燕尾者。’然則旐謂斿身，旆謂斿尾。旆綴於旐，本是相連之物，非别體也。而不曳其旆，當纏結於干頭，蓋如《禮記》所云‘德車結旌也’。《釋天》又云：‘練旒九。’《周禮》所謂‘九游’、‘七游’，游即是旆，故云‘旆，游也’。然則郭氏既云‘旆繼於旐，今之燕尾'，即斾是旒末。天子十有二游並屬一幅之廣，於理不可。蓋游數多者旁綴於縿，如今之旗是也。其軍前之斾，如郭璞説。"案孔疏一則説"斾綴於旗，本是相連之物，非別體也"，一則説"天子十有二游並屬於一幅之廣，於理不可"，是孔穎達已明知斾不是游，又牢固地爲疏不破注的陋習所囿，不得不故作游移之詞以曲從注義。其實古代之旗有縿有斾。縿是旗之正幅，爲旗身。斾是繼縿者，是旗尾。旒（或作斿、游）的數目多少表示旗主人身份之高低。天子十二旒，以下遞減。而注釋家鄭玄、杜預、陳祥道、孫詒讓諸人都以斾爲旒，不知旗旒與冕旒爲用相同，都下垂爲飾，將用爲飾的旒與斾混同起來，是絕大的錯誤。

### 9.《儀禮》的一個問題

《儀禮・士冠禮》之《記》説："以官爵人，德之殺也。死而謚，今也。古者生無爵死無謚。"（亦見於《禮記・郊特牲》）鄭玄注説："殺猶衰也。德大者爵以大官，德小者爵以小官。'今'謂周衰，記之時也。'古'謂殷。殷士生不爲爵死不爲謚。周制以士爲爵，死猶不爲謚耳，下大夫也。'今'，記之時，士死則謚之，非也。謚之由魯莊公始也。"我認爲《儀禮・士冠禮》之《記》的這段話對於瞭解古代爵謚制度非常重要。可惜鄭注作了錯誤的解釋。這段話其實是泛論爵謚，不專爲士發。鄭注説"古謂殷"，是對的。"今"謂周，非指"記之時"。何以知之呢？《禮記・檀弓上》説："幼名，冠字，五十以伯仲，死謚，周道也。"明明白白講"死謚"是周道，不是"記之時"。"德之殺"的"殺"應依隆殺之殺作解，意謂以官爵人是衰世之事。鄭玄釋爲等衰之衰，用以説明爵有等級，顯然不是《記》之原意。

《記》文總的意思是説殷時生無爵，死無謚，周時則生有爵，死有謚。爵謚是周人新創的制度。周制，爵以施之生，謚以施之死。殷制則生都無爵，死都無謚，故曰"古者生無爵，死無謚"。二者是平列複句，沒有因果關係，不能理解爲生時有爵，死後才有謚。

### 10.《禮記》的兩個問題

《王制》説：“夫圭田無徵。”鄭玄注説：“夫猶治也。徵，税也。《孟子》曰：‘卿以下必有圭田。’治圭田者不税，所以厚賢也。此則《周禮》士田以任近郊之地，税什一。”孔穎達疏説：“夫圭田無徵者，夫猶治也。畿内無公田，故有圭田。卿大夫士皆以治此圭田，公家不税其物，故云無徵。必云圭者，圭潔白也，言卿大夫德行潔白，乃與之田，此殷禮也。殷政寬緩，厚重賢人，故不税之。周則兼通士税之，故注云‘《周官》之士田以任近郊之地，税什一’。”我認爲鄭釋“古者”、“圭田”和“夫”都誤。孔疏墨守疏不破注之陋習，隨文解義，無所發明。實際上圭田之圭不應釋爲潔白。焦循《孟子正義》説：“《説文》田部云：‘畦，田五十畝曰畦，從田圭聲。’段玉裁《説文解字注》云：‘畦留夷與揭車。’王逸注：‘五十畝曰畦。’……按《孟子》曰‘圭田五十畝’。然則畦從圭田，會意兼形聲與？孫蘭《輿地隅説》云：‘《孟子》圭田或以圭訓潔，非也。《九章方田》有求廣從法，有直田截田法，有圭田截小截大法，凡零星不成井之田，一以圭法量之。圭者合二勾股之形。井田之外有圭田，明係零星不井者也。’此上二説與趙氏異……若然則圭田不以潔取義，正指不能成井者而言。不能成井則以五十畝爲一畦。畦之數又由圭形而稱者也。《史記·貨殖列傳》云：‘千畦薑韭。’《集解》引徐廣云：‘一畦二十五畝。’《文選》注引劉熙注‘病於夏畦’云：‘今俗以二十五畝爲小畦，以五十畝爲大畦。’然則餘夫二十五畝，亦即蒙上圭田而言。”芳按，焦氏、孫蘭《輿地隅説》等諸家，斷言圭田不以潔取義，正指不能成井者而言，基本上是對的。祇是“不能成井”應改爲不能成夫。因爲當時分配土地是以一夫即百畝爲一個單位的，不是以一井爲一個單位的。五十畝是一夫應得之一份田（百畝）的二分之一，二十五畝是四分之一。“圭田”一詞是爲它們所取的特定名稱。這種分配土地的辦法同恩格斯《馬爾克》一文所説“現在這塊土地由於分遺產、出賣種種原因已經大小不等了，但舊有的整塊土地仍舊是一個單位。根據這個單位才能決定這塊土地的二分之一、四分之一、八分之一等等的大小”，完全一致。可見這裏也有規律，否則中國與歐洲的情況何以如此巧合。

圭田的圭字既非以潔白取義，則圭田自不以卿大夫以下之田爲限。鄭玄釋“圭田”釋錯了，釋“夫”也釋錯了。“夫圭田無徵”的“夫”字實是農夫之夫。包括正夫、餘夫在内。餘夫二十五畝是圭田，《周禮·地官·遂人》“萊五十畝”，應當也是圭田。則“夫圭田無徵”之正解應爲分田凡不足百畝者都不征税。

《禮記·昏義》：“古者天子后立六宫、三夫人、九嬪、二十七世婦、八十一御妻，以聽天下之内治，以明章婦順，故天下内和而家理。”自此以至篇末，疑非《昏義》原文，是後人竄入。《昏義》原文當至“所以成婦順也”而止。九嬪、世婦、女御衹見於《周禮》，不見於“六經”。《公羊傳》莊公十九年衹言“諸侯一娶九女，諸侯不再娶”。以此例之，則天子當一娶十二女，焉有“三夫人、九嬪、二十七世婦、八十一御妻”之事。又《昏義》云：“是故男教不修，陽事不得，適見於天，日爲之食。婦順不修，陰事不得，適見於天，月爲之食。”等等，分明是漢人迷信災異之事，不應見載於孔門之書，此定爲後人竄入，非《昏義》原文所有。

### 11.《論語》的兩個問題

《季氏》：“天下無道，則禮樂征伐自諸侯出。自諸侯出，蓋十世希不失矣。”何晏《集解》說：“孔曰：‘希，少也。周幽王爲犬戎所殺，平王東遷，周始微弱。諸侯自作禮樂，專行征伐，始於隱公。至昭公十世失政，死於乾侯矣。’”後世咸以何說爲是。我認爲何氏乃依誤文作解，不可從。文内“十世”當爲“七世”，是形近之誤。《左傳》昭公二十五年記宋人樂祁說：“政在季氏三世矣，魯君喪政四公矣。”杜預釋“四公”爲宣、成、襄、昭，是對的。又，昭公三十二年記晉人史墨說：“魯文公薨而東門遂殺嫡立庶，魯君於是乎失國。政在季氏，於此君也四公矣。”是魯君失政在宣公時，不是在昭公時。

由隱公至宣公恰是七世。

不僅如此,《季氏》:"孔子曰:'禄之去公室五世矣。'"何晏《集解》釋曰:"鄭曰:'言此之時,魯定公之初也。魯自東門襄仲殺文公之子赤而立宣公,於是政在大夫,爵禄不從君出,至定公爲五世矣。'"是何氏亦謂魯君失政自宣公始,不自昭公始。何氏釋"十世",不過憚於聖人之尊,不敢致疑,祇是隨文曲解罷了。

《堯曰》説:"堯曰:'咨爾舜,天之曆數在爾躬,允執其中,四海困窮,天禄永終。'舜亦以命禹。"這段話非常重要,有兩個問題需要詳加説明。一是"曆數",一是"中"。"曆數",何晏注説:"曆數謂列次也。"意義不明瞭。鄭玄以曆數在汝身,謂有圖録之名。朱熹注説:"曆數,帝王相繼次第,猶歲時節氣之先後也。"皆非。劉寶楠《論語正義》説:"《書·堯典》云:'乃命羲和,欽若昊天,曆象日月星辰,敬授人時。'曆象、曆數,詞意並同。《洪範》'五紀:一曰歲,二曰月,三曰日,四曰星辰,五曰曆數。'曆數是歲月日星辰運行之法。"劉説不誤,但尚隔一層。"天之曆數在爾躬",實際上是説舜掌握了朔政,亦即掌握了政權。"天之曆數"即朔政的內容。《周禮·春官·大史》"正歲年以序事,頒之於官府及都鄙,頒告朔於邦國",即朔政之事。

關於"允執其中"的中字,朱熹《中庸章句集注》引子程子曰:"不偏之謂中。"在《中庸章句序》中説:"蓋自上古聖神繼天立極,而道統之傳有自來矣。其見於經,則'允執厥中'者,堯之所以授舜也。'人心唯危,道心唯微,唯精唯一,允執厥中'者,舜之所以授禹也。"宋儒炫爲十六字心傳,原出自僞古文尚書《大禹謨》,這一點可以不論。"允執其中"一語見於《論語·堯曰》,應相信確有其事。韓愈説:"堯以是傳之舜,舜以是傳之禹,禹以是傳之湯,湯以是傳之文、武、周公,文、武、周公傳之孔子。"(《原道》)當亦非虚語。但是,什麼是"中",子程子説"不偏之謂中"對不對,倒是可以討論。《中庸》説:"舜好問而好察邇言,隱惡而揚善,執其兩端,用其中於民，其斯以爲舜乎！"這裏談"用其中"，先談"執其兩端"，蓋没有兩端就談不到中。中是兩端之中。"兩端"是什麼？鄭玄以"兩端"爲"過與不及"，朱熹以"兩端""謂衆論不同之極致。蓋凡物皆有兩端，如小大厚薄之類"。鄭、朱這樣解釋"兩端"，都是對的。用今日之哲學語言説，"兩端"就是矛盾，就是對立的統一。矛盾普遍存在，不以過與不及和小大厚薄智愚賢不肖爲限。問題是這個"用其中"怎麼解釋才對。子程子説"不偏之謂中"，我看不見得對。所謂不偏，實際上是説在兩端之中間，即折中主義，走中間道路。凡事取中間態度，走中間道路，搞折中調和，不難懂也不難做，爲什麼堯授舜，舜授禹，什麼也不説，祇説這麼一句易懂易能的"允執其中"呢！而且孔子説："中庸其至矣乎，民鮮能久矣。"把中庸視作極難能的事情。據我看，堯舜講的"中"與孔子説的"君子之中庸也，君子而時中"，是一回事。孟子批評子莫説："子莫執中，執中爲近之。執中無權猶執一也。所惡執一者，爲其賊道也，舉一而廢百也。"（《孟子·盡心上》）孟子贊成執中，執中是對的。孟子反對執一，不要説楊朱爲我，墨子兼愛，爲他所不取，便是聖人執一如伊尹、伯夷、柳下惠等等，他也持批評態度。執一的本質特點是抓住一點抱住不放，根本没有靈活性。孟子認爲如果凡事皆取兩端之中間，也等於執一。關鍵的問題是怎樣才算中，而不流於折中；怎樣才算執中，而不流於執一。孔子講"時中"，孟子則提出一個"權"的概念。孔、孟講的完全正確。時與權的意思是凡事靈活把握，用今日語言表述，就是從認識和實踐兩個方面都要做到具體地分析具體情況，一切依時間、地點、條件爲轉移。客觀情況在變化，人在主觀上要相應地變化，把握時機，尋找最恰當的行動方案。孟子爲了説明權的意義，舉個極好的例："男女授受不親，禮也。嫂溺援之以手者，權也。"（《孟子·離婁上》）"男女授受不親"是禮，依古人的觀念，禮也就是中，依禮而行，即爲執中。但是執中爲近之，執中而無權，猶執一也。男女無别，授受必親，依古人的觀念是違禮，違禮當然談不到中。孟子認爲，男女授受不親與必親，是處理男女關係的兩端。"不親"是對的，是執中，但如果在一切情況下都"不親"，即與"必親"一樣，等於執一。正確的辦法是平時"不親"，在特殊的情況下則"必親"。嫂溺將死，伸手拉一把使活，這就是權。做到這一點才是真正的執中。這是個極端的例子，能説明問題，但是實際生活中把握"權"字，做到恰當正確，決不這麼簡單。子程子説"不偏之謂中"，取兩端的正中間，是人人皆可能的事情，且恰是孔子所不齒的鄉愿，怎能想像堯以之同"曆數"得失相聯繫的就是這個。孟子説的有權的中，"湯執中，立賢無方"（《孟子·離婁下》）的中，才是《論語·堯曰》"允執其中"的中。

### 12.《孟子》的一個問題

《孟子·滕文公上》："使契爲司徒，教以人倫，父子有親，君臣有義，夫婦有別，長幼有敍，朋友有信。"《堯典》（僞古文尚書作《舜典》）："契，百姓不親，五品不遜，汝作司徒，敬敷五教在寬。"《左傳》文公十八年："舉八元使布五教於四方，父義，母慈，兄友，弟恭，子孝。"五教據《尚書》、《左傳》，當爲"父義，母慈，兄友，弟恭，子孝"，而不是《孟子》的"父子有親，君臣有義，夫婦有別，長幼有敍，朋友有信"。因爲舜爲司徒，是原始社會末期的事情，那時國家尚未産生，談不到"君臣有義"。孟子生活在戰國時代，他談話使用"君臣有義"一語，當然是可以理解的。但他説"夫婦有別"，我以爲有問題。《禮記·昏義》："男女有別而後夫婦有義。"《郊特牲》："男女有別，然後父子親。"《易·序卦傳》："有天地然後有萬物，有萬物然後有男女，有男女然後有夫婦。"從社會歷史發展過程來看，《禮記》講"男女有別"，對。《孟子》講"夫婦有別"，不對。人類在群婚制時代，是男女無別。後來出現一夫一妻的個體婚制，是男女有別。到了文明社會，爲了抵制群婚制殘餘觀念的影響，特別強調男女有別，使男女間的大防不亂。這是合乎規律的。至於夫婦間的關係，不但不能"有別"，還要"一體"。《儀禮·喪服傳》："父子一體也，夫妻一體也，昆弟一體也。故父子首足也，夫妻胖合也，兄弟四體也。《禮記·昏義》：“壻揖婦以入，共牢而食，合卺而酳，所以合體同尊卑，以親之也。”夫婦要合體，要同尊卑，要親之，不可有別。所以我認爲《孟子》講“夫婦有別”，不合道理。《詩·關雎》毛傳既云“關關，和聲也”，又云“雎鳩，王雎也，鳥摯而有別”，顯然是受了《孟子》“夫婦有別”說的影響，我看也是不對的。

### 13.《荀子》的兩個問題

《荀子·正名》：“聲音清濁，調竽奇聲以耳異。”王先謙《集解》：“盧文弨曰：‘調竽二字上下必有脫誤，不必從爲之辭。’俞樾曰：‘笙竽之聲而獨言竽，義不可通。楊又引或説或竽八音之首，斯曲説也。調竽疑當爲調笑，字之誤也。《孟子·告子篇》曰：則己談笑而道之。調笑與談笑文異而義同。《玉篇》、《廣韻》並曰談，戲調也。蓋談與調一聲之轉耳。笑竽形似，因而致誤。’先謙案，調竽當爲調節，竽節字皆從竹，故節誤爲竽。《禮記·仲尼燕居篇》：‘樂也者節也。’孔疏：‘節制也。’《檀弓篇》：‘品節斯。’疏：‘節，制斷也。’是節爲制也。調者，《説文》：‘和也。’聲音之道，調以和合之，節以制斷之。故曰調節，與清濁同爲對文。奇聲與下奇味、奇臭對文。楊、俞説皆非。”我認爲“調竽”謂樂聲和諧。《韓非子·解老》：“竽也者，五聲之長者也。故竽先則鐘瑟皆隨。竽唱則諸樂皆和。”是其證。盧、俞、王説皆誤。

又，《正名》：“説故喜、怒、哀、樂、愛、惡、欲以心異。”楊倞注：“説讀爲脱，誤也。脱故猶律文之故誤也。”王先謙《集解》：“説者，心誠悦之。故者，作而致其情也。與《性惡篇》習僞故之故同義，二字對文。楊注非。”我認爲，“説故”應依《墨子·小取》“以説出故”作解。“説”指言論，“故”謂觀點。楊、王二説皆誤。

### 14.《莊子》的一個問題

《莊子·逍遥遊》：“適莽蒼者，三湌而反，腹猶果然。適百里者，宿舂糧。適千里者，三月聚糧。”“三飡”，成玄英《莊子疏》説：“往於郊野，來去三食，路既非遥，腹猶充飽。”宣穎《南華經解》説：“言飯三盂。”王先謙《莊子集解》：“三餐猶言竟日。”三説不同，我以爲宣説近是。成、王二説皆誤。“三餐”不是三頓飯。是説一頓飯中所吃飯的三個單位數量。“三餐”，意謂吃的飯不多。凌廷堪《禮經釋例》於“飲食之例”説：“凡食禮，初食三飯，卒食九飯。”“三餐”即“三飯”。“三飯”一詞雜見於《儀禮》、《禮記》、《論語》諸書。《儀禮·士昏禮》：“三飯卒食。”《儀禮·特牲饋食禮》：“尸三飯告飽。”《儀禮·少牢饋食禮》：“尸三飯。”《儀禮·公食大夫禮》：“賓三飯以湆醬。”《禮記·曲禮上》：“三飯主人延客食胾。”《禮記·玉藻》：“飯飧者，三飯也。”《論語·微子》：“三飯繚適蔡。”等等皆是。

何謂“三飯”？據賈公彦“一口謂之一飯”（見《儀禮·少牢饋食禮》疏的説法），“三飯”就是三口飯。但是古人説一口、三口，與今日所謂吃一口飯，吃三口飯，意義不同。古人吃飯不用筷子，直接用手抓取。《禮記·曲禮上》説：“共飯不澤手。”又説：“毋摶飯。”又説：“毋放飯。”《儀禮·特牲饋食禮》説：“佐食摶黍授祝。”這些都是古人吃飯不使筷子而用手抓的證明。古人把抓取一次飯叫一飯。賈疏説的“一口”就是一飯。一飯是古人當時吃飯的最小單位。食禮：初食三飯，告飽。是根據“禮成於三”的原則規定的。三飯爲一成（詳見《儀禮·特牲饋食禮》注），吃飯至此可暫告一段落。假如侑（勸），又三飯，告飽，是爲再成。又侑，又三飯告飽，是爲三成。特牲饋食禮，到此則不復飯。鄭玄注：“三三者，士之禮大成也。”可見古人所謂“三飯”，實表明所吃不多。

“三飯”也叫“三食”。例如《禮記·曲禮上》：“三飯，主人延客食胾。”孔穎達疏：“三飯謂三食也。”《禮記·禮器》：“天子一食，諸侯再，大夫士三，食力無數。”鄭玄注：“一食、再食、三食，謂告飽也。”

現在説“餐”。《説文》於餐字説：“吞也。”段注：“口部曰：‘吞，咽也。'《鄭風》曰：'使我不能餐兮。'《魏風》曰：'彼君子兮，不素餐兮。'是則餐猶食也。"由此可知，"三餐"亦即"三飯"、"三食"。

《莊子·逍遥游》之"三湌"到底應理解爲三頓飯還是應理解爲一頓飯中的三個食量單位呢？先從"莽蒼"説起。《經典釋文》："司馬云：'莽蒼'，近郊之色也。"《説文》邑部郊字下説："距國百里爲郊。"郝懿行《爾雅義疏》説："《説文》云：'距國百里爲郊'，此據王畿千里而言，設百里之國，則十里爲郊矣。"細繹《莊子》原文，"莽蒼"與"百里"、"千里"連言，看來"莽蒼"可能是十里之郊。十里、百里、千里，都是遞增十倍，比例相當，似與原文相符。"莽蒼"是近郊十里，那末往返一次，三個小時足够，既不需竟日，也無帶三頓飯之必要。證明成、王二人之説不能成立。

再從"三湌"與"宿舂糧"、"三月聚糧"連敍來看，可以看出，三者主要是講糧食的多少問題。意謂糧食多少與路程遠近成正比。"三湌"表示的數量決不會很多。"三湌而反，腹猶裹然"，路程太近，吃了"三湌"飯，去了又返，肚子還滿着呢！假如"三湌"是三頓飯，已經很多，"腹猶裹然"，從何説起！是知宣穎釋"三湌"爲"飯三盂"，基本正確。成玄英釋爲"來去三食"，王先謙以"猶言竟日"作解，皆誤。

### 15.《史記》的一個問題

《史記·太史公自序》："故述往事思來者，於是卒述陶唐以來至於麟止，自黄帝始。""麟止"二字，自來學者有種種不同的解釋，我看都没有説對。兹略述如下：

裴駰《集解》引張晏説："武帝獲麟，遷以爲述事之端。上紀黄帝，下至麟止。猶《春秋》止於獲麟也。"司馬貞《索隱》引服虔説："武帝至雍獲白麟，而鑄金作麟足形，故云麟止，遷作《史記》止於此，猶《春秋》終於獲麟然也。《史記》以黄帝爲首，而云述陶唐者，案《五帝本紀贊》云：'五帝尚矣，然《尚書》獨載堯以來，而百家言黄帝，其文不雅馴。'故述黄帝爲本紀之首，而以《尚書》雅正，故稱起於陶唐也。"

　　張、服二人的解釋，基本一致。都認爲"陶唐"、"麟止"是司馬遷自述他作《史記》的上限和下限。但是這種解釋，特別是説"起於陶唐"，不僅與事實不符，即在本文中也説不通。本文明明寫着"自黃帝始"，"上記軒轅"，"余述歷黃帝以來"。且小序於《五帝本紀》第一之前也清楚地寫着"維昔黃帝，法天則地"。怎能説《史記》"起於陶唐"呢！至於"麟止"之義，"止於獲麟"與"麟足形"二説孰是，它與下文"下至於兹"、"至太初而訖"的記載又怎能一致起來？這兩個矛盾，張、服二人並沒有解決。

　　先説第一個矛盾，即《史記》的上限問題。張晏對此衹敷衍一句"上記黃帝"了事。服虔是談了，但極牽强，不能令人滿意。司馬遷作《史記》分明是起於黃帝，衹是由於怕人家説"不雅馴"，而硬説"起於陶唐"，試問司馬遷能幹這種掩耳盜鈴的事嗎？事實上司馬遷並沒有這樣做。所以説服虔的解釋不解決問題。

　　其次説第二個矛盾，即《史記》的下限問題。張、服二人都認爲《自序》"至於麟止"係指漢武帝獲麟而言。但是"獲麟"之年與"鑄金"之年二者之間還有分歧。是關於《史記》之下限問題，張、服二人亦不能一致。

　　梁玉繩《史記志疑》："若所稱'麟止'者，取《春秋》絶筆獲麟之意也。武帝因獲白麟改號元狩，下及太初四年，凡二十二歲。再及太始二年，凡二十八歲。後三歲而爲征和之元。太始二年更黃金爲麟趾褭蹄，蓋追記前瑞焉，而史公藉以終其史，假設之辭耳。"根據梁氏的説明，是知獲麟在元狩改元之年，鑄金在太始二年。而太初首尾共四年，恰居二者的中間，即在獲麟之後二十餘年，"鑄金"之前的八、九年。可見張、服二人對第二個矛盾即《史記》的下限問題也沒有解決。

　　張、服、梁三説不能一致，孰是孰非，有待進一步加以探討。近人有崔適者作《史記探源》，悍然不顧一切，獨主張晏説，認爲"《武帝本紀》當止於元狩元年冬十月獲麟”，“年表、世家、列傳稱是”
（《麟止後語》）。他這主張與事實不符，在《史記》本書中當然找不
到證明。他采取的方法是：堅信自己的觀點正確，不可動搖，以自
己的主觀臆想作真理的標準，凡遇《史記》原文與之抵觸之處，便一
律指斥爲後人續竄。《史記・自序》：“太史公曰：‘余述歷黃帝以
來，至於太初而訖。’”《建元以來侯者年表》末褚先生曰“太史公記
事，盡於孝武之事”。以及《集解》、《索隱》“終於天漢”等等，雖史公
自述，崔氏亦一概擯斥不睬。甚至擬據“述陶唐以來”一語改題《五
帝本紀》爲《陶唐本紀》。學者著書立説，如此主觀武斷，全然不顧
客觀事實，誠屬少有。他當然解決不了問題。

　　王國維《觀堂集林・太史公行年表》：“《史記》記事，公自謂‘訖
於太初’，班固則云‘訖於天漢’。案史公作記，創始於太初中，故原
稿紀事以元封、太初爲斷。此事於諸表中踪迹最明，如《漢興以來
諸侯年表》、《建元以來王子侯者年表》皆訖太初四年。此史公原本
也。《高帝功臣年表》則每帝一格，至末一格則云‘建元元年至元封
六年三十六’，又云‘太初元年盡後元二年十八’。以武帝一代截而
爲二，明前三十六年事爲史公原本，而後十八年事爲後人所增入
也。《惠景間侯者年表》與《建元以來侯者年表》末，太初已後一格，
亦後人所增。殊如《建元以來侯者年表》，元封以前六元各占一格，
而太初以後五元并爲一格，尤爲後人續補之證。表既如此，書、傳
亦宜然。”

　　案王國維氏根據《史記》諸表記事行款辨明孰爲原本，孰爲後
補，至極精審，能發前人所未發。今本《史記》文字有後人增入之
處，固爲不容否認的事實，但如崔適所説的起訖則斷斷不能相信。
因爲不獨《史記・自序》説“余述歷黃帝以來，至太初而訖”，明白可
據，而且還可以於其他地方找到很多證明。

　　“述陶唐以來，至於麟止”，我認爲“陶唐”係指《尚書》的上限，
所謂《尚書》獨載堯以來，即其事。“麟止”則謂《春秋》之下限。《春

秋》一書大家公認是哀公十四年春"西狩獲麟"絶筆。司馬遷將"陶唐"、"麟止"用於此處，藉以含蓄而簡煉地表達他作《史記》的用心，即完成孔子未竟的事業。他在上文曾引他父親司馬談説："自周公卒五百歲而有孔子。孔子卒後至於今五百歲，有能紹明世，正《易傳》，繼《春秋》，本《詩》、《書》、《禮》、《樂》之際?"接着自己感嘆地説："意在斯乎! 意在斯乎! 小子何敢讓焉!"正可與此處互相證明。所以"陶唐"、"麟止"是孔子著述的起訖，不是《史記》的起訖。這是很清楚的。況且在"至於麟止"之後緊接着點明一句："自黄帝始。"司馬遷似乎已料及後世將有人誤會他的意思，但是雖有他補上的這一句，後人仍有人不解其意，甚乃故意歪曲，大概司馬遷卻未曾想到。

　　對"麟止"的誤解，不自張晏、服虔始，早在張、服之前，班彪已經作了錯誤的解釋。《後漢書·班彪傳》引述班彪《略論》説："司馬遷采《左氏》、《國語》，删《世本》、《戰國策》，據楚漢列國時事，上自黄帝，下訖獲麟，作《本紀》、《世家》、《列傳》、《書》、《表》凡百三十篇，十篇缺焉。"班彪説《史記》"下訖獲麟"，説明他誤以"麟止"爲《史記》之下限。又《漢書·揚雄傳》説，及"太史公記六國，歷楚漢，訖麟止，不與聖人同，是非頗謬於經"。這裏的"訖麟止"，當也是班彪的話爲班固保留下來。何以見得呢? 班固於《漢書·司馬遷傳》贊説："司馬遷據《左氏》、《國語》，采《世本》、《戰國策》，述《楚漢春秋》，接其後事，迄於天漢。"又於《敘傳》裏説："漢紹堯運，以建帝業，至於六世，史臣乃追述功德作《本紀》，編於百王之末，廁於秦漢之列，太初以後，缺而不録。"班固於此兩處皆不言"訖麟止"，而説"迄於天漢"或"太初以後，缺而不録"，可見班固並不以父説爲然。證明《漢書·揚雄傳》裏的"訖麟止"定是彪語而非固意。班彪是東漢初年著名的歷史學者，曾著《後傳》六十五篇以續《史記》，所處時代與司馬遷相去不遠。以常理推斷，他釋"麟止"不當錯，然而他確實錯了。一個有威望的史家如果有錯，威望適足成爲錯誤的掩體，貽誤後世，長期難得糾正。班彪之於《史記》"麟止"，就是一個顯例。

關於孔子問題。

我對孔子這個人物很感興趣。一輩子都在思考、研究，寫了一些文章。前不久與呂紹綱、呂文郁合作完成一部《孔子新傳》，已交付湖南出版社排印，年內可望見書。這就是我幾十年研究孔子的總結。我關於孔子的基本觀點是：1.《易傳》、《春秋》是孔子作，其思想屬於孔子。《詩》、《書》是孔子"論次"的，《禮》、《樂》是孔子"修起"的，都反映孔子的一些思想。除《論語》之外，《禮記》、《大戴禮記》等都保留着七十子及其後學記錄、闡述的孔子學說。研究孔子不可衹依據一部《論語》。2.孔子思想有兩個核心，一是時中，是深層次的，反映孔子唯物論和辯證法的宇宙觀。一是仁義，是從屬性的，反映孔子的人生觀和歷史觀。仁產生於親親之血緣關係，義產生於尊尊之政治關係。仁衹適用於人類範疇內，義也一樣。仁、義都有等次，所以必須通過禮表現出來。仁、義、禮不同但不可分。3.孔子學說與後世的儒學須分開看。孔子是個哲學家、思想家，其學說在漢以後被歪曲、埋沒，沒有得到闡發。宋明理學家打着孔子的旗號鼓吹自己唯心主義的東西，影響極壞。應將孔學與儒學、新儒學、現代新儒學區分開來。4.孔子學說在不同歷史時期有不同的評價。一般來說，當社會處在革命變革時期，必批判孔學，在社會進入和平建設時期，必提倡孔學。這是正常的，合理的。"五四"時代批判孔子和現在提倡孔子，同樣正確。5.孔子學說是我國傳統思想文化的主幹，它的許多東西有超時代意義，今天仍是真理，我們應當加以繼承，這是建設有中國特色的社會主義所必須的。在用馬克思主義教育人民的同時，讓人民從傳統那裏吸取營養，是十分必要的。尤其孔子學說對於促進安定團結，協調人際關係，極有價值。

### 三、學術接班人

　　呂紹綱同志最能理解和闡釋我的學術觀點，我認爲他最有條件在學術上接我的班，做我的學術傳人。呂紹綱同志 1933 年生，原籍遼寧蓋縣。五十年代在吉林大學歷史系學習時曾從我問學，學習成績優秀，畢業時我想留他，因故未能留下。1979 年春始從外地調回吉林大學，爲我作助手。現任吉林大學古籍研究所教授，協助我帶博士研究生。在社會上兼任中國孔子基金會學術委員會委員、中國先秦史學會理事、吉林省周易研究會副會長。

　　呂紹綱同志爲人謹厚，治學勤奮，才思敏捷，長於寫作。十多年來幫助我做了不少工作，使我想要完成的研究項目得以圓滿順利完成。我問世的《中國奴隸社會史》、《周易講座》和即將問世的《孔子新傳》得他的助力尤多。我的治學方法他已基本掌握，我的學術觀點他能夠正確理解，準確闡述，而且能夠補充、發展。現在他在我最熟悉的史學、經學、孔學諸領域已有自己的相當可觀的成果。在《周易》方面除與我合作《周易全解》以外，還著有《周易闡微》一書，已是國內知名的學者。

（《學術自傳叢書》，巴蜀書社，1993 年）

# 我與中國 20 世紀

　　所謂中國 20 世紀，實際上是指由中國歷史上最後一個封建王朝——大清帝國，向社會主義初級階段的國家中華人民共和國過渡的一個時期而言。具體說，中國經過辛亥革命、北洋軍閥統治、北伐戰爭、國民黨政府、抗日戰爭、解放戰爭等幾個階段，是中國歷史上情況最複雜，人民遭受的苦難最深重的一個時期。生活在這一時期的人們，大體上可區分爲三類。第一類是革命派。他們善於在大風大浪中游泳，不顧萬死一生，出全力推動歷史車輪前進。第二類是反動派，他們認爲"風雨如晦"是好事。或鼠竊狗偷，或狼奔豕突，時刻幹着禍國殃民的勾當。第三類是中間派。他們沒有明確目標，一貫被動。雖然也說得上辛辛苦苦地做事，清清白白地做人，然而如不入流的演員一樣，祇能在劇中扮演群衆或配角，不能當主角。又如漁夫下海遇颶風，奮力在驚濤駭浪中掙扎，不飽魚腹，已是幸事，談不上什麼英雄好漢。

　　那末，我生活於中國 20 世紀，屬於哪一派呢？我認爲這個問題很複雜，不能用一時一事作根據，應該看主流。如果從主流看，我覺得够不上革命派，但也不是反動派，正確地說，屬於中間派。

　　從我過去多半生來看，除兒時外，剩下的時間幾乎都在讀書或教書。我常說：我是一個道地的教書匠。我教過初小、高小、初中、大學本科生、碩士研究生、博士研究生。除幼兒園外，所有各級學校的學生，我都教過。

　　我是一個平凡的人。平生無多嗜好，我不吸煙，不飲酒，不打牌，不尋花問柳。如果說有嗜好，就是讀書。我平生最大的樂事，一是我教出大批大批的學生;二是出版了好幾本書。當然這都是與讀書分不開的。

　　20世紀拉開帷幕的第二年,清光緒二十八年農曆四月二十七日寅時,我出生於今遼寧省義縣白廟子鄉項家臺村一個貧苦的家庭。當時我祖父已棄養,祖母尚在,但已衰老。父親兄弟三人,無姊妹。母親劉氏。已生我胞兄一人。父親居長,是手工業工人(銀匠)。二叔父三叔父都務農。兄弟三人,同爨共財,協力贍養一家人。

　　我降生後,母乳不足,又無解決辦法,以致我體質異常虛弱。1910年,我八歲,開始入鄰村自廟子初等小學堂,這個小學堂又稱五年完全科,是清廷迫於官民要求變法,廢科舉後辦起來的。老百姓習稱爲洋學堂,不收學費。我兄弟四人一同進入這個小學堂。有我二叔父之子,長我九歲,行一;我胞兄長我七歲,行二;我三叔之子長我一歲,行三;我行四。

　　我猶記當時《國文》的第一課是“張龍旗,乘長風,大風泱泱”,帶有濃厚的大清帝國的氣氛。猶記在此前二年,光緒帝和西太后相繼逝世。我曾跟着大人帶過“皇孝”。所謂“皇孝”,實際上也不過是不準剃頭上圍繞髮辮的那一圈頭髮而已。

　　1911年辛亥革命,清帝退位。這時把龍旗都收起了。改挂紅黃藍白黑五色旗。小學改爲四年畢業。《國文》課本的第一課不是“張龍旗……”,而是“人手足刀尺,山水田,狗牛羊”了。多數農民以爲學了這些東西没用。教師勸說農民子弟上學,多被拒之於門外。説“唸書吃飯,不唸書也吃飯”。不過,老師在學生自習的時候,也令讀《論語》,并且要求能背誦。我在家裏,在我父的輔導下,也自學《大學》、《中庸》。

　　1913年年末,我初等小學畢業。在小學四年中,由於我學習勤奮,成績比較好,除第一學期而外,以後每次學期、學年考試,我都是名列第一。第一學期與我大哥二哥同學,他們都讀過私塾。

第二學期我大哥入工業學校,我二哥入高等小學堂,相繼離去了。

這時的小學教育比較寬鬆。每日祇上六小時課,不留作業。課餘時間學生可以自由支配。我家有《繡像三國志演義》一書。我初時看卷首人物畫像,覺得很新奇。常常翻開看。待文字認識的較多時,就不是光看人,還喜歡看正文內打仗部分,以後,逐漸能通讀全書以至能大段大段地背誦。我讀過了《三國志演義》,齊文宣老師又借給我《東周列國志》,我不怕困難,擠出時間繼續看。後來我對歷史有興趣,實際上這時已打下基礎。我的算術知識,也是靠齊老師,他有空閑時間,就給我出題,我常能算上。因此,在學校讀書期間,我的數學成績一直是好的。

由於我家庭貧困,小學畢業了怎麼辦,就成了問題。務農吧,我家的田地很少。學手藝學買賣吧,又找不到人來介紹。我父和老師都説年齡尚小,應當繼續讀書。但是農村沒有高等小學,進縣城去,食宿費又負擔不起。正憂心如焚,想不出辦法的時候,有人説,我舅父居住的劉家泥河子的鄰村張家泥河子成立高等小學預備科。於是我被送到張家泥河子高等小學預備科讀書,在我舅父家食宿。不料這個預備科辦了半年就不辦了,我不得不回家。

我從 1914 年下學期至 1916 年上半年計兩年時間,一直在家裏從事農業勞動。種地、剗地、割地,我都幹過。農閑時,還要做些放牛、割草、刨茬子、刨荆條疙瘩的活。我初時覺得四體疲憊不堪,以後逐漸能適應了。

1916 年暑期,一日,原來教我的小學老師到我家來,見我泥腿赤足從外邊進來,不禁惻然於懷,力勸我父讓我升學。説我天資很好,這樣下去,豈不把人糟踢了嗎! 其實,我父何嘗不願讓我升學。我父祇上了九個月的學,便能看《三國演義》、《聊齋志異》等書。加之我高祖係清嘉慶辛未進士,在四川做過多任州縣官,我曾祖是清候補知縣,我祖父雖患羊角風,詩與書法在地方亦小有名氣。我家生活之所以貧困,乃我伯祖父敗壞之過。我父嘗以"書香門第"自詡，豈有不願讓子弟讀書之理！無奈家境貧困，力不從心。我父聽過我的老師勸説之後，愁苦益甚，直至不能工作。他無法解決這個矛盾，痛苦之至。時值盛夏，我父每日早飯後，即到近鄰王家店餵馬木槽中睡覺，我母與我兩位叔叔見狀，俱惶恐不安。以爲我父如不工作，一家人何以爲生。正躊躇間，忽傳來張家泥河子又成立高等小學，而且已開學半年了。於是由我二叔父出面與我舅父商妥，送我到張家泥河子高等小學插班，在我舅父家食宿。由於我舅父家境亦不充裕，我家每年以高粱米一石作爲補助我的伙食之用。

　　由於我學習勤奮，除了插班那一學期考試名列第二外，以後兩年每次期考年考都名列第一。1918 年下學期期滿，我們本應畢業，不意 10 月間，縣裏下令改行新辦法，命學生交納學費，老師用學生學費抵充薪金一部分。學生反對，老師亦反對，學校因此停辦。校長詢學生要求，允許提前發給畢業證書。我領取證書回家後，又發愁了，怎麼辦？這年秋收很好，經過全家商議的結果，以爲我年僅十六歲，長得又瘦小，幹什麼都不合適，最好是到師範學校讀書，既省錢，畢業後又可作教師。恰巧這時我胞兄的同學朱宗季暑期考入奉天省立第四師範學校，校址在高橋鎮。來信説，該校暑假招收新生人數不足，現在正招插班生。我家遂決意命我到高橋鎮投考。我清楚地記憶是我二叔父牽一毛驢送我去的。錦縣至高橋有火車，我們沒有坐。我們到高橋鎮找旅館住下，翌晨，我進學校，謁見郭校長。郭校長名恩波字作舟，義縣人。詢明情況後，即在校長辦公室給我出作文題兩道：一爲《温故而知新》，一爲《過則勿憚改》。我即在辦公室作答，答畢回旅館。次日晨起，我到學校見牌已挂出，我被錄取，並發給半官費。所謂半官費即每月伙食由自己交半數，公家補貼半數。我看過牌示，立即返回旅館報告我叔父。我叔父非常歡喜，愉快地牽驢歸去，我亦即日搬入校內。

　　學校設在偏僻小鎮，建築本不宏麗。而我以農家子睹此，卻似劉姥姥進大觀園，處處覺得新奇。學生伙食，早餐是高粱米乾飯，炒大豆加鹽水下飯。同學們多冷嘲熱諷，醜詆伙食不好。而我則感到好得很，比我家裏强多了，因此，學習更加勤奮，不稍懈怠。

我在初級師範學習五年。第一學年爲預科。我是插班生，需要趕課程，期考年考名次都在十名以外。入本科，第一學期我考第四名，領全官費。以後三年半，期考年考我都名列第一。

我的學習方法，除了在上課時注意聽講外，一般總是晨起讀英文，白天閱覽數學書和演算數學題，晚上自習時間誦讀古文古史。臨考試復習時間，我把國文、英文、數學三門課全放下，用全副精力復習歷史、地理、物理、化學等其他一些課及聽課筆記。一般都是看兩遍。第一遍全看，一字不遺；第二遍祇看重點、難點。在考試前夕，要求有充足的睡眠，務使作答時頭腦清醒。

在校期間，我最感興趣，用力最多的是國文、數學、英文三門課。體操、手工、圖畫則用力較少，亦無興趣。至其餘的課程一般說都有興趣，都能完成任務。

自今日看來，對於我來説最有用的是國文，最没有用的是英文。因爲我多年來全靠國文吃飯。至於英文，自我畢業七十年於茲我從來没有用過它。可惜！我把大量有用的時間白白地都浪費了。

當我在校學習期間，國家發生兩件大事：一爲五四運動，一爲直奉戰爭。但是對於我來説，影響都不大。關於五四運動，我僅僅在新聞媒體上知道點滴。至於真實情況，我全不瞭解。至直奉戰爭則僅在高橋車站看見運兵運武器的火車，至於爲什麽打仗，我也是茫然不知。

1923 年 7 月我們將舉行畢業考試。省裏發布新規定，凡是初級師範本科畢業生一律須到省城瀋陽參加復試。適在這個時候東北大學成立。規定凡是被東北大學新生考試録取的，可以免去復試。聽説上大學每一個學生每年宿膳費雜費需 200 元。我在初級師範學校讀書伙食是全官費。每次上學，携帶不過十元八元，我家還須向東鄰挪西家借，根本没有力量上大學。不過，我有一個親戚説過某某願意出錢培養我。這話我並不十分相信。可是前一年我結婚，我岳父是地主。他知道我家窮，怕女兒有凍餒之虞，送給十五畝田作陪嫁。我暗想我如果考得好，還是有辦法的。我決意到瀋陽以考大學代替復試。考大學有初試、復試兩場。我初試名列第九，覺得還可以。及復試僅列附取第一名。這個附取還在備取之後。我看過榜，立即感到心灰意冷，無地自容。我復試之所以没考好，是有原因的。原因之一是復試考國文作文和英文作文。我的英文作文確實不如高中畢業生（我的同學平時不如我，不知爲什麼這次竟被正取）。原因之二是我在考試前受了特大的刺激，因接我家兄的信，涉及我那位親戚所説的培養我上大學的問題，一宿没有入睡。

　　我考得不好，在精神上所受的打擊太大了。回家後，就患痢疾，月餘不愈。正在萬分焦急，苦無出路的時候，忽收到原校長郭作舟先生來信，邀我赴鎮東縣工作（鎮東今改名鎮賚，劃歸吉林省管轄）。郭是鎮東縣縣長。我捧讀此信，真似喜從天降，絶處逢生。於是不顧道路險阻，決計前往，於 1923 年 9 月抵達。到鎮東縣後，方知郭縣長有二子，長名維城，次名連城，意在聘我爲家庭教師，同時兼任縣立第一小學國文教員。此地極爲荒僻，無山，無林木，無河流，冬日寒風刺骨。所謂縣城也不過是一個中等鄉村而已。我在小學授國文、音樂兩門課程，頗受學生歡迎。

　　1924 年 5 月，家中來信，催我回家。表面上説是我父病，其實是我妻病。怕我不回家，故意説謊。我本不願在此久住，得信後，迅即向郭縣長告辭，並整理什物歸去。

　　我回到義縣後，經友人介紹，到縣立第一小學任教。這個小學俗稱南學堂，亦稱文昌宮小學，是義縣最有名氣的小學。我在該校高小二年級教國文。該校有新辦初中班。我教的這個班暑假畢業後例應全班升入初中。在初中班教國文的原爲一位老秀才。我教的這個班的學生向校長申請升初中後還讓我繼續教他們的國文。校長允其申請。但當時初中教員的薪金高於高小教員。這樣讓老秀才改教高小，薪給怎麼辦？乃采取權宜之計，讓老秀才教高小仍領初中教員的薪給，我教初中仍領高小教員的薪給。一年後改正。

我與老秀才比較，在新科學、新思想方面略有所長；在熟讀"四書"，及作舊體詩、作對聯等，則不如遠甚。因此我除了繼續注意學習新事物外，擠出時間努力攻讀古舊書並虛心向老秀才請教。

1926 年文昌宮初級中學與東關師範講習科合并，改稱師中學校。我繼續在該校任教，至 1929 年離去首尾已逾五年。在這期間，每周上課經常是十八小時並要批改作文，但我自學仍不少輟。我家藏及新購書，計有《詩經》、《易經》、《左傳》、《國語》、《論語》、《孟子》、《老子》、《墨子》、《莊子》、《荀子》、《韓非子》、《呂氏春秋》、《史記》、《漢書》、《昭明文選》、《古文辭類纂》以及梁啓超、胡適、謝無量、呂思勉、錢基博、黎錦熙等人的著作，我都閱讀過，有的反復閱讀，以至能背誦。我曾兼任訓育員，最後兼任訓育主任。當時的訓育主任兼管教務。

我當訓育主任時，受校長委托，幾乎是什麼事都管。由於我講課受學生歡迎，教師也團結得好。所以我把那時的師中學校真正做到令行禁止，秩序井然。我離去時，學生有流涕者。從國家大事來看，這時發生三件大事：1. 郭松齡反奉；2. 張作霖在皇姑屯被炸；3. 東北易幟即換紅黃藍白黑五色旗爲青天白日旗。對於我來説，張作霖被炸震動較大。其餘二事，在當時沒有意識到有多大意義。

1929 年吳家象出任遼寧省教育廳廳長。爲了刷新教育，舉行教育局長、縣督學考試。規定教育局長應試資格爲：高等師範學校畢業者須任教職一年；大學畢業者須任教職三年（因爲大學沒有教育課程）；初級師範本科畢業者須任教職五年。我因符合應試資格，遂前往應試。考試經過初試、復試、口試三場。我初試發榜是第二名，復試、口試俱名列第一，考試結果以第一名錄取，旋即被委任爲通遼縣（今劃歸内蒙古自治區）教育局局長。這在當時是一件新鮮事，曾轟動一時，被報紙稱爲"新貴"。

我於1929年冬赴通遼任職至1930年冬以"另有任用"解職。剛好一年。在通遼期間，因爲我是考取的，又名列榜首，縣長及地方士紳都另眼看待，辦事極爲順利。我亦硜硜自守，盡心竭力，想把工作做好。但由於時間短暫，並沒有取得顯著成績。不過。經過此次實踐，我卻有一點體會，這就是在一個污濁的社會裏做行政工作，想潔身自好，大不容易。兹舉二事如次：

其一，與我共事的縣督學楊育春字丙辰，義縣人。他是廳長吳家象的表兄（楊的姑母是吳的繼母）。我到通遼後，當然要親近他。可是此人的品質極爲惡劣，其具體表現簡單説有三點：1.他勾結幾個不逞之徒，以莫須有的罪名控告前任教育局長馬希駒。馬是現任財政局長，家有很多田户，是縣城巨紳。我到任後，依照慣例是新任查前任。因此楊企圖拉我與他們合伙，共同敲詐，以攫取一筆不義之財。當然我不能幹，這就不能不與他發生矛盾。2.楊任縣督學，幻想借職務之便操縱人事大權。他説某人好，我就得提拔；他説某人不好，我就得斥退。讓我當傀儡，我怎麼能幹？3.楊總是説錢不够花，經常向財會預支。我料他虧欠不會還，不能不嚴格加以限制。基於以上三點，他對我極爲不滿，於是捏造事實向教育廳控告。後來經過教育廳派省督學王某到縣徹查，查清他的劣迹，上報教育廳。當時吳廳長外出，由秘書兼第一科長夏博泉代理。給他以撤職處分。楊不甘心，回省向他的姑母打假報告，堅決要求吳廳長撤我的職。結果我以"另有任用"四字調離通遼。

其二，省督學高鴻威字顏咫。他到通遼縣視察時，先在昌圖縣令教育局劉局長寫信，讓我到錢家店（通遼東行第一大站）接他，我驚訝一個省督學爲什麼有這般大的派頭，没去接，詎知劉局長竟然親自送來。我本想到火車站去接，不巧，因爲縣裏開會誤了時間，惹得高省督學怒不可遏，堅決要到賓館去住，經我賠禮道歉，始回到教育局。其實，此中有個秘密。高、劉二人都是癮君子。高瞭解我是個書呆子，沒有劉的介紹，高自己怎好對我明言。當劉向我的同事提出這個問題的時候，我很反感。但迫於情勢，我的同事人人都說，設法滿足他們吧！不然後果不堪設想。我反復籌思，想不出好辦法，終於屈服了，不得不從黑市買鴉片供他們吸食。時值連日陰雨，高又患痢疾。我真是窮於應付，苦不堪言。不僅如此，高又要去妓院，我也得曲意陪同他去。到後，我既局促不安，高也未能盡興。

高與遼北荒務局秘書某有舊，嘗去打牌。有人告我，高對秘書某評論我，說我的學問和品行 100 分，辦事能力零分。當然，他上報教育廳給我加的評語倒不是這樣，而是"學優品粹，智圓行方"。

1931 年春我調遼寧省教育廳任第二科第一股股長。第二科有兩個股，第一股管地方教育並撰擬稿件；第二股管圖表統計。我初來時，以爲我原是局長，改作股長，未免大材小用。及開始工作，乃知這個工作，並不簡單。因爲辦公文，對上級應理明詞達；對下級還要發指示或判斷是非；對同級語言必須恰如其分。初來很難應付，賴有科長審稿，自己也懂得查閱檔案，始逐漸能應付裕如。

1931 年 4 月吳廳長調任東北邊防司令長官公署秘書廳廳長，遺缺由原遼寧省政府秘書長金毓黻繼任。金毓黻先生字靜庵，遼陽人，是東北著名學者。他來廳後，一日，召見我談話。問："你在教育局長考試是錄取第一嗎?"答："是。"問："你的漢文很好，扔下沒有?"答："因爲改做行政工作，扔下了。"最後叮囑說："不要扔下。"金廳長的道德學問，我早有所聞。今得覿面，並受到青睞，感到榮幸之至。

我前此已兼任第四科第二股股長。因在瀋陽北陵召開全國運動會，第四科稿件特多。而第一股股長患重痢疾請假，科長又是新手，能作舊體詩，而不善於辦公文。因此，當時第二第四兩科的公文幾乎由我一人包辦，以是益受廳長重視。正當我工作得意時，

"九一八"事變發生,日本軍國主義者突然向瀋陽發起進攻,而守土者卻執行不抵抗主義政策,不戰而退,坐令日軍輕易地占領全城。遂使瀋陽市數十萬居民一夜之間都變成没有娘的孩,毫無自衛能力,任人宰割。這時我在瀋陽大南關左治胡衚寓居,聞訊驚恐萬分。幸北寧路火車尚通,乃奉老母携妻子倉皇至皇姑屯火車站逃歸義縣故里。不久聞遼寧省政府在錦縣恢復辦公,乃前往復職。後來遼寧省政府隨東北軍撤退北平,友人勸我同行。我以老母在堂,不能遠離,祇好以徐作後圖答之。

1932年春原教育廳同事有去瀋陽者,語及瀋陽情況。我在瀋陽原寄存兩個皮箱,渴望取回來。因冒險隻身潛入瀋陽,至則夜宿旅店,時聞槍聲。我取箱子時忘帶鑰匙。我知道我箱子的鑰匙同原教育廳同事杜預如箱子的鑰匙一樣,乃找杜預如。杜時在大南關下頭一個小學任教。我見到杜,同時亦見到該校趙校長。趙名毓學,字博文,原任教育廳第三科長。見面極熱情。他勸我在這個小學任教,不要再住旅店。我同意他的意見,至是我又當上小學教員了。5月,瀋陽市初級中學開學。趙誠恕任市立第二初級中學校長。先是金毓黻先生被日軍囚禁,釋放後任僞省署參事官。經他介紹,我轉任市立第二初級中學教員。自此至1936年春,凡四個春秋。我一直在該校授國文課。在這個期間内,我雖終日栗栗危懼,精神上極度緊張,但物質生活尚好,每月工資120元,自奉有餘,還可以彌補老家三十多口生活的需要。每周授課14小時,有充足的剩餘時間,可以閱讀古文、古史。當時省市圖書館藏書很多,容許自由借閱。加之亂後東北大學公私圖書大量散佚,多在瀋陽南門外書肆賤價出售。我從南門外書肆買得署名李審用,上有聽課筆記的《陳氏毛氏詩傳疏》、《廣雅疏證》、《史通通釋》、《三禮古注》以及《公羊傳注疏》、《資治通鑑》等。當然,我的囊中有限,不能恣意收購。於是此時得暇即研讀《詩》、《書》、《易》、"三禮"、"三傳"及《國語》、《老子》、《莊子》,或到金毓黻先生家去請教,兼討論學術問題。自審我於瀋陽淪陷後在瀋陽居留四年，精神固然留下不少創傷，而對先秦古籍研究，實大有裨益。

1936 年春節剛過，我老母不幸逝世。開學前，我又無故被解聘。噩耗頻來，實出意外。私念我的教學效果一貫很好，而該校又將增聘國文教員，我被解聘，一定是有人在暗中誣陷，說不定大禍將要臨頭。適有友人介紹，即在教會辦的文華中學任國文教員。金毓黻先生邀我在《遼海叢書》、《奉天通志》編輯方面幫忙。我看了看，插不上手。僅將我高祖諱朝覲的《三槐書屋詩鈔》及族高祖諱科豫的《解脫紀行錄》，交與金毓黻先生收入《遼海叢書》中。

1936 年 7 月，《遼海叢書》與《奉天通志》編輯竣事。時金毓黻先生任博物院副院長，將赴日本考察。瀕行，我與幾位友好設宴餞行。金在密室對我說："你應當到關裏去。"我說："聽人說，東北同鄉在關裏，一家要瞻養幾家流亡人口，很難生活。"他說："不是這樣。我們可以往一堆兒湊。"不久。他從日本給我寫信，略謂"日內旅行他往，歸期無定"。我見信。明白了他正擬潛回祖國。我於是借暑假的名義攜眷屬回老家。在家中與二叔父、胞兄及妻子秘密商好，於 8 月 12 日又借開學的名義，我與妻侄商大和（商到西安找他在何柱國部隊工作、家住咸陽的叔父商亞東）搭乘西行火車入關。在火車上，日人盤查兩次，未發現破綻，順利地度過山海關。好像是過了山海關才踏上祖國領土。這時真是如脫虎口，精神上頓覺有說不出的歡暢。

入關後，在北平住一宿，即轉赴西安。西安是張學良將軍駐地，東北軍民多聚居於此。我到西安，在旅館略事休息，即謁見吳家象於其私邸，吳時任張學良將軍秘書長。我進入吳室內坐定，心想積年離別，又新自淪陷區逃出，吳見面一定是充滿熱情，用溫言撫慰。實大謬不然，吳自裏屋出來後，緊繃着冷酷的面孔，竟說："你在那裏危險，在這裏也危險；在那裏能生活，在這裏不能生活，現在還不到打回老家去的時候。我勸你不動聲色地回去。"我聽罷，真像在頭上潑了一瓢冷水，不覺潸然淚下，不能自止。我因問金靜庵先生回國否？他告我：金在南京任行政院參議，這時我心裏才有了底。我退出後，見到同學杜錫庚。杜是吳的外甥，時任××總部辦公廳秘書。杜極熱情，並對他舅父的言詞作了解釋。我自忖無錢在旅館久住，仍偕妻侄商大和，到咸陽妻弟商亞東家住。没住幾天，就接到杜錫庚來信。説：“現有一工作，薪酬不高。如願意，可以來。”我正在人家寄食，有一工作已是求之不得，何計薪酬高低，遂立即返回西安。至西安，方知是東北大學改組，金錫如任工學院院長，經杜和郭維城介紹，聘我爲院長秘書。金院長是義縣人，早已認識，相處甚得。我由淪陷區出來，片紙隻字未帶，至此感到没有書看，苦悶得很。值商務印書館特價出售《國學基本叢書簡編》，我以圖書館名義又七折買得一部，暇時閲讀，樂趣盎然。在此安頓下後，很快就給金毓黻先生寫信，向他問候兼報告所經簡況。回信勸我不要着急，並説：“吳仲賢（仲賢是吳家象字）所處的地位不同，應予以諒解。”

　　我自 1936 年 8 月來到西安，至 1937 年 5 月離去，停留僅半年多。在這期間發生的事件，無如西安事變。我是西安事變的目擊者。然而我是小人物，耳目所及，僅限於表面現象。至其真實内容及其偉大意義，則全不瞭解。例如西安事變最近的導火綫是紀念一二·九運動。工學院的學生有參加的，回來説，在遊行隊伍中，東望小學一學生手指間被槍彈穿過，激起大隊憤怒，堅持要過灞橋至臨潼見蔣委員長。經張學良將軍以極其肯定的語言勸阻，才整隊歸來。12 月 12 日晨，我尚未起床，忽聞槍聲甚密，約半小時方止。早飯後，在田野間，見砲兵調小鋼砲瞄準西城門樓，因西城門樓有楊虎城駐軍。他們錯誤地以爲槍聲是東北軍與西北軍發生衝突。傍午，國民黨飛機三十六架在空中盤旋，他們又掉轉砲位對準飛機場。蔣被捕後，始居新城，後移高桂滋公館。聽説蔣在新城時，群衆要求在革命公園公審，後來又聽説不公審了，正在談判。

最後聽説張學良將軍親自送蔣飛回南京。中間插曲有 1937 年 2 月 2 日王以哲、徐芳被戕，暴徒旋被驅逐等。

我是 1936 年 9 月 1 日陪同金錫如院長到東北大學工學院就職的。1937 年春西安事變和平解決，國民黨政府將東北大學改爲國立，臧啓芳任校長。臧到西安接收工學院時，金錫如在北平。實際上是臧從我手中接收的。當時，臧對我説，他在南京，金毓黻先生向他囑托過我。他將聘金毓黻先生爲文學院院長。我如不願在工學院，可到文學院去。我因目睹臧接收時，借用宋希濂 36 師一部分戴鋼盔的士兵到院彈壓的慘狀，意不能平，因決定自動解除職務，搬到旅館去住。不數日，經友人介紹，又移青年會食宿。原因是青年會住房不要錢，光交飯費。我端居多暇，曾到臨潼參觀，在華清池温泉洗澡。又友人杜錫庚約我同趙鴻壽（軍法處長）、吳家必（辦公廳秘書）、王某（辦公廳科長）、竇宗漢（原張作霖監印官）及李奠華（原莊河縣教育局長）等七人遊華山。同行竇宗漢登上北峰即不敢再登。復前行我亦膽怯，但我覺得應該實地看一看。到蒼龍嶺，遠看確似一道長墻，但近看通道相當寬，兩側還有石欄杆護持，並不危險。遂度過蒼龍嶺，次第遊覽了中峰、東峰、南峰、西峰。我祇是不敢過鷂子翻身到下棋亭上看，其餘都看了。

1937 年 5 月我隨東北軍移淮陰的搬家火車至徐州，轉蚌埠住一宿。繼續南下至南京，下火車找旅館住下。次晨，晉謁金毓黻先生，金見面極親熱，詳細詢問入關後及在西安的情況，特別是詢及在西安住旅館錢足用否。我詳述經過情況並告以錢足用。這時，適報紙送來，上載劉尚清繼劉鎮華任安徽省政府主席，金毓黻任省政府委員兼秘書長。金先生對我説，我們一同到安慶去，你搬到我這裏住，幫助我收拾東西。此後我即隨金先生到安慶任省政府秘書處秘書，與金先生同桌吃飯，對面辦公，甚見親近。未幾，"七七"事變，抗戰軍興。劉尚清主席被調任國府顧問，蔣作賓繼任安徽省政府主席。當時還存在"一朝天子一朝臣"的積習，凡是劉主席任命的人員，依照慣例必須一律自動辭職。是年冬，我與總收發竇宗漢同舟溯江至武漢。由竇接洽，我們在武昌湖邊街懿德女中賃房暫住（因爲該校已疏散下鄉）。我在此住了三個月。每日無事而以有警報即趕快逃避爲事。既找不到工作，又不能回家，而且囊中將罄，借貸無門，焦急得很。當前舉目無親沒有別的辦法，祇有向金毓黻先生求援。金先生時在重慶沙坪壩任中央大學教授。

1938 年金毓黻先生向東北人齊世英介紹，我於是年 2 月到雞公山東北中學任教。東北中學原係張學良將軍私立學校，先在北平成立，後遷移雞公山。西安事變後，一度由湖北省教育廳長周天放派趙雨時去接收，因釀成風波，退出來了。齊世英屬二陳（陳果夫、陳立夫）派系，見有隙可乘，與教育部長陳立夫合謀，改私立爲國立，增加經費，聘留日的地質學博士馬廷英爲校長。各科教師亦竭力延聘一些有名望的人，表面上是振興教育，實際上是想消滅張學良將軍的勢力，而樹立他們自己的勢力。

該校設有高中初中兩級。我初到時，要求教初中國文，因爲當時高中國文没人教，讓我兼代高中兩個班的國文課。上課不久，高中班學生向學校提出，就讓這位戴眼鏡的老師教吧！不要代理了。自此以後，我一直教該校高中班國文。

1938 年徐州戰事吃緊，雞公山也失去了安全感。是年夏，學校奉命經武漢遷至湖南省邵陽縣桃花坪。

到桃花坪不久，學校發生一次學潮。近因是由於一位英文教師授課引起的，遠因則相當複雜。當時我亦不甚了了，祇是後來經過一些事實證明，兼有友朋時時議論及此，始略識顛末。

大略說，抗戰期間，南京失守，國民黨政府遷至四川重慶。東北流亡人士，在重慶成立兩大組織：一是東北救亡總會，一是東北協會。東北救亡總會内有王化一、高崇民、車向忱、閻寶航、陳先舟、于毅夫等參加，他們多半是張學良將軍舊屬，接近共產黨，或本人就是共產黨員，執行共產黨政策。東北協會是由齊世英（遼寧

人)、李錫恩(吉林人)、王先卿(黑龍江人)三人爲首組成的,屬於二
陳派系,執行國民黨政策。涇渭分明,明争暗鬥甚烈。王化一原爲
東北中學校長,在學生中有很大影響。現在東北中學學生特別是
高中生就有不少暗中與東北救亡總會互通聲息。而學校的新領導
班子如訓育主任石志洪是齊世英的妹夫,事務主任王慶吉是齊世
英的小同鄉(遼寧省鐵嶺人),教務主任王漢倬是黑龍江人,也是東
北協會成員。因之,重慶兩大組織的對立,變成校内兩個派別的對
立。學潮攻擊的矛頭,主要針對新的領導班子,特別是針對訓育主
任石志洪、事務主任王慶吉、軍訓教官文誠三人。學生中有打過遊
擊的,他們有組織能力,有鬥争經驗。學校想使用壓力壓服,甚至
搬來軍隊,都無濟於事,而且愈演愈烈。曠日持久,學校祇有聽之
任之而已,毫無辦法。最後,由我與郭德浩(筆名高蘭,國文教員。
解放後,任山東大學中文系教授)、聶恒鋭(留德,理化教員。解放
後,大連工學院教授)、何壽昌(國文教員。解放後,東北師範大學
教育系教授)四人出面調解,允許一些條件。如立即解除王慶吉、
文誠二人職務等,學潮始告平息。

　　學校領導班子正議改組,忽傳長沙大火,感到桃花坪亦不安
全。又議遷校至四川,很快新校址已選定在威遠縣静寧寺。於是
一方面由訓育主任石志洪到静寧寺進行籌備,一方面由原事務主
任王慶吉爲遷校人員沿途備辦交通工具,及食宿處所。自 1938 年
冬首途,至 1939 年夏到達。中間僅有少數幾段路是步行,其餘全
都是利用汽車和船隻,竟走了八個月。所有經過的漵浦、辰溪、晃
縣、貴陽、重慶等地,處處停留,教師無事可幹,收入又較豐,大都是
群聚小館裏大吃大喝。真正是"前方吃緊,後方緊吃",完全是一種
没落腐敗的現象。到達新校址後,新的領導班子組成。由原教務
主任王漢倬代理校長,李國棟爲教務主任,肖楹辰爲訓育主任,孟
以猛爲事務主任。但學校中的基本矛盾並未解決,學生依然時有
越軌行爲,主管者不敢過問,秩序長久不能恢復。加之又增進一個

新的因素,即化學教員王焕彬兼任三民主義青年團籌備主任,組建三民主義青年團。他與特務頭子康澤有關係,上課時腰帶手槍,蠱惑一些初中年幼的學生,把銅錢周邊磨薄,揚言殺共產黨,因此學校益形混亂。

少數教師見學校前途無望,紛紛辭職。時復性書院成立,於暑假招生,聲言不限資格,不限年齡,祇看作品,錄取後,每月供給伙食,還發給膏火費三十元。我以爲機不可失,忙寫作品,寄請審查。學校亂得不可收拾,教務主任、訓育主任、事務主任連袂去重慶中央訓練團受訓,代理校長亦向教育部電請辭職。但教育部長陳立夫有要事去昆明,齊世英也有急事去香港,復電不準王的辭職。無論如何,必須維持到開學。這時代理校長王漢倬陷入進退兩難的境地。走,走不了。不走,怎麼辦呢? 他苦思結果,想出一個辦法,這就是請我和教數學的老師吳宗函(解放後,遼寧大學教授)幫助他渡過難關。聘我當教務主任,聘吳當訓育主任。因爲我們二人教學效果好,在學生方面有威信,又同他私人關係比較好。但是我們二人瞭解這個學校的歷史。又親眼看到當前這樣局面,怎能接受這個任務? 我們二人開始嚴詞拒絕,但他糾纏不休,一連鬧了二十多天,最後,我們軟下來了。念及東北流亡學生,竟然到這步田地,太可憐了,我們不應坐視。且認爲這個學校還是可以有所作爲的,乃毅然許諾他的請求。但是我們提出一個條件,這就是在重慶的王焕彬不能回來。王漢倬滿口答應。可是,1940 年開學,王焕彬回來了。吳宗函堅持條件,不作訓育主任。我初時本和吳宗函采取同一步驟。但轉念我的情況不同,前數日聘教師信裏說我作教務主任請你幫忙。後數日在信中說,我不作教務主任。你不要來了,這樣,毫無信義,怎好出口。索性接受教務主任職務,無所畏懼,準備戰鬥。又,當時訓育主任無人擔任,我對王漢倬說:我聘請的國文教員徐公振,在瀋陽第二初中與我同事,我瞭解他,國文的功底一般,但辦事能力很強。王說:"讓他作訓育主任。"徐來後,方知他與東北救亡總會高崇民有關係。因此,一方面,他最容易與學生打成一片;另方面,他與三青團組織就不能不更加對立。

1940 年開學,事務員向我報告,教室桌椅短缺甚多,怎麼辦?我叫學生集合,號召他們自己將搬到寢室的桌椅搬回來。果然搬回很多,但還不够。我鼓起勇氣,率領事務員到學生寢室去,凡不是學生用的桌椅一律搬出來。結果教室的桌椅不但足用,而且有餘了。開課後我嚴格要求學生不準遲到早退,平時不能無故曠課,一定要按照規定時間起床、熄燈。徐公振也盡力整飭秩序,并親自率領學生修治庭園,清掏厠所。我聘請的兼職數學老師盧興階(當時在東北中學任教。解放後,北京鋼鐵學院教授)說:"東北中學的學生像猴,東北中山中學的學生像猪。猴要鬧起了不得了。如果不鬧,讓它做什麼把戲,會做得很好。"當時,東北中學的秩序確實很好。但因爲三青團的活動受到限制,東北協會的人們認爲主權喪失。他們一致向我進攻,說我把學校辦紅了。他們在校內無能爲力,於是向教育部、中央黨部、中央團部不斷提出控告。果然這個控告生效,先是,教育部電令撤徐公振的職,立即離校,但代理校長怕引起學潮,沒有發表。稍後,教育部又電令撤我的職,立即離校,代理校長亦未發表,直至暑假新任校長楊予秀到校,挂牌宣布新任教務主任、訓育主任、事務主任名單。我問王漢倬,新校長爲什麼不理睬我們?王始拿出兩封電報,我們知道受騙了,但事已至此,無可奈何。我們祇好整理行裝,迅速離去。不敢經由自流井,怕受特務侮辱,乃取徑榮縣,至樂山,謁見復性書院主講馬一浮先生,欣承允予收留。隨即與徐公振同游峨嵋山,又到成都與好友杜錫庚會晤,杜告我吳家象寓居崇慶。我說崇慶清爲直隸州,我高祖曾任該州知州,去職時名將楊遇春之子楊國楨餞行稱"治愚弟"。贈對聯有"甘雨隨車,仁風被野;棠陰解組,萱覝舞衣"等語。杜力勸我去崇慶,遂行。至崇慶吳家象寓,與吳家象相見,甚爲歡洽,幾乎無所不談。在崇慶我游一次公園。公園不大而結構精巧。因雨，在吳家住五宿，即遄返成都。是年9月，我別成都，至樂山，入復性書院學習。書院設在烏尤寺，風景極幽美。主講馬先生名浮，字一浮，自號湛翁、蠲叟。梁漱溟稱爲"千年國粹，一代儒宗"。浙江紹興人。通曉七國文字，於書無所不讀。尤長於宋明理學、佛學，特精詩詞書法，旁及篆刻、醫藥。我到書院後，有的同學告我，去年入院之初，有典學史一人，限制甚嚴，每日祇准讀幾頁書，説是要"向內"、"體究"。且必須從《近思錄》、《伊洛淵源錄》及元人趙順孫《四書纂疏》讀起。後來由於同學提意見，已放鬆了。今天幾乎不管，什麼書都可以讀。我本對經學有興趣，加之書架上有木刻大字的正續《清經解》，我遂如饑似渴，傾全力讀了一些清人説經著述。

1941年因法幣貶值，不但膏火費增至五十元不解決問題，伙食質量亦不斷下降，以至吃不飽。還因我讀書用力太過，而營養跟不上，馴致咯血。我不能繼續讀下去了。是年11月蒙金毓黻先生介紹，應東北大學之聘，至三臺就任文書組主任。可惜！我在書院從馬先生年餘，並未學得道真。不但不足語於升堂入室，簡直是還在數仞夫子之墻之外。

在書院有兩件事，對於我來説很重要。兹補記如下：

一、我讀《春秋》三傳，對《公羊傳》有若干新見解，著成《春秋釋要》一文。馬先生閱後。親書題詞，略謂："曉邨以半年之力盡讀三傳，約其掌錄以爲是書。其於先儒之説取捨頗爲不苟。如據《史記》主魯親周以糾何氏黜周王魯之誤；謂三世內外特以遠近詳略而異，不可並爲一談。皆其所自得，豈所謂箴膏肓、起廢疾者耶？"如此褒獎，我視爲是一種殊榮，永久珍藏，不敢失墜（詳見《春秋釋要》，載《吹萬集》）。

二、我酷嗜《周易》，尋繹多年。但其中若干關鍵性問題，始終不得其解。1939年於遷校途中，在開明書店買得傅子東譯列寧著《唯物論與經驗批判論》，附錄有《談談辯證法問題》，讀後得到啓發。覺得《周易》中一些難解的問題，霎時即煥然冰釋，怡然理順。因於寒假中撰寫《易通》一書。至書院倩人清繕。時值教育部舉辦著作發明及美術獎勵，我以爲這部著作有創見，因請金毓黻、高亨兩教授寫推薦書，申請獎勵。當我要請獎時，心尚懷有矛盾。一方面以爲我有創見可以請獎，另方面又認爲我的著作是應用唯物辯證法的觀點寫的，很可能遭到懲罰。最後，相信我手中有真理，是無所畏懼的，遂決意冒險請獎。

1941 年 11 月我任東北大學文書組主任，1942 年 5 月兼任中文系講師，7 月又聘爲中文系專任講師。是年我的《易通》一書榮獲教育部著作發明及美術獎勵三等獎。三等獎儘管不是最高榮譽，但我在東北中學任教務主任時，有人攻擊我沒有大學畢業文憑，不合格。今天我做大學教授也合格了。因爲教育部有規定，大學畢業可做助教，做助教四年提出相當於碩士論文可做講師，做講師三年提出相當於博士論文可做副教授，做副教授三年提出相當於學術獎勵的論文可做教授。我已經得了學術獎勵，當然可以做教授了。

1944 年我寫了《研治經學之方法》一文，載於東北大學《志林》第 5 期。

1945 年 7 月我被聘爲中文系副教授。8 月，日本軍國主義由天皇裕仁宣布無條件投降。喜訊傳來，舉國歡騰。在三臺的東北人更是敲鑼打鼓，燃放鞭砲，喜而不寐。

1946 年學校議復員。我思鄉心切，先期由三臺乘汽車至重慶，由重慶乘飛機至南京，由南京乘火車至上海，由上海乘海船至塘沽，由塘沽乘火車出山海關至石山站下車，再雇馬車回到我久別的家室。

我的老家已析產分居。我妻携兒女依娘家遷谷家屯居住。我與我妻，十年睽隔，相見之下，真有杜甫詩句所説的"喜心翻倒極，嗚咽淚沾巾"。旋即回到項家臺老家，拜見叔父、嬸母及兄嫂並與弟侄輩親切話言，俱是又驚又喜，問長問短，有隔世之感。鄰里聞我歸來，亦踵接問候，視爲大喜大慶。我在老家住了一個星期，又回到谷家屯休息月餘。聞東北大學復校先遣隊已將東北大學舊址瀋陽北陵繕修略備。1946 年末，我携眷屬來校，住南新村。1947年春，由四川遷來的師生員工已陸續到達。遂如期開學，正式上課。7 月我晉升爲教授。移住東新村。

1948 年，解放戰争的戰火迫近瀋陽，東北大學又遷北平。到北平後，先在烟筒胡衕居住，後遷至府右街石板房。時東北大學文學院在光明殿上課，距我寓所較近。

1949 年北平解放前夕，友人張駿五（遼寧省蓋縣人，留德，學采礦）在臺灣，來信邀我移家臺灣。我復函謝絶，因爲我内心早已傾向共産黨，北平即將解放，我不能再跟國民黨走。

1949 年北平解放。3 月，在北平的東北各院校被遣送回東北。我携眷同行，至瀋陽，住東北旅社。領導上令填表，將重新分配工作。我填表願從事先秦古籍研究工作，因爲我自知不懂小説、戲劇及文藝理論，不宜在大學中文系工作。可能是領導考慮了我的志願，於 4 月 1 日分配到東北文物管理處任研究員。當時忙於接收圖書文物及舉辦展覽會，並没有正式進行研究工作。以後該處改爲東北文化部文物處，我仍任研究員。當該處改爲東北文化事業管理處的時候，不設研究室。我被分配到東北圖書館，任研究員兼研究組組長。抗美援朝時期，圖書館善本書疏散到黑龍江海倫，我曾與幾位研究人員在那裏進行鑒定整理工作。

1953 年五六月間，我考慮到圖書館研究員應該研究圖書館業務，例如采購、分類編目、閱覽等，我對於這方面既缺乏理論知識，又没有實際經驗，而且每月拿錢很多，這樣對國家對個人都不利，於是我請求領導另行分配到大學工作。不料楊館長竟用極刻薄的言詞對我説："你願意到大學去，人家得要！"我認爲這是對我的侮辱，更決心離開圖書館。但向何處去呢？想來想去，想到二十年前我教初中時的學生顧卓新,時任東北人民政府副主席兼財經委員會主任,他能解決我的問題。但是我們二十多年不見面了,他在解放區,我在國統區,這裏就有一個政治面貌的問題。他不瞭解我,敢負責嗎? 我經過反復考慮,終是没有辦法,不得已,乃往見顧卓新,承盛情接待,完全滿足我的願望。我説瀋陽市文化局副局長王化南同志是我原在單位的支部書記,可以向他瞭解我的情況。顧瞭解了,并介紹我到長春東北人民大學任教。

1954 年 1 月我到長春東北人民大學(即今日的吉林大學),當時校長吕振羽在大連休養,由教務長龔依群、歷史系主任佟冬接見,表示歡迎。我要求在歷史系工作。到職以後,有全新的感覺,必須從頭學起,既要從頭學馬克思列寧主義毛澤東思想,又要從頭學歷史知識。我終日伏案讀書,幾至廢寢忘食,不敢稍有疏懈,深恐不能勝任。

1955 年東北人民大學《人文科學學報》第 2 期及 1956 年第 1 期連載我寫的《易論》一文。這是我第一次使用語體文,并且是在舊作《易通》的基礎上經過修改而刊出的。

1956 年我寫了一篇《論宗法制度》,在東北人民大學《人文科學學報》同年 2 期刊載。這篇文章是我讀了恩格斯《家庭、私有制和國家的起源》並結合《儀禮》、《禮記》、《左傳》及清人有關著作等寫成的,是我寫《中國奴隸社會史》的重要組成部分。

1956 年我被選爲東北人民大學基層工會主席。又由丁則良介紹加入中國民主同盟,由劉耀、施蔭昌介紹加入中國共產黨。東北人民大學《史學集刊》第 2 期載入我的《老子的年代和思想》一文。

1957 年暑假東北人民大學召開科學討論會,我提出的論文爲《論孔子思想》。由於錯誤地説孔子世界觀基本上是辯證唯物主義的,遭到批判。我認爲批判是對的,因爲是錯誤,錯誤就應當批判。但是我已經承認錯誤,公開在學報上寫"自我批判",還要批。而且没完没了，越提越高，最後高到"反黨反社會主義反毛澤東思想"的三反分子，就有問題了。其實，我這種錯誤如同小學生寫錯別字，錯固然是錯，但不應當説成是有意識的。

1957 年校領導任我爲代理圖書館長。不久，又調回歷史系，任歷史系主任。

1959 年我寫了一篇《中國奴隸社會的階級結構》。尹達同志約稿，刊入《歷史研究》1959 年第 10 期。是年中國科學院召開討論郭沫若主編《中國史稿》會議。我與李春圃同佟冬副校長前往參加。

1960 年吉林大學《人文科學學報》第 1 期載我《也談關於老子哲學的兩個問題》一文。這是我有意與馮友蘭爭鳴寫的。

1962 年我寫的《中國奴隸社會的幾個問題》一書已由中華書局出版。同年我寫了《論孔子學説的仁和禮》和《關於荀子的幾個問題》分別載於吉林大學《社會科學學報》第 2 期、第 3 期。是年招碩士研究生兩名。

1962 年冬我收邀出席山東濟南"紀念孔子逝世 2440 周年學術討論會"。我提出的論文爲《談談關於孔子的評價問題——兼與關鋒、林聿時兩同志商榷》。

1963 年春我應邀赴武漢大學歷史系講學。講了老子和井田制問題。歸途在瀋陽爲遼寧大學歷史系講井田制問題。我寫的《釋"二南"、"初吉"、"三淦"、"麟止"》刊載《文史》第 3 輯。

1964 年招碩士研究生三名。

1965 年我寫的《井田制的發生和發展》載《歷史研究》第 4 期。是年由於省委宣傳部長宋振庭在政治理論課教師會上宣稱"吉林大學歷史系孔教徒挂帥"，我開始靠邊站。

1966 年掀起"文化大革命"。七一前夕吉林省委宣傳部副部長韓容魯爲組長的工作小組到吉林大學開大會，宣布劉丹巖、金景芳爲"反黨反社會主義反毛澤東思想"三反分子。劉丹巖已物故。

鬥爭的矛頭直接針對我一人，這種架式，確實嚇人。然而，過了兩天，造反派起來了，工作小組被打倒。從此我這個三反分子頭銜也消失得無影無踪了。剩下的，一個是"資産階級反動學術權威"；一個是"孔教徒"。"資産階級反動學術權威"常在大字報上出現。"孔教徒"則在遊行時，胸前挂的大牌子總是寫上這三個字。

在"文化大革命"前期和中期我和其他的"資産階級反動學術權威"一樣，在牛棚，寫材料，挨批挨鬥，挂牌子遊街，掃大樓，收拾廁所等，一應俱全。

1969 年我被解放了。

爲了建築毛澤東紀念堂，我跟隨一些同志到大榆樹拉沙子，去裝火車。又參加過教改小分隊到舒蘭縣與農民同吃、同住、同勞動。當時我 69 歲，割高粱，割穀子，受到農民稱讚。

1976 年，"四人幫"被粉碎。人心大快，仿佛長夜漫漫，太陽終於出來了。

"四人幫"粉碎後，遼寧大學歷史系召開一次會議，我與蘇貴民參加。我發言的題目是《論儒法》。目的在肅清"四人幫""批儒評法"的餘毒，此文於 1977 年《歷史研究》第 5 期發表。從此辛勤教學，奮力著述，至 1993 年春，先後培養碩士博士研究生 16 名；出版文集和專著 5 種：《古史論集》(1981)、《中國奴隸社會史》(1983)、《學易四種》(1987)、《周易全解》(1989)、《孔子新傳》(合著，1991)。其中第二、第三種獲吉林省社會科學優秀成果特別獎，第四種獲國家教委優秀學術著作獎、光明杯優秀哲學社會科學學術著作榮譽獎、吉林省圖書獎一等獎；發表論文五十餘篇。此間還被評爲學校優秀共產黨員，被聘爲吉林大學歷史系名譽主任、古籍研究所顧問、中國先秦史學會顧問、吉林省歷史學會顧問、中國孔子基金會副會長、國務院古籍整理出版規劃小組顧問、美芝靈國際易學研究院顧問。

不幸的是，1992 年 10 月 22 日晚，我的妻子商桂芬久病醫治無效離我而去，享年九十二歲。她生於 1900 年，1922 年與我結婚，共同生活七十年。她是農家女子，没上過學堂，但人很聰明、賢淑、能幹，持家有方，爲我操勞一輩子。我這一生所以能够幹點事情，有一些成就，實與她的支持分不開。她走了，我非常悲慟。

　　我是搞先秦史的。我平生的主要精力用在研讀《周易》、《春秋》、《毛詩》、《尚書》、"三禮"這幾種古書上。因此，寫我在學術方面的微薄貢獻首先應從這寫起，然後再及其餘。

# 一、關於《周易》

　　一、我認爲《易》的產生有三個前提條件。没有這三個前提條件，《易》是不可能產生的。

　　1. 數學知識已發展到一定的程度；2. 曆法已實行《堯典》所説的"欽若昊天，曆象日月星辰，敬授人時"的新曆法，而不是仍舊實行火曆；3. 思想已產生唯物的辯證的思想，而且日益成熟。

　　二、我認爲《易》是具有卜筮的形式與哲學内容矛盾的統一體。《史記·司馬相如列傳》説："《易》本隱以之顯。""顯"就是用於卜筮的六十四卦。"隱"就是所謂"易之藴"的哲學思想。任何片面的理解，都是不正確的。

　　三、我認爲《易》是統治階級中的先進人物作的。《周禮·春官·太卜》"掌三易之法"，就可以證明這一點。但決不能理解爲愚民政策，它是由於在當時的歷史條件下，廣大人民的認識水平普遍低下，祇聽命於宗教迷信，而不能直接地用哲學思想來進行説教。當時的統治者乃采取另一種辦法，即利用卜筮的形式而賦以哲學的内容，間接地進行説教。《易·繫辭傳上》説"其孰能與於此哉！古之聰明叡智神武而不殺者夫"，正説明這個問題。

　　四、坤卦象辭説："坤，元亨，利牝馬之貞。"這個"牝馬"二字特別重要，它是説明坤的特性的。然而嚮來都不得其解。例如王弼注説："坤貞之所利,利於牝馬也。馬在下而行者也,而又牝焉,順之至也。"實際上他並沒有解釋清楚貞所以稱牝馬的意義。我讀《黑韃事略》,才明白坤卦象辭所説的"牝馬",實際上就是用《黑韃事略》所説的那個騍馬作比喻。表明坤與乾的關係,應如騍馬與移剌馬的關係。明乎此,則所有"先迷後得主","先迷失道,後順得常",以及"大哉乾元,萬物資始","至哉坤元,萬物資生"等等,都不煩言而解了。

　　五、《易・繫辭傳上》談筮法時説:"大衍之數五十,其用四十有九。"這句話自來説者至爲紛歧。究其實,誰也沒説對。我認爲"大衍之數五十"有脱文。原文應爲"大衍之數五十有五",脱"有五"二字,不然,則"五十"爲無據。而"凡天地之數五十有五"爲剩語。《易・繫辭傳》絕不會有此等文字。至"其用四十有九",是因爲五十有五全用,則分二、挂一、揲四、歸奇以後,得不出七八九六。這正是人之知力的安排,決不是什麼"出於理勢之自然"。

　　六、《禮記・月令》孔穎達疏引鄭玄《易・繫辭》注説:"天一生水於北,地二生火於南,天三生木於東,地四生金於西,天五生土於中。陽無偶,陰無配,未得相成。地六成水於北,與天一並。天七成火於南,與地二並。地八成木於東,與天三並。天九成金於西,與地四並。地十成土於中,與天五並也。"這段話迷惑了很多人,實際上是雜湊而成,毫無理據。茲辨析如下:

　　鄭玄所用"天一地二天三地四天五地六天七地八天九地十"顯然是根據《繫辭傳》。但是《繫辭傳》所説的天地,如同奇偶、陰陽一樣,衹表明是一對矛盾,並不是自然界的天地。一、二、三、四亦同此。而鄭注把它們當作自然界的天地來使用,這是第一個錯誤。鄭注把一與水聯繫起來,二與火聯繫起來,顯然是根據《洪範》的"一曰水,二曰火"。而《洪範》的一二是序數,它們與水火並無其他的關係,這是第一個錯誤。《易》不言五行。《洪範》所説的五行,應與《國語・魯語》所説的"及天之三辰,民所瞻仰也,及地之五行,所以生殖也"和《左傳》昭公三十二年所説的"故天有三辰,地有五行"一致。不能用"播五行於四時"的五行來理解。鄭注用"播五行於四時"的五行來注《易》,這是第三個錯誤。由五行又牽扯到五方,這是第四個錯誤。用這樣雜湊的東西來注《易》,居然有很多人視爲瑰寶,亦可怪矣。

七、《易·繫辭傳上》説:"天垂象,見吉凶,聖人象之。河出圖,洛出書,聖人則之。"這兩句話我認爲是後人竄入的,不是《易傳》原文。因爲上文明明説"八卦定吉凶","天生神物,聖人則之",怎能又説"天垂象見吉凶","河出圖,洛出書,聖人則之"呢?

八、《易·繫辭傳下》有"古者,包犧氏之王天下也,仰則觀象於天,俯則觀法於地,觀鳥獸之文與地之宜,近取諸身,遠取諸物,於是始作八卦,以通神明之德,以類萬物之情。作結繩而爲網罟,以佃以漁,蓋取諸離……上古結繩而治,後世聖人易之以書契,百官以治,萬民以察,蓋取諸夬"這一大段文字,我認爲也是後人竄入的,不是《易傳》原文。如前所述:1. 在包犧、神農、黄帝時代没有產生《易》的前提條件。2. "王天下"的王字已露出馬脚,在包犧、神農、黄帝時,祇有帝,還没有王。《左傳》僖公二十五年説得很明白:"今之王,古之帝也。"3. "以通神明之德,以類萬物之情",不是光有八卦就能辦到的。4. "爲網罟"、"爲耜"、"耒"以及"爲舟"、"爲楫"等等,都是出於社會的需要和有這樣的歷史條件,決不是因爲取諸什麼卦而制造出來的。例如六十四卦中有井、鼎等,都是卦有取於物,而不是物有取於卦。所謂"蓋取諸離"種種説法,都是倒果爲因,有悖事理,事實上是不存在的。基於上述四證,可以判言這一大段文字是後人竄入的,不是《易傳》原文。

九、《易·繫辭傳上》説:"乾坤其《易》之緼耶? 乾坤成列而《易》立乎其中矣。乾坤毁則無以見《易》。《易》不可見,則乾坤或幾乎息矣。"我認爲這段話是對《周易》六十四卦結構思想所作的最全面、最精確的闡釋。惜前人多不理解,或不完全理解。"乾坤其

《易》之緼”，是說《周易》六十四卦結構的全部意義蘊藏在爲首的乾坤兩卦之中。所謂全部意義包括：1.乾坤是天地；2.六十四卦是乾坤作爲天地所產生的萬物；3.六十四卦作爲天地所產生的萬物在其發展過程中所形成的各個環節以及各個環節之間的遞嬗規律；4.最後兩卦既濟、未濟在六十四卦中的特殊意義。“乾坤成列而《易》立乎其中矣”，是說當乾坤兩卦排列在六十四卦之首時，《易》的變化發展已經存在裏邊了。“乾坤毀則無以見《易》，《易》不可見，則乾坤或幾乎息矣”，這是對六十四卦最後兩卦既濟、未濟的特殊意義所作的説明。所謂“乾坤毀則無以見《易》”，是説既濟；“《易》不可見，則乾坤或幾乎息矣”，是説未濟。六十四卦作爲一個發展過程來看，開始是乾純陽，坤純陰，最不平衡。當發展到既濟，則六爻“剛柔正而位當”，即已達到平衡。乾坤之變化發展，本來由於陰陽不平衡；一旦達到平衡，這就等於乾坤毀了。“乾坤毀則無以見《易》”，意思是説矛盾既已解決，就再也看不到變化發展。《雜卦傳》説：“既濟定也。”所説的也是這個問題。“《易》不可見，則乾坤或幾乎息矣。”這“幾乎息”三字，大可玩味。“幾乎息”，實際上是説沒有息，祇是像息罷了。幾乎息是指既濟，沒有息是指未濟。《序卦傳》説：“物不可窮也，故受之以未濟終焉。”正是説未濟是沒有息。在六十四卦結構中，既濟與未濟處於一個環節。而既濟説幾乎息，未濟説沒有息，這是什麽意思呢？這就是説，六十四卦從乾坤到既濟、未濟祇是完成一個大的發展階段。變化發展並沒有終止，而且也不可能終止。因爲時間是無限的，空間是無限的，物質運動也是永遠不會停止的。

　　十、《易・説卦傳》説：“乾健也。坤順也。震動也。巽人也。坎陷也。離麗也。艮止也。兑悦也。乾爲馬。坤爲牛。震爲龍。巽爲鷄。坎爲豕。離爲雉。艮爲狗。兑爲羊。乾爲首。坤爲腹。震爲足。巽爲股。坎爲耳。離爲目。艮爲手。兑爲口。”王弼《周易略例・明象》批評言漢易者“定馬於乾，案文責卦”，在於不能得

意忘象，得象忘言。我認爲根本的問題不在這裏，而在於他們不辨
"也"、"爲"二字意義之不同。我認爲《説卦傳》説，"乾健也。坤順
也"這個"也"字的意義同"是"。它是説八卦的性質。"也"表明性
質是不可變的。而"乾爲馬，坤爲牛"，這個"爲"字的意義同"化"。
它是説八卦的取象。"爲"表明象是可變的。

## 二、關於《春秋》

一、《史記·司馬相如列傳》説："《春秋》推見至隱。"我認爲
"見"是二百四十二年的行事。"隱"是《孟子·離婁下》所説的"孔
子曰'其義則丘竊取之矣'"之"義"。所以《春秋》也同《周易》一樣，
是一個矛盾的統一體。片面地理解，是不對的。特別是對於孔子
來説尤在於義。西漢博士認爲"《左氏》不傳《春秋》"，固然不見得
對，而唐劉知幾撰《史通》有《惑經》、《申左》兩篇，純粹把《春秋》作
爲史書來看待，顯然也不是真正瞭解《春秋》的。所以《史記·十二
諸侯年表》承認七十子之徒傳"義"的是《春秋》傳，左丘明傳"事"的
也是《春秋》傳，是對的。

二、關於《春秋》的名稱，過去有四種説法。1."春作秋成"説；
2."法陰陽之中"説；3."錯舉四時"説；4."古恒稱"説。我認爲四説
的 1、2 兩説理據不足，3、4 兩説較好。但杜説用以説孔子之《春
秋》則可，因爲《公羊傳》隱公六年説："《春秋》編年，四時具然後爲
年"；用以説《夏殷春秋》、《百國春秋》以及毛氏所舉的《毛詩》、《孝
經》則不可通，看來毛氏"古來恒稱如是"之説最爲得實。因爲堯未
制新曆之前，設有火正，實行火曆，當時的一年祇知有春秋，不知有
四時。

三、《史記·太史公自序》引董仲舒的話説："《春秋》以道義。"
"《春秋》者，禮義之大宗。"徵之《孟子·離婁下》"孔子曰'其義則丘
竊取之矣'"，無疑是對的。但是，什麼是義呢？《中庸》説："義者宜

也,尊賢爲大",我看是最正確的解釋。譯成今日的語言,可以說古人所謂義,實質上就是等級制度。

《春秋》以道義的具體表現,我認爲在於"據魯,親周,故殷","所見異辭","所聞異辭","所傳聞異辭","内其國而外諸夏,内諸夏而外夷狄","爲尊者諱,爲親者諱,爲賢者諱","書其重者","常事不書"等等若干條原則。

## 三、關於《毛詩》

《詩》有"六義"、"四始"、"二南"、"正變"之説。説者歧互殊甚。兹把我的意見分述如下:

一、"六義"爲風賦比興雅頌。《詩大序》稱爲"六義",而《周禮·大師》則稱爲"六詩"。鄭玄於"六義"下無注,於"六詩"下注説:"風言賢聖治道之遺化也。賦之言鋪,直鋪陳今之政教善惡。比,見今之失不敢斥言,取比類以言之。興,見今之美,嫌於媚諛,取善事以喻勸之。雅,正也,言今正者以爲後世法。頌之言誦也,容也,誦今之德廣以美之。"鄭司農云:"曰比曰興,比者比方於物也,興者託事於物。"孔穎達《詩疏》説:"風、雅、頌,詩篇之異體,賦、比、興者,詩文之異辭耳。大小不同,而得爲六義者,賦、比、興是詩之所用,風、雅、頌是詩之成形,用彼三事,成此三事,得同稱爲義。非別有篇卷也。"我認爲孔疏的説法是對的。近人章炳麟、郭紹虞以爲賦比興亦詩篇之異體,實屬大誤。須知比興賦與風雅頌雖大小不同,依照古人的習慣,可以並稱爲六義或六詩。

什麼是風雅頌呢? 近人受朱熹《詩集傳》的影響,説風是平民文學,雅是士大夫文學,頌是廟堂文學。我不同意這種説法。我認爲,《詩大序》説:"一國之事係一人之本謂之風。言天下之事,形四方之風謂之雅。雅者正也,言王政之所由廢興也。政有小大,故有《小雅》焉,有《大雅》焉。頌者美盛德之形容以其成功告於神明者也。"這種説法符合詩有風雅頌的實質。蓋風詩以國爲界。各國風詩不同，由於各國的政治影響不同。雅詩"言天下之事，形四方之風"，説明雅詩不是以國爲界，而是就"天子有天下"來説的。頌則《詩大序》稱"美盛德之形容以其成功告於神明者也"。以《禮記·樂記》"賓牟賈侍坐於孔子"論"武"觀之，很可能是歌頌成功的舞詩。

關於比興賦三者，賦、比最易懂，興不易懂。鄭玄説"賦之言鋪"，謂直敍。鄭衆説："比者，比方於物。"謂比喻，都易懂。祇是興則衆説紛紜，未知孰是。我以爲鄭衆説："興者，託事於物。"《文心雕龍·比興》説："比顯而興隱。"用今日修辭學的説法來看，是否可以説比是顯喻，興是隱喻？願以質之知者。

二、我認爲"四始"並無深意，祇是古人書用簡編，容易散亂，記住開始一篇，作爲標誌而已。《史記·孔子世家》説："《關雎》之亂以爲《風》始，《鹿鳴》爲《小雅》始，《文王》爲《大雅》始，《清廟》爲《頌》始。"我看是對的。

三、"二南"之義，今日廣泛流行有三説：

1.《毛詩序》説："然則《關雎》、《麟趾》之化，王者之風，故係之周公。南言化自北而南也。《鵲巢》、《騶虞》之德，諸侯風也，先王之所以教，故係之召公。《周南》、《召南》正始之道，王化之基。"

2.《韓詩》説。《水經注·江水二》説："《周書》曰：南，國名也。南氏有二臣，力均勢敵，競相争權，君弗能制。南氏用分爲二南國也。按韓嬰敍《詩》云：'其地在南郡南陽之間。'"

3.程大昌《考古編·詩論》説："蓋南、雅、頌，樂名也，若今之樂曲之在某宮者也。《南》有周、召，《頌》有周、魯、商。本其所得而還以繫其國土也。"其後，惠周惕説："風雅頌以音別也。"梁啓超説："南是一種音樂。"章炳麟説："《二南》爲荆楚風樂。"

崔述《讀風偶識》説："江漢汝沱皆在岐周之東，當云自西而東，豈得自北而南乎？"胡承珙《毛詩後箋》説："若僅南氏二臣之國，而冒之以周召，於義不可通矣。"崔、胡二人的駁難最有力，看來用方向詞的南解釋"二南"之南不可通了。那末，用"南是一種音樂"的說法是否可通，其實也不可通。因爲說"南是一種音樂"是根據《詩·鼓鐘》"以雅以南"和毛傳"南夷之樂曰南"立說。徵之《詩大序》說"《關雎》用之鄉人焉，用之邦國焉"和《論語·陽貨》說"子謂伯魚曰：'汝爲《周南》、《召南》矣乎？人而不爲《周南》、《召南》，其猶正墙面而立也與！'"我們知道古人最嚴夷夏之辨，孔子斷不會把南夷之樂看得如此重要。

　　我認爲"二南"之南，既不應解釋爲方向詞南北之南，也不應解釋爲"南夷之樂"的南，而應依《國語·周語中》"鄭伯，南也"的南作解。南字古通任。鄭伯之所以稱南，由於其先武公、莊公曾爲平王、桓王卿士。卿士之職尊高，略同於周初周公、召公之職。故下文說："王而卑之，是不尊貴也。"《公羊傳》隱公五年說："自陝而東者，周公主之；自陝而西者，召公主之。"《詩·周南》尾題爲"周南之國十一篇三十六章百五十九句"，《召南》尾題爲"召南之國十四篇四十章百七十七句"。"周南之國"意味着周公所任之國。"召南之國"意味着召公所任之國。《三國志·陳思王植傳》說："三監之衅，臣自當之，二南之輔，求必不遠。"《晉書·王導傳》說："雖有殷之殞保衡，有周之喪二南，曷諭兹懷。"《文選·潘岳西征賦》說："美哉邈乎！兹土之舊也。固乃周召之所分，二南之所交。"《史記·太史公自序》說："太史公留滯周南。"《索隱》引張晏說："自陝以東皆周南之地也。"《經典釋文》說："魯詩不過江東。"曹植、張晏、潘岳生時，魯詩猶存。他們所述，當是魯義。看來這種解釋，肯定是最正確的。

　　四、舊說"二南"爲正風，其十三國詩自《柏舟》至《狼跋》爲變風。《小雅》自《鹿鳴》至《菁菁者莪》二十二篇爲正小雅，自《六月》至《何草不黃》五十八篇爲變小雅。《大雅》自《文王》至《卷阿》十八篇爲正大雅，自《民勞》至《召旻》二十三篇爲變大雅。《風》與《小

雅》、《大雅》的正變是用什麼標準區分的？《詩大序》説："至於王道
衰，禮義廢，政教失，國異政，家殊俗，而變風、變雅作矣。"以這段話
爲標準，考諸實際，多不相符。故鄭樵《六經奧論》有《風非有正變
辨》。他説："若以美者爲正，刺者爲變，則《邶》、《鄘》、《衛》之詩謂
變風可也。《緇衣》之美武公，《駟驖》、《小戎》之美襄公，亦可謂之
變乎？"又於《雅非有正變辨》説："《小雅·節南山》之刺，《大雅·民
勞》之刺，謂之變雅可也。《鴻雁》、《庭燎》之美宣王也，《崧高》、《烝
民》之美宣王，亦可謂之變乎？"鄭説頗有理。不過"正變"與"二南"
一樣，俱是相傳古義。《詩大序》説不可通，固是事實。然並正變而
非之，未免失之悍。我認爲，正變是編詩之義，不是作詩之義。例
如《詩序》在《周南》於《關雎》説："后妃之德也。"於《葛覃》説："后妃
之本也。"於《卷耳》説："后妃之志也。"於《麟之趾》説："《關雎》之應
也。"在《召南》於《鵲巢》説："夫人之德也。"於《采蘩》説"夫人不失
職也。"於《草蟲》説："大夫妻能以禮自防也。"於《騶虞》説："《鵲巢》
之應也。"顯然是編詩者的安排，不是出於作詩者的本意。因此，我
認爲"二南"之詩是孔子編詩時，按照自己的意圖，由周南之國與召
南之國各選一些詩，分別編在一起，作爲模範教材，故名爲正風。
其餘各國之詩美刺兼收，不復加以區別，名爲變風以與正風相區
別。《小雅》、《大雅》之有正變，當亦如上。惜今日篇什似有錯亂，
已不易確指。

　　五、《豳風》從《詩小序》看，都是有關周公的詩。因此，清張履
祥認爲是魯詩，近人徐中舒從之。我不同意這種看法。我認爲
《詩·魯頌·閟宮》説："王曰叔父，建爾元子，俾侯於魯。"又説："乃
命魯公，俾侯於東。"《左傳》定公四年説："故周公相王室以尹天下，
於周爲睦，分魯公以大路、大旗……"《公羊傳》文公十三年説："然
則周公之魯乎？曰：不之魯也。"是"侯於魯"的是周公子伯禽，周公
"不之魯"，所以《豳風》絶對不能稱爲魯詩。我認爲《豳風》是西周
畿内的詩。東周畿内的詩稱《王風》。"王風"猶《春秋》稱"王人"。

"王人"實質上就是周人。西周畿內稱王稱周俱不可,故稱《豳風》。

## 四、關於《尚書》

一、我認爲《尚書》把《堯典》放在首位,《堯典》把治曆放在首位,這裏邊有重大意義,不可不察。我們知道在堯以前。以火紀時,即實行火曆。一則祇知有春秋,不知有冬夏;二則姑不論"地天通"時,即"絶地天通"時,也是把天看作神的世界,把地看作人的世界。至堯制新曆,不是以火紀時,而是以日紀時,既知有四時,並知天不是神的世界,而是具有"四時行焉,百物生焉"的功能。亦即以此爲起點,變有神論爲無神論,變唯心論爲唯物論。不僅如此,而且根據新曆,實行朔政,爲所謂"夫大人者,與天地合其德,與日月合其明,與四時合其序,與鬼神合其吉凶"的思想導其先河。對後世的影響,是何等重大!

二、有人説:《堯典》"敬授人時",應作"敬授民時"。我認爲此説不對。因爲從《皋陶謨》説"在知人,在安民"。《洪範》説"凡厥庶民無有淫朋,人無有比德"。《詩・大雅・假樂》説:"宜民宜人。"可以明顯地看出,古人對人民二字的用法有嚴格的區別。即人指有官職的,而民指老百姓。徵之《洪範》説:"王省惟歲,卿士惟月,師尹惟日","庶民惟星"和《周禮・大史》説:"正歲年以序事,頒之於官府及都鄙,頒告朔於邦國。"可以看出,朔政之制,祇得於王、卿士、師尹或官府、都鄙、邦國,而不行於庶民。"庶民惟星"説明當時庶民看不到曆書,依舊應用老辦法,觀察星宿,以火紀時。因此,説"敬授民時"是不符合當時實際情況的。

三、《堯典》(《古文尚書》作《舜典》)説:"在璿璣玉衡,以齊七政。"《尚書大傳》説:"七政謂春秋冬夏天文地理人道,所以爲政也。"鄭玄説:"七政,日月五星也。"《僞孔傳》用鄭玄説。我認爲《國語・楚語》説:"天地民及四時之務爲七事。"《漢書・禮樂志・安世房中歌》説："七始華始。"顔師古注引"孟康曰'七始，天地四時人之始'"。看來《尚書大傳》之説是相傳古義。不可易也。

四、《禹貢》兖、青、徐、揚、荆、豫、梁、雍八州皆有貢，而冀州獨無貢。顯然，冀州是堯舜禹時部落聯盟所在地，而其他八州則如馬克思《摩爾根（古代社會）一書摘要》所説："阿兹特克聯盟並没有企圖將所征服的各部落並入聯盟之内，因爲在氏族制度之下，語言的分歧是阻止實現這一點的不可克服的障礙；這些被征服部落仍受他們自己的酋長管理，並可遵循自己古老的習慣。有時有一個貢物征收者留駐於他們之中。"因此，郭沫若、陳夢家以秦版圖例之，認爲是"秦並六國之後所作"，是不能成立的。但"五百里甸服：百里賦納總，二百里納銍，三百里納秸服，四百里粟，五百里米。五百里侯服：百里采，二百里男邦，三百里諸侯。五百里綏服：三百里揆文教，二百里奮武衛。五百里要服：三百里夷，二百里蔡。五百里荒服：三百里蠻，二百里流"這一大段文字肯定是後人妄作，堯舜禹時代不可能有這種制度。

五、《甘誓》"有扈氏威侮五行，怠棄三正"。馬融説："建子建丑建寅，三正也。"鄭玄説："五行，四時盛德所行之政也。威侮，暴逆之。三正，天地人之正道。"我認爲"威侮五行"的五行就是《洪範》所説的五行。五行的性質是"水曰潤下，火曰炎上，木曰曲直，金曰從革，土爰稼穡"。如"鯀陻洪水"不是順水性之潤下，而是"汩陳其五行"。"有扈氏威侮五行"，就是違反五行的本性辦事，所以成了一個極大的罪狀。鄭玄所説的是陰陽家言，"播五行於四時"之後可能有，《甘誓》時是絶對不會有的。"怠棄三正"的三正，絶對不會是"建子建丑建寅"。因爲堯制新曆以後才可能有三正，堯之前實行火曆不可能有三正。三正之始是夏建子。建丑建寅俱在夏以後。所以有扈氏"怠棄三正"，不可能是怠棄建子建丑建寅之三正。鄭説較好，但是把"正"説成是"正道"就没有根據了。我認爲"三正"應作"三政"。古正政通。"御非其馬之正"，《史記·夏本紀》作

“御非其馬之政”是其證。“三政”爲天地人。應依《堯典》“七政”是“春秋冬夏天文地理人道”作解。有扈氏不能怠棄四時，所能怠棄的祇能是天地人三政。

六、我認爲《洪範》篇首這一段話最重要，也最不容易理解。特別是“天”、“帝”二字最是關鍵。如果二字釋錯，則全篇不可避免地都錯了。我的意見，這個“天”不應釋爲天地的天，而應釋爲《爾雅·釋詁》“林、烝、天、帝、皇、王、后、辟、公、侯，君也”的天。“帝”不應釋爲天帝，而應釋爲人帝。“陰騭”可能是當時成語，今已失傳。我看馬融説：“陰，覆也。騭，升也。升猶舉也，舉猶生也。”高誘注《呂氏春秋·君守》説：“言天覆生下民。”當與原意相去不遠。“惟天陰騭下民，相協厥居”，大意是説武王得天下，爲天子，居天位，既爲萬民上，應當生養萬民，使萬民各得其所。“我不知其彝倫攸敍”，大意是説我不知道這個事情怎麼辦。總之是周武王既得天下，請教箕子如何治理天下。這裏邊一點神秘的東西都沒有。“帝乃震怒，不畀洪範九疇”，是帝舜震怒了，沒有授與鯀天下，沒有把治天下的大法九章交付與鯀。“天乃錫禹洪範九疇”，是説帝舜授禹天下，把治天下的大法九章交付與禹。這完全説的是事實，哪有如劉歆所説“禹治洪水，錫洛書，法而陳之，《洪範》是也”之事。孔穎達疏説：“龜負洛書，經無其事。《中候》及諸緯多説黃帝堯舜禹湯文武受圖書之事。皆云龍負圖，龜負書。緯候之書，不知誰作，通人討覈。謂僞起哀平。雖復前漢之末，始有此書。以前學者，必相傳此説。故孔以九類是神龜負文而出，列於背，有數從一而至於九。禹見其文，遂因而第之，以成此九類法也。此九類陳而行之，常道所以得次敍也。”是孔穎達已不信有“龜負洛書”之事，祇因誤信僞孔安國爲真孔安國，故不得不曲爲回護。實際“洛出書”之不可信，早已爲有真知灼見的學者識破了。

七、《洪範》於八、庶徵“曰蒙，恒風若”後有“曰王省惟歲，卿士惟月，師尹惟日。歲月日時無易，百穀用成，乂用明，俊民用章，家用平康。日月歲時既易，百穀用不成，乂用昏不明，俊民用微，家用不寧。庶民惟星。星有好風，星有好雨。日月之行，則有冬有夏，月之從星，則以風雨”一大段文字，與上文不類。蘇軾《東坡書傳》謂有錯簡，說此節應在“五曰曆數”之下。顧炎武《日知錄》贊成蘇說，認爲“至當，無可復議”。我同意二人的意見，但我更認爲“王省惟歲，卿士惟月，師尹惟日”應用朔政之制來解釋。僞孔傳及蔡傳所說都非是。《公羊傳》文公六年說：“不告月者何？不告朔也。”何休注說：“禮，諸侯受十二月朔政於天子，藏於太祖廟，每月朔朝廟，使大夫南面奉天子命。君北面而受之。”天子每歲定十二月朔政，是即“王省惟歲”。《周禮·大史》說：“正歲年以序事，頒之於官府及都鄙，頒告朔於邦國。”即此事。諸侯每月告朔，即“卿士惟月”。卿士亦是諸侯。《左傳》桓公十七年說：“天子有日官，諸侯有日御。日官居卿以抵日，禮也。日御不失日以授百官於朝。”即“師尹惟日”之事。

## 五、關於“三禮”

一、《周禮·載師》說：“以宅田、士田、賈田任近郊之地。”

關於“士田”。鄭司農說：“士田者，士大夫之子得而耕之田也。”杜子春說：“士讀爲仕，仕者亦受田。所謂圭田也。《孟子》曰，‘自卿以下，必有圭田，圭田五十畝’。”江永說：“近郊七種之田，皆農田外之閑田。農田自近郊以外皆有之；不定在近郊遠郊，故不言。下經近郊什一，遠郊二十而三，則農田在其中矣。”

我認爲諸說皆非是。“士田”的士應依《國語·齊語》“士鄉十五”的士作解。士是有軍籍的軍士。《齊語》在“士鄉十五”下說：“公帥五鄉焉，國子帥五鄉焉，高子率五鄉焉。”把這段話與下文“五鄉一帥故萬人爲一軍，五鄉之帥帥之。三軍，故有中軍之鼓，有國子之鼓，有高子之鼓”相對照，就可以看得非常清楚。《孟子·滕文公上》說："國中什一使自賦"，所說的實際上就是這個士田。《左傳》成公十一年說："民將叛之。無民孰戰?"證明當時執干戈以衛社稷，乃是國人的天職。《國語·周語》說"三時務農，而一時講武"，就是指國人說的，並不是農民而外又有一批職業兵。

二、古人最重視旗。《周禮·司常》說："司常掌九旗之物名，以待國事。"《儀禮·士喪禮》說："爲銘各以其物。亡則以緇。長半幅。經末，長終幅，廣三寸。""物"，亦是旗。是古人無論生死都有旗以表明身份。

古代旗制有縿有斿有旒（亦作斿或游）三部分。縿是旗的正幅，斿是繼縿者，旒是旗旁的裝飾。故縿爲旗身，斿爲旗尾。然而注釋家鄭玄、杜預、陳祥道、孫詒讓皆誤以斿爲旒，不可不辨。

例如鄭玄於《儀禮·覲禮》"天子乘龍，載大斾，象日月，升龍、降龍，出拜日於東門之外"之下注說："馬八尺以上爲龍。大斾，太常也。王建太常繢首畫日月，其下及旒交畫升龍、降龍。"杜預於《左傳》昭公十三年"建而不斿"之下注說："建立旌旗，不曳其斿。斿，游也。"陳祥道《禮書》卷一三一說："旒亦曰斿。"孫詒讓《九旗古義述》：釋旜、物說："通帛者謂以同色之帛爲縿、斿……雜帛者謂旜與斿異色。"

其實，旗之旒與冕旒之旒爲用相同，都是下垂爲飾，並以旒數多寡以表示政治地位的高低。而斿則是繼縿的部分。《爾雅·釋天》說："緇廣充幅長尋曰旐，繼旐曰斿。"《儀禮·士喪禮》說："爲銘各以其物。亡則以緇，長半幅。經末，長終幅，廣三寸。"鄭玄注說："今文銘皆爲名，末爲斿也。"我認爲《爾雅》說："緇廣充幅長尋曰旐。"這個旐就是《周禮·司常》說"龜蛇爲旐"的旐。由於九旗的正章必畫於旐，所以這裏所說的旐實際就是旐旗的縿。"繼旐曰斿"，也就是繼縿曰斿。《士喪禮》說："以緇長半幅"實際上就是這個銘的縿。"經末"的末，就是繼縿的斿。所謂"今文末爲斿也"。至於旒，則無論《周禮·巾車》的"十有二斿"和《爾雅·釋天》的"練旒九”，都不是繼經部分，與斾判然二物。

三、《儀禮·士冠禮》記文説：“以官爵人，德之殺也。死而謚，今也。古者生無爵，死無謚。”鄭玄注説：“殺猶衰也。德大者爵以大官，德小者爵以小官。今謂周衰，記之時也。古謂殷。殷士生不爲爵，死不爲謚。周制以士爲爵，死猶不爲謚耳，下大夫也。今記之時，士死則謚之，非也。謚之，由魯莊公始也。”我認爲鄭注有失原意。“德之殺”是德之衰。德之衰是指“以官爵人”。不是説，“德大者爵以大官，德小者爵以小官”。反之，是説德之盛時，不以官爵人，也就是古無爵。所謂“古者生無爵，死無謚”，是指一切的人，都無爵無謚，不是單單指士無爵無謚。《禮記·檀弓》説：“幼名，冠字，五十以伯仲，死謚，周道也。”是其證。

四、《禮記·中庸》説：“天命之謂性，率性之謂道。”鄭玄、朱熹都釋率爲循。意思是説遵循性而行，就叫做道。這種説法同《學記》説“人不學，不知道”恰恰相反。我看，不見得對。因爲“小人反中庸”，正是由於“無忌憚”，怎能説循性而行就是道呢？我認爲這個“率”字不應釋循，應釋爲“堯舜率天下以仁而民從之”的率，“率”有統率的意思。誰來統率呢？就是上文的“天”。《易·繫辭傳上》説：“一陰一陽之謂道。繼之者善也，成之者性也。”説明道是“一陰一陽”，即對立的統一和鬥爭，亦即自然規律。能繼承這個道或規律的是善，而性不是善或道。性需要有“成之”的功夫，才能達到善或道。在這裏則是説用天統率性才是道，怎能説遵循性就是道呢？

五、《禮記·昏義》篇末有“古者天子后立六宫、三夫人、九嬪、二十七世婦、八十一御妻，以聽天下之内治，以明章婦順，故天下内和而家理。天子立六官、三公、九卿、二十七大夫、八十一元士，以聽天下之外治，以明章天下之男教，故外和而國治。故曰，天子聽男教，后聽女順。天子理陽道，后治陰德。天子聽外治，后聽内職。教順成俗，外内和順，國家理治，此之謂盛德。是故男教不修，陽事不得，適見於天，日爲之食。婦順不休，陰事不得，適見於天，月爲之食。是故日食則天子素服而修六官之職,蕩天下之陽事。月食則后素服而修六官之職,蕩天下之陰事。故天子之與后,猶日之與月,陰之與陽,相須而後成者也。天子修男教,父道也。后修女順,母道也。故曰天子之與后,猶父之與母也。故爲天王服斬衰,服父之義也。爲后服齊衰,服母之義也。"我認爲這段文字與《儀禮·士昏禮》毫不相干,且周實行分封制度,"諸侯不純臣",也絕不會有此種制度,肯定是小戴誤收。應自《昏義》中删去。

## 六、其 餘

一、《論語·季氏》説:"天下無道則禮樂征伐自諸侯出。自諸侯出,蓋十世希不失矣。"我認爲"十世"當爲"七世",形近之誤。何晏《集解》説:"孔曰:'希,少也。周幽王爲犬戎所殺。平王東遷,周室微弱,諸侯自作禮樂,專行征伐,始於隱公,至於昭公十世失政,死於乾侯矣。'"此説非是。《左傳》昭公二十五年記宋人樂祁説:"政在季氏三世矣,魯君喪政四公矣。"杜預釋"四公"爲宣、成、襄、昭,是對的。又,昭公三十二年記晉人史墨説:"魯文公薨,而東門遂殺嫡立庶,魯君於是乎失國,政在季氏,於此君也,四公矣。"是魯君失政在宣公時,而不是在昭公時。由隱公至宣公,恰是七世,而不是十世。

二、《論語·子罕》説:"顏淵喟然嘆曰,'仰之彌高,鑽之彌堅,瞻之在前,忽焉在後。'"這個"瞻之在前,忽焉在後",何晏、朱熹都釋爲"恍惚不可爲形象"。我看不對。我認爲這是孔子應用"無可無不可",即辯證法的觀點進行教學,而顏淵以形而上學的觀點聽課,所以感到惶惑。以爲本來是"可",怎麼變成"不可"呢? 他不懂得可與不可在一定條件下可以互相轉化。例如冬祁寒衣裘可,衣葛不可。夏酷暑就變成衣裘不可,衣葛可了。

三、《孟子·滕文公上》説:"夏后氏五十而貢,殷人七十而助,周人百畝而徹，其實皆什一也。徹者徹也。"這裏的"徹"字不好理解。原文説"徹者徹也"，等於没有解釋。趙岐釋爲"徹猶人徹取物也"。鄭玄釋爲"徹，通也，爲天下之通法"。也不能令人滿意。我認爲原文"徹者徹也"，上一徹字爲貢助徹之徹，下一徹字爲車轍之轍。段玉裁在《説文·支部》徹下説："古有徹無轍。"按徹今簡化作彻。《説文》新附有轍字。徐鉉注説："本通作徹，後人所加。"可見"徹者徹也"，就是徹者轍也。轍的意思猶今日所説的"雙軌制"，即在國中用貢法，如鄭玄所説的"税夫無公田"。在野用助法，如鄭玄所説的"制公田，不税夫"。《孟子·滕文公上》説"請國野九一而助，國中什一使自賦"，正是野行助法，國中行貢法之證。

四、《孟子·盡心上》説："萬物皆備於我矣。反身而誠，樂莫大焉，强恕而行，求仁莫近焉。"我認爲這段話總的説是談一個問題，就是求仁莫近於行恕。"萬物皆備於我矣。反身而誠，樂莫大焉"，講的正是行恕，而不是别的什麽東西。"萬物皆備於我"，意思是説别人的飢渴冷暖我雖然不知道，但是我自身都具備這個問題。如果"反身而誠"，對待别人像對待自己一樣，也就是能做到"己欲立而立人，己欲達而達人"，"己所不欲，勿施於人"，那是莫大的快樂。正因爲上文是這樣説的，所以結語才説："强恕而行，求仁莫近焉。"而朱熹注卻把"萬物皆備於我矣"孤立地解釋爲"此言理之本然也。大則君臣父子，小則事物細微，其當然之理無一不具於性分之内也"。藉以爲他們所倡導的唯心的理論找根據，影響極壞，不可以不辨。

五、《史記·太史公自序》説："故述往事，思來者，於是卒述陶唐以來，至於麟止，自黄帝始。"這個"麟止"，應如何解釋，前人有數種説法，我看誰也没有説對。兹略述如下：

裴駰《史記集解》引張晏説："武帝獲麟，遷以爲述事之端。上紀黄帝，下至麟止。猶《春秋》止於獲麟也。"司馬貞《史記索隱》引服虔説："武帝至雍獲白麟而鑄金作麟足形，故云'麟止'。遷作《史記》止於此，猶《春秋》終於獲麟然也。《史記》以黃帝爲首，而云‘述陶唐’者，案《五帝本紀》贊云‘五帝尚矣，然《尚書》獨載堯以來，而百家言黃帝，其文不雅馴’，故述黃帝爲本紀之首，而以《尚書》雅正，故稱起於陶唐也。”

張、服兩人的解釋，都認爲“陶唐”、“麟止”是司馬遷自述他作《史記》所采取的上限和下限。但說“起於陶唐”，不僅與事實不符，即在本文也說不通。因爲本文明明寫着“自黃帝始”，“上紀軒轅”，“余述歷黃帝以來”。且小序於《五帝本紀》第一，也清楚地寫着“維昔黃帝，法天則地”。怎能說起於陶唐呢？至於“麟止”之義，到底是“止於獲麟”呢，還是“作麟足形”？它與下文之“下至於兹”、“至太初而訖”的記載又怎能統一起來呢？看來這兩個矛盾，張、服二人並沒有解決，至少說，沒有很好地解決。

首先，談第一個矛盾，即《史記》上限問題。張晏對此采取迴避態度，衹簡單地說了一句“上紀黃帝”了事。服虔是談了，談得十分牽强，不能令人滿意。試問，分明是起於黃帝，衹由於怕人家說“不雅馴”，硬說“起於陶唐”，掩耳盜鈴，又有什麼意義呢？事實上司馬遷並不是這樣做。服虔的解釋也是說不通的。

其次，談第二個矛盾，即《史記》的下限問題。張、服二人解釋“麟止”有一個共同點，即都認爲此處的“麟”是指漢武帝獲麟的麟而言。但是武帝獲麟之年與鑄金之年，還有不同的說法，《史記》的下限究在何時？張、服二人之說並沒有真正解決問題。

梁玉繩《史記志疑》說：“若所謂‘麟止’者，取《春秋》絕筆獲麟之意也。武帝因獲白麟，改號元狩。下及太初四年，凡二十二歲，及太始二年，凡二十八歲。後三歲爲征和之元，太始二年更黃金爲麟趾褭蹄，蓋追記前瑞焉。而史公藉以終其史，假設之辭耳。”根據梁氏的說法，是“獲麟”在元狩改元之年，“鑄金”在太始二年，而太初首尾共四年，恰居二者之間，即在獲麟之後二十餘年，“鑄金”之前八九年。三說不能統一，到底哪一說對呢，還有待於進一步地說明。可見張、服二人並没有解決《史記》的下限問題。

近人有崔適者，作《史記探源》，悍然不顧一切，獨主張晏之説。認爲“《武帝本紀》當止於元狩元年冬十月獲麟”，“《年表》、《世家》、《列傳》稱是”。於是凡遇《史記》原文同他的主張有抵觸之處，一概指爲後人續竄。雖然《史記·自序》的“太史公曰：余述歷黄帝以來，至於太初而訖”，《建元以來侯者年表》末，褚先生曰，“太史公記事盡於孝武之事”，《集解》、《索隱》皆謂“終於天漢”等等言論，也一律不予考慮。不僅如此，甚至根據“述陶唐以來”一語，欲改題《五帝本紀》爲《陶唐本紀》。學者著書立説，如此主觀武斷，全然不顧客觀事實，誠爲少有。這樣做。當然不能解決問題。

王國維《觀堂集林·太史公行年考》説：“《史記》記事，公自謂‘訖於太初’，班固則云‘訖於天漢’。案史公作記，創始於太初中，故原稿紀事，以元封、太初爲斷。此事於諸表中踪迹最明。如《漢興以來諸侯年表》《建元以來王子侯者年表》皆訖太初四年，此史公原本也。《高帝功臣年表》則每帝一格，至末一格則云‘建元元年至元封六年三十六’，又云‘太初元年盡後元二年十八’，以武帝一代截而爲二，明前三十六年事爲史公原本，而後十八年事爲後人所增入也。《惠景間侯者年表》與《建元以來侯者年表》末，太初已後一格，亦後人所增。殊如《建元以來侯者年表》元封以前六元各占一格，而太初以後五元并爲一格，尤爲後人續補之證。《表》既如此，《書》、《傳》亦宜然。”

王國維根據《史記》諸表記事行款，辨明孰爲原本，孰爲續補，至爲精審，能發前人所未發。今本《史記》有後人增補之處，固是不可否認之事實。但如崔適所説的起訖，則斷乎不能令人相信。因爲不獨《史記·自序》説，“余述歷黄帝以來，至太初而訖”，明白可據，而且可以於本書其他地方找到證明。像這樣鐵一般的事實，是不能用空言否定的。

那末，“述陶唐以來，至於麟止”這句話到底應當怎樣解釋才對呢？我認爲"陶唐"係指《尚書》的上限。所謂"《尚書》獨載堯以來"即其事。"麟止"則謂《春秋》的下限。大家公認《春秋》是"哀公十四年春西狩獲麟"絶筆。司馬遷之所以説這話，表明《史記》之作，乃是繼承孔子，完成孔子的未竟之業。他在上文已説過"先人有言，自周公卒，五百歲而有孔子。孔子卒後至於今，五百歲，有能紹明世，正《易傳》，繼《春秋》，本《詩》、《書》、《禮》、《樂》之際？意在斯乎！意在斯乎！小子何敢讓焉。"正可以與此互相證明。所以"陶唐"、"麟止"是孔子的歷史著述之起訖，而不是《史記》的起訖。麟是春秋時魯人所獲的麟，而不是漢武帝所獲的麟。前人不管張晏也好，服虔也好，乃至梁玉繩、崔適也好，都不悟及此，而錯誤地認爲是《史記》的起訖。豈知這樣理解，不但跟《史記》全書記載不合，跟本篇結語"余述歷黃帝以來，至太初而訖"不合，即在這個句子本身也説不通。因爲句子裏明白地寫着"自黃帝始"啊！

（《我與中國 20 世紀》，河南人民出版社，1994 年）

# 平凡的歷程

我 1902 年生，今年已經是九十四周歲了，差不多可以説是與 20 世紀同齡。20 世紀是一個偉大的時代，自世界來説，經過兩次世界大戰，自中國來説，經過兩次偉大的革命：第一次是資産階級革命，推翻了最後一個封建王朝；第二次是無産階級革命，推翻了一個反動的資産階級政權。而我呢？在這個偉大的時代當中，僅僅是一個被動的小人物，好像乘小舟，漂浮於狂風巨浪中，免於沈淪，已是幸事，談不到有任何貢獻。

我所能講的，祇是過去七十餘年從事教師生活一段平凡的歷程。

首先説，我没有上過大學，這是由於我少年時家境貧寒，我父親是手工業工人，收入微薄，無力供給我上大學。我的最高學歷是初級師範本科畢業，畢業後，至今七十餘年，我主要從事教學工作，我教過初等小學、高等小學、初級中學、高級中學、大學本科生、碩士生、博士生，所有各級學校的學生我都教遍了。

一切事物都有兩重性，我認識到我的家貧也有好處，正因爲我家貧，所以我讀書特别勤奮，我過去在初小、高小、初師讀書時，學期學年考試，除有三五次例外，總是名列第一，1929 年遼寧省教育廳在廳長吳家象任内，爲了刷新教育，舉行教育局長考試，當時我已任教五年，准許我與大學畢業任教三年者，高等師範畢業任教一年者，一同報考，我報名後，經過初試、復試、口試三場考試，結果我竟以第一名錄取。1939 年我在東北中學任教，由於戰争關係，學校由湖南邵陽桃花坪遷至四川威遠靜寧寺,我在遷校途中,從書店購得傅子東譯列寧著的《唯物論與經驗批判論》在附錄中有《談談辯證法問題》,我讀後,受到啓發,到達新校址後,我立即寫了《易通》一書,竟獲得教育部“著作發明及美術獎勵”三等。所有這些,我深知都是讀書勤奮的結果。

在學校學習期間,我本來對多種學科都有興趣,但由於客觀條件限制,我祇能鑽研中國古文古史。

解放前,我於 1942 年開始在東北大學中文系任教。解放後,我於 1954 年到吉林大學前身東北人民大學改在歷史系任教,我的專業方向是中國先秦史,根據原黨委書記陳靜波曾要求我出成果、出人才,現在就把近四十多年在成果和人才兩方面的成就分述如下。

1. 成果方面。我的主要著作有《中國奴隸社會史》,上海人民出版社,國家教育委員會明文定爲“高等學校文科選用教材”;《論井田制度》,齊魯書社出版;《周易講座》,吉林大學出版社出版;《周易全解》,吉林大學出版社出版;《孔子新傳》,湖南出版社出版。上述四種在社會上有較大影響。

我在論著中,力求創新,敢於向權威挑戰。

例如,我著的《中國奴隸社會史》,在古代史分期問題上,對郭沫若提出八點意見(詳見《歷史研究》1979 年第 2～3 期)。在宗法制度問題上,批評范文瀾、呂振羽、李亞農,周穀城等人的錯誤看法(説見《東北人民大學人文科學學報》1956 年第 2 期)。在井田制度問題上,糾正了胡適、郭沫若、范文瀾等的不正確的論斷(詳見齊魯書社《論井田制度》1982 年版)《周易講座》、《周易全解》二書關於“大衍之數五十”指出西漢的京房,東漢的馬融、荀爽、鄭玄,魏的董遇、王弼,南宋的朱熹,直至近代的説易者,都作了錯誤的解釋,而加以改正。

2. 人才方面,總計培養出:

博士導師 2 人；

博士 16 人；

教授 9 人（其中有 2 人任副院長）；

進博士後流動站 2 人。

在政治方面：

我在青年時代，目睹中國外有列强侵略，内有軍閥混戰，國勢岌岌可危，常懷救國壯志。1927 年我在義縣師範講習科初級中學合校任國文教員兼訓育主任，經友人介紹，參加了中國國民黨。這個友人名顧春陽，他與義縣在瀋陽東北大學讀書的進步學生有聯繫，而這些學生有的是我的朋友，有的是我的學生。

1931 年"九一八"事變，我在瀋陽遼寧省教育廳工作。1932 至 1936 年我在瀋陽第二初級中學任國文教員。當時一方面由於不堪忍受日人暴行，另一方面由於對國民黨中央政府抱有幻想，因於 1936 年 8 月冒險隻身逃進關内。到西安，時值東北大學改組。義縣人，東北大學第一屆畢業留美的金錫如繼任工學院長（院址在西安）。此人與我舊相識，又經我的學生郭維城推薦，我遂在該院任秘書。9 月 1 日到職，12 月 12 日即發生西安事變。對於西安事變來説，我是親歷者。但是，我僅僅看到一些表面現象，對於内幕毫無所知。不過在這一過程中，我接觸一些人，例如，有我的學生郭維城，他是張學良將軍的秘書，共產黨員；我的内弟商亞東，他是張學良將軍衛隊營營副，親身帶隊到臨潼抓過蔣介石。又張學良將軍的秘書長吴家象原在遼寧省教育廳任廳長時，曾錄取我爲教育局長，我在教育廳工作時，並作過我的領導。吴的外甥杜錫庚是我的同學，當時任張學良將軍的辦公廳秘書。這些人對我有意的影響，使我的思想發生很大的變化，即原來對國民黨抱的幻想破滅了，轉而對共產黨有了好感。

1940 年我在東北中學任國文教員兼教務主任。這時化學教員王焕彬爲三民主義青年團籌備主任，他聲稱與大特務康澤是朋友。上課時臀部別着手槍，瘋狂地打擊進步學生，擾亂課堂秩序。我爲了維護課堂秩序，堅決地對他作鬥爭。儘管他恨我，但是大部分教師、學生，特別是高年級學生及進步的教師和學生，都擁護我，他在校內對我毫無辦法。於是轉而向中央團部、中央黨部、教育部告狀。其結果，教育部不問是非，竟電令撤我的職，立馬離校。

我被撤職離校後，內心自然對國民黨不滿，但還不敢公開申請退黨。

1946 年日本投降，東北大學遷回瀋陽北陵舊址。這時國民黨宣佈重新登記，不登記就是自動退黨。我借此機會，沒有去登記。從這時起，我就與國民黨正式脫離關係了。

1949 年 4 月 1 日，我參加革命工作，在瀋陽東北文物管理處任研究員。由於我思想進步，工會成立，我被選爲主席。

1954 年 1 月，我被調來吉林大學前身東北人民大學。1955 年我被選爲基層工會副主席，次年我被選爲主席。

1956 年我光榮地加入中國共產黨。

現在我是吉林大學古籍研究所教授，博士生導師，歷史系名譽主任，古籍研究所顧問。

我老了，但是精神健旺，還能指導研究生，還能寫文章。作爲一個共產黨員，應當生命不息，戰鬥不止，我還要奮鬥到 21 世紀。

（據金景芳先生 1995 年手稿整理）

# 我和先秦史

　　我是先秦史博士研究生導師，當然要對先秦史的一些問題進行研究。現在，我把我研究過的問題分五個方面説明如下（列入第一部分的爲共同性問題，列入第二、三、四部分的爲專門性問題，列入第五部分的爲雜論著）。

## 壹

一、我的治學態度

　　略見於《易通》（1945 年商務印書館出版）和《中國奴隸社會史》（1983 年上海人民出版社出版）兩書的序中。前者説："余草此編純本研究態度，目的在求真理；經始之日，私立戒條，期必遵守。"

　　（一）不自欺欺人。"知之爲知之，不知爲不知。"心未有安，輒便削稿，決不强書就己，因而隱匿證據，曲解證據，以自欺欺人。

　　（二）不枉己徇人。以真理爲歸，決不隨俗俯仰，以要虚譽。

　　（三）不立異。凡所論述，力求愜心當理，決不矯誣立異，以"嘩衆取寵"。

　　（四）不炫博。徵引以足資證佐爲度；凡離奇之説，近似之見，謬悠之談，一概屏棄。

　　（五）貴創。事爲前人所未發，或語焉不詳，而確知其爲真理者，推闡務求精審，人所熟知者，則從簡約；力以盲從附和，拾人牙慧爲戒。

　　（六）貴精。辨理力求簡當精確，不持兩可之見，而支蕪其詞。

（七）貴平實。去取矜慎，以理之確鑿有據，至當不易者爲貴，不以平凡淺近爲羞。

（八）貴客觀。純就原書，分析綜合以推尋條例，不以己意專輒武斷。凡門户之見，新舊之爭，皆不令闌入吾心。

後者説："我寫的這部書不可能没有缺點錯誤，但有一點敢奉告讀者，就是我没有依草附木，隨波逐流。我説的是自己的話，走的是自己的路。"

二、中國古代史分期問題

這個問題在歷史學者中間爭論很大。我的觀點主要表現在《中國古代史分期商榷（上、下）》這篇文章。首先對郭老的分期説提出八點意見，然後提出我的看法：我認爲秦統一是中國奴隸社會和封建社會的分界綫。我認爲，中國奴隸社會屬於亞細亞類型，不是古典古代類型。根據馬克思主義學説，氏族社會和奴隸社會的分界綫是國家，因而中國奴隸社會的上限應爲啓殺益奪權，變傳賢爲傳子，成立夏王朝，下限爲秦統一。根據是清惲敬《三代因革論》，他説："秦者，古今之界也。自秦以前，朝野上下所行者，皆三代之制也；自秦以後，朝野上下所行者，皆非三代之制也。"惲敬不懂得什麽是五種生產方式，僅憑歷史事實作出結論，最爲客觀。他所説的"三代之制"，顯然是奴隸社會制度；他所説的"非三代之制"，顯然是封建社會制度。他的説法是可以信從的。

三、商文化起源問題

我寫過《商文化起源於我國北方説》（《中華文史論叢》第七輯，1979年）。主要根據《荀子·成相篇》説"契玄王，生昭明，居於砥石遷於商"和《淮南子·地形訓》説"遼出砥石"，認爲砥石，即遼河的發源地，今天内蒙古自治區克什克騰旗的白岔山，是商文化起源的地方。

四、關於中國奴隸社會的階級和階級鬥爭

馬克思、恩格斯在《共產黨宣言》裏明確地説過："我們的時代，資産階級時代，卻有一個特點，它使階級對立簡單化。整個社會日益分裂爲兩大敵對的陣營，分裂爲兩大相互直接對立的階級：資産階級和無産階級。"而當談到奴隸社會和封建社會時並不是這樣，而是説"多級的階梯"。列寧也説過："社會劃分爲階級，這是奴隸社會、封建社會和資産階級社會共同的現象，但是在前兩種社會中存在的是等級的階級，在後一種社會中則是非等級的階級。"①所以建國以來歷史學界談階級和階級鬥爭，都把奴隸社會的奴隸主和奴隸、封建社會的地主和農民作爲兩大對立的階級來處理，是錯誤的。我在《中國社會科學》1980 年第 4 期發表《論中國奴隸社會的階級和階級鬥爭》，指出這個錯誤。

## 貳

一、井田制度問題

胡適否認中國有井田制度。郭沫若、范文瀾承認中國有井田制度，但他們所説的井田制度完全是主觀臆造出來的。我用恩格斯《馬爾克》和馬克思《給查蘇里奇的信》與中國的《周禮》、《孟子》、《爾雅》諸書談井田制度的相對照，寫出《論井田制度》一書（1982年齊魯書社出版），證明井田制度確實存在，而且它是中國奴隸社會的經濟基礎，非常重要。

二、宗法制度問題

恩格斯講，氏族社會以血族團體爲基礎。以後國家産生了，國家基層組織是地區團體，不是血族團體，但血族團體仍然存在。夏商兩代，血族團體力量很大，没有宗法。宗法産生於周代。我寫宗法制度是根據馬克思主義理論和《禮記》、《儀禮》記載，證明大宗、小宗屬於宗族的組織，天子、諸侯、卿大夫屬於國家的組織，不能混

---

① 《列寧全集》第 6 卷，第 93 頁注。

同。范文瀾、呂振羽、李亞農、周谷城他們都説天子是天下的大宗，是錯誤的。宗法制度是歷史的産物，不是永久存在的。

三、分封制問題

大分封是周人克商建立周王朝以後實行的。在這以前，分封制是不存在的。雖然殷代有箕子、微子可以説有封國，但那是個別例子。《史記》説契"封於商"，是不可信的。分封制是歷史的産物。産生分封制，要有兩個條件：第一，中央政府在政治上、軍事上需要有足夠力量，能統治各諸侯國。第二，中央政府軍事、政治力量還是有限的，領土廣闊，不可能直接統治全部領土。各個諸侯封地大小，嚮來有兩種説法。古文家認爲《周禮》説得對，今文家認爲《王制》説得對。我認爲，《王制》説的是歷史事實，可以在諸書得到證明。《周禮》的説法祇是作者的理想，不是事實。

四、禮制問題

《禮記·表記》説周人"尊禮"。從歷史事實來看，周人確實是尊禮。《尚書大傳》説"周公制禮"，是可信的。但是周公制的禮祇能是草創、綱領性的，不能説是《周禮》、《儀禮》的禮。《周禮》、《儀禮》是後人增加完善而成的。孔子説："非禮勿視，非禮勿聽，非禮勿言，非禮勿動。"禮是規範人們行爲的，有很重要的作用。西周的歷史所以發展特別快，與禮的作用有很大關係。我在《孔子新傳》裏談到禮的問題。

## 参

一、禹

禹是鯀的兒子，在帝舜時的中央政府做司空，治水有功。鯀稱崇伯鯀，禹也稱崇禹，這證明他們是崇部落的酋長，到中央擔任公職。史稱堯傳位於舜，舜傳位於禹，禹傳位於益，所以歷史上稱其爲禹、大禹，不稱夏禹。稱夏禹，是不對的。我發表過《禹在歷史上的偉大作用》,指出禹除了治水有功外,還做了"征有苗"、"合諸侯"、"畫爲九州"、"任土作貢"等一系列與治水有關的重要工作,爲歷史作出很大貢獻。禹在歷史上功績是偉大的,後人千萬年也不應忘記。

二、伊尹

伊尹出身微賤,輔佐湯滅夏,建立商王朝。湯死後,湯孫太甲即位,由於太甲"顛覆湯之典刑",伊尹"放太甲於桐"。經過三年。太甲悔過,伊尹又把他迎回來,交還政權,使商王朝得到鞏固。伊尹不但功績偉大,而且心地光明磊落,可與周公齊名,是歷史上少有的。孟子稱伊尹"聖之任者也",是恰當的。

三、周公

周公是文王之子,武王之弟,曾輔佐武王克殷。武王克殷未久即死。這時周王室新政權正處在危疑震撼之秋,周公不顧生命安危,不惜名譽,毅然出來"屏成王而及武王"(用《荀子·儒效》中語),一身肩負起極爲艱巨的責任。經過如《尚書大傳》所說"一年救亂,二年克殷,三年踐奄,四年建侯衛,五年營成周,六年制禮作樂,七年致政成王",歷史證明,周公不僅有卓越的才能,驚人的膽略,而且有惻怛的人心,故能建立起偉大的功勳。周室八百年的基業,毋寧説是周公建立的。像周公這樣的偉大人物,爲古今所少有。無怪孔子一生景仰周公,致有晚年"甚矣,吾衰也,久矣,吾不復夢見周公"之嘆。我發表過《周公對鞏固姬周政權所起的作用》一文,稱贊周公鞏固周政權的功勞。

四、老子

老子是與孔子同時稍前的一個偉大的思想家。《莊子·天下》、《禮記·曾子問》、《韓非子·内儲説下》都稱老子爲老聃,李耳之名不見先秦古籍。他著有《老子》五千言,從表面上看,似乎明白易懂,實際有很深刻的哲理。他主張"無爲"、"自然",反對"聖智"、"仁義"。他是唯心的哲學家,他認爲道"先天地生"。他有很豐富的辯證思想。但是這個辯證思想是不徹底的,因爲他主張"守一"、"抱朴",説"反者道之動,弱者道之用"、"知其榮,守其辱,爲天下谷"。他是道家之祖。

五、孔子

孔子,名丘,字仲尼,是春秋魯國人,中國偉大的思想家。他是儒家之祖。

孔子最大的功績,在於繼承堯舜以來的文化遺産,編著成《詩》、《書》、《禮》、《樂》、《易》、《春秋》六藝,後世尊爲"六經"。孔子的世界觀是唯物的、辯證的,具體表現在他平生言行以"時"與"中和"作爲最高準則。他在社會問題上,主張無論什麼人都要遵守實行"仁義"和"禮"。

他在魯國做過中都宰和大司寇,以及他回答齊景公、衛靈公、葉公等人的問政,因而他是政治家。他又以"詩書禮樂教弟子蓋三千焉,身通六藝者七十有二人",因而他又是教育家。

他的平生事迹,見《史記·孔子世家》及《論語》等書。

六、孫武

孫武是春秋季世齊國人,曾以所著書説吳王闔閭,闔閭任爲吳將,"西破强楚","北威齊晉"。

孫武是古代偉大的軍事家。著有《孫子》十三篇,善於運用辯證法思想,所論述的每一篇都能克敵制勝,精妙無比,爲歷代軍事家必讀之書。雖至今日,其中大部分還繼續有用,特別是《謀攻》篇説:"是故百戰百勝,非善之善者也;不戰而屈人之兵,善之善者也。"國外言軍事者,亦視爲至高之論。昔日毛澤東同志運用游擊戰術戰勝敵人,説打得贏就打,打不贏就走,我看實際上就是《謀攻》篇所説"用兵之法,十則圍之,五則攻之,倍則分之,敵則能戰之,少則能逃之,不若則能避之"這個理論的通俗化。

七、墨子

墨子,名翟,魯國人。曾爲宋國大夫。主張"兼愛"、"非攻"、

"天志"、"明鬼"、"節用"、"節葬"、"非儒"、"非命"、"尚賢",是苦行家。《孟子》説:"墨子兼愛,摩頂放踵,利天下爲之。"這是墨子的長處。但其書淺薄,没有高深的理論。至《大取》、《小取》、《經説上》、《經説下》裏有邏輯思想、光學、算學等理論,據説是後期墨家所作。

八、商鞅

商鞅,衛人,事秦孝公變法。主張農戰,國以富强。後來秦始皇并吞六國,實際就是商鞅變法的功勞。

九、莊子

莊子,名周,戰國宋人。曾爲蒙漆園吏,崇信老子,是道家。

莊子也主張"無爲"、"自然",反對仁義禮樂,力反孔子和儒。但他的觀點與老子略有不同。老子書中有豐富的辯證法思想,莊子是相對主義,他認爲祇有主觀的真理,没有客觀的真理。他把是非、大小、彭殤、生死都看成是一致的,没有差別。他的學問廣博,幾乎什麽問題都談過,有的談得極高深極細微,有的還比較正確,但多爲相對主義思想所湮没。他的作風亦與老子不同。老子比較謹飭,他則肆意放誕,幾乎是遊戲人間。老子的文章質實,莊子的文章華美超妙。所以後世文人如李白、蘇軾等都喜讀《莊子》。

十、孟子

孟子,名軻,戰國鄒人。《史記》説他受業於子思門人。他自稱"私淑孔子"。他認爲人性善,崇尚仁義,貴王賤霸。曾游齊、梁,爲齊、梁之君所尊禮,但認爲他"迂遠而闊於事情",没有任用。如他説"民無恒産,則無恒心。苟無恒心,放闢邪侈,無不爲已",説"物之不齊,物之情也,或相倍蓰,或相什百,或相千萬,子比而同之,是亂天下也",説"執中無權,猶執一也","所惡執一者,爲其賊道也,執一而廢百也","民爲貴","君爲輕",都是有名的言論。他有"知言"、"養氣"、"不動心"的學説,後世尊爲"亞聖"。他的大名僅次於孔子。

十一、荀子

荀子，名況，戰國後期趙人。遊學於齊稷下，三爲祭酒，"最爲老師"。晚年受知於春申君，爲蘭陵令以終。弟子有韓非、李斯。

荀子學識極博。他認爲人性惡，與孟子性善説相對立。他著《勸學》、《修身》兩篇講教育問題，《王制》篇講政治，《富國》篇講經濟，《議兵》篇講軍事，《正名》篇講邏輯，《天論》、《解蔽》講哲學，《君道》、《臣道》、《禮論》、《樂論》、《非相》、《非十二子》、《正論》等幾乎各方面都談到。他在《解蔽》篇説："墨子蔽於用而不知文，宋子蔽於欲而不知得，慎子蔽於法而不知賢，申子蔽於勢而不知知，惠子蔽於辭而不知實，莊子蔽於天而不知人"，極爲中肯。他在《議兵》篇説："故兵要在乎善附民而已"，"兼并易能也，唯堅凝之難焉"，都是精卓之見。他在《天論》篇説"制天命而用之"，在當時這種見解是難得的。祇是因爲他説人性惡，和他的弟子李斯做秦始皇丞相，後世對他多有貶辭。

十二、韓非

韓非，戰國季世韓氏諸公子。喜刑名法術之學。其爲人口吃，不能道説，而善著書，所著《孤憤》、《五蠹》，傳至秦，秦王政見之曰："嗟乎，寡人得見此人與之游，死不恨矣！"然得非之後，竟被李斯、姚賈讒，死於獄中。韓非著書五十五篇，所言法術在《定法》篇："今申不害言術而公孫鞅爲法。術者，因任而授官，循名而責實，操殺生之柄，課群臣之能者也，此人主之所執也。法者，憲令著於官府，刑罰必於民心，賞存乎慎法，而罰加乎姦令者也，此臣之所師也。君無術，則弊於上；臣無法，則亂於下。此不可一無，皆帝王之具也。"

韓非有《五蠹》、《六反》，反對儒者、帶劍者、言古者等，認爲他們是國家的蠹蟲。他主張法術，反對仁義。有人説法家這樣做太殘酷了。我認爲，韓非在當時這樣做是對的。因爲在戰亂時代，行王道不行，行霸道也不行，祇有實行農戰，才是强國之術。但在和平時期，這樣做就不對了。

他在《主道》篇説："道者，萬物之始，是非之紀也。""故虛靜以待令，令名自命也，令事自定也。""有言者自爲名，有事者自爲形，形名參同，君乃無事焉，歸之其情。"這是韓非言術，其觀點如《史記》所説"其歸本於黄老"。

他在《揚權》篇説："君操其名，臣效其形，形名參同，上下和調也。""故審名以定位，明分以辨類。"這也是言術。

他在《五蠹》篇説："不期修古，不法常可，論世之事，因爲之備。"證明韓非之學與商鞅一樣，商鞅講的是强國之術，而不是王道和霸道，韓非講的是"論世之事，因爲之備"，而不是"期修古"和"法常可"。

肆

一、《詩經》

《詩經》是經過孔子論次的自西周至春秋初年的一部詩歌總集。讀《詩經》首先要懂得"六義"、"四始"、"二南"、"正變"。

"六義"是"比、興、賦、風、雅、頌"，《詩大序》稱爲"六義"，《周禮·太師》稱爲"六詩"。孔穎達於《毛詩》疏説："風雅頌者，詩篇之異體。賦比興者，詩文之異辭耳。"有人根據《周禮》名之爲"六詩"，認爲"賦比興"也是《詩》的一體，是錯誤的。"比賦"容易懂，"比"就是比喻，"賦"就是直接敍述。"興"不好懂，我認爲，"比"好似顯喻，"興"好似隱喻。《詩大序》説："是以一國之事繫一人之本謂之風。言天下之事，形四方之風謂之雅。"實際上是説，"風"是地方上的詩，"雅"是中央的詩。現在有人説，"風"是平民詩，"雅"是貴族詩，是錯誤的。

"四始"，即《史記·孔子世家》所説："《關雎》之亂以爲《風》始，《鹿鳴》爲《小雅》始，《文王》爲《大雅》始，《清廟》爲《頌》始。""四始"並無深義，祇是古人書用簡編，容易散亂，記住開始一篇，作爲標誌而已。

"二南",即《周南》、《召南》。《毛詩序》認爲"自北而南",是錯誤的。實際上,"二南"是根據周初周公、召公分陝而治,"自陝而東者,周公主之,自陝而西者,召公主之"來的,從周公所主各國選的詩叫《周南》,從召公所主各國選的詩叫《召南》。

"正變",與"二南"一樣,都是相傳古義。我認爲"正變"是編詩之義,不是作詩之義,是孔子在編詩時,按照自己的意圖,由二南之國各選一些詩編在一起,作爲模範教材,故名爲"正風";其餘美刺兼收,統編在一起,稱爲"變風",以與"正風"相區別。《小雅》、《大雅》之"正變",亦當如是看。

《詩經》中有許多很重要的史料,是非常寶貴的。

二、《書經》

《書經》,即《尚書》,是經過孔子論次的虞、夏、商、周四代的政府文件。其中的重要篇章從《尚書大傳》述孔子語説"'六誓'可以觀義,'五誥'可以觀仁,《甫刑》可以觀誠,《洪範》可以觀度,《禹貢》可以觀事,《皋陶謨》可以觀治,《堯典》可以觀美",即可窺一斑。

《尚書》二十八篇,都是極珍貴、極重要的史料,至今天來看,《堯典》言天文,《皋陶謨》言知人,《禹貢》言地理,《洪範》言政治、哲學,尤爲重要。

我研究《尚書》的結果,從《史記》説"《尚書》獨載堯以來而不及五帝",知道《尚書》是信史,五帝非信史,祇是傳説時代,故孔子不取。

《堯典》首制曆,是因爲制曆在當時是頭等大事。在堯以前,在曆法上祇看大火心星,祇知道有春秋,不知道有冬夏。經過堯制新曆,不但知道有春夏秋冬四時,還知道閏月,知道一年有"三百有六旬有六日"。

《堯典》説"敬授人時",證明朔政制度是由堯開始,有人説"人時"應作"民時",不對。在《尚書》裏,"人""民"有重大區別,"民"是庶民,而"人"是政府官員。從《周禮・大史》來看,"授時"祇及於

“官府”、“都鄙”和“邦國”，不及庶民。

《堯典》說舜“在璇璣玉衡，以齊七政”，“璇璣玉衡”不是渾天儀，而是北斗七星；“七政”不是日月五星，而是春、秋、冬、夏、天文、地理、人道。

《皋陶謨》有“撫於五辰，庶績其凝”。“五辰”應爲“三辰”，古書無稱“五辰”者。

《皋陶謨》“弼成五服，至於五千，州十有二師。外薄四海，咸建五長，各迪有功”，《禹貢》“五百里甸服，百里賦納總”至“三百里蠻，二百里流”，疑是後人加入，不是原文。

《甘誓》有“威侮五行”。五行，就是水、火、木、金、土。從《洪範》說“鯀陻洪水，汨陳其五行”，證明“威侮五行”是最大的罪名。“怠棄三正”，有人解釋爲朔正建子、建丑、建寅，不對。因爲建子是周正，建丑是殷正，啓的時候不應說有扈氏犯了周正、殷正。我認爲，“正”應讀作“政”，鄭玄釋爲“天、地、人”，是對的。因爲舜時“齊七政”，這“七政”有天文、地理、人道“三政”。

《盤庚》篇《書序》有“民兹胥怨”。向來注釋《盤庚》的人據此認爲是人民不願意遷。我審讀原文以後，知道恰恰相反，是人民主動地要求遷移。我的解釋，認爲“民不適有居”，“有居”不是殷，而是原來的居住地；“適”不是“去”，而當“悅”講，所以並不是人民不願意遷殷，而是不願在原來的地方住。因此才“率吁眾慼，出矢言”，向盤庚的近臣呼吁。下面的話是要求搬遷的話，而不是不願搬遷。

我讀《洪範》“王乃言曰：嗚呼箕子，惟天陰騭下民”的“天”，當作“人君”講，是武王自己，而不是什麼上天。根據是《爾雅·釋詁》說“林、烝、天、帝、皇、王、后、辟、公、侯，君也”。下文“天乃錫禹洪範九疇”的“天”亦當作“人君”講，是舜。同樣，中間的“帝乃震怒”的“帝”也不是上帝，而是人帝。

三、《禮經》

《禮經》應該是《儀禮》，古稱《士禮》。《史記·儒林列傳》稱孔子"修起《禮》、《樂》"。《禮記・雜記下》説："恤由之喪，哀公使孺悲之孔子，學《士喪禮》，《士喪禮》於是乎書。"看來《儀禮》是經孔子整理的。

《禮記》四十九篇，是一部叢書，是漢戴聖編輯的。《禮記・郊特牲》説："禮之所尊，尊其義也；失其義，陳其數，祝史之事也。"《禮記》和《儀禮》比較，《儀禮》是講數的，是講一些儀節；《禮記》是講義的，是講理論的。例如，《儀禮》有《士冠禮》，《禮記》有《冠義》；《儀禮》有《士昏禮》，《禮記》有《昏義》；《儀禮》有《鄉飲酒禮》，《禮記》有《鄉飲酒義》等等。

我認爲《禮記》裏解釋《儀禮》有關的義都很好，很重要。當是七十子後學所記，而且主要觀點出於孔子。《昏義》説："男女有別，而後夫婦有義；夫婦有義，而後父子有親；父子有親，而後君臣有正。故曰：昏禮者，禮之本也。"《郊特牲》説："男女有別，然後父子親；父子親，然後義生；義生，然後禮作。"《曲禮上》説："夫唯禽獸無禮，故父子聚麀。是故聖人作，爲禮以教人，使人以有禮，知自別於禽獸。"《禮運》説："今大道既隱，天下爲家，各親其親，各子其子，貨力爲己，大人世及以爲禮，城郭溝池以爲固，禮義以爲紀。"這幾條材料一致地都説禮始於男女有別，即始於個體婚制。從《禮運》來看，禮始於文明社會。這些觀點與恩格斯説的"個體婚制是文明社會的細胞形態"的觀點不約而同，這觀點有多麼正確，多麼寶貴！

《禮運》説："大道之行也，天下爲公，選賢與能，講信修睦。故人不獨親其親，不獨子其子；使老有所終，壯有所用，幼有所長，矜寡、孤獨、廢疾者皆有所養；男有分，女有歸。貨，惡其棄於地也，不必藏於己。……是謂大同。""大道既隱，天下爲家，各親其親，各子其子，貨力爲己……是謂小康。"它把原始社會和文明社會之間的區別講得多麼清楚，多麼明白！"天下爲公"是講原始社會群婚制和公有制下的社會情況，所以"人不獨親其親，不獨子其子"、"貨，惡其棄於地也，不必藏於己"。"天下爲家"是指進入文明社會，一夫一妻制開始實行，因而"各親其親，各子其子，貨力爲己"。這都是有根據的記載，並不是理想。故孔子説："大道之行也，與三代之英，丘未之逮也，而有志焉。"

我讀《昏義》，認爲自"古者天子后立六宫"至篇末一大段文字，都是後人羼入的，不是《昏義》原文。

四、《易經》

我給博士研究生講課，由於我學《易》多年，有的研究生問我，《周易》是講什麼的？我回答，這個問題有兩種説法：一種是先秦孔子、莊子的説法，一種是宋人朱熹的説法。

孔子説"《易》以道化"，見於《史記·滑稽列傳》（"道化"原作"神化"，兹以《史記·自序》引文改定）。莊子説"《易》以道陰陽"，見於《莊子·天下》。朱熹説《易》是"卜筮之書"，見於《周易本義》。這兩種説法都有根據。第一種説法（孔子和莊子）是説《易》是講天地及自然變化的，根據是《易·繫辭》説："《易》之爲書也，廣大悉備，有天道焉，有人道焉，有地道焉，兼三才而兩之，故六。六者，非它，三才之道也。"又説："昔者聖人之作《易》也，將以順性命之理，是以立天之道曰陰與陽，立地之道曰柔與剛，立人之道曰仁與義。"這兩處都是説《易》是講天、地、人的變化發展的。又，《繫辭傳》説："子曰，夫《易》何爲者也？夫《易》開物成務，冒天下之道，如斯而已者也。""開物成務"不好理解。我認爲從"乾坤，《易》之緼"來看，則《屯》卦剛柔始交是"開物"，《既濟》卦剛柔正而位當是"成務"。"冒天下之道"，就是覆蓋天下的道理。另一種説法（朱熹）根據是《周禮·春官·太卜》"掌三易之法，一曰《連山》，二曰《歸藏》，三曰《周易》。其經卦皆八，其別皆六十有四"。《左傳》、《國語》卜筮多引《易》。《易·繫辭》中就有筮法。

那麼這兩種説法到底哪一種對呢？我認爲孔子、莊子説得對。《易經》一書，是用卜筮的形式與哲學的内容相結合的矛盾統一體，是借用卜筮的形式，表達哲學的内容。看問題應該看問題的本質，形式是外部現象，內容是內部的本質。

我讀《易·繫辭》，認爲《繫辭上》說“《易》有聖人之道四焉，以言者尚其辭，以動者尚其變，以制器者尚其象，以卜筮者尚其占”，“天垂象，見吉凶，聖人象之；河出圖，洛出書，聖人則之”和《繫辭下》自“古者包犧氏之王天下也”至“上古結繩而治，後世聖人易之以書契，百官以治，萬民以察，蓋取諸夬”一大段文字，都是後人羼入的，不是《繫辭》原文。

我對《周易》一書的全部論點，已見《學易四種》、《周易講座》和《周易全解》三書，茲不備述。

五、《春秋》

《春秋》是講什麼的？《公羊傳》、《穀梁傳》、《左傳》都是講《春秋》哪一部分的？

我認爲，孔子說“《春秋》以道義”（見《史記·滑稽列傳》），孟子說《春秋》“其事則齊桓、晉文，其文則史。孔子曰，其義則丘竊取之矣”，證明《春秋》“道義”是對的。“義”者，宜也，是說怎樣做，做得對。《公羊》、《穀梁》是講《春秋》的義，《左傳》是講《春秋》的事，都是傳。要明白《春秋》的義，應該看《公羊傳》、《穀梁傳》，首先是《公羊傳》。《公羊傳》裏面說的“據魯”、“親周”、“故殷”（何休釋爲“黜周、王魯”是錯誤的，“據魯、親周、故宋”，見《史記·孔子世家》），“所見異辭，所聞異辭，所傳聞異辭”，“內其國而外諸夏，內諸夏而外夷狄”等都是義。

#### 伍

一、《中國古代思想的淵源》①主要論點：古代祭祀由宗廟到社稷到郊天的歷程，即是古代思想發展的歷程。

---

① 見《社會科學戰線》1981年第4期。

二、《馬克思主義關於奴隸制的科學概念與中國古代史分期》①詳細論述了馬克思主義關於奴隸社會的科學概念及中國古代歷史分期，結論認爲馬克思主義關於奴隸社會的科學概念有兩種類型：一種是古典古代，一種是亞細亞古代，中國奴隸社會應屬於亞細亞古代的類型，説成是古典古代的類型是不對的。

三、《古籍考證五則》②

1.《論語·季氏》説："天下無道，則禮樂征伐自諸侯出。自諸侯出，十世希不失矣。""十世"當爲"七世"。

2.《周禮·地官·載師》説："以宅田、士田、賈田任近郊之地。"關於"士田"，我認爲舊説都不對，應依《國語·齊語》定爲軍士之田。

3.《禮記·王制》説"夫圭田無徵"，我認爲，圭田就是零星不成井的田；無徵，即不徵税。

4. 斾。古代旗制有縿，有斾，縿是旗的正幅，斾是繼縿者。故縿爲旗身，斾是旗尾。鄭玄、杜預等注釋家釋斾爲旒，是錯誤的。

5.《儀禮·士冠禮》於《記》説："以官爵人，德之殺也，死而謚，今也。古者，生無爵，死無謚。"鄭玄注説："殺猶衰也。德大者爵以大官，德小者爵以小官。今，謂周衰，記之時也。古，謂殷。殷士生不爲爵，死不爲謚。周制以士爲爵，死猶不謚耳，下大夫也。今，記之時。士死則謚之，非也，謚之由魯莊公始也。"我認爲，"今"謂周，並不謂"記之時"；"德之殺"的"殺"應以隆殺之殺解，而不是等衰之衰。記文的意思是説殷時生無爵，死無謚；周時生有爵，死有謚，爵謚乃是周人的新創。

---

① 見《社會科學戰綫》1985 年第 1 期。

② 見《天津社會科學》1984 年第 2 期。

四、《古籍考辨四題》①

1.《周易》産生的前提條件

我認爲，在堯制新曆以前，不可能産生《周易》，因爲當時無此條件。

2.《尚書·皋陶謨》"五辰"應爲"三辰"，古書無稱"五辰"者。

3.《尚書·洪範》篇首的兩個"天"字，一個"帝"字，根據《爾雅·釋詁》"林、烝、天、帝、皇、王、后、辟、公、侯，君也"，都應釋爲君。

4.《孟子·滕文公上》講五倫，説"夫婦有別"，未是。我認爲，"有別"的是男女，夫婦應該是"好合"，不應該"有別"。

五、《釋"二南"、"初吉"、"三飡"、"麟止"》（見《文史》第三輯，1963 年 10 月）

二南。《詩經》有《周南》、《召南》，這個"南"字，《毛詩序》釋爲"自北而南"，《韓詩》釋爲"在南陽、南郡之間"，梁啓超釋爲"南夷之樂"。我認爲這些説法都不對。"南"不是方向詞，也不是音樂名。"南"字應根據《國語·周語》説"鄭伯，南也"來解釋，爲一種尊貴的官職，如王朝的卿士。《公羊傳》説"自陝而東者，周公主之；自陝而西者，召公主之"。故周公所管理的國家選出來的詩稱爲《周南》，召公所管理的國家選出來的詩稱爲《召南》。

初吉。王國維作《生霸死霸考》，認爲"初吉"和"既生霸"、"既望"、"既死霸"各爲一月之四分之一。我認爲"既生霸"、"既望"、"既死霸"都屬於月相，而"初吉"不是月相。"初吉"應該以王引之《經義述聞》釋爲"其在月之上旬者，謂之初吉"。

三飡。《莊子·逍遥游》有"適莽蒼者，三飡而反，腹猶果然"。我認爲，據禮書，"三飡"應釋爲三口飯，表示吃得很少，而不應釋爲三頓飯。

麟止。《史記·太史公自序》説："於是卒述陶唐以來，至於麟

① 《歷史研究》1994 年第 1 期。

止，自黄帝始。""麟止"一詞，張晏、司馬貞都解釋錯了。我認爲"陶唐"、"麟止"是孔子歷史著述的起訖，而不是《史記》的起訖。"麟"是春秋時魯人所獲的麟，而不是漢武帝所獲的麟。

六、《關於長沙馬王堆一號漢墓帛畫的名稱問題》。[①] 長沙馬王堆一號漢墓出土帛畫，這個帛畫的名稱及其用途，學者在《考古》與《文物》兩雜志中議論不休，没有解決。我詳考《儀禮》、《周禮》、《爾雅》等文獻記載，與帛畫實物相印證，認爲這個帛畫的名稱應爲銘旌，它是代表墓主人身份的。

七、《"左史記言，右史記事，事爲〈春秋〉，言爲〈尚書〉"讞言發覆》（《史學集刊》復刊號）。"左史記言，右史記事，事爲《春秋》，言爲《尚書》，帝王靡不同之"數語見《漢書·藝文志》，實際上出於劉歆《七略》。這幾句話是劉歆捏造的，没有根據。很明顯，孔子和莊子都説"《書》以道事"，孔子語見《史記·滑稽列傳》，莊子語見《莊子·天下》。而《春秋》主要是"道義"，也不是"道事"的。但這幾句話對後世史學界影響很大，劉知幾《史通》誤信"言爲《尚書》"，竟説"《堯》、《舜》二典，直序人事；《禹貢》一篇，唯言地理；《洪範》總述災祥，《顧命》都陳喪禮：兹以爲例不純者也"，未免可笑。

　　　（朱紅林整理，《學林春秋》，中華書局，1998 年）

---

① 《社會科學戰綫》1978 年第 1 期。

# 我的處女作和成名作

## 引　言

《中國圖書評論》要求我寫《我的處女作和成名作》。我愉快地授受了這個任務,當然,我並不是不知道處女作好寫,因爲它祇限於自己;成名作不好寫,因爲它不能不牽涉到別人。不過,我又想,我既然授受了這個任務,就應當立即依照事實寫下去,不要考慮那麼多。

## 一、我的處女作

《易通》是我的處女作。我寫《易通》以前,没有發表過任何文章。所以《易通》是我貨真價實的處女作。

1.《易通》是在什麼時候寫的?

《易通》是 1939 年寒假我在四川威遠縣靜寧寺的教師宿舍寫的。

2.《易通》是爲什麼而寫的?

我少年時就愛好《周易》,學了十幾年,對其中一些重要問題始終不懂。在抗日戰爭期間,我在東北中學任教,校址在湖南邵陽桃花坪。由於日本侵略軍進攻湖南,學校遷至四川威遠縣靜寧寺。在遷校途中,我從開明書店買到博洽德的《通俗資本論》和傅子東譯的列寧著《唯物論與經驗批判論》等一些新理論書。我之所以要買這些書,是有原因的。1931 年"九一八"事變時,我正在瀋陽遼

寧省教育廳工作。1932 年我在瀋陽第二初級中學教國文。到
1936 年，一則因不能忍受日軍的暴行，一則對國民黨政府抱有幻
想，因而冒險進山海關到了西安。正遇到西安事變，在西安事變中
的所見所聞，使我的思想發生了根本變化。我對國民黨的幻想破
滅了，轉而對共產黨有了好感。1939 年遷校時，正值國共合作，開
明書店賣一批進步書籍，我於是就買了幾本。在《唯物論與經驗批
判論》一書的《附錄》裏，我讀到列寧的《談談辯證法問題》，受到啓
發，覺得《周易》裏一些難題都可以解決了。因而遷到新校址以後，
我就利用寒假時間寫了《易通》這本書。

　　3.《易通》的主要内容：第一章《周易》之命名，第二章《易》學之
起源與發展，第三章先哲作《易》之目的，第四章《易》之體系，第五
章《周易》之特質，第六章論象數義理，第七章筮儀考，第八章《周
易》與孔子，第九章《周易》與老子，第十章《周易》與唯物辯證
法——再論象數義理。

　　4.《易通》寫成後的影響。

　　1940 年東北中學開學後，我任教務主任，爲了維持教學秩序，
限制三民主義青年團籌備主任王焕彬的非法活動，我與他們發生
矛盾，他們向教育部、中央黨部、中央團部寫信控告我。是年 7 月，
教育部電令將我撤職，立即離校。我於是年 9 月到樂山考進復性
書院。到書院後，我雇人將《易通》草稿繕成清本。適值教育部舉
辦"著作發明及美術獎勵"，我認爲《易通》這本書觀點是新的，於是
申請獎勵。當時我思想上有矛盾，一方面認爲我這本書觀點是新
的，符合申請要求；一方面又怕我講辯證法，被當局怪罪。没想到
居然獲得三等獎。

　　附帶談兩個問題。

　　1. 當時馮友蘭《新理學》獲一等獎，獎金一萬元。我獲三等獎，
獎金三千元。三千元爲數不算多，然而對我這樣孑然一身的流亡
青年來説，其喜可知。

2.當時教育部新頒條例規定,大學畢業可作助教,助教任職四年,提出相當於碩士論文,可作講師;講師任職三年,提出相當於博士論文,可作副教授;副教授任職三年,提出相當於獲得學術獎勵的論文,可作教授。我本來沒有上過大學,今天由於得獎,居然可以作大學教授,真是匪夷所思啊!

總的來説,在我一生的科學研究當中,我的處女作《易通》可以説是開門紅。《易通》一書獲獎後,1945年由重慶商務印書館出版。

## 二、我的成名作

我的成名作之一:《中國奴隸社會史》

《中國奴隸社會史》是我的成名作之一。所以説它是成名作,因爲教育部明令指定爲高等學校文科選用教材。至於取得多少人的好評,因爲我沒有調查,不能具體地説。

1.《中國奴隸社會史》的寫作原因。

解放初期,歷史學界對於中國古代史分期問題爭論得非常熱烈。例如,范文瀾認爲周代是封建社會;郭沫若認爲春秋魯宣公十五年初税畝以前是奴隸社會,以後就變成封建社會了;其他有的認爲兩漢是奴隸社會,魏晉是奴隸社會,等等。各執一説,互不相下。我爲此而寫了《中國奴隸社會史》一書。

2.《中國奴隸社會史》的主要内容。

第一章夏——中國由氏族社會向奴隸制國家轉變的過渡時期;第二章商——中國奴隸社會國家的形成和發展時期;第三章西周——中國奴隸社會的全盛時期;第四章春秋——中國奴隸社會的衰落時期;第五章戰國——中國奴隸社會向封建社會轉變的時期。

　　3.《中國奴隸社會史》的特點。

　　(1)在寫作方法上,我堅持以馬列主義理論爲指導,從中國歷史實際出發,反對不從中國歷史實際出發,而衹從馬列主義理論出發。例如,有人見希臘、羅馬是奴隸社會,就認爲中國的奴隸社會和希臘、羅馬一樣,希臘、羅馬的奴隸社會有大量奴隸,認爲中國奴隸社會也有大量奴隸,不悟中國奴隸社會没有大量奴隸的事實,而硬要説中國奴隸社會有大量奴隸,甚至不惜把孟子講的井田制説成是烏托邦。實際希臘、羅馬奴隸社會之所以有大量奴隸,是因爲希臘、羅馬商品經濟發達,破壞了農村公社,使土地可以自由買賣,因而出現了大土地所有制,在土地上形成許多莊園,用土地種葡萄、蔬菜、橄欖來出賣,所以有大量農業奴隸來進行勞動。而中國社會的農村公社即井田制長期没有破壞,一夫受田百畝,家家都是小土地所有制,不需要那麼多奴隸,故中國奴隸社會没有大批奴隸,不屬於希臘、羅馬類型,而屬於亞細亞古代類型。這就證明從理論出發而不從歷史實際出發是錯誤的。

　　(2)我認爲中國奴隸社會的上限由夏啓殺益奪權建立國家開始,不同意有人認爲商代是典型的奴隸社會,夏代缺乏地下出土材料不能論定的説法。我認爲中國奴隸社會的下限在秦統一。

　　(3)我認爲井田制非常重要,因爲它是中國奴隸社會的經濟基礎,社會的發展變化都與此有關。所以我寫了《論井田制度》一節。

　　(4)我認爲宗法制度在奴隸社會也非常重要,所以寫了《論宗法制度》一節。

　　(5)我認爲中國奴隸社會是等級的階級,不是兩大直接對立的階級。

　　4.《中國奴隸社會史》的寫作時間。

　　1959 年我參加了中國科學院《中國史稿》編寫討論會,不同意《史稿》的編寫意見。以後經過長期醖釀,1978 年我開始撰寫《中國奴隸社會史》一書,1979 年交付上海人民出版社,1983 年出版。

　　我的成名作之二：《〈周易·繫辭傳〉新編詳解》

　　《〈周易·繫辭傳〉新編詳解》寫於 1998 年 2 月至 4 月，10 月由遼海出版社出版，1999 年 1 月發行。現在要把它説成是成名作，未免過早。但是，我根據莊子説“名者，實之賓也”和杜甫詩説“文章千古事，得失寸心知”，也就是説“名”是根據“實”來的，這本書的好壞，著書的人知道得更清楚。因此，現在我就把這本書作爲成名作來加以介紹。

　　1.《周易·繫辭傳》的重要性。

　　大家公認，《周易》是上古時代一部最重要最高深卻又最不容易解釋的著作。而孔子作《繫辭傳》是專門從理論方面對《周易》加以解釋的，因此《周易·繫辭傳》尤其重要。

　　2.《〈周易·繫辭傳〉新編詳解》的寫作動機。

　　過去晉人王弼給《周易》作注，沒有注《繫辭傳》，《繫辭傳》是韓康伯注的。宋人程頤作《周易傳》，也沒有解釋《繫辭傳》，宋人解釋《繫辭傳》的有朱熹、呂祖謙兩家。今天看來，韓康伯解釋的《繫辭傳》比較好，但是太簡略，有的還沒講對。朱熹、呂祖謙兩家注的比韓康伯較爲詳明，但是也有的沒解釋，有的解釋錯了。《繫辭傳》流傳很久，其中有錯簡、有缺文，有後人誤增、誤改的情況。如果把這些東西也當原文一樣解釋，就把《繫辭傳》的原意引到錯誤的道路上去了。我從 1921 年開始學《易》，以後陸續寫過一些關於解釋《易經》的著作。當我寫這本書的時候，已經 96 歲了，對《易》又有了新的理解。我自知餘年無多，應當把我的這些新見解寫出來留給後人。我覺着我這些新的理解基本上能把《周易》的難點給解決了。

　　3.《〈周易·繫辭傳〉新編詳解》的主要内容。

　　全書分《前言》、《〈繫辭傳〉新編詳解》上、《〈繫辭傳〉新編詳解》下、《後語》、《〈繫辭傳〉新編説明》、《〈説卦傳〉略説》六部分。

4.《〈周易·繫辭傳〉新編詳解》的幾點創新。

（1）我認爲《周易》一書實際上是用辯證法的理論寫成的。我這種説法是自有《周易》以來，從來没有人講過的。而且我的這種説法是對的。歷來有關《周易》的説法可謂五花八門，什麽伏羲畫八卦，什麽河圖洛書，什麽象術説，機祥説，等等，往往把學《易》者引入歧途。而我在這本書中把《周易》是什麽樣的書這個最重要的問題講清楚了。大家都知道，辯證法的理論對於我們新中國有重大關係。世人一向認爲辯證法理論是由西方傳入的，我説《周易》是用辯證法的理論寫成的，證明中國歷史上不但有辯證法的理論，而且比西方辯證法理論的出現要早得多。有的人崇洋媚外，認爲西方什麽都好，什麽都比中國强，殊不知中國傳統文化中有許多東西高於西方，早於西方。我們常説中國是文明古國，《周易》一書中的辯證法思想更使我們感到驕傲。

（2）過去解釋《繫辭傳》，認爲《繫辭傳》都是孔子作的原文，不能辨别其中有不是孔子作的東西。《新編詳解》對此作了區分訂證，祇解釋屬於《繫辭傳》原文的章句，把非原文的章句則删掉或存疑。

（3）《繫辭傳》原來有"古者包犧氏之王天下也"一大段文字，從司馬遷作《史記·太史公自序》就説伏羲作八卦，以後没有人不説伏羲作八卦。我這本書用四點理由把它否定了，認爲這不是孔子原文，而是後人誤增，因而應把這一段從《繫辭傳》中删去。

（4）《説卦傳》過去一般人都不加以解釋，宋人邵雍錯誤地用所謂伏羲八卦、文王八卦、先天之學、後天之學來解釋。我一方面批判了邵雍的錯誤，一方面指出《説卦傳》爲《連山》、《歸藏》遺説，這是過去從來没有人講過的。

（5）我把《周易》"蓍"用"數"，"卦"用"象"作了説明。我認爲，蓍和卦是《周易》中兩個對等和平行的組成部分。蓍爲什麽用數？因爲數有抽象性，因而也具有普遍性。"數"的這種特徵恰好滿足了蓍法"成變化"、"行鬼神"的需要。卦爲什麽用象？因爲天下的萬事萬物紛繁複雜，不好説明，需要把它簡單化。卦用象也就是用簡明、直觀的"象"來表達紛繁複雜的世間萬事，也就是《繫辭傳》所説的"擬諸其形容，象其物宜"。這也是前人從未講過的。

（《中國圖書評論》1999 年第 8 期）